# 사유의 동면

## 사유의 동면

**초판 1쇄 발행** 2025년 4월 21일
    **2쇄 발행** 2025년 8월 14일
    **3쇄 발행** 2025년 12월 15일

**지은이** 이정호
**펴낸이** 장길수
**펴낸곳** 지식과감성#
**출판등록** 제2012-000081호

**교정** 김나현
**디자인** 정윤솔
**편집** 오정은
**검수** 이주연, 정윤솔
**마케팅** 김윤길

**주소** 서울시 금천구 벚꽃로298 대륭포스트타워6차 1212호
**전화** 070-4651-3730~4
**팩스** 070-4325-7006
**이메일** ksbookup@naver.com
**홈페이지** www.knsbookup.com

ISBN 979-11-392-2530-3(03100)
값 19,500원

- 이 책의 판권은 지은이에게 있습니다.
- 이 책 내용의 전부 또는 일부를 재사용하려면 반드시 지은이의 서면 동의를 받아야 합니다.
- 잘못된 책은 구입하신 곳에서 바꾸어 드립니다.

지식과감성#
홈페이지 바로가기

# 사유의 동면

이정호 지음

지식감정

# 머리말

　인문학이란 사람으로부터 배우는 학문을 말한다. 문자가 만들어지고 글이 쓰인 것도 결국 사람이 하는 일이기 때문에 사람이 곧 말이자 문자가 된다. 그중에서도 인간에게 도움이 될 만한 것을 찾아내고 해석하는 게 인문학이다. 중요한 건 이런 인문학의 다양한 요소를 여러 사람에게 어떻게 알리는가이다. 지금은 과거 기록된 것을 다시 해석하고 뼈와 살을 붙이며 방대한 양을 후대에 남기지만 과거엔 그렇지 않았다. 기원전 6세기 그리스 시대엔 기록에서 기록이 아니라 말에서 말로 전하는 게 더 중요했고 현실적이었다. 실제로 소크라테스는 기록하는 것을 크게 중요하게 생각하지 않았다. 다만 중요한 생각이 떠오르는 것은 곧바로 적어두기를 바랐다. 심지어 이 시대 전후해서는 설령 문자를 몰랐더라도 민주정에 참여할 수 있었다(우리가 지금 알고 있는 소크라테스의 해석은 그의 제자 플라톤의 저작 때문이다). 이때 중요한 게 설득의 말하기였다. 말의 의도가 전달되고 진리를 찾는 걸 수사학(레토릭)이라 부른다. 수사학은 기원전 6세기경 그리스 시대로 거슬러 올라간다. 이런 말의 기술인 수사(修辭)를 가르쳤던 소피스트는 처음엔 존경을 받았다. 그 당시에는 재판을 받을 때 말 잘하는 사람에게 변호를 맡기거나 자기 자신이 변호사가 되어야 했기에 수사는 매우 중요했다. 실제로 많은 사람들이 소피스트의 교육을 받았다. 그러나 수사가 점차 자기 이익의 변론술이 되고 궤변으로 이어지자 소크라테스와 그의 제자들은 소피스트를 신랄하게 공격한다. 사실 아리스토텔레스의 『수사학』 요점도 수사학이 무엇인가와 함께 상대를 설득시키는 방법이다. 그는 설득을 위해서 감정과 논리 그리고 성격을 중시하는데 여기서 논리는 로고스(말씀)를 뜻하며 감정은 파토스(듣는 이의 상태)이고 성격은 말하는 사람의 에토스 즉 기질을 의미한다. 이런 아리스토텔레스의 생각을 현대인에게 적용해도 크게 부족한 점이 없다. 그때나 지금이나 말하는 화자와 듣는 청자의 자세는 소통에서 가장 중요한 부분이다. 그런데 우리는 그걸 가장 못하고 있으니 그걸 잘하기 위해 인문학을 한번 공부해 보자는 것이다. 고대 그리스 시대의 수사학에는 발화, 표현, 전달, 발견, 이해 등 설득에 다섯 가지 체계가 있었다. 그중 우리는 이 표현과 전달의 수사를 가장 어려워한다. 이 수사학은 중세에 잠시 주춤하다가 현대에 와서 카임 페렐만이나 메이에르 같은 학자로 이어져 다시 중요하게 다뤄진다. 메이에르는 소크라테스의 문답을 차용한 듯 제문론으로 수사학을 이해하고자 했다. 현시대는 묻고 답하는 철학이 부재하는 시대이기 때문에 '묻기'를 철학의 근본 알기로 삼아야 한다고 메이에르는 주장한다. 그가 말한 묻기 외에 중요시했던 건 '차이'다. 그런데 차이에 대해서는 메이에르보다 페렐만의 생각이 더 와닿는다. 페랄만은 차이라는 말 자체를 강조하지는 않았지만 다양한 청자를 대상으로 지적인 면 외에 정서적 설득을 도출하고자 하였다. 이건 그전의 수사학에서는 생각하지 못했던 방식이다. 즉 모든 사람에게 논리와 과학이 항상 설득의 대상이 되지는 않는다. 가령 메이에르 생각처럼 이데올로기(쉽게 말해 편견이나 신념) 그 자체가 청자의 설득 여부 차이를 만들어버린다.

어느 학자가 말하길 글이 한번 써지면 그것에 할 말이 있는 수많은 사람들이 반론하고자 달려드는데 그 글은 더 이상 말할 수 없다고 한다. 현시대에서는 마음만 급한 사람들로 인해 맥락이 무시가 되고 말 자체와 글자 자체가 오물로 더럽혀진다. 과거에는 누구나 말할 수 없었고 설령 말을 한다고 의미가 되거나 시끄럽지는 않았지만 지금은 누구나 말을 하고 글을 쓰며 존재감을 드러낸다. 특히나 스마트폰이나 키보드로 쓰는 사람들은 모두 의미가 되려고 한다. 즉 2,500년간 이어진 인간 수사의 역사는 말에서 텍스트로 이어졌다. 이제 우리는 과거부터 쌓인 엄청난 기록도 전달해야 하고 디지털 시대의 먹물 없는 검은 글씨에 대한 해석도 해야 한다. 그래서 아주 오래전 사람부터 현재의 사람까지 기록된 글은 기본적으로 모두 소중하다. 키케로는 『연설가에 대하여』라는 책에서 역사는 인생의 스승이라고 했다. 그러나 글과 사람으로부터 배우는 학문은 점점 사라져 가고 있다. 요즘 시대는 배우기보다 모두가 가르치는 시대가 되었기 때문이다. 표면적으로만 보면 가르침을 주려는 사람이 많으니 좋은 게 아닌가 할 수도 있는데 거기엔 정제되지 않은 모두의 사고방식이 들어 있어서 문제가 된다. 지식을 주입식으로 가르치는 건 쉽지만 지혜를 얻게 하는 건 어려운 일이다. 말의 힘이 무섭듯이 글의 힘도 마찬가지다. 말은 생방송이라 때론 칼이 되지만 책은 특별히 이상한 신념을 가진 사람이 쓴 글이 아니라면 타인을 죽이는 칼이 되지는 않는다. 명심보감에는 "구설자 화환지문 멸신지부야"라는 말이 나온다. 이 말을 해석하자면 함부로 놀린 입과 혀는 근심의 원인이고 몸을 망친다는 의미다. 자신의 신념과 생각에 조금이라도 다른 의견을 말하면 적대적이 되어 함부로 말하는 사람들이 있다. 대부분 이런 사람들은 인간 혐오나 조롱 그리고 비아냥이 일상이다. 이들을 앞으로 '조롱하다'라는 뜻의 mock를 이용해 마커(mocker)라 부르자. Mock 외에 조롱이나 비아냥의 뜻을 가진 영어 단어가 꽤나 있는 걸 보면 인간은 원래부터 그런 존재인지도 모른다. 자신은 도덕적으로 살지 않는데 모든 걸 도덕적 법적 잣대로 보려는 사람이 있다. 그런 사람은 타인이나 사회를 괜스레 불편하게 한다. 결국 뻔뻔한 위선적 불편자와 마커는 인간 세상에 아무런 도움이 되지 않는다. 그런 사람들은 풍자(해학)와 조롱을 구분하지 못하는 사람이다. 온라인은 당장 조롱할 수 있지만 책은 그렇지 못하다. 분노와 의견 다름을 책을 통해서 느끼고 표출하면 자신의 사고에도 영향을 미친다. 자신을 위해서 책을 읽자. 정치 종교적으로 아주 편향되거나 집단이나 사익을 위한 책이 아니고서는 그 어떤 책도 괜찮다. 문학에도 삶과 사유가 들어 있고 인문학이나 예술 작품에도 인간 정신 고양과 아름다움이 함께한다. 단재 신채호 선생은 이렇게 말했다. "한국에 부처나 공자가 들어오면 한국을 위한 부처나 공자가 되지 못하고 부처와 공자를 위한 한국이 된다. 우리나라에 기독교가 들어오면 한국을 위한 예수가 되는 게 아니라 예수를 위한 한국이 되니 이것이 어쩐 일이냐? 이것도 정신이라면 정신인데 이것은 노예 정신이다." 누구를 위한 책이 아니라 나를 위한 책이어야 한다. 신념의 노예가 되어 버리면 아무것도 읽지 않은 사람보다 더 못하게 된다. 물론 책을 읽는다는 것은 슬라보예 지젝의 말처럼 지성인이 되는 것과 신념을 가지는 것 그리고 정직한 인간이 되는 것과는 별개의 문제다. 그럼에도 불구하고 우리에게 현실적으로 중요한 건 성부 성자 성령의 트리니티보다 인식의(넓게는 멋진 에피스테메) 밸런스를 가지는 일이다. 이 글은 책을 빗댈 뿐 책만 이야기하는 게 아니라 우리 사회를 이야기하는 책이다. 별것 없는 책 속의 세상에 빠져 보자.

# 목차

| | |
|---|---|
| 머리말 | 4 |
| 어떤 책이 좋은 책인가 | 13 |
| 책의 역사 | 18 |
| 무슨 책을 읽어야 하는가? | 26 |
| 책을 시작하는 사람을 위하여 | 37 |
| 이것이 다 책임감? | 47 |
| 역사란 무엇인가 1 | 76 |
| 책 속의 악마는 계속된다 | 85 |
| 문학 속의 삶 1 | 94 |
| 문학 속의 삶 2 | 114 |
| 중용은 지긋지긋하다 | 121 |
| 책의 낭만 | 128 |
| 누구나 사랑할 수 있다 | 146 |
| 거기엔 우정도 있다 | 181 |
| 사람들 삶에 사공이 많다 | 189 |
| 책에서는 보인다 | 194 |

| | |
|---|---|
| 예술은 어렵다 | 209 |
| 책 자체도 잘 안 읽는데 하물며 철학책을 읽으랴 | 223 |
| 고전을 읽다가 고전(苦戰)을 면치 못하다 | 242 |
| 폭력과 언어 | 265 |
| 젊은 그대 책 읽고 오라 | 272 |
| 온갖 잡다한 책을 읽어 보니 | 281 |
| 보고 느낀 만큼 커진다 | 298 |
| 기독교와 민주주의 | 318 |
| 시는 모르는데요, 인생은 더 몰라요 | 344 |
| 폼은 일시적이나 클래스는 영원하다 | 355 |
| 잡다한 것과 사소한 것의 필요성 | 365 |
| 아직 오지도 가지도 않은 길 | 379 |
| 영화가 되다 | 384 |
| 책의 오묘함 | 398 |
| 니들이 여자를 알아? | 404 |
| 역사란 무엇인가 2 | 412 |
| 마무리 갈무리 | 431 |
| 올드 랭 사인 & 종이부시 | 442 |
| 생각나지 않았던 생각 | 452 |
| 책이 증명하다 | 458 |
| 사유의 동면 | 466 |
| 여성의 삶 | 476 |

| | |
|---|---|
| 음식을 탐하다 | 487 |
| 사람은 무엇으로 성장하는가 | 510 |
| 타고난 능력 부재 | 514 |
| 지루할 테면 지루해 봐 | 518 |
| 금융 실명제와 온라인 실명제 | 526 |
| 부처님도 그랬어 | 531 |
| 책임 사회 | 539 |
| 은영적 사고 | 543 |
| 귀어 귀촌 지역을 살리다 | 547 |
| 플러팅 | 554 |
| 디지털 시대와 그리스 로마 시대 | 559 |
| 메두사의 머리 | 566 |
| 퇴마사 | 571 |
| 책의 질문 | 575 |
| 책 단편선 | 577 |
| 저널리즘이 먹는 건가요? | 581 |
| 연탄재를 함부로 찰 때도 필요하다 | 586 |
| 잃어버린 호르몬 | 590 |
| 의사소통의 철학 | 593 |
| 텔로스 | 596 |
| | |
| 에필로그와 사유의 동면 반복 | 598 |

## 어떤 책이 좋은 책인가

　어떤 책이 나쁜 책인가를 보는 게 더 나을 것이다. 왜냐하면 웬만하면 거의 모든 책이 좋은 책이기 때문이다. 참고로 이런 식으로 '무엇이 좋은 책인가?'에 대한 질문의 대답을 간접 환원하여 나쁜 책이란 무엇인가로 대답하는 걸 귀류법이라고 한다. 도서관에 가면 상대방과 토론에서 무조건 이기는 방법을 알려 주는 책이 하나 있다. 그 책은 이런 귀류법적 질문이나 어떤 상황을 극단적으로 가정해서 질문하는 수법을 가르쳐 준다. 심지어 상대방이 흥분하도록 감정을 건드리라고도 한다. 사람들이 이 책을 많이 읽지는 않았겠지만 실제로 이렇게 대화하는 사람이 의외로 많다. 과연 이런 책도 좋은 책일까? 나쁜 책은 아니다. 전문 작가가 아니어도 좋은 책일 수 있고 내용이 아주 알차지 않아도 좋은 책일 수 있다. 거기엔 철학과 사람됨이 조금 들어 있으면 다 좋은 책이다. 아인슈타인은 "인격 없는 전문가는 잘 훈련된 개와 같다."라며 오히려 기계 같은 전문가를 비하한다. 그렇기 때문에 유명 교수나 철학자, 작가, 과학자, 의사, 시인 등의 책이 아니어도 괜찮다. 그런 사람이어야만 좋은 글이 되는 건 아니다. 어려운 이야기도 쉽게 풀어 쓴 사람이 있고 쉬운 말도 어렵게 하는 사람이 있는데 전자가 좋은 글이다. 또한 감정과 사상, 자기만의 고집으로 쓴 책이 아니라면 모두가 좋은 책이다. 나쁜 책이란 이성보다 정답 없는 신념으로 무엇을 확신시켜 버리는 책이다. 책『책이 되어버린 남자』는 그걸 잘 각인해 주며 그 반대의 교훈을 주려는 책이다. 예전의 중국 성어처럼 요즘 사람에게 '남아수독오거서'나 '위편삼절' 같은 것을 기대할 수는 없다. 특히 현대인은 자신만의 성향에 따라 늘 읽던 종류만 읽으려고 한다. 어떤 이는 자기 계발서만 읽고 어떤 이는 추리소설과 웹툰만을 읽는다. 이로 인해 읽기는 읽되 책 편식이 생기고 사고의 다양성 부족이 생긴다. 한 가지 우물만 파서 무엇이 되고자 하는 사람과 특별한 목적이 있는 사람 아니고서는 이런 기울어진 읽기는 그다지 추천하지 않는다. 책 읽기가 삶에 도움이 되어야지 취미로만 끝나거나 한쪽 분야만 읽는 건 아인슈타인의 말처럼 개가 훈련받는 것과 다름이 없다. 사실 책이란 게 모두에게 좋은 효과나 삶에 지대한 영향을 주는 것은 아니라서 자기 성격과 성향에 따라 읽어도 상관은 없다. 독서 중 특정 무엇을 읽는 것도 인생 배움이나 인생 도움 중 하나니까 말이다. 특히나 현대인은 일할 것도 많고 봐야 할 것도 많으며 먹을 것과 여행할 것, 기타 즐길 것이 아주 많기에 읽을거리까지 많아 버리면 재미가 없어진다. 현대인은 재밌고 쉬운 일을 찾아 나선다. 쉽게 쓰인 시는 고된 사유가 들어 있었기에 쉬웠을지 모른다. 우리 곁의 인생도 그래 보인다. 어떤 글이 타인에게 약간의 지식과 사유할 것을 준다면 그것으로 충분하다. 꼭 인간 개인의 해결책이나 사회 의문을 제시해야만 좋은 책이 되는 건 아니다. 다만 바야흐로 지금은 이런 의문의 삶 자세와 그런 책의 책 읽기가 필요한 시대다. 한나 아렌트는 그의 저서에서 끊임없이 자신과 타인의 사유를 언급한다. 그녀가 말한『권리를 가질 권리』는 자신의 사유로 사회 문제를 인식하고 사회와 나의 관계를 끊임없이 대화한 결과물이다. 한나 아렌트는 잃어버린 자신의 조국 때문에 국가에 대한 권리 없이 타국에서 운명을 맞이하는 삶을 살았다. 히틀러의 유대인 탄압 시대에 실제로 그녀는 극적인 탈출에 성공한다. 사유해야만 인간이 국가나 시스템의 사각지대에 버림받지 않고 권리를 요구할 수 있다. 반대로 생각하지 않는 사람들은 생각 조종자들에게 끊임없이 이끌려지게 된다. 정리를 해 보면 좋은 책이란 사유를 심어 주지 않고 스스로 사유를 하게끔 하는 책이다. 물론 마음의 위로가 필요한 사람에겐 그보단 다른 종류의 책이 더 필요하다. 그런 사람들에겐 나라는 인간 홀로서기 다음에야 '나다움'이 있기 때문이다. 사람에겐 삶의 순서가 있는데 어떤 책은 결핍을 채우기 위해 그 단계를 건너뛰려고 한다. 그게 아주 개인적이며 사소해도 상관은 없지만 공상적이어서는 안 된다. 또 특정한 종류의 책은 특정한 대상으로만 존재할 뿐 사회의 긍정 요소가 되지 못한다. 오히려 그 반대의 사유에 비판받고 심하면 증오의 대상이 된다. 대부분 그런 것은 무엇의 강요이기 때문이다. 철학과 관용 그리고 사유가 없는 시대는 다른 원인도 많이 있겠지만 사람들이 '사유(思惟)의 동면(冬眠)' 상태로 삶을 살기 때문이다. 더군다나 언어의 독까지 심한 시대이기에 우리는 사유하기와 파독(破毒)의 자세를 가져야 한다. 파독은 독기를 없앤다는 뜻이다.

    중국 사서중 하나인 『맹자』에는 이런 말이 나온다. "눈과 귀 같은 기관은 생각을 할 줄 모르니 사물에 가리어진다. 하지만 마음은 생각을 한다. 생각을 하면 얻지만 생각이 없으면 얻지 못한다." 눈과 귀로 빠르게 흘러가는 커뮤니티와 영상은 자제하고 약간의 느림이 필요한 시기가 도래했다. 그렇다고 억지로 철학을 만들어 내어 현학적 단어와 철학적 이야기를 해서는 안 된다. 그런 건 보통 지루하기만 할 뿐이며 자신과 사회에 와닿지도 않는다. 사유 없음이 문제긴 하지만 과도한 사유는 또 유토피아를 만들어 내기에 적절한 균형이 필요하다.

 사실 우리는 매일 읽고 산다. 아니 정확히는 보고 산다. 타인의 삶을 엿보고 커뮤니티를 엿보고 영상으로 거의 모든 것을 엿본다. 거기에는 많은 문자와 사람이 우리 앞에 놓여 있으며 일시적 감정과 일시적 유희를 주는 것들이 대부분을 차지한다. 심지어 책을 읽어준다는 사람을 엿보는 세상에 사는데 이제 우리는 진짜 읽기가 무엇인지를 생각해야 한다. 과거에는 TV만 있다 보니 영상의 범위가 TV에 한정적이었지만 지금은 VR 시대까지 도래하여 모든 화면이 우리를 지배한다. 아주 오랫동안 TV는 바보상자로 인식되었다. 최근에는 유튜브 같은 동영상 시청이 늘어나고 있어 이에 대한 어린이의 인지 영향을 조사한 것들도 나오고 있다. 사실 특정 이상의 과도한 영상 시청이 인간에 부정적 인지 영향을 준다는 뇌 실험 결과들은 과거부터 있었다. 『바보상자의 역습』빼고는 거의 모든 책이 과도한 영상시청에 대해 부정적으로 말한다. 최근에는 소셜 미디어에 대한 부정적 결과들이 많이 늘어나고 있는데 이 또한 fMRI 실험을 통해 뇌 과학적 결론을 내는 도서들이 존재한다. 다만 아직까지 딱 한 권의 책만이 소셜 미디어의 뇌를 긍정한다. 그 사람의 주장은 온라인 여러 글을 자신이 선택적으로 클릭하여 다양한 정보를 채집할 수 있다는 걸 근거로 든다. 그러나 여기엔 두 가지 조건이 전제되어야 한다. 비판적 사고를 할 능력과 주체성이 담보될 때에만 그 주장에 설득력이 생긴다. 봐도 봐도 지치지 않는 현시대 사람들은 이제는 서로가 서로를 관찰하게 된다. 반응은 즉각적이고 댓글과 글은 혐오적이어서 서로가 쉽게 무엇으로 규정된다. 타인을 쉽게 규정하는 사람은 본인도 쉽게 무엇으로 규정되어 있을 확률이 높다. 법륜 스님은 "나 자신조차도 바꾸지 못하면서 남을 바꿔 보겠다고 애쓰는 사람을 부질없다."라고 비판한다(이 책에서는 지겨울 정도로 커뮤니티형 인간을 비판하니 미리 참고해 두길 바란다). 좋은 글이란 책에만 있는 것이 아니고 온라인에도 존재하고 심지어 영상 속에도 존재한다. 그러나 수 하나만 틀리면 하이에나가 되는 사람들, 냉소주의자들, 인간 이하의 사람들, 신념을 가진 사람들, 똑똑한 척하지만 선택적인 사람들 등 때문에 본래의 의미가 퇴색하게 된다. 무수히 많은 글 중 합리적이고 건전한 비판은 상대적으로 찾기 쉽지 않다. 좋은 글과 영상 기타 순수한 일상으로 가공되지 않은 것들 외에는 거의 모두가 부정적 세상이 온라인이다. 그래서 좋은 책이란 무엇인가는 이런 세상에 별 의미가 없다. 나쁜 것만 안 봐도 올바른 삶을 사는 세상까지와 버렸기 때문이다. 시간 투자와 마주하는 세상이 직접 대면하는 사람이냐, 커뮤니티 영상이냐, 여행이냐, 책이냐 등에 따라 삶은 다르게 보일 것이다. 전문직이 되려고 공부의 책만 보는 것도 균형이 없는 것이니 세상의 조화는 참으로 어렵다. 마치 어떻게 하면 내가 행복할 것인가를 찾는 것처럼 말이다. 인생을 사는 것과 책 읽기는 쉬우면서도 어렵다. '어떤 책이 좋은 책인가'의 최종 결론은 '왜 읽어야 하는가'이다. 벤저민 바버는 이렇게 이야기했다. "나는 세상을 강자와 약자, 성공과 실패로 나누지 않는다. 나는 세상을 배우는 자와 배우지 않는 자로 나눈다."

# 책의 역사

기원전 3,000년 전에 수메르 문자가 탄생했고 이후부터 인류 역사는 기록의 역사가 된다. 그보다 훨씬 전 구석기 시대부터 인간의 소통과 표현 정신은 그림으로 확인되었지만 문자는 인류의 혁명적 발견이었다. 참고로 한국어와 한글은 엄연히 다르기에 언어(말)와 문자는 구별하는 게 맞지만 여기서는 구별하지 않겠다. 문자는 지구상 동물들 중 인간만이 가지고 있다. 다양한 학자들이 수십 년 전부터 동물에게 언어를 가르치려고 했지만 조건 반사처럼 행동하는 것 외에 동물은 창조적 언어 활동을 하지 못했다. 인간과 유전자가 98.5% 같고 어린아이의 언어능력을 가졌다는 보노보(bonobo)도 그러했고 다른 영장류 기타 모든 동물들도 인간과 언어 소통을 하지 못했다. 동물도 소리나 제스처로 자신을 표현하지만 이것은 언어와는 상관없는 행동이다. 동물과 인간의 이런 언어 차이와 관련하여 언어학자 노암 촘스키는 인간의 언어는 다른 동물과 다르게 내재적 조직을 가지고 태어난다고 주장한다. 쉽게 말해 천성적으로 인간은 특정 구조의 틀을 가지고 태어난다는 것이다. 촘스키의 말에 따르면 말의 의미를 알게 하는 '심층구조'가 동물에겐 없다. 반면 진화론적 관점에서 인간의 언어는 동물과 다르게 발전했다고 본다. 언어의 진화에 대해 촘스키는 처음엔 부정적 입장을 취하다가 나중엔 그럴 수도 있겠다는 비교적 중립된 입장을 취한다. 인간이 특정 구조의 틀을 가지고 태어나더라도 추후 그 구조를 완성하는 건 역시나 교육과 환경이다. 이걸 촘스키는 '표층구조'라고 표현한다. 촘스키의 말이 맞다면 동물은 태초부터 이런 내재적 특성을 가지고 있지 않기 때문에 아무리 훈련을 시켜도 읽을 수도 배울 수도 없게 된다. 실제로 인간이 정해 놓은 특정 훈련 패턴만 그대로 따라할 뿐 언어를 이해하는 동물은 없었다. 동물은 기본적 소리에 대한 의사소통과 간단한 도구의 활용이 최종 한계였다. 언어에 대한 책들은 꽤나 많은데 그중에서도 재밌고 지적 호기심을 채워 준 책을 하나만 고르면 필립 리버만의 『언어의 탄생』이다. 인간과 동물의 말하기는 이미 신체적(구강) 차이부터 난다는 걸 이 책으로부터 알게 된다. 즉 동물은 태어날 때부터 신체 구조상 이미 말할 수 없는 상태에 놓인다. 미래엔 「혹성탈출」의 원숭이처럼 동물이 말할지도 모르지만 지금은 아니다. 이성이나 언어와 같이 인간과 동물의 가장 큰 차이점이 괜히 있는 게 아니다. 이렇게 인간은 의사소통도 하고 책도 읽으라면서 동물과 다르게 태어났다. 책 없이 성공할 수 있지만 책 없이 발전할 순 없다. 책이 곧 사람이고 사람이 곧 책이다. 좋은 사람과 좋은 책을 발견하기 위해서는 직접 경험할 수밖에 없다. 어떤 것은 경험하지 않고서도 알 수 있지만 어떤 건 아무리 똑똑해도 경험하지 못하면 알 수 없는 것이 있다. 그 경험을 가르치기 위해 인류는 문자를 이용했다. 하지만 문자가 만들어지고 그것이 문장이 되며 글이 되기까지는 오랜 시간이 걸렸다. 그렇다면 인류는 태초에 어디다 문자를 남겼을까? 처음에는 점토판에 글을 새기다가 나중에는 양피지나 파피루스에 글을 썼다. 다만 점토판에는 낙서에 지나지 않은 그림 같은 문자도 있었다. 굳이 따져서 기왓장 형태에 문자가 적힌 걸 종이 한 장으로 생각한다면 최초의 책은 점토판의 형태라고 볼 수 있다. 실제로 수메르 문화권 주변에는 점토판에 쓴 인류 초기 기록들이 발견되었고 매우 일상적인 내용들이 쓰여 있었다. 가령 숙제 안 하는 자녀를 꾸짖는 그런 내용 말이다. 그러나 우리가 아는 책의 관념에는 사실 어울리지 않는다. 양피지나 파피루스에 차곡차곡 쌓아 놓는 게 오히려 책에 가깝다. 동물 뼈나 가죽, 밀랍 등에도 글을 쓰긴 했지만 중국에서 종이가 발명되고 전 세계로 퍼지기 전까지는 이 두 가지 방법이 가장 많이 쓰였다. 파피루스는 특정 식물의 줄기를 말리고 넓게 펴서 거기에 글을 썼던 일종의 원시적 종이였다. 이 특정 식물은 주로 이집트 지방에서 많이 났다. 참고로 이집트는 기원전 2세기에 정치적 이유로 소아시아에 독점적으로 공급했던 파피루스를 수출하지 않기도 했다. 파피루스는 추후 종이라는 뜻의 페이퍼의 어원이 되고 파피루스를 거래했던 비블로스의 도시는 바이블(성경)의 어원이 된다. 한편 양피지와 파피루스는 태생적인 물리적 한계가 있다. 파피루스는 한쪽 면만 사용할 수 있는 단점이 있고 재질 특성상 비쌀 수밖에 없었다. 가장 어려운건 보관이 쉽지 않았다는 점이다. 특히나 습한 곳에서는 보관이 용이하지 않았다. 그래서 종이가 유럽에 퍼지기 전의 중세까지 책은 고단한 보관 노력과 기록의 대상이었다. 여기에 큰 역할을 한 직업이 있었으니 바로 필경사다. 필경사는 구텐베르크의 활자 인쇄술이 나오기 전뿐만 아니라 그 이후에도 중요한 기록 역사의 산증인이 된다. 특히 기독교에서는 더욱 중요했던 작업이었다. 필경사 중에는 수도사가 꽤 많았지만 아닌 경우도 있었는데 후자의 경우 매우 중요한 직업 특성만큼 사회적 지위가 큰 사람이 필경을 하곤 했다. 그 외 필경사는 직업으로서 다양하게 분포하였고 추후 예술이나 교육에도 영향을 끼친다. 가령 어느 가문에 속해 있는 필경사는 필경을 하면서도 그 가문의 자식들에게 글자를 가르쳐주고 책의 내용을 말하는 교사 역할을 하기도 했다. 그렇다면 삼천 년 전 혹은 이천 년 전 예수의 시대 그리고 근대 이전의 중세까지 책 읽기는 어떻게 했을까? 보통은 낭독으로 사람들이 그 책의 내용을 처음으로 접하게 된다. 책이라는 관념이 생기고 난 후 문자를 아는 사람이 가족이나 대중 앞에서 낭독을 했다. 낭독과 함께 중요한 건 읽는 사람의 제스처다. 언어의 전달이란 처음엔 사람의 몸짓이 필요했을 것이고 그건 낭독할 때도 마찬가지였다. 제스처와 그림은 과거 외국어를 가르칠 때에도 필수적이었다. 글 내용만으로는 다 알 수 없었기 때문에 제스처와 함께 그림도 큰 도움이 됐을 것이다. 낭독은 아주 오랫동안 이어져 왔는데 예수의 시대도 그랬고 금속 활자 시대 이후에도 그랬다. 생각해 보면 귀가 있는 사람이면 문자를 알지 못해도 모두가 들을 수 있으니 낭독은 남녀노소 지위에 상관없이 평등한 책 읽기(듣기)가 된다. 실제로 당구풍월처럼 노예가 어려서부터 주인의 책 낭독을 수없이 듣고 자라서 자기 주인의 자식을 이야기로 가르쳤다는 기록도 있다. 물론 노예는 문자를 모르니 말로만 가르쳐 주었겠지만 아이 입장에서는 꽤나 도움이 됐을 것이다. 참고로 실제 과학적 실험에서는 읽는 것보다 소리로 듣는 게 더 기억에 오래 남는다(다만 일부 조건이 존재한다). 오디오북도 나오는 현시대엔 희소식이다. 어떤 학자가 말하길 19세기까지는 글을 읽기보다는 듣는 시기에 더 가까웠다고 한다. 그렇지만 책 읽는 방법은 차후에 집단의 책 읽기에서 개인으로 넘어온다. 어떤 이는 띄엄띄엄 읽고자 적독(摘讀)을 하고 어떤 이는 책을 장식용으로 적독(積讀)하기도 한다. 여기서 의문이 하나 든다. 개인이 적독하기에 앞서 국가 차원의 적독(積讀) 즉 도서관은 어디서 시작되었을까? 책이 있으면 응당 도서관이 있어야 한다. 도서관의 역사를 잠시 살펴보자. 최초의 도서관에 관해서는 여러 가지 의견이 있다. 기원전 26세기 이집트 쿠푸왕이 지었다는 도서관을 최초로 보는 사람이 있는가 하면 기원전 22세기 수메르인의 우르남무 왕궁에 있는 도서관을 최초로 보는 사람도 있다. 그리고 기원전 18세기 바빌론 왕국에도 도서관이 있을 것으로 추정한다. 그러나 보통은 기원전 7세기 앗수르 제국 아슈르바니팔이란 왕이 건립한 도서관을 최초로 본다. 앗수르(아시리아) 제국은 지금으로 치면 이라크 주변에 세워진 고대 국가다. 아슈르바니팔 본인 자체가 지식 탐구하기를 좋아하는 왕이었기에 그전 시대의 국가들처럼 단순한 왕실 기록 저장소보다 현재적 의미의 도서관을 만들었으리라 짐작한다. 그 후 알렉산드리아 도서관, 10세기 이전의 로마시대 수도사들의 도서관, 중세 옥스포드 대학 도서관, 소르본 대학 도서관, 근대의 미국 공공 도서관이 차례로 설립되어 도서관의 굵직한 역사의 한 페이지가 된다. 참고로 알렉산드리아 도서관은 알렉산더가 지은 게 아니며 이집트 프톨레마이오스 왕조가 지은 것이다. 나중에 로마 황제에 의해 폐허가 되고 다시 건립된다. 미국의 공공 도서관의 시초는 인쇄소에서 일했던 벤저민 프랭클린의 공이 컸다. 그는 평소 지식에 투자하는 것이 최고의 수익을 낳는다고 생각했기 때문에 도서관 건립에 더욱더 관심을 가졌다. 아마도 정규 학업을 제대로 이수하지 못한 프랭클린의 개인사가 도서관과 책에 대한 열정으로 이어졌으리라 본다.

우리가 잘 아는 세계 최고 갑부 중 한 명인 빌 게이츠도 자신이 사는 집 근처 도서관을 자주 들렀다고 한다. 가끔 책을 읽다 보면 빌게이츠가 추천한 책이라는 겉표지를 보게 된다. 물론 빌게이츠처럼 꼭 성공을 위해 책을 읽고 배우고자 하는 건 아니지만 주변에 관심을 조금 가지면 도서관이 정말 가까이 있는 친구라는 사실을 알게 된다. '똑똑한 사람도 저렇게 배우며 사는데 나 자신이 뭐라고 읽지 않고 살아가려고 하는지' 이런 겸손함으로 책을 받아들이면 의욕이 좀 더 생긴다. 예전 사람들은 읽고 싶어도 읽지 못했고 배우고 싶어도 배울 수 없는 사람들이 많았다. 신분은 노예지만 우연히 책의 그림과 설명을 보고 흥미를 느꼈던 어느 중세인이 있었다. 손바닥에 자기가 본 걸 그림처럼 그대로 적고 배우고자 한 그 어느 노예가 존경스럽다. 우리는 그런 시대에 비하면 읽기의 천국에 살고 있다. 현재는 꼭 도서관이 아니더라도 전자책부터 해서 나만의 온라인 서재로 글을 편하게 읽을 수 있다. 겸손한 자세로 세상을 맞이하면 때로는 나 자신의 행동에 변화를 주게 된다. 현시대는 책의 범람 수준인데도 사람들이 잘 읽지 않는다. 글을 읽을 줄 알아도 현대인은 읽지 않으니 실질적 문맹인과 비슷하다. 과거에는 필경이 주된 책의 복제였기 때문에 책 자체가 귀했으며 보통은 신분에 따라 교육과 문맹이 거의 정해져 있었다. 그렇다면 과거 사람들의 책은 어떻게 유통되었고 어떻게 읽었을까? 어느 정도 사회적 위치가 있어서 책을 읽을 수 있는 사람은 필경된 책을 사거나 필경 작업을 하는 곳에 가서 자신만의 책을 주문했다. 그 책으로 가족이나 다른 사람과 어울려 낭독을 했다. 중세 초기엔 주로 종교 서적이 주를 이루었고 그 이후엔 과학책, 의학책 등이 나오게 된다. 지금은 손바닥만 한 책을 거의 볼 수 없지만 수십 년 전에는 그런 미니 책이 존재했다(2030 세대는 아마도 이 미니 책을 못 봤을 가능성이 크다). 중세 후기 유럽에서도 주먹만 한 작은 책이 존재해서 사람들이 그것을 손이나 주머니에 가지고 다니며 읽곤 했다. 한편 다른 나라에만 독서의 열정이 있었던 건 아니다. 우리나라 조선시대에도 독서를 하고자 하는 민중은 존재했다. 책을 빌려주면서 약간의 대여비를 받는 책 유통업자 '세책'이 있었고 '방각'을 통해서 책을 만드는 사람이 있었다. 하지만 책이 늘 이렇게 사회에 순응하여 받아들여진 것만은 아니다. 금서는 전 세계 어디에나 존재했고 그 서적을 읽고 소유한 자는 죽임을 당하거나 모욕을 당했다. 독재자와 신념자들은 자신들 생각에 반하는 타인의 생각을 항상 억압하려고 했다. 기원전 7세기 로마 탄생이후 타인의 책을 최초로 비판한 것은 아마도 소크라테스일 것이다. 아리스토파네스의 시는 소크라테스를 비판하는데 이후 소크라테스는 시인과 대척점에 서고 그의 제자 플라톤은 시인을 경멸하는 입장을 취한다. 플라톤이 생각하는 시란 모방이나 하며 허구를 심어 주는 것이기에 현실 인간에 도움을 주지 않는 행위다. 플라톤은 시인 외에 자신의 책 곳곳에서 소피스트도 비판한다. 이후 책의 수난은 정치적 종교적 이유로 사람이 죽고 책이 불태워지며 사라지기를 반복한다. 서양에서는 이단의 여부가 본격적으로 시작이 된 마르시온의 구약과 신약의 구분부터해서 중세 교부철학, 16세기 칼뱅의 교조주의, 히틀러 시대를 겪으며 수많은 사람이 희생되고 책이 소실된다. 동양에서도 마찬가지로 진시황의 분서갱유부터 마오쩌둥의 문화혁명까지 책이란 존재는 동서양을 막론하고 불태워지며 고통받았다. 다만 서양과는 조금 다르게 동양은 종교적 이유보다 정치적 이유로 책이 소실된다. 이외에 인종적 차원에서 유대인 책이 금서가 되기도 했고 사상적 측면에서 마르크스 책이 탄압받기도 했다.

사회주의 사상은 우리나라에서도 해방 후 끊임없이 불온사상으로 억압당한다. 최인훈의 책 『광장』은 그런 국가의 탄압에 개인의 사상까지 억압되어 자신도 모르게 무의식적으로 지배받는 모습이 나온다. 여기서 광장의 의미는 어떻게 보면 이중적 의미다. 말할 수 있는 곳이 광장인데 또 말할 수 없는 곳도 광장이다. 우리나라는 그리스 로마 시대의 아고라와 심포지엄을 한 번도 제대로 가져 본 적이 없다. 그래서 대화와 공론이 그렇게 힘든 민족일지도 모른다. 어쨌든 책에 새로운 사유와 비판적 논리가 들어 있지 않다면 지배자들은 이렇게까지 책을 탄압하지 않았을 것이다. 기록되지 않아 우리가 다 기억할 순 없지만 말만으로는 전할 수 없거나 세상에 꼭 무엇인가를 알려 주고 싶은 사람의 말과 글은 어떻게든 간접적이나마 인류에 위대함을 주었을 것이다. 책과 인간의 수난 속에서도 우연히 보존되어 온 인간의 기록은 드라마틱한 요소도 가지고 있다. 소실된 것도 많지만 조선시대와 일제 강점기 때 일본의 약탈에도 불구하고 문화재와 책의 보존은 그래서 더욱 위대하다. 그전에는 몽고의 침입에도 불교와 백성들이 팔만대장경을 지켜 냈다. 보이지 않은 영웅이었던 민중은 특별했다. 지금은 누구나 특별할 기회가 과거보다 더 많이 존재한다. 특별하지 않은 사람도 책을 읽으면 특별한 사람이 될 수 있다. 물론 그 특별함이란 게 정상인지 비정상인지는 둘째 치고 말이다.

## 무슨 책을 읽어야 하는가?

여기엔 정답이 없다. 주경야독이나 형설지공의 마음으로 책을 다독 및 남독 수준으로 읽을 것이 아니라면 보통 사람이 살면서 읽어야 할 책의 권수는 대략 정해져 있다. 아주 어려서부터 책 읽기가 좋은 사람과 성인이 되고 직장인이 된 후 독서 그리고 노인의 책 읽기는 조금 다르다. 추후 자기 계발서 이야기를 또 하겠지만 자기 계발서는 적당히 보는 게 좋다. 그 책의 저자와 나는 태생적으로 다르다. 성격, 환경, 조건, 학벌, 지능, 관계 등 아마도 거의 공통된 게 없을 것이다. 참고할 부분만 선택적으로 취하고 자신의 길을 가야 한다. 자기 계발서 대부분은 운이 좋은 이야기를 하지 않는다. 하더라도 어쩔 수 없이 겸손의 차원으로 아주 짧게만 할 뿐이다. 사람은 능력도 중요하지만 시와 때 그리고 운을 잘 잡는 것도 중요하다. 성공을 말하면서 겸손할 수만은 없다. 불교에서는 "수처작주 입처개진"이라는 말이 있다. 이 뜻은 남에게 의존하지 말고 자신이 주체성을 가지고 살아야 한다는 의미다. 남의 성공담만 듣고 있으면 내가 그 사람들에게 무의식적으로 맞추려고 하는 경향이 생길 수밖에 없다. 자기 계발서의 선택적 편취가 그래서 중요하다. 책의 선택이 자신의 성향과 관련되기에 이런 자기 계발서도 무엇을 읽어야 하는지 정답이 없다. 더 나아가 책의 선택에도 정답이 없는 건 마찬가지이며 어떤 책이 좋은 책인가에 대한 대답도 할 수 없다. 여기서는 본격적으로 답 없는 답을 찾아 보려고 한다. 그저 독서를 이제 처음 시작하는 사람들을 위해 약간의 조언만 할 수 있을 뿐이다. 많은 책을 읽을 사람이면 이런 조언은 필요가 없겠지만 짬을 내서 독서를 하는 사람이라면 약간의 시행착오가 없게끔 이 책을 참고하면 된다. 다만 각자 좋아하는 책의 장르가 다르고 세대가 다르기에 읽기는 공통적이면서도 범주를 나누기가 어렵다. 그럼에도 불구하고 나이대를 한번 나누어 보겠다. 먼저 책 읽기에 가장 중요한 나이인 초등학생 전후부터 한번 알아보자. 먼저 반드시 이 말을 기억해야 한다. 꼭 읽어야만 하는 책은 없다. 한 우물만 파는 어떤 목적이 있지 않는 한 책을 편식하는 것도 도움이 되지 않는다. 이건 나이와 상관이 없다. 취학 이후 독서는 부모가 중요하다. 초등학교 이상이 되면 책을 읽으라고만 하지 말고 같이 읽어야 한다. 이때는 독서의 필요성을 알게 하고 책에 흥미를 갖는 것과 독서를 습관화하는 것이 가장 중요하다. 사람들 중에서는 자기 자녀가 초등학교 저학년까지 책 수천 권 이상을 읽었다며 자랑스러워하는 이들도 많다. 하지만 다른 집도 그런 경우가 많으니 우쭐댈 필요는 없다. 이 나이 때는 얼마큼 읽었느냐가 중요한 게 아니라 어떻게 읽었는지가 중요하다. 어린이나 청소년의 뇌 반응은 성인의 뇌 반응과 과학적으로 조금 다르다. 책에서도 큰 반향을 일으키는 게 어린이다. 간혹 책의 표현이나 상황 묘사, 부모의 제스처가 평생 가는 경우도 있다. 가장 중요한 건 같이 읽고 대화하며 어린이의 생각을 물어보는 것이다. 어떤 부분에서는 정답이 정해진 질문이 있을 수 있고 어떤 건 어린이든 어른이든 생각이 다른 정답 없는 사고가 있는 것들이 존재한다. 그런 건 아이의 생각을 최대한 끄집어내고 공감해 줘야 한다. 이게 진짜 교육 즉 에듀케이션이다. 에듀케이트는 주입이 아니라 이끌어 내다의 어원을 가지고 있다. 책의 내용(줄거리) 파악만 조금 됐다면 그다음이 훨씬 중요하다. 책에 있는 내용을 현실에 대입해 볼 수 있으며 상상의 나래를 펼쳐 볼 수 있는 질문도 해 볼 수 있고 아이의 엉뚱하고도 독창적 이야기를 끄집어낼 수도 있다. 한자로 쓰인 책도 그렇지만(보통 한자 4,000자 내외로 책이 쓰인다). 우리나라 어린이의 책도 어휘는 수천 자 이내로 정해져 있다. 글자 외에 언어(대화)는 다르다. 부모가 대화를 많이 하는 집안의 아이는 그렇지 않은 집안의 아이보다 세 배 가량 더 많은 어휘를 습득한다는 연구 결과가 있다. 그렇다면 아이와 나누는 직접적 대화는 아이에게 얼마나 많은 언어 습득을 해 주게 할까? 더군다나 어린이의 생각을 유도하게끔 질문을 한다는 건 더 놀라운 차이를 나게 한다. 대화를 위해서 자식과 꼭 같은 책을 읽어야 하는 건 아니지만 책으로 대화하려면 부모도 같이 책을 읽어야 한다. 물론 아이의 기질과 천성은 타고난 부분도 있기 때문에 꼭 올바른 독서나 많은 독서, 아이와의 대화가 많다고 해서 아이가 잘 크는 것은 아니다. 알다시피 어렸을 때는 예뻤지만 커서는 얼굴이 변하는 경우가 있고 어렸을 땐 사랑스럽고 말 잘 듣는 우리 아이였지만 현재는 중2병의 나이에 걸려 그 누구도 말릴 수 없는 지경에 이를 수도 있다. 부모의 역할에 어느 정도 최선을 다했다면 아이의 성격이나 지능, 그건 하늘이 주신 것이라 믿고 자신이나 자식을 탓할 필요는 없다. 책을 떠나 부모는 자식에게 사랑을 주는 것만으로도 어쩌면 충분할지 모른다. 아이의 경작(Cultivation)은 부모가 하는 것처럼 보이지만 실제로는 부모가 하는 게 아니라 환경이 하는 것이다. 부모는 그저 그 환경 조성을 잘해 주면 된다. 자식이 어떤 농업(Agriculture)이 될지는 아무도 모르기에 부모는 그저 '진인사대천명' 하고 기다려 볼 뿐이다. 다만 중요한 것은 질문이다. 모든 사유의 시작은 내 자신에게 물어보듯 타인에게 물어봄으로써 생긴다. 반문하고 자신만의 생각을 가져 보는 것만큼 책 읽기에서 중요한 건 없다. 물론 이건 어린이뿐만 아니라 인간 모두에게 해당된다. 부모의 질문에 아이가 엉뚱한 대답을 해도 좋은 쪽으로 해석하여 칭찬해 주고 또 질문하면 된다. 어떤 정답을 말했거나 무엇을 잘했다는 결과만을 칭찬하는 게 아닌 그 과정을 중요시하는 게 질문 교육이다. 책 읽기란 그 아이의 인생 결과물이 아니라 어른이 되는 과정 중 하나이기 때문이다. 그렇다고 하루 종일 종알거리는 아이에게 전부 대답할 필요는 없으며 그중 중요한 일부만 대답해 줘도 된다. 그리고 꼭 책이 아니더라도 부모는 중요한 질문지를 만들어 보고 아이에게 다양한 걸 물어봐야 한다. 그게 당장은 귀찮더라도 나중엔 그 종알거림도 그리울 때가 있다. 특히 그 아이가 청소년 나이가 되면 그런 생각을 하게 되는데 상당수 부모는 이때 자식과의 대화를 어려워한다. 그래서 다음으로 청소년 나이대의 책 읽기로 가 보도록 하겠다.

　사람은 다양한 경험이 중요하지만 한편으로는 한 가지 관심사에 푹 빠져 살기도 한다. 무엇이 더 좋은지는 나중에 자기 인생의 결과물로 드러나겠지만 웬만하면 약간의 균형 잡힌 관심이 중요하다. 다만 요즘 청소년 트렌드는 디깅 문화처럼 어떤 특정 콘텐츠나 문화를 깊게 소비하고 있어서 그 시대의 흐름을 무시하지는 못한다. 어떤 청소년은 웹툰이나 웹소설을 보며 작가의 꿈을 꾼다. 또 어떤 이는 유튜브 크리에이티브를 보고 푹 빠지며 자기도 어떤 개발자로 살아가는 결심을 한다. 직업이 사(師)나 사(事) 사(士)만 추구하는 부모나 청소년보다는 누군가에겐 차라리 이게 나을지 모른다. 자신이 좋아서 하는 일과 부모나 사회의 시선으로 인한 직업적 안정과 우위로 직업을 선택하는 건 자기 행복에 큰 차이가 있다. 이때도 부모의 역할이 중요하다. 삶의 지향성을 어디다 둘지는 부모와 자식 그리고 현실의 삶 모두를 생각해야 하기 때문에 어렵고도 중대하다. 다양한 선택과 중대한 시기임에도 불구하고 이때의 책 읽기도 중요하다. 어린이 때의 독서와 청소년 청년이 되어서 하는 독서는 조금 다르다. 특정한 종류의 책이 아니라면 삶에 직접적 영향을 줄 수 있는 것도 읽어야 한다. 많이 읽은 만큼 부모와 자식의 시야가 다르다. 주변 사람이나 온라인 커뮤니티도 세상의 시야를 넓히는 데 역할을 하긴 하겠지만 그건 복불복을 줄 수 있다. 차근차근 써 내려간 책의 지식으로 자신을 돌아보고 정보를 습득하면 생각도 정리할 수 있고 차분히 비교할 수 있게 된다. 그렇게 조금씩 자신만의 정체성과 방향성을 탐구하다 보면 청소년은 곧 대학에 들어가는 나이가 된다. 실질적 삶의 타협은 청소년과 대학생 둘 다 거의 비슷하다. 물론 제일 중요한 건 자기가 좋아하는 걸 찾고 꿈을 가지는 일이다. 이때부터 취업 전까지의 독서는 스펙 쌓기에 가두어져 있겠지만 이때엔 읽는 권수보다 조금이라도 읽는 사람과 안 읽는 사람의 차이가 생긴다. 취업을 위한 공부 혹은 시험만을 위한 공부만 너무 오래하면 사회의 바보가 된다. 취업할 시기에 당연히 취업공부를 해야 하는 건 맞지만 여기서 포인트는 '너무 오래'다. 이왕이면 취업공부도 쇠뿔도 단김에 빼는 게 좋다. 물론 현실은 그렇지 않다는 걸 알지만 미련이 남으면 여러모로 곤란하다. 부모와 자기 자신 그리고 현재 나이도 말이다. 때가 되면 새가 혼자 날아야 하듯이 인간도 때가 되면 세상으로 나와야 한다. 한국에서는 진정 리쳐드 바크의 『갈매기의 꿈』이 실현될 수 없지만 일단 날갯짓을 해 봐야 한다. 설령 당장은 먹이를 못 구해도 말이다. 우연히 집어들었던 책 한 권이 그 날갯짓일지도 모른다면 너무 과도한 현실 외면 타입의 몽상가라고 생각할지 모른다. 마케팅화가 되어 유명해졌거나 대중적 인지도가 높은 작가의 책도 좋지만 잘 살펴보면 정말 자신에게 도움이 될 만한 책은 따로 있다. 책 고르는 데 많은 시간을 투자할 수 없으니 이것도 깨어 있는 부모가 도움을 주면 괜찮다. 책 하나와 청소년의 미래 희망에 대한 것은 곧 부모 자식 간의 대화이자 공통 관심사가 된다. 책은 그렇게 연결되어 있다. 한편 독립심을 키우기 위한 경제적 지원과 사고의 독립에 대한 가르침은 부모의 과도한 자식 보살핌과는 구별되어야 한다. 정작 이걸 구분할 줄 아는 사람은 당사자인 부모와 그 자식이어야 한다. 아무리 혼자 무엇을 해야 하는 나이가 다가오지만 우리나라 대학생 정도면 아직 어린이와 같다. 대학생 당사자는 이 말에 너무 열을 낼 필요는 없다. 이런 건 혼자 할 수 있게 오히려 도와주는 일이다. 우리나라의 교육 시스템 그리고 직업에 대한 의식을 볼 때 독서는 허울 좋은 망상일지 몰라 갑자기 우울해진다. 나라는 존재는 혼자서 크지 못한다. 가족과 사회 그리고 다양한 주변부(친구, 책, 여행, 온라인 등)의 영향을 받고 성장한다. 좀 전에 말한 대로 부모가 알아서 다 해 주는 것과 진짜 자식의 케어를 구분 못 하는 부모가 있는 것도 우리 사회의 큰 문제다. 그리고 제일 중요한 건 인성(전인) 교육이다.

그다음의 독서로 가 보자. 직장인의 독서와 노인의 독서는 일반 직장인과 노인이 되어 보지 못해 솔직히 잘 모르겠다. 알고 경험한 것만 말하고 싶다. 여성의 독서 또한 마찬가지다. 마음이 힘들면 감정의 공유가 필요하고 자존감이 떨어졌다면 그런 책을 읽는 것도 중요하다. 하지만 너무 감성적 글만 읽는 건 지양해야 한다. 나를 공감해 주고 이해하는 건 책이지만, 세상이 아니기 때문이다. 나를 위로만 하는 것보다 오히려 질타하는 이성적 올바름의 책을 주는 게 더 나을지 모른다. 그저 "당신이 옳다"라고만 말하는 건 너무 이상(理想)적인 동시에 역설적으로 비현실 안주에 머물러 있다. 우린 모두 마음의 병에 걸린 것만 같다. 세상은 내가 틀리고 다른데 '나다움'만을 강조한다. 그건 오로지 세상일과 세상 사람에 관계없는 '나'일 때만 존재하는 유토피아적 마음가짐이다. 현실은 그런 나다움을 보통 인정해 주지 않는다. 트러블이 없다면 참 좋은 인생이지만 세상은 그리 이상적이지 않다. 언제부턴가 '나다움이' 타인다움과 크게 다르지 않게 되어 가고 있다. 각자만의 삶의 방식이 다르고 생각도 다르다며 억지로 나다움을 강조하는 느낌이다. 최근 그런 책들이 봇물 터지듯 나오다 보니 다들 '자기다움'에 빠져 있다. 그렇게 되면 비판과 이성은 어디에 있어야 하는가. 그게 현실에 있어야 하는데 요즘 시대는 온라인과 에세이에 있어 버린다. 작가들은 듣기 좋은 말과 멋진 표현으로 사람들에게 책의 부정적 위약 효과를 심어 준다. 그 효과가 영원하면 좋겠지만 일시적이고 순간적이다. 나를 제대로 보여 주지도 않았는데 세상 사람들은 피상적인 것만 보고 나를 판단한다. 자신이 이미 유명한 사람이면 그 사람다움이 존재하지만 보통 사람들은 아니다. 세상과 타협하지 말라는 허상을 팔아먹는 시대는 수십 년 전에도 있었으며 현재는 더 잘 팔리는 책이 되었다. 나란 존재는 세상과 타협하면서 그 속에 나다움이 있어야 하는 것인데 눈치 없이 나다움만을 강조한다. 피상과 표상의 세계만 보고 사는 인생이 우리 삶의 대부분이다. 그러다가 멘탈 약한 나다움은 불편한 사람들에게 상처를 받는다. 쇼펜하우어의 『의지와 표상으로서의 세계』 책을 한마디로 요약하여 확대 해석하면 겉으로 드러난 내 의지나 모습만이 의미가 된다.

중요한 건 타인이 말하는 자존감이나 나다움이 아니라 오히려 그것으로부터 자유로워지는 일이다. 즉 나다움 자체도 누군가에겐 강박이다. 진짜 주체성을 가진다면 우리가 꼭 무엇이 될 필요는 없다. 불교에서는 이걸 '자등명 법등명'이라고 한다. 주체성 이후 나의 표출은 그다음이다. 진짜 알아야 할 것은 타인은 나의 진짜 마음에 생각보다 별로 관심이 없다는 점이다. 보통의 타인은 내가 입고 말하고 행동하는 그런 외적인 것을 보며 판단하는 단순한 시선 관찰자일 뿐이다. 그걸로 인해 각각의 주체는 타자에게 선제적 무엇으로 규정된다. 진정한 나다움을 당신이 보지 못하듯 타인도 보지 못한다. 결국 우리는 서로 '너다움'을 알지 못한다. 그걸 보기 위해서 책을 읽는다. 책은 도피처가 되지만 때론 현실주의자로 돌아가게도 해야 한다.

인문학 책은 꼭 읽어야 하나?

아무리 책을 많이 읽고 좋은 말을 들어도 내 마음 하나 먼지만큼 안 바뀌면 그 어떤 독서도 의미가 없다. 부처님이나 하느님 말씀도 그렇고 주옥같은 법정 스님 책이나 즉문즉설을 들어도 마찬가지다. 결국 세상 모두의 아포리아는 결국 "지인자지자지자명(知人者知自知者明)"이다. 노자의 이 말을 해석하면 타인을 아는 건 슬기로운 사람이고 나를 아는 사람은 밝은 이치를 아는 사람이란 뜻이다. 이미 세상에 지혜란 지혜는 거의 다 나왔다. 어떻게 그 표현을 더 멋있게 포장하는지 정도만 책으로 나오는 세상이다. 수필도 인문학이 될 수 있다. 좁은 범위로 한정하면 인문학은 최소 수십 년 혹은 그보다 더 오래된 현자들의 글을 읽고 현시대에 적용해 보는 것이다. 우리에게 그런 인문학의 의미는 이제 조금 바뀌어야 한다. 서두에 말했듯이 인문학은 사람(타인)으로부터 배우는 것이다. 지금은 말로 배우고 글로 배우고 행동으로 배우고 온라인으로 배운다. 미래에는 진짜 사람이 아닌 AI 시스템으로 이뤄진 '대체인간'으로도 배우게 될 것이다. 그게 2100년을 맞이하는 사람들의 자세다. 그런데 요즘 사람들은 온라인으로 뭘 배우는지 모르겠지만 진짜 배우기는 하는 건지 의심스럽다. 현재 온라인의 글은 의견과 비판 그리고 정보인 척하지만 사상을 심어 주고 자본주의 노예가 되며 권모술수만 많아졌다. 성인이 된 사람은 대체 무슨 책을 읽어야 하는가? 이미 인문학 입문의 책은 너무나도 많다. 문학작품, 그리스 로마 신화나 역사, 예술 작품, 유명 철학자의 사상, 전 세계적으로 유명한 학자나 작가의 책, 종교, 기타 다양한 이야기를 꺼내면서 현재 우리 삶을 대입해 보는 게 보통 인문학 책 소개의 주요 전개방식이다. 이 책도 그 구조는 크게 다르지 않다. 다만 기존 인문학 소개 책과 차이점을 말한다면 범위가 광범위하다는 점이다. 인생에 대해서 무엇을 어떻게 해야 한다는 건 많은데 책을 어떻게 해야 한다는 말은 상대적으로 적다. 사실 책이 인생인데 말이다. 물론 책에 대해 다룰 땐 겸손하고 조심스러워야 한다. 타인은 나와 같지 않으며 인생과 마찬가지로 책의 선택은 정답이 없기 때문이다. 말장난 같지만 인문학 책을 꼭 읽어야 하는 이유는 웬만해선 거의 모든 책이 인문학 책이기 때문이다. 공장에서 공산품 찍어 내듯 전문가와 능력주의 인간을 키워 내는 국가가 아니라면 전인 교육의 시작은 책을 읽는 것이다. 사람이 말로 전하는 것과 시험을 위한 공부는 한계가 있다. 현재 우리는 말만 전인 교육이지 눈치 보기로 인해 자기 생각을 제대로 표출할 기회조차 없이 사회로 나온다. 단지 입시 경쟁 때문에 학업이나 입학을 위하여 자기 생각을 잠시 글로 쓸 뿐이다. 그 억압의 반동 때문인지 아니면 사회 문제인지는 몰라도 현대인은 역설적으로 온라인에 엄청난 감정 배설을 해 놓는다. 경쟁한다는 것은 사실 인간의 발전 측면에서 긍정적인 것을 준다. 그러나 그게 오로지 경쟁을 위한 경쟁일 때는 사람에게 스트레스만 준다. 인문학적 소양을 가지고 사회에 나오는 시기는 교육을 받을 때에 주로 이루어져야 한다. 그런데 한국인은 그렇지 못하다. 사회에 나올 때는 이미 자기 고집과 배움이 정해져 있는 상태다. 그래서 그 후 배움의 의지를 가지려는 사람과 자신이 틀렸을 수도 있다는 인식을 가지려는 사람은 생각보다 많지 않다. 결정적으로 사회에 나와서는 먹고사는 데 바쁘다. 미국 하버드 대학의 교육 방법 중 하나는 우리나라로 치면 논술 형태의 말이나 글과 같다. 어떤 주제에 자신의 생각을 말하고 그 생각에 근거를 들어 가면서 복잡한 사회 현상을 설명한다. 마지막으로 자신의 의견(생각)을 제시한다. 그들은 이런 형태의 교육을 오랫동안 훈련받고 세상에 나온다. 이렇게 하려면 자신의 전공 수업만이 아니라 깊게는 아니더라도 인류 전방위적 지식을 알고 있어야 한다. 심지어 운동선수도 그렇다. 우리나라는 어떤가? 시험 문제를 맞히는 실력은 탁월해도 그 지능만큼 자신의 생각을 논리적으로 말하는 사람은 생각보다 드물다. 키스 스타노비치라는 학자는 지능과 합리성은 별개의 문제라고 주장한다. 그도 그럴 것이 우리가 아는 행동 경제학의 시초도 지능과 관계없는 인간의 비합리성 때문이다. 그래서 좋은 대학을 나왔음에도 불구하고 어떤 편향된 신념과 지식, 종교 때문에 정말 엉뚱하고 말도 안 되는 의견(생각)을 가진 다양한 인간을 자주 보게 된다. 정치인만 말하려고 했는데 사실 모든 사람이 이상한 시각을 가진다. 좋은 대학을 나온 사람이든 아니든 혹은 기득권자 여부와 상관없이 인간이라면 서로 양립 불가한 영역이 존재한다. 이걸 샤르트르는 "타인은 지옥이다"라고 표현했다. 물론 이 글을 쓰는 사람도 예외는 아니다. 사람은 그런 존재이기 때문에 책(사람)을 읽어야 한다. 그 중에서도 인문학 책이 필요하다. 그 이유는 이 책 곳곳에서 드러난다.

## 책을 시작하는 사람을 위하여

    이 단락에서는 거시적 관점에서만 다룰 것이며 주제에 따라 미시적 관점을 말해야 하는 건 따로 언급하도록 하겠다. 나이가 들어 새로운 걸 습관들이기란 쉽지 않다. 아침저녁으로 책을 몇 글자 보든 점심시간에 짬을 내서 보든 책을 보려는 습관을 가진다는 건 매우 좋은 일이다. 개리 마커스의 『클루지』라는 책이 있다. 클루지(Kluge)란 사람의 삶은 모두가 첫 경험이기 때문에 시행착오나 실수를 하곤 하는데 그런 과정에서도 인간은 무엇을 배우고 고쳐 갈 수 있다는 걸 의미한다. 처음엔 다들 막막하고 두렵다. 그러나 서서히 배워 가면 내가 배웠던 사람 혹은 내가 읽었던 책보다 더 뛰어난 사고방식과 삶을 전개할 수도 있는 게 우리 인간이다. 배움과 경험 없이 대단한 발견과 발전이란 있을 수 없다. 인간만이 아니라 책 자체도 클루지가 될 수 있다. 인간이 쓰는 책도 실수를 하기 때문이다. 어쩌면 이러한 선순환이 인류 발전의 원동력이 됐을지 모른다. 그렇다면 어떤 책을 먼저 읽어야 할까? 여기에서 중요한 단어는 '먼저'다. 독서의 방법론과 종류는 매우 주관적인 영역이라 함부로 말할 수 있는 건 아니다. 그저 '이 글은 이렇게 이야기하고 저 글은 저렇게 이야기하는구나' 정도로 생각했으면 좋겠다. 자신의 상황, 성향, 필요성 등에 따라 자신만의 독서 방법을 만들면 된다. 사유의 동면은 책을 잘 모르는 사람이나 책 읽기가 막막한 사람들을 위해 백지 상태일 때를 가정하고 말하는 것이다. 앞서 인문학 입문서의 책 기본 전개 과정을 말했었다. 거기서 힌트를 얻는다면 무슨 책부터 읽어야 하는지 감이 온다. 죽기 전에 읽어야 할 백 권의 책 혹은 천 권의 책을 검색해 보면 주옥같은 서적들이 나온다. 동서양의 고전 및 유명 사상가의 문학작품 등 읽어야 할 게 참으로 많다. 어차피 평생 읽을 생각을 한다면 그 숫자에 놀라거나 겁먹을 필요는 없다. 왜 그 책들이 필요할까? 철학적인 책마저도 기존 철학자의 사유를 비판 논증하면서 책을 전개하는데 일반적인 도서가 다른 책이나 인물을 언급하지 않고서 책을 다 써 내려가는 건 거의 불가능에 가깝다. 나만의 철학이나 시, 수필 등만 쓸 것이 아니라면 말이다. 세상의 철학을 알고 나의 현실이 적절히 조화를 이룰 때 좋은 책의 안목이 생긴다.

보통 우리는 공부에 대해서 기초 지식이나 배경지식을 이야기한다. 덧셈, 뺄셈, 곱셈, 나눗셈만 안 상태에서 이차방정식 즉 근의 공식을 모르고 바로 미적분을 배울 수는 없다. 책은 그 정도까지는 아니지만 적절한 순서를 정해서 읽는다면 더 효율적이다. 시중의 인문학 책 입문 관련 아무 책이나 딱 세 권만 훑어봐도 공통점을 발견할 수 있다. 가령 이런 것이다. 그리스 로마 신화를 언급하면서 책의 분량을 어느 정도 채우고 이것을 문학이나 소설 혹은 영화 등으로 연계하여 현시대의 상황을 살핀다. 세이렌의 신화는 호메로스의 저서 『오디세이아』나 괴테의 『파우스트』에서도 발견할 수 있다. 만약 『오디세이아』를 안 읽었거나 세이렌 신화를 모르면 이것에 대해 부연 설명을 해 주지 않는 한 독자는 아무것도 알지 못한다. 세이렌 신화도 알려 줘야 하고 오디세우스의 그 상황도 설명해 줘야 한다. 세이렌은 그리스 신화에 나오는 반인반수의 동물로 바다를 건너는 사람들에게 유혹의 노래를 불러 죽음에 이르게 한다. 이것을 심지어 어느 작가는 심리학과 윤리비평의 영역까지 끄집어낸다. 방금 이야기한 신화와 책은 매우 유명한 것이기 때문에 웬만큼 책을 읽은 사람은 모두 알 수 있는 내용이다. 독서량이 많고 상식이 꽉 찬 사람조차도 간혹 모르는 지엽적인 이야기를 꺼내면서 책을 쓰는 작가가 있는데 그런 것은 어쩌다 있을 때만 좋아 보인다. 그것이 주가 되어서는 안 된다. 어쨌든 책을 많이 읽어 본 사람은 이미 경험해 봤기 때문에 올챙이나 병아리 적 자신을 생각하여 책 초심자에게 어떻게 하면 더 좋은 책 읽기가 되는지 조언해 줄 수 있다. 아주 유명하면 그냥 읽어야 한다. 그렇다고 무조건 다 읽으라는 소리는 아니다. 책이나 작가가 유명해서 읽었더니 진짜 별로였던 건 생각보다 많다. 물론 그렇게 느끼는 작품은 사람마다 다르다. 성경이나 그리스 로마 신화는 양이 방대하여 그걸 업으로 삼는 사람이 아니고서는 외우기가 쉽지 않고 내용도 모두 알기란 거의 불가능에 가깝다. 그래서 일부만 알아도 괜찮다. 마르크스의 자본론 또한 마찬가지고 헤겔의 철학 원문도 그렇다. 시중엔 유명 책의 요약본이나 중요한 부분만 떼어 와서 쓴 책이 많다. 그럴 땐 두꺼운 책보다 이런 책으로 읽는 것이 훨씬 이득이다. 칸트의 『순수 이성 비판』이나 하이데거의 『존재와 시간』을 다 읽었다고 치더라도 보통 사람은 한 번 읽은 것만으로는 모두 이해할 수 없으며 핵심을 찾기도 쉽지 않다. 그리고 설령 읽었더라도 복습하고 되새겨 보지 않으면 시간이 지남에 따라 내용이 거의 기억나지 않게 된다. 다른 두꺼운 철학서나 경제학 도서도 마찬가지다. 어떤 직업의 전문가들이나 책을 깊게 파고든 사람들이 보통의 사람을 위하여 내놓는 책이 있다. 어떤 것은 반드시 그 책 전체를 읽어야 하는 것이 있고 어떤 것은 굳이 그렇게 하지 않아도 되는 책이 있다. 후자의 독서가 가능하면 그렇게 읽는 게 보통 사람에게 여러모로 이득이다. 동양 고전에 심취해서 이것만 파고드는 사람은 사서삼경을 처음부터 끝까지 들여다볼 것이다. 그러나 보통 사람은 듬성듬성 봐도 되고 요약본을 봐도 상관이 없다. 그건 소설이 아니기 때문에 중요 부분이나 에피소드 위주로 보는 게 어쩌면 더 나을지도 모른다. 우연히 어떤 요약본의 책을 읽었는데 마음에 와닿아 더 자세히 읽고 싶은 사람은 나중에 따로 전체 내용을 읽어 보면 된다. 인문학 고전이라고 하면 마치 두꺼운 논어를 읽어야 하고 십자군 이야기를 다 읽어야 할 것처럼 생각하지만 그렇게 하지 않아도 된다. 다만 어떤 부분은 빙산의 일각일지라도 대략의 역사는 알고 있어야 한다. 반드시 읽어야 할 책은 반드시 없으며 무슨 책부터 읽어야 하는지 순서도 없지만 웬만해서는 먼저 읽어야 할 책이 있고 미리 알아두면 좋은 책 읽기의 지식인 것도 있다. 앞으로 책을 읽으면 특정 신화 이야기나 오디세이아 같은 책을 수도 없이 보게 될 것이다. 그렇다면 결론이 나온다. 먼저 「오디세이아」를 읽어야 한다. 아주 자세히 다 알 필요는 없다. 책이 재밌으면 천천히 정독하면서 읽어도 되고 아니면 빨리 넘어가고 싶은 건 넘어가도 된다. 그 책이 좋다면 두 번 이상을 읽고 자기 것으로 만드는 것도 괜찮다. 책을 다양하게 읽으면 좋겠지만 어떤 이에게는 자세히 읽는 것도 소중한 부분이기에 그것도 찬성한다. 책의 배경지식 쌓기는 우리나라 역사 알기와 비슷하다. 삼국시대부터 현대사까지 학창시절 아예 책과 담을 쌓아 놓고 산 사람이 아니라면 굵직굵직한 각 시대 히스토리는 알고 있으리라 생각한다. 예를 들어 조선시대 생육신 사육신 인물은 몰라도 이 단어가 무얼 의미하는지만 알면 된다. 딱 그 정도가 우리의 책 읽기 기본 지식이다. 세세하게 알아야 할 사회적, 역사적, 정치적인 부분도 있지만 웬만해서는 다 알 필요가 없다. 역사 이야기가 나온 김에 이 부분도 한번 언급해 보겠다. 책을 꾸준히 읽다 보면 예수의 시대나 로마 시대를 알아야만 하는구나! 라고 생각하게 될 때가 분명하게 온다. 예수의 시대를 알려면 성경의 내용도 대략 알아야 하고 성경을 알다 보면 로마 제국이나 이집트, 중동 지방의 역사도 알 수밖에 없다. 로마를 알기 위해 그 유명한 에드워드 기번의 『로마 제국 쇠망사』를 꼭 읽을 필요는 없다. 아까 말했듯이 이 책도 굳이 몰라도 되는 철학서처럼 지엽적인 부분이 많이 나오기 때문이다. 로마 시대를 대략 풀어 써 놓은 책은 아주 많다. 그것을 읽으면 된다. 많이도 아니다. 이와 관련 책 두세 권만 진득하게 읽어 보면 대략적인 뼈대는 알 수 있다. 가령 몬타넬리의 『로마 제국사』, 보리오의 『로마의 역사』 등이 있는데 이들 책도 지엽적인 부분이 있다고 생각하면 이보다 더 쉬운 로마 관련 책을 읽어도 상관이 없다. 우리 역사도 모르는데 남의 역사도 알아야 한다는 자괴감을 가질 필요는 없다. 이런 세계사 알기는 최소한의 지식 예의를 자신에게 주는 유용한 일이다. 가령 조금만 더 심층적으로 세계의 역사를 알게 되면 현재 팔레스타인과 이스라엘 전쟁을 보는 시각이 타인의 얘기나 뉴스의 판단에만 맡겨지는 게 아니라 자신만의 관점을 가질 수 있다. 이게 바로 책 읽기의 목표 중 하나다. 즉 자신의 관점 찾기와 중심 찾기를 할 수 있다. 단순히 로마 시대뿐만 아니라 세계사 부분도 우리나라 역사만큼 기본 뼈대는 알고 있어야 한다. 보통은 세계사가 기독교와 연관이 되어 있어서 결국 무신론자도 기독교 역사를 읽을 수밖에 없다. 또 무엇을 읽어야 할지 결론이 나와 있다. 기독교 서적을 읽다 보면 이것은 곧 세계의 역사와 관련이 있고 세부적으로는 로마나 중동의 역사(이슬람의 역사)와 떼려야 뗄 수가 없다는 걸 알게 된다. 우리는 또 머릿속에 적어도 과거나 현재의 세계 지도를 대략적으로 알고 있어야 한다. 가령 이집트 옆에는 홍해, 홍해 위로는 지중해와 유럽(아래로는 카르타고 위로는 스파르타), 홍해 오른쪽 옆에는 팔레스타인과 이스라엘, 홍해 오른쪽 위쪽에는 시리아 그 아래엔 이라크가 있다는 것을 알아 두면 좋다. 그리고 드넓은 사우디아라비아와 그 위쪽으로 올라가면 유프라테스 티그리스 강까지 해서 책 읽는 사람은 세계사 밑그림을 대충이라도 머릿속에 그리고 있어야 한다. 그러면 책 읽기가 한층 쉬워진다. 성경의 출애굽기와 역사는 바로 여기서부터 시작한다. 우리가 잘 아는 문명 발상지 메소포타미아는 두 강 사이라는 뜻으로 유프라테스 티그리스 강을 의미한다. 이런 중동지방 지도 외에 지중해, 그 위로는 흑해 그 양 옆으로는 유럽의 도시가 있으며 마지막으로 소아시아 튀르키예가 있다. 현대에 와서 발칸 반도를 이해하기 위해서는 민족적·문화적·역사적 차원 외에 지정학적 위치가 매우 중요하다. 대표적인 곳이 구 유고 연방 국가 크로아티아·세르비아·불가리아·보스니아 등의 분쟁이다. 이들 나라는 지정학적 위치를 바탕으로 인종적 차원, 종교적 차원(그리스 정교, 이슬람, 개신교인들의 혼합으로 분쟁이 끊임이 없다. 인종과 종교가 혼합하여 더 복잡하다) 그리고 정치적 차원의 분쟁을 동시에 가진 경우가 많다. 우크라이나와 러시아 전쟁 그리고 아프리카 내전도 바로 이런 복합 요인이 동시에 작용한다. 동시에 리더의 중요성이 얼마나 중요한지 알 수 있다. 이들의 분쟁은 단순히 정치 경제적 문제로만 끝나지 않는다. 혹시나 이런 분쟁이 있다고 하여 유럽 대륙 일부와 아프리카 대륙 상당수 분쟁 국가를 인류애가 없다든가 미개하다고만 생각해서는 안 된다. 우리나라도 지정학적으로 북쪽엔 러시아(과거로 치면 중국 및 북방민족) 양쪽에는 중국과 일본(왜) 강대국 틈에 끼어서 과거엔 침략당하기 바빴다. 물론 이런 정보는 세계지도를 몰라도 되지만 이걸 알고 있으면 책을 읽을 때 많은 도움이 된다. 로마 전쟁사나 그리스 전쟁을 보면 카르타고와 스파르타가 어디에 있는지, 그 외 지중해 연안 다른 도시 국가가 어디에 위치하고 있는지를 대충이라도 알고 있어야 한다. 우리가 잘 아는 포에니 전쟁이나 펠로폰네소스 전쟁이 이런 것에 속해 있기 때문이다. 여기서 우리는 책이 결코 독립적이지 않다는 것을 알수 있다. 예수는 알고 무하마드를 모르는 건 한국사 시험을 볼 때 고려시대만 공부하고 조선시대는 공부를 안 하는 것과 비슷하다. 이렇게 말하니 역사 하나만 알려고 해도 온갖 것을 봐야 할 것 같아서 지레 겁부터 먹을 수 있는데 사실은 그렇지 않다. 관련된 서적 한두 권만으로 다음 단계로 넘어갈 수 있다. 왜냐하면 자신이 굳이 이런 것을 찾아 읽지 않더라도 다른 책을 읽어 보면 이런 비슷한 내용이 꼭 나오기 때문이다.

 여기서는 그런 뼈대 지식을 될 수 있으면 알아 가야 하니 좀 더 관심을 갖자는 차원으로 환기시키는 중이다.

 이번엔 문학작품을 한번 예로 들어 보자. 설령 안 읽어 봤을지언정 누구나 한 번쯤은 들어 봤을 법한 책의 제목이 『죄와 벌』이다. 앞으로 『죄와 벌』은 여러 다른 책을 읽을 때 수도 없이 접하게 될 것이다. 저자 도스토예프스키는 입에 착착 감기지 않아도 책의 제목은 낯설지 않다. 더 나아가서는 책을 읽지 않았는데도 줄거리만 아는 사람도 있을 정도다. 작가와 일반 사람의 『죄와 벌』 언급은 과거에도 그랬고 지금도 그렇고 앞으로도 계속된다. 어떤 이는 지루하다고 생각할 수 있지만 일단 기본 소재가 흥미롭다. 재미가 없더라도 유명한 문학작품이니까 읽어야 한다. 다만 방금 한 이 말을 선택해서 들어야 한다. 역설적으로 들리겠지만 전 세계적 베스트셀러고 국내 베스트셀러 책이라고 해서 꼭 읽어야 하는 책이란 없다. 이건 오랫동안 회자되었고 또 앞으로도 회자될 세계 명작이라고 하니 읽으라는 것이지 가령 『아버지의 해방 일지』나 『불편한 편의점』을 꼭 읽을 필요는 없다는 뜻이다. 당연히 안 읽는 것보다 이런 책도 읽으면 좋지만 배경지식을 위해서 먼저 봐야 할 책들을 지금 이야기하고 있다.

 책은 독립적이지 않다고 한 말은 문학작품에서도 당연히 증명이 된다. 문학작품에는 또 예술이 들어 있을 수 있고 종교적 관점이 들어갈 수도 있다. 이것은 추후 많은 책으로 증명이 될 테니 지금은 따로 언급하지는 않겠다. 그렇다면 과학 서적은 어떻게 될까? 이것은 일반 책과 확실히 구분이 되고 독립적인 게 아닌가 생각할 수도 있다. 가령 토머스 쿤의 『과학 혁명의 구조』라는 책 제목만 생각하면 완전히 과학책이 된다. 양자역학에 기여한 과학자 하이젠베르크의 『부분과 전체』도 과학 이야기만 할 것 같다. 그런데 이 책들은 과학에 대한 철학적 사유나 인식론적 관점이 들어 있다. 특히 하이젠베르크는 과학 설명에 언어의 소통 한계와 인간의 표현 능력의 불완전성을 내비친다. 마치 그의 업적인 불확정성의 원리와 비슷한 느낌이다. 칸트와 데카르트는 오로지 철학자만이 아니었다. 스피노자는 도덕(윤리)을 기하학적으로 정해진 것이라고 하면서 기하학에 관심을 두었다. 더 거슬러 올라가 아리스토텔레스는 사상가이지만 물질의 실체와 형이상학의 관념을 과학적으로 설명하려고 했다. 그렇다면 또 과학 비슷한 책도 읽어야 한다는 결론이 나온다. 계속 이런 식으로 역지를 만드는 거 아니냐고 물을 수 있지만 그렇다고 대답하고 싶다. 아주 억지까지는 아니고 책의 다중성이라고 생각하면 된다. 밤하늘에 보이는 별이 우리 눈에는 다 비슷하게 보이듯 책도 멀리 보면 그렇다. 당연히 하나하나 가까이 보면 책의 융합보다는 차별성이 더 클 것이다. 별의 진짜 모습처럼 말이다.

이런 개별성과 통합성을 가지고 있기 때문에 책의 구분은 쉽지 않다. 『사유의 동면』이라는 이 책은 인문학을 위한 책일지 사회과학 도서가 될지 초반만 봐서는 모른다. 그 기준의 명확성도 주고 싶지 않고 그렇게 책을 쓰거나 의도하지도 않으려고 한다. 다만 도서관의 분류 차원에서는 누군가는 결정을 하게 되고 타인을 생각해서도 분류를 해야 한다. 도서관의 분류라는 이야기가 나와서 한마디 하자면 처음에 도서를 분류할 때는 알파벳 순서로 했다. 동양에서는 기원 전후로 도서 분류가 시작되었고 한(漢)나라 시기엔 유향이라는 학자가 왕실 도서관을 7가지로 구분하였다. 그 후 한참 동안 도서의 표지나 제목 및 내용에 따라 분류를 하다가 근현대로 들어오면서 현재의 분류 기호와 세부 기호인 십진법 분류로 이어지게 된다. 분류의 기준이 명확하지 않은 책들도 현재는 많아지고 있는데 우리 사회가 그만큼 복잡하고 할 말이 많아서일지도 모른다. 사유의 동면 시대에 무슨 책을 읽으라는 것도 어떻게 보면 욕심이다. 책 좀 읽어 보겠다는데 그냥 아무거나 읽으면 되지 굳이 이렇게까지 해야 하나 싶다. 이렇게 구구절절 이야기하지 않아도 그저 책 한 권 완독하는 보람을 가진 사람이 있으면 그것만으로도 훌륭하다.

미래엔 책이 필요 없을까? 이제는 내가 말하지 않고 타인과 대화하지 않아도 세상이 흘러가는 AI 시대에 접어들었다. 듣는 것도 쉬워지고 보는 것도 쉬워져서 책은 이제 필수 요건이 아니다. 글도 챗GPT가 써 주는 세상이다. 인공지능에 인간이 도움을 받는 건 좋은 일이지만 신체 및 생각 의존증은 꼭 좋은 일만은 아니다. 이러면 진짜 병든 인간이 된다. 미래엔 사람의 생각이 퇴화되어 인공지능이 대신 생각해 주는 디스토피아 세상이 올지 모른다. 그러나 사람 냄새와 종이 냄새가 필요한 사람은 언제나 있기 마련이다. 진짜 자연의 흙냄새와 바다 냄새를 맡아 본 사람은 사막과 우주에 대규모 인공 도시를 건립해서 산다고 해도 그런 인공 세상에 과거 향수 없이 살지는 않는다. 이런 경험이 없는 인생을 살아갈 면 미래 세대는 모르겠지만 적어도 이 시대에 태어났고 죽을 사람들은 저마다 향수를 가지고 산다. 책도 그중 하나다. 인류의 지식저장은 칩 하나로 끝낼 수 있지만 다양한 인간의 마음과 생각지도는 미래에도 계속되어야 한다. 그렇다면 책에서는 무엇을 배울 수 있을까?

# 이것이 다 책임감?

 아주 어렸을 때 읽었던 유머 책에 책임감에 대한 내용이 있었다. 다음 이야기는 '최불암 시리즈'가 있었던 그 당시 아재 농담이라고 보면 된다.
 손자가 학교에 돌아와서 책가방을 펼치는데 할머니가 보기에 손자의 책가방 속에 책이 너무 많아 보였다. 그래서 할머니가 손자에게 묻는다. "이것이 다 책임감?" 재미도 없고 감동도 없는 이 이야기를 왜 수십 년째 기억하고 있는지 모르겠다. 책은 사람이고 사람이 곧 책인데 여기엔 책임감이 있어야 한다. 관점에는 차이가 있을 수 있지만 사실과 가치판단은 구분할 줄 알아야 한다. 특히나 정치적 관점은 개인의 편향이 들어가는데 이걸 더욱 구분하지 않고 사는 사람이 있다. 여기에 종교적 시각까지 들어가면 인간이지만 인간으로서 대화할 수 없는 수준에 이르게 된다. 이럴 땐 타인과 논쟁하지 말아야 한다. 혐오할 필요도 없고 사실을 강요할 생각도 하지 말아야 한다. 경청은 삶의 지혜지만 무언(無言)은 삶의 행복이다. 그 대신 좋은 책을 이야기하고 의견과 사실을 구분하는 사람이 되어야 한다. 그럼에도 불구하고 논쟁적으로 한번 들어가 보자. 이런 비슷한 이야기는 앞으로도 간혹 하게 될 것이다.
 히틀러는 역사에 태어나지 말았어야 할 인물이지만 히틀러가 해 온 긍정의 것들만 가져와서 그를 긍정적으로 보는 사람이 있다. 우리나라도 마찬가지다. 그게 신나치가 되고 신친일파(뉴라이트)가 된다. 영국의 존 달버그 액턴이라는 사람은 "권력은 부패하기 쉽다. 절대 권력은 절대 부패한다."라는 유명한 말을 남겼다. 독재는 반드시 높은 확률로 생명권을 무시하고 무고한 사람을 죽인다. 드워킨이라는 학자는 인권을 강조하면서 공동선(公同善)보다 한 사람의 인권이 더 중요하다고 주장했다. 예를 들어 눈이 안 보이는 사람, 팔이 없는 사람, 신장이 제대로 작동하지 못한 사람 등 세 사람이 있다고 가정해 보자. 건강한 사람 한 명을 죽여서 눈과 팔이 없고 신장이 안 좋은 사람을 위해 나누어 준다고 주장하면 사회적으로는 공공선(公共善)이나 공리주의에 언뜻 합치되어 보인다. 그러나 개인의 절대 권리인 생명권은 보호받지 못한다. 이걸 드워킨은 지적한 것이다. 우리나라 현대사로 들어오면 독재의 시대 때 수많은 사람이 반헌법적인 국가 권력에 희생되었다. 과거와 달리 현재 우리나라는 독재자 한 명이 아니라 정치에 매몰되고 권력의 하수인이 된 여러 집단들이 사람을 죽인다. 생각해 보면 우리나라가 완전히 민주주의를 갖추게 된 건 87년 이후이기 때문에 민주주의 완성이 그렇게 오래된 것이 아니다. MZ 세대 중 M세대는 민주화 운동 끝자락에 태어났다. 이승만, 박정희를 공과(功過)로 구분하는 것 자체가 반헌법적이다. 왜 반헌법적인지 우리나라 헌법을 한번 읽어 보길 바란다.

　우리 헌법 제1조 2항은 "대한민국의 주권은 국민에게 있고 모든 권력은 국민으로부터 나온다."라고 규정하고 있다. 다른 헌법조항 보기도 전에 헌법 두 번째 줄부터 이미 그들이 반헌법적 독재자라는 걸 바로 알 수가 있다. 그런 독재자들을 옹호하면 당연히 옹호한 그 사람도 반헌법적인 인간이 된다. 그러나 현실은 이와 다르다. 진정 이렇게 생각하지 않는 사람들은 콜래트럴 대미지 같은 생각에 빠져 있거나 특정 신념이 강해서 잘못된 정보를 굳게 믿고 있는 사람이다. 콜래트럴 대미지란 쉽게 말해 피해의 불가피성을 말한다. 우리나라로 치면 이런 사람들 대부분은 자기 마음의 반대편인 '좌파 빨갱이'라는 결론을 정해 놓고 모든 의식흐름을 여기에 끼워 맞춘다. 그렇기 때문에 허상의 세뇌로 평생을 살아가며 자신들이 지지했던 정당이나 대통령에 매번 속고도 다시 지지한다. 사실 속는 게 아니라 공범이라고 하는 게 이제는 정확한 표현이다.

공과 과의 기준이라면 히틀러뿐만 아니라 아프리카 짐바브웨의 무가베, 리비아의 카다피도(비참하게 생을 마감했다) 재평가해야 한다. 단순히 역사적 착오나 불가피한 사상자가 아닌 확실한 학살이나 살인이 있었다면 그저 그들은 학살자일 뿐이다. 민청학련 사건의 피해자나 5.18 희생자의 가족이라면 박정희나 전두환을 더욱 그렇게 볼 것이다. 자신의 일이 아니라고 신념을 가진 사람이 의문답지도 않은 의문을 제기하거나 함부로 말하면 안 된다. 그건 인간이 할 사고가 아니다. 불가피성과 의도성은 완전히 다르다. 또한 이런 생각은 감정적이거나 성향으로 인한 평가도 아니다. 책의 책무를 말하려다가 너무 정치적 이야기로 들어가는 것 같아 이 이야기는 이쯤 하겠다.

책을 자신의 성향과 맞게 고를 사람은 한쪽으로 치우쳐 읽어도 그 사람 인생이니 상관이 없다. 문제는 그런 사람들이 꼭 역사적 사실을 교묘하게 이리 틀고 저리 틀어서 오염시키고 반대편 사람을 재단한다는 데에 있다. 유일하게 나쁜 책이 바로 이런 것들이다. 이성과 신념을 구분하지 못하고 교조주의에 빠진 책은 읽지 않는 것이 오히려 좋다. 만약 그런 책을 읽었다면 반드시 그에 대한 반대편의 책을 동일한 마음으로 편견

없이 읽어야 한다. 그런데 과연 이런 책 읽기를 하는 사람이 얼마나 될까. 가령 시중에는 책의 제목이 "○○의 종말"로 나온 게 꽤 된다. 후쿠야마의 『역사의 종말(종언)』부터 시작해서 『육식의 종말』, 『노동의 종말』, 『노화의 종말』, 『평균의 종말』 등이 있다. 그런데 이런 주장을 비판한 서적도 간간히 나온다. 철학 서적에서 느끼는 감정 중 하나는 어떤 철학자의 사유를 읽을 때 어떻게 이런 생각으로 사유를 전개하는지 놀라는 일이다. 나중에 그 책을 비판하면서 논증하는 또 다른 철학서를 보고 있으면 이번엔 그 책에 정신이 팔려 대단한 사유라고 느낀다. 내가 보는 책을 비판적으로 수용할 줄 알아야 하는데 인간은 이성을 가지고 있음에도 쉽게 그러지 못한다. 그런 사람은 심리학적으로 순응과 복종과 같은 감정을 가진 상태에서 책을 읽게 된다. 일부는 신념이나 성향의 동질감을 가진다. 그래서 책을 읽고도 그 책의 문제점을 발견하지 못한다. 책도 그렇지만 인간은 기본적으로 화자의 이야기에 생각보다 쉽게 선동되기 때문이다. 더 나아가서 유명한 사람이 쓴 책이나 주장은 더욱더 의심 없이 믿게 된다. 이와 관련한 심리실험이 하나 있다.

밀그램의 실험은 그 흰색 가운의 '권위' 때문에 사람들이 비합리적인 상황에서도 저항하지 않는(결국 제대로 비판적 사고를 하지 않는)모습을 여실히 보여 준다. 그래서 그 유명함을 이용하여 사기를 치는 세상이 과거에도 현재에도 만연한 것이다. 설령 그 유명한 자가 본인이 아니어도 타인의 명성을 이용해 사람을 쉽게 속이려고 한다. 요즘 세상에는 주식 투자나 부자 되는 법도 그중 하나다. 특히나 위험한 건 그것이 사상이나 건강에 관한 것일 때이다. 건강 관련 서적만 보면 누구는 이렇게 말하고 누구는 저렇게 말하는 상황을 많이 접하게 된다. 여기서 또 세세하게 들어가면 건강보조식품 관련해서도 그렇다. 정말 무엇을 믿어야 할지 모르는 게 건강 도서다. 마치 유튜버들이 '운동과 건강을 위해서 이거 하지 마세요!' 혹은 '이거 하세요!' 등의 제목으로 관심을 끌고 조회 수 높이기용 발언만 하는 것과 같다. 책을 쓰고 무엇을 가르치는 사람은 현재 많이 알고 있더라도 배우는 사람보다 더 열심히 공부해야 한다. 반면에 독자는 책을 읽을 때 자신이 보고 싶은 부분만 보고 믿고 싶은 것만 믿으면 정말 위험할 수 있다. 특히나 건강이나 가치판단의 영역이 존재하는 글에는 이 사람 저 사람 말을 들어 봐야 한다. 그래야 자신에게 탈이 없다. 범죄 수준의 내용이 아니라면 어차피 책임은 말하고 글 쓰는 사람이 아니라 글을 읽는 자기 자신에게 있다. 최종 판단의 몫은 각자의 것이기 때문이다. 세상에는 아닌 것은 아니라고 반드시 말해야 하는 것이 있고 또 어떤 것은 정답이 없는 것들이 있다. 전자의 경우 사람들이 침묵할 때 사회는 병들고 후자의 경우 정답을 강요할 때 사회가 병들게 된다. 말의 무게만큼 글의 무게도 책임이 한가득하다. 그렇다고 책에 의심만 가득하거나 반대로 환상을 가지라는 건 아니다. 몇 권의 책만 읽어도 책을 자신의 삶으로 만드는 사람이 있고 수천 권 이상을 읽어도 발전이 없는 사람이 있다. 요즘 시대에는 어디서나 배울 수 있다. 글만이 아니라 스마트폰 하나면 거의 모든 것이 가능하다. 주옥같은 네티즌의 어록만 모아도 몇 권의 책이 나온다. 완전한 정보는 아니지만 나무위키만 훑어봐도 많이 배우는 듯하고 지식 유튜브 몇 개만 시청해도 앎이 쌓이는 듯하다. 그러나 그것만으로 지식을 끝내는 건 대단히 위험하다. 디지털 지식과 책은 조금 다르다. 책이 쉽게 나오는 듯 하지만 또 어렵게 나오기도 한다. 책이 나오기까지는 몇몇 과정이 있다. 책은 단순히 몇 글자로 끝날게 아니기 때문에 글을 쓰는 사람은 그나마 감정을 조절하고 여러 정보를 검색하면서 몇몇 오류를 발견하게 된다(다만 이 책은 95% 머릿속 지식으로만 쓰였기 때문에 그런 좋은 책의 과정과는 거리가 멀다). 책이 세상에 나온다는 건 글을 씀과 동시에 스스로 관점정제와 비슷한 비판의 사고를 한번 거친 것과 같다. 그래서 책은 온라인의 온갖 투석된 글들처럼 배설물 수준까지는 되지 않는다. 나를 돌아보게 하는 모습은 글을 쓸 때의 저자나 그걸 읽는 독자나 함께 내재하고 있다. 이렇게 책은 얼마나 좋은 역할을 하는가. 배설의 총체가 모이고 인스턴트 지식에 온갖 커뮤피셜적 온라인 세상에만 사는 우리에게 책은 그나마 위안이 된다. 커뮤피셜은 커뮤니티와 오피셜의 합성어로 이 책이 만든 신조어다. 그런 온라인에서는 좋은 결론의 변증법이 거의 존재하지 않기에 인간은 책을 필요로 한다. 책 『인셀테러』를 보면 어떤 이즘과 반이즘 사상을 가진 여성과 남성의 대립을 이야기하는데 거의 모든 내용이 커뮤니티 속 남녀 주장을 가지고 책을 전개한다. 그보다 훨씬 많은 오프라인 사람들의 생각은 발현되지 않고 극렬한 목소리에 잠식된다. 수많은 사람이 모여들어 만드는 커뮤니티의 배타적 정체성과 관점 대립의 가장 큰 문제점은 종국적으로 해결책이 아니라 싸움으로 귀결된다는 점이다. 들뢰즈의 '소수성' 개념을 커뮤니티에 연계한다면 신념자들은 싸움이 일어날 수밖에 없는 필연성을 가진다. 소수는 항상 다수가 되기를 욕망하기 때문이다. 이게 들뢰즈와 가타리가 말했던 메이저리티에(다수성) 대항하는 소수성 개념이다. 그런데 현대사회는 굉장히 복잡해졌다. 현실은 다수에 속하지만 온라인에서는 또 각자가 특정 영역에 '소수 정체성'을 가지는 경우가 아주 많다. 우리 모두는 소수이자 다수이며 다수이자 소수의 존재로 살아간다. 그렇기 때문에 온

건주의자나 합리주의자가 다수를 차지하지 않는다면 무제한적인 싸움이 일어난다. 커뮤니티는 거의 무정부 상태에 놓여 있다. 마르크스가 말한 이상적 상태의 국가는 사실 프루동의 아나키스트가 아니라 커뮤니티다. 물론 현대 커뮤니티는 마르크스가 말한 그 커뮤니티와 다르다. 어둠의 심연에서 나와 밝은 존재를 찾아 나서야 하는데 온라인은 인지편향과 귀인 오류 때문에 긍정의 결말을 가져오지 못한다. 그러다 보니 반목하고 서로에 대해 분노하는 마음만 커진다. 문제는 대화법과 집단의 언어다. 상당수의 커뮤니티는 쓰는 언어부터 다르다. 대부분 닫힌 언어를 쓰고 마커들이 활개를 치며 거의 모든 상황과 사람이 성급하게 일반화된다. 결국 커뮤감옥의 생각의 틀에 갇혀 사고방식의 확장이 불가능한 상태가 된다. 책은 그런 면에서 정신 회복 탄력성을 주며 대화 매개체가 되기에 현대인에게 더욱 필요하다. 먼저 의사소통인 다리가 무너졌기에 일단 만나려면 다시 연결해 줘야 한다. 그런 교량 역할을 하는 게 바로 책이다. 요즘은 지성인이 되라고 말하기보다 반지성만 아니면 다행인 세상이다. 다만 최종적 결정은 타인과 타인의 접촉에서 인간이 결정할 뿐 책이 모든 것을 결정해 주지 않는다. 그래도 마음속의 평화, 건전한 비판, 공감, 배려, 박애, 연민, 사유, 지식, 분석과 해석 등을 기제로 한 책은 최소한의 역할을 한다. 이와 관련하여 심리학적으로 '접촉이론'이란 게 있다. 사람의 눈과 표정을 보지 못하고 혐오와 오해가 난무하는 세상에서 타인을 위한 간접 접촉은 서로를 이해하는 데 도움을 준다. 즉 여행이나 책, 사람과의 관계 맺음이 혐오와 극단의 완충 역할을 수행한다. 커뮤니티형 인간보다 이런 접촉노력의 사람들은 그나마 인간애가 있는 사람으로서 전혀 그런 마음이 없는 『이기적 유전자』의 사람과 질적으로 다르다. 장벽을 뛰어넘는 사람은 얼마나 아름다운 사람인가. 특정 연령, 특정 주제로 각각의 동질감을 얻는 커뮤니티 사람들은 취향뿐만 아니라 감정의 공감까지 비슷하다. 그래서 군중심리의 장벽을 뛰어넘지 못한 경우가 많다. 군중심리의 단점이 잘 나타나는 건 솔로몬 애시의 실험에도 드러난다. 솔로몬 애시의 실험 핵심은 "자신을 제외한 다른 사람들이 틀린 답을 말할 때 나중엔 정답을 알면서도 다른 사람들처럼 틀린 답을 말할 확률이 75%나 된다"라는 것이다.

반면 에바 일루즈의 『감정 자본주의』는 이런 감정을 오로지 부정적으로만 보지 않는다. 당연하게도 우리의 집단 감정 및 개인 감정은 의미가 있다. 그러나 지금은 모두 똑똑한 시대가 아니던가. 광장에 못 나왔던 우리 인간은 이제 모두가 광장에 익명으로 나온다. 우리는 덜 유명하고 과거 사람보다 덜 똑똑한 사람이더라도 더 영향력 있는 사람이 되고자 한다. 서로가 빠른 만큼 문제인식은 느리다. 문명의 발달 덕분인데 즉시성의 장단점이 있지만 책은 즉흥적이지 않는다는 점에서 느림의 미학을 가지고 있다. 반면에 마음에 들지 않은 것을 발견했을 때 빨리 욕하고 싶고 불편한 내 마음을 빨리 배설하고 싶은 여우 현대인에게 책이란 먹지 못하는 신 포도다(이솝우화의 여우와 포도 이야기를 알 거라 생각하고 설명은 생략한다).

고요 속의 희망을 주는 에세이도 좋지만 때론 논쟁적 책을 읽어 보는 것도 좋다. 온라인에서는 타인이나 기자 같지 않은 기자가 셀프 논란을 만들어 놓지만 책은 자신의 관점으로 논쟁을 만들 수 있으니 근시안적 뉴스나 커뮤니티 글과는 조금 다르다. 이미 유명해진 책이라서 대략적 쟁점을 알더라도 타인이 하는 말을 참고하기보다 자신만의 관점을 위해서 최대한 백지상태로 책을 접하는 것도 중요하다. 이미 온라인에서 타인의 글로 많은 것을 접하면 자신도 모르게 기울어진 이성과 감정이 무의식적으로 들어간다. 여기서 논쟁적이라는 걸 읽어 보라는 말을 꼭 옳고 그름으로 따지는 거라고 생각해서는 안 된다. 생각의 차이를 인정하거나 그 차이를 가져 보라는 뜻이다. 세상엔 단순한 절대 진리도 있지만 옳고 그름을 나눌 수 없는 것은 그보다 훨씬 많기 때문이다. 책은 무엇을 던져두고 많은 사람들이 생각할 수 있게 해 주는 것이지 꼭 결론을 내 주는 게 아니다. 한국인에게 이젠 필수 고전이 된 마이클 샌델의 『정의란 무엇인가』 책 또한 어떤 결론을 내지 않는다. 그저 성별 계급 인종 등에 따라 다양하게 이 사람 입장도 들어 보고 저 사람 입장도 들어 보는 것에 초점을 맞춘다. 온라인은 꼭 단정하고 규정하기를 좋아하는 사람이 많다. 그들만의 자유를 찾은 혓바닥과 손으로 이제는 다양한 사람들에게 무엇인가를 주입하려고 하는데 정작 그런 본인은 이미 무엇이 되어 버린 상태다. 그런 사람은 절대 타인에게 주입당하지 않는다. 그들은 배설만 잘할 뿐 설령 책을 읽더라도 잘 먹고 잘 소화시키지 못한다. 노파심에서 이야기하는데 이 책 곳곳에서 책의 방법론이 들어 있지만 굳이 같을 필요가 없으며 각자의 성향에 맞게 읽으면 된다. 아무리 성향의 동질감이나 관심사가 비슷해도 개인의 특수성이 있기 때문에 같은 커뮤니티를 하고 같은 책을 읽어도 다들 생각이 다르다. 플라톤은 『파이드로스』에서 인간의 본능과 이성을 마부와(마차 끄는 사람) 두 마리의 말로 비유한다. 그의 말을 쉽게 풀어 쓰면 한 마리의 말은 마구 날뛰고 또 한 마리의 말은 통제가 되는 말이다. 말과 마부는 늘 같을 순 없지만 이성이 욕망을 잘 관리할 수 있으면 마차는 잘 달린다. 책과 커뮤니티는 그런 면에서 말과 마부의 비교와 비슷하다. 개인의 자유와 쾌락, 혐오 같은 감정의 표출, 그 외 가벼운 생각과 욕구는 커뮤니티가 되며 책은 이것을 관리할 수 있는 책임 관리자가 된다. 그런데 대부분의 사람들은 이 둘의 균형이 이루어지지 않아서 자꾸 말과 마부가 다르게 간다. "욕망이라는 이름의 전차"에 이드(id)와 슈퍼에고(superego)가 대립하게 되면 이상과 현실, 당위를 제대로 보지 못한다. 그래서 현실 인식의 부재와 부정으로 사람의 불화가 시작된다. 심하면 병적인 인간이 된다. 『욕망이라는 이름의 전차』의 여자 주인공이 딱 그런 경우다.

  책은 멋지고 근사한 표현들로 사유를 주기도 하지만 때론 이상과 같은 이야기도 있기에 자신만의 생각 거름망을 가지는 게 중요하다. 단순히 책에 쓰여 있다거나 권위자와 유명 학자라고 해서 다 맞는 이야기만 있는 게 아니다. 그래서 모든 내용에 맹목적일 필요는 없다. 배움이 조금 커지면 책을 읽으면서 비판적 사고가 가능해질 때가 있다. 그건 감정이나 신념에 따른 비판이 아닌 이성에 따른 비판일 때만 긍정적이게 된다. 가끔 신념(혹은 감정)과 이성의 판단 기준이 애매할 때도 있는데 청명한 마음과 뇌가 아니라면 그것의 판단은 오히려 자기 자신이 가장 잘 모른다. 가령 놀이동산의 패스트 티켓이나 동성애를 보는 관점, 동물원의 귀여운 판다를 보는 관점이 그런 영역에 속한다. 각 나라의 문화적 차이가 있듯이 같은 나라 안에서도 자신의 관심사나 성격, 인종, 기타 취향에 따른 시각차이가 존재한다. 수년 전에 어느 책에서 본 통계가 하나 있다(어렴풋이 기억이 나서 통계가 정확하지 않을지도 모르지만 정확한 숫자보다는 의미가 중요하니 그냥 넘어가도록 하자). 미국의 디즈니랜드의 패스트 티켓에 대해서 미국 시민들이 찬성하는 비율이 70% 정도였다. 그러나 다른 나라 사람에게 똑같이 질문을 했을 때 찬성하는 비율은 40% 이하로 떨어졌다. 오랫동안 자유주의와 자본주의 사회의 관성을 맛본 미국 사람들은 돈을 더 지불하면 무엇의 혜택을 주는 것에 대해서 상대적으로 다른 나라 사람들보다 거부감이 적었다. 마이클 샌델의 『공정하다는 착각』은 이런 것에 의문을 던지지만 무엇이 맞고 그른지는 역시나 각자의 몫이다. 진짜 중요한 건 이것에 대해서 한번 생각해 보는 일이다. 왜냐하면 사소한 이런 것들이 당연하다고 인정되면 그 끝은 결국 인간의 계급화(서열화)가 되어 상당수의 사람에게는 불행이 되기 때문이다. 능력 없는 사람의 상대적 박탈감은 개인의 문제로 끝나지 않는다. 그건 가족의 문제가 되고 결국 사회의 불화가 된다. 다만 상대적으로 능력이 없는 사람일지라도 이런 정책엔 찬성하는 사람이 분명 존재한다. 자기 현실은 부유하지 않아 분하긴 하지만 이성은 패스트 티켓을 긍정할 수 있다. 이것이 바로 이성과 감정의 분리이자 아까 말한 책을 비판하는 자세이다. 그러나 이 또한 무엇이 맞는지 정답이 없으며 사람들의 다양한 목소리가 존재하기에 강요나 설득의 대상이 되지 않는다. 우리는 민주주의라는 명목으로 그저 사회적 합의를 추구할 뿐이다. 다만 남의 생각을 존중하지 않을 때는 조롱과 비아냥이 난무한다. 패스트 티켓을 찬성하고 자본주의 사회를 인정함에도 불구하고 사회엔 적정한 심리적 마지노선이라는 게 있다. 그걸 인지 못 하고 계속된 자유지상주의에 매몰된다면 저항이 사라지면서 소수만의 세상으로 전락하게 된다. 실재와 심리 두 가지 영역에서 평등과 불평등의 문제는 아주 사소한 것에서부터 시작한다. 시장경제가 돌아가는 방식과 자신의 삶 가치관의 일치와 불일치는 타인과 별개이기에 우리는 공론화라는 걸 시도한다. 공론화는 학자나 정치인이 할 수 있고 대중이 할 수도 있다. 그 외에 책이나 어떤 사건도 공론화를 만든다.

  이 책의 목적은 다양하지만 이런 것도 그중 하나다. 누군가를 설득할 생각이 추호도 없고 길게 얘기해 봐야 각자 고집의 생각이 있어 변화시킬 수 없음을 안다. 이 책은 최대한 잡스러운 이야기를 하고 싶을 뿐이며 엄청난 통찰력이 있는 척, 똑똑한 척하지 않는다. 그럴 능력도 없으며 그저 머릿속에 바로바로 떠오르는 걸 가볍게 툭 던져 놓는 정도에서 끝난다. 그것만으로 이 책의 역할은 다한 것이다. 던져 놓은 것을 미시적으로 분석하는 건 아주 훌륭한 다른 사람의 몫이다. 그래서 책을 다양하게 이야기하면서도 무책임감 때문에 부담스럽지 않다. 어떤 특정한 것들에 대해 굉장한 사유와 논리를 전개하지 않으려고 하니 최소한의 저항을 기대하며 최소한의 꼬투리 정도만 받을 용기를 가지려고 한다. 하늘이 무너져도 솟아날 구멍을 찾는 삶보다 인생을 살면서 항상 빠져나갈 구멍 하나쯤은 만들어 놓는 게 더 나은 삶일 수 있다. 책의 저자가 주장하는 것 외에 책에는 몇 가지 오류가 있다. 단순 오타가 있을 수 있고 아니면 인용을 잘못한 경우도 있다. 특히나 구전으로 전해진 역사적 인물에 대한 어록은 더욱 오류가 많은데 명백히 잘못된 것이 아니고서는 그저 대중의 각자 지식이나 판단에 맡기는 게 좋다. 가령 소크라테스의 "악법도 법이다"라는 말이 어떤 것에서 유래했는지 알 수 있기에 명백성이 드러난다. 이건 일본인 학자의 자의적 해석에서 온 소크라테스 말로 실제로 소크라테스는 이런 말을 하지 않았다. 플라톤의 「대화」 편에서 소크라테스는 끊임없이 자신의 재판에 변론을 하고자 하였지 법 자체에 체념하지 않았다. 오히려 소크라테스는 잘못된 법에 의문을 끝까지 제기했고 자신의 말이 받아들여지지 않는 것에 스스로 운명을 선택했을 뿐이다. 나중에 그는 친구나 제자들로부터 권유를 받아 도망갈 방법이 있었는데도 도망가지 않는다. 이와는 반대로 많이들 언급하는 조지 버나드 쇼의 묘비명이 하나 있다. 그의 묘비 해석인 '우물쭈물하다가 내 이럴 줄 알았지'도 사실 정확한 번역은 아니지만 완전히 틀린 것도 아니다. 그저 대중이 알고 있는 게 차라리 이해하기 쉽고 표현도 더 잘 어울려 이런 뜻의 명언으로 기억해도 상관이 없다. 클레오파트라의 피부색 또한 마찬가지다. 어느 외국인 역사학자는 클레오파트라의 피부색은 우리가 알던 까무잡잡한 피부가 아니라 그녀의 조상이 알렉산드로스 대왕을 보필한 사람들이기 때문에 적어도 흑인에 가깝거나 피부가 그렇게 어둡지 않았을 것이라고 말한다. 우리는 최대한 문제의 근원을 찾으려는 노력을 해야 한다. 정말 따져 봐야 할 것을 따지지 않고 식자층인 척 곁가지만 만지작거리는 건 진짜 문제가 된다. 위에 언급한 것들은 사실 중요하지 않다. 본질을 보지 못하는 무지의 커뮤니티 사람들과 책과 영화 예술성 등을 비평하는 일부 자칭 전문가들의 문제도 이와 비슷하다. 또한 어떤 이는 온라인에서나 떠들만한 일을 온라인에서 끝내지 않고 바보같이 그걸 현실에도 적용한다. 내 앞에 상대방이 없다고 생각하기 때문에 여과 없이 온갖 생각과 말들이 튀어나온다. 통계적으로 온라인으로 분쟁을 일으키는 사람은 극소수이고 그런 극소수 사람들이 분쟁의 80% 이상을 차지한다. 저질의 인간이 떡밥을 하나 던져 주면 온갖 사람들이 입질을 하는 행태를 보인다. 이 저질의 부류에는 정치적 극단주의자, 기자, 어떤 이즘 신봉자, 사이비 종교인, 소시오패스, 사이코패스 등이 포함된다. 책은 사람이 선택해서 볼 수 있지만 온라인의 글은 내가 선택하지 않아도 보게 되는 경우가 많다. 보려고 의도하지는 않았지만 사회의 많은 이야기들이 나도 모르게 뉴스나 각종 영상 기타 커뮤니티에 떠돌아다녀 본인도 모르게 그런 것에 영향을 받는다. 현시대 대중은 과거보다 동등한 정보를 공유하지만 다수의 침묵과 소수의 소란 때문에 정보에 왜곡이 생기고 결국 시공간의 뒤틀림처럼 복잡한 혼란에 마주한다. 자기만의 생각 혹은 자기가 하고 있는 커뮤니티 성향이 자신을 지배할 때는 꼭 정답을 찾은 것처럼 확정적인 사람이 되어 버린다. 그래서 자신의 바깥은 올바르지 않는 사람들이라 규정하고 인간이 할 수 있는 온갖 분란을 일으킨다. 인간의 삶이 얼마나 많은 삶의 경계선을 밟고 사는지 알 수 없을 정도로 어려운데 특정 그들은 세상의 해석이 굉장히 쉽다. 몽테뉴는 "사람들은 모르는 것에 확신하기를 좋아한다."라고 했다. 사마천의 『사기』에도 고정관념을 버리고 시의에 맞게 행동하라고 하는데 변함없는 어떤 정치 종교 사상의 ○○주의자들은 외길 사고를 고집한다. 이성주의자가 볼 땐 가끔 그들의 사고방식이 정말로 궁금할 때가 있다. 인간이 인간을 이해하려고 책을 읽고 대화를 하지만 또 인간이 인간을 이해하지 못함으로 인해 책이 세상에 나온다. 개인의 생각 고착화는 뭐 어쩔 수 없지만 그게 뻔뻔함이 되고 염치없음이 될 때는 문제가 된다. 정직함과 합리성이 있는 뻔뻔함은 괜찮다. 어떤 이는 자신의 선택이 틀렸음에도 틀리지 않았다며 그 원인을 자신에게 찾지 않고 외부적 요인으로 돌려 버린다. 이와 비슷한 심리학적 잘못됨 중 하나가 귀인 오류다. 이런 사람들은 자신의 생각을 수정하지 않고 오로지 자신과 반대된 타인이나 집단에 공격할 근거만을 찾는다.

  공자와 제자의 대화 중 이런 재미난 이야기가 있다. 공자가 제자와 길을 걸어가는데 길 한가운데 똥을 누는 사람이 있었다. 공자는 제자와 아무 말 없이 똥 싸는 사람을 그냥 지나쳤다. 어느 날 또 제자와 길을 거니는데 이번에는 또 다른 사람이 길의 가장자리에서 똥을 싸고 있었다. 그때 공자는 그 똥을 싸는 사람에게 사람이 다니는 길거리에서 함부로 똥을 싸서는 안 된다면서 핀잔을 주었다. 그러자 제자가 물었다. 스승님 왜 저번에는 똥 싸는 사람에게 한마디도 하지 않았으면서 지금 저 사람에게는 핀잔을 주십니까? 그러자 공자는 이렇게 대답했다. "길 한가운데 똥을 싸는 사람은 부끄러움을 모르는 사람이기에 내가 한마디 한다 한들 고쳐질 사람이 아니다. 그러나 길 가장자리에 똥을 싸는 사람은 그나마 염치가 있는 사람이기에 핀잔을 주면 고칠 가능성이 있어서 한마디 한 것이다." 생각보다 인간은 인간적 사고를 하지 못하거나 금수 같은 마음을 가진 사람이 굉장히 많다. 각자는 아닌 것 같지만 간혹 야생의 사고가 동물적 본능처럼 우리 인간 모두에게 발현되는 것처럼 보인다. 그럴 때 작용하는 게 맹자의 수오지심이며 인간의 합리성이다. 그런데 이런 사람됨의 제어 장치가 없는 사람이 많다. 가끔 아름다운 인간도 있긴 하지만 요즘은 과거보다 그 수가 더 적어 보인다. 저마다 슈뢰딩거 고양이 같은 알 수 없는 암흑의 인간 모습도 있다 보니 세상 사람들이 무섭기까지 하다. 스마트폰이나 온라인 매개체가 바로 고양이가 들어가 있는 상자와 같다. 직접 경험하여 확인하지 않고서는 알 수 없는 인간의 내면에 인간됨이 상실되고 로봇 같은 심장을 가진 채 기계적으로 관계를 맺으며 살아간다. 인간 디지털화 시대에 책『재귀성과 우연성』은 철학과 AI를 연계한다. 여기서 재귀성은 우리 인생이 반복된다는 의미다.

우리는 어떤 부재 속에 살고 또 반대로 어떤 과잉의 시대에 살고 있다. 그게 바른 것인지 아닌지 모르는 개인의 편향성이 어느 한데로 모인다.

그 외 이타적인 마음의 부재에 나약한 인간은 어디에도 소속되지 못한다. 그걸 인간은 수없이 반복한다. 많은 사람들이 동호회, 커뮤니티, 각종 조직과 단체에 속해서 살고 개인의 신념에 따라 살아가지만 어디에도 소속되지 않는 무정체성의 인간도 많이 존재한다. 실제 가족과 지인은 있지만 거의 무연고와 같은 인간적 소외를 겪으며 오늘만을 살아가는 사람이 있다. 현대인은 온라인에서 많은 사람을 간접 접촉하고 살아가는 것 같지만 이는 외적일 뿐 결국 심리적 외톨이로 존재한다.

책『고립의 시대』가 그걸 가장 잘 보여 준다. SNS 시대에 오히려 역설적인 관계의 풍요 속 빈곤은, 책도 더 필요함을 말해 준다. 여기다가 외롭게 자라난 사람이나 마음이 약하고 병이 있는 사람, 고아로 큰 사람, 우울함을 잘 느끼는 사람이라면 세상의 무관심과 배신이 너무나 괴롭다. 그걸 견디지 못하고 생을 마감한다면 얼마나 마음이 아픈 일인가. 사회 심리적 압박은 무형의 사회만 하는 게 아니다. 법을 다루는 사람이나(판사 검사 경찰 등) 갑에 위치한 고용자, 권위적인 교수나 직장 상사 등 다양하게 존재한다. 과거보다 사회가 많이 변했다고는 하지만 지금은 약자로서 여성만이 아니라 다양한 약자들이 누군가에게 고통받으며 살아간다. 작은 차이로 인한 분열과 싸움으로 현대인은 우리 사회의 불행 구조화가 서서히 공고화되는 것을 인식하지 못한다. 그래서 각자의 고독으로 존재하면서 투명인간화된 사람이 늘어난다. 건설적인 싸움이라면 이해하겠으나 그렇지 못한 비이성 인간은 모두를 불행하게 만드는 공범이 된다. 과거의 혁명이 인간의 정치적 권리였다면 현재는 행복의 권리로 혁명을 생각해야 한다. 혁명이라 하니 뭔가 과격한 것 같지만 그렇지 않다. 다만 수단과 방법은 과거와 똑같지 않을 것이다.

번외로 헌법도 '개정/개헌'하면 뭔가 대개혁 느낌이 들어 어떤 이에겐 반감이 생긴다. 우리도 헌법 '수정'으로 하면 어떨까. 수정의 사전적 의미는 '고치어 정돈한다'이다. 혁명은 원래 비정상을 정상으로 돌려놓는 것이다. 코페르니쿠스의 『천체의 회전에 관하여』는 혁명의 어원으로 시작된 단어가 '회전'으로 쓰인다. 혁명을 간디의 사티아그라하나 비폭력의 정신으로 하든 남아프리카의 우분트의 마인드로 하든 아니면 최근 프랑스의 농민 투쟁처럼 무력시위를 하든 상관이 없다. 다만 거칠더라도 이성의 질서는 존재해야 한다. 먹고살 만하니까 사람들이 과거보다 그 노예 상태를 인지 못 하고 관성대로 살아간다. 실질적 행동 실천과 사회적 투쟁이 아니어도 사람은 평소에도 생각의 혁명이 필요하다.

갑자기 옛날 독립 운동을 하는 선조들이나 민주화 운동을 하는 사람들이 현시대 기술 문명을 이어받았다면 얼마나 좋았을까 하는 생각을 한다. 현대인은 그것을 긍정적으로 이용하지 못하고 오히려 마이너스 인간이 되었다. 침묵할 때와 그렇지 않을 때를 전혀 모르는 우리는 지금 21세기형 "침묵의 봄" 시대를 맞이하고 있다. 살충제가 그저 집단 커뮤주의로 바뀌었을 뿐이다. 여기서 커뮤주의는 지역주의에 착안하여 만들어 본 신조어다. 일부 노인과 일부 젊은 남성의 의식행태가 특정 부분에서는 놀랍도록 일치한다. 가령 이즘이 항상 남성 탓을 하듯이 어떤 특정 성향의 사람들은 오로지 좌파 종북 타령만 한다. 지금은 중국 공산당이나 중국 간첩으로 매도하여 이념 정신승리를 맛본다. 이미 생각회로와 의식의 흐름이 그 탓하는 대상 하나로 수렴되기에 위 둘은 그 어떤 이성적 대화가 통하지 않는다. 자신들이 잘할 생각보다는 항상 탓할 대상의 비난할 거리만 찾기에 사회 암적 존재가 된 지 오래다. 결국 자신들의 허물은 보지 못하고 부끄러워하지도 않으면서 편협한 논리로 오류와 인지부조화에 무한히 빠진다. 종교와 같은 이런 신념과 믿음은 이성으로 이길 수가 없다.

　디지털 문명의 긍정적인 부분도 많은데 계속 부정적인 것만 꺼내 놓으니 너무 선민의식이나 허무주의에 빠진 것 아니냐고 반문할 수도 있을 것이다. 늘 걱정하고 최악을 가정해야 그나마 어떤 결론이 나온다. 실제 정책적으로도 나쁜 영향에 대해서는 가장 최악을 가정하고 대책을 펼치는 게 옳다. 수천 년 동안 항상 전세대가 후세대를 아이 다루듯 걱정한 것처럼, 그저 이런 말도 딱 그 수준에 불과하다. 지금 알파세대나 E세대도 한 세대 후에 그들의 다음 세대를 이렇게 걱정할 게 분명하다. E세대는 출산율 0.8명 이후 태어난 세대로 이 책에서 만든 신조어다.

　이렇게 보면 인류사의 흐름은 참으로 재미있다. 2070년에는 아마도 인간과 AI 간의 연애와 결혼문제를 사회문제로 다룰지 모르겠다. 동성혼 합법과 차별금지법 제정의 의식을 뛰어넘는 미래 과제를 우리들은 아직 알지 못한다. 하늘에 자율 비행 자동차나 개인 드론 운행수단이 등장하여 사고 없이 잘되고 있을지 궁금하다. 인간이 새처럼 하늘을 나는 것과 같으니 국제법이나 규율도 복잡해질 것이다. 문명의 발달을 걱정하는 마음은 이렇게 현세대에도 있다. 아마 인간이 편의를 누리는 만큼 사고도 예기치 못하게 생길 것이다. 더 나아가서는 인공지능 로봇이 인간 지능 이상의 감정을 가질 수 있는지, 인간을 어떻게 생각할지도 궁금하다. 우리 세대는 지금 그것이 궁금하고 공상을 할 뿐이지만 몇십 년 후 세대는 공상이 현실이 되면서 사회문제가 될 것이다. 수십 년 전 사람인 보스트롬이라는 학자도 이미 두 가지 관점의 AI 시뮬레이션을 생각했다. 하나는 인간이 AI를 통제하는 것이고 또 하나는 AI가 만든 가상현실에 인간이 통제되는 것이다. UFO 존재 여부를 떠나 인간 자체가 그와 비슷한 물체에 도달한다. 과거에는 동물권이 없었지만 지금은 동물권을 생각하듯 아마도 미래에는 기계권이 생길지도 모른다. 즉 AI가 인격을 주장하며 인간과 똑같은 권리를 주장할 수 있다. 참고로 동물권 관련해서는 일본인 작가가 쓴 이노우에 타이치의 『동물 윤리의 최전선: 비판적 동물 연구 입문』이라는 책을 추천한다. 철학적·현실적·양립적 입장을 충분히 설명하면서 잡스러운 지식도 준다. 다만 이 저서에 전체적으로 드러나는 저자의 급진적 동물권에는 동의하지 않는다. 내용이 좋으니 각자 이 책을 읽어 보고 생각의 시간을 가졌으면 좋겠다.

과거에는 기계에 그리스를 칠했지만 미래엔 노동으로 힘든 'AI인지 감수성'을 인정한 인간이 인공지능 로봇에게 주 8시간 노동 시간을 보장해야 한다고 주장할지도 모른다. 이건 절대 불가능한 망상은 아니다. 인간이 동물을 사랑하거나 어떤 애착 인형을 사랑하듯 어떤 이는 분명 정신을 함께 나눈 인공지능을 친구라고 여겨 또 다른 자아를 만들어 낼 수 있기 때문이다. 아니면 AI 이상의 무언가가 휴식을 달라며 사보타주하는 상황도 생각해 볼 수 있다. 어쨌든 미래에 '기계 인지 감수성'이 온다고 말한 책은 사유의 동면이 처음일 것이다(다만 심리학적으로 '사물인격화'라는 표현은 이미 존재한다).

그리고 보면 미래에는 굳이 책이 필요 없을지도 모른다. 종이책을 읽으면 좋겠지만 AI가 읽어 주고 무엇이든 대신 해 주며 심지어 생각도 대신 해 주어 인간이 필수적으로 가져야 할 지식을 가지고 있지 않아도 살수 있을 것이다. 기계나 특정 인간만 더 똑똑해지고 다수는 바보가 될 수 있는데 음모론을 펼치면 인간은 진짜 소수의 인간과 기계의 노예가 된다. 성경에서 말하는 음모론적 666칩(혹은 616. 좀 더 자세히 보면 666이 맞을 것이다)은 아마도 인간에 넣는 칩이 아니라 기계에 인간 이상을 뛰어넘는 어떤 AI칩을 넣는 것일지도 모른다. 물론 지금도 인간의 몸에 이미 어떤 칩들은 삽입되고 있고 나중엔 AI 기기뿐만 아니라 인간 칩에 대한 해킹이 최대의 문제가 될 가능성이 크다. 음모론과 망상을 계속 주입하니까 정말 재밌지 않은가?

이런 주제를 다루고 있자면, 공상과학 소설을 한번 써 보고 싶은 생각이 든다. 문화 콘텐츠는 이렇게 책에서도 다양하게 나오는데 그런 의미에서 우리나라도 SF소설에 세계적인 작가가 나왔으면 좋겠다는 생각을 한다. 다만 사람들이 그걸 즐겨 읽지는 않아서 안타까울 뿐이다. 성인에겐 단순히 재미를 주겠지만 분명 그런 상상의 소설은 자라나는 어린이나 청소년에게 매우 중요한 영감을 준다. 최근에는 젊은 SF 작가들이 제법 보여서 다행이나, 한국 SF 소설이 필립 K 딕, 테드 창 수준으로 가기 위해서는 훨씬 많은 노력이 필요하다. 한국작가에게 특히 SF는 단편보다 장편이 더욱 어렵다. 꼭 이런 장르가 개인 취향이 아니어도 간혹 읽어 두면 좋다. 인간의 호기심과 상상력이 적었다면 과학의 발전도 그만큼 더 디었을 게 확실하다. 그리고 아무리 인공지능이 대신 책을 써 주고 상상을 만들어 내도 인간만의 고유영역을 전부 다 대체하지는 못한다. 물론 그래서도 안 된다. 지금도 마음은커녕 코와 입김의 온기 없는 게 인간의 생활인데 아무리 편해도 기계가 지배하는 세상은 다 좋을 것 같지만은 않다. 인간과 거의 완벽하게 유사한 부드러운 살결 아니 기계결, 대화 능력, 지성을 가진 AI더라도 데카르트의 이원론같이 분리된 존재 즉 물질인 기계와 정신의 원형을 인간은 생각하게 될 것이다. 원래 이렇게 공상 같은 미래 이야기를 길게 하고 싶지 않았는데 쓰다 보니 재밌어졌다. 조금 더 해 보겠다.

우리의 이런 문명 발전은 작은 지식들이 피라미드처럼 쌓여 온 결과물이다. 여기엔 수학과 과학만이 기여한 건 아니며 언어 예술 자연의 동식물 등이 함께하였다. 여전히 우리나라는 기초과학에 목마른데 이건 30년 전에도 과학자들이 그렇게 말해 왔고 지금도 그렇다. 이런 곳에는 남녀가 따로 없고 모두의 관심사여만 한다. 그래서 우리나라도 "랩 걸"이 많이 나왔으면 좋겠다. 동식물을 연구하는 게 우주 산업과 아무런 관련이 없는 것 같지만 사실은 그렇지 않다. 모든 게 얽히고설켜 있다. 가령 미생물 연구는 곧 우주에서의 인간 생명이나 정신건강에 대한 연구까지 이어진다. 초기의 신소재는 발전에 발전을 거듭해 우주 영역까지 이어지고 있다. 책의 책임감을 이야기하다가 결국 과학까지 이야기하고 있는데 인간은 과연 과학을 책임질 줄 아는지도 의문이 생긴다.

어떤 특정 분야는 종교적 윤리적 신념에 따라 과학이 과학일수만은 없기도 하다. 그래서 과학만 앞서가지 않도록 인간은 끊임없이 제어할 수 있어야 한다. 기후뿐만 아니라 환경오염에 대한 최근 산업방향(탄소 중립, ESG 경영 등)은 30년 전 학창시절 말로만 배운 인간과 자연의 지속가능한 발전의 실질적 실천이다. 자연과 인간의 조화를 이야기하며 지속가능한 미래를 얘기한 책 중 기억에 남는 건 윌리엄 맥도너의 『요람에서 요람으로』이다. 발상의 전환 같은 내용도 볼 수 있는데 실제 책 소재도 자연을 생각해서 나무로 만든 종이책이 아니다. 그 책을 직접 만져 보면 종이로 만든 책과 확실히 느낌이 다르다. 맥도너가 강조하는 핵심은 개발과 환경을 이분법적으로만 사고하지 말자는 것이다. 현재 우리는 지금 책의 여행을 하고 있는 중이다. 한 여행지만을 집중적으로 살필 수도 있지만 지금은 온갖 잡다하게 섞인 패키지여행 중이다. 분량이 조금 많더라도 천천히 여행하면 목적지에 다다를 수 있고 언젠가는 다시 찾아갈 마음 혹은 진짜 자세히 들여다볼 마음이 생긴다. 굳이 이곳에서 언급한 책을 다 읽을 필요는 없다. 앞으로는 더 많은 책이 언급될 것이니 벌써부터 책에 무게감을 가지면 곤란하다. 가령 세계문학은 그 범위가 정말로 넓기 때문에 각 출판사별로도 매우 다양한 작품을 소개한다. 그러나 앞서 말한 대로 수십 년 이상 이어져 온 명작은 각 출판사들도 어느 정도 공통적으로 펴내고 있으니 일단은 그 책들 위주로 보는 게 좋다.

처음엔 이런 생각도 했었다. 책을 대략 200개의 분류로 나누어서 각각 몇 권씩 소개해 볼까 하고 말이다. 가령 방금 말한 것처럼 환경 분야 책 5권, 보건 분야 5권, 인종 관련 소설 5권, 자원/무역 관련 5권, 술 관련 5권, 미술·음악 관련 각 5권 등등 우리가 알던 문학이나 사회과학 도서에서 더 세세하게 분류해 볼 수 있다. 하지만 이렇게 하면 마치 그 분야 필독서인 것처럼 오해되어 독자는 꼭 사유의 동면처럼 따르려고 하는 사람이 생길 것이기에 그냥 전체적으로 뭉뚱그려 말하는 게 낫다고 결론지었다.

책을 읽기 시작하고 어떤 책을 읽을지 조금만 의지를 가지고 알아보면 어떤 도서가 유명하고, 왜 읽을 수밖에 없는지 자연스럽게 알게 된다. 그렇기에 사실 이런 글은 그런 사람들에게 의미가 없다. 처음엔 막막하겠지만 그 의지와 실천을 몇 달만 해 보면 금방 감이 온다. 약간 억지도 있지만 『사유의 동면』을 읽고 있으면 정말 책은 그 무엇이든 연결이 된다는 걸 느낄 것이다. 로마의 길과 실크로드는 전 세계를 이해하고 그들이 통제하며 발전하는 데 매우 큰 역할을 했다. 인간의 생각지도 또한 마찬가지다. 다만 생각지도가 너무 많은 느낌이긴 하다. 취사선택해서 여행할 독자의 현명함을 믿기에 그냥 책을 여행하며 경험한 걸 계속 공유도록 하겠다.

요즘은 온라인에서 상식 논쟁이 간혹 일어나고 있다. 사람이 살다 보면 남들은 아는 것도 자신은 모를 수도 있고 나는 아는 것을 다른 사람은 모를 수도 있다. 개인으로만 보면 상대적인 상식을 몰라도 세상 살아가는 데 별지장이 없다. 그렇지만 모르는 걸 당당하게 생각하고 '모를 수도 있지'로 모든 걸 승화시키지 말아야 한다. 몰랐으면 조용히 배워 가면 된다. 인간이 죽을 때까지 배움의 자세를 가지지 않는다면 살아갈 이유가 하나 줄어들게 된다. 자신이 볼 때 이건 정말 상식 중 상식인데 설령 타인이 모른다고 할지라도 온라인이나 오프라인에서 경멸하거나 잘난 척하면서 우쭐대지 말아야 한다. 반대로 모르는 사람은 우기지 말아야 한다. 상식적 답만 알려 주면 되고 그 외 서로 아무 말도 하지 말아야 한다.

때때로 우리는 베른하르트 슐링크의『책 읽어주는 남자』에 나오는 남자 주인공 미하엘처럼 행동할 필요가 있다. 그는 사랑하는 한나의 자존심을 지켜 주고자 끝까지 그가 알고 있는 진실을 대중에게 말하지 않는다. 이 진실이란 한나가 문맹이라는 것 그리고 슐링크가 그 당시 히틀러 시대에 말하고 싶었던 것이 함께 공유된다. 다만 미하엘의 배려와 선택과는 별개로 학창시절 학생으로서 꼭 알아야 지식을 습득하고 사회형 인간으로서 세상에 나오는 인간이라면 적어도 최소한의 상식 마지노선은 있다고 믿는다. 예를 들어 보겠다. 우리나라엔 삼전도 굴욕이 있다면 로마엔 카우디움 굴욕이 있다. 후자를 아는 한국인은 거의 없지만 삼전도 굴욕 정도는 알아야 한다. 삼전도 굴욕을 모를 수 있음을 인정하더라도 최소한 병자호란이나 임진왜란의 대략적인 시기는 알고 있어야 한다. 앞서 언급했지만 기독교(혹은 성경)의 대략적 역사를 몰라서는 책을 읽었다고 할 수도 없고 책을 1년에 열 권 내외를 읽는 사람이라면 기독교 겉핥기 수준 정도를 또 모를 수는 없다. 낮은 단계의 상식 차원에서 자신이 무엇을 모른다고 했을 때 부끄러움을 가지고 있으면서 겸손해한다면 그 사람은 발전할 인간이다. 그렇다고 너무 부끄러움을 가질 필요는 없고 모르는 것에 초연할 필요도 있다. 반면에 끝까지 모를 수도 있다며 정신 승리 하는 사람은 다음의 지식 단계도 가지 못할 사람이다. 고급 정보나 지식을 알라고 하는 게 아니다. 그래서 그 무엇이 되었든 책을 읽는 게 좋다. 그렇다고 일부러 상식 사전 같은 책을 읽을 필요는 없다. 저자들은 아주 다양한 책에서 상식 이야기를 많이 하므로 그것으로 충분하다. 기본적으로 책의 구성은 그 책의 독자와 주제에 맞는 수준의 적합성, 약간의 사유와 재미 요소, 잡스러운 상식이 들어가면 괜찮다. 그런 책에서 다양한 사상가나 유명 도서의 중요 개념 그리고 시그니처 표현을 말해 주면 더욱 유용할 것이다. 인생과 책을 요령으로 살고 읽으라며 말하고 싶지는 않지만 하다 보면, 살다 보면 알게 된다. 거기서 이제 자기만의 방식으로 세상과 책을 접하며 책을 고를 줄 안다. 그렇게 꾸준히 읽고 살다 보면 이 책보다 더 많은 지식과 식견이 생겨서 자신이 지금 읽는 『사유의 동면』보다 더 훌륭한 책을 써 보고 싶은 자신감이 생길 것이다.

책을 쓰는 사람은 최소한의 책임감이 생기며 책을 읽는 사람은 최대한의 자신감이 생기는데 이게 얼마나 둘 다에게 즐거운 일인가. 사실 서로가 배우는 고행을 하고 있다. 쓰는 사람은 쓰는 그 고행이 있고 읽는 사람은 읽는 사람대로 정신과 신체의 고행이 있다. 언제까지 손아귀에 놀아나는 스마트폰만을 볼 생각인지 모르겠지만 책도 손아귀에 들어오는 것이니 대략적인 균형을 맞췄으면 좋겠다. 닐 게이먼은 이런 말도 하지 않았던가. "책은 당신이 쥐고 있는 꿈이다."라고 말이다. 민주주의 최후 보루는 깨어 있는 시민의 조직된 힘이라고 어떤 훌륭한 분이 말씀하셨는데 그 깨어남의 역할을 상당수 책이 해 주기에 책은 우리의 마지막 민주주의다. 21세기형 새로운 '커뮤 전체주의' 시대에서 책은 그나마 무사유와 생각의 독재에 대항할 최소한의 문제의식 불쏘시개 역할을 한다. 우리는 과학의 발전에도 불구하고 하얀 종이를 결코 포기할 수 없다. 한적한 자연으로 들어가서 물질문명을 잠시 꺼 두고 문자를 보고 있는 것은 얼마나 멋진 일인가. 루소가 말한 자연으로 돌아갈 게 아니라 책으로 돌아가자. 매일 책을 읽을 수 없는 물리적 한계가 있는 사람에게 책은 여행처럼 다가와야 한다. 당신의 마지막 책 여행은 언제였고 무엇이 좋았었는지를 한번 떠올려 보자. 너무 오래되어 떠오르지 않는 사람은 반성해야 한다. 어느 정도 나이를 먹고 과거를 돌이켜 보니 설령 책을 많이 읽지는 않았을지라도 '20대부터 천천히 1년에 몇 권씩만 꾸준히 읽었더라면 정말 좋았을 것'이라는 말을 주변에서 가끔 듣곤 한다. 아예 안 읽은 사람과 한 달에 한두 권이라도 꾸준히 읽는 사람은 분명한 차이가 있다. 설령 책으로 우리 인간의 내면이 우수한 인격으로 테라포밍되지 않고 외적으로 성공하게 하지 않았더라도 그냥 인간으로서 의무라고 생각하자. 먹고 자고 싸기만 하면 대체 동물과 무엇이 다르겠는가.

현대인은 쉽고 빠르게 그러면서도 알고 싶은 것만 알려고 하고 보고 싶은 것만 보기를 원한다. 5분의 영상으로 지식이 쌓이는 건 좋지만 그 빠르고 흥미로운 만큼 자신을 뒤돌아보는 건 적어진다. 남을 비판할 줄만 알지 나 자신을 비판하고 내 생각을 고치려는 마음가짐을 가진 사람은 드물다. 성경의 마태복음에는 "비판을 받지 아니하려거든 비판하지 말라"라는 구절이 나온다. 사람은 누구나 틀릴 수 있고 실수할 수도 있다. 그런데 나의 잘못을 인정하지 않고 부끄러움 없이 자기감정만 소중한 사람이 있다. 꼭 이기적인 사람만이 그러는 건 아니다. 인간은 자신도 모르게 자신 위주로 생각을 하게 된다. 뻔뻔함이 필요할 때도 있고 그러한 태도가 당연시되기도 하는 시대다. 하지만 대중도 그렇고 대중 앞에 서는 사람도 요즘은 지나치게 도덕성이 무너져 뻔뻔한 경우가 많다. 자신의 즐거움이 되는 대상이 무슨 잘못을 해도 정치인이든 종교인이든 기타 인플루언서든 비판하지 않는다. 나의 마음 충족 대상이 공격받으면 곧 나에 대한 공격으로 생각하는 사람들이 온라인에서는 '마커'가 된다. 니콜라스 G. 카의 『생각하지 않는 사람들』에서는 마음이 쉽게 조종당하는 현대인을 지적한다. 정치인의 선동이나 구글 및 페이스북 같은 기업 그리고 커뮤니티는 우리의 알고리즘 안내자, 즉 필터버블 역할을 한다. 그런 온라인 루틴으로 살아가는 사람 중 이성보다 감정이 앞선 사람들은 언제든 짐승 같은 인간이 될 수 있다. 약점을 집요하게 물어뜯는 건 홉스가 말한 늑대 인간이나 할 법한 일이다. 지금은 18세기 계몽주의 시대를 넘어서 21세기 새로운 계몽의 시대가 필요한 때다. 스마트폰 혁명에 인간이 따라가지 못하는 부분이 있는데 앞으로는 더욱 그런 시대가 될 것이다. 그 속에서 윤리와 이성, 공감, 사랑, 배려는 더욱 희미해진다. 역설적으로 인간은 희미해진 그걸 찾으려고 삶에 갈증을 느끼게 된다. 인간은 지능과 과학만으로 살 순 없다. 그렇다고 19세기 초처럼 러다이트 운동을 해야 한다는 뜻은 아니다. 18세기 영국의 산업혁명은 마치 현재의 AI 휴머노이드의 두려움처럼 인간의 노동력 대체에 심각한 공포를 주었다. 다시 말하지만 세상이 빠르면 빠를수록 인간은 거기에 제대로 적응하기가 쉽지가 않다. 책은 그 어떤 것보다 느리기 때문에 사고(思考)의 힘을 더해 줄 수 있다. 남녀노소 누구나 선생님이 되는 이 세상에 그 선생님 노릇을 하는 사람들은 책임감을 가져야 한다. 한 사람 한 사람이 오히려 집단의 대표성을 가져 버리는 경우는 더욱더 그렇다. 1명의 헛소리와 영상이 그 집단의 전체화가 되고 그 반대편의 사람들에게는 비판적 집단의 광기를 불러오기도 한다. 온라인은 자극적이고 조회 수만 올릴 수 있다면 그보다 중요한 건 없는 세상이 돼 버렸다. 심지어 자작의 글도 많이 존재한다. 그래서 최근엔 미친 이야기와 관음의 소재가 자주 나오게 된다. 아이작 뉴턴은 "나는 천체의 궤도는 계산할 수 있어도 인간의 광기는 계산할 수 없다."라고 했다. 저마다 광기 하나쯤은 가지고 있는 온라인 세상에 인간의 영혼을 뺏기지 않도록 오프라인에서 쉬어 갈 필요가 있다. 물론 한 땀 한 땀 열심히 좋은 콘텐츠를 만드는 사람들이 있다는 것을 알고 있다. 문제는 그런 조용한 사색인은 평온한데 시끄러운 사병은 온갖 분란을 일으키는 데 있다. 보통 책은 언어가 공격적이지도 않고 편안함을 주며 타인 지향적이지도 않다. 자신의 성향과 비슷한 커뮤니티를 하고 영상을 봐도 거기엔 분명 광기의 사람들이 존재한다. 침묵하는 나와 타인도 똑같은 공범이다. 크고 작은 여러 집단의 각양각색 망나니들 때문에 얼마나 많은 대중이 칼에 휘둘러지는지는 이제 가늠조차 안 된다.

광기로 쓴 것이 아니라면 책에는 인간다움이 있다. 사람들은 현시대를 혐오와 분노의 시대라고 한다. 하지만 현시대만 그런 게 아니다. 과거인과 현대인은 똑같다. 그저 현시대엔 조야한 사람들이 감정적인 것에 더 반응을 하고 그게 디지털로 잘 드러나기 때문에 과거 사람과 다르다고 느낄 뿐이다. 지금은 분노와 혐오 사회라는 표현보다 중세시대까지의 광기 시대처럼 '광기 시대'라는 표현이 더 잘 어울린다.

인간은 광기의 역사성을 가졌기에 항상 시대마다 광인들이 존재해 왔다. 미셸 푸코는 현대적 관점의 광기를 주로 말했지만 인간의 참혹성은 수천 년 전부터 이어져 왔다. 로마 황제 카라칼라의 개인 광기뿐만 아니라 콜로세움의 대중도 인간과 동물 싸움에 미쳐 있었다. 우르바노 교황의 "데우스 불트"(하느님이 원하신다) 십자군 선동은 집단 광기 중 하나였다. 그 후엔 마녀사냥이 있었고 히틀러 시대엔 민족 광기가 있었다. 빅토르 위고의 『웃는 남자』는 콤프라치코스를 언급하는데 여기서도 우리는 인간의 비인간성을 아주 쉽게 접할 수 있다. 콤프라치코스는 기형적 아이를 사고 파는 행위를 말한다. 미국을 건국했고 독립선언문을 만들었던 우리가 잘 아는 그 훌륭한 미국 정치인들 일부도 인디언 및 동양인을 동물 취급하였다.

일베나 펨코 같은 기타 특정 커뮤니티를 하는 사람들이 과거에 태어났다면 마녀를 사냥하고 서북 청년들이 되었거나 십자군 기사가 되었을 것이다. 인간은 변하지 않는다. 그 당시에는 철제 무기로 사람을 죽였지만 현재는 스마트폰 온라인으로 사람을 죽인다. 변한 건 무기의 현대화 하나뿐이다. 책 『생각 조종자들』은 요즘 사람들이 극단화되는 이유를 정보 편향과 규범편향 즉 인지편향에 빠질 수밖에 없는 상황으로 예를 들지만 사실 이런 극단의 예측은 수십 년 전부터 있었다. 레온 페스팅거는 인지부조화 이야기를 하면서 양극단의 존재를 사회비교이론으로 설명하였다. 요즘으로 치면 커뮤니티의 극단성이 정확히 들어맞는데 이건 과거에도 찾아 볼 수 있다. 가령 1950년대 미국의 매카시즘과 라벤더 공포는 온라인에서 어느 집단을 매도하는 전형적인 상황과 똑같다. 분노사회와 선동사회는 어제오늘 일이 아니며 스마트폰 때문만도 아니다. 여기서 말한 라벤더 공포는 동성애자를 보라색으로 규정한다. 그래서 텔레토비의 보라돌이를 그렇게 해석하는 사람이 존재하기도 하는데 음모론과 신념은 광기의 전형적인 에너지원이다. 무책임한 시대에 희생이 되는 건 순수한 사람과 대중 그리고 사회다.

  사상의 자유와 언론, 출판, 집회, 결사의 자유는 헌법에서 정한 것으로 누구도 빼앗지 못한다. 그러나 때로는 그 자유가 억제되어야 할 사회가 존재한다. 자유와 방종은 구분되어야 한다. 밀의 『자유론』에서도 타인에게 해가 될 때는 그 자유가 제한되어야 한다고 말한다. 그의 이런 생각 확장은 여성에게도 마찬가지였다. 그 당시 여성도 남성에게 자유를 침해받으니 밀은 여성들이 의문을 제기하고 저항하는 걸 옳게 보았다. 인간은 아리스토텔레스가 말한 대로 정치적 동물이다. 그 한 개인의 자유는 무제한적이지만 그것이 타인과 관계에 속할 때는 무제한적일 수만은 없다. 그것을 결정하는 건 결국 법이고 법 테두리에서 판단하는 건 또 사람이다. 물리적 폭력 외에 자유라는 미명아래 저질러지는 인간의 언행은 또 다른 폭력이 되고 그건 과거부터 현재까지 이어진다. 그러면서 말과 글에 책임지지 않는 사람들은 대중뿐만 아니라 여러 곳곳에 존재한다. 그런 사람들을 알아보자.

# 역사란 무엇인가 1

'책이란 무엇인가'에서 '역사란 무엇인가'도 이끌어 낼 수 있다. 어차피 기록 아니고서는 그 어떤 것도 인간의 확실한 역사가 되기는 힘들다. 고고학적 의미가 있는 유물과 구전(口傳)만으로는 한계가 있다. 『역사란 무엇인가』에서 에드워드 카는 역사란 과거와 현재의 끊임없는 대화라고 말한다. 과거를 보면 현재를 알 수 있고 미래를 대비할 수 있다. 책은 항상 존재하되 읽지 않으면 자기의 뇌에 존재하지 않는 것과 같다. 그렇다면 역사는 존재하되 기록되지 않은 건 어떻게 봐야 할까. 칭기즈 칸에게 죽은 몽골 부족과 정복된 다른 나라는 승리와 패배의 역사로만 볼 수 없다. 성경과 이슬람에 전혀 관련 없을 것 같은 원나라도 곳곳에서 종교적 색채를 가진다. 이건 현대까지 이어진다. 가령 승리자 유산계급이 역사 바깥인지 아니면 패배자 서발턴의 존재가 역사 안인지 애매하다. 이것은 마르크스와 자본주의 대립으로도 이어진다. 요즘 사람들의 분노 중 하나는 공정에 대한 상대적 박탈감이다. 심각한 범죄를 저질러도(가령 마약 및 음주운전 사망 사고) 누구는 솜방망이 처벌을 받고 누구는 구속이 되어 차별성이 존재한다. 1980년대 지강헌이 외쳤던 '유전무죄 무전유죄'는 35년이 지나도 여전히 유효하다. 어디든 연결되어 있는 세상 같지만 사실 우리는 외로움에 살고 있다. 정치, 종교, 성별, 세대 등 각자의 신념

덩어리들이 서로에게 돌팔매질을 한다. 그러면서 역설적으로 물질문명을 제대로 향유하지 못하는 사람이 여전히 많아진다. 능력과 권력이 있는 사람, 약은 사람이 강자가 되고 돈 없고 배경이 없는 사람은 약자가 되는 세상이다. 그럴수록 이타심이 넘치고 선한 사람이 그리워진다. 강자와 약자의 그 격차는 자꾸 커져 가는데 그것을 균형 있게 잡아야 할 국가와 사회는 자꾸 이상하게 흘러간다. 특히나 언론, 판사, 검사에 대한 불만이 늘어난다. 에라스무스의 『우신예찬』의 내용에는 이런 말이 나온다. "판사는 느려 터지고 세상물정 모르며 법률가는 오만방자하여 따라올 자가 없다." 이와 비슷한 이야기를 카프카의 『소송』에서도 한다. 『소송』의 주인공은 억지로 기소를 당하는 억울함에 처하고 아무 죄가 없는데도 국가(검사와 판사)를 상대하고 변론하는 자신을 발견하게 된다. 국가와 개인의 폭력은 이제 무색무취와 함께 이유 없이 다가온다. 사람들은 소송을 평등하게 보지만 사실 평등하지만은 않다. 우리는 억울하기에 소송을 거는 것인데 일부는 타인을 괴롭힐 목적으로 소송을 건다. 돈과 시간이 있는 사람은 삶에 별 타격이 없겠지만 평범한 시민은 소송자 자체가 고통스럽다.

    국가와 법(판단)에 대한 불신은 이미 이천 년 전 다른 현자의 글에서도 알 수 있다. 소포클레스의 『안티고네』에서는 파수꾼들이 이렇게 말한다. "아~ 판단하는 자가 잘못 판단한다는 것은…." 크레온왕의 고집스러운 판단은 자기 아들과 안티고네를 죽음으로 내몰아 결국 비극을 맞이하게 한다. 우리나라의 일부 판사와 검사도 마찬가지다. 우리나라 판사는 기존 판례를 준수하고 법 기준에 맞게 했다고 생각하지만 어떤 이에게는 그게 비극이다. 물론 법에 감정을 얹히라는 게 아니며 약자를 위해 법이 존재하라고 하는 것도 아니다. 그래서 어떤 작가는 『안티고네』를 국가의 법체계를(여기서는 크레온왕) 어떤 개인의 신념이 거부할 수 있느냐의 문제로 해석하기도 한다. 지금은 법의 허점을 교묘하게 이용하여 이득을 취하는 현재 강자에게 유리한 시스템과 우리 인식체계를 생각해 봐야 한다. 애초에 인간은 평등하지 않다는 걸 성경의 말씀으로도 배운다. 가끔 이방인을 다 같이 사랑하시는 하느님이긴 하지만 대부분 이스라엘 민족 중심이다.

민주주의 체계와 법은 누군가에겐 '이방인'처럼 행해진다. 인간만이 아니라 이제는 법과 민주주의 실존을 논할 때가 되었다. 이 이야기는 추후 다시 하겠다. 지금은 평등해야 할 법이 그 불평등을 완화하기는커녕 더 크게 만들고 있기 때문에 문제다. 일부는 출세욕에 빠져 법을 자신에게 유리하도록 자의적으로 해석한다. 거기다 정치와 언론까지 결탁하면 누구든 죽일 수 있다. 그들의 장난질에 대중은 쉽게 세뇌된다. 민심은 천심이라지만 요즘엔 신념의 마음이 뒤틀려서 진실이 왜곡된다. 청년들을 타락시키고 신을 믿지 않는다고 하여 아뉘토스는 멜레토스를 시켜 소크라테스를 기소한다. 지금으로 치면 멜레토스는 검사라고 할 수도 있는데 정치인 아뉘토스와 그의 앞잡이 멜레토스는 소크라테스를 죽음으로 내몰았다. 더군다나 제대로 판단해야 할 배심원(재판시민)들조차 그러지 못해 소크라테스는 결국 이렇게 한마디 한다. "너희들마저도 아뉘토스 같은 자들에게 나처럼 당할 수 있다." 정확히 이런 말은 아니었지만 소크라테스의 변론을 보면 이런 뉘앙스라는 걸 알 수 있다. 2000년 전에도 법을 다루는 자에 대한 이런 시각들이 있었다. 현재 우리나라도 검사 출신인 인물 두 명을 생각하면 소크라테스의 죽음과 크게 다르지 않으리라는 생각이 든다. 이렇게 역사는 소름 끼칠 정도로 반복된다. 검사가 잘못하면 판사가 판단이라도 잘해야 한다. 물론 검사의 기소 그 자체로도 보통의 무고한 인간은 정신과 육체 건강이 무너져 삶이 힘겨워진다. 이런 억울한 사람이 계속 나오고 있기 때문에 오죽하면 판단 주체를 인간이 아닌 AI로 대체하자는 말까지 나온다. 그러나 의문도 있다. 미래엔 AI를 믿어야 할지 아니면 인간을 더 믿어야 할지는 사람들의 유·불리에 따라 선택적일 수 있기 때문에 또 다른 불화가 생길 가능성이 있다. 그렇다고 판단 주체인 모두를 비난하고자 하는 건 아니다.

맨더빌의 『꿀벌의 우화』에서는 이런 말이 나온다. "세상이 균형을 이루는 건 선이 아니라 오히려 악이다." 문제인식을 하고 시대를 앞서가는 사람이 아니라면 대중은 이런 악을 처음엔 잘 모른다. 악이 우리 삶에 엄습하기에 보이는 것일 뿐 선하고자 미리 나서지는 않는다. 그의 책 몇몇 구절은 엄청난 통찰과 역설적 사유로 머리카락을 쭈뼛하게 한다. 인간이 선한 것을 찾으려고 하는 게 아니라 악한 것 때문에 잘못됨을 안다는 의미다. 현재 비판을 받는 그 판단 주체와 조직은 심각한 자아비판과 시스템 비판을 해 봐야 한다. 국가나 어떤 조직체가 스스로 변하지 않는다면 정치나 국민이 문제의식을 가져야 한다. 어떤 사회문제에 대한 순수하고 건전한 담론은 긍정의 요소를 가진다. 그러나 신념 혹은 이해관계 등이 섞여 있으면 올바른 사고방식과 대화가 매우 힘들어진다. 특히나 온라인에서는 더욱 그렇다. 반대편 타인을 공격하고 규정하고 조롱하기가 난무한다. 이걸 심리학적 용어로 표현하면 서로에게 '도덕적 배제'가 일어난다고 한다. 도덕적 배제는 곧 나와 생각이 다른 너는 인간이 아니며 나는(혹은 우리는) 동물처럼 행동해도 된다는 무서운 심리기제가 작용하는 것이다. 그렇게 되면 서로에게 한쪽이 나쁜 무엇으로 매도되어 극단의 혐오가 일어나게 된다. 책마저도 핵심을 보지 못하고 쉽게 오해하며 꼬투리를 잡아서 비판하는 불편한 세상인데 온라인은 오죽할까. 사람은 기본적으로 변화를 좋아하지 않는다. 인간의 본래 특성일 수 있고 사회 관성 때문일 수 있다. 기득권한테는 변화가 곧 피해라고 생각한다. 심지어 개혁과 변화가 자신에게 이득이 되는데도 잘못된 정보와 인식, 규범 편견으로 때론 알맹이 없는 변두리 싸움이나 올바르지 않은 선택을 하게 된다. 예를 들면 최저임금제와 노동시간에 대한 생각이다. 고용주도 아니고 가진 자의 가족도 아니며 기타 갑의 위치가 아닌데도 을의 위치에서 자기들끼리 싸운다. 그들이 싸우는 게 결국 갑을 위한 것인지도 모른다. 왜냐하면 같은 을끼리 서로 우위에 있으려고 하거나 이미 심리적·사상적 우위를 가지고 있다고 생각하기 때문이다. 특히나 거기에 정치적 신념까지 들어가면 자본주의의 완벽한 먹잇감이 된다. 그중 일부는 실제로 자신은 조금 나은 직업이라고 우쭐대면서 본인도 노동자나 노예라는 것을 인정하지 않고 평생 살아간다. 을끼리만 싸우느라 사회 부조리한 것에 진짜 중요한 저항이 사라져 버린 사회는 죽은 사회이다. 마르쿠제는 생존경쟁만 하는 인간은 1차원적 사고에 머무를 수밖에 없다고 말한다. 어떤 일부는 사회 부조리 저항보다 정치, 종교, 남녀 차원에서의 반대편 쪼아 대기가 더 중요하다. 이들은 마커일 확률이 높고 인류의 해가 되는 존재들이다. 사회는 이들 때문에 우울한데 이들은 우울하지 않으며 오히려 그 공포와 이간질을 에너지원으로 삼는다. 공감의 부재와 경쟁의 살벌함은 개인과 사회에 우울함을 주는 동시에 야만성을 갖게 한다. 책 『다정한 것이 살아남는다』에는 우울함이란 표현은 없지만 그 책을 보면 삶의 터전(인간으로 치면 집과 같은 부동산)이나 먹잇감을 위한 경쟁은 동물의 습성과 관계까지 영향을 준다는 사실을 알 수 있다. 특히나 여린 사람일수록 더욱 상처받는다. 헤르만 헤세의 「가지 잘린 떡갈나무」 시에는 이런 구절이 나온다. "내 안의 여리고 부드러운 것을 이 세상은 몹시도 경멸했지. 그러나 누구도 내 존재는 파괴할 수 없다. (중략) 그 모든 아픔에도 이 미친 세상을 여전히 사랑하기에…." 태초부터 이런 여린 사람들은 남을 헐뜯거나 타인의 자존감을 박살 내려는 성격을 가지고 있지 않다. 그런 사람은 험악한 세상에 노출되기보다 때로는 책과 대화해 보는 게 더 나을지도 모른다. 정작 억압받고 짓밟혀야 하는 건 악(惡)인데 선(善)은 끊임없이 자신이 선하다는 것을 증명해야 한다. 정의를 말하다가도 그것에 하나만 어긋나는 사람은 위선자로 낙인찍힌다. 인간에게는 수많은 유혹이 있다. 기득권을 비판하지만 정작 자신도 그런 편안함과 기득권의 영역이 있다는 것을 모르는 채 산다. 상간남과 상간녀를 비난하지만 자신이 그렇게 되지 않으리란 보장은 없다. 누군가는 부동산으로 욕망이 가득 찬 사람을 비난 하지만 자신도 부동산 가격에 마음이 가지 않을 수 없다. 타인의 험담을 쉽게 하면서 자신은 그런 '대상' 혹은 '존재'가 되고 싶어 하지 않는다. 스피노자의 말을 따르면 인간은 항상 무엇이 되는 존재자가 된다. 이걸 코나투스라 부르는데 진짜 현대인에게 필요한 건 '나답다'가 먼저가 아니라 '너다운 걸' 인정하는 일이다. 냉소와 비아냥조가 일상인 현대에서 불편함을 물로 씻어 내듯 세례했으면 좋겠다.

 진짜 문제는 그토록 지겨운 '내로남불' 단어다. 탈무드에서는 나태함이나 도둑질보다 중상모략을 더 큰 죄로 여긴다. 살인은 한 사람을 죽이는 거지만 험담은 세 사람을 죽인다고 말할 정도이니 얼마나 타인에 대한 비난이 큰 죄인지를 알 수 있다. 각각의 온라인 커뮤니티 몇 개를 선정해서 공감, 칭찬, 고마움, 비난, 조롱 등 몇 가지 키워드로 구분하여 언어로써의 애정과 비통함을 한번 통계 내어 보고 싶어진다. 간혹 특정 커뮤니티의 그런 통계가 나오곤 하는데 역시나 타인 지향적이고 비난이 주를 이루는 곳이 많다. 그것을 우리 아이가 보고 자라며, 현재는 청소년과 20대 남녀가 커뮤니티와 영상에 빠져서 단편적인 사고의 노예가 되어 살고 있다. 보통 그들의 사고 단계는 언론이라고 말하기도 부끄러운 기자의 글이나 프로보커(provoker)가 써 놓은 배설물 글 수준에서 끝난다. 역사적으로 보면 요즘 시대에만 '기레기'가 있는 건 아니다. 19세기 말에 「옐로우 키드」라는 만화로 시작된 게 황색 언론의 시초였다. 미국 언론은 흑인폭동이 일어날 때마다 수십 년 동안 오로지 흑인만 잘못된 것처럼 기사를 썼다. 90년대 걸프전과 중동 전쟁, 2003년 이라크 전쟁 등 언론은 진실을 알면서도 자국(미국)의 이익 아래 잘못된 뉴스를 전 세계에 알렸다. 미국은 이미 20세기 초중반 언론의 자의성에 대해서 이야기했다. 그 당시 어떤 학자가 우리는 결국 언론에 놀아날 수밖에 없다고 하자 철학자 존 듀이는 "시민은 비판적 사고를 함으로 인해 언론의 장난을 인식할 수 있을 것"이라고 반론했다. 참고로 존 듀이는 어려서부터 사회교육을 접하기를 중시하였고 창조적 사고를 통한 사회 구습을 타파하고자 하였다. 현시대엔 언론에 대해서 저널리스트까지는 바라지 않는다. 국민들은 적어도 개인감정이 들어갔거나 가짜뉴스만큼은 없었으면 하는 바람으로 언론에 기대를 낮추는 수준까지 이르렀다. 현재 한국은 편파적이고 자본주의 노예가 돼 버린 언론이 나라를 망치고 있다. 그나마 깨어 있는 사람들이 그 무너짐을 막고 있는 중이다. 정의와 공정, 공감, 평등, 관용 등은 사라지고 오히려 언론의 이해관계, 기자의 신념을 선택적으로 뉴스에 싣고 있으니 2022년 대한민국이 바른 인물을 리더로 뽑을 리가 없는 것도 어쩌면 당연한 일이다.

이는 우리나라뿐만 아니라 외국도 마찬가지다. 우리의 뇌는 혼란하면서도 일방(향)적이다. 세뇌의 심리학은 단순하다. 복잡한 게 싫은 사람은 오로지 자기가 속한 집단에 생각을 내맡긴다. 책『세뇌술』은 환상을 심어 주는 심리 기술을 말하는데 이걸 확장해 보면 공포와 어떤 적을 만드는 것까지 환상으로 생각할 수 있다. 기업, 언론과 정치, 종교인에게 제일 좋은 먹잇감이 그들이다. 생각이 이분법적인 세상에 살다 보니 사람들은 도저히 일어나지 말아야 할 어떤 인간의 도륙을 비참하게 보지 않는다. 반면 어떤 이즘은 집요한 걸 넘어 철학으로까지 승화시키면서 끊임없이 피해자의 입장을 전한다. 비트겐슈타인은 타인의 고통을 타자는 제대로 알지 못한다고 말한다. 그 대신 현대인은 그 비통한 도륙 대상자를 오로지 확증편향으로 본다. 정작 판단 주체인 대중의 근본적 의심은 어떤 정치 편향 때문에 사라진다. 결국 부조리와 패악질을 일삼는 정의의 마지막 조직체와 개인은 뒤로 숨겨진다. 한나 아렌트의『악의 평범성』은 이제 한 개인의 검사에서 조직체 그리고 도륙 대상자의 반대편 성향을 가진 모두에게 옮겨 간다. 정말 분노해야 할 대상은 정치 검사와 그걸 막지 못하는 시스템인데 그걸 개혁하고자 하는 것마저 정치적으로 보게 되는 사람들 때문에 긍정의 결실 없이 모든 게 오염돼 버린다. 돈 없고 배경 없는 사람을 위한 개혁인데도 그런 사람들은 그 생각을 전혀 하지 못한다. 오로지 내가 미워하는 사람과 정당을 해칠 수 있다면 인지부조화속 악(惡)과도 타협한다. 그것이 노예정신이다. 이런 일은 앞으로도 계속된다. 역사는 반복되기에 역사를 되짚어 보면 미래를 가늠해 볼 수 있다. 꼭 역사서가 아니더라도 다양한 책에서 현시대를 알 수 있게 해 주는 것들이 넘치고 넘친다. 왜 책을 읽어야 하는가는 여기서 또 알 수 있다. 책은 과거와 현재 미래를 연결해 주는 시냅스 같은 존재다. 신경세포를 깜빡깜빡 연결해 줘야 인간이 확장된 사고를 한다. 그렇지 않으면 뇌세포는 죽는다. 이건 사유의 동면 주장이 아니라 매우 과학적인 현상이다.

# 책 속의 악마는 계속된다

인간의 욕망을 자극한 악마의 속삭임을 주제로 한 책은 굉장히 많다. 가장 대중적으로 알려진 것 몇 개만 언급해 보면 『파우스트』, 『지킬박사와 하이드』, 『그림자를 판 사나이』, 『스크루테이프의 편지』 등이 있다. 만약 '메피스토펠레스 같은 악마의 유혹에 넘어가지 말아야지' 말하는 사람이 있다면 이 정도 의미는 상식으로 알아들어야 한다. 그 정도로 파우스트 책은 악마의 대명사가 등장한 책이 되었다. 성경을 안 읽었더라도 유다를 알고 있는 것처럼 메피스토펠레스도 그런 존재다.

번외로 똑똑하고 식자층이라는 박사들이 왜 이렇게 악마에 잘 빠져드는지 그것도 의문이다. 셰익스피어 작품에서도 인간은 어떤 무엇에 자주 유혹을 받고 그게 비극으로 이어진다. 여기에서의 악마는 마니교의 선·악과는 조금 다른데 만약 인간의 욕망을 악으로 보고 절제와 이성을 선으로 본다면 인간의 심리 확장을 해 볼 수 있다. 헤겔은 가장 이성적인 게 진실에 가깝다고 했고 소크라테스는 절제하는 법을 아는 게 사랑이라고 했다. 결국 심리학적으로 에고(ego/혹은 이드)와 슈퍼에고의 싸움에서 인간 이성이 이기느냐 욕망이 지느냐. 아니면 그 반대냐에 따라 인간 삶이 결정된다.

『파우스트』의 박사는 자신의 욕망을 위해서 메피스토펠레스에게 영혼을 팔지만 『그림자를 판 사나이』의 주인공은 영혼까지 팔지는 않는다. 인간의 가장 소중한 무엇을 지키고 싶었던 이 작품의 주인공 슐레밀은 사실 인간이 탐할 수 있는 건 거의 탐하고 마지막 하나만 남겨 두었을 뿐이다. 인간을 유혹하는 것들은 보통 검은색이거나 잿빛(회색) 형태로 나타난다. 이런 설정은 인간의 가장 어두운 마음(욕망)을 잘 표현하는 것 같기도 하다. 잿빛으로 인간에 나타난 것은 『그림자를 판 사나이』도 그랬고 미하엘 엔데의 소설 『모모』도 그랬다. 다만 모모에서의 그 잿빛은 흔히 알고 있는 전형적 악마의 모습은 아니다. 여러 곳에 나타나는 악마가 완전히 검은색의 악마였다면 교훈보다는 인간의 추악함만을 드러냈을지 모른다. 잿빛의 존재는 인간을 잠시 유혹에 빠지게 하지만 다시 인간다움이나 올바른 삶이란 무엇인가에 대한 생각을 해 볼 수 있게 하는 중간 영역이 되기도 한다. 단테의 『신곡』으로 치면 지옥과 천국의 중간지점인 연옥에 해당된다. 우리 주변에는 이런 잿빛이나 어둠의 유혹이 늘 존재한다. 태초에 빛이 있고 난 뒤 인간은 음탕충동, 살인충동, 죽음충동의 유혹에 빠지기 시작한다. 우리는 뱀의 혀라는 문구를 관용처럼 쓰는데 이브를 유혹하는 뱀은 두 가지 의미를 준다. 하나는 뱀이 인간에게 불결의 대상이 되었다는 점과 또 하나는 뱀이 인간의 욕망 매개체라는 점이다. 오르페우스의 뒤를 보는 충동도 하지 말라고 하면 더 하고 싶은 신의 장난과 인간의 욕망 때문이다. 애초에 이브는 사과를 따 먹을 생각이 없었는데 뱀은 욕망으로 다가온다. 아담과 이브가 볼 때 뱀은 악마 같은 존재이자 프로이트가 말한 이드의 구현자이다. 마치 뱀은 판도라의 상자를 연 악마의 또 다른 형태다. 뱀을 긍정적으로 보는 건 힌두교 신화 비슈누 신에서 뱀을 무한성으로 본 것과 우리나라 뱀술 같은 음식 외엔

본 적이 없다. 의술의 신 아스클레피오스에서 뱀은 긍정적으로 다뤄지는 것처럼 보이지만 이걸 해석하면 다음과 같다. 아스클레피오스는 보통 뱀이 지팡이를 휘감는 그림으로 표현되는데 그 그림의 기원적 의미는 지팡이로(의료 도구) 뱀과 비슷한 기생충(메디나충)을 치료하는 모습이다. 현재 대한 의사협회의 로고가 바로 이걸 뜻한다.

번외로 히포크라테스 선서와 이런 좋은 로고를 가진 직업의 사람들이 왜 이렇게 뱀같이 구는지 이해가 안 간다. 인간은 자신의 이익 앞에 아무도 디케가 될 수 없다. 뱀은 곳곳에서 수도 없이 부정적으로 그려진다. 메두사의 머리나 암몬(이집트나 유대 신화에서 악마)의 모습에서 볼 수 있고 성경에서도 수차례 언급된다. 뱀은 심리학이다. 뱀의 유혹 그 후 기독교적으로 보면 태초의 살인과 희생제의가 있었다. 이슬람 구전에 의하면 곧 태초의 근친상간까지 있게 하는 선험적 악마의 시초가 뱀이다. 선악과 한 개의 유혹을 넘어 이제 인간은 다양한 욕망의 모습을 보인다. 다양한 욕망의 시초 그 첫 번째가 카인과 아벨이다. 형 카인은 지금으로 치면 농부였고 동생 아벨은 목축업자인데 카인은 자신의 제물은 받아들여지지 않고 동생 제물만 받아들여진 것에 분노를 해 동생을 살인한다. 이제 인류 태초의 질투와 살인이 벌어진 것이다. 사실 원망은 신에게 해야 하는데 카인은 그걸 보지 못한다. 인간의 원망도 마찬가지다. 진짜 나무랄 존재는 나무라지 않고 엄한 데다 화풀이를 하고 있으니 사회가 제대로 기능을 하지 못한다. 보통 한국인은 이럴 때 자신이 선호하는 곳을 비판하지 못하고 자신이 싫어하거나 자신과 반대되는 쪽을 탓하는 경향이 크다. 그리고 그 원망이 타인이 아니라 자신에게 해야 할 사람도 존재한다.

한편 카인을 모르면 황순원의 소설 『카인의 후예』를 알아도 모른다. 『카인의 후예』가 왜 땅 이야기를 하는지 이 배경지식만으로 책 제목을 이해할 수 있다. 그래서 기독교를 싫어하는 무신론자라고 하더라도 굵직한 성경 뼈대는 알아야 한다. 책 이야기를 빗대면 끝도 없이 연결됨은 앞으로도 계속된다. 이건 마치 세계의 신화가 그리스 로마 신화뿐만 아니라 기독교, 유대교 등 각 나라의 신과 악마(괴물)들이 비슷한 연관을 가진 것과 같다. 21세기 악은 무엇인가? 지금의 악(惡)은 사람 앞에서 속삭이지도 않고 유혹하지도 않는다. 회색분자나 검은 그림자도 아니며 그냥 사람의 삶에서 함께한다. 한 사람의 눈과 말이 모여 여럿이 되면 악이 될 수 있다. 현대의 악은 일상적이다. 과거에는 권력자나 유명인이 아니고선 자신이 한 말이 급속도록 퍼지거나 큰 영향을 끼치지 못했다. 지금은 악이 아니라고 생각하는 사람이 어디서나 말과 귀가 되고 선동가가 된다. 영향력은 배운 사람이나 합리적인 사람이나 못 배운 사람이나 이젠 과거보다 좀 더 평등하다. 특히 악(惡)일수록 반응이 더 잘 온다. 예전엔 목소리 큰 사람이면 장땡이라고 생각했지만 지금은 온라인에서 우기고 비아냥대며 교묘히 사실과 거짓을 섞어 놓아 자신이 보고 싶은 쪽으로만 해석하면 이기는 세상이다. 거기엔 언론과 기자, 방송인, 연예인, 일반 네티즌 등 국민 모두가 포함된다. 틀려도 틀렸다고 인정하지 않거나 진실을 모르기 때문에 고쳐지지도 않는다. 과이불개(過而不改)에 앞서 공자의 말처럼 "과즉물탄개" 해야만 사회가 변한다. 틀림을 알았고 실수를 알았으면 그것을 고칠 줄 아는 것도 인간의 지혜이자 용기 있는 행동이다. 그러나 그 반대로 자기 잘못은 못 보면서 남의 잘못만 보이는 사람이 넘쳐 난다. 그중에는 자신의 잘못을 사과하면 자아 부정이라고 생각하거나 애초부터 '자기반성'이라는 개념이 없는 사람도 많다. 보통 소시오패스들이 이런 특성을 보인다. 상황을 인지는 하지만 진정한 뉘우침이 없고 타인에 대한 정서적 공감을 하지 못하는 게 큰 특징이다. 그들은 오로지 자신을 위해서 인지적 공감만 한다. 그중 상당수는 겉은 멀쩡해서 친해지기 전까지 이런 인간에 대해서 잘 모른다. 그런 의미에서 유혹의 심판인 악이 항상 나쁜 것만은 아니다. 자신에게 불리한 상황이나 행동이 잘못됐을 때에 악의 속삭임은 그 사람이 어떻게 행동하는지에 따라 선(善)의 판단을 하게 해 주기도 한다. 우리는 이것을 인간관계의 인간됨이나 손절 의미로 활용할 수 있다. 우리안의 선한 본성은 기질과 함께 바른 인성 교육이 있을 때에만 구현되는데 지금은 그런 사회가 아니란 게 문제다. 그런 의미에서 사회 교육도 중요하겠지만 집안에서의 바른 교육은 특히나 중요하다. 어떤 부모는 그런 것보다 다른 것에 신경을 쓰게 된다. 왜냐하면 경쟁의 시대에서 윤리보다는 삶의 스킬과 학업 능력만을 생각하는 교육이 중요한 세상이기 때문이다. 악마는 이렇게 일상적이면서 우리 사회를 이렇게 만들어 놓은 것이 당연하다는 듯이 행동한다. 그래서 그 악마를 현대인은 인식조차 못 한다. 과거 사람들은 의식주 같은 원초적 생존 문제가 문제였지만 우리는 지금 원초적 시선이 문제다. 자크 라캉은 시선의 문제를 현대인의 정신문제 중 하나로 꼽는다. 학업이 우수한 사람과 능력자를 좋아하는 것 그 자체가 잘못되지는 않았다. 모두(사회)가 타인을 그렇게 바라보니 문제가 된다. 결국 나와 내 가족, 내 신념만 생각하는 이기주의 때문에 사회 불화와 혐오가 생긴다. 타인의 입장이 되어 타인의 감정을 진실하게 이해할 시간을 가지는 사람이 줄고 경청자가 사라진다. 그럴수록 사람들은 평범한 악을 피해서 도피처를 찾는데 그게 사람이나 사물 등에 대한 디깅 문화로 이어진다. 웹툰, 웹소설, 기타 공유 동영상 등도 여기에 포함된다. 그러나 우리는 자연에 묻혀 살지 않는 한 영원히 피하기가 힘들다. 셰익스피어의 『오셀로』에도 악마가 존재하는데 이아고는 인간이 할 수 있는 나쁜 술수란 술수는 거의 다 쓰는 가상의 인물이다. 책을 읽고 이아고란 캐릭터를 현실사회로 투영하면 정말 밉상 인간이 그려진다. 직장에서나 동호회에서나 자기가 아는 지인 중에서는 이런 인물들이 꼭 한 명쯤은 있다. 방금 말한 건 개인에 해당하지만 이아고란 인물은 집단에 투사될 수도 있다. 사람 한 명이 이런 비극을 만드는데 현대에는 한 명 한 명이 모여 커뮤니티를 이루고 그것이 또 대중을 이루니 이아고 커뮤니티가 사람 한 명 죽이는 건 이제 아무것도 아닌 일이 되었다. 커뮤니티형 대중은 정말 무섭다. 『오셀로』의 데스데모나는 결국 오셀로가 죽인 게 아닌 타인이 죽인 것이다(이아고 말을 곧이곧대로 듣는 오셀로는 데스데모나를 의심한다). 현대인은 자신 때문에 죽는 게 아니라 타인과 사회 때문에 더 죽는다.

 과거의 악마는 인간의 타락을 바라고 선과 악으로 나뉘었으며 그리스 로마 신화는 그걸 다양한 이야기로 만들어 냈다. 조로아스터교 이후 선악을 단순하게 생각하는 이분법적 사고의 대중화는 마니교에서 정점을 이룬다. 동양은 중국을 위시로 음양의 조화를 중시했다. 마니교는 이슬람 세력 확장과 더불어 사라지지만 기독교 이전부터 존재한 선악의 개념과 한(漢)나라 이전의 음양의 개념은 동서양에 엄청난 차이를 가져온다(공교롭게도 조로아스터와 주역의 태동 시기는 거의 비슷하다). 여기서부터 서양과 동양(우리나라)은 개인과 집단을 바라보는 시각에서 많은 차이를 보인다. 서양은 개인의 잘못이나 신념이 집단이나 사회에 반영되어도 집단적 책임을 묻기보다 개인에게 처벌이 집중되지만 우리나라는 연대성을 가지고 개인과 집단을 동일시하는 경향이 있다. 물론 동서양 둘 다 정확히 이렇게 이분법적으로 나누어진 건 아니다. 그러나 개인의 의견, 학문, 사상, 교육, 가족과 사회에서의 자유 등은 동양과 서양의 인식이 확실히 다르다. 헤겔의 안 좋은 버릇 중 하나는 개인의 자유와 집단주의로 동서양을 나누며 서양적 사고의(더 정확히는 그리스 로마 사상) 우위를 내비치는 일이다. 그런데 서양이 보는 이런 전통적 오리엔탈리즘의 시각이 싫으면서도 때론 맞다고 생각하는 부분이 존재한다. 서양은 종교로 인해서 악(이단)과 선이 구별되었고 훗날 오랜 역사의 기간 동안 끊임없는 분열이 이뤄졌지만 우리나라는 사상적·종교적 이유보다는 정치적 이유로 분열이 되었다. 동서양의 공통점은 하나가 악이 되어 선이라고 주장하는 곳을 죽이는 것이고 차이점은 지향점이나 통합성의 범위 차이다. 자유의 영역과 사유의 영역이 큰 서양과 달리 우리는 지연과 집단주의로 영역이 한정되었다. 가령 한국의 붕당이 시작된 정여립 모반 사건이 대표적이다. 물론 최초의 붕당정치 시작은 훈구파와 사림의 대립이고 서인과 동인의 본격적 분열은 심의겸과 김효원의 이조전랑 문제가 발단이었다. 그러면서 숙종 때 본격적으로 시작한 한국의 붕당 정치는 탕평책을 써도 큰 해결책이 없었으며 그 종족 특성은 지난 300년간 한국을 지배했다. 현대에 와서는 그 못된 역사가 독재자 두 명에 의해 좌우 정치 망령으로 되살아났다. 다만 한국엔 우파와 보수를 참칭한 집단만 있지 어느 순간 진짜 우파는 존재하지 않게 되었다. 그동안 그들은 족벌, 학연, 지연 그리고 정치 명분, 권력과 자기들만의 동지애와 폐쇄성으로 통합성을 크게 저하시켰다. 이렇게 되면 조직과 집단의 시각이 합리성을 억누르게 된다. 집단 내 비판이 전혀 이루어지지 않는 이유는 자신들이 만든 악(惡)이라는 하나의 큰 적이 있기 때문이다. 가상의 적을 끊임없이 만들고 유지시켜야 우리 편의 조직과 사람이 공고해진다. 반면 같은 종교 내 서로의 이단화는 그 다양성 때문에 정치처럼 완전 이분법적이지는 않다. 보통은 선과 악이 그렇듯 다른 집단이나 개인을 전체화하거나 타자화하여 서로 적을 만든다. 한나 아렌트는 『전체주의의 기원』에서 대중의 출현을 중요하게 봤다. 대중은 원자화되어 하나로 뭉치고 반대편에 대해 투사적 혐오를 시작한다. 개인이 집단에 속해 타인과 타 집단을 악마화하는 건 과거에도 있었지만 지금은 다른 큰 특징이 하나 있다. 그건 바로 악의 형태가 현대사회에서는 다양하게 존재한다는 점이다. 특정 직업에 대한 인식, 젠더 영역, 세대 갈등 등 기타 다양한 것들을 전체로 여겨 서로가 서로를 적대적이게 한다. 지금의 악은 다양성을 가지고 개개인의 감정 속에 들어와 있다. 가령 ○○포비아(공포) 같은 것 말이다. 자신과 다른 사람을 혐오하는 것도 악의 평범성 중 하나다. 그런데 자신의 선택적 잣대로 보면 자신마저도 누군가에겐 혐오 대상이 되는데 그걸 모르고 사람들은 혐오의 동조자가 된다. 동성애에 대한 혐오, 동호회 같은 자기 집단과 다른 타 집단의 혐오, 장애인 혐오, 인플루언서 팬심에 의한 경쟁상대 혐오 등 세세하게 구분되는 적대감은 이제 개인적이면서도 집단화되었다. 그중에서 혐오자나 마커 등은 소속이 중복되어 온라인의 다양한 선동가가 된다. 이들은 어디를 가든 타인을 쉽게 비웃는 사람들이며 냉소가 몸에 밴 사람들이다. 이런 사람들은 자신 스스로 만들어 낸 기쁨으로 웃지 못하고 타인을 향한 혐오감이나 그들의 고통으로 웃는 사람들이다. 참으로 한심하고 불쌍한 인간들이 아닐 수 없다. 집단의 힘은 무섶다. 삼인성호라는 말이 괜히 나온 게 아닌데 이제는 논어에서 말한 또 다른 삼인(三人)에 긍정적으로 익숙해져야 한다.

논어에는 세 사람이 길을 가면 그중 하나는 스승이 있다고 말한다. 스승 같은 존재는 좋은 점은 본받고 자신의 나쁜 점은 바로 잡으며 타인을 교훈으로 삼는다. 현재는 책이 우리에게 스승이어야 한다. 그런 차원에서 지금 내가 보고 듣고 시간을 많이 보내는 글과 영상은 과연 무엇을 주고 있는지 살펴볼 일이다. 자신도 제대로 드러내 보일 수 없는 사람이 지식을 말하고 현자인 척 말하지만 그런 사람은 높은 확률로 2아고(이아고)일 가능성이 크다. 결정적일 때 나쁜 짓을 하고 신념을 드러낸다. 악은 계속되기에 이번 단락은 여기서 마무리하고 추후 악의 다른 이름은 또 언급될 것이다.

## 문학 속의 삶 1

    인문학을 대중과 함께 산책하고자 하는 책은 필수적으로 고전이나 세계문학 책을 언급하기 마련이다. 훌륭하거나 재밌거나 필수적으로 알아야 할 작품은 문학만 따져도 최소 수백 권은 넘는다. 다른 책도 볼 게 많은데 그걸 어떻게 다 읽으란 말인가. 책으로 처음부터 끝까지 다 보면 좋겠지만 유명한데 못 읽은 작품은 주요한 멘트나 줄거리, 기타 주인공 캐릭터 정도만 알아도 괜찮다. 나중에 차근차근 읽어 보면 된다. 세계문학과 한국문학 중 나름 알려진 작품 전부를 읽을 수는 없다. 책으로 볼 수 없다면 영화로 봐도 괜찮다. 책을 영화로 만든 건 생각보다 엄청나게 많다. 가령 『주홍글씨』 책을 안 봤다면 영화로 봐도 괜찮다. 설령 『주홍글씨』 책이나 영화를 보지 않았더라도 주홍글씨가 무엇을 의미하는지는 상식적 차원에서 알고 있어야 한다. 이젠 주홍글씨가 관용적으로 쓰이는 표현이 되었기 때문이다. 이런 건 검색으로 쉽게 알 수 있다. 매우 유명한 책인데 책의 두께가 얇으면 그냥 검색하지 말고 책을 직접 끝까지 읽어 보자. 주홍글씨는 우리나라로 치면 낙인과 같다. 낙인은 달궈진 쇠붙이로 인간에게 표식을 하여 형벌 효과를 주었고 그 외 노예나 동물에겐 소유권을 위한 용도로 쓰였다. 현대에 와서 낙인찍기는 가히 광범위하다. 사과하는 자는 더 가혹한 벌을 받고 염치없는 인간은 죄가 없는 시대를 살고 있다. 바야흐로 비열한 자들의 전성시대다. 현시대엔 한번 낙인찍히면 그것이 진실인지 아닌지를 불문하고 그걸로 인지 판결이 끝나버리는 경우가 많다. 사람들은 이걸 인민재판이라고 부른다. 인간의 이중성과 집단 편향성 그리고 무의식은 주홍글씨뿐만이 아니다. 간통이 더 험하게 다뤄진 시대에도 간통은 문학작품의 주요 단골 소재다. 주홍글씨를 안 읽은 사람에게 스포일러는 하지 않겠지만 소재만 보면 이것도 불륜의 시작점이 된 소설이다. 그 외에 플로베르의『마담 보바리』, 스탕달의『적과 흑』, 톨스토이의『안나 카레니나』, 로렌스의『채털리 부인의 연인』, 월러의『매디슨 카운트의 다리』등은 불륜(情婦/情夫 정부를 둔)이 소재인 작품이다. 우리나라는 간통죄가 사라졌지만 간통의 민사 책임은 사라지지 않았다. 자신의 이중 사랑과 자유에는 역시나 책임이 있다. 젊은 사람의 간통이든 중년의 간통이든 아니면 오픈 메리지나 폴리아모리를 추구하는 사람이든 인간의 욕망은 과거나 현재나 다름이 없다. 특히 나의 사랑은 로맨스라 달콤하고 남의 사랑은 불륜이라 엿보기가 재밌다. 불평불만을 어디다 해야 하는지도 모르는데 정작 불편한 게 많은 사람들은 이럴 땐 또 불륜이 불편하지 않고 관음의 대상이 된다. 즉 타인은 자신에게 흥미로운 이야깃거리가 된다. 왜냐하면 타인의 치부는 인간 최고의 가십거리 중 하나기 때문이다. 어떤 이의 터부는 커뮤니티나 뉴스 기타 영상에 집단적으로 반응한다. 거기에 세상 모두의 이중인격자와 성인군자들이 몰려온다. 관음증도 오지랖 중 하나인데 하느님이 보기엔 이들은 모두 천국에 가지 못한다. 요한복음에서는 그 유명한 "너희 중에 죄 없는 자가 먼저 돌로 치라"가 나온다. 그런데 실제로는 그녀에게 아무도 투석(投石)하지 않는다. 적어도 예수시대 사람들은 양심이라도 있었다.

대부분의 문학작품은 거의 다 인간의 마음속에 낙인을 찍고 갈등한다. 올바른 연애생활이나 부부생활을 하는 사람은 이런 시놉시스를 이해할 수 없을지 모른다. 자신도 모르게 빠져드는 유혹의 세상에 사람은 누구나 실수를 할 수 있다. 또한 우리는 문학작품을 훤히 볼 수 있지만 타인의 삶은 눈꼽만치도 보지 못한다. 한쪽 잘못만이 아니라 양쪽의 삶을 지켜봐야 할 때가 있다. 잠시 문학작품『보바리 부인』속으로 들어가서 이야기해 보자.

『보바리 부인』의 남편은 딱히 잘못한 게 없다. 심지어 직업은 의사고 특별히 이혼 사유가 될 만한 걸 찾을 수 없다. 바람을 피운 것도 아니고 돈을 가져다주지 않은 것도 아니며 자기 부인에게 아예 무관심하지도 않다(굳이 찾자면 남편의 무심함이 발단이 되었다). 삶이 무료했던 보바리 부인은 그저 인간의 즐거움이 필요했다. 허전한 마음속에 무엇인가를 채워야 했다.

반면『채털리 부인의 연인』은 내용이 다르다. 작품 속 부인의 남편은 채털리 부인과 성격이 완전히 반대다. 그리고 채털리 부인의 남편은 하반신 마비로 섹스를 하기에는 불편한 몸을 가지고 있다. 그녀를 채워 주는 건 남자의 페니스와 자식을 가지고 싶은 마음 그리고 자신을 이해해 주고 공감해 줄 사람이었다. 작가가 일부러 그런 건지는 모르겠지만 소설에서는 채털리 부인과 남편의 어떤 현안에 대한 가치관이 매우 다르다. 그들의 대화에서 사회를 바라보는 생각 차이가 서로 굉장히 크다는 걸 금방 느끼게 된다. 인간 세상에 한쪽이 100% 잘못한 경우는 드문 일이다. 문학작품 속 인물도 한쪽만의 과실을 두고 전개하는 건 상대적으로 희소하다. 그렇기에 남녀가 보는 시각과 세대가 보는 시각이 다를 수 있다. 다만 문학작품이 아닌 현실의 불륜을 보면 인간의 추악함만이 지배하여 못된 짓을 저지르는 남녀가 있다. 이럴 때는 잘잘못이 명백해진다. 다만 추악함이 아닌 불륜을 할 수밖에 없는 원인 제공자인 남편·아내가 있을 수 있다. 그럴 때 우리는 잠시 참된 인간으로 돌아와 누구에게 돌을 던질지를 판단한다. 그러나 그것이 아닐 때에는 무엇을 즐기는 관객이 된다.

나와는 무관한 타인에게 인간의 욕망에 관한 사건이 터지면 우리는 즐거워진다. 그걸 아는 방송국이나 작가들은 억지로 더 크게 관음화하고 먹잇감에 양념을 과하게 치며 유혹하기도 한다. 대중은 붕어가 되어 그 먹잇감만 보고 몰려든다. 자본주의에서는 타인의 원초적 사건이 돈이 된다. 디깅 문화가 생기면서 다양한 부류의 사람들은 콘텐츠나 연예인, 그 외 방송인에 자기 자아를(프로이트로 치면 Ego) 의탁한다. 사실 디깅 문화는 과거 세대에도 있었다. 다만 이런 용어만 없었을 뿐이다. 어쨌든 이런 디깅 문화는 장단점이 있다. 단점으로 보면 유사 연애, 유사 지인 같은 감정이 생기는 일이다. 타인에 대한 삶을 자신의 유사 삶으로 엮는 게 아닐까 할 정도로 그 마음의 밀도가 정말 대단히 높다. 자기감정 일부를 타인과 공유하고 마치 사이버 사랑에 빠지는 사람이 된다. 그 외 사상적으로는 굉장한 투사꾼 모습도 보인다. 이런 사람들은 나이가 어리면 어리다고 이해라도 하지만 꼭 어린 사람만 있는 것은 아니다. 현재는 남녀노소 할 것 없이 그런 삶에 익숙한 사람이 갈수록 많아진다. 현대인의 치료제가 곧 병이 되는 이상한 문화가 지금의 손안에 있다. 바로 스마트폰이다. 겉으로 보기엔 고독의 시대는 허상일거 같지만 진짜이며 가짜 에고(ego)는 진정 자신이 아니기에 그들은 나중에 더 고독한 느낌을 받게 된다. 그것이 다른 것으로 긍정적 전이(轉移)가 되지 않는다면 말이다. 자신의 존재를 사랑하지 않거나 세상에 사랑받지 못하는 사람들이 삐뚤어지면 그 사람은 정말 위험해진다. 지금 우리는 아주 다양한 곳에서 그것을 느끼고 있는데 대표적인 게 PC(정치적 올바름)와 이즘이다. 이것은 경계 안에 있는 사람과 경계 바깥에 있는 사람들 간의 의견 대립이다. 이 부분 관련해서는 더 깊게 하지 않을 생각인데 PC에 대해서 간단하고 핵심을 알고자 하는 사람은 책 『페미니즘에서 디케이즘으로』를 참고하길 바란다.

  사랑 없는 욕망과 육체의 유혹은 다양하게 찾아온다. 그래서 같은 원인에서 나오는 불륜 소설이나 영화가 거의 없다. 어떤 사람 중엔 무의식중에도 없고 이드(id)에도 정상의 범위를 벗어나지 않아 슈퍼에고(superego/초자아)가 작용할 명분이 없는 사람이 있다. 절대 바람을 피우면 안 된다고 생각하는 그런 정상적 인간 말이다. 인간의 도리는 당연히 그게 맞다. 프로이트적으로 보면 억압된 리비도에 대한 갈망을 불륜으로 표출하는 사람이 있고 모든 걸 자기 합리화하는 인간도 있다. 문학 작품 속 인물뿐만 아니라 현실에서도 심연 속 욕망을 타인이 대신 해 주기에 사람은 끊임없이 새로운 간통 사건 혹은 타인의 계속된 치부 생활을 엿보며 산다. 대리만족을 하면서도 동시에 욕을 하는 이중성이 또 여기서 드러난다. 우리는 가차 없이 그들에게 비판을 하고 또 확신을 한다. 헤겔의 『정신현상학』에서는 이런 말이 나온다. "자기가 안다고 하는 것이란 이런 것 중 하나다. 가령 자신이 어떤 것에 감각적 확신을 한다는 것은 그 대상으로부터 아직 아무것도 떨쳐내지 못하는 상태인 것이다. 그러나 본인에겐 그것이 가장 포괄적이고 참된 인식이다." 욕망에서 완전히 떨어지지 않았기에 자기도 그 테두리 안에 있는 사람이 된다는 의미다. 나보다 타인의 행동이나 감정 그리고 생활이 뭔가 더 에로스적으로 보이는 건 심연 속 무엇을 갈망하는 주체와 타자의 교집합 때문이다. 어떻게 보면 그리스 로마 신화와 기원전 20세기 이집트 신화의 욕망이 현대인에게 관음적으로 찾아온 것과 같다. 그리스 신화의 제우스와 아프로디테의 다중적 사랑의 결과물, 이집트 아누비스의 후손이 결국 우리 인간의 마음이 아닐까 한다. 그 욕망은 현시대에 하나도 변한 게 없다. 전 연령을 위한 도서의 마음에 불륜은 이쯤하고 다음으로 넘어가 보겠다.

맹자는 "인은 사람의 마음이요. 의는 사람이 걸어가야 할 길이다. 사람들은 자신이 기르던 개를 잃어버리면 그것을 찾으려 하면서도 잃어버린 마음은 찾을 줄 모른다. 학문의 길은 다른 데 있는 것이 아니라 잃어버린 마음을 찾는 데 있다."라고 말했다. 책을 읽는 것도 마음을 찾는 일이다. 특히나 수필을 읽는 사람은 내 마음 찾기와 인간다움, 정, 추억, 치유, 웃음, 사랑, 가족, 새로움, 자기발전 등을 목표로 한다. 그 외에 사람들은 어떤 잃어버린 무엇인가와 잃어버리지 않았더라도 어떤 보물찾기를 목표로 책을 읽는다. 마르셀 프루스트의 『잃어버린 시간을 찾아서』는 소설이지만 어떤 부분에서는 수필 같은 느낌을 준다. 원래 수필은 쉽게 읽히는 게 보통인데 이 작품은 특별한 배경 설명을 하지 않은 것들도 있어서 보통의 수필처럼 쉽게 와닿지 않는다. 『잃어버린 시간을 찾아서』 외에 버지니아 울프의 『등대로』나 제임스 조이스의 『더블린 사람들』은 작가가 진짜 말하고 싶은 게 무엇이고 명확히 어떤 이야기가 주된 것인지를 처음 읽을 때는 파악하기 힘들다. 보통은 의식의 흐름 기법이라고 하는 것들이 이런 어려움을 독자에게 준다. 탐구하고 글을 쓸 게 아니라면 제대로 이해하지 못해도 좋다. 『잃어버린 시간을 찾아서』의 책 전개가 홍차와 마들렌을 곁들인 과거 미각 향수가 '마음 고양'으로 이루어져 시작되었다는 것 정도만 알고 있으면 된다.

여기서 깊게 들어가면 어차피 지루해지고 더 큰 설명을 해야 한다. 여기에 곁들여 이 책으로 인해 '프루스트 효과'라는 용어도 생겨났다고 알고 있으면 된다. 작품이 유명하다고 재미도 없고 어려운 걸 억지로 읽을 필요는 없다. 세상엔 재밌고 유명한 책은 아주 많기에 책을 정말 좋아하는 사람이 아니라면 의무감으로 많은 분량의 소설을 낑낑대며 이해할 필요까지는 없다. 어려운 책 한 권을 다 읽었을 때 성취감을 느끼는 사람이 아니라면 말이다. 만약 『잃어버린 시간을 찾아서』를 재밌게 읽었다면 그 외에 까다로운 도서들이라고 언급하는 게 있으니 다음 책으로 이런 책들을 도전해 볼 만하다. 움베르토 에코의 『푸코의 진자』 혹은 제임스 조이스의 『율리시스』, 윌리엄 포크너의 『음향과 분노』 등은 이해하기 어려운 작품으로 꼽힌다. 실제로 읽기가 상당히 고되었다. 움베르토 에코의 책은 어렵지만 재미는 있다. 아니 더 정확한 표현은 호기심을 유발하고 흥미로운 책이다. 책이 어려우면 재미라도 있어야 하는데 세계문학 필독서라고 하니 꼭 읽어야 한다? 웬만큼 읽어 보니 꼭 그렇게 생각하지 않는다. 베이컨은 책을 세 가지 버전으로 읽어야 한다고 하는데 그의 말을 빌려 현대식으로 표현하면 씹지 못할 바엔 그냥 맛만 보고 뱉어도 된다. 너무 깊게 들어가면 문학작품이 철학서가 되는데 때로는 그런 책이 불멸의 고전이 된다. 책이 꼭 어렵게 쓰일 필요는 없다. 어떤 글을 쓰는 작가나 읽는 사람은 그런 책이 좋은 책이라고 착각하기도 한다. 세계문학 필독서 중 어려운 책이 수십 권 이상 있다면 차라리 이런 책들은 빼고 말해 주고 싶다. 왠지 그런 책은 현학적인 독서 목록 같다. 저런 책은 몇 번 반복해서 읽고 탐구하며 공부해 본 사람의 해설서를 참고하면서 읽어 보는 게 훨씬 낫다. 물론 책을 읽는 사람도 그 책에 대해서 자신만의 관점이 있어야 한다. 무턱대고 남들이 말해 놓은 해설서만 따라가는 건 암기식 교육과 같은 행태에 지나지 않는다.

독서 모임을 하는 이유 중 하나는 같은 작품, 같은 단락에서도 타인의 생각이 다르기 때문에 다른 의견을 경청하고 싶어서이다. 또 자신의 생각을 말하고 작품을 다각도로 이해해 보려는 것이다. 누차 말하지만 좋은 책의 정의는 있을 수 없고 단지 묘사만 할 수 있을 뿐이다. 방금한 이 표현은 포르스트호프라는 학자가 행정에 대해서 말한 "행정은 묘사할 수는 있지만 정의할 수 없다."라는 말을 빗댄 것이다. 그리고 책의 해석도 명확한 답이 없음을 알아야 한다. 한 가지 주제에 정확한 답이 없는데 답을 정해 놓고 이야기하는 사람과의 논쟁은 피해야 한다. 삶에 정답이 없듯이 좋은 가이드라인을 책으로 삼고 그중에서 자기와 맞는 것으로 변칙하여 받아들이며 자신만의 독서를 하면 된다. 흔히 책 속에 길이 있다고 하는데 길을 아예 못 찾는 사람이 있다. 찾으려고 하는데 없으면 나의 길이 없는 것이니 억지로 찾지 말고 다른 책에서 또 찾아 보면 된다. A라는 책을 읽고 나서 나중엔 B라는 책을 읽을 때면, 과거 자신이 읽었던 A와 반대인 경우를 접하게 된다. 그만큼 책과 삶에는 모순이 많다. 이는 현실과 이상의 괴리나 혹은 관점 때문인데 그런 책은 동서양의 문학작품에 수없이 많이 나온다. 방금 말한 양귀자의 소설 중 『모순』처럼 책 제목이 되기도 하고 『동물농장』 그리고 조세희의 『난장이가 쏘아올린 작은 공』 또한 그런 작품 중 하나다. 특히 『난장이가 쏘아올린 작은 공』에서 영수의 살인은 마치 『죄와 벌』의 라스콜리니코프와 비슷한 감정을 심어 준다. 영수의 이상(理想)이 현실과 괴리되고 내적 갈등은 극에 달해 살인으로 이어진다. 독자는 이 부분을 각자 다양하게 판단한다. 책은 모순에서 또 다른 형태로 독자에게 다가온다.

동서양의 이런 모순적 만남이 있다면 부모와 자식의 모순적 만남 또한 있다. 그런 작품을 한번 살펴보자. 막심 고리키의 『어머니』에서 주인공의 어머니는 아들이 위험한 걸 알면서도 자식을 위해 이해심을 발휘한다. 결국 어머니는 자기 아들의 신념을 믿어 준다. 반면 발자크의 『고리오 영감』은 자식에 대한 사랑을 갈망한다. 가난하지만 신념을 지지하는 『어머니』와 부자지만 자식에게 사랑받지 못하는 『고리오 영감』은 이렇게 대비된다. 『고리오 영감』은 또 셰익스피어의 『리어왕』과 비슷한 느낌을 준다. 위에서 언급한 조지 오웰의 『동물농장』 빼고는 거의 가족 구성원이 책의 중요 부분을 차지하거나 가족관계가 들어가 있는 작품이다.

사실 『동물농장』도 돼지 가족이 등장하기는 한다. 과거의 비극과 현대 사회에서의 비극은 조금 차이가 있지만 사랑하는 울타리와 사회 구성원 한 사람으로서의 교훈을 생각하면 상당한 공통점이 있다. 다양한 작품을 읽으면 비슷한 감정이 드는 것들이 여기저기 얽히고설켜 있다. 그래서 문학비평 영역에는 괜스레 같은 작품 이해로 엮이는 것들도 많다. 그럴 때는 작가가 말한 것을 참고만 하는 게 좋은데 이 글 또한 마찬가지다. 문학작품을 소개하는 작가나 책들은 참고 정도만 하고 취사선택하여 자신의 관점으로 읽어 보는 게 좋다. 역시나 중요한 건 내가 주체가 되어 타인의 글을 읽는 모습이다. 만약 보통의 인문학 소개 책처럼 몇몇 작품을 분석하고 그걸로 책의 분량을 채웠다면 『사유의 동면』은 시리즈로 100권을 써도 부족하다. 지금은 그럴 생각이 없지만 나중엔 그 책들과 똑같이 하고 싶기도 하다.

자주 언급하는 책과 작가는 분명히 그럴 만한 이유가 있다. 다만 간혹 그럴 정도의 수준은 아닌데 유명한 도서도 있다. 해석이 아주 애매한 작품이 그런 도서에 가끔 속하곤 한다. 그 외에 편향적이거나 괜한 논란을 억지로 만들어 사상적, 종교적, 혹은 젠더문제에 관한 내용을 다룬 책이 있다. 이런 책은 훌륭해서 회자되는 게 아니기 때문에 책을 잘 가려서 읽으면 된다. 훌륭한 작가나 어떤 책이 타인의 성향까지 관여할 순 없다. 좋은 책은 규정하기 힘들지만 나쁜 책은 거기에 비하면 그나마 찾기 쉽다. 마케팅과 소비의 노예로 살아가는 현대인에게 좋고 나쁨의 식별 능력은 자꾸 줄어든다. 특히 자신의 득실만 따지는 사람은 무형/유형의 편식을 하게 된다. 균형 없는 온라인 글 읽기에서 균형을 찾아내려는 노력을 하는 오프라인 글 읽기는 각자의 인생에 많은 차이점을 가져다준다. 현재의 글 읽기 문제는 글을 읽더라도 자기 성향이 아니면 공감과 교감하고 싶은 마음이 생기지 않는다는 점이다. 거기엔 비판만이 최고조에 달한다. 비판이라고 생각하는 것들도 사실 비판이 아니다. 작가와 작품의 몰이해성으로 나온 편향된 미움은 비난과 폄하로 끝난다. 너무 사람들을 가르치려 드는 것 같아 그만해야 할 것 같지만 사유의 동면이 하는 이 오만함은 계속된다. 이게 바로 나쁜 책이다. 복잡하게 생각하라는 것도 아니고 많은 것을 읽으라는 것도 아닌 그저 사유의 동면 같은 삶만은 살지 말자고 하는 말이다. 가르치려는 자가 초심을 읽고 사람의 '퍼스널

스페이스' 즉 선을 넘으면 안 하니만 못하다. 지금까지의 이야기는 약간 윤리적이고 철학적인 차원이었는데 좀 더 젊고 현실적으로 다가오는 문학작품을 이야기해 보자.

요즘은 2030 세대 및 청소년에게는 무슨 말을 하기 어렵다. 자신에게 도움이 안 된다고 생각하거나 듣기 싫을 땐 그저 나이 많은 사람이 하는 얘기는 잔소리나 꼰대 소리로 귀결되기 때문이다. 요즘은 조언이 오지랖으로 들리고 규칙이 유죄로 둔갑하며 공동체 정신과 배려를 말하는 게 왜곡되어 개인주의에 대한 비판이 되는 그런 세상이다. 인간의 진실한 마음은 질투와 참견으로 변태된다. 다수의 꼰대적 마인드가 꼭 해야 할 말까지 오염시키고 있기 때문에 기존 세대는 취사선택하여 조언하는 현명함도 필요하다. 나이가 적든 많든 못 배웠든 많이 배웠든 현명한 사람은 어디서나 배울 수 있다. 그런데 과연 그런 똑똑하고 멋진 마음을 가진 사람이 얼마나 될까. 요즘은 자기주장이 강한 시대로 그게 합리적인지 아닌지를 떠나 자신의 상황만 중요한 사람이 곳곳에 존재한다. 상황을 객관적이며 침착하게 보고 들으려는 사람은 오히려 조용히 숨어 있다. 그래서 일종의 ADHD 다른 버전의 남녀노소가 사회 전방위에 분포한 것처럼 보인다. 특히 나이가 어릴수록 잘못된 영상과 SNS 영향을 받으면 더욱더 편향성과 공격성이 짙어진다. 우리는 미래세대인 MZ 세대, 알파세대 이후 E세대도 생각해야 한다. 출산율뿐만 아니라 급변하는 세상에 그에 맞는 교육과 환경, 윗세대의 대처, 사회의 구조 변혁, 의식 변화를 위한 국가의 운영은 매우 중요하다. 세대마다 국가의 시대정신과 위기는 조금씩 달랐다. 치명적 배고픔인 뮐러의 소설 『숨그네』 세대인

베이비부머 세대는 이 허기가 어느 정도 해결된 시대다. 그 베이비붐 세대의 손녀와 손자의 갈등, 세대 갈등, 경제 문제는 또 다른 배고픔이다. 그리고 알파세대와 E세대는 우리가 알지 못하는 또 다른 어려움에 직면할 게 뻔하다. 가령 지금까지의 세대는 인간 대 인간으로 경쟁했다면 E세대는 인간이 AI와 경쟁할 것인지 아니면 협력하여 시너지를 발휘할 것인지 확신할 수 없다. 산업분야나 가족, 사적인 공간, 공적 영역 등에 따라 조금씩 다르겠지만 이젠 기계가 사람에 적응하는 게 아니라 인간이 기계에 더 적응해야 하는 시대다. 그에 따른 위험 요소도 분명 증가하고 범죄는 다양해져서 인간 대 인간의 범죄 외에 범죄 주체가 기계와 로봇이 되는 것도 예상해야 한다. 당장은 AI가 인간에 해를 가하지 않겠지만 인간이 로봇을 이용해 해를 가하는 시대가 온다. 물론 지금도 그러고 있지만 그 위험성이 어디서 어떻게 오고 그 범위는 얼마나 될지 지금은 예측조차 되지 않는다.

수십 년 전 미래를 가상한 소설 작품이나 영화는 많이 있었지만 보통 그런 주제는 인간과 기계의 싸움이 주를 이룬다. 가령 수십 년 전 「웨스트 월드」란 영화가 그랬고 쥘 베른이라는 작가는 19세기 중후반에 이런 공상 소설로 인기를 얻었다. 요즘은 AI와 인간의 의식 즉 정신 분석이나 철학적 요소를 가미한 것도 있다. 그중에서도 미래의 AI시대를 상상하고 쓴 책이나 영화는 「블레이드 러너」, 「AI 2041」 등이 있다. 다만 보통의 웹소설 이외에 한국에도 테드 창 같은 작가가 등장하여 과학과 픽션을 적당히 섞어서 재밌는 장편을 선보였으면 하는 바람이 있다. 테드 창의 『당신 인생의 이야기』와 『숨』은 정말 수준 높은 SF 소설인데 그에 비하면 우리나라 SF 소설은 걸음마 수준이다. 참고로 『당신 인생의 이야기」는 영화 「어라이벌」로 만들어졌다. 이런 건 작가의 능력도 필요하지만 인문, 철학, 기독교, 과학(물리) 등 다양한 분야를 알고 있어야만 가능하다. 뛰어난데 더 뛰어나려면 책을 쓰는 사람도 책에서 배워야 한다.

웹툰은 젊은 사람뿐만 아니라 일부 40대 이상도 즐겨 보지만 단 한 장면도 본 적이 없어서 할 말이 거의 없다. 모르기 때문에 현자인 척 말할 수 없지만 그런 역량이 모여서 좋은 영화 그리고 좋은 드라마가 나온다는 건 안다. 그게 새 시대의 새로운 콘텐츠다. 아직 읽어 보지도 않았고 드라마도 본 적은 없지만 대표적인 게 「삼체」다. 다만 시대가 바뀌었음에도 종이책을 사랑하는 사람으로서 올드한 생각을 여전히 가지고 있다. 작가 지망생 중 웹소설 작가 쪽에 관심이 많은 사람이 있는데 만약 자신이 젊다면 다양한 책을 읽어 보는 게 좋다. 작품 스킬이나 장르에 머물지 말고 말이다. 타고난 재능 외에 상상력은 종합적 혹은 다층적 요소를 배울 때 최고조에 이른다. 그래서 자신의 관심 분야만 봐서는 절대 안 될 일이다. 니체는 음악을 사랑하였기에 바그너를 사랑했고(나중엔 바그너에 비판적이기도 했지만) 철학에 음악을 끌어들였다. 천재 물리학자 아인슈타인도 음악을 교육과 사유의 한 방편으로 삼았다. 특히 아인슈타인은 "위대한 과학자는 위대한 예술가와 같다."라고 말했다. 그전으로 거슬러 올라가면 칸트와 데카르트, 뉴턴, 스피노자 심지어 아리스토텔레스까지 우리가 철학자로만 알고 있는 사람들은 대부분 수학자거나 과학자였고 상당수는 작가의 영역에서 활약한 사람이었다. 어려서부터 다양한 것을 배우고 경험해 보면 교육적 측면에서 긍정적 효과를 기대할 수 있다. 그러나 과유불급은 인간 절대 불변의 진리로 부모의 과도한 욕심 및 과도한 배움이 때로는 어린이 청소년에 목줄을 매기도 한다. 그럴 땐 안 하니만 못하다. 아무리 책을 많이 읽었더라도 어떻게 교육하는 게 정답인지는 대답할 수 없다. 설령 어떤 부분에서는 대략적으로 알고 있더라도 말하고 싶지 않다. 각자의 자녀와 부모는 내적 외적 조건과 환경, 가치관 등이 모두 다르기 때문이다. 다만 부모가 자녀를 자신의 소유물로 여기거나 또 다른 인격체로 보지 않고 인간 대 인간으로 대하는 자세를 가지고 있다면 어느 정도 행복을 위한 밑그림은 말해 볼 수 있을 것이다. 지금은 미래의 직업 종사자로써의 교육을 말하는 게 아니다. 소위 '중2병'에 걸려서 대화가 안 된다면 자녀로 보기보다는 그냥 한 인간을 이해한다고 생각해야 할 것이다. 부모라서 그게 안 되겠지만 당신도 그 나이 때는 그랬다. 억지로 더 대화를 많이 하려기보다 아주 나쁘다고 하는 것만 방향을 조정해 주면 된다. 서로 맞는 것보다 안 맞는 게 훨씬 많은데 모든 걸 이해시키려고 하거나 모든 걸 이해할 필요는 없다. 공격적이거나 감정적이지 말고 이성적으로 몇 마디 질문과 선택지를 줘야 한다. 한 가지 답만 얻게 하는 대화는 좋지 않다. 이에 대한 대답은 책 『넛지』를 참고하면 좋다. 대화는 자녀 스스로 책과 하든지 친구와 하든지 다른 제3의 존재와 하든지 하면 된다. 나 아닌 다른 무형과 유형의 존재들은 주변에 많다. 중2병이 걸리는 나이부터 고등학생 정도까지는 육체적 정신적으로 질풍노도의 시기다. 우리가 잘 아는 『호밀밭의 파수꾼』의 홀든은 딱 그 나이쯤이었다. 소설의 내용은 그의 자아를 찾는 과정인데 누군가는 그런 홀든을 이해하지 못한다. 진짜 파수꾼이 되려는 듯 싸움을 해서 얻어터지고 거울 앞에 선 자신을 느껴 보는 홀든, 시험에 낙제하는 홀든은 외톨이다. 그 짧은 방황 속에 위선의 어른을 만나고 대화해 보지만 여전히 혼자다. 누가 그를 안아 주는가? 결국 진짜 자신을 이해해 주는 건 역시나 가족이다. 집으로 돌아오는 길의 여정 속에 삶의 모든 풍파를 맞은 것 같은 어른아이 홀든 콜필드는 아마도 이 책의 저자 샐린저가 환생해 호밀밭의 파수꾼 2를 집필했다면 근사한 어른으로 성장시켰을지 모른다. 홀든은 방황 중에 조금 어른스러운 경험을 하지만 사실 우리나라 정서와는 어울리지 않는다.

우리나라의 적합하고 귀여운 성장소설 하나를 예로 들어 보면 박상률의 『봄바람』이다. 지금의 어른들 중 꼭 불량하지 않았더라도 어렸을 적 가출을 생각해 봤거나 실제 가출 경험이 있는 사람이 있을 것이다. 어떤 이는 중학교 때 삐뚤어진 마음을 가지고 가출을 했다. 오후 두 시에 가출을 해서 집 근처 아파트 옥상에 올라가 저녁 열 시까지 버티다 들어간 적이 있다는데 그의 부모와 가족은 정작 그가 가출한지조차 몰랐다고 한다. 그 어떤 이는 소심했지만 『봄바람』의 주인공 꼬맹이는 무엇에 홀린 듯 몇 시간 걸리는 곳까지 아주 나갔다가 돌아온다. 어떤 이처럼 가짜 가출이 아니라 진짜 가출을 했던 것이다. 역시 집 나가면 고생이며 춥고 배고프다. 그런 교훈을 봄바람 주인공 꼬맹이 녀석은 분명히 알게 된다. 또한 『봄바람』의 꼬맹이는 어른의 사랑과 삶을 간접적으로 지켜봤기에 당장은 모르더라도 진짜 어른이 됐을 땐 그 사랑을 이해할 수 있을 거란 확신도 든다. 다만 봄바람은 목가적 소재이고 지금의 도시 속 어린이와 청소년에게는 전혀 어울리지 않는 작품이다. 작품이 나온 지는 좀 되었지만 시대 보정을 해도 나이브하고 감성적이다.

지금 청소년의 현실은 세 부류다. 어려서부터 공부의 기계화가 된 아이들이 첫 번째고 두 번째는 온라인 영역에 하루 종일 빠져 있는 아이들이다. 세 번째는 이 중간 사이에서 공부도 하고 게임도 하고 적절한 밸

런스를 추구하는 아이들이다. 좋은 대학의 입구는 좁기에 이들 세 부류의 경쟁은 처음부터 다르며 끝도 다르다. 트레이닝된 청소년, 로봇 청소년 그 외의 나머지 소녀 소년들은 그렇다면 무엇을 목표로 삼아야 하는가. 우리 어른들이 하는 말이 여전히 통용된다. 기술을 배워야 한다. 과거에는 기술(技術)이 공부 못하는 사람들이나 하는 것처럼 여겨져 천대받았지만 지금은 모두의 인식이 바뀌고 있다. 여기서의 기술은 사람들이 흔히 생각하는 용접하고 타일 시공을 하고 그런 것을 넘어 각자만의 영역을 가진다는 의미다. 누구는 컴퓨터 개발자가 되고 누구는 가짜뉴스를 퍼트리는 유튜버를 감시하고 누구는 작가가 된다. 세상 모두가 기술적 영역이다. 각자 사회 임무에 충실히 수행하는 한 모두가 소중한 사람이고 개인의 기술가치가 있다. 그 인식이 바뀌면 계급 사회 같은 서열과 사교육 고통은 많이 사라질 것이다. 유토피아지만 상상만 해도 흐뭇하다. 그런데 작금의 현실은 디스토피아이고 우리 스스로 더 어렵게 만들며 사회와 국가는 그것을 부추기고 있다. 야생의 상태에서 현실을 즉시하고 더 우위에 있는 직업이 있다고 믿는 자, 더 가지려고 하는 자, 지배하려고 하는 자, 대접받고 싶어 하는 자, 자기가 앞장서야 하는 자 등 온갖 비인격의 하류인들이 인간 위에 군림하여 설치는 세상이다.

과거의 하류인들도 수십 년 전에는 세상을 "탁류"하게 만들었으니 또 역사는 늘 그대로 재현된다는 걸 알 수 있다.

사회나 민족성을 크게 개조하지 않고서야 변화가 불가능하다. 한국인의 인식이 변하지 않는다고 가정하고 어쩌면 인구라도 변혁이 있어서 사회구조가 먼저 변하고 그다음의 인식을 기대하면 어떨까 하는 이상한 생각도 하게 된다. 사회인식, 타인의 시선, 경쟁해도 쓸모없는 금수저와 흙수저의 대물림 차이.

　이 세 가지 구조적 틀은 자본주의 국가 중 가장 자살률 높은 한국의 반복적인 자살 삼각 관계를 보여 준다. 동물 중 인간만이 유일하게 공막에 휩싸인 눈동자가 있는 건 타인의 마음과 시선을 읽으라는 것인데 우리나라는 그걸 비교로 잘못 사용한다. 문제의 근원이 여기에 있다. 내 자식이 돈과 명예를 가질 수 있도록 부모의 도리를 하는 것은 당연한 일이다. 다만 오로지 그게 우선순위일 때는 사회에 아주 어려운 문제가 생긴다. 물질 만능주의가 아니어도 행복한 사회를 만드는 것이 모든 걸 변화시킨다. 그런데 한국뿐만 아니라 주요 국가는 빈부 격차가 날로 커지고 있다. 누가 이런 상황을 더 공고히 하고 변화를 거부하는지 곰곰이 생각해 봐야 한다. 마음을 '새로고침' 하지 않으면 희망이 없다. 마음 고침 없이 이런 상황 속에서 청소년에게 책이 과연 무슨 필요가 있을까? 삶의 스킬 즉 기술을 알려 주는 책이 어쩌면 도움이 될 것이고 이런 사유의 동면 글은 하나도 도움이 되지 않을지 모른다. 1년 출생아 수가 100만을 육박한 시대야 어쩔 수 없이 공장에서 공산품 찍듯 일꾼이 나오는 건 이해한다 치더라도 지금의 교육 방향과 사회 틀은 완전히 달라야 한다. 유행은 돌고 돈다. 시대의 소품종 대량 생산과 다품종 소량 생산도 마찬가지로 사회에 따라 변할 수밖에 없다. 미리미리 준비해야 나중에 탈이 없고 타 국가의 경쟁에서도 우위를 점할 수 있다. 2030 세대의 생각은 변하고 있는데 사회가 그걸 따라가지 못하는 경향도 있다. 개인주의는 자유주의가 근본이며 거기엔 직업선택의 자유나 행복추구권도 당연히 포함되어 있다. 문제는 개인은 자유로운데 사회가 개인을 자유롭게 하지 못하게 하는 감옥 같은 매트릭스 구조에 묶여 있다는 점이다. 진정한 자기 주체성 없이 절대자 같은 어떤 큰 힘에 의지하면 생각과 행동이 그에 종속된다. 물론 모두가 그렇지만은 않으며 자신만의 길을 가는 사람도 있다. 설령 경제적 여건의 차이가 있을지언정 보통은 전자의 사람보다 후자의 삶이 더 행복하리라 생각한다. 사회는 다양성을 받아들이고 국민은 의식을 바꿔야 한다. 톨스토이의 단편 『사람은 무엇으로 사는가?』의 핵심은 간단하다. 인간은 상대방에 대한 이해와 공감 즉 사랑으로 살아간다. 메마른 정신과 조소 섞인 인생, 자기의 삶만 중요시하는 사람은 사랑이 이해할 수 없는 단어가 되었다. 또한 그들은 배려도 모른다. 그 배려는 교육에서부터 나오는데 공부기계의 삶을 사는 학생이나 부모가 그걸 알 리가 만무하다. 오히려 그 반대로 세금을 많이 내니까 나는 할 일을 다하고 있다고 생각할지 모른다. 고소득이라는 것도 타인과 사회가 존재함으로 존재하는데 오로지 세상의 중심이 나인 사람은 자기만 보인다. 그들은 겉으로는 사교적이고 점잖은 것 같지만 자기 이득에 반할 때는 진짜 본성이 드러난다. 그리고 상당수 그들은 평등을 바라지 않는다. 물론 인간의 마음이 모두 그렇긴 하지만 특히나 자기 삶이 중요한 이기적인 사람은 더욱 그렇다. 이들을 두둔하는 듯 맹자는 독특한 이야기를 한 적이 있다. 그는 자비심에 이끌려 자비를 베푸는 건 옳지 않다고 말한다. 정서적인 상황에 이끌려 상황을 제대로 보지 못하는 사람을 비판하는 것으로 이해하고자 하지만 애초에 목표가 부나 명예, 입신양명인 사람은 자비심이라는 게 없다. 아무리 이렇게 말해도 사실 어린이나 청소년은 이미 알고 있다. 어느 집에 사는지, 어느 옷을 입는지 은연중에 부모의 직업과 경제력은 드러난다. 옅긴 하지만 마음속에 어려서부터 자기도 모르게 위화감이 존재한다는 것을 의식한다. 사실 예전 어른세대도 그걸 느꼈다. 도시락을 먹을 때나 특히 부모님 직업을 적을 때 더욱 그랬다. 거기엔 부러움과 질투 부끄러움 그리고 욕망이 함께 존재한다. 그걸 사회나 교육이 삐뚤어지지 않게 하고 어린이 청소년이 적극적 삶의 시도를 할 수 있게 해 줘야 한다. 그러면 고쳐진다. 급식을 하며 요즘 아이들 감수성과 인권에 대한 관심으로 예전처럼 부모님 직업을 적지 않기는 그 변화 중 하나다. 이렇게 세상 사람들이 인식하고 고치려고 하면 고쳐지는 게 우리 삶이다. 다만 현재도 일부 어린이는 자기가 무슨 아파트에 살고 부모가 무슨 차를 모는지 학교에서 우쭐대며 못돼 먹은 자기부모 수준을 드러내곤 한다. 윌리엄 제임스는 "현대사회의 문제는 가난에 대한 두려움을 가지게 하는데 이것이 문명사회에 가장 큰 도덕적 질병이다."라고 말한다. 무엇이든 되어도 좋다는 사회가 좋은 사회다. 이런 사상교육을 잘하는 게 바로 이즘이다. 온전히 젠더나 사회가 바라는 인간이 아닌 '나다움'으로 살아가는 걸 매우 중요시한다. 꼭 알아야 할 건 이즘과 반이즘의 불화가 있다고 하여 꼭 이즘이 불필요한 건 아니라는 사실이다. 다만 서두에 말했듯 '나다움'이 현실과는 괴리가 있다는 걸 알고 대처해야 한다. 똑똑한 아이는 똑똑하게 키우고 조금 유별난 아이는 그에 맞게 키우고 운동을 잘하고 좋아하면 그렇게 키우는 게 맞는 사회가 되어야 한다. 그러려면 그런 것을 배우고 접할 수 있는 비슷한 접근성이 필요하다. 그런데 인간은 태어나서부터 부모의 능력, 지능, 정신, 육체 조건 때문에 보통은 평등하게 자라나지 않는다. 그래서 롤스의 『정의론』은 누가 어떤 조건인지 모르는 '무지의 베일' 속 선제적, 차등적, 제도적 분배를 강조한다(롤스의 원초적 상태와 무지의 베일에 대한 비판이 존재하니 찾아 보길 바란다), 다양한 교육 기회의 불평등은 대물림이 될 가능성이 크다. 그 반복된 패턴을 정치와 사회가 제대로 수행하지 못했기 때문에 더욱 문제가 커졌다. 결국 그것은 출산과 행복 여부까지 영향을 주게 된다. 중국 남송시대 성어엔 "불환빈 환불균"이라는 말이 있다. 사람은 가난한 것보다 불공정한 것에 더 분노한다는 뜻이다. 태초부터 공정하지 않은 삶이 현시대엔 더 크게 와 닿는다. 직장 내 미혼과 기혼의 휴직 여부, 남자 여자의 숙직에 대한 생각 등이 파편화되어 서로에게 '차이 불평등'을 느낀다. 같은 성별 내에서도 서로가 서로를 미움으로 채워 가는데 궁극적 원인은 사회가 한 개인을 유아 상태로 만들었기 때문이다. 시대가 변했는데도 현대인은 매슬로의 욕구 단계 맨 아래층에 머물며 아기처럼 살고자 반사적 행동을 취한다. 생존경쟁은 마르쿠제가 말했듯이 1차원적 사고에 머물게 만든다. 앞서 언급했지만 좋아하는 표현이기에 다시 강조해 보았다. 삶에 여유가 있어야 생각할 시간이 있고 나와 사회를 두루 살필 수 있다. 그렇지 못할 때는 기업과 언론 기타 몇몇 선동자들에 노예가 되는 삶을 산다. 결과적으로 그런 사람들은 현재 삶과 반대인 '계급 배반투표'를 행한다. 그들에게 내일보다는 현재가 중요하기 때문이다. 희망을 이야기해야 하는데 우울함으로 마무리가 되어 아쉽지만 누구나 느끼는 마음이라 이 부분을 꺼내지 않을 수 없었다. 젊은 이야기와 사회는 끝이 없기 때문에 조금씩 반복하여 다른 파트에서 더 이야기를 하도록 하겠다.

# 문학 속의 삶 2

문학이 정치로부터 자유로워야 하느냐 아니면 문학이 순수성을 가져야 하느냐의 이분법적 생각은 아무런 논쟁의 의미가 없다. 『양철북』의 저자 귄터 그라스는 "문학은 사회 내에 있는 것이지 바깥에 있는 것이 아니다."라고 했다. 그의 작품에서는 현실 사회와 너무 괴리되지 않는 모습을 보여 준다. 다만 그의 저서에는 절제된 미학과 비절제 공상이 동시에 들어 있다. 『양철북』에서는 주인공의 북치는 소리로 유리가 산산조각이 난다. 그건 사회에 대한 분노인지 아니면 내면에서만 머무르는 분노인지 양철북을 가진 주인공과 귄터 그라스만이 알고 있다. 작품이 아닌 실제 개인으로서의 그라스의 삶은 현실 정치에 매우 적극적이었다. 이런 그라스를 비판한 학자들도 있지만 사유의 동면은 두둔하고 싶다. 인간의 비인간성 권력과 이데올로기가 각 시대별로 마주하는 시대에 사회 문제를 지적하지 않는다면 대체 작가는 왜 필요한 것인가에 대한 의문을 가진다. 마치 에피스테메처럼 자기가 사는 시대에 사회 및 인간 탐구 하나쯤은 가져야 한다고 본다. 그렇다고 순수 예술을 하는 사람과 정치성이 없는 문학작품이 잘못되었다는 뜻은 아니다. 문학과 현실을 꼭 등치시킬 필요가 없으며 개별성을 가지고 싶은 작가도 있기 때문에 이건 옳고 그름의 문제가 아니다. 어차피 인간이 이중적 행태를 취하든 작품과 현실을 분리하든 모든 인간의 의지 표시 행위에는 전달하고자 하는 메시지라는 것이 존재한다. 그래서 문학에 대해서 순수와 참여의 의미를 나누는 건 엄마가 좋아? 아빠가 좋아? 같은 문제다. 다만 탐미적인 부분만 강조하고 개인의 문학적 미학에 빠져 버린 사람은 자화상만 그리는 화가와 같다. 자신과 사회에 적당한 타협이 좋다. 난해하며 선민의식을 가지거나 나르시스에 빠진 혼자만의 공상은 어떤 의미를 주는지 모르겠다. 그라스가 말하기를 "작가는 자신이 상상하던 것마저 비판할 수 있어야 한다."라고 말하는데 자아도취적 시와 문학은 그런 의미에서 항상 경계해야 하는 부분이다. 보통 연애의 감정과 인간의 심리적 측면을 강조하는 작품은 정치적 의도가 별로 없다. 이것도 엄청난 수의 도서를 나열해야겠지만 머릿속에 금방 떠오른 것만 언급해 보겠다. 양귀자의 『모순』이나 한강의 『채식주의자』, 정유정의 『종의 기원』 그리고 일본 소설 『13번째 인격』 등은 아무런 현실 정치가 들어 있지 않고 그럴 필요도 없는 소재들이다. 방금 한 말에 위 책을 읽은 사람들은 반론을 제기해야 한다. 개인적인 것이 정치적인 거라면 특히나 『채식주의자』는 폭력과 억압으로 대변되는 정치 사회의 완벽한 표본이라고 말이다. 이런 작품들은 개인 가족 사회적인 무엇을 말하는 영역이 제일 크다. 어떻게 보면 헤겔이 말하는 철학적 흐름이 이와 비슷하다. 헤겔은 개인과 사회(국가)를 칸트처럼 자유주의적으로만 보지 않으며 가족과 사회의 상호연계를 중시한다. 그렇지만 국가는 철학으로만 다룰 수 없다. 국가 안에는 유기체처럼 개인과 집단 보편성과 특수성이 존재하고 무수히 많은 것들이 연관되지만 때론 국가가 이것과 무관하게 행동해 버리기 때문이다. 이외에 『폭풍의 언덕』이나 『노르웨이의 숲』 또한 인간관계와 개인의 영역이 크게 작용한다. 반면 연인의 이야기를 하는 척하면서 실제로는 정치적, 사회적 의도가 숨겨진 작품이 있다. 그런 작품으로 『적과 흑』, 『참을 수 없는 존재의 가벼움』, 『닥터 지바고』, 『대위의 딸』 등이 있다. 위 작품들은 실제로 정치적 의도는 거의 숨겨진 채 일상적 이야기로 대부분 글이 채워진다. 이외에 어떤 작품은 그 시대적 상황을 분명하게 반영하기도 한다. 대표적으로 존 스타인벡의 『분노의 포도』나 볼테르의 『캉디드』다. 『분노의 포도』는 인간이 마치 동물들처럼 살기 위해 물과 풀이 있는 곳으로 이동하는 모습을 연상시킨다. 경제문제로 인한 처참한 현실과 사람의 착취가 잘 드러난 작품이다.

  캉디드 하니까 자연스럽게 종교적 사상이나 그런 사회의 면면을 살펴본 책들이 떠오른다. 캉디드는 순진하다는 뜻인데 이 책은 여기저기 모험하면서 순진한 척 기독교의 이중성을 통렬하게 비판한다. 톨스토이나 도스토예프스키의 작품에서도 기독교 관련 사상을 엿볼 수 있는데 이것은 추후 다시 언급하겠다. 이외에 『싯타르타』나 우리나라 소설 『순교자』, 그리고 김동리의 『무녀도』 등은 종교적 삶이 주요한 소재다. 작품 자체가 아예 기독교적 소재로 이야기하는 책이 있는데 밀턴의 『실낙원』, 존 번연의 『천로역정』, 단테의 『신곡』이 그런 작품이다. 이렇듯 작품의 소재 특성이나 작가의 의도에 따라 문학작품은 각기 다른 양상을 띨 수 있고 판단의 무한성도 가진다. 만약 철학적 요소까지 들어간다면 그 책은 문학에서 끝나는 게 아니라 삶을 논하는 광장이 된다. 우리는 그런 책을 웬만해서는 미시적으로 분석할 필요가 없다. 작품에 의미를 부여하고 세세한 사유의 추가는 우리보단 좀 더 전문가 냄새를 풍기는 사람의 몫이다. 물론 우리도 어떤 작품을 읽으면서 잠시 내용을 느끼며 현실과 나에 대해 생각해 보는 정도는 하게 될 것이다. 과연 나의 생각이 이러한데 전문가의 평가나 일반인의 관점은 어떤지 들여다보면 더 유익하다. 같은 책을 읽고도 중요도를 보는 부분이나 인물 평가, 상황 평가 등은 사람마다 다양하기 때문이다. 많은 사람들이 책을 읽고 직접 만나서 토론을 하면 좋겠지만 그게 아니어도 요즘은 개인 SNS나 블로그에 글을 남기고 자신만의 생각을 전하는 사람이 많으니 그걸 읽어 보면 된다. 내가 한번 읽어 보고 타인은 어떻게 생각하는지 엿볼 수 있는데 그렇게라도 타인의 생각을 들어 보는 건 나름 의미가 있다. 같은 책을 읽고 책의 비평을 서로의 의견 존중 아래서 대화한다는 건 얼마나 멋진 일인가. 지금은 문학의 거시적 차원에서 생각나는 책들을 총체적으로 언급하며 이야기하고 있다. 언급된 작품 중 일부는 추후 설명을 간략하게 덧붙일 것이다.

만약 전문가가 어떤 특정 책의 평가에 대해서 잘못 알고 있다고 말한다면 그건 응당 들어 볼 만하다. 그러나 사실관계도 정확히 알 수 없고 해석의 다양성이 존재하는 분야에서 그렇게 말한다면 그건 옳지 못한 일이다. 우리는 보통 전문가를 어떤 직업적 테두리에 있는 사람으로 생각한다. 타인이 자신들의 전문 분야에 대해서 이러쿵저러쿵 말하면 못마땅해하는 사람이 있다. 특히나 어떤 유명인이 말 한 번 잘못하거나 아는 척을 해서 실수를 한 번 하면 완전히 박살을 내 버리려고 한다. 인간의 실수는 언제든지 일어날 수 있는데 그걸 인지했을 때 고칠 수 있는 용기와 사과가 있으면 충분하다. 우리나라는 공중파에 나온 사람이든 유튜브로 이름이 조금 알려진 사람이든 약간의 실수나 약점만 보이면 자칭 전문가나 대중이 하이에나처럼 달려든다. 그렇게 해서 몇몇 사라진 인플루언서들이 있다. 샤덴프로이데(독일어 Schadenfreude) 마음으로 사람을 말과 글로 난도질해 놓고 자기는 아무 일도 아닌 것처럼 일상의 삶을 산다. 마녀사냥으로 사라진 사람이 어디 한둘이던가. 이럴 땐 스마트폰이 무섭고 더 나아가서는 인간이 무섭다. 사유의 동면 시대에 그래서 책은 더욱 필요하다. 짧은 영상으로 말하는 언어는 많은 것을 담지 못하며 특히나 다양한 관점이 존재할 주제들은 오히려 마커들에게 좋은 먹잇감이 된다. 그런 건 단언할수록 반작용이 일어나 다중의 사람에게 공격의 빌미가 된다. 자신은 더 말하고 싶은 게 있는데도 특정 신념에 불편해하는 사람이 떠올라 자신의 생각을 다 말할 수 없고 스스로를 검열한다. 그건 개인방송과 SNS뿐만 아니라 편집의 힘이 많이 작용되는 다른 여타 영상도 마찬가지다. 책은 전체적인 부분을 그릴 수 있고 그걸 봐야 비판할 수 있으니 기본적으로 마커 브레이크를(혹은 시간차) 준다. 설령 책의 어느 부분을 꼬투리 잡더라도 못된 성질을 빠르게 부릴 수 없다. 모든 것이 빠른 세상에 책은 그렇게 느리다. '참을 수 없는 손가락의 가벼움'으로 우리는 얼마나 ADHD 같은 증후군에 빠져 사는가. 모두가 저마다 인정의 욕구를 가지고 싶어 하는데 정작 자신은 타인을 쉽게 인정하지 않는다. 그런 사람은 마음이 불안하고 불안정하여 자꾸 자기를 보여 주려고 한다. 자존감의 유무는 여기서도 인간의 행태를 보여 준다. 그런 사람들은 독백과 관중이 함께하는 양립의 시대에 살고 있으며 둘 다 내면에는 외로움을 가지고 있는 사람이다. 전자는 들어 줄 사람이 없는 진짜 혼자임에 그렇고 후자는 보여 줄 사람이 많기에 진짜 자신이 아닌 모습을 보여 준다. 둘이 적절히 조화되면 좋은데 인간은 그러기가 쉽지 않다. 우리 모두가 홀로 죽고 우리 모두가 관중이 된다. 그러니 독백 같은 작품을 한

번 살펴보자. 혼자만의 시선이나 자기만의 의식으로 세상을 느끼는 문학 작품도 많은데 『어두운 상점들의 거리』나 『말테의 수기』 등이 그런 작품이다. 보통 이런 작품들은 글을 다 읽고 그들이 말하고 싶은 게 무엇인지 그리고 줄거리를 어떻게 요약할지 애매할 때가 있다. 문학 책만 그런 게 아니다. 우리 삶은 현재 독백의 시대인데 사람들은 타인이 무엇을 이해할지 모를 정도로 서로가 소통하는 데 어려움을 겪고 있다. 하느님은 바벨탑에 대한 인간의 벌로 언어만 갈라지게 한 게 아니라 마음과 마음까지 찢어지게 만들었다. 언어는 또 다른 에스페란토 같은 걸 새로 만들어 하나로 통합하면 되지만 인간의 내면과 내면을 통합하는 건 불가능하다. 어떤 이는 소리 없는 아우성에 혼자 죽어 가고 또 어떤 이는 관음의 대중으로 죽어 간다. 그 외에는 모두가 공범자인 무책임한 사회로 죽어 간다. 한 사람의 시선과 응시로도 오감의 자신을 느끼는데 대중이 나에게 보여주는 시선이란 얼마나 무섭고 무거울 것인가. 우린 매일 그걸 행한다. 문학작품 속에 한 명의 시선 감각이 잘 드러나는 건 토마스 만의 『베네치아에서의 죽음』이다. 이 책의 주인공은 끊임없이 관찰자의 시점에서 타자를 특정 무엇으로 인식한다. 한 사람의 시선 무게감이 이만큼 큰데 대중 시선의 무게감은 아마도 아틀라스의 무거운 고통만큼 클 것이다. 그리고 현재 우리는 인플루언서뿐만 아니라 개인 모두가 그런 시선의 무게를 받으며 살고 있다. 시선뿐만 아니라 생각은 짧고 조롱은 긴 언어의 칼은 특히나 쉽게 휘둘러지기 때문에 더 고통스럽다. 그게 부메랑의 칼인지 사람들은 모른 듯이 행동한다. 이렇게 각각의 주체는 서로에게 이방인이 되었지만 그 실존에 대해서는 거의 생각하지 않고 겉으로 보이는 것에서 머문다. 사람의 삶은 그런 과정을 반복하며 허무하게 끝난다. 각자도

생은 오히려 희망의 씨앗이라도 있지 '각자사망'은 우리가 아는 고독사로부터 변형된 현대사회의 불편하고도 진실한 언어이다. 어쩌면 타인에게 피해만 주지 않으면 미쳐 사는 것이 마음이 편안한 세상일지도 모른다. 에라스무스의 『우신예찬』 교훈을 동양의 성어로 표현하면 대지약우이다. 우신예찬의 내용처럼 차라리 바보같이 사는 게(우신예찬에서는 바보가 아닌 미쳐 사는 인간으로 표현한다) 개인의 미움과 사회에 미움 없이 사는 데 도움이 되는 세상이다. 투명 인간의 과학적 발전까지 온 마당에 정작 잊힐 권리는 모두에게 해당되지 않고 선택적이다. 반면에 저마다 '보이지 않는 인간'이 되면 안 되는 사람마저 사회에 투명한 인간으로 존재감이 없는 모습에 익숙해져 간다. 그렇게 사람은 죽어 간다. 온라인의 요란함보다 실제 삶의 경쟁은 훨씬 치열하기에 두려움이 있다. 죽음으로 끝나면 상관없는데 거기에 맞서지 못하고 도태되면 하데스 같은 영혼으로 살게 되기 때문에 문제다. 죽음이 어쩌고 너무 비관적인 이야기만 하고 있는데 죽음을 시도하거나 아니면 죽음 직전까지 가는 세상이 마음 아프다.

파울로 코엘료의 『베로니카 죽기로 결심하다』가 그걸 보여 준다. 왜 꼭 죽는 시도까지 해 봐야 삶을 알게 되는 것인가. 이왕이면 아프니까 청춘 말고 아픔 없이 청춘을 살아가면 좋겠다. 그렇게 행복한 중년과 노년을 맞이하면 얼마나 더 좋을까.

# 중용은 지긋지긋하다

    사서삼경 중 하나인 중용에는 이런 구절이 나온다. "하늘이 명한 것을 본성이라고 하고 본성을 따르는 것을 도라고 하며 도를 닦는 일을 가르침이라고 한다." 이걸 보고 프로이트의 이드, 에고, 슈퍼에고가 떠올랐다. 완벽히 상응하지는 않지만 본성은 이드고 에고는 현재 내 욕망이며 슈퍼에고는 도 닦음(가르침)이다. 이 도(道)가 본성과 욕망을 억제하는 역할을 한다. 동서양은 아주 다를 것 같지만 이렇게도 통한다. 도를 닦는 일은 공자가 말한 대로 현혹되지 않는 삶이다. 모든 삶에는 균형이 필요하다. 너무 깊으면 집착이 되고 상처가 되는데 부처님은 그 집착을 깨달음의 가장 큰 방해라고 생각했다. 집착 외에 인간 세상에는 균형을 가져야 할 게 아주 많다. 그중 하나는 나를 사랑하는 주관적 자기애와 나의 모든 면을 알고 지키려는 객관적 자존감의 균형이다. 그런데 이런 구분조차 하지 않고 심지어는 자기 보존이 없는 상태에서 타인의 모습에 나를 투사(投射)해 타인 지향적 삶을 사는 사람이 있다. 사랑하는 연애도 마찬가지고 어떤 연예인에 대한 팬심 기타 사상적인 측면도 마찬가지다. 특히나 요즘은 특정 문화 콘텐츠부터해서 개인의 여러 성향이 집단화되기 때문에 그 문화 소비와 콘텐츠 취미가 매우 자기 투영적이다. 그것이 주는 즐거움의 강도가 강할 땐 더욱더 헤어 나오기가 쉽지 않고 그렇게 되면 이성적 사유도 적어진다. 그래서 때로는 동일 집단 내에서의 생각과 행동이 별로 문제가 되지 않는다고 생각한다. 소속감은 그 집단의 권력의 어디쯤에 위치하게 되고 타인이나 타 집단에 대해서 보통은 배타성을 가진다. 그곳에선 지위나 성별, 계급, 직업 등에 관계없이 모두가 평등하다. 반면에 그 동일 집단과 다른 타 집단과는 항상 긴장 관계가 유지된다. 위에서 언급한 연예인 팬덤이나 종교 등도 여기에 속한다. 집단과 타 집단의 긴장이 심하면 폭력이 일어나곤 하는데 어떤 학자가 말하길 폭력은 권력의 추구에서 나온다고 말한다. 겉으로 보기엔 이게 '뭐가 권력이냐'라고 할 수 있지만 조그만 집단은 그런 필연성을 가진다. 폭력은 물리적 폭력만을 의미하지 않는다. 보이지 않는 권력과 폭력은 심리적 압박, 언어, 배타성, 경쟁, 위계질서 같은 관계 등에서도 나타난다. 베버는 특히 권력관계와 위계 그리고 조직 구성을 중요하게 봤다. 안토니오 그람시에게는 관료조직 자체가 기득권이자 폭력이었다. 사조직뿐만 아니라 공조직도 소속감 없는 누군가에게 이렇게 폭력적이다. 그것이 잘못되었을 때 지성을 발휘하는 게 인간이었기에 여태껏 인류 역사가 이어져 왔다. 그러나 현시대에는 개인주의와 집단 이기주의가 만연해 여기저기 혼재된 불화와 갈등이 계속된다. 현대인은 어른 청소년 할 것 없이 무엇에 깊이 소속되어 빠져 있다 보니 반대의 소리가 들리지 않는다. 현재 우리 모두가 중독된 사랑에 빠져 있다. 최소한의 도덕과 규율이 무너지고 최대한의 자유사회가 되었는데 이 둘 사이의 책임은 어디론가 사라져버렸다. 사회의 어른이라는 존재, 존경받는 진정한 지성인이 사라지고 편 가르기가 극심하다. 거기서 지성인의 권위는 반대편의 공격으로 붕괴된다. 거의 모든 영역에서 편과 편이 맞닿아 있다. 가르쳐주는 어른과 책은 많으면서도 적고 배우려는 사람과 겸손한 사람은 확실히 줄었다. 우리나라에 『그리스인 조르바』는 존재하지 않고 어느 편 조르바만 있다. 중년의 조르바의 얘기를 진득하게 듣는 젊은이는 그나마 나은데 누군가에게 조르바는 잔소리꾼이다. 중용은 동서양을 아우르는 고전 철학의 핵심이다. 소크라테스와 아리스토텔레스도 중용을 말하였는데 특히 아리스토텔레스는 욕망과 충동을 적절히 조화시키는 걸 중요하게 생각했다. 여기서의 중용은 윤리와 도덕적 탁월성 즉 아레테(arete)의 기본이 되는 사상이다. 무엇을 추구한다는 것이 올바르려면 중용 없이는 달성될 수 없고 선(善)이라는 것도 이 기초위에 성립한다. 여기엔 편향된 마음이 없다. 사물을 이해하는 데에 아리스토텔레스는 이성과 과학을 말하였고 플라톤의 이데아 대신 현실과 실체를 직시하고자 했다. 감정의 배제가 다 좋은 건 아니지만 어떨 때는 반드시 그럴 필요가 있다. 사람들이 저마다 사물과 사람에 대해서 다른 의견을 가지고 있는 건 어쩌면 당연한 일이다. 똑같은 경험을 하고 같은 교육을 받았다고 하더라도 감정은 어쩔 수가 없다. 로크는 사람의 경험이란 것을 설명하면서 1차 감각적 성질과 2차 감각적 성질로 구별하였다. 1차 감각적 성질은 우리가 생각하는 칼 융의 원형이나 플라톤의 이데아 같은 그 자체로의 존재를 말한다. 2차 감각적 성질은 존재한 걸 어떻게 느끼는지를 의미한다. 예를 들면 사과 자체는 과일이다. 모든 사람이 사과라는 과일을 인지하는데 이게 1차 감각이며 2차 감각은 사과를 먹고 사람마다 맛있다거나 맛없다거나 시다거나 그저 그렇다거나 하는 등의 반응을 보이는 것이다. 여기서 무엇을 얻을 수 있는가? 1차 감각은 보편타당한 무엇이 있는 진리와 같은 것이고 2차는 정답이 없는 세상 즉 각자의 자유를 바탕으로 성립하는 것이다. 2차 감각은 사람 모두가 자유로운 생각을 하며 그 대상도 거의 끝이 없는 상태다. 문제는 정답이 없는 2차 감각에 대해서 사람들이 어떤 정답을 강요할 때이다. 인간의 관점은 360도가 아니다. 진리는 우주의 시공간을 넘어 위상학 사고나 다면체 우주처럼 끝도 없다. 생존 싸움이 아니라면 모든 갈등의 시작이 여기서 시작 된다고 해도 과언이 아니다. 믿음이나 가치판단은 사실과 구별해야 한다. 이걸 철학적으로는 "게티어 문제"라고 한다. 게티어 문제란 자신이 믿고 있는 믿음이 참된 지식(올바름)이 될 수 있느냐의 문제를 말한다. 가령 자기 시계가 고장이 나서 오후 두 시를 가리키는데 실제 세상은 오후 다섯 시이다. 그런데 그는 지금 시간이 오후 두 시라고 믿는다. 그 믿는 사람한테는 그게 참이지만 타인에게는 절대 참이 될 수 없다. 믿음이 자신 한 사람에게는 참이 되지만 그 역은 성립할 수 없는 게 게티어 문제다. 가령 어떤 독재자를 평가할 때 진실과 거짓 그 외 다른 이면이 존재한다고 해 보자. 독재와 죄 없는 사람을 죽인 살인자(혹은 학살)가 맞는데 어떤 사람은 자신과 같은 "편"이라고 생각하고 한쪽 "면"을 더 크게 생각한다. 오히려 업적이 아닌 것을 업적으로 생각하고 진실이라고 받아들인다. 앞서 한 번 언급했지만 어떤 이는 공(功)과 과(過)를 구분하자고 한다. 그건 마치 부자 살인자에게 그동안 부자였으니까 세금을 많이 내는 공도 있다고 말할 사람들이다. 정신이 달아났다. 그런 사람은 실제와 실재 그리고 자기 마음과 괴리가 생겨 인지부조화 상태에 빠져 있다. 그것은 참이 될 수 없다. 이런 문제는 좋아하는 연예인의 범죄도 그렇고 기타 다양한 인플루언서의 도덕적 타락을 바라보는 시각에서도 드러난다. 어떻게 보면 중용은 이상향 같은 목표다. 그래서 그 목표 지점에 서 있는 사람은 너무나 드물기 때문에 인간 세상의 여러 문제가 일어나게 된다. 사람은 이성도 가지고 있지만 이성의 겉껍질엔 저마다 신념을 가지고 있다. 그런데 그 신념은 이중의 모습을 가진다. 좋을 때도 있지만 나쁠 때는 한없이 나쁘다. 어떨 때는 정상이지만 이해관계가 있을 땐 비정상이 된다. 나쁠 때의 최악은 사람을 구렁텅이나 죽음으로 내모는 것이고 좋을 때의 최선은 자신의 이득이다. 종교뿐만 아니라 어떤 리더의 신념도 마찬가지인데 대표적 예가 바로 『모비딕』의 선장과 『돈키호테』의 돈키호테다. 『돈키혼테』가 타고 다니는 말 로시난테는 자기 주인 때문에 고생이 이만저만이 아니다. 분명히 그 책에서는 로시난테가 다른 말보다(말이 아닐 수 있다) 나약하다고 나오는데 『돈키호테』는 자기 신념만이 중요하기에 그런 게 보이지 않는다. 『모비딕』으로 돌아와 보자. 자신의 신체를 손상시킨 고래에 분노하여 그 고래 한 마리 잡자고 결국 시나브로 한 명씩 선원이나 배에 타고 있는 사람이 죽어간다. 리더는 배의 선장과 같다. 누구처럼 술 먹고 배의 운전대를 잡으면 안 된다. 리더는 배의 균형을 유지하고 날씨에 대한 노하우와 미래 예측 그리고 올바른 방향을 알고 있어야 한다. 선장이 잘못된 신념을 가지면 애꿎은 선원이 죽고 잘못된 리더를 뽑으면 국민이 죽는다는 결론을 모비딕이나 2024년 우리나라 리더로 알 수 있다. 책만 읽고 교훈을 얻지 못하거나 합리적이지 못한 관점을 가지는 건 인생 낭비다. 단순히 어떤 주제에 의견을 말하거나 자기 느낌을 전하는 건 무엇의 확신 무엇의 강요와는 전혀 다른 이야기다. 전자는 어린이나 어른이 응당 해야 하는 인간의 당연한 대화이며 후자는 잘못된 대화법의 심리다. 성현들은 아집을 버리라고 하는데 인간은 그러기가 쉽지 않다. 중용을 지킬 수 없다면 긍정이라는 요소라도 가져야 한다. 매사에 부정적이고 냉소적인 사람이 무엇을 창조할 수 있으며 사람과 어떤 협력이 이루어지겠는가. 올리버 색스의 『아내를 모자로 착각한 남자』의 주인공 P선생은 안면인식장애를 가지고 있어 보통 사람이 볼 땐 불행한 삶이다. 아내도 제대로 못 알아보는 심각한 장애 상태이지만 긍정의 마음을 잃지 않는다. 이와 비슷하게 『공중그네』라는 일본 소설이 있는데 이 책에서는 오히려 환자보다 의사가 엉뚱하며 긍정적 요소를 잃지 않는다. 어떤 사람은 좌절과 고통으로 자신뿐만 아니라 가족에게도 상처를 주지만 P선생은 그 반대의 삶을 보여 준다. 만약 어떤 사람이 심각한 장애를 입었다면 한 번쯤은 보이지 않는 곳에서 남들은 경험해 보지 않고서는 절대 이해할 수 없는 아픔의 눈물을 흘릴지 모른다. 그러나 그 슬픔을 이겨 내고 겉으로 강한 척 긍정적인 모습을 보인다. 절망적인 상황일 때 긍정은 모든 것의 희망이고 부정은 모든 악의 근원이다. 키에르케고르는 "절망은 죽음에 이르는 병"이라고 했다. 살아가야 할 날이 많은 사람에게 어떤 극심한 좌절은 삶과 죽음이냐를 생각할 정도로 큰 고통이다. 타인은 그 고통을 이해할 수 없다. 비트겐슈타인은 자신이 비통하다고 말하며 절망에 이르렀다고 말해도 타인은 그것을 이해할 수 없다고 말한다. 그동안 우리가 알던 중용은 삶의 생애에서 무엇의 추구를 말한 게 거의 전부였지만 이건 죽음과 삶을 고민하는 사람에게도 해당된다. 한순간의 마음과 판단이 그 사람의 모든 것을 좌우하는데 적어도 상황판단에 최악만은 주지 않는 사회의 여건은 되어야 한다(자신도 모르게 찾아오는 무서운 병인 개인적 우울증은 여기서 논외다). 자신도 희망이 없는데 사회마저 희망이 없다면 선택은 오로지 하나뿐이기 때문이다. 철학적인 면은 그동안 실제의 삶과 동떨어진 것처럼 생각되었는데 꼭 그런 것만은 아니다. 인식론 같은 사유 방법 찾기나 진짜 철학에만 몰두하는 것은 우리 삶에 크게 와닿지 않지만 그 외에는 철학도 정치처럼 삶이라 할 수 있다. 지금 이야기하는 중용이라는 철학은 특히나 모든 삶에 실제적이다. 우리 삶은 중용이 중심이기에 사유의 중용은 끝나지 않는다. 다만 다른 이야기도 해야 하기에 중용의 철학에서 가장 중요한 예제를 하나 들고 이 단락을 마무리하겠다. 데이비드 흄은 사실명제와 가치명제를 구별했다. 그에게 사실명제는 항상 가치명제로 환원될 수 있는 게 아니다. 우리나라 이즘에 대한 불화를 조금 이해하고자 다음 상황을 예로 들어 보겠다. 교제살인은 대부분 남성이 행한다는 사실명제가 있다고 가정해 보자. 이 사실로부터 가치문제 즉 당위의 문제인 무엇을 해야 한다는 규정을 이끌어 내 보자. '그렇기 때문에 페미사이드 가중처벌 규정을 입법해야 한다'라고 주장할 수 있다. 그런데 이 가치문제(당위문제)는 사실명제와 다르게 사람 저마다 생각하는 바가 다양하다. 그런데 이즘은 사실명제로부터 무엇을 해야만 한다고(가치문제) 강요한다. 이러한 지점에서 젠더 불화가 생긴다. 중용은 이렇게 이즘의 영역에도 필요하다. 사실 갈등은 이즘 외에 다양한 곳에서 존재하는데 생각을 양보하지 않거나 교집합을 찾지 않는다면 우리는 어쩔 수 없이 격렬해진다. 평소에 안 되더라도 꼭 중용을 마음에 새기자. 때론 말하는 사람보다 읽고 듣는 사람이 진짜 이기는 사람이다.

## 책의 낭만

낭만이라는 어휘는 순수 우리말이 아니다. 인도 불교의 산스크리트어가 중국에 정착하고 그게 다시 한국으로 이어져 온 것과 비슷하게 낭만이라는 단어도 일본의 영어 발음을 한자로 음역한 것에 불과하다. 가령 불교 용어인 보디 삿트바를 우리말로 보살이라고 하는 것과 니르바나를 열반(촛불이 갑자기 꺼지듯 순간의 깨달음)으로 표현하는 것과 같은 이치다. 우리나라 어휘 약 70%는 한자에서 비롯하고 또 이중 일부는 일본에서 유래한 것들이 있다. 모두를 버릴 수도 없고 고칠 수도 없으니 조금씩 세대와 시대에 맞게 언어를 다루면 된다. 서두에 문자 이야기를 잠깐 했지만 한글의 창제부터 일제 강점기 조선어 학회(주시경)까지 거슬러 이 분야를 조금 언급해 보거나 책을 한두 권 소개할 필요가 있다. 최경봉의 『한글에 대해 알아야 할 모든 것』이라는 책은 청소년 어른 모두가 읽기 좋다. 심지어 일본 학자 노마 히데키가 쓴 『한글의 탄생』도 있는데 교과서적이고 미시적인 이야기라 그다지 읽어 보라고 추천하지는 않지만 일본인의 한글 사랑 수준이 한국인보다 높다는 것에 부끄러움을 느꼈다. 한글 창제 이전에 삼국시대 향찰, 이두 같은 표기법도 흥미롭지만 제일 궁금한 건 '한민족의 입에서 나온 실제 말은 어땠을까'이다. 한글 창제 때 몽골의 파스파 문자를 참고했다거나 최만리가 상소하여 한글을 반대하고 중국에 사대정신을 가졌다는 등의 이야기보다 앞으로는 이런 연구를 하는 게 더 중요해 보인다. 한국인이어서가 아니라 한글은 그 뜻대로 정말 위대한 글/문자라는 생각을 가질 수밖에 없다. 간혹 멋이 없다고 하는 사람도 있지만 변용을 어떻게 하는지에 따라 다를 뿐 한글은 멋짐도 가지고 있다. 읽었던 모든 책의 한글 관련 외국 학자들의 공통된 이야기가 하나 있다. 그들 모두는 한글이 세종대왕의 말처럼 입, 혀, 목구멍과 같은 신체를 이용한 과학적 창조라는 점에서 놀라움을 금치 못했다는 사실이다. 간판이나 여러 디자인에 영어를 쓰고 일본어를 쓰는 것은 기업이나 개인의 자유지만 우리가 쓰는 한글의 위대함을 알고 자부심을 가지는 일은 아주 중요하다. 실제 간판에도 디자인에 따라 한글은 굉장히 멋스러움을 준다. 책의 낭만에 대하여 이야기하고자 하는데 중요한 어휘 이야기를 잠깐 했다. 괴테는 고전주의를 건강이라 치켜세우며 낭만에 대해서는 병이라고 일갈한다. 괴테가 낭만이 없다면 늙어서 젊은 여성을 만난 건 다른 이유에서였던 것으로 보인다. 일반 사람의 책 읽기는 그런 것에 연연하지 말아야 한다. 일평생 살면서 재밌게 읽었거나 강한 인상을 받았거나 하는 책이 머릿속에 몇 권이라도 없으면 그것도 문제다. 책에 무슨 낭만이 있단 말인가. 남이 준 책 선물을 아무 데나 버리는 몰지각한 사람이 되지 않거나 남이 준 책을 라면 받침으로 쓰지 않는다면 그걸로 책에 대한 예의는 다 갖춘 것이다. 어렸을 적에는 자신의 교과서나 책 선물을 할 때 예쁘게 포장하여 늘 새 책을 유지하게끔 하였다. 그땐 산소 빼고는 무엇이든 귀했으니 '아나바다' 같은 책 대물림 같은 행동은 지금 생각해 보니 낭만이었다. 어떤 이는 『드래곤볼』 만화책도 책 포장을 하였다. 청소년시절 남학생들은 삼국지나 무협지 같은 책을 즐겨 읽기도 했다. 지금 MZ세대가 판타지 웹소설을 읽는 것처럼 말이다. 매개체만 다르지 재미를 찾는 인간의 글 읽기는 과거 세대나 지금이나 변함이 없다. 학창시절 남녀 공통적으로 많이 읽힌 책 중 하나가 『마음을 열어주는 101가지 이야기』였다. 마음 따스한 이야기들이 짤막하게 소개되어서 책 전체를 읽지 않아도 되는 책이다. 개인과 타인의 치료 둘 다 필요하고 공감이 동시에 필요한 세상인데도 개인 치유 에세이만 넘쳐 나는 현시점에 이 책에는 우리 모두의 공통된 마음이 있다. 현재 책의 내용이나 목표하는 것만 보더라도 우리는 시대의 책 읽기가 얼마나 많이 변했는지 알 수 있다. 사회가 변해서 우리가 변한 건지 우리가 변해서 사회가 변한 건지는 몰라도 과거나 지금이나 사람들은 각박한 생활 속에서도 따스한 공감 정신을 찾고 싶어 한다. 이런 마음 따스해지는 책으로 부모와 자녀가 함께 읽어 볼 만한 책은 루이스 세풀베다의 『갈매기에게 나는 법을 가르쳐준 고양이』나 김애란의 『두근두근 내 인생』이 있다. 서두에 어린이의 책 읽기를 말했지만 어른과 아이가 함께할 만한 책 찾기와 검색도 실제 책 읽어 보는 시간이 투자된다. 책은 모르면 더 모르고 알고자 하면 산술급수 그 이상으로 더 알게 되는 것이기에 부모로서 책 읽기에서 수고로운 건 당연한 일이다. 미래엔 AI가 강사가 되어 사교육을 하고 책도 읽어 주면서 어린이와 대화할지 모르겠다. 이것도 기업 브랜드에 따라 능력(혹은 가격) 차이가 있을지 아니면 가장 저렴한 AI일지라도 지금의 스타강사보다 다들 뛰어날지 궁금하다. 종이 글자의 낭만이 없이 모든 게 모니터 앞에 이뤄질 거라는 건 여러모로 좋지 않은 일이다. 눈 건강도 그렇고 만약 AI교사가 있다면 미래엔 더욱 친구들과 유대관계를 맺지 않아도 되기에 관계의 어려움이 더 생길 것이다. 요즘은 공부할 때 필기와 기록을 전자기기에 한다고 하지만 아날로그 효능감도 분명 있으리라고 생각한다. 『사유의 동면』에서는 읽는 것뿐만 아니라 쓰는 걸 여러 번 강조할 텐데 디지털 시대에도 종이 낙서는 필요하다. 제일 필요한 이유는 집중도(몰입도)와 낙서의 연계성이다. 이재영의 『노트의 품격』은 왜 노트를 적어야 하는지 이유를 말해 준다. 그는 방 안이나 거실 그리고 광장에서의 상시적 노트를 말한다. 제일 중요한 핵심은 노트를 지속적으로 하는 것이다. 이 지속성이 바로 연계성과 관련이 있다. 책이 연관되지 않은 것은 없는데 노트에 살을 붙여 책이 되기도 한다. 동화책도 좋고 학교 공부였던 책이어도 좋으니 어렸을 적 무엇을 썼거나 책을 읽고 좋았던 추억을 한번 생각해 보라. 다시 한번 쓰고 싶거나 책을 읽고 싶은 욕구가 별로 없다면 아직 준비가 되지 않았다. 그러나 독서 모임 같은 얽매임을 통해서든 억지 의지로 한번 책을 읽어 보려고 하든 사실 폰을 저 멀찍이 두고 책을 가까이하면 또 읽어지는 게 글이다. 많이 쓰지 않더라도 읽는 것과 쓰는 것은 보통 함께 가고 또 그게 맞는 일이다. 초등학교 5학년 때 담임 선생님은 유명 시인이었고 일주일에 몇 번은 항상 일기를 쓰라고 하였다(우연히 수능 시험지 지문을 보았는데 그 시인의 시였다). 그 담임 선생님은 그중에서 잘 쓴 일기장을 읽어 주시곤 했는데 가장 많이 읽어 주었던 일기장이…. (이 이야기는 추후 개인 에세이에 더 자세히 이야기하도록 하겠다) 부모님은 공부하기를 바라셨지 책을 읽고 무엇을 쓰라고 하지는 않으셨다. 글자를 쓰고 남들이 듣고 보고 하는 게 좋았던 그 추억은 30년이 지났지만 지금도 생생하다. 어쩌면 무엇을 썼는데 잘 썼다는 그 '칭찬' 하나가 잠재적으로 큰 영향을 끼쳤을 거라고 생각한다. 칭찬하면 20년 전 베스트셀러였던 『칭찬은 고래도 춤추게 한다』 책을 말하지 않을 수 없다. 이 책의 핵심은 칭찬 자체보다는 긍정적으로 보려는 태도다. 물론 이것은 상호 신뢰를 전제로 하는 것이기에 무조건적 칭찬이나 격려와 다르다. 나온 지 20여 년이 지났지만 현재 부모가 읽어도 좋고 고래라는 소재가 있어서 어린이도 재밌게 읽을 수 있다. 인간의 노화로 인한 결과 중 하나는 새로움에 대한 배움 의지나 수용력의 저하다. 책은 매번 새로운 거 같지만 그렇지도 않은데 위약 효과처럼 책을 약으로 여기자. 사람 냄새가 그립듯 책 냄새도 그리워하자. 둘 다 사랑의 대상이지만 적어도 이 중 하나는 누구나 할 수 있다. 복잡한 생각이 싫다면 뭐 단순하게 책을 읽어도 좋다. 극단적 책 편식만 아니라면 최대한 양보해서 재미로만 읽는 독서도 괜찮다는 말이다. 영화는 킬링 타임용을 찾는데 왜 책은 그렇게 찾지 않는지 모르겠다. 엉뚱한 생각이지만 유튜브나 OTT, 드라마 등 영상만 보면 눈이 먼다는 소설이 나왔으면 좋겠다. 동명 원작 소설을 영화로 만든 「눈먼 자들의 도시」를 생각하면 또 그렇게 엉뚱하지도 않다. 다만 눈먼 이유가 다르지만 말이다. 깊은 생각을 하지 않고 읽는다면 그냥 술술 읽히는 책 중 하나가 『눈뜬 자들의 도시』다. 이 책은 2024년 12월 3일의 대한민국을 떠오르게 한다. 사유의 동면에서는 꼭 필요한 인용이 아니라면 책 지문은 최대한 자제하는데 이번에는 몇 구절만 언급해 보겠다. 사라마구의 『눈뜬 자들의 도시』에서는 이런 내용이 나온다. "병역도 마치지 않은 민간인 국방부 장관에게 비상계엄 선포는 맥주 한 모금에 불과했다." 추후 그 국방부 장관은 이런 말도 한다. "국민은 권리를 누릴 자격이 있거나 아니거나 둘 중 하나다." 이 책에서는 우리나라로 치면 여러 국무위원들 생각이 드러나는 다양한 의견이 언급된다. 그중엔 정상적 발언을 하는 사람도 있고 아닌 사람도 있다. 재밌는 건 여기에 등장한 국방부 장관과 대한민국 12월 3일의 국방부 장관은 조금 비슷하다. 우리 현실에 더 정확한 건 부동시로 군 면제는 받았지만 당구는 잘 치는 그 사람을 국방부 장관이 아닌 대통령으로 대체해 보는 것이다. 『눈뜬 자들의 도시』는 투표 이야기로 시작하여 국민들이 왜 무효투표를 하는지 흥미롭게 이야기를 풀어 가는데 자유와 저항 억압 민주주의 등의 의미를 생각해 볼 수 있게 한다.

방금 말한 이 요약으로 여기서 눈뜬다는 건 무엇을 의미할지 어느 정도 감이 올 것이다. 분위기 전환을 위해 또 재밌게 읽을 만한 다음 도서로 넘어가 보자. 단군 신화에서 볼 수 있는 한반도인의 특징은 무엇일까? 한국인은 바로 마늘과 토테미즘의 민족이라는 것이다. 이런 특징은 한반도인만 가지는 건 아니며 전 세계 민족이 여러 토테미즘을 가진다. 그중 몽골에는 늑대와 개에 대한 토테미즘이 있다. 책 『늑대 토템』은 킬링 타임용으로 읽기엔 약간 분량이 많지만 그래도 책이 좀 재밌게 쓰여서 누군가에게는 재밌게 술술 읽히는 책이다. 이 책에서 두세 번 더 언급될 진화 생물학 도서 『다정한 것이 살아남는다』의 저서에서는 개의 조상인 늑대 중 인간과 친화력이 좋은 늑대만이 인간과 함께한다고 주장한다(하지만 실제로는 늑대에 유전적 변이가 약간 생겨서 가축화되었다는 과학적 분석도 있다). 이 저자의 말을 따르면 순응과 복종 친화력 등의 유전자를 가진 늑대는 더욱 세대물림을 하고 인간과 함께 살아남아 지금의 개처럼 충성스러운 동물이 된 것이다. 그러나 『늑대 토템』은 늑대가 낳은 새끼를 훔쳐다 키우며 인간이 아무리 애착을 보여도 절대 길들여지지 않는 늑대 본성을 이야기한다. 새끼 때는 살고자 하는 본능 때문에 먹이를 주는 인간에 동화되어 가는 듯하지만 점차 성체에 가까울수록 야생의 절대본능이 드러난다. 책에서도 이런 내용을 알 수 있듯이, 실제로 현재 유목 몽골인들도 늑대 새끼를 잡아다 키우지만 가축화되지 않는 그 습성을 인정하고 성체가 되면 죽여서 가죽을 얻는다. 동물 애호가들이나 비건이 볼 땐 너무 야만적이라 시위를 해야 할 정도다.

그렇다면 늑대로 희생된 양과 기타 가축들은 어떻게 볼 것인가 의문이 생긴다. 이렇게 늑대 이야기나 동물 이야기를 하니까 바로 『정글북』 책이 떠오른다. 여기서는 『늑대 토템』 같은 사나운 야생 늑대가 아니라 미운 오리 새끼 같은 동족 느낌으로 늑대가 야생의 인간 모글리를 키운다. 정글북을 재밌게 해석하여 어린이용으로 만화나 영화가 많이 보이지만 사실 무서운 인간의 세계만 보면 이건 어른들의 이야기가 된다. 『정글북』에서는 동물이나 인간이나 약육강식의 모습을 살짝 엿볼 수 있다. 어떻게 생각해 보면 인간의 약육강식이 더 잔인하게 느껴진다. 그런 역사를 보면 인간이 두렵다.

얼마나 인간이 인간에게 잔인한 짓을 했는지 사람들 머릿속에는 최소 몇 개의 그런 역사를 알고 있을 것이다. 그렇지만 좀 더 가볍고 재밌게 배울 수 있는 역사를 찾아 보고 싶다. 그런 책 중 하나로 전우용의 『잡동산이 현대사』라는 책을 추천한다. 전통적 역사서와는 약간 다르다. 전우용 박사의 특유 문체가 있는데 장황하지 않고 명쾌하며 논리적이다. 그의 『잡동산이 현대사』라는 책은 정치 경제 사회 문화 일상의 역사로 이루어져 있으며 잡스러운 지식과 재미를 동시에 준다. 간혹 미시적인 내용도 있지만 지루하지 않게 이야기를 풀어 가는 방식이라서 남녀노소 누구나 한번 읽어 볼 만하다. 『잡동산이 현대사』에 나온 지식은 아니지만 잡스러운 지식이란 가령 이런 것들도 있다. 데모크라시의(democracy) 영어는 민주주의를 뜻한다. 여기서 백성 민(民)은 갑골과 상형자로 해석해 보면 백성이 군주에 눈을 찔리고 무릎을 꿇는 형상이다. 신하 신(臣)또한 이런 비슷한 해석을 하는데 한자 어원이 만약 이렇다면 사실 민주주의 단어 민(民)의 한자는 다른 걸로 대체해야 한다. 그렇지만 우리는 이즘이 주장하는 포궁(胞宮)처럼 깊게 들어가서 해석하지 않는다. 왜냐하면 한자를 걸고넘어지면 고쳐야 할 게 엄청나게 많기 때문이다. 민(民) 하나만으로도 그런데 노예 상태이자 다스림을 받는 이 민이라는 글자가 불편하면 얼마든지 불편해할 수 있다. 참고로 아들 자(子) 또한 원래 뜻은 남녀 구분 없이 아이/자식을 의미했다. 갑골문자와 상형자 그리고 육서를 거쳤어도 한자 아들 자(子)는 이 의미였다. 그렇기 때문에 자궁은 아들을 낳는 여성 생식기관이 아니라 그냥 자식/아이를 낳는 생식기관이다. 과도한 ○○주의자가 자기가 보고 싶은 것만 보면 그것만 보이기에 우물 안 개구리 사고에 빠질 수 있다. 사람은 신념과 지식 그리고 보는 관점을 달리하며 현실을 살아야 한다. 다음의 잡스러운 지식으로 한번 가 보자.

14년 전 책을 본격적으로 읽을 때는 하루 한 권 이상씩 완독을 했는데 일주일 사이에 두 번이나 '포틀래치'라는 단어를 각각 다른 책에서 처음으로 접하게 되었다. 그 후에도 이 단어는 의미를 외우려고 하지 않아도 잊어버릴 때쯤이면 다른 책에서 언급하여 저절로 외운 단어가 되었다. 포틀래치란 아메리카 원주민들의 종족 내 선물 교환 행위를 의미한다. 본래 의미가 조금씩 변하여 원주민 개인이나 집단의 도덕적 우위 혹은 물질적 허세가 되기도 했다. 즉 우리는 이만큼 선물을 할 수 있고 이만큼 포기를 할 정도로 무엇이든 풍부하다는 걸 보여 준다. 현대인의 SNS 자랑질과 허세가 마치 포틀래치 원주민과 비슷하다. 결국 이런 잡스러운 지식을 말한 건 현대인에게 적용해 보기 위한 빌드 업일 뿐이다. 사유의 동면은 끊임없이 책과 지식을 현대인에게 집요하게 연결한다. 지식이 지식으로 머문다면 잠자는 지식만 되기에 우리는 앎을 이렇게라도 억지로 이용해야 한다. 지금까지 언급한 위 책들은 킬링 타임용이라고 생각하는데 각자가 느끼는 킬링 타임용은 개인마다 다를 수 있다. 그래서 그냥 아주 무식하게 책 고르는 기준을 얇은 책으로만 한번 가 보겠다.

먼저 책은 얇지만 결코 내용은 얕지 않은 한병철의『피로사회』가 있다. 모든 세대가 읽어 봤으면 좋겠고 읽기 쉬우면서도 꽤나 유용한 사유를 준다. 특히 열정 페이와 노동 착취를 거부하고 자기 편리함과 공정을 중요시하는 요즘 MZ 세대에게 잘 어울리는 책이라고 생각한다. 거기엔 인간 노동과 성과주의(결과물)에 대한 생각 전환이 들어 있다. 다음으로는 정지우의『분노사회』책이다. 현대인들이 왜 이렇게 화가 나있는지 관념적 분노와 그 분노의 양상을 이야기한다. 10여 년 전에는 그냥 혐오의 시대였다면 현재는 대혐오의 시대. 이런 시대에도 잘 읽힐 법한 책이다. 얇은 책이야 사실 한국문학 단편이나 세계문학 단편만 찾아봐도 상당히 많다. 그중 하나가 강신재의『젊은 느티나무』다. 젊은 나이의 순수 사랑을 보고 싶으면『젊은 느티나무』를 읽으면 된다. 이 책에서 나온 여성은 항상 그 남자의 비누 냄새를 각인한다. 향수를 뿌리지 않는 남자로서 비누만으로도 여성이 꿰인다면 아마도 그건 외모가 괜찮기 때문일 것이다. 외모지상주의 외에 다른 건 없다. 외모 지하에 있는 사람들은 자존감을 찾고 경제력이라도 쌓아 놔야 한다. 물론 반은 농담이지만 긍정의 믿음과 성격 다듬기는 참으로 중요하다. 믿음은 신이 아니라 자기 자'신'이다.

서두에 성경의 대략적 역사적 뼈대는 알아야 한다고 했는데 무신론자를 위한 책은 어디 없을까? 가장 유명한 무신론 도서라면 리처드 도킨스의 『만들어진 신』이겠지만 지금은 얇은 책이면서 재밌는 책 향연이니 그런 책을 소개해 보겠다. 먼저 스피노자 정신 지음의 『세 명의 사기꾼』 이라는 책이다. 책 분량도 아주 적고 누구나 재밌게 읽을 수 있다. 여기서 말한 세 명의 사기꾼 중 둘이 마호메트와 예수인 건 확실한데 또 한 명이 모세인지 다른 로마 왕인지는 확실히 기억이 나지 않는다. 이 책은 기독교를 신랄하게 비판하고 잡스러운 지식도 준다. 참고로 미셀 옹프레라는 학자는 『무신학의 탄생』이라는 책에서 최초의 무신론자를 17세기 장 멜리에로 본다. 『무신학의 탄생』 외에 미셀 옹프레의 다른 책들은 읽어 볼 만하다. 자연스럽게 믿음에서 심리로 이어져 왔다. 용기를 주는 에세이나 철학 책보다는 그냥 정신과 의사나 이와 관련 직업 관계자 등이 쓴 책이 더 괜찮아 보인다. 심리학 관련 도서는 너무나 많기에 과거 유명한 정신 분석학자들의 책 입문서 한두 권쯤은 읽어 두면 좋다. 가령 아들러의 『아들러 심리학 입문』이라는 책은 얇고 내용도 술술 읽힌다. 그는 여기서 심리학이란 자신을 바라보는 태도라 칭하면서 열등감을 언급한다. 사실 그도 그렇고 모든 심리학 관련 전문가들이 이 열등감을 가장 중요하게 생각한다. 아들러는 이 열등감이 해소되지 않고 자기기만이나 자아도취에 빠지면 안 된다고 주장한다. 그는 이런 열등감 회피는 열등감 해소가 아니라 열등감 적재라고 말한다. 당연한 말이지만 타인보다 자신의 태도를 살피는 게 무엇보다 중요하다. 사실 유명인의 책이 아니더라도 도서관에 가서 아무거나 심리학책을 선택하고 아무 쪽이나 몇 페이지 읽어도 도움이 된다. 심리학책이란 그런 것이니 무조건 책을 집어서 펼쳐 보도록 하자. 이런 책은 다 읽지 않고 단 한 페이지만 봐도 괜찮다. 제발 책을 집어 들어라. 내 안에 아무것도 채워지지 않고 그려 있지 않은 곳에 책에서 배운 걸 집어넣고 생각을 그려 보는 건 얼마나 인간다운 일인가. 매번 술과 본능에 따른 것만 채운다면 그건 아름다운 인간이 아니다. 다만 적당한 술 채움은 개인의 기호로써 누군가에게는 책과 같다. 그렇다면 술만 먹지 말고 술과 관련된 책이라도 한번 읽어 보자. 조정용의 『올 댓 와인』을 읽든 미카 리싸넨의 『그때, 맥주가 있었다』와 야콥 블루메의 『맥주, 세상을 들이켜다』를 읽든 아무것이나 좋다. 『올 댓 와인』은 위 두 맥주 책보다는 조금 분량이 있다. 와인을 좋아하지는 않아도 혹시나 좋아하는 이성이 와인을 좋아한다면 디켄팅 정도의 단어만 알고 있으면 괜찮고 맥주를 좋아하지 않더라도 에일과 라거의 차이 정도만 알아도 좋다. 사실 와인보다는 맥주 역사를 보면 더 재밌다. 포터 맥주 이야기나 맥주 제조 이야기 기타 맥주와 축구 스폰서 이야기도 한 번쯤 알고 싶은 내용이다. 아마 이런 내용은 위 언급한 책들에 웬만큼 나올 거라고 생각한다. 책이 하나도 어렵지 않아 중학생 정도만 되어도 관심만 있으면 아주 재밌게 읽을 만한 책들이다.

동물원의 「널 사랑하겠어」 노래엔 어려운 얘기로 너의 호기심을 자극할 수도 있다는 노래 가사가 있다. 대학교 시절 책과 담을 쌓을 때에도 그냥 철학자 몇 명 안 거 가지고 이성과 대화했더니 여자를 꾀는 데 잘 먹힌 기억이 있다. 인간이 사는 데 가장 으뜸으로 봐야 하는 건 인격이라고 말하고 싶지만 현실은 이성을 꾀는 데 제1의 준비물은 외모. 우리에겐 일단 들어 줄 사람이 필요하다. 물론 그만큼 당신도 잘 들어야 하는 건 마찬가지다. 돈이 없으면 지적 허세라도 있어야 하고 얼굴이 외모지하면 몸이라도 가꾸어야 하며 이마저도 다 없으면 자신감이라도 가지고 있어야 한다. 타인에게 보여 줄 자신감의 근거가 없을지언정 자신에게는 행복할 근거가 되기 때문에 자신감은 중요하다. 여기서 말한 자신감은 자존감과 조금 다른 그냥 살아가는 힘을 말한다. 자신감이 없는데 타인에게 친절할 리 만무하고 자신을 위로할 일은 더욱 만무하다. 술이 사람을 위로해 주지는 않는다. 알코올이 뇌를 교란하며 뇌와 간만 나빠질 뿐이다. 헤밍웨이가 술을 즐겨 마셨어도 『노인과 바다』의 산티아고 노인처럼 정신 의지는 강했다. 피츠제럴드 또한 술을 좋아했지만 위대한 작품을 써 내려갔기에 건강은 해칠지언정 이들에게 술은 유용했다. 그러니 술 좋아한 유명인들에 자기 자신을 비교하면서 위로받지 않기를 바란다. 술은 적당히 좋을 때 마시면 좋고 과하게 나쁠 때 마시면 좋지 않다.

반면 담배는 나에게나 타인에게나 백해무익이다. 아직도 음주운전을 하고 길거리에서 담배 피우는 사람들을 보면 미개하단 생각이 든다. 90년대엔 버스에서 담배를 피우고 2010년 전후까지 일반 음식점에서도 담배를 피운 미개한 국가가 대한민국이다. 현재는 국민 의식이 바뀌고 법이 바뀌었듯 빨리 이것도 법과 국민 인식이 바뀌어야 한다. 아리스토텔레스의 『니코마코스 윤리학』에서는 술 먹고 사고 친 사람을 더 엄하게 다스려야 한다고 말한다. 이건 우리나라가 범죄자를 심신미약을 이유로 감형하는 것과 전면 배치되는 생각인데 아리스토텔레스는 술이 나쁜 줄 알면서도 술 먹고 범행을 저질렀기에 가중하게 처벌해야 한다고 생각했다. 발상의 전환을 못 하는 우리는 2,500년 전 한 명의 철학자만도 못하다. 길거리에서 담배 피우는 흡연자들 인식도 개선되어야 한다.

다만 조선시대 정조는 과거 시험을 내는 선비들에게 어떻게 하면 담배를 유용하게 활용할지 시험문제를 내라고 할 정도였다. 담배에 대한 그 무지가 2000년대까지 이어져 왔다. 과거 가부장적 사회에서 남성의 집안 흡연도 문제였는데 아파트 지옥에 사는 현대인에게도 간혹 흡연 문제가 생기곤 한다. 거기다 층간소음은 현대인의 고질적 아파트 질병이다. 다시 정조로 돌아와 보자. 정조 하니까 아버지 사도세자까지 이야기를 해야 할 것만 같다. 영조와 사도세자의 역사적 이야기는 한국인이라면 다들 잘 알 것이라고 생각하고 이에 대한 해석을 조금 현대적으로 해 보고자 한다. 뒤주에 갇혀 죽은 사도세자에 대한 정치, 권력다툼을 말하려는 건 아니다. 오히려 학창시절에는 사도세자가 중요한 게 아니라 영조와 정조의 각각 치적이 중요했으며 이건 곧잘 시험문제에도 나왔다. 지금도 영조의 균역법 제정 정조의 규장각 설치가 기억난다.

어떤 학자는 사도세자가 지금으로 치면 정신병을 앓고 있었으리라고 추측한다. 그도 그럴 것이 매번 아버지인 영조에게 못마땅한 소리만 듣고 의기소침하고 있으니 경계성 지능장애든 조현병이든 뭐든 정신병이 안 걸리는 것도 이상한 일이다. 그래서 사도세자는 자살을 시도한다. 그런데 자살도 제대로 하지 못하고 뒤주에 갇혀 결국 굶주림과 목마름으로 며칠 만에 사망한다. 어렸을 적 똑똑했고 무예 관련 책을 쓸 정도로 열정적이었던 그의 말로가 참 안타깝다. 그때 프로작(플루옥세틴)이라도 있었으면 어땠을까 하는 엉뚱한 생각으로 사도세자는 우리 국민에게 항상 불쌍한 영조 아들로 기억된다. 생각해 보면 무지했던 그 당시 정신병 환자는 어떻게 처리했는지 지식이 전혀 없다. 그저 미셸 푸코의 책에서 정신병 역사를 이야기하기에 유럽의 상황만 좀 알고 있을 뿐이다. 루이 14세 때부터 본격적으로 시작된 정신병의 역사는 19세기까지 미신적으로 생각했고 미신적으로 처리했다. 악귀가 씐 정신병 환자들은 가족과 사회로부터 격리되었고 감시되었으며 치료받지 못했다. 그 당시 정신병 환자 가족도 병에 대해 무지했기에 거의 체념을 했고 국가의 정책에 순응한다. 19세기 중반까지는 치료다운 치료는 이뤄지지 않았다. 그러다가 19세기 중후반 20세기 초까지는 치료를 위해 전기 자극을 주거나 심지어는 뇌 절제술을 하기도 한다. 그러나 다 옳지 않은 방법이다. 마취약도 개발되기 전에 머리를 절개하고 썩은 다리를 잘라 내며 치아를 뽑은 과거인들을 생각하면 우리 현대인은 매우 행복한 시대에 살고 있다. 참고로 루이 16세는 치아가 거의 없는 상태로 고통스럽게 말년을 보낸다. 그런데 과연 우린 그들보다 더 행복하다고 생각하며 살까? 헬렌 켈러는 행복에 대해 이렇게 이야기한다.

"행복은 지금 주어진 것을 소중하게 생각하면 된다."라고 말이다. 행복은 물질이 아니다. 우리는 보통 인구 십만 명당 살인률이 극에 달한 중남미 여러 국가를 미개하게 보지만 멕시코는 항상 행복지수가 높은 국가다. 브라질도 행복지수가 거의 상위권에 있다. 이걸로도 행복은 절대 물질이 먼저가 아님을 알게 된다. 그런데 개인은 그렇게 생각하고 싶지 않아도 사회나 타인 그리고 현실이 그렇게 만드니 대한민국은 뭔가 잘못됐어도 한참 잘못되었다. 1인 가구 35% 시대라는 대한민국과 대비하여 행복지수 높은 국가들의 특징 중 하나는 자신과 가족, 친구들과 함께하는 삶에 우선순위를 두는 것이다. 과거 가부장적 밥상에 남자들 따로 여자들 따로 앉던 시대가 그리운 건 아니지만 핵가족도 이제는 소중하다. 가족 하니까 천명관의 『고령화 가족』이 생각난다. 천명관 작가의 문체가 원래 그런지 모르겠지만 『나의 삼촌 브루스 리』도 그렇고 『고령화 가족』도 그렇고 책이 정말 아주 쉽게 술술 읽힌다. 정말 별생각 없이 읽힌다. 이것도 글 쓰는 사람의 능력이라면 능력이다. 그리고 가장 중요한 책 분량도 그리 많지 않다. 참고로 천명관 작품 중 제일 유명한 거 같은 『고래』는 아직 읽지 않았기에 딱히 할 말이 없다. 『고령화 가족』엔 필자처럼 뭐하나 이뤄 놓은 것 없이 나이만 먹은 중년 남성이 나온다. 그래도 그 사람은 좀 낫다. 결혼도 한번 해 보고 실패를 했으니까 말이다. 결혼도 못 하고 자식도 없는 사람보단 아무래도 괜찮다. 여기에서는 그 유명한 행복과 불행 관련 명언이 생각난다. 톨스토이의 『안나 카레니나』에서는 "행복한 가정은 모두 비슷한 모습으로 행복하고 불행한 가정은 저마다의 이유로 불행하다."라는 말이 나오는데 『고령화 가족』에서 이걸 확인해 볼 수 있다. 전자의 말은 100% 공감하는데 사실 후자의 말엔 딴지를 걸면 좀 걸 수 있다. 가족 간이나 부부가 싸우는 이유 중 가장 큰 원인은 근원적으로 금전적인 경우가 대부분이다. 정말 성격적 차원에서 서로를 이해 못 해서 싸우는 게 아니라면 대부분 돈이 문제다. 자식도 돈이 문제다. 인간에게 천국이 있다면 그건 돈 걱정 없는 세상이다. 그러나 이런 세상에 살아도 인간은 또 욕망할 것이다. 아픈 곳 없이 건강하게 100세 아니 90세까지만 잘 살게 해 달라고 또 원할 게 분명하다. 인간의 욕망 타락만 아니었다면 성경의 에녹처럼 장수하고 더 나아가 기록된 사람 중에 가장 오래 살았다는 무드셀라처럼 900살이 넘는 삶을 살았을지 모르는 게 인간이다. 바벨탑에 대한 욕망만 없었어도 인간은 언어 하나만 가진 세계 공용어를 쓰고 있을 것이다. 그리고 보니 도태된 남성은 그래도 씨앗을 뿌릴 희망은 있다. 수컷의 종족 번식 욕구는 동물이나 인간이나 크게 다르지 않다고 보는데 남성이 흔히 늑대라 불리는 이유는 성욕 본능 때문이다. 우리나라 씨받이는 약간 의미가 변색되어 아들만 낳아 주는 걸로 인식한다. 사실 성경의 아브라함이나 우리나라나 별반 다를 게 없다. 이즘적으로 해석하면 남녀차별이 만연한 게 성경이다. 아브라함은 후처 하갈과 잠을 함께하여 아들 이스마엘을 낳는다. 왜냐하면 그때까지 본처인 사라에게 아들이 없었기 때문이다. 추후 100세에 가까운 나이에 아브라함은 본처인 사라와 잠을 함께하여 아들 이삭을 낳는데 역시나 하느님은 이것에 대해 자화자찬한다. 정구지(부추) 같은 힘을 발휘한 인간 아브라함 할아버지가 존경스럽다. 사람마다 편차가 있긴 하지만 보통 남성은 육체적으로 30대 중반부터 많이 힘들어한다. 그러나 육체적 그보다 중요한 게 하나 있다. 아브라함이 나이가 들어서도 하갈 외에 후처를 두며 굉장히 많은 자식을 두었다는 건 능력이 있기 때문이다. 과거 임금이 있던 시절 가족관계도처럼 그때나 지금이나 남성은 권력이든 물질적 풍요든 뭐든 가지고 있어야 여성이 함께한다. 이미 성경의 많은 족속들은 불평등한 존재다. 그리고 이삭의 후예와 이스마엘 후예로 나뉘어져 현시대엔 유대인과 아랍이 싸우고 있으니 대체 성경은 분열의 도서인지 사랑의 도서인지 헷갈린다. 그래서 앞서 언급한 책 『세 명의 사기꾼』에서도 기독교를 분열의 종교라며 신랄하게 비판한다. 동성애는 하지 말라고 했지만 동성애를 혐오하라는 말씀은 없으며 오히려 네 이웃을 사랑하라고 한다. 성경 여러 곳에서는 부자에 대해 부정적이지만 예수는 어떤 노동으로 삶을 영위했는지 알 수 없으며 그저 먹고 마시는 걸 즐긴다. 또 말은 기가 막히게 잘하는 로고스의 신 예수님은 마리아뿐만 아니라 여러 여성이 따른다. 하느님의 독생자인 그도 결국 십자가에 못 박힐 땐 "엘로이, 엘로이, 레마 사박타니?"라며 하느님을 찾은 건 정말 인간다운 모습이다. 그리고 죽은 자들 가운데 살아나는데 마치 좀비처럼 사흘 만에 부활한다. 그 후 부활을 지켜본 몇몇 사람의 증언이 이어지고 예수는 영적인 존재로 남는다. 좀비 하니까 마이클 잭슨의 「스릴러」가 생각난다. 그 뮤직 비디오에서는 무덤에서 좀비들이 부활한다. 마이클 잭슨의 여자친구는 좀비에 잡히자 꿈에서 깨어나고 나중에 그 좀비들은 마이클 잭슨과 춤을 함께 추는데 이렇게 춤을 잘 추는 좀비들은 전에도 앞으로도 존재하지 않을 만큼 뮤비가 스릴 있다. 성경도 가만히 보면 스릴러 요소가 존재한다. 무섭고 잔인하다. 왜 이런 얘기까지 하는지 모르겠지만 사유의 동면 책은 전 국민 모두의 책이어야 하기에 빠르게 또 전환을 시도한다.

  웬만한 사람은 좋은 책을 학창시절 분명이 읽었다. 우리가 마이클 샌델의 『왜 도덕인가?』를 읽지 않았더라도 초등학교 중학교 고등학교 때 윤리책, 도덕책을 읽었다.
  그 흔한 노인 공경과 효도의 말도 있었지만 중학교 이후로는 개인의 심신이나 철학 도덕이 쓰여 있곤 했다. 윤리 혹은 도덕이란 무엇인가? 인간이 살면서 지켜야 할 바람직한 언행을 말한다. 유교국가인 한국에서 위계의 관계만 아니라면 부모님, 선생님, 친구, 동료 등과의 관계는 여전히 중요하다. 서로 양보정신 발휘하고 어려운 이웃을 돕고 더불어 사는 인간은 도덕책의 단골이었다. 그러면서도 우리는 초점을 집단에 맞추기보다 개인에 중심을 둬야 한다. 이건 이기적 마음이 내재된 개인주의가 아니라 순수 개인주의에 기반한다. 학창시절 기억나는 윤리 책 내용에는 에피쿠로스의 아파테이아 스토아 학파의 아타락시아가 있다. 이렇게 기억하지만 기억이 잘못된 게 분명하다. 나중에 알고 보니 둘 다 고통 없는 상태를 추구했다. 이 개념은 현재도 책을 읽다 보면 자주 볼 수 있다. 위 두 가지 차이점을 아는 게 그 당시 시험 문제 풀이였지만 사실 가르치는 선생님도 그렇고 본인도 그렇고 위 두 학파의 핵심을 아는 것이 더 중요하다. 이들의 공통점은 타인이 아닌 자신의 행복 기준을 말하고 있다는 점이다. 스토아 학파의 정념 없이 마음이 평온한 상태는 결국 나 하나로 귀결된다. 우리나라 사람들 마음엔 자신 외에 타자가 너무 많이 들어 있다. 마치 「가시나무」의 노래 가사처럼 내 속엔 내가 너무도 많다. 사실 여기서 내가 너무 많다는 건 내가 아니라 다른 나이다. 그렇다면 도덕의 상실은 어디로부터 기원하는가? 크게 세 가지를 기원으로 한다. 먼저 가장 근원적 이유는 인간 불신이다. 이 인간 불신은 사회 불신으로 이어지고 공정과 상식을 외치게 만든다. 두 번째는 생존경쟁이다. 가진 자는 더 가지려고 하고 못 가진 자는 한정된 자원을 가지기 위한 생존 투쟁을 한다. 이 안에서는 정치질과 권모술수가 난무한다. 마지막 세 번째로는 타인의 욕망에 대한 나의 욕망 투영이다. 비교는 아이에게 최악의 교육법이고 어른에겐 최악의 불행 요소다. 연예인 관찰 예능이나 기타 모르는 사람의 SNS엔 화려한 모습이 주로 담겨 있는데 그건 나를 초라하게 만든다. 사촌이 땅을 사면 배 아프다는 건 이제 더 이상 과거 속담이 아니다. 『김미경의 마흔 수업』이라는 책에는 이런 뉘앙스의 내용이 있다. "내가 그 사람을 보는 건 가장 좋은 것만을 보는 것이지 그 사람의 밑바닥을 보는 건 아니다." 자존감이 낮은 사람은 욕망의 마음과 질투의 눈으로 상대를 공격하여 그 떨어진 자존감을 채운다. 자존감은 타인이 찾을 수 있도록 도움을 줄 수는 있으나 절대 타인이 채워 주지 못한다. 그리고 사람들이 자존감과 자기애를 구분하지 않는데 이건 분명 구분되어야 한다. 자존감은 나의 장단점을 다 아는 것이기에 자신감과 더불어 겸손한 마음이 존재하지만 자기애는 그저 자기를 사랑하는 마음만 존재한다. 물론 자기애도 긍정적이다. 그렇게 살아가고 사랑하자.

## 누구나 사랑할 수 있다

힘들고 외로울수록 더 깊게 빠지고 작은 것에도 울컥한다. 현대인은 『소비의 사회』에 빠져 지쳐 있으면서도 공허함을 채우기 위해 다시 무엇을 소비하는 역설에 빠져 있다. 그중 많은 수는 스마트폰 하나만을 의지하며 은둔하며 지낸다. 어느 하루 1분만이라도 전 국민이 아무 말 없이 서로가 서로를 안아 주는 걸 꿈꾼다. 국가든 개인이든 그런 서로의 커들러(cuddler) 기념일을 만들었으면 좋겠다. 서로가 서로에게 없으니 현대인은 혼자 사랑한다. 타인의 육체도 가질 수 없고 마음도 가질 수 없지만 혼자만의 사랑은 할 수 있다. 이런 사랑은 왜곡된 사랑이고 결말은 대부분 슬프게 끝나지만 그래도 범죄 수준이 아니라면 누구나 평등하게 사랑하는 게 가능하다. 다만 사람이나 사물에 감정이입하고 상징적 동일화를 하는 건 정신승리의 요소가 들어가야 한다. 누군가는 소위 '덕후'라고 하고 누군가는 유사 연애라고 한심하게 생각하지만 그 당사자가 대중이나 그 사랑의 대상자인 타인에게 피해를 주는 게 아니라면 그 감정을 비난할 순 없다. 자기 할 일 못 한다고 이야기하는 것도 지나친 참견이다. 인간의 사랑은 끝도 없이 바라고 갈망한다. 마치 탄탈로스의 허기와 목마름이 죽을 때까지 이어지는 느낌이 바로 사랑의 감정이다. 풍족하게 채워지는 거 같지만 가끔은 또 부족하다. 플라톤의 대화편 중 「향연」에서 에로스는 영원히 가질 수 없는 존재로 표현된다. 아직 가져 보지 못했기에 인간은 에로스(사랑)를 끊임없이 찾아 나선다. 사랑의 방법이나 종류는 사람마다 다르겠지만 그 추구함은 누구나 보편적이다. 그래서 사랑은 그리스 로마 신화 이전부터 존재했다. 그림으로도 남녀의 사랑과 그리움을 그린 인류는 그만큼 연애 에피소드가 세상에 널려 있다. 연애 관련 역사 에피소드를 어떤 AI가 알고 있고 그것만 책으로 엮어도 최소 수십 권은 쓰일 것이다.

  케이트 밀렛의 『성 정치학』은 여성에 대한 삐뚤어진 성인식을 가진 남성 작가들의 작품을 끄집어낸다. 그 작품들로부터 여성의 성 불평등과 억압을 풀어내는데 그런 얘기만으로도 성 정치학 책은 일반 책보다 분량이 훨씬 많다. 하물며 사랑 이야기는 얼마나 많을까. 단순히 사랑 엿보기만이 아니라 철학적 고찰부터 시시콜콜한 이야기까지 끝도 없을 것이다. 읽어 보지는 않았지만 기록상으로는 여성 작가 최초의 소설이라는 일본의 『겐지 이야기』도 사랑의 이야기가 담긴 것으로 알려졌다. 인간의 애정 비슷한 욕망은 세계 어느 나라에나 있다. 성경에도 있고 우리나라 책 『구운몽』에도 여러 가지 욕망이 숨겨져 있다. 세계의 연애사는 끝도 없지만 주로 책속의 이야기를 꺼내서 해 보도록 하겠다. 최근 몇 년간 우리나라에 대중적으로 인기를 끌었던 작가는 알랭 드 보통과 기욤 뮈소다. 알랭 드 보통은 연애쪽만이 아니라 다양한 분야의 책을 쓰는 사람이다. 연애 소설을 좋아하지 않는 입장으로서 이들 연애 소설은 별 감흥이 없었다. 알랭 드 보통의 『왜 나는 너를 사랑하는가』와 『낭만적 연애와 그 후의 일상』은 모태솔로가 생각하는 그런 웹소설 느낌이 아니기 때문에 공감하지 못할 수도 있다. 실제 사랑을 해 본 사람은 알랭 드 보통

이 쓴 작품들에 드러난 남녀 연애의 특정 상황에 대해 자신의 추억이 떠오른다. 그리고 어떤 것은 이해가 안 되면서 또 어떤 건 아주 공감이 되는 부분이 있을 것이라 생각한다. 모태솔로가 특히나 연애 후 일상을 알 리는 없다. 모태솔로에게 시작은 황순원의 『소나기』 혹은 외국 작품으로 치면 알퐁스 도테의 『별』 정도가 어울린다. 진짜 모솔 남녀라면 거기서 연애 정체성이 그칠지 모른다. 안타깝지만 그냥 연애는 포기하고 그 순수함을 가지고 다른 책을 읽어야 한다. 너무 풋사랑 같고 어린애 같은 사랑이라고 생각하겠지만 처음부터 모태솔로가 감히 대단한 정신적 사랑과 육체적 사랑, 가슴 저미는 이야기부터 찾아서는 안 된다. 그러면 집착이나 성 도착증 같은 것을 야기할 수 있기에 순수하게 시작해야 한다. 방금 말한 건 농담이 조금 섞여 있다. 연애를 타자 이야기와 상상으로 배우는 사람은 나중에 현실에 마주했을 때 큰 문제를 일으킬 수 있다. 재밌게 읽었고 어떤 삶의 교훈을 얻었다고 생각해도 소설은 소설이구나 생각해야 한다. 인생은 실전이기 때문이다. 생각보다 사랑은 감정 통제가 잘 안 된다. 한 번 언급했지만 소크라테스는 진정한 사랑을 절제하는 법을 아는 것과 같다고 생각했다. 이건 모태솔로인 당신에게 일어나지 않는 일이다. 일부 남성은 동물의 수컷처럼 어쩔 수 없이 도태되어 평생 모솔이나 종족 번식을 못 하고 죽는다. 참고로 동물세계는 짝짓기를 못하는 수컷 비중이 인간보다 월등히 높다. 물론 모솔도 여성이 아예 없는 건 아니다. 남녀에게 역시나 중요한 건 외모와 성격이다. 아무리 이즘이 외모의 기준에 비판을 가하고 개인다움을 강조해도 사람들의 내재된 시선의 인식은 바뀌지 않는다. 세상 탓을 먼저 하기보다 나의 노력이 우선이다. 좋은 책들로 정신을 가다듬고 일과 후 육체를 땀으로 적시는 삶을 살면 일상이 더 긍정적일 것이다. 세상은 있는 그대로 자신을 사랑하지만은 않으며 진정한 사랑만이 자신을 있는 그대로 사랑해 줄 뿐이다. 현실 바깥에서 이성의 감성을(혹은 GL, BL 소재) 사로잡는 웹툰이나 웹 드라마에 나오는 사랑을 찾으면 안 된다. 사실 이런 걸 즐기되 현실과 판타지를 구분할 의식 상태면 상관없다. 책 속의 이야기나 연애가 꼭 아니더라도 다른 무엇인가를 전해 주는 좋은 작품으로 사람들은 사랑을 배울 수 있다. 가령 「나의 아저씨」나 「밥 잘 사주는 예쁜 누나」 같은 작품은 나에게만 존재하지 않을 뿐 누군가에겐 존재한다. 나에게 존재하지 않는 대부분의 사람은 자신이 좋아하는 소설이나 웹툰에 감명을 받아 그 주인공에 감정이입을 하여 대리만족을 할 수 있다.

『브람스를 좋아하세요』 책의 기본 구조는 두 남자와 한 여자의 삼각관계다. 실제 브람스와 클라라, 슈만은 시간차를 두고 서로 사랑의 관계를 유지한다. 그래서 작가가 삼각관계 비슷한 것을 의식하고 일부러 책 제목을 이렇게 쓴 건지 아니면 책 내용처럼 단순히 다른 음악가보다 브람스를 좋아해서인지는 정확히 알 길이 없다. 이 책을 읽으면 젊은 남자 주인공은 주인공대로 남성의 감정이 이입되고 여자 주인공의 남자 친구는 남자 친구대로 감정이 이입된다. 두 남자에 교차하는 감정을 드러내는 여성 주인공은 여성의 마음이 이입된다. 반대로 어떤 이는 두 남성과 여성 주인공의 심리를 불편해할 수 있다. 이처럼 사람마다 다양한 감정을 느낄 수 있는 게 연애 감정의 해석이다.

연애나 어떤 콘텐츠의 사랑도 중용이 필요하다. 그렇지 않고 과하게 몰입하면 모든 게 불편해지거나 반대로 그 불편함을 말하는 사람이 불편하게 느껴진다. 요즘은 영상 하나로 언제든지 내 옆에 두고 나만의 대화를 할 수 있고 계속 좋은 모습이나 재밌는 모습만 보면서 더 깊게 빠져들 수 있다. 지금은 진짜 실체적 사랑을 하지 않는다. 특히나 온라인의 무엇에 빠진 사람은 실제로는 없는 가상적 이야기에 현실을 즉시하지 못한다. 과거 어른들은 고작해야 책받침이나 브로마이드 등으로 움직이지 않는 사진만 보고 사랑을 했다. 그래서 요즘처럼 영상으로 더 깊게, 상시적인 사랑은 하지 못했다. 드라마나 영화를 보는 것도 그때뿐이고 아날로그식 편지나 오프라인 만남도 한계가 있어서 사랑에는 시간이 걸렸다. 그러나 요즘은 시간과 공간의 경계는 큰 제약이 아니며 남녀노소 누구나 자신만의 독특한 사랑을 시작한다. 그만큼 사랑은 쉬워지고 금방 불타오르며 그만큼 빨리 식어 간다. 식어 가는 사람은 다시 불꽃을 피우기 위해 다른 불씨로 환승한다. 누군가에겐 일생에 한 번도 어려운 게 연애인데 누군가에게는 이렇게 사랑이 쉽다. 사실 후자인 사람은 사랑이 아니라 스쳐 지나가는 '인스턴트 만남'인 경우가 대부분이다. 사람과 사랑을 물건으로 표현하고 싶지 않지만 여러 물건을 만나 보면 좋은 물건을 고를 안목도 생긴다. 다만 자신의 그릇이 작아 품을 수 없는 물건은 아무리 좋은 물건이더라도 영원히 가질 수 없다. 사람은 유유상종일 때가 가장 균형을 이루고 좋아 보인다.

현실은 이런데 현실에 살지 않는 사람의 사랑은 어떨까. 연예인이나 인플루언서 기타 콘텐츠를 깊게 사랑하는 사람 즉 사이버(온라인) 사랑도 이제는 연애로 인정해야 하는 느낌이다. 이런 사람을 앞으로 Love와 Obsession을 합성하여 루버(Loober)라 부르기로 하자. 오브세션 이 영어 단어 뜻은 집착과 강박을 의미한다. 루버의 사랑 대상은 아까 말한 것처럼 사람이나 물건 혹은 캐릭터 등 아주 광범위하다. 그래서 루버는 할아버지 할머니 혹은 유아나 어린이도 될 수 있다. 또한 긍정의 의미가 될 수 있으며 부정의 의미도 될 수 있다. 루버의 대상 영역이나 소비 집단은 이렇게 다양하기에 산업이나 상업적 측면에서는 굉장히 고무적인 일이다. 다만 루버가 사랑에 이별을 당하고 배신당했다고 느꼈을 때 문제가 생긴다. 이런 영역은 온전히 사적 영역으로 보는 경향이 크기에 루버의 대상이 된 존재는 공적 책임을 지지 않는다. 역시나 현실과 몰입의 경계선 충돌로 생기는 문제인데 중용은 이처럼 쉽게 잊히지 않는다. 쉽게 말해 이성과 감정이 뒤죽박죽되면 안 된다. 집착하거나 고집을 피우면 내가 사랑하는 그 대상에 대해 사랑이 원망과 미움으로 변한다. 사람 마음은 손바닥 뒤집듯이 매우 쉽고 무섭게 변한다. 책 『가재가 노래하는 곳』에서 체이스가 죽은 것은 누구 때문이라고 여기서 말하지 않겠지만, 타인에 대한 감정 왜곡은 그 대가를 치르게 된다. 마음의 변화가 어떤 사랑에 대한 배신감이었든지 아니면 삐뚤어진 감정이었든지 상관이 없다. 내가 사랑하는 사람이 제3자를 사랑하거나 아니면 그 반대로 제3자로부터 억압을 받을 때도 마찬가지다. 거기엔 또 자연이든 사물이든 사람이든 상관이 없다. 이렇게 부정적으로 보면 사랑도 무서움이 되는데 이에 반해 진짜 순수한 감정의 풋내기 사랑도 있다. 한국 문학작품 중 『동백꽃』은 꽃보다 감자가 보이며 감자보다 점순이와 '나'의 순수함이 보인다. 어른이 어쩌면 이렇게 순박하게 표현해 놨는지 아마도 그런 경험을 직접 경험했거나 아니면 간접적으로 무엇을 보았으니까 점순이와 그런 대화가 나오지 않았을까 짐작을 한다. 10대가 지향하는 연애가 있고 20대가 지향하는 연애가 따로 있다. 결혼할 때의 만남은 또 연애와 조금 다르고 중년 이후 사랑은 안 해 봐서 모르지만 그 나이만의 무언가가 있을 거라고 생각한다. 다만 나이는 다르지만 소녀와 소년 감성은 누구나 가지고 있다. 책 『안네의 일기』를 서평할 때 사람들은 히틀러 시대의 유대인 가족 어쩌고 설명을 하겠지만 사실 원고 전체 분량을 보면 그냥 10대 소녀와 소년의 사랑 이야기가 주를 이룬다. 급박한 상황이나 그 시대의 모습은 일부분이다. 소녀의 감성이 잘 드러난, 말 그대로 소녀의 일기장을 우리가 엿보는 책이 『안네의 일기』다. 안네의 나이가 20대 그 이상이었다면 육체적인 사랑도 좀 있지 않았을까 하는 엉뚱한 상상을 한다. 그 장소와 상황의 한계가 있긴 하지만 다 큰 안네는 절대 뽀뽀에서 멈추지 않았을 것이다. 참고로 전쟁 속에서도 섹스를 하게 되고 아기가 태어난다. 영화 「에너미 앳 더 게이트」에서는 전쟁 중에도 남녀가 사랑하며 섹스도 한다. 원초적 본능은 샤론 스톤의 다리 꼬기 같은 남성의 탐미적 에로스에만 있는 건 아니다. 한편 조금 불량하거나 제2의 사랑이 필요한 사람은 불륜 소설에 관심을 가질지 모른다. 어떤 영화나 소설 기타 드라마가 꼭 불륜을 주요 소재로 다룬 게 아니어도 어느 장르마다 불륜 얘기를 조금 넣는 건 아주 흔한 일이다. 서두에 불륜을 잠시 이야기했지만 안 했던 이야기가 있어 하나 해 본다. 위대한 소설이라 알려진 『위대한 개츠비』는 불륜 장르가 아니지만 꽤나 분명한 정부(情婦)의 요소가 들어 있다. 90년대 중반에 나온 「구름 속의 산책」과 「가을의 전설」이라는 영화도 이야기를 아름답게 포장했을 뿐 결국 불륜으로 시작한다. 우리에게 『달과 6펜스』로 잘 알려진 서머싯 몸의 소설 『인생의 베일』은 불륜 소재 작품에서 빼놓을 수 없다. 이전에 언급한 책들은 여기서 제외하도록 하겠다. 과거는 "순수의 시대"라고 하지만 친구의 친구를 사랑한 이야기는 노래 가사와 소설로 이미 윗세대부터 있었고 지금도 존재한다. 이런 건 후대의 E세대에도 있을 것이다. 하느님께서는 마음속에 음흉한 마음만 먹어도 간음한 것과 다름없다고 했는데 그렇게 따지면 우리 모두는 죄인이다. 욕망과 관음, 존재와 소유, 상상과 음탕이 현실에 좌절할 때 인간은 욕구불만으로 대리만족을 찾아 나선다. 인간의 도덕과 의리 그리고 법에 따라 개인의 사랑은 각자가 알아서 할 문제이며 그에 따른 책임을 지면 될 뿐이다. 법의 영역이 아닌 미풍양속의 테두리에 가둬 제3자가 불륜을 왈가왈부할 필요는 없다. 행동에 책임지면 되고 잘못이 없다면 없는 대로 당당하면 된다. 다만 잘못된 사랑으로 남겨진 씨앗 그리고 그에 따른 양쪽 가족들을 생각해 보면 쉽지 않은 주제다. 이건 인간만의 문제는 아니다. 동물 세계에도 최소 수백 종 이상이 바람을 피우며 종족 번식과 먹이를 위해 암수 관계를 유지한다. 다만 인간은 동물과 다르게 감정이 있고 윤리의식도 있으며 법의 테두리에 구속되어 사는 동물이다. 인간은 동물적 측면도 있지만 중간 영역의 규칙이 존재하기에 금수처럼만 행동할 수는 없다. 적어도 인간은 지켜야 할 선은 있다는 얘기다. 그렇다면 이런 남녀의 사랑만 사랑인가? 이웃의 사랑, 친구의 우정, 사람 냄새나는 모습도 사랑이다. 책『오베라는 남자』소설의 오베 씨는 소위 츤데레 유형 중 가장 사랑이 넘치는 사람이다. 자신과 아내의 신상 문제로 잠시 절망했지만 뜻밖의 이웃이 자신의 삶을 다르게 살게 한다. 오베 씨가 이웃에 도움을 주는 거 같지만 실제로는 양쪽의 인간이 합쳐져 삶을 이룬다. 하퍼 리의『앵무새 죽이기』또한 인종을 떠난 인간적 사랑이 들어 있다. 이런 부분을 따지고 들면 연애 소설처럼 끝이 없기 때문에 짧게 하고 화제를 다른 사랑으로 돌려 보겠다. 불륜이 꼭 금지된 사랑만은 아니다. 타자에 의한 일방의 구속과 불행으로 사랑의 도피처가 필요한 사람도 존재하기 때문이다. 사랑 관계는 양쪽의 말을 다 들어 봐야 하지만 분명한 가해자와 피해자의 영역에 속하는 사람까지 형식상의 불륜으로 매도하고 싶지는 않다(여기서 피해자는 형식상 연인이나 부부관계는 아직 끝나지 않았지만 귀책사유의 상대 가해자로 인해 그 관계가 실질적으로는 끝난 상태. 인간은 각자 계속해서 행복해질 권리가 있다). 반면 그 어떤 이유에서든 사회적으로 법적으로 도저히 이해가 안 되는 사랑이 있다. 물론 이런 사람들은 사랑이라는 말 대신 성 도착증으로 표현해야지만 말이다. 여전히 논란이 많은 블라디미르 나보코프『롤리타』는 사람마다 받아들이는 게 다르다. 아주 오래전 읽은 책이라 잘못된 기억일 수 있지만『롤리타』에 나오는 성인 남자 험버트는 결코 사춘기 소녀와 육체적 관계를 하지 않는다. 다만 마음속으로는 페도필리아 같은 악마를 가지고 있어 끊임없이 소녀의 육체를 탐한다. 그래서 이미 마음만은 모든 짓을 저지른 상태나 다름없다. 보통 이런 성 도착증자들은 참기 힘든 것을 참지 못하고 범죄를 저지르는 경우가 많다. 그런데 과연 험버트에게는 어떤 잣대를 들이댈 수 있을까? 누군가에게 험버트는 역겨운 인물이지만 누군가는 법과 도덕적인 잣대를 같은 선상에 놓지 말아야 한다고 말할 수 있다. 나보코프가 무슨 의도로 이 소설을 이렇게 구성했는지는 모르겠지만 양면성을 주는 작품이라고 생각한다. 그 양면성이 무엇인지는 여기서 말하지 않고 우리 모두의 숙제로 남겨 놓고 싶다. 이 소설을 읽고 난 후 양면성의 양면성을 찾아 보면 좋겠다.

    이번에는 동성애다. 이 또한 누군가에게는 역겨운 일이 아닐 수 없고 누군가는 나이브하게 받아들일 수 있다. 조금 배려심이 있다면 우리와 다르지 않는 인간의 사랑일 뿐이라고 생각하는 사람도 있다. 마누엘 푸익의 『거미여인의 키스』라는 책이 있다. 이 책에 대해 사전 지식 없이 처음 접하고 초반 부분만 읽어 보면 대체 무슨 내용인지 거의 감이 오지 않는다. 눈치가 빠른 사람은 알 수도 있지만 후반부에 가야 전체적 내용을 이해할 수 있다. 이 책을 바탕으로 우리나라에 연극도 나온 것으로 알고 있는데 이 애매한 것을 어떻게 표현했을지 궁금하다. 『거미여인의 키스』 마지막 부분에서는 동성애의 강렬함을 느낄 수 있다. 감옥이라 더 처절해서 그런지 작가의 정치적 의도의 글은 그래서 잊히게 된다. 게이와 트랜스젠더 등 동성애를 넘어 성소수자로 확대하면 양성애자, 성전환 수술의 여부의 남녀, 퀴어 이상의 정체성을 가진 사람, 크로스 드레서 등 성소수자 내에서도 조금씩 다른 사람들이 있다. 보통 사람이 볼 때는 도저히 이해가 안 가지만 세상에는 수천 년 전부터 수간, 미소년들의 사랑, 동성애가 끊임없이 이어져 왔다. 우리나라 삼국시대, 고려시대, 조선시대에도 동성애 기록은 곳곳에 드러난다. 성경에도 몇 구절은 동성애 관련 이야기가 있으며 심지어는 종교인이 더욱 성도착증 증세를 보이곤 한다. 세상에 '정상인'이 대체 무엇을 의미하는지 모르겠지만 정상인은 보통 피하고 싶은 단어다. 나와 조금만 다르면 비정상인 세상이다. 이렇게 속이 거북하고 불편해도 얘기해야 하는 것들이 있다. 성경의 레위기에서는 동성애를 하지 말라고 하는데 지금도 동성애 이야기가 나오는 거 보면 하느님도 인간의 여러 욕망을 이미 알고 있었다는 걸 알 수 있다. 하느님은 이미 뱀이란 욕망을 알고 있었음에도 이브와 함께 지내게 해서 결국 시험에 오르게 한다. 잘 생각해 보면 하느님은 인간에게 이상한 성격을 드러낸다. "뱀들아 독사의 새끼들아 너희가 어떻게 지옥의 판결을 피하겠느냐?"라고 하시면서 뱀은 수십 군데 성경에 나와서는 부정적 이미지를 보여 준다. 이브 옆에 왜 하필 그 많은 동물 중 뱀이 있었는지는 하느님만 알고 있다. 추측해 보자면 뱀은 똥처럼 습하고 모양도 비슷하며 땅바닥에 위치하여 기어 다닌다. 거기다 혀를 낼름거리니 인간이 심리적으로 싫어할 구석은 다 가지고 있는 동물이다. 내 몸에 들어올 거 같은 뱀은 두려움이다. 이런 이유로 인간에게 뱀은 최악의 '거부 재능'을 가지고 있다. 악마의 변환인 뱀을 알고 있으면서 뱀을 인간에게 주신 하느님의 뱀은 불결의 대상이자 혐오로 이어진다. 그런데도 프로이트는 『꿈의 해석』에서 뱀과 지팡이 등을 남근의 상징이라고 말한다. 겉으로는 남근이지만 자세히 들여다보면 인간 불안과 욕망(반대로 억압)이 꿈으로 변형된 모습이다. 신의 모습으로 인간을 창조하신 하느님은 왜 동성애까지 세상에 나오게 하였을까? 요즘도 성소수자에 대해 혐오가 넘치지만 혐오는 혐오대로 가고 일부는 그걸 각오하며 양지로 나오고 있다. 대표적으로 웹툰이나 웹소설에서 동성애 이야기가 나오며 BL(Boys Love), GL(Girls Love) 같은 장르도 자주 볼 수 있다. 점차 이런 콘텐츠를 소비하는 특정 마니아층이 생기면서 웹드라마로 제작되기도 한다. 절대적 수치로 보면 동성애는 결코 적은 숫자가 아니다. 아동기나 청소년기처럼 성정체성이 불안정할 때 이런 장르가 어떤 영향을 줄지는 모르겠지만 예전보다 동성애가 익숙하게 다가오고 있으며 시스젠더(헤테로/이성애자)일지라도 어떤 판타지나 재미 요소로 이런 장르를 소비하는 사람도 생겨나고 있다. 상업적 측면에서 도전해 볼 만하다면 실제 이런 사람들이 출연하는 오락 프로그램이나 여러 영역에 더 존재감을 보일 것이다. 다만 어쩔 수 없는 관성적 반대급부의 혐오와 거부감은 여전히 각

오해야 한다. 자본주의 논리대로라면 볼 사람은 보고 안 볼 사람은 안 보면 그만이다. 다만 성적 불편함을 억지로 강요하고 가르치려고 하는 태도는 대단히 위험한 요소다. 성소수자 관련 모든 장르를 크게 비난할 생각이 없는 사람조차 그런 자세로 PC(정치적 올바름) 느낌을 주면 반드시 본능적으로 반감을 가질 수밖에 없기 때문이다. 연애란 무엇이 정답인지 모르겠지만 거부감 없이 자연스럽게 다가오는 게 가장 좋듯이 삶도 그렇고 그런 장르도 마찬가지다. 성소수자 장르를 도저히 받아들일 수 없는 사람도 많지만 이성애자이면서도 이런 장르가 불편하지 않은 사람도 있다. 이런 사람들은 자신이 실제 사랑하고 삶을 살아가는 것과 다르더라도 콘텐츠 형식으로 나온 이런 서브컬처 장르에는 심리적 방어 기제가 작동하지 않는다. 어떤 호기심 차원이나 미지의 영역에 대한 갈망의 마음도 있다. 쇼펜하우어 사상으로 본다면 일상이 무료하여 자극이 필요한 사람들이다. 두려움이나 관성적 삶에 대한 반작용으로 자연적 반응이 나오지 않거나 확실히 반감을 표현할 필요가 없을 때는 그것을 소비하는 것에 거북하지가 않다. 이에 반해 반사회적이라고 우려하는 보수적인 사람들이나 이러한 콘텐츠를 불편해하는 이성애자는 지속적으로 이런 장르를 억압하고 혐오한다. 인간의 혐오는 근본적 해결책이 아니기 때문에 차치하고 왜 이런 현상이 일어날까에 대한 분석이 더 필요하다. 혐오의 심리학적 1차 원리는 자기 방어이다. 뱀도 그렇고 똥도 그렇고 자기밖에 모르는 인간에 대한 것도 이런 심리 기제가 적용된다. 자기 보존 욕구가 동물처럼 튀어나오는 이런 반응은 정상이다. 그러나 인간은 동물과 다르게 감정과 이성이 존재한다. 동물과 인간이 다른 결정적인 점은 살기 위해 다른 동물(인간)을 죽이지 않는다는 것이다. 시스젠더의 반대편 사람들에게 혐오는 상처를 넘어 억압으로 느껴지며 누군가는 개인과 사회의 정체성 불균형으로 불행해한다. 사실 사회의 억압은 무엇을 가지지 못한 사람들에게 광범위하게 행해지는데 동지끼리 서로를 억압하고 있는 현실이 안타깝다. 그래도 변화의 희망을 생각한다. 과거보다는 그래도 억압의 표출과 소수의 자기 의견을 드러내는 방식이 더 다양해졌다. 다수의 의견은 다수대로 사회의 주류가 되기 때문에 그 관성에 의해 힘을 계속 유지하지만 소수의 의견은 목소리를 지속적으로 내지 않으면 사멸한다. 오래전부터 있어 온 소수자들의 이야기가 최근엔 현시대 문명의 도움을 받아 좀 더 다양하게 표출되고 있다. 여기에 아주 조금은 소수 문화에 대한 잠재된 의식이 있는 사람들이 호응을 하는 것처럼 보인다. 알다시피 인간의 성향이 완전히 이분법적인 부분만 있는 건 아니다. 사람들은 모호한 경계를 가지기도 하기 때문에 평범한 콘텐츠가 무료한 소비자는 현실에서 벗어나 환상적 세계에서 놀고 싶어 한다. 그리고 진짜 성소수자와 어우러져 이런 것들을 생산하고 소비한다. 터부에 대한 반대 욕구는 종교를 가지든 아니든 누군가에겐 달콤한 영역이다. 정신분석학자가 아니기 때문에 확실하지 않은 것을 분석하기보단 사회의 분명한 흐름이니 이 정도로만 언급하고 또 다른 사랑을 찾아 다음 이야기로 넘어가 보겠다. 지금까지의 성소수자는 생물학적 성(sex)과 후천적 성향이 일치하지 않는 말 그대로 알 수 없는 어떤 미지의 결과로 인한 사람들이었다. 방금 말한 것에 프로이트가 동의할지 안 할지 모르겠지만 적어도 그는 동성애자를 질병으로 생각하지 않았다. 실제 세계보건기구 WHO도 동성애를 일반 질병에서 삭제하였다.

프로이트는 동성애를 어렸을 때 어떤 성적 발단 단계에서의 기능 고장 정도로 생각했다. 그래서 그들에 대해 범죄자 취급하는 것은 옳지 않다고 보았다. 역시나 그 기능 고장이란 억압이 포함된다. 동성애가 선천적인 성향인지에 대해선 알 수 없어도 그보다 프로이트가 주장한 '기능 고장'에 대해 확실한 느낌을 주는 책이 있다. 그게 바로 『피아노 치는 여자』다. 이 책의 주인공 여자는 어려서부터 어머니로부터 지속적으로 학대받는다. 반면 어머니는 그게 사랑이라고 착각하거나 죄의식이 없이 살아간다. 그러면서 딸을 자기애의 하나 즉 리비도의 도구로 삼는다. 이런 모녀 관계에서 주인공 여자는 다양한 정신병을 얻는다. 그중 하나가 성적 정체성의 상실이나 어머니에 대한 증오다. 누군가는 이 책을 읽고 야하다고 생각할 수 있지만 주인공에 대해 감정을 조금만 이입하면 절대 그런 생각이 들지 않는다. 오히려 주인공 여자가 가엾고 실제로 이런 여성과 남성이 있을 것만 같은 느낌까지 든다. 가령 호아킨 피닉스가 주연으로 출연한 「조커」처럼 말이다. 영화에서의 조커도 책 『피아노 치는 여자』와 거의 같은 선상에 있다. 생물학적 차원의 문제도 있지만 분명 성장 단계에서의 환경도 성적 성향에 영향을 주었으리라 생각한다. 양귀자 소설 『나는 소망한다 내게 금지된 것을』 이것도 이와 딱 맞는다. 이 소설의 여성 주인공 강민주도 어렸을 적 아버지의 학대로부터 정신병을 얻는다. 그녀는 자기가 하는 일을 할수록 억압된 여성과 착취자 남성의 이분법적 젠더 관계에 더욱 깊게 빠진다(강민주가 하는 일은 남편의 폭력을 겪는 여성들의 전화 상담이었다. 무료 봉사 차원에 이 일을 한다). 그녀의 억압되고 결핍된 사랑은 스스로를 파괴하고 자신을 좋아하는 사람도 파괴한다. 그리고 또 다른 가정이 있는 남성의 파괴로 이어진다. 만약 젊은 여성이 이 책을 읽고 이즘에 빠진다면 그건 강민주의 의식흐름과 별반 차이가 없게 된다. 나온 지 대략 30년이 된 이 소설로 결혼도 출산도 안 한 젊은 여성이 무슨 긍정적인 정서를 도출할 수 있겠는가. 감정 공감에만 머물면 그나마 다행이지만 여기서 이즘을 찾으려고 하면 자폐적 사고에 머물게 된다. 만약 억지로 이즘을 찾는다면 고작해야 불안한 여성과 대비하여 야만성의 착취자 남성성만 눈에 보일 것이다. 이걸 사유의 동면은 '과거성 매몰'이라고 표현하고자 한다. 이즘의 문제 중 하나가 바로 여기에 있다. 여성과 흑인의 권리에 앞장선 밸 훅스라는 여성은 이렇게 말했다. "과거를 버리라는 게 아니다. 과거로부터 자유로워져라." 그래야 새 생각을 담을 수 있다. 양귀자의 이 소설은 현재 세대 불일치와 시대괴리가 너무 심하다. 그냥 소설로만 재밌게 읽었으면 좋겠다.

 가끔씩 겉은 정상으로 보이지만 대화해 보면 어딘가 자기만의 생각이 아주 투철한 사람이 있다. 그게 마마보이 성격이라든지 아니면 특정 영역에서의 과도한 집착이라든지 사람들은 다양한 곳에서 변태적 모습을 보인다. 그 외 실제 종교적인 상황은 아니지만 종교적 형태의 신념을 비슷하게 가진 사람도 존재한다. 이걸 꼭 정신병이라고 할 순 없지만 그게 심할 때는 부부나 연인 사이에서 혹은 사람과의 관계에서 큰 문제가 될 가능성이 높다. 그래서 그냥 무시할 수만은 없다. 그건 일반 생활에서의 성격뿐만 아니라 성적인 부분에도 마찬가지다. 서로 성욕을 끌어 올리기 위한 낮은 수준의 변태적 행위는 용인할 수 있다고 생각하는 남녀조차 도저히 수용할 수 없는 변태적 행위를 이성이나 동성이 요구한다면 그것은 문제가 된다. 그래서 이성애자도 동성애자만 욕할 것이 아니고 더럽다고 할 수도 없다. 남에게 피해를 주지 않는 혼자만의 변태는 상관이 없지만 상대가 있는 사람이라면 변태도 합의와 대화가 필요하다. 이런 것들은 어디서 왔을까? 인간의 욕망은 다변적이고 모두가 같을 수 없으며 자신도 특정 혐오 유발자가 될 수 있다. 우린 이성애자이니까 동성애자와 다르다고 생각하는 건 나는 다른 여자와 달라! 오빠는 다른 남자와 달라! 정도의 웃긴 생각이다. 그런 사람이 실제로 있다면 인간이 아니라 제5의 종족이다. 취향은 존중해 주되 어느 한계(보통은 법적인 차원)를 넘어서는 행동만 서로 자제하면 된다. 마치 자신만 깨끗한 것처럼 타인이나 타 집단을 전체화하여 욕하는 건 옳지 않다. 그런 사람은 더 추악한 위선자일 가능성이 크다. 위선자가 아니라면 매우 고지식하며 냉소주의자 혹은 무미건조한 사람일 것이다. 지금까지는 상대적으로 젊은 축의 사랑 이야기를 해 봤다. 그렇다면 중년 이상이나 노인의 사랑은 없을까? 중년 이상은 그저 자식 사랑이나 취미 사랑 등만 있어야 하고 기타 보통의 욕망을 실현하는 사랑은 발현되지 말아야 하는가 의문이 든다. 그들도 청소년 MZ세대와 똑같은 사랑 마음을 가지고 있다. 그저 사회로부터 받는 압박이나 위신 때문에 자제할 뿐이다. 박완서의 『황혼』은 그런 면에서 조금 안타깝다. 『황혼』에 등장하는 시어머니의 욕망은 왠지 젊을 때보다 초라해 보인다. 외로운 인간은 나이가 많으나 적으나 언제나 사랑을 갈구한다. 늙어서는 신체적인 부분이 크게 억제될지언정 나이가 들었다고 인간 원초적 감정까지 사라지는 건 아니다. 아쉽게도 『황혼』이 겉으로 추구하는 것은 답답함과 소통의 단절이다. 거기엔 순수한 감정과 소망 그리고 그리움이 있다. 젊음의 사랑을 마음껏 못해 욕구불만족이 있었는지 아니면 그것보다 인간이 추구하는 진정한 목표를 말하고 싶었는지는 모르겠지만 『황혼』은 현대적이라기보다 모성애적이다. 우리의 민족성은 여전히 누군가를 위해 참는 특성이 있다. 과거엔 특히 여성의 삶이 그랬다. 그곳에서 온전한 나는 발현되지 않고 심리적 불구가 된다. 시대가 변했기에 노년도 심리적 육체적 감옥의 억압을 벗어나 제2의 사랑을 해도 괜찮다. 황혼 이혼이 있으면 황혼 사랑도 그만큼 있어야 한다. 물론 현실적으로 가족관계나 자식들의 눈치, 주변이나 사회의 의식 등을 생각 안 할 수가 없지만 그것도 어떻게 보면 선택권 없는 인간 억압이다. 주변에 피해만 주지 않는다면 자유는 자기의 것이다. 그리고 자신의 행위로 인해 타인의 감정이 상한다면 그건 꼭 나만의 잘못만은 아닐 수 있다. 삶이 얼마 남지 않았는데 굳이 불편하게 살고 싶지 않은 사람도 있을 것이고 그 반대인 사람도 있기 때문에 정답은 없다. 어떤 나이대도 똑같이 무엇인가 그립고 똑같은 사람이라는 것을 인정해야 한다. 왜냐하면 인간 모두가 늙어 가기 때문이다. 주책없다고 할까 봐 주눅 들어 있는 환과(鰥寡)는 사랑과 관심이 필요하다. 여기서 말한 환과는 맹자의 『환과 고독』을 의미하며 홀아비와 과부를 뜻한다. 정작 공중도덕이나 국민의 눈치를 봐야 할 존재는 보지 않고 엄한 사람이 눈치를 본다. 진짜 사랑이라면 눈치 보지 말아야 한다. 또한 자신과 타인은 다름을 이해할 수 있는 용기도 필요하다.

세상은 내가 없어도 잘만 돌아간다.
루버(Loober)는 현실과 다른 공상적 사랑을 어디까지 유지할 것인가? 루버는 남녀노소 삶에 새로운 활력소를 심어준다. 단순히 취향이나 취미로 무슨 콘텐츠를 소비하고 사람을 좋아할 수 있지만 중용을 이야기했듯이 너무 깊으면 자기 삶에 지장을 준다. 그게 심해지면 타인과의 관계 설정도 어렵게 된다. 수많은 루버 대상이 존재하지만 여기서는 남자 여자의 이성문제로 좁게 보려고 한다. 루버도 가끔은 실전으로 돌아와서 진짜 남녀를 사랑하고 싶은 생각이 들 때가 있다. 루버의 삶이 오래될수록 현실과 거리가 멀어지고 실전의 사랑은 어려워지기 때문에 삶에 적절한 조화가 필요하다. 그러지 않으면 우연한 기회나 현실의 사랑이 보일 때 어떻게 해야 할지 모르거나 겁을 먹고 실수를 할 수도 있다. 더군다나 잘나지 않은 자신의 외모보다 더 심각한 성격 결함은 '이성적 사랑이여 영원히 안녕'을 고하는 치명적 약점이다. 직업과 돈의 많고 적음의 여부는 일시적으로 속일 수 있을지라도 외모와 마음씨, 성격은 숨길 수 없다. 애초에 숨길 능력이 있는 사람이라면 모태솔로도 아니었을 것이다. 점점 알파메일에 잠식당하는 인간 수컷의 세상이며 여전히 성 평등을 외치는 시대지만 여성은 지금 상위시대에 놓여 있다. 거기에 외모의 경제와 부의 경제가 합쳐지니 도태남은 설 자리가 없게 된다. 안타깝고 비겁하고 나약한 소리라고 할 수 있지만 어쩔 수 없이 이런 사람들은 넘버 쓰리 전략을 세울 수밖에 없다. 가령 요즘은 결혼 커플 세 쌍 중 한 쌍은 이혼하기 때문에 후순위 전략을 세우면 된다. 동물의 세계 수컷도 이런 전략을 쓰는데 그렇다고 너무 자괴감을 가질 필요는 없다. 그들은 정서적 공감이나 사랑보단 오로지 번식을 위해서 그렇기 때문이다. 그래도 도태남 클래스는 어디 안 가기에 그런 사람들은 이것마저도 어려울지 모른다. 이 책의 저자가 바로 그런 도태되고 연애가 어려운 사람이다. 태초부터 못났지만 후순위라도 선택받기 위해서는 최대한 내적·외적인 부분을 가꾸려는 노력이 필요하다. 그런 다음 진인사대천명의 자세로 행동하면 된다. 낯이 두꺼운 자 외에 자신감은 준비된 자로부터만 나온다. 루버는 타인이나 타 물체, 타 콘텐츠만 사랑하지 말고 진정 자신부터 사랑할 줄 알아야 한다. 물론 이건 여성이나 남성이나 마찬가지다. 패배주의자 마인드로 계속 루버로 살 것인가 아니면 기회를 잡기 위해 노력할 것인가는 엄청난 차이가 있다. 기회도 노력하고 시도된 자에게나 오는 법이다. 외모와 나의 재정은 매우 중요한 부분이지만 훌륭한 인격은 더욱 필수다. 남들은 손가락질로 커뮤니티나 온라인에 사로잡혀 타자들 이야기만 늘어놓을 때 현명한 인셀(약칭 incel)은 기회를 위해 계속 노력한다. 나랑 도긴개긴이긴 하지만 나보다 조금 잘난 사람도 포기하는데 내가 뭐라고! 라는 생각을 하지 말고 자신감 있는 모습도 필요하다. 자존감과 자신감은 이성에게 굉장히 중요한 어필 요소 중 하나다. 허세와 자만감은 이와 다르다. 애초에 이런 자신감 있는 사람이 소심함에 연애를 못 할리는 거의 없지만 그래도 있을 수 있으니 상대를 대할 때 여유의 마음을 가지고 있어야 한다. 이렇게 글로 쓰니까 어렵고 귀찮은 거 같아 차라리 그럴 바엔 아예 포기하고자 하는 사람도 있을 수 있다. 그것도 나름 자유를 얻는 정신승리 방법이니 괜찮은 인생 자세다. 루쉰의 『아큐정전』 아Q는 육체적 정신적으로 못났어도 자신만의 특유 정신승리로 세상을 이겨 낸다. 그러나 제3자가 보기엔 너무 안쓰러운 아큐다.

　삶은 돈이 전부가 아니지만 돈만큼 좋은 것도 없고 사랑이 전부가 아니지만 사랑만큼 좋은 것도 없다. 그래서 포기하고 마음을 비우려고 하지만 진짜 편안하지는 않다. 속세를 떠나 산속의 자연인이나 스님이 되지 않는 한 인간이 전미개오(轉迷開悟)하는 경우는 거의 없다. 철학자 크리슈나무르티는 자신 스스로의 변화는 어렵다고 보면서도 타인과의 관계를 통해 무엇을 배워야 하고 그것으로 변해야 한다고 주장한다. 그의 주장에 따른다면 혼자만의 성찰 시간을 보내면서 사람과 접촉 없는 경전이나 명상만으로 깨달음을 얻는 건 어려운 일이다. 환경이 변했고 세상의 유혹이 없으며 이미 마음속으로 세상을 떠나 온 세속인은 보통의 인간과 마음가짐부터 다르다. 하지만 세속인 인간 또한 마음의 수양으로 적당한 균형을 이루어서 그 어떤 얽매임과 강박에 빠지지 않게 해야 한다. 세상에 남들이 다 한다고 해서 나도 해야 하며 반드시 무엇을 해야만 하는 일이란 건 없다. 반대로 루버여도 좋지만 루버만으로 살 수는 없다. 무엇을 갈망하면서 자기가 노력하지 않는 것은 도둑 심보며 그 탓을 남에게 해서는 더욱 안 된다. 처절한 환경의 삶이 아니었다면 인생은 자기 책임이라는 것도 알아야 한다. 자신을 잘 알 때 미움과 질투도 줄고 더 발전하며 자존감이 생긴다. 온라인이나 영상에만 자기 시간을 보내는 사람은 자신을 제대로 알기란 쉽지 않고 타인을 겉으로 평가하는 인생을 살게 된다. 그런 사람은 책과 적절한 시간 균형이 필요하다. 자신을 위해 시간 내어주기를 할 때는 커뮤니티와 영상이 제일 후순위에 있어야 한다. 그렇다면 왜 나는 다른 사람처럼 평범한 게 그리도 힘든 것일까? 맹자는 "존호인자 막량어모자"라고 말했다. 그 사람이 어떤 사람인지는 눈빛을 보면 알 수 있다는 뜻이다. 관상에는 눈빛이나 눈이 가장 중요한데 관상을 믿지는 않지만 눈빛은 사람의 인상에 가장 중요한 부분 중 하나라는 건 인정해야 한다. 마음의 여유가 있고 자신감 있는 사람은 온화하면서 눈빛이 살아 있다. 눈빛 외에 그 사람의 언행은 성격을 보여 준다. 소심한 남자는 이성과 눈도 잘 못 마주치고 자신감이 없으며 속으로 생각이 많다. 루버처럼 혼자 생각이 많고 상상의 나래를 펼친다. 자존감이 낮은 이런 사람이 나중에 연애를 하게 되면 소유욕 때문에 집착에 빠지기도 한다. 얼굴 그 자체에 자신감이 없더라도 충분히 내면의 자신감을 가질 수 있어야 하는데 둘 다 포기하는 사람이 있다. 이런 사람들이 이상하게 삐뚤어지면 특정 이즘과 반이즘을 믿는다. 이건 남녀 모두에 해당되는 사항이다. 자신의 인격체만큼 타인의 인격체를 존중해 줘야 하는데 그렇지 못한 경우가 많다. 그런 사람들은 자신의 인격체도 제대로 사랑하지 못하는 사람들이다. 그래서 그들은 타인이나 물건 기타 신념에 자아의탁을 한다. 그것마저 하지 않으면 자신의 존재는 사라지고 말기 때문이다.

 반면에 열등감과 친구인 을의 입장으로 사는 사람은 타인에게 과도한 친절을 보인다. 단테의 『신곡』에는 이런 말이 나온다. "선(善)한 마음이 꼭 사랑의 원인이 되는 것은 아니다." 자존감이 낮은 남녀 학생 그리고 특히 노총각은 이 말이 무슨 뜻인지 곱씹어 보기를 바란다. 결과적으로 이런 선한 과함이 지나치면 정작 배려해야 할 것은 배려하지 못하고 사소한 것에 목숨 거는 행태를 보인다. 여유는 돈으로부터 나올 수 있고 학벌이나 직업, 외모, 성격 등으로도 나올 수 있다. 참고로 책을 남들보다 많이 읽어도 자신감이 생기는데 실제로 그러는지는 확인해 보길 바란다. 얼굴이 못생긴 건 성형이 아니고서는 어쩔 수 없지만 몸매와 행동은 얼마든지 자신의 노력으로 보통이나 그 이상으로 만들 수 있다. 하지만 이렇게 생각하지 않는 사람도 있다. 그건 바로 사회가 고정한 미의 기준이 싫은 사람들이다. 그런 사람들은 타인의 시선으로 살고 싶지 않고 외모지상주의가 틀렸다고 생각하기에 PC주의자가 되고 어떤 이는 이즘에 빠진다. 자신의 내적, 외적인 노력 안 함의 도피처가 이런 신념들 아닐까. 그들만의 행복한 삶을 생각하면 좋은 선택일 수 있다. 문제는 그런 사람은 끊임없이 사회 기준의 무엇을 거부하지만 자기도 모르게 그 신념의 무엇으로부터 탈출하지 못하는 강박적 삶을 산다는 것이다. 다양한 목소리가 공존하는 세상은 좋은 거지만 그게 확실히 사회적 측면이나 개인적 측면에서 좋은 건지 아닌지는 확신할 수 없다. 이런 얘기는 너무 깊어지면 안 되기에 이쯤으로 해 두겠다. 무엇으로부터의 탈출은 굉장한 용기가 필요하고 새 세상을 준다는 것만 사람들이 알았으면 한다. 눈빛만큼 중요한 것은 또 말솜씨다. 꼭 똑똑하고 많이 알아야 말을 잘하는 건 아니다. 대화의 상당 부분 중요한 건 경청이지만 너무 무미건조하면 그것도 문제다. 뻔뻔한 사람이나 사기꾼 중에서 말을 잘하는 사람은 그 사기에 자신감이 있기 때문이고 틀려도 뻔뻔할 수 있기 때문이다. 결국 이것도 자신감이다. 하지만 아집과 자신감은 구분해야 한다. 자기 자신한테도 자신감이 없는데 누가 자신을 좋아해 주길 바라는 건 불행한 꿈이다. 희망 없이 힘들 때는 자신이 최악이라고 생각하지만 자기보다 더한 최악의 사람이 있다는 것을 알아야 한다. 그러고 보면 자신이나 가족의 생업 때문에 '사랑 따위가 뭐가 중요해!'라며 너무 딱딱해지는 사람도 있는데 사랑 때문에 이런 걸 논하고 있으니 그들에게 미안할 정도다. 어쨌거나 자기존중과 자기 확신은 자력을 만들어 내며 타인을 끌어오게 하는 힘이 된다. 인간은 마음먹기에 달려 있다. 스토아 학파 에픽테토스는 이렇게 이야기한다. "사건은 문제를 일으키지 않는다. 문제를 일으키는 것은 사건을 보는 자신의 관점(자세)이다." 자신감은 한지에 먹물이 퍼지듯 점점 번져 가는 힘이 있고 열등감은 혈압기로 혈압을 재듯 점점 압박감이 계속 몰려와 두려움이 되는 힘이 있다. 타자라는 여자와 남자에 막연한 두려움을 갖지 말자. 어차피 예쁘나 안 예쁘나 잘생겼거나 아니거나 똑같은 인간이고 똑같이 냄새나는 똥을 싸는 존재다.

인간 행복엔 철학과 심리가 있다.
자크 라캉은 사랑에 대해서 "사랑은 자신이 가지고 있지 않은 것을 주는 것이다."라고 했다. 남녀의 구조적 차이에 대하여 라캉은 '결핍'이라는 걸 가장 중요한 구분의 기준으로 삼는데 사랑도 이런 비슷한 관념으로 이해했다. 플라톤의 대화편 「파이드로스」에서는 사랑을 하는 이유는 사랑함으로 인해서 자기 좋으려고 하는 것이라고 한다. 이런 말들에 억지로 반론을 할 수도 있겠으나 틀린 말은 아니다. 철학이란 그렇다. 사랑과 행복에 대해 철학적 에세이를 쓴다면 이 또한 엄청난 분량의 책이 나올 것이다. 과거 철학자들 말부터 해서 현시대까지 행복의 역사와 철학 에피소드 등은 놀라울 정도로 방대하다. 인류는 사랑 없이 살 수 없기에 지루하더라도 사랑 이야기를 조금 더 해 보려고 한다. 그냥 사랑 에피소드를 아는 차원에서 마음 편히 읽었으면 좋겠다. 사랑은 시대를 뛰어넘는다. 조선시대에 사랑하는 지아비가 일찍 세상을 떠나자 아내의 애달픈 사연이 구구절절하게 표현된 기록이 현재까지 남아 있다. 그중 한 구절은 "다른 사람도 우리처럼 이렇게 아끼며 사랑할까요?"라고 말하고 나중엔 갑작스레 일찍 떠나간 남편을 사무치게 그리워하는 마음을 글로 표현한다. 애달프다는 것은 신체 중 간(liver)을 의미하며 그만큼 애간장이 녹는 슬픔은 타인이 겪어 보지 못하면 잘 모른다. 자식 잃은 부모는 그 슬픔을 가늠조차 힘들기에 지칭하는 단어가 없다. 그래서 그 애달픔도 모자라다. 어느덧 시작이라는 사랑에서 이제는 마지막이라는 죽음 혹은 이별로 넘어왔다. 김소월의 「진달래꽃」은 여기에 비하면 아무것도 아니다. 한편 이 시를 학창시절 수능에서 해석하는 방식이 아니라 고(故) 이어령 선생 같은 경우는 「진달래꽃」 해석을 조금 달리한다. 진달래꽃은 이별이 왔기에 쓴 게 아니며 이별은 오지 않았으며 오히려 사랑하기 때문에 이렇게 쓴 것이라고 한다. 인간은 사랑하기에 불안하다. 자크 라캉은 "타인을 자신보다 더 사랑하면 파멸하고 싶어진다."라고 했는데 사랑이 커질수록 행복도 커지지만 불안감도 커지기 때문이다. 남들에게 쉬운 연애가 자신에게 힘든 이유는 어쩌면 다른 두 인간의 철학 차이 때문일지도 모른다. 쉽게 말하면 성격 차이라고 할 수 있는데 이 말은 사실 모든 이별의 세계 공용어이자 변명에 불과하다. 당연히 인간은 자라나온 환경부터 기질, 거기다 남녀라는 성(누군가는 이런 남녀 성 차이는 없다고 말한다), 습관, 가치관 등이 다른 건 당연하다. 에리히 프롬의 철학서 『소유냐 존재냐』와 사회과학 분야 도서 엘리엇 애런슨의 『거짓말의 진화』는 남녀나 부부관계를 잠깐 언급한다. 남녀는 왜 서로 이해를 못 하고 감정을 소유하려고 하는가. 그 이유 중 하나는 다음과 같다. 서로의 대화가 평행을 이루는 건 자기 자신의 감정을 더 크게 생각하고 상대편의 마음을 작게 생각하기 때문이다. 갈수록 그 격차는 커지기에 서로 이해하려고 노력하지 않으면 대화가 단절되고 결국 마음의 문까지 굳게 닫아버린다. 사랑이 철학이 될 수 있을까? 철학이란 이성을 바탕으로 소피의 세계로 가는 것이다. 사랑은 감정을 바탕으로 행복의 세계로 가기 때문에 겉으론 철학과 완전히 다르다. 특히나 눈에 콩깍지가 씌었을 때는 상대의 단점이 잘 보이지 않는데 철학은 모든 면을 이성적으로 논증하려고 한다. 사랑이 논리적이라면 남녀는 싸울 때 더 심각한 상황이 초래될지 모른다. 둘 다 논리적이라면 상관없지만 한쪽에서 그러지 않을 때 더욱 그렇다. 사랑은 이렇게 철학과 다르지만 사랑하고 있다는 마음에서 조금 멀리 떨어져 있을 때는 철학 같은 사랑을 하게 된다. 가령 결혼 적령기의 연애를 현실적으로 보는 건 현실철학의 요소가 들어 있다. 어린 나이의 사랑 감정도 철학일 수 있다. 그건 보통 생각하는 보편적 철학이 아니라 자신만의 감정과 이성이 혼재된 (준)철학이다. 중년 이상의 나이가 되면 삶과 사랑이 더욱 철학으로 바뀌게 된다. 물론 남녀노소 모두는 육체철학과 정신철학이 혼재한다. 그중에는 알 수 없는 온갖 감정이 뒤섞여 시가 되고 사랑이 알 수 없는 언어로 표현된다. 사랑은 언어 없이 이루어질 수 없지만 일단 사랑이 이루어지면 언어가 없어도 계속된다. 책『침묵의 예술』에서 나온 표현인데 니체가 말했는지 정확히 기억이 나지는 않지만 책 제목처럼 침묵일 때 비로소 사랑이 제일 크게 돋보인다. 침묵으로 서로 눈을 그윽하게 마주 볼 때 서로의 눈부처를 확인할 수 있다. 서로의 눈동자에 각자 사랑하는 모습이 들어 있다는 건 얼마나 아름다운 일인가. 물론 침묵만 있는 건 아니다. 시끄럽고 재밌는 사랑도 있고 조용한 사랑도 있듯이 사랑의 열매는 경작하는 사람에 따라 맛과 수확이 천차만별이다. 두 사람의 사랑 맛이 변하지 않기 위해서는 상대에 대한 존중과 믿음 이 두 가지 방부제가 있을 때에만 가능하다. 사소한 다툼이나 감정 변화, 몰이해, 육체적 피로로 인한 투정, 상대에 대한 공감 부재는 사랑 맛을 변하게 한다. 서로의 결함이 보이고 설렘이 사라질 때 이별은 찾아온다. 자기 심리학적 관점에서 자신의 실패는 '자기결함'에서 온다고 설명한다. 자신의 존재에 집중하면서 타인과의 관계를 견고하게 하는 게 삶의 목적 중 하나인데 만약 갈등이 오면 '자기됨'에 혼란이 온다. 인간은 주체이면서 타자이기 때문에 남녀의 사랑에도 이런 관계가 성립된다. 사랑하기 전이나 사랑한 후에도 인간은 오랫동안 한 인격체로서 자기만의 무엇이었고 무엇이 되고자 하는 존재였다. 사랑은 자기 심리학을 가진 그런 두 인간의 만남이다. 철학적으로 확대 해석하면 스피노자가 말한 코나투스라고 할 수 있다. 앞서 짧게 언급했지만 코나투스는 무엇이 되려고 하거나 자기 존재를 유지하려는 어떤 무엇을 총괄하는 개념이다. 남녀라는 두 코나투스는 충돌할 수밖에 없다. 처음엔 남과 여로 나누어지고 두 번째는 인간 대 인간으로 나누어져 갈등이 생긴다. 때로는 싸움 이후 물극필반의 성어처럼 사랑은 또 다른 전환을 맞이한다. 만약 서로가 융합을 하지 못하고 튕기기만 할 때는 죽어 가는 별이니 그 (사랑)빛을 서서히 잃어 감을 알아야 한다. 그럴 땐 각자가 원자 형태로 돌아가 새로운 무엇이 되어야 한다. 거기엔 긍정의 결말과 부정의 결말이 섞여 있다. 자크 라캉이 말한 사랑 대상자에 대한 파괴는 어쩌면 소유욕이 지나쳐서일지도 모른다. 둘이 하나라고 생각하기 때문에 상대를 자신의 마음대로 하고 싶어 하고 그래야만 한다고 생각한다. 포스터의 『전망 좋은 방』은 사랑하는 사람에 대한 그런 소유의 마음가짐이 타자에 대한 사랑의 표현 방식과 행동에 어떤 영향을 주는지를 알 수 있게 해 준다. 그렇게 계속 행동하면 결국 『전망 좋은 방』의 세실처럼 사랑을 잃게 된다. 사랑에 관한 숱한 명언이 있음에도 자기 파괴의 결과가 나오는 건 개인의 성격 탓도 있지만 인간의 이런 공통된 욕망이 있기 때문이다. 욕망은 집착을 가져오고 집착은 자신과 타인에게 고통을 가져다준다. 욕망이 실현되면 상관없지만 욕망이 항상 실현되는 건 불가능하다. 사랑이 서로에게 긍정적인 에너지와 삶의 활력소가 돼야 하는데 오히려 상대방을 피곤하게 만든다. 관심과 애정은 집착과 분명히 다른데 이것을 사랑으로 착각하는 사람이 있다. 반면에 이와 반대인 사랑을 하는 사람도 있다. 사랑을 서로 다른 유통기한이 있는 계약으로 보는 사람은 진짜 사랑이라고까지는 할 순 없지만 소유와는 거리가 먼 행태를 보인다. 이런 사람들도 이성에 대한 감정은 보통의 연애와 다름이 없다. 다만 사랑은 사랑이고 인간 대 인간의 영역은 또 따로 있다고 생각한다. 어떻게 보면 계산적이거나 무미건조한 연애일 수 있지만 그런 성격의 남녀가 만난다면 별문제는 없다. 다만 한쪽만이 그런 성향이라면 사랑의 유지가 쉽지 않다. 사랑을 하되 자신의 삶도 따로 있어야 하는 이런 사람들에게는 어쩌면 결혼이 필수적이지 않다. 설령 결혼을 하더라도 아이를 꼭 낳아야 한다고 생각하지 않는다. 현대적 사랑은 이렇게 다각적인 측면으로 사람마다 조금씩 다른 결론을 가져다준다. 개인의 행복 추구 방법은 다양해지고 있다. 행복에 꼭 남녀 간의 사랑만 있는 건 아니라고 생각 하는 사람들은 다른 관계에 조금 더 신경을 쓰며 산다. 그럼에도 불구하고 이성의 감정은 남녀노소 인간의 본능적 기본 욕구라는 점에서 사랑의 관계는 계속된다. 사랑이 얼마나 좋은지 알고 있는 사람과 이별이 얼마나 슬픈지 알고 있는 사람 그리고 둘 다 아는 사람은 사랑이 자유와 갈등한다. 이걸 애증이라고 부르며 어떤 이는 이런 것을 아예 경험하지 못한다. 그런 사람은 갈망하거나 갈망만 하다가 포기한다. 사랑하는 자와 사랑하지 못하는 자의 두 부류는 자기객관화와 허영으로 나뉜다. 살다 보면 어떤 때는 허세와 자신감이 필요하고 어떤 때는 겸손함과 냉철함이 필요하다. 다만 어느 것에 편중되면 무엇이 이뤄지기가 쉽지 않다. 사랑은 이상(理想)이나 철학이 아니지만 꿈이 된다. 사랑을 철학으로 먼저 생각하는 사람은 시작부터 잘되지 않는다. 그런 사람은 이론과 실제(실재)의 다름에 마주한다.

사랑은 마음으로 이루어지는데 철학은 이성으로 이뤄지기 때문에 들어맞지 않는다. 물론 데카르트처럼 이성을 강조하지만 관념론에 빠진다는 비판을 받는 것처럼 철학이 100% 이성이라고 말하기는 힘들다. 제일 무서운 것은 쌍방향의 사랑을 한 번도 하지 못하고 머리나 글로만 사랑을 배워 놓고선 타인의 사랑에 참견하는 사람이다. 마치 결혼도 하지 않고 자녀를 낳아 보지도 않았는데 타인의 삶까지 알고 있는 척 일장 연설을 하는 사람들처럼 말이다. 물론 그런 경험 없는 사람들의 말이 꼭 틀린 건 아니다. 가끔 표현력만큼은 새겨 듣고 싶을 정도로 멋진 이야기도 하곤 한다. 그러나 이상향의 소리에 가까운 경우가 많다. 현대의 사랑을 불편하게 만드는 건 그들의 철학이(반대로 철학의 부재) 아니라 그렇게 말로만 하게끔 사회가 만들어 낸 사고방식의 내재화 같은 게 있기 때문이다. 여기서 내재화란 연애(결혼), 취업, 부동산, 임금, 출산, 비자발적 비혼 및 비출산 등에 대한 현대인들의 닫힌 세계를 말한다. 올더스 헉슬리의 『멋진 신세계』처럼 현대인은 정말 멋지게 살고 있다고 착각하지만 사회 구조의 외부화로 자신이 실제로는 내부에 갇혀 사는 걸 모른다. 그 내재화된 틀이 잘못되었다고 인식하지 못하다 보니 계속 서로가 노예의 시선으로 바라본다. 비교의 삶과 관음증은 이제 멈춰야 한다. 누군가는 우리의 문제를 철학의 부재라고 하지만 실제로는 철학 아닌 철학인 것처럼 보이는 가짜가 너무나 많다는 게 진짜 문제다. 다음으로 생각해 볼 사랑의 철학은 변태적일 때이다. 주로는 육체적 관계에서의 당사자 문제지만 정신적인 부분도 포함된다. 사랑의 당사자들이 서로 평등한 관계와 같은 성향을 가지면 별문제가 없다. 잠시 언급했지만 다자간의 사랑 즉 폴리아모리를 추구하는 사람들이 존재한다. 오픈 메리지(Open marriage)가

이해 안 가는 사람은 영원히 이해가 가지 않기에 보통 사람은 그런 성향의 사람을 혐오한다. 마치 성소수자처럼 이들은 타인에게 피해를 주지 않는데도 그저 사회 통념상 이해할 수 없는 행태 때문에 차별적 시선을 받는다. 남들의 사랑을 도덕적 관념이나 사회의 윤리 차원에서 비난하지만 왜 이럴 때만 특히 도덕적 잣대가 높은지 변태적 그들 입장에서는 이해가 안 간다. 왜냐하면 아주 현실적이고 실제적인 피해를 주는 남들의 도덕관념 부재는 아주 많기 때문이다. 가령 반려동물의 대소변 처리, 쓰레기를 함부로 버리는 행위, 국가의 법이나 공중도덕을 지키지 않은 행위(가령 입산 금지 구역에 들어갔다가 사회에 민폐를 끼치는 행위), 남은 알지 못하는 자신만의 변태적 행태, 문제가 많은 교회에 다니는 사람 등 어디에나 남에게 혐오감을 주는 사람은 주변에 넘치고 넘친다. 참고로 반려견과 죽을 때까지 함께하는 가족은 전체 20%도 되지 않는다. 현대인은 각자가 사랑의 대상이자 동시에 혐오의 대상이 될 수 있음을 알아야 한다. 나는 누구에게 비판할 자격이 있는지 생각해 보고 행동한다면 사회의 혐오는 꽤나 줄어들 것이다. 진짜 분노할 대상은 답이 정해지지 않은 타인의 이상한 사랑이 아니라 사회의 올바름과 틀림이 구별되는 것을 바르게 말하지 않는 존재들이다. 인간은 원래 자기 위주의 생각을 잘한다. 남의 연애나 결혼에 관계자도 아니면서 나이 차이가 뭐가 중요하다고 수군대는지 이해가 가지 않는다. 문제는 나이가 너무 많은 쪽이 나이가 적은 상대를 배려하지 않을 때뿐이다. 진짜 서로가 사랑하는데 불륜 같은 게 아니라면 나이 때문에 타인들이 왈가왈부할 건 아니다. 남 얘기에 앞서 자신 먼저 바르게 살 것을 고민해야 한다. 하나하나 인간을 해체해서 분석해 보면 각자 모난 부분이 있고 숨기고 싶으며 자신만의 변태적 행태도 있다는 것을 인정해야 한다. 그런데 겉으로는 바른 생활을 하는 사람인 것처럼 자신을 제외한 모든 것에 비난을 퍼붓는다. 현대 생활철학은 자신의 더러움을 인정하는 인간과 아닌 자의 논의에서 시작되어야 한다. 솔직함이 사라지고 타인 지향적이며 가짜 자기 사랑에 빠져 모순의 삶을 사는 사람들이 과연 행복을 얼마나 알 것인지 의문이다. 우리는 그들을 위선자라 부른다. 주변의 여러 행태로 상처받은 사람들이나 외로운 사람들은 실제 남녀의 사랑 대신 귀여운 동물에 푹 빠지고 어떤 연예인이나 인플루언서에 빠지는 일로 사랑을 대신 채워 간다. 과거와 달리 온라인 세상은 사랑할 것도 많고 화낼 것도 많다 보니 정말 심심하지 않은 시간을 부여한다. 그 속에서 종이책은 잊히고 페이퍼리스(paperless)의 삶은 계속된다. 과거에는 혼자만의 변태가 표출되기 어려웠지만 현재는 기술 문명의 도움으로 그 감추어진 욕망이 실현될 수 있는 여건이 충분해졌다. 나와 비슷한 인간은 없을 거 같지만 찾아보면 굉장히 많다. 사람은 서로 완전히 달라 보여도 특정 성향이 하나만 맞으면 세대 차이나 남녀의 경계가 무너지게 된다. 자라 온 환경이 달라도 자신이 사랑하는 무엇의 성향이 맞으면 그걸로 또 관계가 형성된다. 성향 이외에 정신적 상태가 비슷한 사람은 어떤 동질감을 서로 느낄 수 있다. 처음엔 잘 모르다가 나중에 완전히 차이가 있다는 것을 알고 헤어지는 경우도 있지만 보통은 근주자적 인연이 이어진다. 거창하게 이야기하면 자크 데리다의 『차연』이 이때 적용된다. 차연은 차이와 지연의 연속을 의미한다. 변태적 사랑에도 육체와 정신은 함께한다. 정신상태 이외에 아주 미시적으로 들어가면 육체적 성행위 때의 변태가 따로 있을 수 있다. 꼭 사디즘 마조히즘이 아니더라도 약한 단계의 변태 성행위를 가지는 사람은 많다. 이걸 모두 변태라고 해야 하는가. 그중 하나가 성행위시에만 발현하는 욕받이다. 남자가 욕을 하든 여자가 욕을 하든 누가 듣든 상관이 없다. 만약 한쪽만 이런 잠재된 변태가 있다면 숨겨야 하거나 아니면 놀라지 않게 상대방을 설득해야 한다. 변태의 유형은 육체뿐만 아니라 생각에도 있는데 이렇게 생각하면 변태의 범위는 사실 끝도 없다. 나와 다름이 모두 변태로 규정된다면 우리 모두는 변태가 되고 만다. 현대인의 심리적 고장을 말하는 카프카의 『변신』은 변태의 또 다른 원형이다. 물론 지금까지 말한 변태와 카프카의 곤충 변태는 관계가 없지만 말이다. 카프카의 『변신』에서는 방 안에 틀어박혀 자기만의 강박에 빠지는 이상한 변태성을 추구한다. 바깥에서 불러도 응답할 수 없고 왜 그런지 정확히 타인은 이해할 수도 없다. 변태란 원래 그런 것이다. 특정 영역에 평균적 눈높이 수준을 가지지 않는 사람이 있다. 그래서 진짜 사랑이라면 이마저도 어느 정도 평형을 유지하기 위한 대화가 이어져야 한다. 앞서 언급했지만 흥분의 요소를 더하기 위한 남녀의 사랑은 그것이 약간 변태의 요소가 있을지라도 서로가 용인할 수 있는 것이면 그들에게 좋은 영향이라고 생각한다. 오히려 욕망을 억제할 때 사람은 욕구 불만족으로 문제를 일으킬 가능성이 크다. 그게 프로이트 정신 분석이론 핵심인 '억압' 중 하나다. 그래서 이성적 상황에서 인간과 사랑의 감정이 충만할 때의 감성적 상태의 인간은 구별해야 한다. 또한 타인과 접촉하는 사회적 인간과 다수 타인이 아닌 사랑하는 사람과의 내적관계를 구분할 줄 알고 살아야 한다. 현실과 내면의 감추어진 성향이 혼동되거나 괴리되어 과격한 자기만의 주장이 사회에 드러날 땐 비난을 감수해야 한다. 마치 머릿속에 있는 자신의 생각을 인간이 다 말할 수 없는 것과 같은 것이다. 인간은 다양한 종류라는 측면에서 잠시 변태적 사랑을 언급해 보았는데 이건 앞으로도 인간이해에 피할 수 없는 주제다. 다음은 사랑의 시기로 넘어가 보겠다.

조제프 드 메스트르는 "모든 나라는 그 나라 국민 수준에 맞는 정부를 가진다."라고 했는데 이걸 남녀에 대입해도 마찬가지다. 남녀의 만남은 그 둘의 수준에 맞는 사람과 사랑하게 되고 그들에 맞는 가족을 꾸린다. 여기서는 물질적이거나 외적인 게 아니라 진짜 인간 수준을 의미한다. 보통은 이런 공식을 따르는데 예쁘고 잘생긴 겉모습만 보고 좋아하다가 나중에 인성 수준이나 성격을 알고 관계가 끝나는 경우도 있다. 사람 볼 줄 모르는 그 잘못된 사랑도 자신의 수준이기 때문에 그런 사람은 나중에 또 그런 관계를 이어 갈 가능성이 크다. 신체적으로 가장 활발할 때 육체적 욕망이 가장 크고 안정의 욕구가 커질 때 결혼이나 출산의 마음이 가장 커진다. 과학적으로 25세 전후로 인간은 노화가 시작된다. 사랑에 때가 없다고 하지만 그러나 젊을 때에만 할 수 있는 것들이 있다. 안타깝지만 학창시절의 학업처럼 사랑의 결실은 나이도 중요하다. 이 말에 여성들은 여성이 출산 도구냐며 싫어할 수도 있다. 사실 그렇게 말하지 않았는데도 그렇게 들리는 게 우리 사회의 문제 중 하나다. 이건 순전히 현실적이고 육체적 차원에서 보는 시각이다.

영화 「러브 로지」는 사랑은 타이밍 이라는 것을 가장 적절히 보여 주는 영화다. 영화의 두 주인공은 청소년 시절 서로 좋아하는 걸 아는데도 그게 연인으로 이어지지 않는다. 그러다 몇 년 후 다시 만나게 되는데… (스포일러를 하지 않기에 여기서 그만하겠다).

영화 외에 만남에는 타이밍이 중요하다고 느꼈던 책으로는 피천득의 『인연』이 있다. 책 제목대로 인연이기 때문에 한참 시간이 지나고 나서도 아득히 먼 곳에서 우연히 이들은 만난다. 사랑은 이렇게 누군가에겐 빗나가지만 누군가에겐 필연적 운명이 된다. 유일한 바람은 너무 늦지 않게 사랑을 잡는 일이다. 때를 놓치면 다시는 돌이키기가 힘든 삶이 있다. 출산도 그렇고 머리로 계산하지 않는 순수한 사랑도 그렇다. 결혼은 안 했을지언정 젊었을 때 한 번도 사랑하지 않는 사람은 얼마나 불쌍한 사람인가. 예전 히틀러 시대에는 노동력 확보를 위해 싱글세(독신세)를 부여했는데 아마 그때에도 결혼을 하고 싶었으나 하지 못하는 불쌍한 도태남이 있었으리라 생각한다. 동병상련의 괜한 불쌍함이 느껴진다. 이중의 고통이 이렇게 인셀 남녀에게 몰려왔다. 개인이 출생률을 걱정하진 않지만 사회는 걱정하지 않을 수가 없다. 연애만으로 끝나고 육체적 만남으로만 끝날 것이 아니라면 사랑이 결실을 맺어야 하는 시기는 예나 지금이나 정해져 있다. 요즘은 출산 나이가 늦어지고 있지만 그래도 불안하다. 참고로 30대 후반이나 40대가 넘어가면 기형아 출산이 약 2배 넘어간다는 소리를 자주 접할 수 있다. 두 배라는 수치만 보면 엄청난 차이처럼 보인다. 기저율 무시 오류라고 불리는 통계의 대표적 오류가 있는데 여기서도 해당이 된다. 예를 들면 인구 천 명당 0.2명의 기형아 출산 가능성이 있다고 해 보자(정확한 수치는 아니며 단순히 예를 든 것뿐이다). 그런데 2배라고 해도 인구 천 명당 기형아 출산 가능성은 0.4가 된다. 이렇게 보면 또 생각보다 엄청난 차이가 안 나는 것처럼 보인다. 이처럼 기존 자연발생적 통계를 무시하고 단순히 그 몇 배만을 강조하는 걸 기저율 무시 통계 오류라고 한다. 요즘은 마흔에 출산하는 경우를 주변에서 직접 접하는 경우가 많다. 그럼에도 불구하고 이런 수치와 통계 오류를 떠나 노산은 아기나 산모에게 위험하며 이건 분명한 의학적 사실이다. 재러드 다이아몬드의 『섹스의 진화』에서는 수만 년 전 인간과 영장류 기타 암컷 동물의 출산 연령이(혹은 폐경 연령) 거의 변하지 않았다고 말한다. 여성이 볼 땐 불편하겠지만 사실이다. 즉 과거나 지금이나 서른다섯 살 여성의 출산은 노산이다. 이건 과거 사람들과 비교해 동안이 많아진 것과는 별개 문제다. 노산으로 인한 불안은 당연한 것을 인정할 때 사랑이 결실을 맺는 인간의 신체 나이는 대략 정해져 있다. 출산 계획이 없는 연인은 상관없지만 너무 늦게 사랑을 만나는 남녀는 이 부분에서 아쉬움이 클 것이다. 남자 또한 나이가 들면서 정자 수는 감소하지만 번식 능력에서는 여성보다 덜 제한적이기 때문에 여성의 나이가 더 큰 문제가 된다. 늦은 사랑이라면 애초에 출산할 마음이 없는 상태에서 만남이 이뤄질 가능성도 있는 만큼 한쪽에서 무엇의 아쉬움을 표출하는 건 배려 차원에서 하지 않는 게 좋다. 이런 사람들은 미안한 감정도 애초에 가질 필요가 없다. 아이가 없더라도 사랑 이후 행복의 구현은 여러 가지로 가능하기 때문에 너무 아쉬워 말자. 오히려 늦은 나이에 진짜 인연을 만났다는 것 하나로도 감사해하면 그런 아쉬움은 크지 않다. 지금까지 사랑을 이야기했는데도 부족하다. 다른 주제로 넘어가야 하기 때문에 이쯤에서 그만하겠다. 사랑은 우리의 삶이기에 앞으로도 계속된다. 분명한 건 남을 미워하고 분노하기 전 자기 사랑, 자기 웃음 하나 더 찾는 사람이 되겠다는 마음가짐으로 사는 사람이 진정한 위너라는 사실이다. 그런 사람이 사랑할 자격이 있고 사랑받을 자격이 있다. 분노는 정의롭지 않은 것에 대한 저항일 때만 긍정을 준다. 남에게 사랑을 갈구하지 말고 자신이 먼저 사랑이 넘치는 사람이 돼야 한다. 갈구하기 때문에 단념하지 못하고 그것에 얽매이면 자신의 존재가 한없이 가벼워진다. 현실을 망각하지 말고 자신을 알리는 노력을 해야 한다. 어떤 이는 잘못된 사랑으로 자신의 진짜 삶을 살지 못하기도 한다. 방 안에서 좋아하는 방송인에 후원을 하는 것이 꼭 문제는 아니지만 그만큼 자신의 발전에는 저해가 되고 있음을 알아야 한다. 특히 자기 분수를 모르는 과도한 행위는 심각한 문제가 된다. 그렇게 보낸 시간과 물질은 미래에 반드시 갚아야 할 인생의 빚으로 돌아온다. 그건 그냥 빚이 아니라 상당한 이자가 붙어 있을 빚이다. 외로움과 매너리즘에 빠진 사람은 각자의 존재감을 다른 곳으로 돌려서 찾아 봤으면 좋겠다. 단순 취미를 넘어 무엇에 빠진 사람이 항상 잘못된 건 아니지만 보통은 삶에 지장을 줄 가능성이 있기 때문에 치료 수준의 변화가 필요하다. 극단적인 생활이나 마음은 장점보다 단점이 훨씬 많다. 잃어버린 시간은 다시 돌아오지 않는다. 아무리 인간의 나이에 무슨 때가 없고 늦은 건 없다고 한들 사회적이며 신체적인 적정한 시기의 상태는 분명하게 존재한다. 인간을 기계처럼 고치며 부품 갈아 끼우듯 젊은 재생능력을 유지할 수 있고 노화방지 시스템으로 인류의 나이가 무의미한 게 아니라면 말이다. 이미 늦어 버린 사람은 늦은 대로 인정하며 살면 되고 아직 기회가 있는 사람은 기회의 시간을 놓치지 않도록 해야 한다. 각자마다 인생의 기회는 몇 번씩 오는데 그렇게 많이 오지는 않는다. 그 기회를 잡느냐 못 잡느냐에 따라 인생은 각자 다른 길을 간다. 사랑의 결실이 꼭 다음 가족을 연결해 주는 것이 아니어도 좋지만 이왕이면 사랑하는 김에 그 가족이 계속되었으면 좋겠다. 사랑은 언제나 있어야 하므로 간간이 앞으로도 언급될 것이다.

## 거기엔 우정도 있다

장동건, 유오성 주연의 영화 「친구」가 23년 전 대히트를 쳤다. 친구에 등장하는 당사자들에겐 우정이라고 할 수 있을지 모르지만 제3자가 볼 때 영화 친구는 우정이 아니라 그저 조폭 놀이일 뿐이라고 생각하기도 한다. 요즘은 MZ조폭도 유행이다. 과거나 지금이나 양아치 몸무게와 문신 허세는 하나도 변한 게 없어 한심하기 그지없다. 사유의 동면은 과거 사람이나 현재 사람이나 똑같음을 여러 곳에서 보여 주는데 하다못해 현재 조폭도 과거와 별반 다를 거 없다고 말하고 있다.

그렇다면 진짜 우정이란 무엇일까? 헤르만 헤세는 이렇게 말했다. "나의 천성적인 우울한 습성을 고쳐서 나의 청춘시절을 다치지 않고 신선하게 새벽처럼 유지시켜 준 것은 결국 우정이었다. 남자들 사이의 성실하고 훌륭한 우정만큼 멋진 것도 없다." 그의 소설 『데미안』은 우정이라는 주제가 핵심 내용은 아니다. 데미안에게 싱클레어라는 친구는 자신의 자아와 타인의 관계를 형성하게 하는 원동력이 되는 존재다. 책 속 주요 등장인물 싱클레어는 곧 데미안이고 데미안이 곧 싱클레어가 된다. 청소년 성장 소설로 볼 수 있고 이 시기 친구가 얼마나 중요한 역할을 하는지도 알게 해 준다. 책 프레드 울만의 『동급생』 또한 히틀러 시대에 환경이 다른 두 친구의 모습을 보여 준다. 특히 남자라면 마지막 부분에서 한 친구의 마음이 어땠을지 감정이입이 된다. 그 시대의 아픈 역사에서나 있을 법한 이야기로 우정과 삶의 투쟁을 동시에 보여 준다. 동급생의 결말은 여기서 언급하면 안 될 정도로 반전이 있기에 스포일러는 하지 않겠다. 책 분량도 적고 재밌으니까 한번 읽어 보기를 바란다. 물론 남자에게만 우정이 있는 건 아니다. 여성의 자매화는 우정보다 더 가까운 특별한 감정이 있다. 제인 오스틴의 『오만과 편견』은 여러 개의 핵심 요소를 끄집어낼 수 있는데 그중 하나가 가족 간의 우정이다. 다양한 인간 감정 요소 중 질투와 오해도 있지만 기본적인 가족 간의 우애가 없었다면 아마도 소설은 뒤끝이 좋지 않았을 것이다. 그들을 이어 준 건 결국 우정이다. 물론 소설 자체에는 우정 요소가 잘 보이지 않는다. 여성의 우정에 관련해서 나온 책 중 소설 형식이 아닌 것이 있는데 책의 제목은 『여성의 우정에 관하여』다. 그 내용 중 몇몇 구절이 마음에 와닿았다. 그중 한 개만 소개해 보면 "우리는 일반적으로 친구의 결혼식은 우정의 장례식으로 결론 지을 수 있다."라는 내용이다. 요즘은 꼭 그렇지 않지만 남녀가 결혼하게 되면 우정은 잠시 겨울잠을 자게 된다. 결혼하고 자식을 낳으면 도저히 시간 내기가 쉽지 않기 때문에 친구 사이는 점점 멀어져 간다. 친했던 친구 사이가 잠시 잠들었다가 1년 뒤에 돌잔치 때문에 연락이 온다. 이럴 땐 연락받은 미혼이나 결혼했어도 자식이 없는 친구는 속으로 조금 섭섭하다. 그러나 나중에 그 친구를 이해할 날이 오게 된다. 진정한 친구라면 기념일 때문에 연락을 하는 친구나 연락을 받는 친구 둘 다 우정은 살아 있기에 시간이 조금 지나면 관계는 회복된다. 최근엔 첫째 돌잔치도 가족끼리 하는 분위기가 늘고 있고 결혼식도 실용적으로 하려는 문화가 생기고 있는데 좋은 현상이라고 본다.

우정은 단순히 친구나 자매 그리고 동성만의 문제는 아니다. 할머니와 딸이 그럴 수 있고 어머니와 며느리 사이, 아버지와 아들의 우정도 있다. 고부간이나 기타 여성의 협력이 드러나 보이는 곳은 성경에서도 찾을 수 있다. 대표적으로 성경 롯의 시어머니 일화다. 룻기를 깊게 들어가면 역사와 권력 간의 문제도 찾아 봐야 하지만 표면적으로만 볼 때 둘의 우정을 엿볼 수 있다. 우정은 헤어진 연인에서도 볼 수 있고 연인의 사랑은 아니지만 「나의 아저씨」 드라마처럼 인간적인 사랑과 우정의 조합을 볼 수 있다. 사랑이 곧 이성적 연애 감정만 있는 건 아니다. 「나의 아저씨」 같은 감정적 우정과 사랑을 느끼는 한 아저씨가 러시아에 있었으니 그게 바로 도스토예프스키의 『가난한 사람들』에 등장한 주인공 남녀. 편지 마지막 부분에서 감정에 격해져 진짜 사랑 고백을 하는 실망감을 줬지만 40대 후반 마카르 아저씨는 젊은 바르바라에 대한 사랑과 우정을 보여 준다(책 내용에는 17년을 살았고 그 후 30년 일을 했다고 했으니 가난한 사람들의 주인공 남성 나이를 추정해 봤다. 주인공인 마카르 본인도 그렇게 늙지 않은 노인이라고 했기에 50언저리의 나이일 것 같은데 읽은 지가 오래되어 확실하지 않다. 또한 방금 말한 책의 말미에 사랑고백이 있다는 해석에 반론을 제기할 수 있다). 재밌는 건 그들이 책에 관해서 이야기하는 부분이다. 그들은 책에 관한 다른 관점을 보여 주는데 책 속의 책이라는 소재는 보는 방향이 서로 달라 이 부분도 흥미롭다. 사랑과 우정의 감정이 교차하는 또 다른 서간체 형식의 소설이 하나 있는데 그건 루이제 린저의 『생의 한가운데』라는 작품이다. 두 작품의 공통점은 연인의 느낌을 받지만 절대 연애 이야기가 중심이 아니라는 것이고 차이점은 『가난한 사람들』의 두 남녀는 격정적이지 않지만 『생의 한가운데』의 주인공 니나는 아주 격정적인 삶을 산다는 것이다. 그러면서도 니나는 자기 주체성을 잃지 않으려고 끊임없이 노력한다. 니나를 좋아하는 남성은 아마도 사랑 감정 외에 니나의 삶으로부터 어떤 인간적 애착을 가졌을 것이다. 그게 설령 우정이 아니었대도 말이다.

비단 우정과 의리는 어른들만 있는 건 아니다. 책『아홉살 인생』의 소년에게도 싸우면서 우정이 쌓여 갔던 기종이 같은 친구가 있고 또 다른 책『아몬드』의 주인공 소년에게도 투덜대면서 차갑지만 의리는 있는 친구가 있다. 인간에게 우정이란 이렇게 광범위하게 펼쳐져 있고 인간다운 삶을 살 수 있는 어떤 도덕의 기둥 중 하나가 된다. 주변에 친구가 없어서 가끔 외로운 사람이 있고 친구는 없지만 외롭다고 생각하지 않는 사람도 있다. 정약용은 나이가 들수록 친구보다는 가족을 먼저 생각하라고 했다. 친구가 없어 외로운 사람은 더 소중한 가치를 찾아야 한다. 우리나라는 꼭 나이가 동갑이어야 친구인 관념이 있는데 이것도 다시 생각해 봐야 한다. 삼강오륜에는 형 아우에 관한 이야기가 없는데 나이에 대한 관계의 구분은 우리의 정신까지 지배한다. 삼강오륜에는 장유유서 즉 어른과 아이의 관계만 있다. 어떤 이는 지금의 형 동생 관념이 일제 강점기의 잔재라고 주장하기도 한다. 실제 오성과 한음은 동갑이 아니었고 조선시대 몇몇 이야기는 우정에 나이를 연연해하지 않는 것처럼 보인다. 그런 의미에서 친구를 넓게 생각해 봤으면 좋겠다. 젊었을 때는 친구에 연연하지만 나이가 들면 친구나 인간관계에 대한 생각이 변한다. 참고로 읽었던 모든 책이 공통적으로 말하는 게 하나 있다. 인간관계를 맺으며 사는 인간은 그렇지 않은 인간에 비해 두뇌와 정신건강이 훨씬 좋았으며 평균수명도 확실히 높았다. 이건 과학적 실험 결과로 오래전부터 연구되어 왔던 영역이다.

그렇다면 현실 속의 현대인의 우정이란 무엇인가. 일단 고전으로부터 한번 배워 보자.

공자는 "부지기인 시기우"라고 해서 그 사람에 대해서 모르면 그 친구를 보면 된다고 하였다. 그러면서 익자삼우 즉, 친구를 사귀면 좋은 유형을 세 가지로 나누었다. 첫 번째는 강직한 친구이고 두 번째는 성실한 친구이며 세 번째는 배움이 있는 친구이다. 공자의 말로부터 사람은 끼리끼리 사귀어 살아간다는 것을 알 수 있다. 모든 사람이 꼭 그 수준에 맞는 사람과 사귀는 건 아니지만 보통 정말 친하다고 하는 사람은 그 친구를 보면 대충 알 수 있다. 그러나 빗나간 우정도 있다. 한쪽에서는 양보하고 배려하며 좋은 친구를 위한 마음가짐을 가지지만 또 한쪽에서는 그것을 주로 받아만 먹는 사람이 있다. 당사자인 둘은 매우 친하다고 생각하지만 타인이 볼 때는 한쪽이 희생적인 경우다. 이건 남녀나 직장 동료, 가족 간에도 해당된다. 남에게 피해를 주는 성격이 아니라면 친구가 없더라도 내 잘못이라고 생각하지 말고 그냥 없으면 없는 대로 살면 된다. 다중지능이론으로 우리에게 잘 알려진 하워드 가드너는 이런 말도 했다. 사람에겐 두 부류가 있다. 하나는 '형태 관심형' 인간이 있고 또 하나는 '이야기 관심형' 인간이 있다. 전자는 어려서부터 혼자 있기를 좋아했고 혼자서도 충분히 즐거운 사람이다. 후자는 혼자 있는 걸 외로워하고 다른 사람과 어울려 지내는 걸 좋아하는 사람이다. 형태 관심형 인간은 직장이나 사회 인간관계에서 힘들어할 가능성이 크다. 그러니 당신 잘못이 아니다. 시중의 모든 도서가 어떻게 하면 인간관계를 잘할 수 있는지만 이야기한다. 그것들은 그저 카네기 『인간관계론』의 해석에 불과하고 문장만 멋드러질 뿐이다. 참고로 카네기의 『인간관계론』은 수십 년 전부터 지금까지 불멸의 고전인데 카네기는 책에서 말한 만큼 실제 인간관계가 그렇게 좋지 않았다. 그러니 관계의 어려움을 겪는 자신에게 너무 실망하거나 의기소침해할 필요 없다. 자신감을 가지길 바란다. 물론 상황을 즉시 해야 하는 경우도 있다. 현실적으로는 주변의 평판이나 결혼식 할 때 하객수, 기념일 때의 친구 관계 등 남들 보기에 조금 신경이 쓰인다. 그러나 남의 눈치 볼 필요 없이 내 가족이나 사랑하는 사람이 가장 소중하다고 생각하면 된다. 어차피 인간관계에서 시간이 지나면 친했더라도 떨어져 나갈 사람은 떨어져 나가고 남을 사람은 남는다. 지나온 추억과 함께한 시간을 우정이라고 생각하지 말아야 한다. 벗이란 오래 두고 사귀는 사람을 말하는데 가끔 만나도 서로 미소 짓는 사이가 진짜 우정이다. 검은머리 학창시절의 인연이 흰머리 노인의 벗 관계까지 이어지면 당연히 좋겠지만 서로 존중 없는 사이는 그렇게까지 길게 갈 필요가 없다. 헤어질 결심은 이성의 문제만이 아닌 인간 모두의 영역이다. 친구나 선후배 기타 사회생활의 인간관계는 자신의 행복과 관련하여 매우 중요하지만 매달릴 정도의 인간관계란 없음을 알고 헤어짐에 아쉬워할 필요가 없다. 괜한 시비로 싸움을 붙이는 친구보다 말리는 사람이 현명하고 허세 가득한 사람보다 겸손한 친구가 이롭다. 여기서의 친구는 같은 나이뿐만 아니라 자신과 관계하는 모든 사람을 말한다. 술만 먹으면 자기 버릇 나오는 사람은 여자나 남자나 사귐을 삼가는 게 자신에게 이롭다. 지금은 계산적으로 친구나 인간 등급을 나누는 게 아니라 삶의 지혜를 말하는 것이다. 친구뿐만 아니라 모든 인간관계에서 어떤 사람은 부정의 영향을 주는가 하면 어떤 이는 긍정의 에너지를 주는 사람이 있다.

매사에 부정적이고 세상 비판적이며 남 탓을 하는 사람에게 과연 무엇을 배울 수 있을까. 물론 세상이 잘못 돌아가는 것에 대한 비판은 좋은 일이다. 학창시절에는 마냥 놀기 좋았던 친구였지만 나이가 듦에 따라 환경이 바뀌어 대화 주제가 달라진다. 미혼 기혼 여부와 자식 유무의 공통점이 없으면 보통 학창시절 추억팔이에 머무르게 된다. 거기서 오는 괴리로 인해 친구 인생 제2의 관계는 다시 정립되곤 한다. 술이나 어떤 취미가 확고하여 그런 매개체가 아닌 이상 관심의 대상이 다르다 보면 친하더라도 점점 무언가의 거리감이 생긴다. 예전의 나는 그대로지만 접점이 없어 세상이 우리 관계를 서서히 변화시킨다. 억지로 해답을 찾으려고 하지 말고 자연스럽게 멀어지면 멀어진 대로 살면 된다. 수십 년 인연이더라도 헤어질 사람은 헤어지고 짧은 인연이더라도 만날 사람은 다시 만난다. 여자뿐만 아니라 남자 또한 결혼과 육아가 시작되면 자주 보지 못하는 건 마찬가지다. 솔로 친구는 외롭다고 소원한 관계를 친구 탓으로 돌리지 말고 자기만의 시간 즐기기를 찾으면 된다. 진짜 좋은 친구는 1년에 한번 혹은 몇 년에 한두 번을 봐도 반갑기 때문에 사실 시간과 만남 횟수, 대화의 주제가 중요한 건 아니다. 꼭 친구가 아니더라도 앞서 말했듯이 인생을 살다 보면 다양한 관계가 맺어지고 거기에 신의로 인한 새 인연이 형성된다. 나에게 꼭 도움이 될 만한 사람만 사귄다는 것은 조금 속물 같지만 꼭 그렇지는 않다. 무엇인가 배울 수 있고 적어도 함께할 때 좋은 시간을 보낸 정도의 사람을 사귀는 건 행복의 조건 중 하나다. 그런 의미에서 친구가 없다고 온라인 속에 파묻혀 오로지 스마트폰과 컴퓨터가 친구인 사람은 반성해야 한다. 그건 자기 자신한테도 타인한테도 위험하다. 이런 사람 중 상당수는 극단적인 생각을 가진 경우가 많고 온라인의 표현과 행동이 오프라인에서도 통용된다. 실제 심리학 통계상 외로운 사람이 공격적 문구를 더 많이 쓰는 것으로 나타났다. 이런 현대인은 남녀 할 것 없이 갈수록 많아지고 있다. 애인 없음과 친구 없음의 외로움은 커지고 배려와 공감 없는 사회가 갈수록 심해진다. 그러는 이유 중 하나가 공자가 말한 것처럼 좋은 벗의 세 번째 중 하나인 자기 학식이 없기 때문이다. 신념은 그 무엇도 이겨 버린다. 학식 하니까 백범 김구 선생이 생각나는데 그는 결혼할 때 세 가지를 보고 배우자를 선택해야 한다고 말했다. 첫째는 나의 재산을 보지 말 것, 둘째는 서로 정분이 나서 결혼할 것, 셋째는 학식이 있어야 한다고 했다. 머리에 든 것 없이 그저 타인의 부와 명예를 찾는 사람은 김구 선생님이 볼 땐 최악의 인간이다. 소학에서도 결혼할 때 상대의 재산을 보지 말라고 말한다. 사람은 이렇게 끊임없이 배워야 하는데 배움의 자세 없이 그저 학창시절만의 스펙으로 우쭐대는 사람은 나중에 망신당하거나 혼자만의 무식한 생각에 빠질 가능성이 크다. 마지막으로 결혼은 사랑이 필요하다고 하니 계산적으로 이것저것 따지면서 결혼하는 사람은 김구 선생 관점에서는 옳지 못한 관계다. 그러나 우리는 현실을 직시해야 한다. 현대인에게 소학이나 김구 선생의 저 말은 철없는 꼰대 소리와 같다. 자극이 없고 재미없는 사랑 이야기는 그만하고 다음으로 넘어가 보자.

## 사람들 삶에 사공이 많다

　전통적인 여자의 삶을 다룬 작품이 하나 있다면 그건 바로 모파상의 『여자의 일생』이다. 여자 주인공 잔느의 삶은 작품의 처음부터 끝까지 수동적이다. 결혼하기 전에는 부모님의 명령에 따라 수녀원에 들어가 숙녀의 교육을 받고 결혼을 해서는 남자의 삶에 이끌려지는 삶을 산다. 잔느의 일생은 여기서 끝나지 않는다. 허전한 마음은 남편에서 다시 아들로 이어진다. 현시대에 매우 어울리지 않는 작품이기에 여성들은 이 책을 읽으면서 재미 여부와 별개로 답답한 마음이 들 수도 있다. 이걸 읽고 잠시 그런 답답함을 해소하고 싶다면 『성난 군중으로부터 멀리』라는 작품을 읽으면 된다. 이 책의 여성 주인공 밧세바와 『여자의 일생』의 잔느는 분명하게 대비되는 여성 캐릭터다. 다만 어떤 사람은 밧세바나 그 작품 자체를 어떤 이즘이나 이스트(ist)로 표현하는 사람이 있는가 하면 어떤 이는 허영심이 있는 여성으로 표현하기도 한다. 방금 한 말에 구애되지 말고 자신만의 작품 비평을 해 보면서 읽어 보면 된다(참고로 밧세바란 이름은 성경에 나오는 인물로 다윗의 부하 우리아의 아내다. 다윗은 우리아를 함정에 몰아넣고 죽이며 그 후 밧세바를 취한다. 책 내용과는 크게 관련이 없지만 성경은 이렇게 알아 두면 아는 맛 때문에 더 알고 싶어진다. 이렇게 책과 책은 끊임없이 연결된다는 걸 계속해서 증명하고 있다).

　위 두 책의 공통점도 하나 있는데 그건 사람을 제대로 볼 줄 아는 능력이 있어야 한다는 점이다. 자신의 삶에 동반자라는 타인의 선택은 매우 중요하다. 특히 과거 가부장적 사회에서는 여성이 남성을 제대로 만나야 삶이 편했고 그것이 여성의 삶에 전부가 되곤 했다. 그러나 요즘은 여성만이 아니라 남성도 그런 시대에 살고 있다. 남자나 여자나 사람 잘못 만나면 그걸로 인생이 꼬일 수도 있기 때문에 이젠 그런 성별의 차이는 과거보다 줄었다. 이런 삶의 재미는 자신일 때보다 타인일 때 더 흥미롭다. 그래서 사람들은 소설을 읽는 게 아닐까 한다. 오히려 이런 게 인간의 본성인가 싶은데 그럼에도 불구하고 사람에겐 적정선이라는 게 있다. 어느 선을 넘어 지속적으로 남의 이야기만 하는 사람과는 거리를 둬야 한다. 앞서 언급한 『가난한 사람들』이라는 책에서도 마카르는 이런 인간을 몹시 못마땅해한다. 남이 어떻게 생각하는지 어떻게 사는지를 시시콜콜 이야기하며 없는 이야기도 과장해서 하는 사람들은 어디에나 있다. 사공이 많다는 의미는 사람들이 온라인에서 남의 인생에 평가질하는 걸 말한다. 자신이 남들에게 평가를 받으면 멘탈이 붕괴될 사람들이 타인과 세상 평판을 늘어놓는다. 요즘 사람들은 삶을 온라인으로 배우는 영역이 크다 보니 이 부분을 무시하지는 못하지만 그래도 무시하고 살아야 한다. 출산과 결혼 경험도 없는 사람이 온라인에서는 모두 박사가 되어 기혼자에 대해 행복은 어떻고 남자와 여자는 어떻고를 떠들어 댄다. 그게 과연 무슨 의미가 있을까? 버트런드 러셀은 이렇게 이야기한다. "세상 사람들은 선한 것은 얘기하지 않고 남녀의 비밀스러운 악행만 얘기하려 한다." 사회의 이슈의 대상이 될 때 어떤 한 개인이나 집단은 뒤죽박죽인 그런 글들 속에서 동물원의 동물 취급을 받게 된다. 유명인이라는 이유로 프라이버시가 사라지고 조금만 불편해도 대중은 우르르 몰려온다. 앞서가야 할 기자는 뒤늦게 여기에 불을 붙인다. 자식이나 친구 그리고 직접 사람 앞에 하지 못할 말은 온라인에서도 자제해야 한다. 내 눈앞에는 나의 의견 표출의 대상이 없기 때문에 윤리적 거름망이 생략되어 온라인 글은 더욱 뾰족해진다. 그 뾰족한 말과 행동에 사람들은 상처를 입는다. 사람은 비겁한 가면 속에서 자신의 행복을 추구하지 못한 채 남의 불행을 반긴다. 누구는 결혼과 연애 그리고 취업을 못 해서 욕구 불만 상태다. 또 어떤 이는 남이 잘나가서 마음이 불편하고 화가 나 있다. 화가 나 있는 많은 사람들이 좋은 언어를 구사하기란 거의 불가능에 가깝다. 익명성 뒤로 숨겨진 이들을 위해 새로운 감시와 처벌이 필요하다. 그들에게 비트겐슈타인이 말한 언어의 모호성은 사라지며 대상이 특정되어지고 표현하는 바가 명확해진다. 세상을 심오하게 알려고 하면 할수록 어떤 구분의 경계를 정확하게 하기가 힘든데 그들은 모든 게 간단하게 해결된다. 문제는 이런 집단이 모이는 곳에서는 사회 흐름이 무시될 수만은 없다는 것이다. 거기다 언론이 장난을 치면 없던 논쟁도 생겨버리는데 그때부터 대중은 앤트밀 현상처럼 비판과 비난의 근원을 모르는 채 패닉에 빠진다. 대중은 무엇이 처음부터 잘못되었는지 분석과 판단을 하지 못하기 때문에 혼란과 이슈의 질서 하나가 붕괴된 후에도 매번 새롭게 계속된다. 개미의 자연 적응력은 불가사의할 정도로 뛰어나지만 인간이 앤트밀 개미처럼 한순간에 무기력한 존재가 되어서는 안 된다. 그래서 가끔은 권위 있는 리더도 필요할 때가 있다. 단 컬트적 인물 추종과는 구별되어야 한다. 집단의 착각에 빠지면 인간이나 개미나 그런 면에선 마찬가지가 된다. 귀스타브 르 봉의 『군중 심리』에는 이런 내용이 나온다. "군중 안에서 한 개인의 자의식적인 개성은 자연스럽게 주위와 군중에 굴복하게 되고 군중의 집단적인 마음에 지배를 받게 된다. 군중심리는 만장일치적이고 감정적이며 지적으로 취약한 심리다." 인간은 집단생활을 하는 동물이지만 개인 고유의 영역이나 사유를 지니기도 한다. 내 주체성이 확고하지 않을 때 내가 보고 듣고 경험했던 주변의 것들로 자신도 알게 모르게 영향을 받는다. 그런 것들이 쌓여서 사회적 구조의 틀이나 평균이 이루어지고 현실과 괴리가 있는 온라인 글들이 사람들 마음속에 자리 잡는다. 과거보다 현대인은 더욱 집단적 행태에 소속되어 살아간다. 나는 안 그렇다고 생각하지만 내가 속한 동호회, 내가 하는 커뮤니티, 내가 주로 보는 유튜브 등에 어느 정도 시간을 소비하는 사람은 대부분 특정 집단의 소속이라고 봐야 한다. 나만의 생각에 빠진 소수와 나만의 생각이 없는 다수가 모이는 곳이 영상이며 나만의 생각에 빠진 다수와 나만의 생각이 없는 소수가 모이는 곳이 커뮤니티이다. 온라인에 적극성을 가진 사람도 있어서 복합적인 부분도 있기에 완전히 맞는 이야기는 아니지만 보통은 소통 방식에서 그렇다. 너무나 복잡한 인간의 뇌일지라도 일방향의 선동이나 자신의 성향과 비슷한 이야기에서는 아주 단순하게 변한다. 신경세포의 시냅스는 신념이 따로 있고 남녀가 따로 있는 건 아니지만 어떤 특정 영역에서는 인간의 뇌가 전부 활성화되지 않는 것처럼 보인다. 어떨 때는 사고방식의 차이를 강조하면서도 어떨 때는 타인의 삶의 양식을 인정하지 않는 이상한 사람들이 있다. 사회도덕 측면에서 별문제가 없다면 문제 삼을 게 없는데 어떤 사람들은 매우 지엽적인 부분을 문제로 삼는다.

좋은 것을 생각할 게 많은데 불편한 일을 더 많이 찾아내고 자기 자신을 사랑하기보다 남을 비판하며 무엇으로 재단하는 사람이 있다. 이런 마커 이외에 일부는 타인의 삶을 모방하고 싶어 한다. 남을 모방하는 건 절대 잘못된 게 아니며 오히려 인류 역사에 긍정의 요소를 준다. 그러나 자기의 수준을 인정하지 않고 타인의 언행에 영향을 그대로 받거나 간접 경험을 통해 남만 따라가는 건 문제가 된다. 이러면 자기 계발의 요소가 되지 못하고 자기 구속의 원인이 되어 사회와 가족 그 외 다른 인간들과 트러블을 일으킨다. 스마트하지 못한 폰 세상에서 오지랖은 잠시 꺼 두고 나에게 집중하자. 지금 내가 남을 걱정하거나 평가할 때가 아니다. 나 자신을 뒤돌아보고 진정한 자아를 의식해 봐야 한다.

혼자 할 수 없다면 책으로부터 도움을 받으면 된다. 앤서니 스토의 『고독의 위로』에서 저자는 '나에게로 떠나기'라는 심리 여행을 추천한다. 그런데 나를 진지하게 훑어보면 어둠이 내려와서 어쩌면 나를 불행하게 할지도 모른다. 마치 칼 융이 말한 '그림자 원형'이 두려움처럼 다가올 수 있다. 인간은 그걸 극복해야 한다. 때론 생각 없음이 행복한 방법이긴 하지만 나를 알지 않고서는 아무것도 알지 못하는 사람이 된다. 자신을 잘 아는 사람은 타인의 이야기에 현명하게 대처하며 살아간다. 어차피 사람 누구나 자기만의 방식과 성격이 있기 때문에 남의 말이 귀찮고 잘 들리지 않는다. 그러니까 남의 이야기는 적당히 하고 책을 보자.

## 책에서는 보인다

누군가에겐 좋은 취미이자 하루의 휴식처인데 영상에 대해서 너무 혼내기만 한 거 같다. 지금은 어디에서나 영상으로 세계여행을 할 수 있다. 과거엔 책이나 TV에서의 역사 프로그램이 아니라면 이슬람 문화권의 생활이나 아프리카인의 삶을 엿보기 힘들었다. 요즘은 자신이 직접 찾아서 보지 않는다면 다른 지식은 무료하다. 세상에는 다양한 인종과 그 인종의 역사가 있기 때문에 그 모두를 알 수 없다. 그러나 지성인이나 교양인으로서 또 알아야 할 기본 지식은 필요하다. 요즘 시대는 교양을 Mandatory로 생각하고 Liberal Arts로 활용해야 한다. 세상의 호기심과 배움은 끝이 없다. 현대인의 즐길 거리는 아주 많기에 깊은 통찰을 주는 것까지 바라지는 않는다. 기초적인 인문 교양만으로 충분히 타인과 사회를 이해할 수 있으며 다양하면서도 공통된 인간의 삶을 보게 된다. 온라인에서는 타인 엿보기는 있지만 타인 이해하기는 별로 없다. 종이를 넘기면 다양한 나라의 삶을 접할 수 있다. 이 행위는 온라인 지식 얻기나 관음증과는 질적으로 다르다. 물론 세계정신이 없어도 인간이 살아가는 데 아무 문제 없으며 남의 나라 역사를 몰라도 마찬가지로 삶에 영향은 없다. 내 나라 역사도 제대로 모르는데 남의 나라까지 알아야 하는 것도 웃기다고 생각할 수 있다. 특히 먹고살기 힘들고 즐기기 바쁜 현대인에게 말이다. 이것에 대해 무엇이 옳고 그른지는 알 수 없다. 그저 각자의 삶 현실과 가치관대로 살 뿐 배부른 돼지가 나쁘며 배고픈 소크라테스가 좋다고만 할 수도 없는 일이다. 배고픔이 없고 난 다음에야 인간을 해석할 정신이 생긴다. 그 배고픔은 우리나라뿐만 아니라 전 세계에 있었으며 학살과 차별 또한 특정 나라만의 문제는 아니다. 이런 다양한 이야기는 책에서 접할 수 있는데 토니 모리슨의 『빌러비드』가 제일 먼저 떠오른다. 어느 한 집에 억울함과 배고픔의 원혼을 가진 유령의 이야기로 시작되는 이 책은 흑인 노예(특히 여성)의 처참한 생활과 차별받는 인권을 이야기한다. 노예는 흑인만이 아니었고 실질적인 노예의 삶은 전 세계 공통의 이야기다. 우리나라도 형식상 계급 사회가 완전히 무너진 건 고작 130년 정도밖에 되지 않는다(1894년 갑오개혁으로 노비제 폐지). 그리고 일제 강점기에는 지주와 소작 관계가 있었고 평등하지 않았기에 우리나라도 인간 모두가 자유로워지는 데는 고작 몇십 년밖에 되지 않은 셈이다. 심지어 투표권을 완전하게 소유한 건 해방 후 잠깐이었다가 완전한 투표권을 쟁취한 건 87년 민주화 혁명 이후였다. 정치적 평등까지 생각하면 고작 40년밖에 지나지 않은 우리의 역사도 노예의 정치가 있었다. 일제 강점기 조선인은 일본의 노예 상태와 다름없었으며(일제에 부역한 자들 제외) 과거 조선시대 공노비 사노비까지 갈 필요 없이 해방 전후 어머니들의 식모살이도 사실 노예와 같았다. 노예 제도에 대해서 잠시 언급하자면 어떤 학자는 노예 시기를 역사적으로 크게 세 가지로 구분해서 설명한다. 첫 번째는 고대 그리스 로마 시대의 노예제다. 두 번째는 8세기 전후로 이슬람의 노예 시장이 존재했고 세 번째는 대항해 시대 전후로 유럽의 아프리카 노예 착취 시대가 있었다. 마지막 세 번째의 시기가 20세기 중반까지 이어져 왔는데 형식상으로는 아프리카가 제국주의 식민지 지배로부터 다 벗어난 거 같지만 사실은 그렇지 않다. 제국주의 망령의 자본은 21세기 신제국주의 즉 글로벌 기업들이 이어받았다. 문제는 식민지 지배와 흑인 학살, 노예 착취, 국가 분란, 자원 탈취 등 그런 착취를 한 제국주의 나라가 책임을 온전히 지지 않았다는 점이다. 그중에서도 영국은 나쁜 짓이라는 나쁜 짓은 다 하였다. 사실 영국뿐만 아니라 벨기에, 포르투갈, 프랑스, 네덜란드, 스페인 등 식민지를 두었던 유럽 대부분의 나라는 인간이 할 수 없는 짓거리를 수없이도 해 왔다. 그로 인한 사상자만 해도 헤아릴 수 없을 정도다. 특히 벨기에는 아프리카 흑인이 말을 듣지 않거나 일을 못하면 손발을 잘라 버렸다. 이외에도 노예 거래를 위해 배에 태운 흑인들을 질식사하게 만들거나 굶겨 죽이기도 했다. 유럽 제국주의 열강은 아프리카나 다른 대륙의 국가들에게 히틀러와 같다. 외세침략에 더해서 아프리카는 같은 나라지만 부족이 다르고 심지어 언어도 다르기에 르완다와 콩고 같은 끔찍한 동족상잔의 살육이 이어진다. 만약 그들이 미개해서라는 인종 편견이 있다면 우리나라도 미개한 국가가 된다. 한국만 『소년이 온다』가 있는 게 아니다. 특수성을 가진 나라일지라도 인류의 슬픈 역사는 놀랍도록 보편적이기에 지금 이런 이야기를 할 수 있는 것이다. 다시 『빌러비드』라는 책으로 돌아와 보자. 빌러비드의 노예 여성은 열심히 살지만 여전히 굶주림과 가난에 벗어나지 못한다. 책을 읽고 있으면 그 흑인 여성의 고된 노동과 생활이 머릿속에 그대로 그려진다. 자기 자식을 죽게 만드는 일은 얼마나 비인간적이며 슬픈 일인가. 주인공은 결국 온전한 정신 상태로 살 수 없다. 그 죽은 딸은 사랑받고자 그의 어머니 곁으로 유령이 되어 이승을 떠돈다. 인간으로서 그 누구도 사랑받지 못한 흑인 가족의 삶이지만 그들은 서로를 진정 사랑하는 인간이다. 인간에게 가장 가혹한 건 역시나 인간이다. 이 작품이 노벨 문학상을 받았다는 사실을 생각하지 않더라도 일단 읽어 보면 재밌다. 사실 노벨상 작품이더라도 재미없고 이게 왜 상을 받았는지 이해 안 되는 게 꽤 많다. 흑인 관련 이야기를 하니까 예전 기억이 떠오른다. 대학교 영문학 교양 수업 때 교수가 어떤 흑인 영화 두 편을 지정해서 보라고 한 후 리포트를 쓰라고 했다. 과제의 핵심은 이거였다. 한 편의 영화는 흑인이 주체적으로 차별 철폐와 참정권 획득을 말하는 거였고 다른 한 편의 영화는 백인이 주체가 되어 흑인이 수동적으로 인권운동에 참여하는 것이었다. 아쉽게도 두 영화 제목은 수년 전부터 생각해 보려 해도 도저히 기억이 나지 않는다. 참고로 재밌고 훌륭한 영화인 쿠엔틴 타란티노 영화 「장고」는 아니다. 「장고」도 사실 영화를 더 재밌게 보려면 19세기 미국의 남북시대를 이해해야 한다. 영화 초반에 장고의 주인공은 영화의 전체적 의미를 부여하며 매우 정치적 이야기를 꺼낸다. 과연 그게 무엇인지 한번 확인해 보길 바란다. 이처럼 배경 지식은 중요하다. 흑인 관련하여 재미난 문학작품은 꽤 있다. 각자 취향이라서 단언하기는 힘들지만 응구기 와 티옹오 책 『십자가 위의 악마』와 『피의 꽃잎들』은 누구나 좋아할 만한 작품이다. 흑인뿐만 아니라 여성의 삶까지 끄집어낼 수 있어서 여러모로 유용함과 재미를 주는 책이다. 이 책들 외에 응구기 와 티옹오의 다른 작품들도 있으니 찾아 읽어 보면 좋겠다. 이외에 또 재밌는 책이 하나 있는데 치누아 아체베의 『모든 것이 산산이 부서지다』라는 작품이다. 책의 주인공 오콩고의 남성성과 제국주의의 야만성은 모순적으로 겹치며 아프리카인의 비극과 저항성은 오콩고 한 사람으로 축약된다. 위 두 저자의 책 공통점은 자본주의 기독교 사상 등 서구세력의 아프리카 침투에 대한 의식 깨움이다. 이들 작품으로 우리 현대인에게는 과연 무엇이 침투하여 서로를 안을 수 없게 되었는지 생각해 보는 시간을 가져 보자.

　흑인이 주인공으로 나오는 다음 책은 『보이지 않는 인간』이다. 아직 한 번도 누구랑 이야기해 본 적이 없고 일부러 검색해 보지는 않았지만 14년 전 읽었던 『보이지 않은 인간』은 한 가지 의문이 든다. 책을 빨리 읽는 편이라 그럴지도 모르겠지만 단 한 번도 그 책의 주인공 이름을 보지 못했다(이 말이 틀릴 수도 있다. 이름이 설령 나왔더라도 한 두 번일 것이다. 재밌는 책이니 검색하지 말고 읽어서 확인해 보길 바란다). 이 작품은 책 제목처럼 흑인이기 때문에 자신의 의견은 무시된다. 그래서 저자는 타인에게 보이지 않는 흑인의 삶을 이야기한다. 책을 읽어 보면 보이지 않는 인간보다는 정확히 타인에게 들리지 않는 인간이 더 잘 어울리는 흑인의 모습이 보인다. 『보이지 않는 인간』은 주체적 흑인의 인간을 인정하지 않는 그런 사회를 비판한다. 실제 이름은 있지만 언어와 의미가 없는 존재인 흑인의 삶이기에 일부러 저자가 흑인 이름을 무명(無名)으로 써 놨을 것이다. 한나 아렌트는 히틀러 시대를 겪으며 그 당시 시민권과 언어 없는 삶에 대해 말했다. 그러나 흑인은 시민권은커녕 인간의 삶이 없는 생을 오랫동안 살았다. 확대해 보면 이것도 교차성 이론의 차원에 가깝다. 흑인은 생존의 욕구 같은 원초적 상태에 머물고 백인은 존재의 욕구 이상을 추구한다. 이걸 다른 말로 바꾸면 흑인은 니체의 노예의 도덕으로 세상을 살고 백인은 주인의 도덕으로 세상을 본다(추후 다시 설명할 테니 지금은 넘어가도록 하자). 흑인의 배고픔은 또 인간의 배고픔으로 이전하여 생각하게 한다. 책『숨그네』는 숨이 멎을 정도로 배고픈 인간의 모습을 보여 준다. 특히 히틀러 시대의 홀로코스트 관련 실화를 바탕으로 하는 문학작품은 아주 많은데 그 주요 핵심 내용 중에는 배고픔이 있다. 빵 한 조각이라도 아끼고 숨겨 놓고 먹고자 한 그 마음이 빅터 프랭클의『죽음의 수용소』에서도 잘 나타난다. 프랭클은 추위와 배고픔 그리고 강도 높은 노동 앞에서도 인간 존재와 살아 있음을 의식하고 살고 싶어 하는 욕망을 드러낸다. 이 작품을 읽으면 인간이 얼마나 처절하고 가여운지를 알게 된다. 대부분은 가혹한 노동과 허기짐에 죽어 나가지만 누군가에겐 그 배고픔에도 인간의 존엄성이 유지된다. 참고로 수용소 관련 책 중 읽어 볼 만한 게 더 있다. 헤더모리스『실카의 여행』,『피에 젖은 땅』그리고 임레 케르테스의『운명』등이 있으니 읽어 볼 사람은 아무거나 골라서 읽어 보면 좋겠다. 헤더모리스『실카의 여행』은 책 전개가 조금 다르긴 하지만 위 책들의 주인공이 처한 현실은(주로 배고픔과 인간 실존 의식)거의 같은 느낌을 준다. 이외에 나치 수용소는 아니지만 수용소에서의 삶을 다룬 책으론 솔제니친의『이반 데니소비치의 하루』가 있다. 언급한 책들을 읽어 보면 하나 이상의 비슷한 인간 감정을 느끼게 된다. 인간이 인간됨으로 살지 못하고 비인간의 삶을 살아간다는 건 얼마나 참혹한 일인가. 현재를 살아가는 사람은 과거의 이런 경험을 알지 못한다. 역사는 완전히 똑같이 흘러가지 않지만 비슷하게 반복된다는 걸 우리는 진실로 알고 있다. 우리가 경험하지 못하고 보지 못한 이런 것은 현대에 또 다른 형태로 변형되어 불안과 좌절감 그리고 죽음을 전해 준다. 과거엔 음식 없는 배고픔과 전쟁 등으로 사람이 죽어 갔지만 현대인은 다른 배고픔으로 죽어 간다. 그래서 과거보다 훨씬 물질적으로 풍요로워지고 자유를 더 가진 거 같은 현대인이 과연 예전 사람보다 정말 행복할까 의문을 가진다. 특히나 자본주의 사회에서 인간을 생각하면 더욱 그렇다. 책 『보이지 않는 인간』은 현시대 사회적 약자로 치환해 볼 수 있고 크누트 함순의 『굶주림』은 기초 생활마저 힘든 배고픈 사람을 생각할 수 있다(참고로 『굶주림』의 주인공도 『보이지 않는 인간』처럼 이름이 없는 걸로 기억한다. 역시나 틀릴 수도 있다). 현시대에도 아프리카의 굶주림은 여전하다. 국내에도 어려운 이웃이 있음에도 불구하고 아프리카 어린이의 빈곤하고 처참한 모습을 보여 준 후 구호해 달라는 영상은 우리 마음을 더 끌리게 한다. 빈곤 포르노는 과거의 단어가 아니다. 아프리카 일부 국민은 먹을 거 외에 식수도 부족하고 질병에 자유롭지 못하며 배움도 제한적인 상태로 살아간다. 맹자는 '인의예지'를 말하면서 뚜렷하게 우선순위를 정하지 않았지만 여러 곳에서 '인의'를 특히 강조하였다. 그중에서도 굳이 따지면 '의'가 핵심인 것처럼 보인다. '의'는 인간이 나아가야 할 길이나 방향이다. 그러려면 자신과 세계를 알아야 하는데 그건 책을 읽는 이유 중 하나가 된다. 지능이 아무리 높다고 한들 배우지 않고 공부하지 않으면 다른 세계를 보지 못한다. 반복해서 말하지만 책을 예찬한다고 해서 책만이 진리라고 하는 소리가 아니다. 지금은 디지털이 주지 못하는 것을 책으로 채워 가자는 이야기다. 지금까지는 배고픔 혹은 다른 나라의 어떤 비참한 삶을 이야기했지만 우리나라도 다양한 보이지 않은 인간이 있다.

먼저 이청준의 『당신들의 천국』이라는 작품을 살펴보자. 과거 어른들 세대엔 곰보 얼굴을 한 사람을 보면 두려운 존재였고 혹시나 전염병에 옮지 않을까 하는 불안감이 있었다. 마을에 그런 피부병 환자가 있으면 격리해야 했다. 그 당시 피부병을 비하하고 무서워하여 쓴 단어가 바로 문둥병이라는 이름이다. 나병(한센병) 환자도 그렇고 에이즈 환자도 그렇고 사회 인식이라는 게 이렇게 중요하다. 물론 이런 병들은 전염될 수 있는 병이긴 하지만 사회의 무지로 인한 공포는 인간 불신을 과도하게 일으킨다. 『당신들의 천국』은 한센병 환자들이 소록도로 옮겨지고 거기서 생활하는 환자들의 삶을 다룬 작품이다. 그들의 삶 외에 한센병 환자에 대한 두 관리자의 가치 판단이 의미 있게 다가오기도 한다. 책의 제목은 반어법과 이중성을 가지고 있다고 보는데 한 가지는 소록도 환자들의 천국을 생각할 수 있고 또 한 가지는 한센병 치료나 관리에 대한 자기만의 사상에 빠진 것을 비판한 의미로 볼 수 있다. 후자에 좀 더 가깝다고 보지만 그건 크게 중요하지 않다. 푸코가 말한 광기의 시대에 광인은 곧 격리를 의미했고 격리된 인간의 삶은 그것으로 끝이었다. 2030세대 이하는 이런 한센병 이야기를 접해 볼 기회가 없거나 잘 알지 못한다. 우리는 그때의 상황을 책이라는 매개체로 간접경험을 할 수 있다. 과거에서 현재를 배울 수 있는 자세가 있어야 건강한 사회다. 그래서 역사를 바르게 알아야 하며 그 역사로부터 반성과 교훈을 얻어야 한다. 만약 어떤 특정 사고에 매몰된다면 그건 사회에 어둠이 된다. 흑인 노예의 삶만이 아니라 실질적으로 일본의 노예가 된 상태나 다름없었던 100년 전 우리나라도 이런 비극은 있었다. 독립운동가와 일본 위안부 여성은 명확한 시대의 아픔인데도 더러운 신념이 들어가 세상을 이해하지 못하는 사람이 있다. 한없이 가벼운 생각과 언행으로 나라를 위해 희생했던 사람들을 욕되게 하는 사람은 또 다른 반민족 DNA 잔재의 비극이다. 그렇게 생각하는 사람들이 과연 사회의 어떤 긍정적 요소를 줄 수 있을까를 생각해 보면 아무것도 없다는 것을 알게 된다. 인간의 추악한 생각은 여기서 끝나지 않는다. 20세기 초까지 백인은 인디언들이나 다른 아시아 사람을 원숭이나 기타 동물 취급하였다. 앞서 한번 언급했지만 우리가 알고 있는 위대한 사상가나 정치인이라고 하는 미국 건국 인물 상당수도 흑인이나 인디언 기타 노예에 대해 한심한 생각을 가졌다. 유럽으로 넘어와서는 빅토르 위고의 책 『웃는 남자』에서 이런 인간들을 엿볼 수 있다. 여기에서 나온 콤프라치코스라는 용어는 어린아이를 일부러 온갖 기형으로 만들고 그런 기형 아이를 보고 싶어 하는 구매자한테 판매하는 걸 뜻한다. 이런 행태를 볼 때는 가끔 맹자의 성선설보다 순자의 성악설이 맞아 보인다. 백인뿐만 아니라 이런 비슷한 야만은 중국(전족은 특히 여성 차별적이기까지 하다)에도 있었고 아프리카 일부 국가(부족)도 있었다. 아프리카 경우에는 미신적 요소가 좀 더 있지만 말이다. 인간으로서 하지 말아야 할 짓을 누군가는 거부해야 하고 잘못됐다고 해야 한다. 그런 사회가 아니라면 인간은 죽은 사회에 사는 것과 같다. 인간이 가끔 인간을 이해할 수 없는 상황은 과거와 현재가 다르지 않다. 착한 사람은 착한 대로 있었고 악한 사람은 악한 대로 존재해서 과거부터 현시대까지 이어져 왔다. 그래서 어떤 이는 자연선택을 빗대어 '군 선택' 이론을 펼친다. 쉽게 말해서 충성심 있고 정의로운 사람은 전쟁터에 나가 죽거나 일부만 살아남아서 그 후손이 소수 계속 이어진다. 반면 죽는 게 두려워 비겁하게 전쟁 징집을 피하고 신분제로 인해서 병역을 면제받는 계층이 존재하여 그 후손도 그대로 이어진다. 꼭 이걸 믿지는 않지만 가끔 살다 보면 '생각 다름'이 아니라 너무나 비인간적 생각을 하는 사람이 있다. 지금 당장 커뮤니티만 봐도 이게 인간의 언어사용과 사고방식인지 의심될 정도의 비인간성 말과 글이 아주 많다. 주로는 일베나 일베 아류(펨코) 기타 주식 부동산 카페 등 2아고 같은 특정 정치 성향이 강한 커뮤니티가 그런 행태를 보인다. 그건 유튜브도 마찬가지이기 때문에 나이가 어릴수록 그런 것에 영향을 받지 않도록 해야 한다. 그런 나쁜 커뮤니티를 하지 않고 사회와 가정교육을 제대로 받았음에도 원래 인간이 그렇다면 자연스럽게 자기 고향을 찾는 것이니 그건 어쩔 수가 없다. 소크라테스는 "인간이 도덕적인 모습을 가지지 않으면 정신적으로 문제가 있다."라고 했다. 80년대 사람을 총으로 쏘고 몽둥이로 때려 죽여도 죄책감이 없는 사람이 있고 독재를 하여 국민을 죽여도 아무런 감흥이 없는 인간도 있다. 물론 총칼이 아닌 말과 글로 희생자를 조롱하는 사람 또한 마찬가지다.

한나 아렌트는 『예루살렘의 아이히만』에서 그 유명한 '악의 평범성'이라는 이야기를 꺼낸다. 여기서의 핵심은 타인의 입장과 상황을 전혀 공감하지 못하는 그 사유 없음이 바로 악(惡)이라는 점이다. 다만 이에 대해 일부 학자는 비인간적 인간의 행태를 너무 나이브하게 해석하고 근원적 문제 찾기나 해결책이 없음을 비판하는데 한나 아렌트가 그런 것을 무지한 상태로 말했다고 생각하지는 않는다. 이 악의 평범성은 사유의 동면에서 몇 번 더 언급될 것이다.

이런 모든 걸 생각하면 가끔 인간이 영화 「쏘우」처럼 공포와 같다. 그런 세계의 비극과 한국의 비극이 과거에서 이미 끝난 거 같지만 사실은 그렇지 않다. 현재는 총칼을 들고 몽둥이로 때리는 사람만 없을 뿐이지 악한 자들 때문에 심리적 육체적 죽임을 당하는 상태인 건 변함이 없다. 자크 데리다나 마르쿠제가 말한 인간의 해방은 몇십 년이 지났지만 여전히 오지 않았다. 책은 눈으로 보고 읽는 것이며 타인의 방해 없이 자기만의 뇌의 활동으로 작가의 말을 통해 사유를 하게 한다. 오로지 작가의 글에만 동의하는 게 아니라면 집단착각에 빠질 위험 요소가 없는 게 책이다. 민주주의 사회의 맹점으로 지금은 다양한 집단이 파시즘 혹은 전체주의화가 되어 서로를 죽인다. 다른 인간 매개체와 다르게 책은 생각할 시간이 충분히 있고 자유롭다. 책은 비교적 때 묻지 않은 하얀 상태에서 판단을 하게 하는데 그게 영상과 커뮤니티의 차이점이다. 물론 그것이 너무 편향적이지 않고 집단 추종이 아니라는 전제가 필요하다. 그런 의미에서 사유의 동면은 누군가에게 편향되어 보이니 좋은 책이 아니다. 책뿐만 아니라 자기가 속한 집단 내에서의 생활이나 자주 가는 온라인 영상과 사이트만 보는 생활은 편협함을 만든다. 그걸 사회학 용어로 메아리방 효과(혹은 반향실 효과)라고 한다. 틀림의 무한반복과 쳇바퀴 사고방식에 머문다. 그런 사람은 사회의 소중한 자산으로서도 안타깝고 개인으로서도 불행한 일이다. 편향이 심해지면 서로에 대한 투쟁적 혐오가 시작되어 사회 에너지 낭비가 된다. 인간은 비슷한 성향을 가진 사람끼리 모일 수밖에 없는데 그건 이해관계와 어느 정도 연관이 있다. 정치 종교 신념 직업 등 다양한 사람이 하나의 목적을 위하여 결사체나 조직을 만든다. 그곳에서는 군중으로 인한 자신감과 평등함을 주고 파워라는 걸 가지게 한다. 파워(power)의 어원적 의미는 무엇을 할 수 있는 힘을 말한다. 자신의 관점과 신념을 끝까지 유지하며 반대편을 이길 수 있는 힘을 얻고자 집단형성을 한다. 특히나 조직의 공고화는 상대편 적이 필요하며 어떤 목표의 유대감도 필요하다. 이런 시민의 유대감은 두 가지로 나뉜다. 하나는 다 같이 잘 살고자 하는 부류이고 또 하나는 개인이나 특정 집단만 잘 살고자 하는 부류다.

심리적 유대감 이외에 물질적 이해타산도 집단형성에 권력이 작용한다. 이런 집단형성은 과거 직업으로 치면 중세 길드를 예로 들 수 있다. 15세기부터 이탈리아 상인은 특정 상인 단체에 가입하지 못하면 같은 장사를 할 수 없었다. 맹자가 말하기를 "마차를 만드는 사람은 사람들이 부귀하기를 바라고, 관을 짜는 사람은 사람들이 죽기를 바란다. 그건 마차를 만든 사람이 선하고 관을 짜는 사람이 악해서가 아니다."라고 했다. 즉 맹자는 사람들이 이해타산에 맞게 행동한다고 보았다. 자기에게 감정적 이득을 주든 아니면 금전적이거나 신념적 이득을 주든 인간은 그 이해관계에 따라 관계를 맺고 존재 의미를 가진다. 원자력 관련이나 환경을 바라보는 시각도 여기에 포함된다. 기존에 가지고 있던 자신만의 가치관에 더해서 자신의 이로움으로 세상을 본다. 신념만의 문제가 아닌 인맥 차원에서의 교회를 가든 아니면 특정 직업인이 속하는 사이트에 가입을 하든 작은 동호회에 소속되든 현대에 와서는 그 범위와 활동이 매우 다양하다. 이런 활동은 자기 삶의 유익함으로 세상을 보기 때문에 자기들의 이너서클에 들어오지 않는 타인이나 타 집단에 대해서는 적대적이다. 물론 그 반대편에서는 이런 사람들이 이기적이고 이해가 안 되는 논리에 빠져 있다고 생각한다. 수많은 그런 집합체가 그렇게 생각하기 때문에 갈등은 끊임이 없고 개인이 곧 집단화되어 경쟁한다. 그들이 있음으로 인해 장점도 존재하지만 이런 집단이 도덕성을 잃어버릴 때는 큰 부작용이 생긴다. 특히나 이해관계로 모인 집단은 도덕관념이나 보편적 이성을 찾기 매우 어렵다. 그래서 지능이나 학벌 전문직과 상관없이 인간 모두가 사고의 자폐가 된 상태에서 똑같은 수준이 되어 버린다. 심지어 이들 중에서는 다른 노동자나 다른 종교 등에 비교 우위에 있다고 생각하는 사람도 있다. 개인적인 것이 정치적이라는 명언에 이어 이제는 집단적인 것이 반지성적이란 말을 할 때다. 집단 지성은 두 가지 조건이 필요하다. 하나는 자기비판(내부비판)이고 또 하나는 포용력이다. 우리나라 이즘이 비판받는 것도 위 둘이 부재하기 때문이다. 물론 집단 하나하나 모두가 반지성적이어서 혐오적인 건 아니지만 그런 경향을 요즘은 많이 보인다. 가령 과거부터 억압받아 오고 인간으로 취급받지 못한 흑인이 오히려 현시대에 아시아인을 차별하는 행태는 얼마나 무지한 일인가. 일부가 전체를 오염시키는데 그 일부로 인해 흑인은 타 인종에 의해 미개인 혹은 깜둥이 종족으로 다시 회귀해 버린다. 이게 바로 대표성 휴리스틱이다. 대표성 휴리스틱이란 여러 가지 상황과 조건을 봐야 함에도 불구하고 한두 가지 사실만으로 무엇을 규정하는 것을 뜻한다. 귀인 이론이나 성급한 일반화의 오류도 이와 비슷한 개념이다. 개인이나 집단이 곧 대표성을 가지는 현대 사회에서 올바른 사고방식을 가진 사람의 소수 의견은 묻히기 쉽다. 대중은 자극을 원하고 자기 만족감과 성향에 지배받는 편안함을 원한다. 실제로는 그게 달콤한 독약인데도 그들 집단은 인식하지 못한다. 나와 반대되는 생각을 가진 사람의 의견은 확증편향이나 인지평향 때문에 주의 깊게 들으려고 하지 않는다. 사람들은 숱한 말 중에 몇 마디에만 집착하여 중요하지 않은 이야기나 논점 흐리기식 꼬투리를 잡는다. 이해관계가 있는 당사자가 타인을 경청할 리가 만무한데 오히려 스스로 바른 소리 한다고 착각한다. 그렇다면 왜 현대인은 그렇게 살아갈까? 상식이 통하지 않고 관용과 공감이 사라지는데 큰 역할을 하는 건 고갈되고 한정된 물질의 한계 때문이다. 충분히 부를 가졌는데도 대중 앞에서 무엇인가 해 보겠다는 사람은 이젠 자신의 생각을 사회가 뒤따르게 하려고 한다. 심리학적으로 인간의 발전단계에 따르면 이런 인간의 행태는 자연스러운 일이다. 그러나 최악의 문제점 중 하나는 그 사람을 따르는 사람이 기득권이 아닐 때이다. 그들은 신념의 노예이자 꼭두각시가 되며 홍위병으로 반대편에 혐오를 조장한다. 한나 아렌트의 『전체주의 기원』에서는 이런 사람들이 외롭기 때문에 그런 행태를 보인다고 지적한다. 현대적으로 해석하면 이렇다. 현대인들에겐 자극적인 무엇이 자기를 채워 줘야 하는데 그 방식 중 하나가 이런 강한 신념과 소속감이다. 거기엔 내가 못났어도 모두가 평등하다. 이런 정신적 노예 상태를 벗어나야 어느 소속에도 포함되지 않고 비루하지 않은 나를 진정 알게 된다. 그래야 자신이 빼앗긴 무엇을 조금 더 찾을 수 있다. 과거 흑인 노예와 다르게 현대인은 정치인, 글로벌 기업, 마케팅, 기타 언론에 의해 신노예가 되었다. 지금은 뉴 인라인트먼트 즉 신계몽주의 혹은 어게인 르네상스가 필요하다. 물론 이성주의에 입각한 18세기 계몽주의를 비판한 학자들도 여전히 있지만 그때의 사상이 긍정적인 결과를 가져왔다는 걸 누구도 부정할 수 없다. 인간 발전과 마음의 안정은 인간에게도 있고 책과 온라인에도 있으며 여행에도 있다. 그러나 상처 주지도 받지도 않고 건강하며 쉽게 접하는 것은 이 중에 하나뿐이다. 바로 책이다. 디지털 괴물이 된 인간은 스마트하지 못하게 온라인에서 시간 보내는 걸 인생 상당부분에서 떨쳐내야 한다. 생각이 많은 사람은 생각이 너무 많아 지쳤고 생각이 없는 사람은 그런 생각 없음을 더 하게 만들어 사회가 병들었다. 이 글을 보는 사람은 천천히 써 내려가고 천천히 사람을 읽어 가는 쉼을 아는 사람이다. 이 글에 모두 동의하지 않고 설령 비판하고 싶은 부분이 있어도 그것만으로 이 책은 의미를 가지며 임무를 해낸 것이다. 삶의 미시적인 부분에서는 서로가 다르다. 그래서 인간 행복을 위한 큰 지향점을 공유하는 사람이 어떤 책을 읽고 비판하는 건 즐거운 일이다. 건전하며 건설적 대화가 부족한 우리는 인정의 대화도 배고프다. 또 눈 마주침이 그립다. 우리는 이제 웬만해서는 음식을 먹지 못해 배고프지 않다. 오히려 다이어트를 해야 하는 상황인데 배고픈 선조들은 과연 어떤 생각으로 이런 우리를 바라볼까. 이젠 만나지 못하고 읽지 않는 것에 배고파야 한다.

# 예술은 어렵다

부르크하르트의 저서 『이탈리아 르네상스의 문화』라는 책이 있다. 14년 전 이 책을 다 읽었음에도 부끄럽게 단 한 줄도 기억이 나지 않는다. 아무리 어렵고 두꺼운 철학책을 읽어도 이 정도는 아닌데 특히나 그 책은 기본적으로 알고 있는 지식 외에 거기서 새롭게 안 지식이 무엇이었는지 정말 머릿속에 하나도 떠오르지 않는다. 다만 보통 사람은 굳이 알 필요가 없는 매우 미시적인 내용들이 가득 차 있었다는 정도만 어렴풋이 기억이 난다. 그러니 이런 건 읽었지만 아예 안 읽은 사람과 같다. 이 책 이후 『문학과 예술의 사회사』의 시리즈를 읽었다. 무엇을 체계적으로 외울 정도는 아니었지만 그래도 부르크하르트 책보다 읽기에 괜찮았다. 14년 전 책을 본격적으로 읽을 때는 문학, 예술사조 관련해서 어떤 용어가 나오면 인터넷을 찾아보기 바빴다. 경험해 보니까 그렇게 검색으로 쉽게 찾은 지식은 그걸 달달 외우지 않는 이상 금방 잊어버린다는 사실을 알게 되었다. 문예사조 철학사조 등은 정치 경제 사회 문화 파트에 다양하게 존재하며 시대도 복잡하게 얽히고설켜 있기 때문에 무턱대고 외우는 건 옳지 않다. 가령 고전주의와 신고전주의를 설명할 때는 완전히 이분법적이지가 않아서 오컴의 면도날처럼 명확히 이야기하기가 쉽지 않다. 이사야 벌린의 책 『낭만주의의 뿌리』도 읽어 보면 그 태초의 뿌리가 정확히 어디라고 명확하게 규정하는 말이 없다. 그저 독자가 대략적으로 감을 찾아 알게 할 뿐이다. 여러 복잡한 흐름 속에 남에게 정확한 지식을 설명할 정도는 아니어도 무슨 사상의 사조를 외우기보다 역사의 흐름으로 알게 되면 그래도 개인의 지식은 어느 정도 채워지는 느낌을 받는다. 남에게 설명하고 가르치려 드는 일은 우리가 할 일이 아니다. 그저 일반 사람으로서 음악과 예술에 대해서 개념이나 역사 흐름 정도는 알고 있어야 하지 않나 그런 상식 정도로 생각하면 된다. 지금까지 언급한 다양한 종류의 서적만으로도 읽기가 벅찬데 언제 고결한 예술까지 탐내서 보고 듣고 읽어야 하는가 생각할 수 있다. 그러나 예술은 과학이나 문학, 철학 등과 절대 무관하지 않다. 하이데거의 표현을 빌리자면 예술은 수수께끼와 같다. 가령 프랙탈 구조는 과학이자 예술이 된다. 별것도 아니고 장난질 같은 잭슨 폴록의 액션 페인팅에도 과학적 분석 결과 프랙탈 구조가 존재한다. 피카소의 아비뇽의 처녀들 그림과 앤디 워홀 예술에도 삶과 철학 과학이 들어 있다. 대부분의 작가나 사상가들은 예술을 빼놓고서 무엇을 이루지 않았다. 토마스 만의 『토니오 크뢰거』는 자기만의 예술가 예찬을 말한다. 조금은 오만한 생각으로 모두가 예술가는(혹은 작가) 될 수 없다고 생각한 『토니오 크뢰거』 주인공의 견해에 개인적으론 동의하지 않지만 예술은 이렇게 문학이 된다. 톨스토이도 예술론을 따로 끄집어냈고 자크 라캉 또한 예술에 관한 심오한 견해를 드러냈다. 라캉에게 예술은 인간이 무엇인가를 정확히 표현하거나 말로 의미하는 게 아닌 어떤 공허한 창조 행위다. 인간은 끊임없이 무엇을 창조하는데 그 귀결은 승화다. 예술에 어떤 힘이 있는지는 몰라도 미술과 음악은 인간을 치료한다. 과학적으로 음악은 뇌신경과 감정에 영향을 준다. 그러나 과거에는 이 음악도 누구나 들을 수는 없었다. 우리가 아는 클래식 이름의 어원은 2,500년 전 로마 시대까지 거슬러 올라간다. 그 당시 높은 위치에 속한 계급을 클라시쿠스(Classicus)라고 했는데 이걸 현대적 의미로는 부르주아 즉 가진 자의 의미로 풀이할 수 있다. 이들은 로마가 전쟁을 하게 되면 많은 금액을 후원했다. 이와 대립된 개념으로는 프롤레타리아가 있다. 프롤레타리아 어원은 라틴어 프로레스(Proles)에서 유래한다. 자손을 의미하는 이 뜻은 전쟁이 났을 때 국가에 낼 수 있는 돈이 없는 무산 계급이 결국 자기 자식을 전쟁터로 보내게 됨을 의미한다. 이런 부류를 남자 생식기만 있는 존재로 보고 현대적으로는 우리가 아는 그 프롤레타리아 의미가 된다. 어떤 이는 고귀한 클래식 음악을 듣고 연극을 관람하는 등 이런 고급 문화생활을 해야 한다고 생각한다. 그 이면에는 인간의 계급 취향이 무의식 속에 잠재하고 있다. 물론 어떤 이는 그 자체를 좋아한다며 반론하고 싶겠지만 말이다. 참고로 『구별짓기』의 저자 부르디외는 사람들이 외향/외모에 가지는 생각을 이렇게 계급취향으로 생각했다. 사실 계급의 문화 활동은 과거에도 클래스 차이가 있었다. 로마 원형 경기장 콜로세움의 자리에도 계급이 있었으며 그리스 가면극도 처음엔 아무나 볼 수 있는 게 아니었다. 돈과 여유가 있으니 시간을 보내야 하는데 현대인의 클라시쿠스는 평민 프롤레타리아와 똑같은 취향을 가질 순 없다. 인간 모두는 내면에 속물 근성을(특히 우월감) 가지고 있다고 보지만 겉으로 보는 인간은 매우 다르다. 이걸 현시대 와서는 허세와 연관하여 스노비즘이라고 한다. 인간의 비교우위 성향은 이렇게 수천 년 전부터 있어 왔으니 계급/서열화 현상은 인간 고유의 본성이라고 생각할 수밖에 없다. 예술과 스포츠는 하면 할수록 배고프다고 하지만 진짜 배고픈 사람은 생존이 우선인 사람이다. 올

림픽에 참여했던 그리스 시대 사람들도 처음엔 누구나 참여할 수 없었다. 예술은 누구나 할 수 없는 태생적 배타성을 가진다. 설령 개인이 예술을 하더라도 누가 봐주지 않는다. 심지어 고흐의 작품도 살아 있을 땐 지금처럼 유명하지 않았다. 『영혼의 편지』 책을 보면 고흐는 동생에게 늘 돈의 배고픔 이야기를 꺼낸다. 예술의 범위를 어디까지 볼 것인가에 따라 예술의 의미는 다르겠지만 단순히 노래를 부르고 낙서를 하는 건 예술이 아니다. 다만 인간의 모든 그런 행동은 예술의 시초가 되리라고 본다. 아리스토텔레스가 말한 미학은 우리가 현재 말하는 예술의 또 다른 이름이다. 그에겐 행복도 예술도 아름다움을 찾기 위한 여정이다. 현대로 돌아와서 미학은 알렉산더 고틀리프 바움가르텐의 『미학』에서 말한 것처럼 감정인식이다. 이걸 감정미학이라고 하는데 전문가들이야 미시적 분석 욕구들이 있으니 예술론 따로 헤겔 미학 기타 등등 따로 말하겠지만 『보통의 존재』인 사람들이 볼 땐 이렇게까지 생각하고 싶지는 않다. 예술인에게 최고의 칭찬과 최대의 감정은 보통 사람들이 훔치고 싶을 정도로 갖고 싶은 작품을 만드는 것이다.

그렇다면 글을 쓰고 그림을 그리며 노래를 하는 인간은 언제 진짜로 예술다운 예술을 했을까? 잘 모를 때는 현대사의 시초는 프랑스 혁명이 기점이다, 라고 하면 대충 맞는다. 어떤 것이 중세 이전부터 이어져 왔다고 했을 때 고대 그리스 로마 때부터 시작됐다고 하면 웬만해서는 틀리지 않는 것처럼 말이다. 반은 농담이고 반은 맞는 이야기다. 다만 예술 부분 여기서는 조금 다르다. 보통 미술의 역사를 살필 때 학자들이 자주 언급하는 나라가 바로 이집트다. 전 세계인이 자주 접하는 이집트 그림을 머릿속에 누구나 하나쯤은 가지고 있다. 그 그림엔 파라오가 등장하고 계급을 알 수 있는 그림이 있다. 아니면 제식 의례를 하든지, 음식을 하든지, 술을 만든다든지 흔한 일상생활을 그린 그림도 있다. 고대 이집트 그림 초기부터 꽤 오랫동안 이어져 온 특징은 정면성의 원리로 표현되는 예술 부분이다. 마치 어린이가 그린 그림처럼 보인다. 세세함에 있어서는 어린이와 다르지만 원근감과 입체감이 없기 때문에 겉으로 드러난 원시적 표현 느낌은 비슷하다. 참고로 소실점을 이용한 원근법은 15세기 피렌체의 건축가이자 예술가인 브루넬레스키가 처음으로 시도하였다. 사람들이 보통 이집트인을 인식하는 까무잡잡한 피부의 그림과 스핑크스 건축물 그 외 기원전 15세기 『네바문의 정원』 등은 이집트 예술의 특징을 잘 보여준다. 언급한 이집트 작품 이외에 주관적 평가는 더 할 수 있다. 다만 예술 분야의 전문가가 아니다 보니 사실에 근거한 분석은 더 깊게 할 수 없다. 예술이 그림이나 클래식 음악처럼 재미없고 고리타분할 것 같지만 역사를 안다는 생각으로 책을 읽어 보면 그것도 상당히 흥미롭다. 가령 이집트 이야기를 하는데 예술 분야만 이야기하는 책은 지루하다. 그러나 이집트 신화 세트 이야기를 조금 다루고 이집트 옆 동네 메소포타미아 길가메시 이야기까지 끄집어내면 얘기가 달라진다. 다양한 소재를 첨가하면 이집트 문화도 그리스 로마와 성경 이야기의 중첩처럼 여러 공통점이 보인다. 구약성서 모세의 기나긴 여정도 에굽에서 나온 이후부터 본격적으로 시작된다. 서두에 언급했듯이 책은 절대 독립적이지 않고 역사 또한 마찬가지다. 복합적 요소를 가지려면 다양한 것을 접해 봐야 하는데 그런 건 몇 권의 책이나 몇 편의 영상으로는 알 수 없다. 꾸준한 관심과 독서로 가능하다. 자신이 좋아하는 분야만 보면 아주 재밌는 이런 복합성을 알지 못한다. 가령 오펜하이머 영화를 떠올려 보자. 먼저 영화는 기본적으로 음악과 미술, 조명, 작가(시나리오)가 관여하는 종합 예술이다. 거기다 오펜하이머는 핵 관련 이야기까지 다루고 있으니 과학의 영역까지 확장하게 된다. 오펜하이머는 단 몇 초도 지루하지 않았고 재밌었지만 누군가에겐 오펜하이머 영화가 지루했을지 모른다. 핵폭탄이나 원자 폭탄의 기초가 된 19세기부터 20세기 초 물리학의 역사를 알면 오펜하이머 영화를 이해하거나 재밌게 보는 데 아주 많은 도움을 얻는다. 책은 모든 것의 배경지식을 준다. 영화에는 세세하게 나오지 않지만 양자역학을 알려면 그 전의 과학자들의 역사나 이론을 또 알아야 한다. 19세기 말 본격적으로 등장한 양자 이론과 그전의 고전역학의 차이를 알면 이 또한 재밌다. 오펜하이머 영화처럼 핵폭탄 제조와는 직접 관련 없지만 그 시초가 된 이들 과학자는 보통 18세기부터 19세기 말에 태어났는데 그들은 지금도 자주 회자된다. 가령 닐스 보어와 막스 플랑크, 하이젠베르크, 슈뢰딩거 등을 빼놓고는 양자와 물리학 이야기를 할 수가 없다. 아인슈타인이 왜 "신은 주사위 놀이를 하지 않는다."라고 했는지 이 양자역학의 역사를 알면 이해가 된다. 이와 관련 그 당시 양자 역사의 흐름 정도만 알 수 있는 아주 재밌는 책이 하나 있다. 『양자혁명: 양자물리학 100년사』라는 책이다. 배경지식이 없어도 쉽게 읽히는 책이니 읽어 보길 바란다. 양자역학이나 양자도약을 몰라도 되고 물리학을 전혀 몰라도 읽을 수 있다. 양자에 대해 이렇게 아는 척 쓰고 있지만 아주 깊게는 전혀 모른다. 그저 양자역학의 역사와 개념 정도만 어렴풋이 남들에게 설명할 정도로 알 뿐이다. 누차 말하지만 전문적 분야로 배울 게 아니라면 일반 사람은 다방면의 지식에서 그저 흐름이나 개념 정도만 알고 있으면 그걸로 충분하다. 지금 예술을 이야기하는데 잠시 과학의 영역까지 오게 됐다. 르네상스의 예술부터 현대의 예술 사조까지 사람들은 보통 무슨 "주의" 정도밖에 모르지만 또 이 안에 종사하는 사람들은 더 세세하게 구분을 한다. 예를 들면 르네상스 미술 15세기를 콰트로첸토 시기라 하며 1300년대는 트레첸토, 16세기는 친퀘첸토로 부르는데 우리가 이런 것까지 굳이 알 필요는 없다. 미술을 전공한 이성에게 유식한 척 호감을 살수는 있으나 미술에 크게 관심 없는 사람에게 이런 지식은 보통 인생의 쓸모없는 앎이다. 계속 반복하지만 뼈대 정도는 알고 있어야 더 재밌고 책을 읽는 데 쉬워진다. 아는 만큼 보이고 아는 만큼 재밌다. 뼈대가 있어야 살을 붙일 수 있다. 생명의 탄생도 그렇지만 인간은 처음부터 척삭 동물이 아니다. 모든 세포 그러니까 생명체엔 처음부터 단단한 뼈는 없으며 시간이 지나면서 생성된다. 그래서 책을 읽을 때 어떤 용어나 사상에 대해서 저자의 설명이 없다면 바로바로 찾아 봐야 한다. 이 책도 일부는 그런 과제를 주고 있다. 며칠 후 잊어버릴지언정 상당히 중요한 게 있을 수 있으니 모르면 예전 어르신들처럼 국어사전 영한사전 찾아보듯 검색으로 찾아봐야 한다. 다만 어떤 용어는 온라인 검색으로 그 개념을 접한 것이 전부의 지식이 될 수 없는 것들도 있다. 가령 어떤 문예 사조에 반대하여 다른 사조가 들어온 시기라고 해서 곧바로 그 사상이 없어지거나 단절된 게 아니다. 『낭만주의의 뿌리』의 저자 이사야 벌린 또한 이런 비슷한 이야기를 한다. 계몽주의와 낭만주의는 직접적인 상대 개념이 아니며 더군다나 반대 개념도 아니다. 그렇다고 둘이 합치되는 것도 단절되는 것도 아니다. 이외에 주의주의(主意主義)를 모더니즘과 관련하게 보지만 주지주의(主知主義)와 꼭 대립된 건 아니다. 반면 사실주의는 모더니즘과 대척관계에 있다. 학자들마다 포스트모더니즘의 포스트(post)개념도 제각기 다르다. 20세기 전후하여 모더니즘이 도래하고 19세기 말부터 20세기 초까지의 예술사 세계 흐름은 전위 예술(아방가르드)로 대표된다. 이런 사조는 예술뿐만 아니라 인간의 의식 전환의 한 축에서 사회에 많은 영향을 준다. 가령 1960년대 말 1970년대 포스트모더니즘이나 68혁명이 사회 전방위적 영향을 준 것처럼 말이다. 다만 어떤 부분에서는 명확한 것도 있는데 그중 하나가 한국의 카프문학이다. 카프문학은 1920년대 등장한 목적의식(프롤레타리아/노동자 계급의식)이 뚜렷한 작품세계다. 예술분야도 문학작품처럼 순수와 현실 참여(정치)의 경계가 있다. 너무 거시적이지도 너무 미시적이지도 않게 봐야 하는데 그 구분은 불분명하다. 이 부분 또한 굳이 알 필요는 없지만 한국 문학의 역사를 알면 간혹 보게 될 용어이기에 카프문학을 언급해 보았다. 그런데 이런 예술 이야기는 좀 지루하지 않은가? 인문학과 예술의 세계는 조금만 해야 한다. 친밀해도 조금만 재밌고 낯설어도 잠시만 재밌는 게 예술이다. 그래서 조금만 더 하고 끝내겠다. 그렇다고 미술 사조 이야기를 하면서 인상주의와 표현주의란 무엇인가를 이야기하고 칸딘스키의 추상화 작품을 나열하며 설명하는 글은 적어도 이 책에서는 필요하지 않다. 다른 전문적인 책이 훨씬 보기 좋게 설명해 놨기 때문이다. 더군다나 이런 예술 부분을 자크 데리다나 들뢰즈는 철학적으로 어떻게 생각했을까 하면서 소개하며 깊게 해석하지 않는다. 이 책은 그런 지향점을 가지고 있지 않다. 음악 역사 또한 마찬가지다. 바그너 모차르트 베토벤 등 위대한 인물을 언급하면서 대중의 지식을 설명하지 않는다. 굳이 여기서 최초의 팬덤을 가졌으며 최초의 리사이틀 연주를 했던 리스트를 자세히 설명할 필요가 없다. 공연에서의 피아노 위치를 현대적으로 옆에서 관중이 볼 수 있도록 연주한 리스트라는 인물은 딱 지식의 영역에서 끝난다. 지식과 지혜 그리고 관점을 주는 균형이 필요하다. 이 책은 큰 흐름에서 융합을 말하고 있기 때문에 중요 부분이라고 생각할 때만 잠시 미시적으로 이야기한다. 대부분의 이야기는 책의 모체 같은 역할로 광범위한 것을 다루고 현대적 생각을 끄집어낸다. 그래서 생각난 것만 언급하고 빨리 지나가기도 한다. 요약하자면 이 책은 특정 지식을 더 잘 알게 하는 책이 아니라 지도나 내비게이션 역할을 한다. 잠시 이야기가 빗나갔는데 다시 예술로 와보자. 지금까지 예술에서는 고대 철학자들을 빼놓고 이야기했다. 그들에게도 미(美)의 관념은 삶의 곳곳에서 찾을 수 있다. 아리스토텔레스는 철학 외에 미학과 과학에 분명한 사유를 가지고 있었다. 현대적으로는 아리스토텔레스의 미학이 조금 불명확하고 광범위하며 과학 부분에서는 조잡하여 틀린 부분도 조금 존재한다. 아리스토텔레스는 예술을 삶과 연계하였고 행복의 관점과 예술의 관점을 조화로움으로 등치시켰다. 그에겐 예술도 모방과 탁월함이 존재했다. 그러면서 그는 인간이 모방하는 걸 가장 잘 안다고 생각했다. 현대에 와서 언어는 예술이 되고 아리스토텔레스의 지적 허구는 무엇을 표현하며 전달하는 예술이 된다. 서양 철학뿐만 아니라 공자나 맹자의 글을 자세히 보면 결국 그들도 합리와 조화로운 마음을 말하고 있음을 알게 된다. 사서삼경 중 하나인 시경은 곧 음악과 연결이 되는데 공자는 음악을 인간의 '자연스러운 원함'이라고 생각했다. 한편 플라톤은 아리스토텔레스와 조금 다르다. 플라톤에게 예술은 이성적이고 현실적인 사유의 매개체였다. 예술이라고 하면 어떤 한 개인의 창조 활동을 의미하는데 예전 사람들에게 예술은 영화처럼 종합 예술이었다. 철학도 들어 있고 상상력과 종교도 들어 있으며 과학도 들어 있다. 마치 영화 매트릭스처럼 다양함을 가지고 있다. 그림이나 건축 그리고 조각은 그저 예술의 장르만 가지고 있지 않다. 과학을 모르면 훌륭한 예술가가 될 수 없을 정도다. 실제로 레오나르도 다빈치는 어른이 되어서도 수학과 과학을 배우고자 했으며 실제 자신의 예술작품에 반영했다. 중세 이후 기독교 교육을 받으면서 과학 수학 철학을 배우는 건 거의 필수적이다. 우리가 먹는 맥주는 수도사나 수녀 외에 일반 집안에서도 널리 행해졌는데 아무렇게나 만들어진 것이 아니었다. 자연을 알아야 맛있는 맥주가 탄생한다. 자연을 알아야 예술이 완성된다. 맥주 하니까 와인이 떠오르는데 와인은 고급으로 평가받고 맥주는 그 이하로 평가받았던 시대가 있었다. 과연 예술에도 계급 같은 등급이 있고 맥주 순수령 때처럼 예술도 순수해야 할까? 온갖 종류의 작품에는 없을지라도 사람의 인식에는 존재하는 듯하다. 복잡하면서도 간단함이란 무엇일까? 모나리자 그림이 대표적인 그런 역설적 예술작품이라고 생각한다. 잘 모르면 모르는 대로 오묘하고 알면 아는 대로 감탄이 나온다. 복잡함이란 아까 말한 그 다양한 지식이 들어 있다는 이야기다. 요즘 세상은 자존감을 잃어버리는 사람도 많지만 반대로 자의식 과잉의 사람들이 많다. 예술인이나 작가도 가끔 이런 후자의 경향을 보인다. 그래서 예술인도 자기생각에만 빠지지 말고 다양한 공부를 해야 한다. 훌륭한 작품은 천재성에만 기대지 않는다. 너무 난해한 것이 꼭 좋은 그림, 좋은 시, 좋은 문학이 되는 건 아니다. 개인만의 내재 의식 표출이 아니라면 예술은 소통의 마음과 표현의 마음을 동시에 가지고 있다. 어떤 이는 문신을 자기만족으로만 생각하는데 철학이나 심리학을 조금이라도 아는 사람은 절대 그렇게 생각하지 않는다. 자크 라캉의 관점에서 문신은 타인의 시선을 받는 것으로 그 눈과 시선은 주체를 의식하게 한다. 만약 무인도에 산다면 이레즈미처럼 과한 문신을 할 사람이 얼마나 될지 의문스럽다. 문신은 기표인데 기표는 시그니피앙 즉 의미를 주고 그 의미는 나에게만 한정되지 않는다. 물론 소쉬르의 말을 따르면 기표는 자의성을 가진다. 필수불가결하게 기표와 시그니피에(기의)는 인간과 인간을 연결해 주고 소통을 하게하며 의미를 부여한다. 무인도에서 자신만의 어떤 표식을 하는 문신을 할 수 있겠으나 온몸에 문신을 하는 건 시선이 있기 때문이다(단 라캉은 시선과 응시를 구별한다). 결국 문신은 문신을 하는 사람들이 그토록 말하는 자신의 정신적 목적만을 오로지 추구하지 않는다. 아무리 그들이 항변해도 그런 문신은 자기 독립적으로만 볼 수 없다. 그렇다면 문신도 예술일까? 아니면 특정 정신세계의 표출일까? 예술작품을 보는 시각은 인간의 개인성(특수성)에 영향을 받는다. 아름다움이란 조화를 말한다고 볼 수 있다. 그렇게 생각하면 플라톤과 아리스토텔레스의 미학은 어떻게 보면 보편적인 부분에 좀 더 마음이 가는 듯하다. 그러나 인간에게는 보편성과 특수성이 함께 있어서 똑같은 사물을 보더라도 다른 관념을 가진다. 플라톤의 이데아와 칸트의 물자체는 보편성이다. 아리스토텔레스의 질료와 형상은 특수성인 동시에 가능태(시간의 흐름) 이후 보편성을 가진다. 상호 주관성은 여기에 있지 않지만 예술은 객관성과 주관성을 동시에 가진다. 그리고 로크의 오성론처럼 인식하는 주체는 사람이기 때문에 예술을 하는 사람이나 보는 사람이나 개개인의 경험에서 자유로울 수 없다. 동시에 사람의 기질은 인간 모든 영역에 영향을 미친다. 결론적으로 자신의 경험과 기질로 예술과 세상을 평가한다. 이 책에서는 무엇이 예술인가의 대답이 없다. 예술 하는 사람이 교조적으로 예술은 이런 거야 말하든 누군가의 예술관점이 객관적이든 주관적이든 상관이 없다. 그저 인간에게는 무형과 유형의 탐미적 욕망이 있기 때문에 지금은 그저 다양한 삶의 예술을 말할 뿐이다. 오스카 와일드가 말한 "삶은 예술을 모방한다."처럼 인간의 일상 중 하나인 예술은 특별함이 따로 없다. 예술의 일상 중 하나는 또 광고 영역에 있다. 여기서 옳고 그름은 절대 존재하지 않는다. 광고가 영화처럼 종합 예술의 요소를 가지냐 안 가지냐를 논하는 건 고귀한 예술인들이 할 일이다. 그냥 보통 사람이 볼 때 이것 또한 보는 맛이 존재한다. 예술도 보는 맛이 있으면 덜 지루할 것이다. 전통의 TV 광고뿐만 아니라 유튜브 광고 영상, 뮤직 비디오도 쉽게 완성되지 않는다. 각 분야의 다양한 전문가가 함께하는데 그 사람들 각자는 자기가 하는 일이 거창하게 예술이라고 생각하지 않을 수도 있다. 그러나 대단한 노력과 열정 그리고 창조적 행위가 일어난다. 종합 예술은 그렇게 또 대중 앞에 나타난다. 다만 광고 분야는 인간의 심리를 일부러 자극하는 것으로 자본주의와 유물론적 관점만 보면 순수 예술과 다르게 된다. 그럼에도 인간의 창작 활동이라는 점에서 너무 무시당할 영역은 아니다. 과거부터 예술인과 광고의 컬래버레이션은 시너지 효과를 가졌다. 대표적으로 앤디 워홀이 있다. 새로운 상업미술의 시대가 열린 것이다. 여전히 예술인은 배고프지만 이젠 꼭 배고프게 예술을 해야만 하는 건 아니다. 고루한 생각을 버릴 필요도 있다. 다만 한국의 예술은 가난하면 처음부터 예술할 마음이 생기지 않는다. 이것도 교육과 사회 시스템 때문에 학연 지연 부모의 능력에 따라 삶이 좌지우지 된다. 어쨌거나 이렇게 보면 막연하게 인간은 모두가 예술 활동을 한다고 생각할 수 있다. 그런데 역설적으로 꼭 그렇지만은 않다. 예술행위는 할 수 있으나 사람들에게 기억되는 건 극소수다. 파레토 법칙이란 게 있다. 이 법칙이란 전체 생산물의 80%는 상위 20%가 만들어 내는 것을 의미한다. 위대한 문학작품, 예술, 노래, 발명품 등 그 무엇이든 여기에 해당된다. 예술의 영역에도 재능 즉 능력제가(부모와 자신 둘의 능력) 적용되는 거 같다. 실제로 우리가 아는 위대한 음악가들 대부분은 어려서부터 조기교육을 받았고 부모의 열렬한 지원이 있었다. 심지어 모차르트는 극성맞은 부모의 영향 때문에 지금으로 치면 아동학대 수준으로 음악을 배운다.

이런 능력 있는 작품성을 떠나 어떤 특정 목적으로 예술이 발휘된 적은 없었을까? 과거에는 종교적으로 그림이 그려졌거나 건축이 이루어졌다. 중세 15세기 16세기 이탈리아의 메디치 가문처럼 권위자의 의도된 행위로 예술작품이 탄생한 경우도 많다. 가령 미켈란젤로와 산드로 보티첼리는 메디치가와 연관이 있었다. 현대에 와서는 더 다양한 목적으로 예술이 이루어진다. 아울러 종교와 정치 그리고 인간의 마음 표현까지 한꺼번에 이루어진 작품이 있는데 대표적으로 케테 콜비츠의 '피에타' 이다. 피에타는 성모 마리아가 아들 예수를 안고 있는 모습을 뜻하는데 실제 콜비츠 아들은 1차 세계대전에서 독일군으로 참가하다 죽음을 맞이한다. 그녀는 전쟁의 참상과 자식 잃은 어머니의 마음을 예술로 승화시킨다. 어떤 이는 예술의 세계에서 어떤 이즘을 꺼낸다. 그림으로 치면 17세기 여성 화가 아르테미시아 젠틸레스키가 대표적이다. 그녀는 어려서부터 그림에 재능을 보였는데 어느 날 아버지의 지인으로부터 성폭행을 당한다. 그후 성폭행으로 인한 심리적 영향인지는 정확히 알 수 없으나 그녀의 그림 「홀로페르네스의 목을 자르는 유디트」는 왠지 그런 심리상태를 보여 준다. 실제 그림을 검색해서 보면 아주 적나라하고 섬뜩하고 잔인하다. 마치 남성에 극단적 적대감을 표출한 것처럼 보인다. 이외에 파브르보다 더 관찰력이 뛰어난 것처럼 보이는 곤충화가 마리아 메리

안이라는 여성 예술가도 있다. 대중적으로 아주 잘 알려진 예술 작품의 소개는 이 책에서 필요 없지만 한 번쯤 이런 인물과 그림의 소개는 필요할 거 같아서 상대적으로 조금 설명을 덧붙였다. 인간 의식의 표현 그러니까 내면에 존재하는 자아와(마음) 머리의 이성이 어우러져 만들어지는 게 예술이다. 과거에는 과거대로 그런 표현이 존재했고 현대에는 기술의 발전으로 디자인이나 캐릭터, 캘리그라피(서양에 캘리그라피가 있다면 동아시아에는 서예가 있다), 애니메이션, 영화, 심지어 AI까지 광범위한 인간 의식표현이 존재한다. 언어가 할 수 없는 걸 예술은 해낸다. 인간의 언어는 동물과 비교했을 때 완벽한 듯하지만 마음과 생각을 담기에는 여전히 소통의 불완전성을 가지고 있다. 오히려 바다에 사는 고래나 일부 다른 동물의 대화가 어쩌면 인간의 대화보다 더 과학적이고 더 정확할지 모른다. 언어보다 더 다중적 의미나 해석을 주는 예술은 특정 영역에서는 언어의 기표 역할을 한다. 의미의 함축이나 확장은 언어와 예술 둘 다 가지고 있지만 재현의(representation) 차이점이 있다. 또한 현실에서 언어는 실질적으로 표출되지만 예술은 내재적이고 이상적인 측면을 가지고 있다. 언어는 기술(記述)해야 하지만 예술은 표상하기에 기호와 또 연관을 지을 수 있다. 이처럼 단순히 예술이 예술 느낌으로만 끝나는 게 아니다. 물론 대상관계의 수행이라는 측면에서 언어와 예술은 공통점이 있다. 인간이 예술을 하지 않았다면 상상력의 부재와 사고의 결핍으로 인해 인류 발전이 더디었을지 모른다. 모든 창작은 영혼을 짜내기에 고통스럽다. 아리스토텔레스는 이런 창작의 고통도 즐거움이라고 했으며 심지어 자기 생각에 반대된 주장을 곱씹어 보는 것도 유용함이라고 했다. 우리는 이 두 즐거움을 과연 하고 있는지 스스로 물어봐야 한다.

## 책 자체도 잘 안 읽는데 하물며 철학책을 읽으랴

이 파트에서도 복잡한 철학 소개는 지양한다. 어떤 철학자들의 말만 전할 뿐 그것에 대해서 깊게 해석하는 건 없으니 두려워하지 말고 지금까지 읽은 대로 계속 가 보자. 책을 분명 읽었는데 며칠 지나면 거의 잊어버리는 분야가 하나 있다. 바로 철학이다. 읽을 때는 어떻게 이런 논리를 이어 갈까 하며 감탄을 한다. 더 신기한 건 A라는 철학서나 철학자가 있으면 A의 시각에 감탄하고 A의 시각을 조금 다르게 보는 B라는 철학서나 철학자를 읽으면 또 B라는 것에 감탄한다는 점이다. 이것의 정반합 같은 C라는 책도 마찬가지다. 철학은 그렇게 흘러왔다. 만약 당신이 도서관이나 서점에서 무작위로 보통의 책 열권을 선택해서 읽는다면 열에 아홉 정도는 분명 어떤 철학자의 말이나 사상, 책 등을 인용한 부분이 한 곳 이상은 나온다. 왜 그럴까? 유식해 보이고 싶어서 일지도 모르지만 주요한 이유는 자신의 논리에 권위를 부여하기 때문이다. 또 이야기를 전개하는 데 그들을 인용하면 매우 쉬워진다. 그래서 이 책도 매우 쉽게 쓰였다. 철학하면 현실과 동떨어지고 이상향 같거나 어려운 그들만의 형이상학(사유)일 거 같지만 꼭 그렇지만은 않다. 철학은 형이상학과 형이하학적 성격 모두를 가진다. 크게는 예술도 이와 다르지 않다. 그런 의미에서 철학은 책을 읽는 데 필수 요소이기 때문에 싫어도 반드시 읽어야 하고 몰라도 알아야 한다. 나중엔 유명한 AI 철학자도 나올 테지만 아직 인간의 철학도 제대로 다 이해하지 못했는데 AI 선생님의 말씀을 먼저 듣기는 조금 그렇다. 어쨌거나 서양 철학사라는 책을 검색해 보면 시대별로 정리한 책 몇 권이 나올 텐데 우리는 적어도 이 정도 수준의 철학 흐름은 알아야 한다. 칸트의 『순수이성비판』이나 헤겔의 『정신현상학의 이해』를 통째로 읽지 않더라도 칸트나 헤겔의 굵직굵직한 철학 생각은 알고 있어야 한다. 여러 철학자들의 책을 분석해 놓은 입문서는 시중에 정말 많이 나와 있다. 물론 그런 각론 느낌의 입문서가 어떤 철학자를 제대로 이해한다고 할 순 없지만 우리는 그 정도로도 충분하다. 오히려 효율적이다. 저자의 능력에 따라 조금 다르겠지만 그런 책들은 기본적으로 사상가들이 직접 쓴 철학서보다 읽기 쉽고 정리가 잘되어 있다. 마치 서머리 같은 핵심 요소만 있어서 더 이득이다. 보통의 정규 교육을 받고 공부를 아예 손에서 놓은 사람이 아니라면 한국의 역사나 세계사의 역사에 대해서 주요 뼈대 정도는 알고 있으리라 생각한다. 철학도 마찬가지로 기원전 6세기 밀레토스 학파부터 현대의 철학까지 주요 사상가의 주장이나 패러다임 변화 등은 알고 있어야 한다. 사서삼경으로 대표되는 동양 철학은 역사를 흐름별로 굳이 언급하지 않아도 된다. 19세기 동서양의 융합적 학문을 강조하기 전까지 공자나 맹자, 장자 그 외 불교 등은 서양과 철학이 뚜렷이 구분됐다. 또한 서양이 보는 시각은 에드워드 사이드 책 『오리엔탈리즘』에서 보듯이 동양철학이 거의 존재하지 않는다. 실제로 오리엔탈리즘 내용은 책 분량에 비해 중국이나 아시아 관련 이야기가 거의 나오지 않는다. 서양인이 보는 중동의 시각이 오리엔탈리즘이었는데 수십 년 전부터는 그 시각이 바뀌었다. 현재 오리엔탈리즘은 아시아까지 이어져 사상의 기수지역 역할을 한다. 서양의 자연철학은 소크라테스 시대에는 인간 중심 철학으로 바뀌고 기원후 3세기부터는 신의 영역에 도달한다. 그로 인해 신플라톤주의 사상은 천오백 년 이상 종교(기독교)의 주된 철학 사상이 되었다. 우리가 잘 아는 삼위일체(트리니티) 개념은 플라톤 혹은 헬레니즘시대 이후 여러 사상에 본격적인 자리를 차지한다. 삼위일체의 기원을 굳이 찾자면 기원전 여러 나라의 신화에서 발견할 수 있다. 이집트의 태양신 라와 창조신 아톤 진리의신 마트는 삼위일체의 시초 역할을 한다. 정반합도 어떻게 보면 삼위일체의 종합이다. 참고로 헤겔의 변증법은 우리가 아는 것처럼 정반합에 모든 걸 귀결하지도 얽매이지도 않는다. 단테의 지옥 연옥 천국도 그렇고 3이라는 숫자의 합일은 여러 곳에서 찾아낼 수 있다. 르네상스 이후 과학철학이 도래하는 시기까지의 서양 철학은 여기서 끝이 나지 않는다. 과거보다 더 복잡한 19세기 말 이후에는 현대 철학이 이어지기 때문에 머리가 정말 지끈지끈해진다. 과거 철학이 수사학 논리학 기타 인간과 자연에 대한 끊임없는 탐구의 소리를 한 정도라면 지금의 철학은 양자물리학, 위상학, 심리학 등 모든 걸 배워야 하는 느낌이다. 과거의 철학은 인간 본위의 실체/물질 탐구만 해도 되었지만 현대는 복잡성과 다변성으로 사회 구조적 차원까지 연계된 종합적 탐구를 해야 한다. 그래서 더 복잡한 해석과 다양한 관점이 존재한다. 대표적으로 20세기 초중반 시작된 구조주의 시각이 바로 그런 것 중 하나다. 그전까지는 사변적이거나 시간, 위치와 같은 3차원 단계로 하나의 현상을 인식했다면 현대철학의 흐름은 거미줄 같은 유기체의 관계를 중시한다. 의미를 찾는 실증적인 과학철학(분석철학)은 현상학과 실존의 문제로 이어졌다. 이제 철학은 경험과 관념의 이분법적인 시각에서 벗어나 과학과 언어관계(인간/사회)의 문제로 철학자들 사유가 아닌 현실적 사상이 되었다. 이속에서 등장한 비판철학과 여러 철학자들 사상을 한 명씩 알아야 한다면 그건 절망적 공부가 된다. 현대철학 이야기는커녕 버틀란드 러셀 한사람이나 쇼펜하우어 한 사람만 붙잡고 책을 쓸 수 있을 정도인데 그 수많은 사상가들 핵심 사상을 다 나열할 수는 없다. 이런 건 사유의 동면 다음 시리즈에서 계속하면 된다. 언급한대로 철학책을 겁먹거나 지루하다고 생각하지 말고 도서관이나 서점에서 철학 사상 입문서나 인문학 관련 도서를 실제로 읽으면 생각보다 쉽고 재밌다는 걸 알게 된다. 지금은 철학의 오리엔테이션 정도로만 살펴보고 현재 우리 사회의 현상을 조금 고찰해 보는 정도다. 이 책은 곳곳에 숙제를 내주고 다 같이 생각해 볼 거리를 주고자 한다. 지금은 철학을 이야기하는 거 같지만 철학만이 아니다. 아리스토텔레스의 『정치학』은 현실정치와 철학 부분이 동시에 존재하고 윤리 부분까지 연계된다. 철학이나 정치는 멀리 있는 게 절대 아니다. 예술에도 철학이 들어가는데 그동안 이 책에서 언급한 것들만 보더라도 모든 인간의 역사가 책의 삶으로 연결되어 있음을 알 수 있다. 과거 사람이나 현재 사람은 크게 다르지 않으므로 2,500년이 지난 소크라테스와 제자백가 시대의 사상이 그대로 이어지는 영역이 존재한다. 즉 시대와 철학자를 넘어 인간의 인식론은 조금씩 비슷하다. 가령 스피노자는 인간의 인식을 3종으로 나누었다. 1종의 인식은 표상(상상)으로만 느끼는 것을 말하며 2종 인식은 보편적 인간의 이성적 존재로서 세상을 알길 원한다. 3종 인식은 본질을 탐구 하는 인식이다. 그의 3종 인식을 따르면 과거 철학이나 현대 철학을 대부분 설명할 수 있다. 로크나 니체의 사상에서도 약간 비슷한 사상을 볼 수 있는데 스피노자 3종 인식으로 경험주의를 설명할 수 있다. 스피노자가 표현을 그렇게 하지 않았을 뿐 경험 없는 관념론과 경험에 의한 인식론이 저 3종 인식에 들어 있다. 플라톤의 이데아는 2종 인식에 가깝고 아리스토텔레스의 현실 사상은 3종 인식에 가깝다. 아리스토텔레스의 저서 『형이상학』의 핵심은 철학적 이야기를 하는 게 아니라 물체의 활동과 변이에 대한 실체를 이야기하기에 3종 인식에 가깝다. 또 현대철학의 현상학이나 실존주의 기타 해체주의는 궁극적으로 스피노자의 마지막 3종의 인식이다. 이성으로써 보편성과 특수성, 윤리 측면에서 특수성과 상대성은 예전 사람이나 지금이나 동시에 가지고 있기에 변하지 않는다. 옳고 그름의 문제를 다루는 게 철학의 임무라고 할 순 없지만 당위성을 논하게 하는 게 또 철학이다. 이건 결국 우리가 사는 법의 영역으로 나아가기 때문에 또 현실적이며 법실증주의적이다. 철학이 법의 영역으로 가서 실증적이다니 말도 안 되는 느낌이다. 논리 실증주의나 분석철학 개념이 나오기 전까지 철학자는 철학을 사유의 방법이나 세계관으로만 논했을 뿐이지만 지금 철학은 그걸 현실(경험)에 적용한다. 가령 들뢰즈와 가타리의 소수성 다수성 사상으로 어떤 이즘을 말해 볼 수 있고 인종이나 난민 등의 이야기를 전개해 볼 수 있다(앞서 한번 언급했지만 더 자세히 이야기해 보겠다). 다수성은 쉽게 말해 기존 관성체계를 유지하는 사람들을 말하고 소수성은 그걸 전복하려는 사람들을 말한다. 예를 들자면 이성애자와 기득권이 다수성이고 퀴어나 장애인이 소수성이다. 그래서 이들은 끊임없이 대립 갈등한다. 그리스 시대로 돌아가 보면 아레테(arete)도 어떤 당위성 중 하나다. 아레테라는 개념이 있다는 건 분명 인간이 느끼는 탁월성 혹은 칸트가 말한 보편진리나 선험적 규칙이 존재한다는 걸 의미한다. 다만 그게 무형적이라는 측면에서 무엇이 윤리인지 무엇이 탁월한지는 또 하나의 진리 탐구 영역이 된다. 어떤 이는 현시대의 도덕적 붕괴를 철학의 부재로 보는 사람이 있다. 전 세대는 후세대가 걱정스러워서 항상 위기의 시대라고 말하지만 때로는 위기나 두려움을 팔아먹는 거짓 지식인이 그렇게 말하기도 한다. 반면 진짜 사회를 걱정하는 참지식인이 있다. 민주주의 위기는 그리스 시대의 페리클레스 통치 시대에도 있었고 그 후에도 있었으니 우리 인간은 지난 2,500년간 위기를 안 겪은 적이 없었다. 현시대 문제는 어떤 특정 철학의 부재보다는 한나 아렌트가 말한 사유의 부재가 더 크다고 본다. 한나 아렌트 이전에 아돌프 히틀러는 그걸 더 잘 알고 있었고 괴벨스와 함께 그걸 적극적으로 활용했다. 히틀러는 "국민의 생각 없음이 얼마나 통치자에게는 편안한가?"라고 이야기했다. 괴벨스는 최초의 대중 선동자이자 좋게 말하면 최초의 광고 책임자인데 사유 없음은 거짓말의 선동에 얼마나 잘 먹히는지 알 수 있다. 실제 괴벨스는 지금으로 치면 그 당시 마케팅을 담당하는 다른 자본주의 국가 사람과 교류하기도 했다. 다만 1차 세계대전 후 독일의 그 당시 상황은 히틀러 같은 인물이 아주 잘 먹힐 만한 완벽한 시대였다는 점을 고려해야 한다. 그 당시 독일 국민은 전쟁 패배 후 심각한 경제 상태와 전쟁 배상, 군대 제한, 민족의 자존심 하락 등으로 그들의 메시아가 필요한 때였다. 그 당시엔 생각 없음이 문제였지만 현시대는 약간 다르다. 현대인은 오히려 자신만의 세계관이 너무 뚜렷한 사람들이 문제인데 그 세계관이라는 신념이 사유를 안 하게 만드는 가장 큰 결정적 이유가 된다. 역설적으로 SNS에서는 활발하게 사유하는 거 같지만 자신의 신념 때문에 실제로는 "사유의 동면 상태"에 놓여 있다. 긴 겨울잠을 자는 많은 사람들에게 봄이 왔음을 알리는 계절 변화 알리미는 올바른 책이다. 사유의 부족은 절대 개인에서 끝나지 않는다. 사유의 동면은 타인에 대한 배려심 부족으로 이어지고 몰이해성을 만들어서 양쪽 다 공격적 상황에 이르게 한다. 이게 바로 한나 아렌트적 사고다. 스마트폰은 그런 심리를 잘 이용할 줄 아는 집단에게 매우 유용하게 쓰인다. 단순히 온라인을 유희로만 여기는 사람은 철학과 사유의 부재로 귀결되고 자신도 모르게 무의식적으로 그동안 자신이 봐왔던 영상이나 글에 종속된 생각을 가진다. 우리의 행동이 얼마나 인지 왜곡이 되는지는 책 『생각에 관한 생각』을 보면 알게 된다. 지능의 역설뿐만 아니라 이성의 역설 때문에 행동 경제학은 그래서 필요하다. 사람은 자신만의 아비투스가 있기 때문에 지속적으로 자신의 성향과 관련된 비슷한 관점이나 관심만을 보게 된다. 특히나 현시대엔 정보가 더욱 개인 필터버블화(쉽게 말해 알고리즘화)되어 있어서 어떤 것에 깊게 빠진다. 앞서 잠시 언급했지만 이걸 수십 년 전 레온 페스팅거는 사회 비교이론이나 인지부조화 이야기로 이미 예견하였다. 레온 페스팅거가 말하길 "인간은 타인과의 비교를 통해 자신의 가치를 평가한다."라고 하였다. 요즘 시대가 그런 시대 아닌가. 거기에서 오는 사회 괴리감과 타자 괴리감은 결국 가졌는가, 못 가졌는가의 문제 즉 테두리와 변두리로 나뉘게 한다. 변두리 그러니까 주변형(들뢰즈 사상으로 치면 소수성으로 봐도 무관하다) 인간은 잉여인간이나 소외, 불만의 존재가 되거나 그 외 다양한 변이 인간이 된다. 카프카의 『변신』에서 나오는 인간 곤충은 아마 이런 사회를 미리 예견하지 않았는가 할 정도로 현대인의 심리상태를 보여 준다. 온라인이나 언론에만 따르며 살고 기타 신념 같은 목적이 이끄는 삶은 '나'라는 주체가 없는 삶이다. 현대철학에서 특히나 빠질 수 없는 주체라는 용어가 등장했기에 잠깐 주체(subject) 이야기를 해 보자. 참고로 미술에서도 스킬(형상)로 그림 그리기보다 이 서브젝트 능력이 재능 여부를 가른다. 주체는 반드시 타자가 존재하는데 우리가 알고 있는 웬만한 현대 철학자는 거의 모두가 주체와 타자의 관계를 정립하려고 했다. 어떤 철학자는 주체와 타자를 갈등으로 보지만 메를로 퐁티나 레비나스는 서로의 융합이나 책임성 관계로 파악한다. 전자의 대표적 경우가 샤르트르이다. 샤르트르는 자기의 시선으로 타인이 나를 본다고 생각하는 '대상화' 때문에 부끄러움이나 어떤 감정을 느낀다고 한다. 그런데 그런 감정은 진짜 자신의 감정이 아닌 타인으로부터 얻은 가짜 감정이다. 반면에 레비나스는 자아 중심의 주체를 벗어나 이해와 공감의 영역으로 타자를 대한다. 레비나스를 빗대어 현대적 관점의 핵심 중 하나를 짚어 보면 주체인 나는 타자를 특정화하고 개념화할 수 없다. 철학적으로는 이 말이 확실히 맞다. 그래서 인간은 상대를 이해하기 힘든 존재다. 그저 레비나스의 말을 따르면 그냥 타자를 '환대'해 줘야 한다. 낯설어도 그래야 한다. 그런데 현재 우리의 온라인은 어떤가. 커뮤주의(커뮤니티주의 줄임말. 지역주의 개념에서 차용했는데 현대인은 이것에 빠져 살고 심각한 수준이다)에 사로잡힌 사람들은 서로가 서로를 개념화한다. 한 커뮤니티가 주체가 되어서 타자의 커뮤니티와 대립한다. 그 두 집단은 거의 합일점을 찾기 힘들 정도로 가치관의 간극이 매우 크다. 이럴 땐 샤르트르의 말이 맞게 된다. 그러나 그들 모두가 사회 구성인자 즉 구조를 이루는 집단이라고 보면 서로를 이해해야 하며 혐오나 공격이 아닌 호혜적 관계를 형성해야 한다. 그런 관점으로 보는 게 메를로 퐁티나 레비나스의 생각이다. 우리는 공멸하지 말고 공생해야 하니까 해결책을 찾아야 한다. 타자를 어떻게 규정하는지도 모르고 모두를 포섭할 수 없다고 한 레비나스의 관점은 현실적이지만 모두가 환대할 마음은 비현실적이다. 대립된 양쪽은 반드시 상대를 무엇으로 규정한다. 그 규정이 남녀일 수도 있고 좌우 정치일 수도 있으며 무신론 유신론일 수도 있다. 마르쿠제는 이걸 '폐쇄된 언어'라 표현한다. 이런 가치관 대립 속에 선악의 유무로 상대를 따지려고 할 때는 이성과 감정은 혼동을 일으킨다. 앞서 짧게 언급했지만 반복하여 설명을 덧붙인다. 니체는 주인의 도덕과 노예의 도덕이 있다고 했는데 전자는 좋고 나쁨으로 나뉘고 후자는 선과 악으로 나뉜다. 주인의 도덕은 니체가 『짜라투스트라는 이렇게 말했다』에서 말한 사자와 같은 인간이다. 자신이 주체가 되어 좋은 것을 원하고 바라며 앞서가는 인간이다. 반면 노예의 도덕은 니체가 말한 낙타와 같은 인간이다. 낙타는 인간이 하는 대로 짐을 싣고 나르는 존재일 뿐 주체적 사고를 하지 못한다. 즉 노예의 도덕형 인간은 남이 하는 말만 믿으며 전통적 사상, 종교, 정치 이념 기타 어려서부터 부모로부터 받은 교육, 지역적 특성에 사로잡힌 삶을 산다. 그래서 자신이 보고 배운 것이 아니거나 친근함이 아닌 것은 편견을 가지고 반대편을 악으로 규정한다. 현대에 와서는 다양한 커뮤주의와 개인 방송 때문에 더욱 이런 경향이 심해지고 있다. 친밀함은 때론 사유의 배신자가 된다. 로마시대 세네카는 "친할수록 엄격하라."라고 했다. 현대인은 인플루언서 한 명의 말에 의미를 부여하고 권위를 부여한다. 그 작은 세계에서 사람들은 열정적 논의를 시작한다. 그 안에서의 사유이기에 애초부터 더 큰 사고의 문을 열지 못한다. 온라인에 대한 조금씩 중복된 이야기를 해서 미안하게 생각한다. 대신 엄청난 정보를 주고 있으니 등가교환이라고 생각하길 바란다. 주체와 타자 이야기를 조금 더 해 보겠다. 힘들어서 생을 마감하고 싶어 하는 사람이 있다고 생각해 보자. 전지적 관찰자인 타인이 볼 때 객관적으로 더 힘든 사람도 살아가는데 뭘 그걸로 죽으려고 하냐고 반문할 수 있다. 자연스럽게 자살이라는 키워드까지 오게 되었다. 기독교적 관점에서 자살은 신이 주신 생명권을 인간이 마음대로 멸하는 것이므로 받아들여지지 않는다. 프로이트가 말한 유기체의 죽음충동 즉 타나토스는 종교적 관점에서 죄와 같다. 심리학적으로 자살의 마음을 먹거나 실제 행하는 행태는 정상적 상태의 심리 상태라고 보지 않는다. 자살은 개인의 경제적, 심리적 긴장상태와 타자와의 관계 설정 어려움, 기타 사회적 심판 등 복합적 요인으로 평형의 심리를 유지하지 못한 채 나쁜 선택을 하는 걸 의미한다. 반면 스피노자는 조금 다른 관점을 가진다. 스피노자에게 자유란 이성적 사고에 따른 삶을 의미한다. 그런데 자살은 그 이성적 자립이 온전하지 않은 상태이다. 심리적 고장이나 정신병을 가진 사람이 자살했다면 이런 주장에 설득력이 생긴다. 반면 자살은 개인의 자유로운 생각에 결정되었기 때문에 꼭 나쁜 선택이거나 나약한 심리 상태만 있는 게 아니라고 주장할 수 있다. 스피노자에게 자살도 어떻게 보면 행복할 마지막 이성인으로서의 평화롭고 자유로운 선택이다. 다만 자살이란 게 모든 사람이 같은 조건의 상태가 아니기 때문에 스피노자의 생각은 조금 수정된다. 술에 취해 즉흥적 선택을 하거나 술을 마시지 않았더라도 감정적 선택을 하는 경우는 이성적 판단이라고 볼 수 없기 때문이다. 또 우울증은 자살에 복합성을 심어준다. 어쨌거나 태어남은 선택할 수 없었지만 사멸할 선택은 할 수 있어서 다행이다. 관점의 차이를 가지고 자살은 틀렸다고 하거나 부정적으로 보는 건 아무런 도움이 되지 않는다. 타인은 생사를 말하는데 철학적 종교적 신념적 이야기를 하는 게 당사자에게 대체 무슨 의미가 있겠는가. 중요한 건 자살은 개인의 문제만이 아니며 자살 외에 죽음은 구조적 접근도 필요하다. 여기서 구조적 접근(구조주의)은 소쉬르의 음소체계로부터 시작하여 레비스트로스, 데리다, 라캉 등이 이어받은 개념이다. 쉽게 말해 구조주의는 독립하지 않고 서로 연관이 되어 있다는 뜻이다. 기표는 다른 기표와 관계함으로 의미를 가지는데 이걸 주체(타자)와 타자(주체)의 인간관계로 확대 해석하는 게 현대 철학자들이다. 나의 존재는 결국 타자와 관계할 때 의미가 생긴다. 본질적으로 다른 '독립된 나' 외에 타자와의 관계성에 의미를 두는 게 구조주의다. 그래서 타인의 죽음에 대하여 아무나 쉽게 말해서는 안 된다. 관점을 이야기하다가 지금 자살까지 이야기하게 되었는데 또 다른 사유로 넘어가 보도록 하겠다. 타자는 항상 부정적이지 않다. 타자 중 일부는 내일의 희망이 없는 사람에게 도움을 주고자 삶을 의미화하려고 한다. 우리는 철학의 부재에 사는 사람이 아니며 의미화의 부재에 사는 건 더욱 아니다. 더 정확히는 오히려 끊임없이 주체가 타인을 대상화하며 사는 세상이다. 대중의 관심이 개인을 물화시키는데 관음은 죽음의 희망보다 더 무서운 이야기들을 폭죽처럼 터트린다. 가령 언론으로부터 대상화된 사람에게는 측은하지 않고 인간적 의무감 같은 신중함이 별로 존재하지 않는다. 타인을 무엇으로 호명하고 물화시키는 상당수는 인간의 존재를 사랑하는 게 아니라 파괴하는 사람들이다(알튀세르의 호명이론을 찾아 보길 바란다). 타인을 감정 배설로 대상화하는 사람은 결국 자신의 존재만 가지고 있을 뿐 타인의 진짜 코나투스에 관심이 없다. 인간은 타나토스의 심리도 있지만 계속 무엇이 되고자 하는 코나투스를 가진 복합적 존재다. 그중에서는 자신 스스로 그걸 완성하지 못하고 타자 지향성을 가진 사람이 존재한다. 그래서 타자를 미워하거나 어떤 집단을 혐오하면서 욕망의 실현을 제3의 존재로부터 찾는다. 불교의 말씀으로 돌아오면 회광반조의 자세를 완전 반대로 행하는 꼴이다. 자신 스스로에게 빛을 주는 대신 타인에게 어두움을 보냄으로써 상대적으로 나의 밝음을 유지하려는 못된 사람들은 우리 주변에 아주 많다. 남을 깎아내려서 자신의 자존감을 회복하는 사람, 타인보다 비교 우위에 있어야 하거나 서열을 중시하는 사람, 대접받기를 원하는 사람, 행동보다 말만 앞서는 사람 등등 사회생활에는 온갖 종류의 인간이 존재한다. 우리가 원하는 건 부처님 같은 사람이 아닌 그저 악의 없는 인간인데 사회는 우리에게 부처 되기를 강요하고 악의 있는 사람 앞에서는 보살이 되길 바란다. 다수는 생존경쟁을 하고 소수에 의해 억압받는 삶을 살아가는 역사는 지난 2천 년 이상 계속되어 왔다. 그런데 현재도 그렇다는 게 놀라울 따름이다. 억압의 해제를 위해서는 기존 사유의 해제가 필요하다. 들뢰즈는 전통적 사유에 회의적 시각을 가져야 한다고 했고 자크 데리다 또한 (로고스)해체라는 표현을 썼다. 이성과 의식이 만들어 놓은 사회 구조가 과연 항상 합리적인가의 의문은 곧 68혁명에 영향을 준 마르쿠제 사상까지 이어진다. 이렇게 설명하다 보니 현대 철학자는 정말 과거와 다르게 대단히 현실지향적 시각을 가졌구나 생각할 수 있다. 하지만 늘 그런 것만은 아니다. 지금 언급한 철학자들도 일반인 입장에서 책을 읽어 보면 그전 사상가들과 별반 다를 게 없는 엄청 지루한 철학 논의를 이어간다. 지금은 정말 핵심 요소만 이야기하는 것이기 때문에 현실적인 것처럼 보이고 쉽고 재밌어 보일 뿐이다. 하버마스 하면 철학책을 읽지 않았더라도 학창시절 배운 상식으로 얼핏들은 의사소통 어쩌고가 떠올라서 쉬워 보인다. 그러나 하버마스 책도 논리 전개에 각종 의미와 사유를 복잡하게 집어넣어 지루하다. 철학은 어떤 부분에서는 물질의 탐구와 같아서 이론처럼 보이는 게 많다. 그러다가 진리(물질로 치면 법칙)를 발견하는 게 우리의 삶이다. 가령 원자를 연구하니 핵이 보이고 전자가 보였다가 더 자세히 보니 쿼크 같은 미립자를 발견하게 되는 과정이 철학과 비슷하다. 쿼크는 또 다른 미세 입자 그리고 우주와 관계한다. 즉 철학은 우주의 물질 기원 찾기와(가령 암흑물질 같은) 비슷하다. 아까 하버마스를 말하면서 소통의 이야기가 나왔으니 자연스럽게 이쪽 이야기로 넘어가 보겠다. 지금은 기술의 발전으로 소통을 최고조로 할 수 있는 시대다. 그러나 소통의 부재로 어떤 개인이나 집단은 '되기'의 존재보다는 어떤 존재로 '불리는' 시대에 우리는 살고 있다. 현대인은 개인 입신양명을 위해 어떤 타이틀에 집착한다. 결국 그 타이틀 한두 언어가 그 사람을 대표한다. 언어에 대해 언어 학자뿐만 아니라 철학자 과학자 수많은 사상가들은 언어의 중요성에 대해 한마디씩 했다. 비트겐슈타인도 그랬고 하이데거도 그랬고 과학자 하이젠베르크도 그랬으며 마르쿠제도 그랬다. 마르쿠제는 언어의 폐쇄성을 언급했는데 이 의미를 '불리는 시대'로 확대해 볼 수 있다. 폐쇄성은 어떤것을 규정해 버리고 결론을 내버리는 언어/대화의 단절이자 분절적 자의적 해석을 의미한다. 하이데거에게 언어는 단순 의사소통 행위가 아니라 존재자의 의식과 사물의 만남이 된다. 그건 언어의 중요 위치나 긍정 의식을 찾을 때에 좋은 의미를 갖지만 때론 인간의 언어는 무엇을 죽이는 역할도 한다. 언어는 자신을 드러냄과 동시에 대상을 인식하게 하고 특정

관계를 형성한다. 철학뿐만 아니라 모든 인간의 사유는 언어로 표출하는 것이기 때문에 언어의 중요성은 앞으로도 반복되어 이야기하게 될 것이다. 비트겐슈타인은 자기만 인식할 수 있는 '사적 언어'란 없다고 말한다. 타투는 타인을 의식하지 않고 자신만의 의식 표출이라고 하는데 과연 정말 그럴까를 방금 비트겐슈타인 말로도 따져 볼 수 있다. 그의 해석을 확장하면 타인이 있음으로 그 타투는 의미가 있다. 즉 사적 언어(타투)는 의미가 없다. 자신이 무엇을 주장하고 생각하는 건 그 자체로 사실이지만 나만 홀로 그렇게 무엇을 말한다고 해서 다 의미가 되는 건 아니다. 쇼펜하우어의 『의지와 표상으로서의 세계』에서도 이와 비슷한 관점을 가진다. 결국 자신의 의지가 표현되어야 어떤 의미가 된다는 것이다. 개인은 개인대로 의미가 있지만 사회 관계에서는 개인의 인식이 완전히 무시될 수 있다. 개인은 집단의 평가 대상이 됨과 동시에 자신도 직접 누군가를 평가하는 집단에 속하게 된다. 평범하게는 연예인이나 인플루언서를 바라보는 대중을 예로 들수 있고 직장이나 동호회 기타 사회생활에서의 삼인성호를 예로 들어 볼 수 있다. 특히 후자의 경우 모든 인간의 개인 의식은 무시되고 악의 모습이 드리운다. 여기서 정치적 동물이란 인간은 또 한 번 증명되는데 안타깝게 이때는 홉스가 말한 늑대 같은 동물이다. 꼬리에 꼬리를 무는 철학의 인간들이 이 책이 아니어도 아주 많은데 백날 환상적인 사유만 주면 뭐 하겠는가. 인간이 사색만 하고 실천하지 않으면 아무 의미가 없는데 말이다. 그래서 맹자는 실천하고 그다음 말하라고 했다. 자신들은 입만 살아 있고 변하지 않는 존재이면서 타인에게만 뭐라고 하는 사람이 있다. 인간 거의 모두가 그런 행태를 보이는데 특히나 보이지 않는 곳에서는 더욱 그렇다. 직접 앞에서 하지 못할 말은 웬만해서는 하지 않는 게 좋다. 특히 그 상대방이나 사회에 도움이 되지 않는다고 하면 조용히 있는 것도 괜찮다. 성경의 잠언 14장 15절에는 "어리석은 자는 온갖 말을 믿지만 슬기로운 자는 행동을 조심한다." 덧붙여 입을 닫을 때를 아는 사람은 현명한 사람이라고 했다. 항상 양두구육을 하면서 과거 자신의 거짓과 싸우는 어느 한 정치인과 그 빈수레 추종자들은 이런 면에서 슬랙티비즘형 인간들이다. 요즘은 침묵하는 게 더 어리석은 시대라서 그런지 현시대 현자는 없어 보인다. 두 집단 사이와 개인간의 관계가 잘 형성되지 않는 사람은 자신이 쓰는 언어와 상대방에 대한 마음가짐을 잘 생각해 보길 바란다. 가족 간의 대화도 그렇고 사회생활에서도 마찬가지로 어떤 문제가 있다면 반드시 이 둘 중 하나는 포함되어 있다. 언어는 단순히 말에서 끝나지 않으며 자기 성격, 인간 및 사회관계, 습관, 더 나아가 자기 삶을 규정한다. 상대방에 대한 나쁜 편견이나 인성 수준을 결론 내어 확실히 단절하고자 하는 마음이 아니고선 인간은 결국 관계를 맺고 지속해야만 한다. 둘 중 하나는 고쳐야 한다. 잠시 언어를 이성의 대화로 연계해 보자. 잘생기지 않은 남자에게 미안한 이야기지만 잘생긴 나쁜 남자의 언어는 얼굴에서 이미 상대방의 호감을 얻은 상태이기 때문에 조금은 다정하지 않아도 된다. 그렇다고 아주 무책임하거나 건방지라는 건 아니며 간혹 상대 여성의 마음을 헤아리는 정도면 된다. 외모의 자본성은 언어라는 규모의 경제에 역으로 작용한다. 못생긴 남자는 말이 많아야 하고 잘생긴 남자는 말이 그렇게 많이 없어도 된다. 사랑 예찬 파트에서 연애를 다룰 때 얘기했던 것이니 이 부분은 여기서는 그만하겠다. 철학은 또 종교와 떼려야 뗄 수 없다. 기독교는 신의 해석을 두고 철학적 관점을 가지지 않을 수가 없었는데 플라톤의 사상은 기독교가 차용하기 딱 좋은 철학이다. 그의 스승 소크라테스는 정작 신을 모독한다고 기소당했지만 어차피 예수나 우리가 알고 있는 지금의 하느님은 아니니 상관이 없다. 정신분석가 칼 융은 사람에게는 공통된 어떤 인식의 원형이 있다고 했고 우리가 잘 아는 플라톤은 이데아를 말했다. 이 둘은 무형의 어떤 것이기에 이해는 하되 언어로 완벽한 해석이나 설명이 불가능한 개념이다. 아직까지 원형과 이데아를 공통됨으로 인식한 도서를 보지는 못했는데 이 둘의 인식은 인간이 신의 영역에까지 가는 데 아주 중요한 요소라는 점에서 공통점이 있다. 기독교 사상에 조금이라도 부정적 사상이 들어 있으면 아무리 좋은 이론이라도 긍정으로 받아들여지지 않는다. 기독교는 아우구스티누스를 시작으로 교부철학과 중세 스콜라 철학 그리고 토마스 아퀴나스와 칼뱅의 사상까지 신의 뜻이 거의 한방향적이었다. 스콜라 및 교부 철학도 자유의지를 주신 신에게 반쪽짜리(혹은 선택적인) 이성으로 좀 더 이해하고 해석하며 믿는다는 것이지 인본주의로 신을 객관적으로 바라보는 게 아니다. 오히려 조금이라도 이성의 합리로 비판하려 들면 죽임을 당하거나 파문을 당했으며 박해를 주었다. 시대만 바뀌었지 현시대도 마찬가지다. 마녀사냥도 이성이 아니라 집단 망상 혹은 신념이나 신에 근거한 행동이었다(물론 마녀사냥의 첫 시작은 자존감 낮은 남성의 열등감 때문이었다). 유럽 전역에 페스트가 창궐하는데도 신을 믿는 성직자나 추종자는 페스트를 휩쓸고 간 가정을 방문하여 겨우 살아남은 사람에게 신의 말씀을 전했다. 무지는 믿음을 낳고 믿음은 또 무지를 낳는다. 이성의 부재로 그 당시엔 여성이 화형당했는데 현재는 을의 대중이 동지를 화형시킨다. 대중과 언론 그리고 사회생각과 괴리가 있는 판사와 검사가 합작하여 죄없는 자를 단죄한다. 이렇게 역사가 반복되는 이유는 바로 인간 본성이 반복되기 때문이다. 과학적이지 않지만 3 3 3 1 법칙을 만들어 봤다. 역사적으로 좋은 사람, 의로운 사람, 그래도 인간다운 사람 등 3이 있다면 그 반대로 나쁜 사람, 오로지 자기밖에 모르는 사람, 인간적 정이나 이성이 부재한 사람, 신념에 빠진 사람 등 3이 있다. 나머지 3은 어디에도 속하지 않는 인간으로 기질이 강하지 않아서 겉으로는 잘 드러나지 않는 중립형 인간이다. 마지막 1은 우리가 보통의 인간으로서는 도저히 이해가 불가능한 사람이다. 이 안에는 온갖 종류의 필리아(메카노필리아, 네크로필리아, 페도필리아, 멜로필리아 등) 그리고 사이코패스, 너무 심각한 이상성욕자, 후천적으로 정신이 이상한 사람(가령 책 『아몬드』에 나온 주인공이 앓는 알렉시티미아 증후군), 성소수자 등 다양하게 존재한다. 여기서 1은 보통 부정적 인간이지만 성소수자나 조현병 환자 등은 우리가 이해해 줘야 하는 인간형이다. 삼삼삼일 법칙은 인류 역사이래 깨진적이 없고 앞으로도 그럴것이다. 이걸 정치적으로 해석해도 거의 들어맞는다. 미셸 푸코의 『광기의 역사』는 겉으론 이성의 부재가 정신병이라는 시대를 이야기한다. 그러나 사람과 사회가 이성이라고 생각했던 게 실제로는 집단 광기였다. 즉 이성의 부재가 곧 광기가 아니라 이성이 오히려 광기였던 것이다. 프랑스 루이 14세부터 시작한 정신병원의 역사는 20세기 초까지 비인간적이고 비이성적이었다. 그 시대는 그런 사람을 동물처럼 다뤘고 동물처럼 실험했다. 현시대 사람들은 '묻지마 범죄'의 불안한 마음 때문에 정신병 환자를 가둬 둬야 한다고 생각하지만 실제 과학적 결과는 전혀 다르다. 오히려 사회화하지 않고 격리할수록 환자의 증세는 더 심각해지고 사회는 더 불안했다. 2010년대 이후 조현병이란 말을 자주 접하게 되는데 용어에서 알 수 있듯이 조현병은 어떤 악기의 '현'이 잠시 어긋난 사람을 뜻한다. 정신병이라고까지 할 순 없지만 무엇인가 어떤 어긋남이 있는 사람이 있다. 성소수자도 이렇게 해석하면 이해하기 쉬워진다. 이들을 혐오하고 분리하려는 사람은 과거 수백 년 전 사람과 의식이 똑같다. 집단의 광기는 한 가지 목표로 수렴하기 때문에 이성보다 동물적 감각이 앞선다. 홉스가 말한 자기보존의 욕구는 개인적인 것을 넘어 집단적이다. 지금의 소수 단체부터 커뮤니티, 개인방송, 인플루언서 등 조직체와 추종자는 사유(이성)의 부재를 더 심화한다. 집단의 생각이 원자화되어 마치 한 사람의 의견처럼 뭉친다. 그건 다른 원자와 충돌하는 필연을 가지게 된다. 이게 인류의 역사 핵심이다. 철학이란 이런 원자화된 인간을 부수는 역할을 했으며 많은 물질(사유)을 후대 인간에게 남겨주었고 '사유생물'을 죽지 않게 해 주었다. 헤라클레이토스의 만물유전설은 물질만 말하는 건 아니라고 생각하고 싶다. 만약 철학이 없었다면 인간은 대자연의 노예 혹은 우연히 철학의 사유를 가진 한 사람에게 복종하는 삶을 살았을 것이다. 방금 말한 비슷한 내용의 소설책이 하나 있다. 로이스 로리의 『기억 전달자』이다. 영화로도 나왔지만 영화는 보지 못했다. 어느 한 사회는 과거 사회를 알지 못한다. 어떤 사유와 임무는 각자 인간의 임무에 맞게 나이별로 정해지며 오로지 그 업무에 복종해야 한다. 현재 사람들의 삶을 연결해 주는 사람은 부족의 추장(혹은 제일 현명한 연장자)처럼 1명만 청소년기에 선택되어진다. 그 현명한 연장자가 임무를 마치면 다른 선택된 1명에게만 과거 역사를 물려준다. 책의 말미에는 후계자로 선택된 젊은 남자가 자기와 비슷한 1인으로 선택받은 어떤 과거 여자 어린이의 이야기를 듣고 혼란에 빠진다. 그러면서 자기 사회에 의문을 가진다. 그 사회에서의 그런 의문을 갖는 인물은 매우 유별난 것이다. 여기서 책의 내용은 마무리된다.

　삶을 치열하게 살고 내일의 여유가 없는 사람에겐 철학이란 공허한 패션 지식이다. 그러나 현장에서 열심히 일하는 육체노동자와 머리로 열심히 일하는 정신노동자는 동시에 소중하듯 이것이 꼭 쓸모없는 것만은 아니다. 서로가 인간 해방을 위해 각자의 역할을 열심히 한다고 생각하면 된다. 인간의 철학은 처음엔 두 선이 존재하고 나중엔 선을 넘어 지평선이 될 때 의미를 가진다. 여기서 두 선을 서로 편 가르기라 해도 좋다. 영원히 지평선에 오지 못하고 평행선을 달리는 사람에게 우리는 해답을 가지고 있지 않다. 그 해답을 찾기 위해 책을 읽는다.

## 고전을 읽다가 고전(苦戰)을 면치 못하다

　브로델의 『물질문명과 자본주의』 책을 다 읽어 보면 정말 좋겠지만 꼭 그렇지 않고 서머리(Summary)로 봐도 괜찮다. 사유의 동면에서 언급한 책의 95% 이상은 처음부터 끝까지 다 읽은 책을 언급한 것이다. 나머지는 책을 읽다가 또 다른 도서의 핵심 요소를 언급해 주어 알게 된 지식이어서 아는 척해 본 것도 있다. 마르크스 『자본론』은 오래전 서점에서 대충 훑어보고 아예 처음부터 읽을 생각이 없었다. 앞으로도 원서를 읽을 생각이 없다. 여기서 원서는 그냥 마르크스가 쓴 『자본론』 그대로를 말한다. 다만 국내외 작가가 풀어쓴 자본론 해설서를 세 권 정도 읽었다. 어른이 되고 책을 본격적으로 읽기 시작한 후 중도에 포기한 책이 딱 한 권 있었는데 그게 바로 몽테뉴의 『수상록』이다. 그 책은 깨알 글씨로 천 페이지 분량이 넘었던 것으로 기억하는데 170여 쪽을 읽고 포기했다. 수상록은 지난 15년간 중간에 포기한 책 중 유일한데 아마 루소의 『에밀』처럼 수상록도 요약본이 있다면 차라리 그걸 읽어 볼 걸 하는 생각을 해 본 적이 있다. 수상록은 너무나 지루했고 170여 페이지를 읽는 동안 하나의 지식이나 사유도 얻지 못했다. 지금의 이야기는 순전히 필자만의 생각이니 영향을 받을 필요가 없다. 누차 말하지만 책은 우주처럼 넓은 세계를 주고 개인은 각자의 우주 중심자이기에 이 말을 꼭 따라올 필요는 없다. 책을 다 안 읽고 보는 시각과 다 읽은 후 보는 시각은 완전히 다를 수 있으니 가려서 들어야 한다. 지금은 시간의 절약과 지루함과의 싸움, 다양한 지식을 위해서 조급증의 마음으로 말하고 있다. 가령 토크빌의 저서 『미국의 민주주의』는 타인이 요약해 놓은 걸 보면 안 되겠다는 생각이 든다. 이 책은 미국의 성립과 그들만의 독특한 민주주의 정신이 어떻게 정착이 되었는지를 알 수 있게 해 준다. 미국의 민족성 성립 과정 같은 모습도 약간 엿볼 수 있으니 처음부터 끝까지 진득하게 읽어 보면 좋다. 반면에 마셜 맥루언의 『미디어의 이해』 같은 책은 겨우겨우 참아가며 다 읽은 책이었다. 다 읽어 보니 절대로 처음부터 끝까지 다 읽지 말라고 말하고 싶은 마음이 생긴다. 수천 권의 책을 읽다 보면 자신의 성향에 맞게 어떻게 책을 고르고 읽어야 할지 감이 오는데 이런 고전(古典)도 마찬가지다. 그러나 웬만하면 시간이 좀 걸리더라도 처음부터 끝까지 읽으려고 노력해야 한다. 베이컨은 책에 대해 "어떤 책은 맛만 봐야 할 게 있고 어떤 책은 삼켜야 하는 책이 있으며 어떤 책은 잘 씹어서 골고루 소화시켜야 한다."라고 했다. 이 말을 알기 전부터 책에 대해 그런 비슷한 시각을 가지고 있었는데 확실히 그 생각에 힘을 실어준 건 베이컨의 말이다. 『미국의 민주주의』를 언급하니 이제 슘페터의 『자본주의 사회주의 민주주의』라는 책이 생각난다. 이것도 진득하게 처음부터 끝까지 읽으면 도움이 된다. 세상에 나온 지 80년이 된 책이지만 그 내용 중에는 1970년대 신자유주의 사상의 반동과 자본주의 맹점에 대한 대안을 제시하는 미래의 힌트도 들어 있음을 알 수 있다. 책이 두껍다고 두려워하지 않았으면 좋겠다. 분량이 많아도 술술 읽히는 책이 있고 분량이 적어도 가독성이 떨어지며 어려운 책이 있다. 특히나 번역해 놓은 외국 도서의 경우는 번역이 엄청나게 중요하다는 걸 알게 된다. 1990년대 말 괴테의 『빌헬름 마이스터의 수업시대』라는 책을 처음 읽었다. 아주 옛날 책이었으며 글씨도 깨알 글씨였던 걸로 기억하는데 글씨 크기가 작은 건 둘째 치고 읽기가 매우 지독했다. 읽었어도 읽지 않은 느낌이었는데 나중에 다른 번역서로 읽었을 때는 처음 읽었을 때보다 훨씬 쉬웠다. 1990년대 말에 나이가 어려서 그럴 것이라 생각하지만 이미 수능을 볼 나이가 되었기에 지적 능력이나 문해력은 똑같았다. 번역하는 사람들은 어떤 특정 용어에 대단히 신경을 많이 쓰는데 그 용어가 문맥이나 전체적 상황에 크게 모나지 않는 정도라면 그렇게 강박을 갖지 않아도 된다. 각 나라의 문화적 언어적 특성 때문에 꼭 바르게 해석해야 하는 용어도 있긴 하지만 진짜 중요한 건 독자가 읽기 쉽게 흐름을 잘 맞추는 일이다. 지금은 사실 번역 능력들이 다들 좋아져서 아주 오래전처럼 독자가 어려움에 빠진 글은 별로 없다. 다만 철학책의 번역은 가끔 더 어렵게 써 놓은 게 여전히 존재한다. 성경은 세계 영원한 베스트셀러이자 앞으로도 고전 중 고전이 될 책이지만 내용보다 말이 어렵다. 사람들은 인문고전 이야기할 때 바이블(Bible)을 잘 언급하지 않는데 누차 말하지만 성경 뼈대 알기는 책 읽을 때 필수요소다. 시중에는 창세기 구약부터 신약까지 정말 쉽게 풀어쓴 성경 해설서가 많다. 굳이 두꺼운 전문 신학 차원의 도서를 읽을 필요는 없다. 모세 이후 여호수아, 다윗, 솔로몬 그 후 여러 유대왕, 사도 바울 외 기타 복음서까지 유대인의 초기와 성경의 역사는 재미도 있지만 하나의 세계사로 보고 알아 둬야 한다. 그러면 영화를 보거나 다른 책을 읽거나 할 때 매우 도움이 된다. 성경은 사실과 판타지가 있는 역사서이다. 이슬람 세력의 상업과 과학 발전, 인문에 대한 탐구는 결국 르네상스에 영향을 줬다. 이 사실을 아는 사람들은 의외로 많지 않다. 우리가 아는 소크라테스, 플라톤, 아리스토텔레스 기타 사상가를 심층적으로 탐구한 곳은 그리스가 아니라 이슬람 문화권이었다. 일종의 문화 역수출이다. 중동의 이슬람은 또 그리스 철학뿐만 아니라 기독교와도 연관이 있다. 코란에서도 이슬람의 역사는 아브라함으로부터 시작된다. 더 정확히는 아브라함의 아들 이스마엘이다. 이스라엘 민족의 조상도 아브라함이라고 할 때 위 둘은 뿌리가 같다. 그러나 코란을 타끼야 논리로 보는 일부 기독교 학자는 성경에서 말한 아브라함과 코란의 아브라함은 다르다고 말한다. 하지만 코란이 성경의 상당 부분을 차용하고 있다는 점에서 코란이 조금 다르게 해석할 뿐이지 그들이 진짜 생각한 아브라함은 성경과 같은 아브라함이라고 보는 게 합리적이다. 타끼야는 순니파의 억압에 대한 시아파 이슬람의 거짓 논리를 일컫는다. 새벽별에 가브리엘 천사로부터 무함마드가 계시를 받았고 그것으로 코란이 탄생했다. 일부 이슬람 국가의 국기가 초승달과 함께 별이 그려진 것은 이런 무함마드의 계시를 기표화하는 것이다. 코란은 경전인데도 해석이 다양한 이상함을 가지고 있으며 어떤 사람은 코란의 최소 반절 이상의 내용은 결국 지하드 관련 이야기라고 평가한다. 그래서 이슬람은 샤리아의 해석에 분열적 모습을 오랫동안 보여 왔다. 물론 성경도 해석이 불문명한 게 엄청나게 많다. 코란뿐만 아니라 무함마드가 생전에 했던 말을 모은 하디스 또한 일률적이지 않다. 그래서 살라만 루시디는 자신의 저서 『악마의 시』에서 코란의 교리가 모순이 생기고 자꾸 바뀌는 것을 조롱한다. 살라만 루시디는 어제 했던 소리도 오늘에서는 다르게 이야기하는 무함마드를 우스꽝스럽게 비꼰다. 이슬람 지도자들에게『악마의 시』는 정말 악마처럼 보였을 것이다. 루시디는 그의 책 초반부터 장난질을 해 놓는데 무함마드 이름 가지고 조롱하거나 코란의 교리 곳곳에 문제가 있음을 지적한다. 그래서 실제로 많은 무슬림들이 살라만 루시디를 죽이고자 하였다. 또 그의 책에서 기독교와 코란의 연관성을 잠시 엿볼 수 있다. 고전을 읽고자 한다면 이렇게 종교적 지식은 선택이 아닌 필수다. 어떤 신념을 주입하는 책 말고는 그 어떤 기독교 불교 이슬람 서적도 좋으니 꼭 두세 권씩은 읽어 보길 바란다. 꼭 읽어야만 하는 고전은 없지만 책에 종교적 지식의 뼈와 살까지 붙여 주는 책이 있으면 더 읽어 볼 만하다. 그렇다면 그 뼈대 정도는 알게 해 준 주요 도서는 무엇이 있을까. 앞서 한번 언급했지만 『문학과 예술의 사회사』를 시리즈별로 읽는다면 배경지식에 상당한 도움이 된다. 너무 지엽적이지도 않고 역사적, 주제별로 잘 정리해 놓기 때문에 어렵지 않게 읽을 수 있다. 시리즈로 또 봐야 할 게 있다면 『세계 철학사』라는 책이다. 일본인 작가가 쓴 것도 있고 러시아 아카데미 연구소에서 나온 책도 있는데 아무것이나 좋다. 그리스 로마 신화의 경우 양이 방대한데 처음부터 다 알려고 낑낑대지 않아도 된다. 이 분야 관련하여 일본인 작가부터 토마스 불핀치 도서까지 다양하게 나와 있으니 주요 신화만 가볍게 읽는다는 생각으로 보면 된다. 앞으로 책을 읽다 보면 신화는 조금씩 알 수 있기 때문에 처음부터 전부 다 알 필요는 없다. 이렇게 선택적으로 볼 수 있는 것 중 예술 파트로만 본다면 그 유명한 곰브리치의 『서양 미술사』가 있다. 꽤나 두꺼운 책이지만 지루하지 않다고 생각되며 굳이 한 번에 다 읽으려고 하지 않아도 된다. 다른 책을 읽으면서 『서양 미술사』를 듬성듬성 읽어도 괜찮다. 각자 독서 스타일이 있기에 한 책을 꼭 다 읽고 나서야 다음 책을 읽으라는 법은 없으며 끝까지 다 읽어야만 하는 것도 없다. 플라톤의 책은 몇 권 이상 반드시 봐야 하지만 아리스토텔레스의 『니코마코스 윤리학』 책을 꼭 봐야 하는지는 의문이다. 불멸의 고전에 속하지만 앞서 언급한 몽테뉴의 『수상록』처럼 읽어 보니 그냥 타인이 써 놓은 내용 정도로만 알아도 충분하단 생각이 든다. 이런 생각의 책은 개인적이고 주관적이지만 사실 이렇게 말하고 싶은 책이 굉장히 많다. 슬라보예 지젝은 여러 책을 썼는데 개인적으로 그의 책은 어렵게 느껴진다. 책을 읽으면서 어렵다고 느껴지는 이유는 그 책의 내용이 철학적 사유나 사상적이고 내적인 상황이 들어가 있기 때문이다. 주디스 버틀러의 『젠더 트러블』 또한 지젝과 비슷한 어려움이 있다. 그래서 차라리 그들의 책을 해석해 놓은 걸 읽으라고 말하고 싶다. 가령 국내도서 『젠더는 패러디다』는 버틀러의 사상을 요약해 놓은 책이다. 물론 이렇게 읽으면 완전히 원작을 완벽히 이해한다고 말할 순 없다. 그래도 책의 흥미 요소는 필요하고 그들을 알아야 한다면 읽지 않는 것보다 차라리 그렇게라도 읽는 게 훨씬 낫다고 생각한다. 이제 막 책을 읽는 사람은 당장은 모르겠지만 조금만 검색해 보면 아주 유명해서 반드시 봐야 할 것만 같은 책이 눈에 들어온다. 가령 제레드 다이아몬드의 『총, 균, 쇠』 혹은 리처드 도킨스의 『이기적 유전자』, 마이클 센델의 『정의란 무엇인가』 등이 그것들이다. 이런 책들은 타 도서에서도 자주 언급하다 보니 안 보면 안 될 것 같은 느낌이 든다. 그런 책 중 하나가 미래엔 『사유의 동면』이 되었으면 좋겠다. 각자 마음이겠지만 이런 책들은 당연히 처음부터 끝까지 읽어 보는 게 좋다. 문학작품만 따로 이야기할 때 언급하려고 했는데 언급하지 않은 책이 많다. 가령 조지 오웰의 『1984』, 빅토르 위고의 『레미제라블』, 헤밍웨이의 『노인과 바다』도 모르면 안 될 것 같은 책이다. 자신이 설령 읽지 않았더라도 앞으로 책을 읽다 보면 무수히도 언급될 책들이어서 이런 책은 마치 읽은 것처럼 착각할 정도로 많이 보게 된다. 프로이트 책 한 권 정도는 꼭 읽어 보길 바라지만 그렇지 않다면 검색을 통해 프로이트가 말한 이론의 핵심을 알아보는 것도 좋은 방법이다. 프로이트 하면 바로 프로이트로부터 영향을 받은 자크 라캉이라는 학자가 떠오르는데 라캉 또한 프로이트처럼 기본 상식으로 조금 알아야 한다. 자크 라캉의 책을 읽는 건 철학서처럼 조금 고된 정신적 노동이 필요하다. 이런 학자들이나 기타 현대 철학자들을 시대 흐름에 맞게 쉽게 설명해 놓은 책이 시중에 여러 권 있으니 그런 책은 꼭 한 권쯤 읽기를 바란다. 아주 먼 과거의 고전은 삶에 지혜를 주지만 현대 철학은 삶에 실질적 해석을 하게 해 준다. 사유의 관점과 함께 언어도 그런 역할을 한다. 언어에 어떤 개념을 부여하고 그것이 권위를 가질 때는 어려운 현실과 철학의 문제를 매우 쉽게 해석하는 힘을 가지고 있다. 과거보다 더 복잡한 인간의 삶을 현대 철학 없이 분석하기란 이제 불가능에 가깝다. 오히려 2,500년 전의 철학보다 지금의 실전고전이 더 필요할지 모른다. 우리가 레비 스트로스의 『야생의 사고』나 들뢰즈, 가타리의 『천 개의 고원』을 전부 다 읽지 않더라도 여러 책을 접하다 보면 이들의 큼지막한 주장도 보게 된다. 그렇게라도 뼈대를 알아 간다면 일반인의 책 읽기로서는 충분히 가치 있는 일이다. 그들의 사상을 해석하고 현대 사회에 적용해 보고 그 사상 자체를 비판해 보는 일은 학자나 교수, 작가 등이 할 일이다. 이런저런 철학자의 사유를 들어가며 현대 사회를 분석하면 그 도서는 곧 사회과학 책이 된다. 막스 베버의 『프로테스탄트 윤리와 자본주의 정신』의 핵심은 몇 줄로 요약할 수 있다. 완독하면 좋겠지만 여러 사람이 써놓은 요약을 그냥 몇 번 검색해 봐도 충분하다. 베버의 이 책은 스토아 학파를 조금 알면 해석하기 더 쉽다. 청교도 즉 기독교의 금욕주의는 스토아 학파와 비슷한 면이 있다. 스토아 학파가 오로지 정신과 물질의 금욕이라 생각할 수 있지만 꼭 그렇지만 않다. 현대에 와서는 열정적 인간의지를 누군가는 선택적으로 좋게 해석한다. 이들의 핵심은 하느님이 부여한 인간의 능력을 최대한 활용하고 열심히 살아야 한다는 것이다. 성실한 인생의 삶이 하느님의 뜻과 연결이 되고 그것은 곧 사회 헌신으로(하느님 혹은 교회의 헌신까지 확장할 수 있음) 이어진다. 원래 기독교적 관점에서 이자를 받고 부자가 되는 건 그다지 환영받지 못한다. 성경 그대로만 보면 이자놀이는 죄다. 실제로 성경에는 부자가 천국을 가는 건 낙타가 바늘구멍을 통과하는 만큼 어렵다고 하는 말이 나온다. 여기서 낙타는 너무 생뚱맞기에 동아줄 정도로 해석하기도 하지만 그 당시 운송수단을 볼 때 낙타도 꼭 틀린 말은 아니다. 프로테스탄트의 윤리란 그런 영적인 노력 중 하나이며 실제 삶을 적극적 의지로 살게 하므로 그에 따른 부는 당연히 올바른 것이 된다. 적극적 의지란 어떻게 보면 니체가 말한 권력의지와 비슷하다. 자본주의는 그런 인간의 결과물이고 아담 스미스의 『국부론』 핵심과 닮아 간다(다만 아담스미스를 자유지상주의나 시장주의 주창자로만 보면 안 된다. 그의 『도덕감정론』은 경제의 타자 관계성을 보여 준다). 이 정도면 베버의 책을 조금 현대적으로 해석한 것이다. 고전이 항상 현시대에 적용되어 현명함을 주는 건 아니지만 대체로 우리는 고전을 그렇게 생각하고자 한다. 수십 년 전 나왔음에도 불구하고 현시대에 진짜 필요한 책들이 있다. 가령 니부어의 『도덕적 인간과 비도덕적 사회』, 장 보드리야르의 『소비의 사회』가 그런 책들이다. 이 책 내용과는 별개로 요즘은 도덕적 인간이 갈수록 사라지는 듯하다. 『도덕적 인간과 비도덕적 사회』는 사회 구조나 의식 때문에 개인의 도덕이 타의(사회)에 의해 결국 비도덕이 되는 걸 지적한다. 이 책은 전 세계 부의 불평등에 대한 생각을 확장해 볼 수 있기도 하다. 『소비의 사회』는 베블렌의 『유한 계급론』과 비슷한 면을 가지고 있다. 장 보드리야르는 소비 자체를 선악으로 보지 않으며 그 대신 왜 사람들이 자본주의 사회에서 소비를 하는지를 분석한다. 『소비의 사회』 일부 내용은 또 맨드빌의 『꿀벌의 우화』의 내용과 비슷한 면이 있는데 이 책들을 다 읽어 봐서 어떤 공통점이 있는지 한번 확인해 보길 바란다. 하나만 언급해 보자면 이 책들에서 역설적인 인간을 보게 되며 그게 또 맞아 들어 가는 것에 놀라게 된다. 이렇게 책을 다양하게 연계하여 언급해 주는 책이 또 있는지 모르겠지만 이런 걸 스스로 발견할 땐 더 희열을 느낀다. 이보다 중요한 건 어떤 책을 읽었을 때 그 반대되는 시각이 없는지 살펴 보는 일이다. 가령 기후변화에 대해 음모론을 제기하는 사람도 있고 그것에 대해 음모론까지는 아니지만 반박하는 책이 있다. 가령 『이성적 낙관주의자』의 책을 보면 기존 생각에 완전히 다른 생각을 펼친다. 이 책의 일부만 동의할 뿐 상당수는 동의하지 않는데 내가 보는 책이 항상 옳다고 생각하지는 말아야 한다. 앞서 잠시 언급했지만 특히나 건강 관련 서적은 이런 반대의 이야기가 아주 많다. 의사부터 해서 자칭 민간요법의 대가 기타 식품 관련 전공자 등 여러 작가의 책이 있어서 누구 말이 맞는지 헷갈릴 정도다. 가령 몇 년 전부터 우리나라에서 유행한 저탄고지가 그런 것 중 하나다. 이와 관련한 진실을 제대로 짚지 못하는 책이나 의사의 말 그리고 각종 영상이 넘쳐난다. 그동안의 책은 머릿속 지식에 관한 것과 인간의 정신적인 부분이었다. 건강 도서는 실제 신체와 관련된 것이기 때문에 책의 말을 무조건 믿지 말고(설령 의사가 썼더라도 단순 지식 전달이 아닌 무엇을 어떻게 하라고 할 때 특히 더 주의할 필요가 있다), 이것 저것을 알아보고 또 자신의 체질도 제대로 알고 선택적으로 적용을 해야 한다. 암튼 읽어 본 모든 책이 공통점으로 말하는 건 저탄고지가 살 빼는 데 도움이 된다는 거였다. 그러나 저탄고지의 다이어트가 주목적인 책은 육식과 채식, 균형적 식사 등 건강과 관련한 과학적 이야기는 별로 없었다. 반면 건강 자체에 초점을 둔 책은 저탄고지에 대한 다이어트 효과를 인정하면서도 저탄고지가 건강에 부정적인 영향을 주는 것에 초점을 맞춘다. 사실 앳킨스 다이어트는 미국에서 이미 수십 년 전에 나왔었다. 옛킨스 주장에 대한 반박과 음모에 대한 책도 있으니 찾아 보면 좋겠다. 요즘은 구분되지 않은 복합 탄수화물까지 악마화되고 있다. 현대인에게 문제는 정제된 탄수화물의 과도한 섭취이며 더 심각하고도 중대한 문제는 당(설탕 과당 등)의 섭취인데 너무 일방향적인 지식이 많이 보인다. 이렇게 건강 관련 도서만 해도 사람들 관점이 엄청나게 다르다. 식품업체는 교묘한 상술로 무설탕을 말하지만 그건 소비자를 조삼모사하는 격이다.

정치적으로 또한 아주 다른 시각의 책들이 존재하는데 이건 경제와 복지를 보는 시선과 맞물려 있다. 책『진보와 빈곤』과 하이에크의 『노예의 길』은 관점이 전혀 다르다. 어느 뚜렷한 성향을 가진 사람이 두 책을 읽는다면 둘 다 비판할 내용이 바로 떠오르는 책이기도 하다. 한 책은 좌파적 입장에만 매몰되어 있고 또 한 책은 국가의 개입을 파시즘 혹은 전체주의로만 규정한다. 잘 생각해 보면 커뮤니티나 동호회, 종교, 자본주의, 어떤 사회운동가 등도 파시즘 성격이 있고 민주주의도 전체주의적 요소가 있다. 참고로 레닌은 자본주의 최종 단계는 제국주의라고 말한다. 자본주의

승리자들만이 시장경제의 전유물을 독차지한다. 위 두 책만 그런 게 아니다. 에드먼드 버크의 시각과 토머스 페인의 시각이 완전히 다른 것처럼 진보 보수의 시각은 매우 논쟁적이다. 현대에 와서는 프란시스 후쿠야마의 『역사의 종언』을 비판한 다른 관점의 학자나 책이 등장한다. 이 책은 진보 보수의 문제는 아니지만 용어의 해석과 역사의 관점이 다르기 때문에 논쟁적이게 되었다. 말이 나온 김에 정치학 쪽으로 눈을 돌려 보자. 우리는 로크와 홉스 그리고 루소의 사회계약론을 잘 알고 있다. 정치학 관련에서 이들의 책은 거의 필수인데 이들과 다르게 아담 퍼거슨이라는 사상가는 국가와 시민을 계약 형태로 보지 않았다. 그에게 국가의 존재는 그저 인간 집단의 자연스러운 발현이다. 우리가 알고 있던 지식만이 항상 전부가 아니다. 책에는 온갖 종류의 사람들이 다른 관점으로 자신들만의 독특한 사회 해석을 한다. 여기에는 옳고 그름보다는 생각의 전환이라는 측면에서 비판적 마인드로 접근하면 사고의 확장에 도움이 된다. 가령 사회학의 아버지가 퍼거슨인지 콩트인지 혹은 제3의 인물일지는 옳고 그름도 없으며 우리에게 아무것도 중요하지 않다. 좀 전에 언급했지만 아담 스미스는 『국부론』의 완전한 자유와 보이지 않는 손이 아니라 『도덕 감정론』이라는 이야기로 자신의 주장과 반대되는 이야기를 먼저 하기도 했다. 도덕 감정론은 또 현대에 들어와서 보면 '최후 통첩이론'과 관계가 있다. 이 둘을 해석하면 내가 경제적 선택을 할 때 『국부론』의 시각에서만 결정하는 게 아니라 내 감정과 타인의 감정을 생각해서 행동한다. 어떤 사람은 사회나 정치를 분석하고 이론을 논하면서 꼭 정답을 찾으려고 한다. 받아들일 건 받아들이고 자신의 생각과 다른 건 다르게 이야기하면 되는데 모두를 엉터리 취급하는 그런 교조주의 시각은 옳지 않다. 말그대로 이론은 그저 이론일 뿐이다. 토머스 쿤의 과학에 대한 생각과 『열린사회와 그 적들』의 저자 칼 포퍼의 소크라테스, 플라톤에 대한 비판적 생각도 그들의 생각일 뿐 꼭 진리를 말하는 게 아니다. 이론과 비판은 우리에게 상상을 심어 주고 더 많은 이야기를 할 수 있게 해 준다. 책 그 자체가 꼭 이론이 되는 건 아니지만 온갖 사람들의 다양한 생각이 담긴 책은 사실관계가 엉망으로 틀렸거나 어떤 강요나 신념의 전달이 아닌 정도라면 세상에 나온 것만으로도 의미가 있다. 인간의 궁금증과 사유는 무한한 우주와 같다. 페르미의 역설, 암흑물질 생각, 끈 이론이 만약 나오지 않았다면 우주를 이해하는 데 우리의 호기심이 더 확장하지 못했을 것이다. 저런 주장이 터무니가 없든 아니면 어느 정도 합리성이 있든 간에 인간의 지적 탐구는 수학, 사회학, 생물학, 물리학, 정치학 등 아주 다양한 곳에 존재한다. 우리는 이런 다양한 시각의 열매를 전문가 덕분에 가만히 따 먹기만 하면 된다. 문제는 어떤 주장이나 사람에 대해 꼭 추종자가 생기거나 반대로 무조건의 반대론자가 생길 때이다. 리처드 도킨스의 『만들어진 신』은 99% 무신론자의 생각과 일치한다고 생각하는데 그렇다고 그를 광적으로 추종하지 않는다. 그 반대로 조던 피터슨의 말과 책을 보고 그를 광적으로 추종하는 일부 사람이 있다. 그건 종교(기독교)와 연관지어 그를 바라보기 때문이다. 일부는 올바르지 않은 어떤 이즘을 반대해서 그를 지지할지도 모르겠다. 참고로 유진 피터슨 등 피터슨이라는 성을 가진 몇몇 기독교 사상가가 더 있으니 기독교인은 찾아 보면 좋겠다. 어떤 사람에게 존경과 워너비 마음은 품을 수 있을지언정 반지성적 추종은 타인과의 경계를 만들어 분란이 생기는 가장 큰 원인이 되기에 지양해야 한다. 하느님의 믿음과 불신은 진화론과 창조론에 대한 생각을 다르게 한다. 사실 진화론과 창조론 및 진화창조론은 언어의 함정이 좀 있어서 그렇지 셋다 완전 별개는 아니다. 이들은 이분법적이지 않으며 상보적 관계에 놓여 있다. 극렬한 사람들이 볼 때나 이분법적이지 논리적으로는 서로 연관이 있다. 그 외 인간이 신격화될 때 이성은 무덤에 가 있기 때문에 이런 것도 위험하다. 책을 예찬하기에 웬만하면 책 자체나 저자를 낮게 보지 않는데 그럼에도 불구하고 정치인의 책은 조금 가려서 읽어야 한다. 말은 청산유수며 책을 읽고 있으면 훌륭하지 않는 정치인이 없을 정도다. 15년 전 새 정치를 해 보겠다는 사람의 정치인 책 한 권을 읽고 정말 훌륭한 인물이라고 생각한 적이 있다. 그러나 실상은 너무나 처참해서 더 이상 언급하지 않겠다. 책이 우리를 속이는 경우는 또 있다. 『내 영혼이 따뜻했던 날들』이라는 책의 작가에 대해서 한번 알아보면 책 내용과는 전혀 다른 인간이란 걸 알게 된다. 이 책의 주요 내용 중 조부모와 손자 그들의 따스한 이야기에 심한 배신감을 느낀다. 위선적인 사람들이 책을 쓸 때 얼마나 역겨운지는 그 사람들이 위선을 인정하지 않거나 언행이 불일치할 때이다. 이번엔 문학작품으로 한번 들어가 보자. 문학적으로는 좋은 책이 정말 많은데 현대 사회에도 적용이 되는 문학작품이 있다. 무질의 『특성 없는 남자』를 읽다 보면 사유 없는 커뮤니티 이용자들이 눈에 보인다. 아무 일도 하지 않는데 많은 것을 한 것처럼 느껴지는 게 커뮤니티나 유튜브 영상 시청이다. 무질의 책은 사회 곳곳에 철학적 사유를 준다. 자신은 특성 없다고 하지만 다른 이보다 더 생각하는 존재다. 이건 문학작품이 아니라 독특한 방식의 철학서나 사회과학 도서라고 해도 무방하다. 그런데 이와 반대되는 느낌의 책이 있다. 『닥터 지바고』와 밀란 쿤데라의 『참을 수 없는 존재의 가벼움』, 푸슈킨의 『대위 딸』, 레마르크의 『개선문』 등은 보통 정치 소설이라고 불리는 작품들이다. 훌륭한 사유가 들어 있다고 하는데 솔직히 책의 주요 내용은 연애나 일반적인 삶을 이야기한다. 물론 정치적 박해의 이유로 문학은 교묘히 숨겨진 의미로 전해 준다는 걸 인정한다. 오래전에는 기독교 사상에 반하는 내용 때문에 책의 검열을 스스로 하기도 했고 정치적 이유 때문에 교묘히 책의 숨은 의미를 심어 놓는 경우도 있었다. 이런 훌륭함을 볼 줄 모르는 식견의 짧음을 스스로 탓해야 한다. 그러나 고전 문학작품이라고 해서 모두가 읽어는 보되 똑같이 훌륭하다고 평가할 생각은 하지 않아도 된다. 다만 그 시대적 배경이나 작가의 상황을 이해는 해 봐야 한다. 세계문학 관련해서는 100권은 너무 부족하고 500여 권 정도는 읽어야 할 정도로 좋은 작품이 아주 많다. 천천히 한 권씩 읽어 가면 된다. 어떤 책에서 셰익스피어의 4대 비극이나 소포클레스의 『안티고네』를 언급하는데 그 책에서 주석을 달아 주지 않거나 자세한 설명을 하지 않을 땐 책 읽는 어려움이 생긴다. 앞서 언급한 이아고는 『오셀로』에서 끊임없이 악을 속삭이는 인물이다. 구약성경에서 이스라엘에게 적대적인 아말렉이라는 종족이 있다. 누군가가 아말렉이나 이아고 같은 사람이라고 말을 한다면 적어도 후자 정도는 알아들었으면 좋겠다.

한편 우리는 외국 문학작품에 약간은 사대적 사고를 가지고 있는 편인데 한국 문학작품도 그들 못지않게 훌륭하다. 가브리엘 가르시아 마르케스의 『백년의 고독』이 노벨상을 받았다면 염상섭의 『삼대』나 하근찬의 『수난이대』 작품이 노벨상을 받지 않을 이유가 없다. 사유의 동면 원고는 2024년 1월에 완성되었고 몇 달 동안 손을 대지 않고 있었다. 우리나라도 노벨 문학상을 못 탈 이유가 없다는 생각으로 이 부분을 썼다. 그런데

2024년 시월에 이 원고를 처음 퇴고를 하는 중 한강 작가가 노벨 문학상을 탔다. 한강 작가 덕분에 원고 수정을 조금 해야 했는데, 하지 않고 1월에 썼던 그대로 출간했다. 외국인이든 한국인이든 문학작품을 깊게 공부한 사람의 의견은 다를 수 있지만 일반 독자 입장에서의 느낌은 거의 비슷하게 받기 때문에 이렇게 말할 수 있다. 가령 영화 평론가가 멋진 언어를 쓰고 깊은 통찰을 주는 평론으로 자신만의 높은 평가를 한다고 그게 대중적 영화가 되거나 전부다 좋은 영화는 아니다. 그 반대로 대중이 볼 때 재밌게 본 영화인데 영화 좀 볼 줄 안다고 자처하는 사람들은 다르게 평가할 수 있다. 자기가 조금만 남들보다 더 안다고 생각하면 고루한 생각을 버리지 않는 사람들이 있다. 그런 사람들은 상호존중이 부족하고 심연 속 열등감을 가지고 있다. 과시는 결핍의 필연성에 빠진다. 그래서 이 책은 상당수 결핍되었다. 전문가의 대중에 대한 자세도 중요하듯이 전문가를 바라보는 대중의 존중의식도 우리에겐 중요하다. 평가는 모두가 다를 수 있다. 어떤 건 그저 공감을 더 받고 안 받고의 문제일 뿐이다. 가족과 사회에 대한 투철한 그 시대 통찰을 잘 표현한 건 마르케스의 『백년의 고독』이나 우리나라 작품이나 다르지가 않다. 우리나라 사람 중 수능 때문에 어쩔 수 없이 알게 된 우리나라 현대문학이지만 그 작품 전체를 읽지 않은 사람도 꽤나 될 것이다. 웬만해서는 처음부터 끝까지 읽어 보기를 권한다. 아프리카는 아프리카만의 역사가 있기에 그들만의 민족의식이 있다. 압둘라자크 구르나의 『낙원』이 훌륭한 상을 받았다면 현진건의 『운수 좋은 날』이 훌륭한 상을 못 받을 것도 없다. 물론 『운수 좋은날』은 백여 년이 흘렀지만 말이다. 둘 다 제목에서부터 반어적이다. 우리는 한(恨) 이라는 민족감정이 있는데 이 감정은 사실 우리만 가지고 있는 건 아니다. 노예의 한, 여성의 한, 민족의 한, 가족의 한, 전쟁의 한, 식민지의 한, 굶주림의 한, 사랑의 한, 자식이나 부모님을 잃은 한 등 그건 세계의 공통이다. 예를 들면 조정래의 『태백산맥』이나 현기영의 『순이삼촌』, 박완서의 『그 많던 싱아는 누가 다 먹었을까』는 꼭 우리 민족만의 문제는 아니다. 이건 넓게 보아 전쟁의 비극으로 포함할 수 있기 때문에 외국 작품에서도 무수히 많이 볼 수 있다. 히틀러의 유대인 학살 관련 작품이 얼마나 많던가! 책 내용이 학살 관련이 아니어도 가령 한스 팔라다의 『누구나 홀로 죽는다』는 마치 히틀러 시대의 빅브라더를 미리 예견하며 그 사회의 위험성을 알리는 듯하다. 주인공 크방엘 부부는 쪽지 하나의 힘을 믿지만 히틀러에 반대하는 그 쪽지마저도 제대로 세상에 알릴 수 없는 세상에 산다. 그러면서 게슈타포에 끊임없이 의심을 받는다. 결말을 스포일러 하지는 않겠지만 정말 책의 내용은 영화 한 장면 한 장면처럼 손에 땀을 쥐게 만든다. 이것이 전쟁과 독재의 효과이자 비극이다. 우리도 전쟁 중에 좌우 이념 때문에 학살을 당하고 빨갱이로 매도된 참혹한 역사가 있는데 그건 우리만 가지고 있는 슬픔이 아니다. 중복하여 또 나오겠지만 르완다 학살 사건이나 콜롬비아 내전도 우리 못지않은 다른 나라의 비극이다. 상당수 아프리카인의 학살은 이념 외에 같은 나라인데도 종교 인종의 문제까지 있기 때문에 우리보다 더 장기적으로 참혹한 상황을 맞이한다. 거기다 아프리카 대륙이나 일부 중동의 독재자는 그 참혹함의 결정판이다. 대런 애쓰모글루의 『국가는 왜 실패하는가』에서도 아프리카 언급이 있는데 거기서는 포용적 국가 체제와 착취적 국가 체제를 언급하며 많은 아프리카 나라가 후자의 상황에 빠져 있다고 설명한다.

현재도 그들의 비극은 진행 중이다. 이처럼 조금씩 각 나라의 문학작품 전개 과정만 다를 뿐 인간의 역사에 필연적으로 따라오는 살인, 억압, 광기는 전 세계가 비슷하다. 『순교자』는 각 시대 각 나라별로 늘 있어 온 인간의 희생이었다. 물론 『순교자』는 종교적(기독교)이지만 말이다 이렇게 종족이 달라도 다른 나라의 작품을 이해할 수 있는 건 맹자가 말했듯이 인간이 가지는 공통된 마음이 있기 때문이다. 물론 슬픔만 있는 건 아니다. 사랑도 비슷하다. 외국에는 알퐁스 도데 『별』이 있다면 한국에는 『소나기』가 있다. 소년소녀, 즉 남녀 감성은 외국이나 한국이나 다르지 않다. 사랑 외에도 주제가 비슷한 느낌이 있는 것도 있다. 위화의 소설 『인생』 그리고 펄 벅의 『대지』 박경리의 『토지』가 그런 느낌을 준다. 위 작품들의 공통점은 토지다. 아주 과거에는 부동산이라는 개념이 없었겠지만 인간의 역사에 땅은 언제나 진리였다. 루소가 『불평등의 기원』에서 말한 진짜 불평등의 시작도 쉽게 풀어쓰면 먼저 내 땅을 차지하고 울타리를 만들어 놓고선 '여긴 내 거니까 오지 마'라고 하는 것이었다. 태초의 땅 불평등이 현재까지 이어져 이제는 거의 모든 인간이 부동산에 미친 마음을 가지고 있다. 그렇다고 인간의 잘못된 욕망이나 개인의 더러운 욕망이 항상 죄가 되는 건 아니다. 그러나 사회는 그러지 말아야 한다. 어느 학자는 로마의 라티푼디움(대토지 소유)이 로마를 망하게 하는 이유 중 하나라고 본다. 그 망령이 현재까지 이어진다고 보는 사람이 있는데 땅(부동산)의 욕망은 이렇게 수천 년 전부터 있었던 것이다. 원래 자연 상태는 평등했는데 인간의 욕심이 불평등을 만든다. 땅이 없고 재산이 없으면 위화의 다른 소설 『허삼관 매혈기』처럼 피를 팔아야 한다. 남자는 피를 팔고 여성은 몸을 팔며 우리 불쌍한 부모님은 자존심을 팔았다. 왜 이런 불쌍한 사람들은 세상에 없어지지 않는 것일까. 그래서 대부분의 문학 소설은 못사는 인간에 대해서는 어떤 문제의식 제시와 삶의 행태를 보여 주고 잘사는 사람은 위선적 인간으로 묘사한 경우가 많다. 여기서 잘사는 사람이란 금전적 많음일 수 있고, 공작 후작 백작 등 계급적일 수 있으며 성직자를 말할 수도 있다. 우리가 잘 아는 『돈키호테』 주인공 남자도 작은 마을의 남작 출신이다. 서양 작품의 또 다른 전형적 특성 중 하나는 19세기까지 표현된 그 시대상의 내용엔 상위 클래스 거의 모두가 라틴어와 그리스어를 배워야 했다는 사실이다. 성직자 포함 상위계급은 라틴어 배우기가 필수였다. 헤르만 헤세의 『수레바퀴 아래서』도 상위 클래스 필수 과목이 라틴어였다. 다만 간혹 가즈오 이시구로 저서 『남아 있는 나날』의 달팅턴처럼 올바른 인간형으로 표현된 계급 우위의 사람도 있기는 하다. 그렇다면 가난한 사람은 어떻게 표현 되는가? 책 『가난한 사람이 더 합리적이다.』는 반만 맞고 반은 틀렸다. 다만 이 책은 문학작품이 아니고 사회과학 도서다. '가난한 사람은 생존 본능이 강하기 때문에 현실적이다'라고 해야 맞다. 그래서 역설적으로 개혁보다 보수적 선택을 하게 된다. 이 외에 어려운 현실을 보여 주는 작품은 국내외 할 것 없이 많이 있다. 앞서 언급한 책들도 몇 개 있었기에 언급하지 않은 외국 작품과 한국 작품 하나씩만 더 알아보겠다. 찰스 디킨스의 소설 『위대한 유산』의 주인공은 가난하다. 갑자기 많은 유산을 물려받을 상황이 왔지만 결국 주인공 청년은 가족의 사랑, 인간적인 삶을 더 중요하게 여기는 선택을 한다. 조세희의 『난장이가 쏘아올린 작은 공』은 가난과 함께 부동산의 문제까지 있는 어느 한 가족 이야기를 한다. 가난의 직접적 원인으로 살인이 나는 건 아니지만 책에서는 어쩔 수 없는 선택을 하게 된다. 현대에 와서 부자는 품위와 여유 배려를 가지며 가난한 사람은 신경질적이며 자기밖에 모르는 어리석은 사람으로 평가되기도 한다. 과연 그럴까? 서두에 인간은 모두가 조금씩 위선과 속물근성을 가지고 있다고 말했다. 부자와 가난으로 나누어 인간을 평가할 게 못 된다. 보통 가진 사람은 아래와 같다. 피라미드 상위에 있는 사람이 세상의 부 70%를 가지는데 더 가지려고 한다. 인간의 욕망은 무한하기에 그들에게 변화를 요구하는 건 거의 불가능하다. 그들의 욕망이 곧 틀렸거나 도덕적이지 않다거나 하는 건 옳지 않다. 그 자체를 나쁘다고 할 순 없다. 그래서 그들에게서 빼앗아 나누어 줄 생각보다는 더 가지지 못하도록 하는 게 공정하다. 더 정확히는 못 가진 사람에게 더 가도록 해야 하는 것이다. 빼앗고 나눠줌은 방금 한 말과 양립 가능하지 않지만 더 가질 수 없게 하는 건 양립 가능하다. 브로델의『물질문명과 자본주의』에서 말한 걸 여기에 적용해 보면 부동산의 규모의 경제는 시장 경제나 경쟁이 아니라 독점이다. 물론 부동산에는 일부만 해당이 된다. 그러나 그 심리는 사회적이라 영향은 전체적이다. 브로델은 대기업과 그렇지 않은 사람의 경쟁을 우리가 아는 그런 자유의 자본주의로 보지 않는다. 미국은 반독점법의 기초가 된 셔먼법이 이미 백 년 전에도 있었다. 갑자기 문학을 이야기하다가 땅 이야기를 하고 있으니 우습기도 하다. 그렇다면 우리는 문학을 어떻게 바라봐야 할까? 바로 이 질문은 비평문제로 이어진다. 작품의 소재는 정말로 다양하기 때문에 먼저 몇 종류로 분류를 해야 할 것 같다. 첫째는 문화적 관점 둘째는 윤리적 관점 셋째는 심리, 종교적 관점 넷째는 역사가 가미된 사회적/계급적 관점 다섯째는 남녀의 관점이다. 이외에도 더 분류가 가능하지만 이 정도로만 정해서 이야기를 더 해 볼까 한다. 지금까지 언급한 이야기 속에 중복된 관점도 있으니 그건 생략하고 말해 보겠다. 우리나라는 과거에 동성동본 결혼 금지 때문에 여전히 그 의식이 자리 잡고 있다. 사실 8촌이면 거의 남과 같고 평상시 알고지내기 어려울 정도인데 삼십 년 전만 해도 이런 먼 촌수마저 근친혼이라며 불편하게 본 사람이 많았다. 참고로 왼손잡이도 20여 년 전까지는 틀리고 불편한 존재였다. 왜 이 얘기를 꺼냈을까? 앙드레 지드의 『좁은문』 소설에서도 친척끼리 혼담이 오고 가는 내용을 엿볼 수 있다. 우리 인식으로는 4촌 간은 좀 그렇지만 서양의 소설에서는 자주 볼 수 있다. 우리는 보통 가난과 부자(착취자와 착취당하는 자) 혹은 더 거슬러 가서는 지주와 소작인과 같이 거의 이분법적 시각으로 작품을 본다. 그러나 서양 작품은 중간 계급이 끼는 경우가 많다. 보통 아주 과거에는 성직자, 왕족, 귀족이 있었고 근현대로 오면서는 부르주아 기타 관료 등으로 나뉘는데 『특성 없는 남자』의 주인공 아버지도 제3의 계급으로 봐야 하는 인물이다. 『춘향전』에 나오는 조선시대 서리도 3의 종족인데 중간에서 백성을 착취한다. 그러나 우리나라 문학은 서양과 달리 계급분화가 있지 않아 신분제적 이야기가 다양하게 있지는 않다. 유럽이든 동남아든 남미든 실제 일부 나라는 계급이 여전히 존재하고 있다. 그건 우리와 달리 꼭 부의 많고 적음이나 기득권의 여부가 아니라 아주 오래전부터 이어져 온 계급 사회 영향이었다. 그것으로 파생된 문화가 대표적으로 노블리스 오블리제와 기사도 정신이다. 참고로 기사도 정신에 대해 어떤 학자는 중세 유럽이 시작이 아니라 십자군 원정 전의 8세기 이후 이슬람 세력이 부흥하던 때가 원조라고 말하기도 한다. 『적과 흑』 또한 계급의 차이가 분명해서 책 제목처럼 내용의 핵심을 두 계급의 분리로 이해하기도 한다. 겉은 불륜으로 시작하지만 실제 책 내용 중 상당수가 두 계급 차이로 인한 다른 세상과 갈등 시각을 보여 준다. 셰익스피어의 오셀로는 데스데모나와 계급이 맞지 않을 뿐더러 인종도 다르다. 로렌스의 소설『아들과 연인』또한 주인공 아버지와 어머니 그리고 사회와의 계급차이로 인한 시각 차이가 엿보인다. 참고로 로렌스 소설이 어머니와 아들 관계를 그렸다면 셰익스피어의 리어왕은 딸과 아버지 관계를 보여 준다. 효녀 효자가 아니라면 늙어서도 부모는 자식과 계산적 관계를 유지해야 한다는 게 슬프다. 돈이 없으면 부모도 버림받는 세상이다. 이런 부모 자식 관계에서도 인간의 심리나 그리스 로마 신화적 비평을 끄집어낼 수 있다. 크로노스(사투르누스)는 미래 불안 때문에 자기 아들을 잡아먹는다. 고야는 그걸『사투르누스』라는 미술 작품으로 적나라하게 표현한다. 이와는 반대로 니오베는 자기 자식들을 자랑하다 신으로부터 미움을 사서 자식들이 죽임을 당한다. 아버지 탄탈로스와 함께 모녀 둘 다 비극을 맞는 건 조금 특이하다.

그 나라의 가족이나 사회 문화로 인한 시각 차이는 뚜렷하지만 전 세계적 공통 문화로 엮을 수 있는 것도 존재한다. 그런 작품 몇 개만 더 알아보겠다. 다만 가족의 이야기를 담은 내용은 비슷하지만 특정 무엇 하나에 초점을 맞출 때는 의미가 달라진다. 서양에『오만과 편견』이 있으면 우리나라엔 채만식의『태평천하』가 있다. 하나는 결혼으로 또 하나는 입신양명으로 귀결되지만 결국 인간의 목표는 국가 및 사회와 상관없이 자신의 욕망 실현이다. 헤겔이 말한 가족, 사회, 국가는 각각의 특성을 가지는데 위 두 작품은 그들에게 윤리나 도덕 같은 세계 시민정신은 보이지 않는다. 현대인에게 최악은 비교문화라고 하는데 지금 이런 비교문화는 괜찮은 듯 보인다. 행복 추구와 욕망실현이 있다면 반대로 비극적 문화의 충돌도 있다. 독특한 소재의 동서양 비극 두 작품만 알아보자. 먼저 도스토예프스키의『카라마조프의 형제들』이다. 이 작품은 아버지와 아들의 비극적

이야기를 다루고 있다. 방탕한 아버지에 대한 아들의 심리가 들어 있지만 종교적 색채도 띈다. 두 번째 작품으론 김동리의 『무녀도』가 있다. 두 책은 사상과 종교적 갈등으로 시대상을 보여 주는데 둘의 특징은 무엇이 옳고 무엇으로 가야 하는지의 결론이 없다는 것이다. 두 작품 다 부모(김동리 작품에서는 어머니)와 종교 사이에서 기성세대 관념에 대한 아들의 도전이 기묘하게 맞아떨어진다. 정치사상이든 종교든 어떤 투쟁은 항상 비극으로 마무리되는 공통점이 동서양에 있는 듯하다. 심리적인 비평은 무슨 작품이든 할 수 있기에 따로 알아보지는 않겠다. 윤리적 비평 이 부분도 복합적이긴 하지만 남녀 한정적으로 보고 이야기할 수 있다. 가와바타 야스나리의 『설국』은 뜨거운 사랑이 전개되는 그런 내용이 주가 된 작품은 아니다. 그러나 사랑의 감정, 연인의 감정을 독자가 충분히 느낄 수 있다. 이 책에서는 남자가 바라보는 여자와 여자가 생활하는 삶에서 남자의 의미는 서로 다르다. 작품 마지막에는 어떤 한 인물이 죽어도 아주 많이 슬프지 않은 희한한 느낌을 받는다. 남성과 여성의 문학을 비교하면서 책을 써도 엄청난 분량이 나올 텐데 이건 아쉬움으로 남기겠다.

일본 작품 얘기가 나왔으니 하나만 더 언급하자면 『인간 실격』이라는 작품이 있다. 좀 더 고차원의 해석을 하고자 하면 진짜 인간의 실격에 대해 이야기해야겠지만 그냥 남자실격이 주는 느낌이 더 강하다. 아내가 다른 남자와 있는 걸 봤으면서도 나약한 인간 아니 나약한 남자의 무력감은 대체 어떻게 봐야 하는가. 그 외에 『인간실격』 주인공은 실격의 인간이 아니라 그냥 삶이 무료하고 정신적으로 문제가 있는 생의실격이 된 존재다. 처음부터 에너지가 없다. 책 속의 주인공은 권력 의지는커녕 일반의지조차 없다. 그런데 비단 그 남자만의 문제는 아닐 것이다. 우리는 무엇인가로부터 의욕을 잃었고 그 원인을 찾아야 한다. 지금까지 우리는 문학을 이야기했는데 다음은 사회과학으로 넘어가야 한다. 문학이란 용어가 주는 느낌은 무엇에 한정적일 거 같지만 그 자체가 예술이고 철학이고 심리이기 때문에 따로 분류할 수 없다. 책 한 권에 다양성이 들어 있듯이 다양한 책을 읽는다면 얼마나 다양한 내가 될 수 있는지 놀라운 일이다. 현대인의 비접촉 인간관계에서 독서인은 그나마 '타인 이해함'을 얻을 수 있다. 내가 알지 못하는 인간은 동물처럼 경계하게 되는데 그 야생성이 온라인에서는 더욱 심화가 된다. 사람들이 적어도 책과는 거리 두기를 안했으면 좋겠다. 어떤 이들은 『섬에 있는 서점』에 살아도 따뜻함을 가지는데 왜 우리는 그러지 못하고 서점도 가지 않는지 모르겠다. 때로는 짧은 아포리즘이 트위터나 인스타그램에서 표현되어 촌철살인 느낌을 주기도 하는데 그것은 한계가 있다. 영상은 빠른 지식을 주고 그 순간은 생각기쁨을 주지만 그 빠른 만큼이나 사유가 빨리 휘발한다. 물론 책 속의 지식도 사람에 따라 마찬가지다. 그러나 영상은 끊기지만 책은 영원히 이어진다는 차이점이 있다. 지금 이 글이 얽히고설킨 것을 증명하고 있지 않던가. 문학은 계속해서 인간 삶으로서 함께 걸치고 다른 도서 종류에도 걸친다. 이런 이야기는 앞으로 계속할 테니 문학만 알아보는 건 이 정도로 마무리하겠다. 어쩌면 각자의 인생에서 보물을 찾게 해 주는 게 책일지도 모른다. 설령 많은 책을 읽지 않고 모른다고 하더라도 우연이 보물을 찾을 수 있다. 사람을 사귀는 숫자와 책을 읽는 권수는 중요하지 않다. 인간에겐 '깊이'라는 높이가 있다. 수준의 깊이는 자기가 만들어 가는 보물이다. 사람의 모습에서 보이는 그 깊이는 외적인 것 외에 입으로 구현되는 언어가 결정한다.

## 폭력과 언어

　가퉁이라는 학자는 폭력을 문화적 폭력, 구조적 폭력, 개인적 폭력 이렇게 세 가지로 구분했다. 현대인의 언어폭력은 위 세 가지 모두를 포함한다. 언어는 시대를 반영하고 헤르더의 말처럼 의식을 지배한다. 그러면서 언어는 오랜 역사 동안 생성과 소멸의 과정을 겪어 왔다. 이러한 과정은 앞으로도 계속될 테지만 지금처럼 조롱과 배척의 언어가 만연한 적은 없었다. 우리 현재의 언어인 '알빠노'[1], '누칼협'[2], '각자도생'[3]을 살펴보자. 이런 표현은 타인의 선택에 냉소적이며 개인주의적 태도가 최고조에 이르러 생긴 단어다. 타인에게 '누칼협'거리면서 누군가를 냉소하지만

---

1) 한 게임 스트리머가 게임 방송 중에 사용한 말에서 시작되었다. 무책임하고 냉소적인, 이기주의 태도가 드러나는 말이다. (내가) 알+빠(바의 발음 소리)+~노?(경상도 방언 어미)의 조합으로 만들어졌다.
　덧붙여, 이 신조어가 등장하기 전에도 '~노' 말투는 인터넷에 종종 모습을 보였다. 이는 악성 커뮤니티 '일간베스트'에서 故 노무현 대통령을 비하하려는 목적과 특정 지역을 조롱하려는 목적에서 처음 탄생했다(해당 지역에서 방언을 사용하는 지역민들도 들어 본 적 없는 뜬금없는 '-노' 표현이 이러하다. ex. '뭐노'→ 원래 경상도 지역에서는 보통 '뭐꼬?' 혹은 '뭐고?'라고 한다). 현재는 그 기원을 모르는 (무지한) 인터넷 유저들이 두루 사용 중이다. 이기적이고 냉소적 태도를 기반으로 만들어진 신조어인 것은 변함없다.

2) '누가 칼로 협박했냐?'의 줄임말인 신조어로, '누가 부추기지도 않았는데 네가 해 놓고 왜 우는소리냐'라는 냉소적인 뜻이 담겨 있다.

3) [各自圖生] 직역하면 각각 스스로 살기를 꾀한다는 뜻이다. 다른 고사성어와 달리 기원이나 과거에 사용된 흔적을 찾기 어려운 표현이나, 최근 들어 인터넷에서 많이 사용되고 있으며 2023년도에는 이를 차용한 제목의 드라마도 방영되었다.

언젠가는 자기도 그 누군가에게 '누칼협'의 냉소 대상이 될 거라는 건 알지 못한다. 이런 사회 암살 언어는 가통의 말을 빗대어 표현하면 개인적이며 문화적이고 구조적 문제로 인한 것이다. 자신이 속한 조직이나 취미 등이 무엇으로 매도되는 것도 현재에 비추면 위 세 가지 근원을 모두 원인으로 한다. 이런 언어 권력을 콩트라는 학자는 '언어가 공산주의적이다'라고 표현한다. 가령 수능시험 때 수험표를 가져오지 않는 학생에 대한 경찰 도움을 향한 사람들 반응이라든지, 임산부나 노인의 배려석에 대한 반응도 현대인의 '나만 아니면 됐지'의 모습을 보여 준다. 이와 비슷한 사회학적 개념이 '방관자 효과'다. 1960년대 제노비스라는 여성이 도심 한가운데 폭행을 당하는데 그걸 목격한 수십 명의 사람들은 그녀의 비명소리를 모르는 척한다. 일명 제노비스 증후군이라는 이 상황에 그녀는 결국 살해당한다(추후 제노비스 사건은 그 당시 자극적 기사를 쓰고자 한 어떤 기자의 거짓뉴스로 밝혀졌으며 실제로는 뒤늦게 제노비스를 도우러 간 사람들이 있었다).

　중국만 웨이관(방관) 문화가 있는 게 아니다. 그런데 역설적으로 이들은 또 삼국지 유비 관우 장비 같은 꽌시(유대관계)문화도 가지고 있다. 즉 자기 인맥이 아니면 방관한다는 대단히 모순적인 삶을 보여 준다. 이런 문화의 연장선에서 인맥과 부패가 만연한 중국은 실제 국가 세금의 약 30%가 개인 주머니로 들어간다고 한다. 여기에 공무원이 주도적 역할을 하는 건 당연한데 우리나라도 무능과 부패의 개인과 집단이 있으니 한번 점검해 봐야 한다. 아울러 국민들의 지하세계 조세회피도 마찬가지다. 지금은 과거보다 더욱 무서운 시대다. 현대인은 때론 방관자였다가 때론 참견인이었다가 하면서 뾰족언어와 침묵언어 둘 다로 사람을 죽인다. 착한 사마리아인이 사라지게 만드는 국가의 법과 사회 문화도 문제다. 현재는 성경과 맹자에서 말한 의로운 사람이 복이 있고 군자가 되는 게 아니라 괜히 참견했다는 인간불신의 상황에 서로를 회피하고 있다. 인간에게 가장 중요한 건 사상이나 잘났고 못났고가 아니라 서로의 신뢰다. 신뢰의 반석이 무너지면 사회에 아무것도 인간 행복을 쌓을 수 없다.

 어떤 의문에 대한 의견은 다양할 수 있다. 다만 최소한의 불가피성이나 차이 인정 기타 의로움과 이해심이 없다면 나중엔 장애인 주차석도 없애야 한다고 주장하는 사회가 온다. 언어에는 살리는 언어와 죽이는 언어 두 가지가 있다. '무슨무슨 충'은 조롱과 상대에 대한 매도뿐이어서 그 어떤 논의를 할 수 없게 한다. 이런 게 죽이는 언어다. 이런 언어의 일상화가 만연해진 곳이 일베나 디씨, 펨코 등의 커뮤니티다. 어떤 집단을 죽여야 하기에 그런 언어를 쓰며 그 언어의 생각회로는 오로지 일방향성을 띠고 자아비판의 여지가 없게 된다. 그 반대편의 집단도 작은 차이 하나를 가지고 특정 단어로 상대를 규정해 버리는데 사소한 것까지 이제는 거의 모두가 마커 언어창조를 해 버린다. 가끔 보면 헛웃음이 나오는 기발한 단어 생성도 있지만 그런 단어는 그 상황에서에만 끝나야 한다. 현대인은 살리는 언어를 잘 구사하지 못한다. 왜냐하면 자기 먼저 살아야 하기 때문이다. 여기서 살아야겠다는 의미는 물질적인 거 외에 정신적인 자아 존재 의미도 포함된다. 타인의 감정을 생각하고 분위기 살리는 언어도 마찬가지다. 인간은 육식동물처럼 상대를 죽여야만 자기가 사는 건 아닌데도 어떤 이는 상대를 죽이려고 하거나 그 죽임을 당하지 않으려고 발버둥 친다. 그 속에서 사자가 되지 못한 안타까운 어미사슴과 아기사슴의 인간이 있다. 그런 삶이 과연 동물들과 무엇이 다른가. 쉽게 뱉은 언어는 사람을 쉽게 매도하게 되고 어렵게 뱉은 언어는 진정성을 의심받는다. 정제되지 않은 언어는 어떤 이에겐 환호로 이어지고 또 어떤 이에겐 혐오로 이어진다. 하루 한 번, 아니 일주일 한 번이라도 뜨거운 언어, 즉 살리는 언어를 할 순 없는가. 현대인에게 커뮤니티 환경은 자기 삶을 규정할 정도로 중요해졌다. 파트리크 쥐스킨트 『향수』에서 주인공 녀석은 비린내 나는 생선 가게에서 태어난(버려진) 존재이며 온전한 인간으로 성장하지 못한 채 범죄를 저지르고 산다. 왜 그런 삶을 사는지 쥐스킨트는 명확한 이유를 말하지 않지만 책 제목의 의미는 생선 비린내 나는 시장통 인간 냄새를 역설적으로 향수라는 단어로 표현한다. 이렇듯 환경에서 모든 것이 이루어진다. 지금 내가 경험하는 환경에 나는 무엇을 잃어버렸는가 한번 생각해 봐야 한다. 내가 시간을 보냈던 그 온라인 환경에서 그 언어는 나의 의식을 지배하지 않았다고 단언할 수 없다. 자신이 쓰는 언어는 나쁘거나 안 나쁘거나를 떠나 습관이 되며 다음의 인간관계를 여는 데 상대방의 평가 기준이 된다. 어려서부터 언어의 사용은 아비투스가 되는데 그건 가정교육, 친구관계, 사회생활 등에서 더욱 강화한다. 책은 적어도 자기 수준을 유지하기 위해 읽는 이의 눈치라도 보거나 스스로를 검열하는 시간을 가진다. 우리는 사실 언어의 칼을 오래전부터 알고 있었다. 그래서 『언어의 온도』라는 책에 사람들이 공감을 하게 되었던 것이다.

  지금까지는 슬기롭지 않고 보이지 않는 서로의 존재에 대한 언어 사용을 지적하였다. 실제 만남에서도 언어 사용은 중요하다. 친구나 연인 그리고 가족과 직장 생활 내에서 소통이 어려운 이유는 거기에서도 언어의 폭력성이 존재하기 때문이다. 온라인은 오로지 표현에 의지하여 판단하지만 오프라인은 단어 하나 표정 하나 목소리 톤 하나 등이 총체하여 사람 기분을 좌지우지한다. 언어 층위 자체엔 계급적 요소가 없지만 가족과 사회에서는 위에서 아래로 흐르는 것과 같은 신분의 대화가 존재한다. 이걸 교과서적으로 언어의 기능 중 명령적(지시적) 기능이라고 한다. 그러나 수평적 정서적 유대관계가 많은 언어가 좋은 관계이고 좋은 사회다. 온라인은 안하면 그만이지만 사람이 삶을 살면서 오프라인 인간관계마저 다 피할 수는 없다. 대화에 어려움을 겪는 현대인은 더 고립되고 행복할 것을(실제론 도피처)찾는데 그 방법이 아주 다양하다. 누구는 화내고 누구는 무엇에 깊게 빠지며 누구는 혐오로 해소한다. 자신에 집중하지 않는 사람 외에 열등감을 가진 사람들은 서로가 서로에게 모멸감을 주려고 한다. 모멸감이라 하니 감정부조화와 감정낭비 등 다양한 수치심 문화 이야기를 하는 김찬호의 책 『모멸감』이 생각난다. 사유의 동면을 읽는 사람이라면 『모멸감』을 꼭 한 번 읽어 봤으면 좋겠다. 자기 감정이 중요하면 타인의 감정도 중요하다는 걸 알아야 한다. 그건 오로지 언어라는 수단으로만 행해지기에 말과 글은 서로에게 더욱 절대적이다. 지금은 1년만 디지털 시대와 단절한다면 수많은 밈과 언어 생성을 알지 못해 젊은 대화를 하지 못하는 세상이다. 세대와 남녀, 정치, 부자와 빈자의 갈등 속에 소수의 선동과 다수의 무의식은 죽음의 언어를 만들어 내고 소통의 단절을 가져온다. 시스템적으로 언어를 정화할 노력과 규제 그리고 각자의 노력이 필요하다. 만약 강제적 조치를 취했음에도 순화가 안 되고 자정작용도 안 된다면 그 해결책은 오로지 하나뿐이다. 집단에서 나와 자기라도 바르게 살고자 좋은 책을 읽는 일이다. 거기서 올바른 교육이 나온다. 더군다나 책은 언어의 기능 중 하나인 정보적 역할을 하기에 일석이조 이로움을 준다. 언어에 대해서 사람들이 착각하는 게 하나 있는데 그건 개성과 불편함을 구분하지 못한다는 것이다. 누구는 신경질적이고 시니컬한 게 개성이라고 생각하고 누구는 그걸 불편해한다. 이렇게 언어는 자신이 자신을 속이고 타인이 타인을 오해하는 상황에 놓인다. 사랑의 언어까지는 바라지 않아도 의식하면 언어의 표현은 얼마든지 공격적이지 않게 제어 가능하다. 자신을 위해 타인의 감정을 망치거나 해하려 하지 말아야 한다. 이것만큼 비열한 인간은 또 없다. 특히나 부모가 자식에게 감정적 화를 내거나 상사가 부하 직원에게 쓰는 감정언어인 똥덩어리는 모두를 더럽힌다. 리더의 자질 중 하나는 포용력 있는 언어 사용이다. 2024년 현재 우리나라 리더뿐 아니라 교묘한 거짓말과 함께 상대를 더럽히는 언어를 쓰는 트럼프는 그런 면에서 리더의 자질이 없다. 자연스럽게 거짓말이라는 언어까지 오게 되었다. 괴벨스와 트럼프는 그 거짓말의 효과를 잘 알고 있다. 정직한 언어는 대중의 마음 고취를 제대로 이끌어 내기 힘들다. 거짓말을 하는 사람은 그 거짓을 계속 생산하고 자기최면의 거짓말에 언론과 대중을 이용한다. 사람들을 흥분시키는 언어는 공포와 매도, 아군과 적군, 피해자와 가해자 등을 등에 업고 있을 때 더욱 뚜렷해진다. 이걸 인간의 무비판적 언어 취약성이라고 표현하고 싶다. 니체는 『선악의 저편에서』를 통해 인간의 이런 이분법적 관념을 벗어나고자 하였지만 그건 꿈이었다. 현대의 언어는 선악을 넘어 이제는 살인도구 즉 생사의 언어로 넘어왔다. 그런데 화가 나는 건 대중의 죽음언어 투석으로 그렇게 죽은 사람에겐 아무도 책임을 지지 않는다는 사실이다. 성경의 야고보서에는 이런 말이 나온다. "혀도 작은 지체로되 큰 것을 자랑하도다 보라 어떻게 작은 불이 어떻게 많은 나무를 태우는가",

"혀는 곧 불이요 불의의 세계라" 이외에도 잠언이나 다른 성경 곳곳에서 거짓말의 참혹성과 말의 중요성을 언급한다. 인간이 만든 언어에 인간이 죽어 가는 상황은 2,500년 전이나 지금이나 똑같다. 인간은 태어날 때 스스로 울고 세상에 자기 존재를 알린다. 하지만 자신이 죽을 땐 주변 사람이 울고 자기가 세상의 삶을 어떻게 살아왔는지를 그때 알린다. 그게 일생의 언행으로 인한 자기 평가다. 사람들이 가장 많이 후회하는 건 그때 그 상황에서의 '그때 언어'다. 후회한다면 그나마 자신은 양심이 있는 사람이니 너무 자책하지 않아도 된다. 아직 쓸 언어가 우리에겐 엄청나게 많이 남았다.

다만 언어의 불확실성과 오해는 모든 인간의 삶에 숙명이니 덜 상처주고 덜 상처받는 마음가짐을 갖추어야 한다. 자기 성격만큼 언어를 고치기 힘들다는 걸 인지하는 사람은 그나마 배워가는 사람이다. 여백의 미처럼 여유의 미를 가져야 부드러운 모습에 부드러운 언어가 나온다. "말 한마디가 천 냥 빚을 갚는다"라는 과거 긍정의 언어시대에서 지금은 말 한마디가 악플이자 총알이 되어 난사가 되는 부정의 시대가 되었다. 그래도 한 번도 상처받지 않은 것처럼 살아야 하는 인생이다. 『나의 상처는 돌 너의 상처는 꽃』과 같은 마음으로….

## 젊은 그대 책 읽고 오라

　김수철의「젊은 그대」노래 가사를 각색한 제목이다. 청년에 대해서 이 책은 곳곳에서 비판하지만 마음속에는 사랑스러움이 가득하다. 정확히는 애증이다. 누구나 나이가 드는데 꼭 영원히 젊을 것처럼 말하고 행동하는 사람이 있다. 반면에 살아 있는 모든 인간은 항상 오늘이 가장 젊지만 그걸 가장 모르고 살아가는 동물이다. 영화「벤자민 버튼의 시간은 거꾸로 간다」같은 공상이 아니라면 말이다. 이 영화 주인공 브레드피트는 태어날 때부터 늙어서 태어나고 시간이 지남에 따라 점점 젊어진다. 누구인들 젊은 시절이 없었겠는가. 학창시절 사랑스러운 독일어 선생님 때문에 감성에 젖어 괴테의『젊은 베르테르의 고뇌(슬픔)』를 읽고자 했던 청년이 20여 년이 흘러 어느덧 이 책을 쓰고 있다.『젊은 베르테르의 슬픔』하면 기억나는 또 다른 청년 시절이 떠오른다. 그 시절엔 책을 판다는 사람들 중 수십 권의 책을 강매하도록 하는 사람들이 있었는데 순진한 마음에 사기당한 줄도 모르고 책을 싸게 샀다며 주변에 자랑했던 적이 있다.

　하지만 부모님이나 주변사람들에게 너 사기당했다며 핀잔을 들었을 뿐이다. 그때 구입한 책 중『젊은 날의 고뇌』라는 책이 있다. 지금도 이 책이 있는지 모르겠지만 처음으로 젊은이란 무엇인가를 생각해 봤던 책이었다. 제대로 읽은 적도 없으며 20년이 훨씬 지났어도 희한하게 여전히 제목만은 기억하고 있는 책이다. 제목 외에 젊은 시절 내용에서 감탄했던 하나의 책이 있다(정확히는 글 내용보다는 간결한 글의 문체다). 유시민의 『청춘의 독서』를 읽고 이렇게 술술 읽히게 글을 쓰는 건 능력이구나 생각했던 20대 끝자락을 기억한다. 지금의 지식은 유시민 작가 못지않다고 생각하지만 아는 지식을 이렇게 쉽게 풀어쓰는 능력은 여전히 따라갈 수 없다. 부모님 덕택에 유시민 작가는 어려서부터 글을 읽었다고 하는데 타고난 지능 차이와 아주 어렸을 때의 독서 시작점 차이가 필자와 수준 차이를 나게 했다고 믿는다. 이렇게 자신감은 늘 있으면서도 항상 무엇인가 부족하다는 걸 느끼며 살았다. 자신의 부족함을 인정하고 계속 노력하려는 자세여야만 젊음이 의미 있다. 그리고 열심히 배우려고 한다. 나이 들어서는 하고 싶어도 의욕이나 정신상태가 육체를 따라가지 못한다. 꼭 남을 이기려고 하는 게 아니라 자신을 이기는 삶을 살아야 한다. 방금 말한 삶의 두 태도 차이는 자기 인생의 엄청난 갈림길이 된다. 물론 세상의 부조리를 이기려는 사람은 아름다운 사람이다. 그 아름다움과 젊음 그리고 비통함을 함께 우리에게 주었던 인물이 바로 『아름다운 청년 전태일』이다. 처음엔 노동법이 있는지조차 몰랐던 전태일은 노동법을 살펴보고 그것이 지켜지지 않는 것에 분노한다. 사람이 배우고 공부해야 하는 이유는 꼭 사회 부조리를 인식하라는 게 아니지만 억압과 억울함을 느끼는 건 권리를 찾게 해 준다. 200년 전 이즘이 그랬고 70년대 노동자의 삶도 그랬다. 전태일 열사는 먼지 나는 돼지우리 속 공장의 여성 노동자와 노동 시간이 지켜지지 않는 어린 남녀의 고된 노동자를 보며 분노했다. 안타깝게도 전태일은 자신의 몸에 불을 붙이며 세상을 밝게 하고 숨을 거뒀다. 지금 살아 있다면 70대 후반의 멋진 청년이 되어 있을 그분의 죽음에 참으로 숙연해진다. 22살 전태일의 죽음뿐만 아니라 21살의 이한열 열사, 24살의 윤봉길 의사, 34살의 독립운동가 나석주, 묘령의 나이 유관순 열사는 각자의 임무를 하다가 숨을 거두었다. 베르테르처럼 로테를 사랑할 수 없어 괴로움에 죽은 사랑의 열정도 있음을 아는 것도 좋지만 이런 젊은 날의 청춘의 피도 있었음을 우리는 기억해야 한다. 죽음의 신드롬 베르트르 효과 대신에 우리는 현재 생의 신드롬인 의로움 효과가 필요하다. 물론 각자도생 아니 각자사망의 시대에 이런 바람은 공허한 꿈일 뿐이다. 이런 의로움은 꼭 죽음을 불사해야만 하는 건 아니다. 불의에 맞서는 방법은 다양하다. 지식인의 사회참여 같은 거 말이다. 꼭 지식인이 아니어도 된다. 불의에 대한 반응은 어떤 다양한 수행을 하게 되는데 한나 아렌트는 이런 수행성에 정치적 사회적 발화를 중요시했다. 가령 드레퓌스 사건이 일어났을 때 에밀 졸라는 『나는 고발한다』라는 글을 써서 국가의 부조리한 것을 바로 잡고자 하였다. 침묵은 때론 범죄다. 단테는 "지옥의 가장 뜨거운 자리는 정치적 격변기에 중립을 지키는 자에게 예비되어 있다. 중립은 기권이 아니다. 암묵적 동의다."라고 하였다. 이 문장은 조금 변형되어 20세기 초중반 미국의 정치에서도 캐치프레이즈로 쓰였다. 꼭 지식인이 아니어도 된다. 그리고 때론 모른다는 게 면죄부가 될 순 없고 오히려 악의 편인 것과 같다. 이승만 정권 때의 4.19나 광주 민주화 혁명은 젊은이들의 투쟁으로 시작되었다. 시대가 변했으니 지금의 젊은 세대들에게 거창한 투쟁까지는 바라지 않는다. 그저 과거 국가가 국민을 짓밟은 것처럼 서로가 서로를 짓밟지만 않았으면 하는 소박한 바람을 가진다. 지금은 『아프니까 청춘이다』라는 생각에서 누가 아프게 하는가를 보는 게 더 현명한 자세다. 대학생이나 직장인에게 꼭 사유의 동면 책이 아니더라도 현재와 과거 그리고 미래를 품은 책 한 권이 있다면 그걸 허세처럼 가지고 다녔으면 좋겠다. 우리나라도 전 국민이 전 세계의 유명한 책처럼 자부심 있게 읽을 수 있도록 시대의 『명견만리』 집대성 작가가 필요하다. 물론 이 책은 일부 정치적 편력 때문에 누구나 자부심을 가지지 않을지 모른다는 걸 인정한다. 모든 이를 만족할 수는 없다. 그럼에도 불구하고 굳이 그렇게 섰다는 건 틀리지 않음의 자신감 때문이다. 그건 편향의 문제가 아니다. 사람들은 다름을 인정해 달라고 하지만 명백히 틀린 것을 다름이라고 할 수는 없다.

책이 사람을 만들고 젊은이를 키운다. 글을 쓰는 사람은 '나무를 심은 사람'과 같고 글을 읽는 사람은 '연금술사'를 찾는 것과 같다. 『나무를 심은 사람』의 주인공은 어떤 특정 목적이 있거나 대단한 사명감으로 나무를 심지는 않는다. 그렇지만 나중엔 숲을 이루고 누군가는 그 혜택을 받고 살아갈 것이다. 글을 쓰는 사람도 꼭 대단한 사명감이나 목표를 가질 필요는 없다. 쓰고 싶으니 쓰는 것이고 알리고 싶으니까 쓸 뿐이다. 읽는 이의 평가에도 구애받지 말아야 한다. 스펙이 중요하고 미래가 불확실한 젊은 사람에게 독서는 어울리지 않을 수 있다. 그런데 불확실성은 갈브레이드의 『불확실성의 시대』처럼 이미 수십 년 전부터 존재해 왔다. 그는 이 책에서 마르크스를 낭만적인 젊은이라고 표현했는데 마르크스를 오용하는 자들을 비판하면서도 끝에서는 무함마드 사후 가장 영향력 있는 인물로 평가한다. 가장 눈에 띄었던 이 책의 내용은 "가난한 사람에 대한 분석은 많은데 부자는 그거에 비하면 분석이 거의 없다"라는 취지의 내용이었다. 그러면서 베블렌의 『유한계급론』 이야기를 꺼낸다. 베블렌 효과는 우리말로 치면 SNS 허세와 비슷한데 과시의 심리는 둘 다 비슷해도 하나의 차이점이 있다. 전자의 경우 과시의 소비욕구는 긍정적 요소를 배제하지 않으며 이것이 경제 제도나 사회 구조에 영향을 주는 걸 보여 준다. 반면 후자의 경우 긍정의 확산은 하나도 없이 '나는 무엇에 결핍되어 있는 인간이다'라는 걸 보여 주는 것에서 끝나 버린다. 변화된 시대는 이런 부류의 사람들뿐만 아니라 책에서도 젊은 사람과 그 앞선 세대 간 차이를 보여 준다. 가령 지금 40대 이상은 이문열의 작품이나 김진명의 『무궁화 꽃이 피었습니다』, 김훈의 『칼의 노래』, 유홍준의 『나의 문화유산 답사기』, 베르나르 베르베르의 『개미』, 앨빈 토플러의 『제3의 물결』 등을 읽으며 청소년과 20대 시기를 보냈다. 이런 책들은 순수한 개인의 마음치유, 안정, 희망, 절망 등과는 상관없는 책이다. 97년 IMF 이후 『광수 생각』이나 『영혼을 위한 닭고기 수프』 등과 같은 일상과 내면의 이야기가 본격적으로 사랑받는다. 2000년도 대학에 다닐 때 『영혼을 위한 닭고기 수프』는 꽤 유행해서 꼭 읽어야만 하는 도서였다. 그러나 실제로 읽어 본 적이 없을 정도로 대학을 방탕하게 보냈다. 젊음을 너무 방탕하게 보내면 그게 빚이 되어 『기각시의 노망선지』가 되니 적당히 방종해야 한다. 우린 유명한 건 알지만 안 본 것도 안 읽은 것도 안 겪은 것도 참 많다. 2000년대 이후 이제는 스님의 말씀, 정서적 차원의 개인 에세이, 자기 계발서, 각종 심리학책 등이 많은 사랑을 받는다. 요즘은 또 미래 시대 이야기를 하는 책이 엄청나게 많아졌다. 책도 역시나 시대를 반영한다. 책을 즐겨 읽지 않는 이상 지금 젊은 사람들에게 삼국지나 추리소설 그 외 『혼불』 같은 작품이 의미가 되진 않는다. 다들 지쳐 있어서 그렇다. 그런데 사회는 더욱 다그치고 있으며 그걸 제어해 줘야 할 주변 환경은 그 반대로 가고 있어 젊은 사람들이 절벽에 내몰린다. 캥거루족이 된 사람의 정신 상태를 비판하기 전에 왜 캥거루족이 많아지는지에 대한 고찰이 필요하다. 호모 사케르가 된 현대인들에게 벌거벗겨진 우리의 겉모습은 최소한의 창피함을 감추기 위한 몸부림으로 보인다. 인간을 포함하여 모든 생명은 생의 경쟁을 해야 한다. 그래서 경쟁 자체가 의미 없거나 나쁜 건 아니다. 다만 마르크스는 경쟁을 하나의 허상이라고 보았다. 다윈의 『진화론』처럼 잘 적응한 동식물도 폴리비오스 말처럼 생명체의 필연적 쇠퇴는 누구나 겪는다. 다만 후대에 자기 유전자를 남기느냐 못 남기냐의 큰 차이점은 하나 있다. 그러나 사람이 윌리엄 골딩의 『파리 대왕』처럼 살면 유기체 모두의 필멸을 가져온다. 『파리 대왕』의 어린 소년들은 자신들의 생각이 옳다며 두 부류로 나뉘어 서로를 공격한다. 어린 나이 치고는 생각보다 야만적이고 치밀하다. 현대인은 『파리 대왕』처럼 어린 나이 때부터 이런 사회에 놓이게 되고 이겨야 하는 인간으로 교육받아야 하기 때문에 문제가 된다. 여기에 더해 상대적 박탈감은 최후의 희망 마지노선에서 포기를 하게 만든다. 교육이나 경험의 기회 부모의 케어 등 시작점이 제각각인 건 어쩔 수 없다. 그러나 흙수저와 금수저의 결정적 차이는 실패에 대한 재기 여부다. 우린 사람들의 결과만을 보지만 각 수저 위치에 따른 기본적 마인드 디폴트는 매우 다르며 이것도 결국 시작부터 다르다는 것을 보여 준다. 기댈 곳 있는 실패의 보험 가입인과 이번이 마지막이라는 절망의 비보험인은 하늘과 땅만큼 차이가 있다. 흙수저도 아닌데 자신을 흙수저로 포장하는 이도 있다. 자기연민으로 성공을 너무 치켜세우는 것도 진짜 흙수저에겐 불편한 일이다. 가난을 파는 세상과 『가난의 문법』이 존재하면 안 되는 세상이다. 흙수저의 성공을 본 사람들은 21세기 신골드러시(비트코인 주식 등)나 성공의 희망을 위해 그들처럼 되려고 한다. 그러나 성공하기는 힘들다. 젊은 나이에 중요한 건 당장의 성공이 아니라 꿈인데 꿈마저도 펼쳐 보지 못하고 실패한다. 이렇듯 목표와 현실은 다르다. 이런 괴리를 적게 만드는 사회가 좋은 사회이지만 지금은 그 반대로 가고 있다. 그리고 각자의 실패에 사회적 관용은커녕 깊은 구렁텅이에 빠져 밧줄 하나 없이 살아가는 건 올바른 사회가 아니다. 자신의 성공을 자랑스럽게 이야기하는 방송인이나 작가들은 보통 이런 차이를 말하지 않는다. 그들의 노력을 폄훼하는 건 아니지만 금수저로 태어나 금수저 인생을 살면서 흙수저의 삶을 이야기하는 건 왠지 자격지심이 들어 마음이 들지 않는다. 누군가는 자기증명으로 승승장구하고 누군가는 자기부정으로 나락으로 가는 사회에 역설적으로 이 모든 범위에 속한 사람들이 보이는 경쟁의 영상을 즐기고 있다. 현대사회의 우울한 이면은 이 책 곳곳에서 있으니 이 분위기를 전환시켜 보자. 우리는 각자 자기 돌봄이 필요하다. 아이와 부모 혹은 청년과 실업 기타 노인의 빈곤 등 돌볼 게 참으로 많다. 『오즈의 마법사』처럼 각자의 인생길에 어떤 희망의 여정이라도 있다면 좋겠다. 심장(마음)이 없는 사람에게는 따뜻한 마음을 주고 생각(뇌)이 없는 사람에겐 멋진 사유를 주며 용기(도전)가 없는 사람에겐 강인함을 주는 그런 오즈와 같은 사회 말이다. 만약 돈이 없으면 기본적으로 돈을 주는 사회도 꿈꾼다. 약 10년 전에도 『한국이 싫어서』 외국에 살고자 한 계나라는 여성이 있었는데 지금은 가고 싶어도 정착할 돈이 없어 못 가는 처지의 사람들이 많으니 오히려 좋다. 지금은 한국이 좋아서 살고 싶게 만드는 노력이 필요하다. 그리고 그건 우리 모두의 일이 되었다. 20대 청년의 삶을 제대로 보여 주는 문학작품을 30분 동안 생각했지만 생각나지 않았다. 도서관에 가서야 읽었던 어떤 책이 있었는지 보일 거 같다. 이왕 이렇게 된 거 요즘 젊은 작가들의 책이라면 'mz한 생각'을 다룬 책이 많이 있을 듯하니 그걸 읽어 봤으면 좋겠다. 다만 공감은 되겠지만 아마도 해결책은 없을 것이다. 세태 비판과 신세한탄 그리고 사회와 나의 감정 갈등을 표현하는 것만으로는 부족하다. 우리는 혼자인 거 같으면서도 연결되어 있어서 끊어 내기가 힘들다. 나와 타자 그리고 사회는 뫼비우스 띠와 같다. 성공의 허세나 빛 좋은 개살구처럼 현란하고 멋진 문장으로 말초신경을 자극하여 힘을 주는 글보다는 현실을 즉시하고 힘들지만 최악을 가정해 보고 살아 보는 것도 괜찮다. 젊든 아니든 누군가에게 삶은 생각보다 치열하고 고통스럽다. 가령 내 외모가 못생겼다고 생각하는 사람들은 『엘리펀트 맨』을 읽을 때 나는 아무것도 아니구나 생각이 들지 모른다. 억울한 사람은 『레미제라블』을 보면 그 서러움이 좀 가라앉을 것이고 가난하다면 해방 전후 한국 현대문학 몇 개만 읽어도 괜찮을 것이다. 다만 김동인의 『감자』에서 주인공 복녀처럼 가난이 비극을 맞이하게 하는 것도 있으니 주의해야 한다. 너무 시대보정을 안 하는 거 아닌가 반문할 수 있지만 진짜 우리는 과거 그들과 크게 다르지 않은 상황에 놓여 있을 수도 있다. 의식주만이 지금은 전부가 아니다. 이렇게 써놓고 양심의 가책을 느낀다. 정작 본인은 젊음을 모르고 허송세월로 잃어버려 놓고선 지금의 젊음을 가진 사람들에게 이런 이야기를 하고 있으니 말이다. 너무 어렵게만 생각하는 것 같은데 쉽게 살자. 누구의 말처럼 우리의 고민은 아직 안 온 것들이 대부분이다. 젊음이 이렇게 복잡해서야 어떻게 그다음을 살겠단 말인가. 그저 지금의 젊은 사람이 이상은의 「언젠 가는」 노래 앞부분의 가사를 나중에 알게 되면 그걸로 된 것이다. 개인은 조금만 감성적이어야 하고 사회는 많은 게 현실적이어야 한다는 걸 알아야 한다. 생각보다 인생은 계획하는 대로 잘 안 된다. 때론 체념하고 포기해야 얻는 게 있다. 그걸 잘 아는 사람이 삶을 잘 살아간다. 그걸 우리는 관용구처럼 선택과 집중이라고 표현한다. 아울러 포기 대신에 누군가는 어느 지역 한 달 살기, 어느 나라 몇 달 살기 같은 인생 버킷리스트를 실천한다. 허세일지라도 도전하는 삶은 아름답다. 그런데 왜 그중에서는 책이 없는가. 좋은 책 1년에 몇 권 읽기 버킷리스트를 실천해 보자.

## 온갖 잡다한 책을 읽어 보니

　인생은 필연보다 우연으로 이루어지는 게 훨씬 많다. 우연히 무엇을 느끼고 무엇을 다짐하고 행동한다. 물론 세밀한 사람들에게 필연과 우연을 철학적으로 어떻게 구분할 건지는 숙제로 남아 있다. 각자의 삶에 가끔씩 일어나는 우연한 발견이나 만남이 있다면 그건 성장하는 인간의 기회가 된다. 우연히 한 책을 보았다. 다만 삶의 스킬을 알려 주고 위로받으며 동질감을 주는 그런 책은 아니다. 시어도어 젤딘의 『인생의 발견』은 기존의 자기 계발서와는 다르다. 원래 인생 어쩌고 하는 책은 관심이 전혀 없는데 중고서점 책장에 꽂힌 그 책은 표지부터 조금 달라서 눈길이 갔다. 요즘 사람들이 책을 선택하는 요소 중 하나가 제목과 책 표지라는데 외적인 건 사람뿐만 아니라 이렇게 책에도 영향을 준다. 기본적으로 책이란 몇몇 잡스러운 지식과 사유 그리고 재미가 있으면 된다고 생각하는데 이 책이 바로 그런 책이었다. 이 책에서의 사유는 기존 관점의 내용이 아닌 것이어서 좋았다. 『인생의 발견』에서는 내 안에 갇혀서 살지 말라는 것과 나를 알아 가기보단 타인과 관계하며 타인 더 잘 알아 가기라는 내용이 쓰여 있었다. 이건 사유의 동면에서도 강조한 부분이다. 물론 나의 집중과 타인 잘 알기의 균형은 당연히 중요하다. 인생 하니까 다양한 타자들의 이야기가 들어 있는 에밀 아자르의 『자기 앞의 생』이라는 작품도 떠오른다. 청소년 나이의 남자 주인공이 마주하는 다양한 주변인들과의 삶을 보여 주고 그 사회의 분위기를 담아낸 책이다. 책의 느낌은 『오스카 와오의 짧고 놀라운 삶』과 비슷한데 에밀 아자르 책이 왠지 더 읽을 만한 작품이라고 생각이 든다. 그러고 보니 지금까지 너무 인생만 논한 것 같다. 이런 얘기만 하면 재미없을 거 같아 이번엔 생뚱맞게 미용 쪽으로 한번 가 보겠다. 여기서도 책 이야기를 할 수 있다. 책만큼 많이 알고 있는 분야가 화장품이니 믿어도 좋다. 개인 브랜드 창업을 위해 십여 년 동안 나름 화장품 연구를 했으며 화장품 성분이나 기초지식은 그래서 웬만큼 알고 있다. 결론부터 말하면 화장품은 본인의 피부 타입에 맞게 제형을 선택해서 하나 정도만 쓰는 게 가장 좋다. 피부에 특별히 문제가 없다면 말이다. 의사 포함 미용 쪽 종사자들이 이 말을 듣고서 반론하겠지만 그걸 또 과학적으로 반론할 지식은 가지고 있다. 피부도 자기의 소중한 몸이니까 먹는 것 외에 바르는 것도 약간의 상식은 가지고 있어야 한다. 이 또한 책을 통해 가능하다. 막 화장품을 만들고자 했을 때 지금 생각해 보면 실질적으로는 별로 의미가 없었던 폴라 비가운의 『나 없이 화장품 사러 가지 마라』를 읽었다. 책의 두께가 엄청나기도 하고 각 브랜드의 제품 특성을 언급한 것이라 굳이 일반인은 읽지 않아도 된다. 도서관에 가면 『대한민국 화장품의 진실』, 『깐깐한 화장품 사용 설명서』와 비슷한 국내외 책이 몇 개 있다. 한 권 정도는 기본 상식으로 읽어 볼 만하다. 허세는 인간만이 아니라 제품 즉 화장품에도 있다. 사실 누구의 말처럼 여성은 피부 좋아지는 것이 목표가 아니라 화장품이란 미의 허상을 바른다는 게 더 맞는 말이다(최재천 교수의 유명한 책처럼 요즘은 남자도 화장하는 시대니 남성도 포함해야겠다). 외모지상주의 시대에서는 특히나 피부와 머리숱/스타일은 매우 중요하다. 안타깝게도 머리 나는 샴푸와 안티에이징 그 외 피부 좋아지는 화장품은 아직까지 없다. 피부과 시술이나 치료가 아니라면 말이다. 피부에 가장 좋은 건 그저 잘 자고 건강하고 자외선에 오랫동안 노출되지 않는 일이다. 이것도 주어진 대로 살되 그래도 자신의 외적 아름다움에 최소한의 예의는 보이고 살아야 한다. 나는 이대로 괜찮고 미의 기준이 남성과 자본주의 때문이라고 우겨도 현실과 미래는 절대 바뀌지 않는다.

  미용 관련해서 진짜로 얘기해 보고 싶은 건 다음 이야기다. 의대나 의사관련 거대 담론을 논할 혜안은 전혀 가지고 있지 않기에 짧게 하겠다. 피부과를 자주 가본 사람들은 느끼겠지만 굉장히 간단한 치료에 기기가 거의 모든 일을 하는 경우가 있다. 마치 치석 제거처럼 관련 지식과 기술 정도면 충분히 전문 의료인이 아니어도 할 수 있는 것처럼 보인다. 선조들부터 해서 제 밥그릇 뺏기면 가족도 선후배도 없는 인간의 습성에 사(師) 자 직업을 가진 사람이 그 영역을 내어줄 리 만무하지만 그런 저항이 있을지라도 국가는 그걸 간호사나 특정 교육을 받은 사람에게 조금은 내어줄 수 있다. 이렇게 말하면 이때서야 사(師) 자 직업을 가진 사람들은 국민 건강을 위한 척하며 과도한 위험 공포와 자기들만의 전문 지식이 필요하다며 반대할 것이다. 심지어 일반인이 대리 수술까지 하는 마당에 피부과의 간단한 치료는 이에 비하면 아무것도 아니다. 시험의 결과로 인해 과도하게 특권적 지위를 부여받고 독과점 그 이상의 혜택과 형태를 보이는 건 대다수 국민에게 좋지 않은 일이다. 만약 국가의 의지와 국민적 공감대가 형성된다면 기득권 저항이 있어도 시도해 볼 만하다. 여기서 제일 중요하고 어려운 문제는 그 범위를 정하는 일이다. 인간에게 이런 범위 외에 타인과의 관계나 사회생활에서의 서로 경계 짓기는 가장 어려운 부분이다. 그럼에도 불구하고 미용개방은 논의해 볼 만하다. 생사를 오가는 것이나 고도의 전문성이 필요한 것도 아닌 것들이 시험 하나 통과하여 어느 한 집단에 과도하게 독점된다면 전체 국민에게도 좋지 않은 일이다. 폐쇄된 걸 개방하고 경쟁하면 다수가 좋은 것들이 있다. 아리스토텔레스의 『니코마코스 윤리학』에는 '정의란 타인에게 좋은 것'이라는 말이 나온다. 이 말이 늘 맞는 건 아니지만 이럴 땐 맞아 보인다. 사실 과학이 발전할수록 이런 영역의 이야기는 별로 의미가 없을지 모른다. 인간 대신 AI가 할 수 있는 분야가 많아질수록 사람들은 직업 찾기가 힘들어진다. 그래서 일부 국가 빼고는 전 세계의 출산율 저하가 과학 발전과 적절한 균형을 이루는 것이기에 꼭 나쁘지만은 않은 일이다. 다만 급격한 인구변화로 인해 후세대의 전 세대에 대한 과도한 부양 비용이 커진다는 건 가장 최악의 문제다. 1965년도 어빙 존 굿이라는 수학자는 AI의 지능 폭발을 예상하였는데 인간의 영역을 뛰어넘는 로봇이 있다면 마르크스 사상뿐만 아니라 모든 경제학(노동, 재무, 회계, 생산 등)이 수정되거나 새롭게 써져야 한다. 인간을 해치지 않은 최종단계의 로봇이 모든 걸 대체하면 『노동의 종말』은 곧 인간의 종말을 의미하는 것으로 그 영역은 오지 않아야 한다. 설령 그렇다 하더라도 인간은 무엇을 해야 한다. 움직이지 않고 생각하지 않는 건 인간이 아니다. 우주에 대한 탐구도 마찬가지다. 모든 걸 AI에만 맡기는 게 아니라 지금의 챗GPT를 유용하게 활용하는 것처럼 미래는 인간과 협력하는 인공지능이어야 한다. 곳곳에서 과학 책을 언급하겠지만 말이 나온 김에 이런 분야의 책을 살펴보도록 하자. 먼저 가장 생각나는 건 칼 세이건의 『코스모스』다. 나온 지 좀 됐지만 요즘도 독서인들에게는 거의 필독서다. 책이 두껍고 과학책 이라고 해서 겁먹을 필요는 없다. 쉽고 편안하게 읽히며 사실 우주에 대한 것보다는 그 사전 지식을 풀어내는 내용이 더 많다. 칼 세이건의 다른 책 『창백한 푸른 점』은 지구인에 대한 몇몇 구절이 더 유명할 정도다. 그의 말대로 먼지만큼 작은 지구에 먼지만큼 짧은 시간을 사는 인간이 왜 이렇게 서로를 미워하고 죽이고 살아가는지. 가끔 인간이 미울 땐 이 『창백한 푸른 점』을 떠올린다. 행복하기도 모자란 인생이다. 실제로 인간은 하루에 열 번 내외 웃고 시간으로는 1분 정도밖에 웃지 않는다. 누가 웃겨주지도 않고 스스로 웃을 수 없다면 책을 보자. 다음으로는 브라이언 그린의 『엘리컨트 유니버스』라는 책이다. 유튜브에 브라이언 그린의 영상은 꽤나 알려져서 익숙한 사람도 많을 것이다. 끈 이론뿐만 아니라 양자역학, 빛의 성질, 우주 입자 등에 대해서 이야기한다. 브라이언 그린의 이 책에서 양자얽힘의 스핀 이야기를 했는지는 기억이 나지 않지만 가장 흥미로운 건 역시나 양자역학이다. 쉽게 말해 양자스핀은 두 개의 양자(전자)가 있다고 할 때 이 전자상태는 거리에 상관없이 위치와 운동량 그리고 스핀방향이 쌍으로 존재하는 걸 말한다. 어려우니까 그냥 이해했다고 넘어가고 만약 이걸 인간이 확실히 알아내고 컨트롤할 수 있으면 전자기기부터 AI까지 실로 엄청난 영향을 줄 것으로 보인다. 결국 미래는 인간의 뜨거운 피 대신 모든 게 원자(혹은 그보다 더 작은 입자) 같은 물리적 성질로 대체되는 게 아닐까 하는 두려움도 있다. 과연 인간의 피가 인공적으로 완벽히 만들어질 수 있을까에 대한 생각도 하게 되는데 로즈 조지의 『5리터의 피』를 보면 이것도 완전히 불가능한 것만은 아니라는 생각을 하게 된다. 『5리터의 피』는 인간 혈액에 대한 역사, 질병 등에 대한 이야기를 하며 여러 나라의 피 상황도 전해 준다. 특히 어떤 나라의 여성은 피를 흘림으로써도 차별받는 삶을 살게 되는데 그런 이야기도 이 책에 쓰여 있다. 과학책을 나열하다 보니 가장 먼저 언급해야 할 사람이 스티븐 호킹이라는 사실을 이제 알았다. 학창시절 우주에 호기심이 있었다면 『시간의 역사』에 대해서 한 번쯤은 들어봤거나 요약본을 봤으리라고 생각한다. 로벨리의 『시간은 흐르지 않는다』와 더불어 위 두 책은 아인슈타인의 상대성 이론 같은 걸 기본적으로 알고 있어야 읽기가 수월하다. 역시나 책은 책으로 연결되고 또한 뼈대지식이 있어야 함이 증명된다. 청소년부터 어른까지 남녀노소 모두에게 추천할 만한 책들이니 읽어 보길 바란다. 인간에게 우주는 항상 경외의 대상이자 궁금증의 대상이라서 이 지적 호기심은 끝이 없다. 그러나 과학 이야기만 해서 흥미가 떨어진 사람을 위해서 또 빠르게 전환해야 한다. 사유의 동면 책은 그런 사람들을 위해 항상 배려했다는 걸 잊지 말자. 어떤 이에겐 아인슈타인이 특허청에 일하면서 물리학을 풀어내거나 카프카가 공무원 생활을 하면서 책을 썼다는 이야기에 더 흥미를 가질지 모른다. 그런 건 쓸데없는 지식이며 인간에게 도움이 되지 않는다. 그러나 책을 쓸 때는 도움이 된다. 프란츠 카프카는 그가 일처리를 하면서 사람들로부터 쌓인 스트레스에 인간 고독을 느꼈다고 한다. 인간 고독을 깊게 생각하면 그처럼 좋은 글이 쓰일 것만 같다. 고독 하니까 데이비드 리스먼의 『고독한 군중』이 생각난다. 현대인은 모두 고독한 군중이면서 시끄러운 개인이기도 하다. 이 책에서는 세 가지 종류의 인간을 언급한다. 첫 번째는 전통 지향적 인간이다. 이런 성향의 사람은 부모로부터의 영향이든 타고난 보수적 성격의 사람이든 과거 사람들의 삶과 크게 다르지 않는 삶을 추구한다. 두 번째는 내부 지향적 인간이다. 이런 유형은 꿈을 크게 가지거나 적극적 의지로 무엇을 해내려고 하는 사람보다는 평범한 삶을 추구하는 사람이다. 바깥사람보다 나 자신이 중요한 인간 유형이다. 세 번째는 타인 지향적 인간이다. 그동안 사유의 동면에서 언급한 부정적 의미의 관음을 가진 타인 지향적 인간과는 조금 구별된다. 여기서 말하는 타인 지향적 인간형은 진취적이며 성공을 추구하는 사람인데 중요한 건 이런 인간유형은 특히 남의 시선을 신경 쓴다는 점이다. 첫 번째, 두 번째 인간형은 자신도 타인에게 크게 관심이 없으며 타인의 시선도 크게 신경 쓰지 않는 인간형이다. 그저 인습에 맞추는 정도다. 누구나 있을 법한 인간의 유형이지만 이게 지나치면 한쪽은 너무 고독하게 살고 또 한쪽은 타인을 너무 힘들게 하며 살아간다. 어느 삶이 더 옳고 좋은지는 알 수 없으며 그저 자신의 뜻에 크게 방해받거나 좌절되는 삶이 아니라면 기질에 따라 사는 게 좋아 보인다. 잘 먹고 잘 잔 다음 몸과 머리를 잘 움직이는 게 더 중요하다. 잘 먹어야 하니까 이제는 음식 이야기로 넘어가 보자. 음식 관련 가장 흥미로웠던 책 중 하나는 존 앨런의 『미각의 지배』였다. 인류학 관점이나 과학적 관점 심리적 관점 등 다양한 차원에서 인간의 맛에 대한 지식을 전해 준다. 직업이 요리사거나 잡스러운 지식 읽기가 좋은 사람은 추천할 만하다. 논란이자 악마화된 MSG 이야기도 잠깐 나오는데 이 성분은 악마화된 것에 비해 우리 몸에 크게 해롭지 않지만 역시나 과유불급이라는 정도만 알았으면 좋겠다. 실제 쥐를 통한 실험에서 MSG를 먹은 쥐가 먹지 않은 쥐에 비하여 유의미하게 비만에 영향을 받았다. 다만 『미각의 지배』에서는 정신적 측면에서 MSG가 인간에게 좋은 영향을 끼친다고 말한다. 달콤한 초콜릿처럼 말이다. 이 책에서 인류학적 이야기도 한다고 했는데 우리는 또 여기서 기본적 상식을 알아야 하는구나, 느낀다. 아주 기본적인 지식으로 가령 600만 년 전 호미닌과로부터 인간이 갈라져 나왔다든지 두뇌의 크기는 언제 그리고 어떻게 현대인과 비슷하게 커졌는지 정도는 알아야 한다. 또한 사피엔스 출현 시기와 네안데르탈 인간과의 관계(흥미로운 부분이니 한번 검색해서 찾아보길 바란다) 등도 알아야 한다. 정확히는 몰라도 단백질이 뇌에 어쩌고 20만 년 전 똑똑한 사피엔스가 어쩌고 1만 년 전 전후의 농경의 신석기 혁명이 어쩌고는 알아야 한다. 이때부터 가축화, 효모로 인한 술, 빵 등이 시작된다. 때론 술이 먼저냐 빵이 먼저냐의 논란도 있다. 또한 어떤 학자는 가축화는 농경보다 더 일찍 일어났으리라 주장하기도 한다. 어쨌거나 이런 배경지식이 있으면 유발 하라리의 『사피엔스』를 읽는 데 아주 수월해진다. 또 더 재밌게 느껴진다. 거창한 인류학 고고학 책을 보라는 게 아니라 학창 시절 수준의 공부를 하는 차원이면 충분하다. 제목은 기억나지 않지만 외국 고고학자가 쓴 어떤 두꺼운 책은 유물의 발견과 과학적 근거를 밝히느라 일반인이 평생 몰라도 되는 미시적 이야기를 지루하게 나열한 것도 있다. 책 좀 읽었다는 사람들의 오만이 바로 이런 책들을 찾아 읽고 우쭐대는 것이다. 우리에겐 이상희의 『인류의 기원』 정도만 읽어도 충분하다. 이 정도면 기본적 지식으로 부족하지 않으며 딱 뼈대를 갖추면서도 지루하지 않는 책 읽기가 된다. 왜 인간의 뇌가 커졌는지 조금 전 낸 숙제에 대한 대답이 이 책에도 있다. 다만 이상희 교수가 말한 것에 대해 과학적 의문이 있기는 하다. 그 의문을 가지는 것도 숙제다. 제일 중요한 것은 인간의 이해를 위해서 어떤 학문들이 20세기 후반까지 끊임없이 나왔다는 점이다. 남성과 여성, 인종과 인종 동물과 인간 등을 이해하기 위해 문화 인류학 진화 생물학 유전학 등 앎의 향연은 끝이 없다. 남성 여성 하니까 프란스 드 발의 『차이에 관한 생각: 영장류학자의 눈으로 본 젠더』 책이 떠오른다. 수컷 암컷으로 동물 세계를 보아서 흥미로웠던 책인데 이 책을 다시 찾아 보고 싶은 이유가 하나 있다. 동물이 자기보다 강한 우두머리에 숙이고 들어갈 때 내는 소리를(가령 꾸~욱) 표현하는 전문 용어를 이 책에서 알려 줬는데 그걸 잊어버렸다. 이보다 훨씬 전 에드워드 윌슨의 진화론적 이야기는 국내 최재천 교수까지 이어진다. 땅에서 기어다니는 것뿐만 아니라 날아다니거나 바다에 사는 생물까지 모든 관찰된 동물들의 행동을 이런 학자들 덕분에 책으로 편안하게 읽을 수 있게 되었다. 진화 생물학이나 생태학 관련된 책 중 재미와 지식을 동시에 주는 책은 역시나 최재천 교수의 책이다. 자녀와 함께 읽어 볼 수 있는 그의 책으로는 『생명, 알면 사랑하게 되지요』, 『생명이 있는 것은 다 아름답다』 등이 있다. 이 책들은 어렵지 않으며 다양한 동물들 특징과 생의 이야기를 한다. 요즘 최재천 교수는 꼭 다윈의 진화론적 시각이나 과학적 영역만이 아니라 사회 문화 다양한 영역의 글을 쓰고 있다. 마치 언어학자지만 말년에 정치 세계 분야의 책을 더 많이 쓴 노암 촘스키처럼 말이다. 시대 지성인들의 이런 다양한 책 쓰기는 읽는 사람으로서 설렘을 준다. 이렇게 자신의 전문 지식과 기타 사회경험으로 "통찰"할 사람들이 많이 나왔으면 좋겠다. 쓰고 보니 그동안 언급한 책들이 잡동사니 책은 아니다. 삶에 꼭 필요한 인간성이나 최소한의 산수 배우기다. 산수라면 어려서부터 배워야 하는데 배우지 못한 어른들이 많다. 그런데 희한하게 계산하는 삶은 잘하는 어른들은 또 많다. 여기서 산수는 진짜 숫자 알기가 아니라 어렸을 적 좋은 책 읽기를 말한다. 지금도 그러는지는 모르겠지만 어렸을 적 정약용의 목민심서 같은 경우는 꼭 읽어봐야 하는 책이었다. 정약용의 책 중 어린이나 청소년을 위해서 기본적인 내용들로 채워진 책들도 많았다. 그의 책에는 도덕과 정치 그외 더불어 사는 삶이 들어 있다. 가령 목민심서에는 지금으로 치면 공무원의 윤리 강령 같은 게 들어 있다. 면신례(공직 등용 후 선후배 지인들에게 베푸는 잔치) 같은 허례허식을 버리라 말하고 위정자의 청렴함을 말하며 쓸데없는 국가 재정에 대한 낭비를 막고자한 위민(爲民)의 글이 들어 있다. 현대사회로 와도 그의 말 하나도 틀린 게 없다. 이런 기본적 산수를 현대인은 제대로 배우지 못하고 어른이 된다. 결국 이런 어른들이 합리적 소통 계산을 못하여 문제를 일으킨다. 각자의 상황과 감정만이 중요해서 존중이 없어지는 상황도 생긴다. 사실 지금은 각종 행동강령과 법이 존재하고 있음에도 제대로 지켜지지 않으니 법 자체보다는 인간이 사는 데에는 법 이전에 산수 공부와 인성 교육이 더 중요하다는 걸 다시 한번 느낀다. 그리고 면신례에서 얻을 수 있는 교훈 중 하나는 관례의 패악이다. 조선시대뿐만 아니라 현대인에게도 때론 관례가 법위에 존재하고 부조리를 만든다. 관례 하니까 관습헌법이 생각난다. 20대 대학시절 헌법 수업을 듣고 있을 때였는데 행정수도 이전 관련하여 헌법재판소가 행정수도 이전을 관습헌법을 이유로 위헌이라고 하는 결정을 했었다. 그 당시 어린나이였고 세상을 잘 몰랐던 때였어도 관습헌법 이유를 든 그 헌재 결정에 코웃음 쳤던 기억이 아직도 생생하다. 역사에 가정이란 없다. 고려시대 묘청의 서경천도를 신채호 선생은 1천 년 이래 대사건이라고 하지만 그 결과는 아무도 알 수 없다. 우리나라 현재 여러 폐해 중 하나는 서울 수도권 집중 현상인데 설령 2004년 위헌이 아닌 결정이 나왔어도 역사는 모를 일이다. 나라의 운명을 결정하는 재판관 혹은 판사들은 그 무게를 진중하게 받아들여야 한다. 그래서 공무를 수행하는 사람과 일반 국민의 『다산의 마지막 공부』는 아직 끝나지 않는다. 정약전과 정약용 형제는 배우기 좋아하고 용감해서 유배를 다녔고 현대인은 즐길게 많고 가르치고 싶어서 책을 유배 보냈다. 정약용 선생의 가르침이 귀향하고 책이 귀향하는 시대가 와야 한다. 논어의 학이(學而)편 첫 구절은 "배우고 때대로 익히니 어찌 기쁘지 아니한가?"이다. 이 내용은 꽤나 유명하니 많이들 익숙해져 있을 것이다. 동양고전을 한 권 읽어야 한다면 신영복 선생의 『강의』도 추천할 만한데 여기에서도 학이편 구절을 인용한다. 이외에 강신주 『철학이 필요한 시간』은 동서양 다양한 인문학을 접할 수 있으며 강유원의 『인문 古典 강의』는 사유의 동면에서 언급한 책들 일부를 심층 분석한다. 사실 훌륭한 인문학 책들은 도서관에 아주 많이 있어서 잠시 훑어보고 자기 마음 가는 대로 아무거나 선택하면 된다. 우린 좋은 책이 없어서가 아니라 마음이 안 가서 읽지 않는 게 문제다. 거의 비슷한 인문학 책 대신에 사유의 동면처럼 써 보면 사람들의 관심을 좀 끌지 않을까 해서 이렇게 써 볼 뿐인데 사실 이걸로도 독서의 의지를 불태우는 데는 한계가 있다. 독서 폭발의 사회 현상이 일어나지 않는 이상 어차피 읽는 사람만 읽는다. 잡다한 것의 필요성은 이 챕터뿐만이 아니라 여러 곳에서 증명하고 있으니 이번엔 장애인으로 한번 관심을 가져 보자. 플라톤이나 헤겔은 우생학적 생각을 가지고 있었다. 이들 철학자들이 의도한 바는 아니겠지만 이걸 히틀러 시대엔 게르만 민족의 우월성으로 활용하였다. 사실 말꼬투리를 잡으면 위대한 철학자들은 쓰레기가 된다. 아리스토텔레스는 여성에 대해서 '자연적 결함'이 있다고 말했으며 플라톤은 『국가론』

에서 정부의 주요 정책 중 어떤 것은 국민들 모르게 해야 한다고 말하기도 한다. 니체의 경우 생각 없는 자들의 쏠림현상 때문에(그는 이걸 무리본능 무리짐승 행태라 표현한다) 민주주의에 대해서 부정적 시각을 가진다. 그럼에도 불구하고 우리는 그들의 사상에서 좋은 것만 탐하여 이용하면 된다. 장애인의 첫 추억은 중학교 학창시절 짝꿍 '강민석'이라는 친구로부터 시작된다. 그 친구는 심각한 소아마비 후유증을 겪었지만 특수학교 대신 비장애인 학교 수업을 들었으며 공부도 아주 잘했다. 우연이 대학교 때 만나 경희대에 입학했다고 들었는데 시간이 너무 흘러 확실히 기억나지는 않는다. 또한 대학 1학년 당시 비장애인 여자 친구가 있었는데 대단하다고 느꼈다. 그 친구에게 느꼈던 중학교 시절 하나의 감정은 그를 꺼려하기보다 그를 부러워했다는 것이다. 그 친구는 부모님 케어가 가능해서 그 당시 국내 최고급 차로 어머니가 데리러 왔으며 서번트 증후군까지는 아니지만 머리는 확실히 좋다는 걸 자주 느꼈다. 말을 심하게 어눌하게 하고 몸이 비틀려서 그렇지 지능과 올바른 가치관은 그때도 부러운 친구였다. 그러나 누구나 이 친구처럼 부모가 케어할 수 없으며 누구나 편견 없이 이 친구를 바라볼 순 없다. 민석이 같은 친구는 아주 드문 경우다. 경제적, 시간적 여유 제일 중요한 마음의 여유까지 없으면 개인만의 장애인 케어로는 역부족이다. 더군다나 타인의 시선은 또 하나의 큰 장애물이다. 이런 친구가 같은 반에 있다면 어린이부터 청소년까지 학부모 민원이 들어올 것이며 더욱 색안경을 끼고 바라볼 것이다. 비장애인과 같이 있어도 문제고 따로 있어도 문제다. 현실과 이상은 다르기 때문이다. 다들 좋은 친구들 좋은 선생님 좋은 학부모만 있다면 괜찮겠지만 우린 불편할 감수를 하지 않는다. 장애인에 편견 없는 사람도 무의식중에 나오는 반사적 언행이 있다. 이런 무의식과 편견은 비단 장애인뿐만이 아니다. 우리나라 사람 중 약 90%는 자신이 동남아 사람들이나 아프리카 사람에 대한 편견이나 인종차별이 없다고 생각한다. 그러나 타인이 이런 편견을 가질 거라고 대답하는 사람들 비중은 50%가 넘었다. 미국의 어느 지역에 사는 백인들은 자기들과 함께 사는 흑인에 대해 편견이 없다고 대답했지만 점점 백인이 많아지면서 흑인은 거의 다 떠나가 버리는 상황이 생기곤 한다. 장애인 학생에 대한 인식도 이것들과 크게 다르지 않다. 이와 관련하여 장애인과 비장애인 동화(섞임)의 장단점이나 서로의 비판적 의견들을 말한 책이 하나 있다. 책 제목은 박승희 우충완이 옮긴 『장애란 무엇인가. 장애학 입문』이라는 책이다. 장애인과 장애인 가족을 이해하는 데 도움이 되기에 사람들이 읽어 봤으면 한다. 이 책에서는 같은 장애인 부모인데도 서로 인식이 다르고 선생님과 비장애인들의 인식도 다름을 보여 준다. 결과적으로 장애인 케어는 너무 어렵다. 개인이 하기엔 더 어렵기에 장애인은 헌법 제10조 행복추구권과 제11조 평등권을 근거로 지금보다 국가에 더 많은 것을 요구해야 한다. 사실 법도 중요하지만 국민의 인식 전환은 더 중요하다. 시각장애인 안내견 하나 제대로 못 받아들이는 불안의 거부감 행동은 법위에 존재하려고 한다. 국민 의식 수준이 높아져야 한다. 때론 어느 집단에 대한 공격이 꼭 나쁘지만은 않다는 생각이 든다. 가령 반려동물을 키우는 사람들에 대한 뒤처리 에티켓도 과거엔 거의 존재하지 않았지만 지금은 개인의 자유를 누리는 만큼 책임도 가져야 한다는 사람들 목소리에 의식 있는 사람들은 반응을 한다. 물론 법이 더 실효적이지만 말이다. 마지막으로 장애인 등록자의 약 80%는 후천적인 사고로 이루어진 것이다. 그래서 우리 모두는 겸손한 생각을 가져야 한다. 현대인의 진짜 장애는 정신적 장애를 가진 사람이 병원도 안 가고 약도 안 먹으면서 멀쩡한 척하는 일이다.

오히려 멀쩡한 척하는 환자로부터 피해받는 사람이 정신병원에 간다. 다양한 자폐 스펙트럼엔 아이뿐만 아니라 부모도 함께하며 그건 보통의 가족에게 전염적이다. 이와 관련하여 일본인 작가가 쓴 『어린 시절의 부모를 이해하는가』를 읽어 보면 도움이 된다. 어른이 된 사람은 왜 어렸을 적 부모가 나에게 그랬는지 이해할 수 있다. 그분들도 정신적 병이 든 것이다. 혹시라도 부모로부터 학대받았다면 너무 악만 남아 있지 않으면 좋겠다. 일시적이든 장기적이든 심리적 고장은 모든 세대가 겪는다. 태초의 관계는 엄마와 나로부터 시작되고 생은 젖꼭지로 시작된다. 따뜻한 엄마 품이 없었고 따뜻한 젖을 먹지 못한 사람임에도 불구하고 따뜻한 인간 혹은 따뜻한 부모가 된다면 그보다 아름다운 인간은 또 없다. 틀어진 관계를 극복하고 틀어진 인생을 바로잡는 강인함은 과거에 집착하여 절망하거나 세상을 탓하는 사람과 질적으로 다르다. 나 자신이든 타인이든 어떤 문제가 있을 때 우연히 보게 되는 책 한 권이 때론 해결책을 주곤 한다. 요즘은 심리학 관련해서 다양한 직업을 가진 사람들의 책이 나오고 있다. 서점이나 도서관에 가서 이와 관련 책 아무거나 한 권 꺼내어 10분만 읽어도 좋다. 나를 위로해 주고 혹은 나를 나무라는 조언을 무료로 해 준다는데 그것마저 하지 않으면 바보인 사람이다. 마음이 힘들면 기꺼이 들으러 가야 한다. 문제는 자신이 힘들면 시야가 좁아져서 이런 것도 보이지 않고 생각도 안 한다는 것이다. 그래서 주변 좋은 동료, 친구 가족 등이 중요하다. 내가 못 하면 내 주변에서 도움을 줘야 한다. 단 과도한 참견이나 조언은 때론 안 하니만 못하다. 책보다 중요한 게 딱 하나 있다면 그건 바로 사람이라는 게 여기서도 드러난다. 누구든지 사람은 육체적 정신적 고장이 날 수 있다. 이때는 두 종류의 사람으로 나뉜다. 공자는 '덕불고 필유린'이라고 했다. 덕이 있는 사람은 내 주변에 이웃이 있지만 덕이 없는 사람은 자기 주변에 내편이 남지 않는다. 물론 과거나 지금이나 덕불고 필유린 대신에 '돈불고 필유린'같이 돈이 있어야 주변에 붙는 간신배형 인간이 있다. 사실 곳간에서 인심 나는 것이지 너무 없는 인생도 사람이 붙지 않는다. 노자의 말씀대로 살면 궁핍하기 딱 좋고 나라가 가난해지기 딱 좋다. 상선약수도 현대인에게 속없는 정신승리의 말이고 안빈낙도는 고독사하기 좋은 소리다. 그래서 그런지는 몰라도 노자의 사상을 이어받은 사람들은 공자의 사상을 못마땅하게 생각했다. 살아 있을 때 부모를 모시는 것도 돈이고 죽었을 때도 예(禮)를 갖춰야 하니 또 돈이 필요하기 때문이다. 물질과 정신의 균형은 최소한의 인간생활 다음에야 있는 법이다. 일부 힌두교인이나 불교인처럼 아예 없이 살 수는 없는 것이다. 참고로 철학 파트만 따로 두어서 철학자 이야기를 조금 하겠지만 각 철학자들의 주요 사상을 그냥 말하는 건 이 책에서 의미가 없다. 다만 동양 철학도 우리는 좀 알아둬야 한다. 너무 물질과 비물질이 현대인을 괴롭히니 도를 닦는 심정으로 노자를 알고 묵자를 알고 싶은 것일 뿐 실질적인 마음 수양은 자신의 몫이다. 비물질의 괴로움 중 하나는 사람들 사이에 일어나는 정치질이다. 서로가 질투하고 이간질하며 사회생활 직장생활을 한다. 여기서도 전통적 남녀 관계는 붕괴되고 살고자 하는 야생의 삶이 남녀노소 치열하게 일어난다. 그중 하나가 이간질이다. 이간질은 정말 인간의 저열한 행동 중 하나다. 물론 손자병법에서는 이간질 계략을 이용해 상대를 이기고자 한다. 이걸 손자병법에서는 '친이이지'라고 한다. 현실의 인간관계도 이렇지만 요즘 온라인의 프로보커(Provoke 에 r만 붙였다)들도 남녀, 세대, 정치, 직업 등 온갖 종류로 나누어져 이간 질을 한다. 문제는 그러한 방법으로 삶을 사는 것이 그들의 존재 이유이 기도 하기에 스스로 깨닫지 않고서는 일평생을 그렇게 산다는 점이다. 사람이 살아 있음을 느끼는 때는 크게 두 가지인데 그건 내면의 폭발이나 타인의 반응이 있을 때이다. 좋은 쪽으로 보자면 사랑이나 연민 웃음, 즐거운 눈물, 달콤한 슬픔(셰익스피어의 『로미오와 줄리엣』에서 나오는 표현. 일명 스윗 소로우) 등이 있고 나쁜 쪽으로 보자면 과대망상 투사적 혐오 어떤 신념 주의자의 마음을 가진 사람이 있다. 전자의 사람이 많아지기를 바랄 뿐 모두를 내편으로 할 순 없다. 꼭 내 편이 아니어도 되는데 편을 먹으려는 사람들 때문에 사회 불화가 커진다. 편을 먹으면 이성적 자립이 없어진다. 앙드레 말로의 『인간 조건』에는 뻘건당과 파란당의 선택에 대한 이야기를 한다. 나온 지 오래된 책을 읽어서 그런지 실제 읽었던 책은 빨간당이 아니라 뻘건당이라고 나온다. 『인간 조건』에서는 신념은 인간의 삶 중에 필수적인 하나라고 생각하는 사람과 그것에 의문을 품는 중립적 입장이 동시에 보인다. 여기서의 뻘건당과 파란당은 중국의 공산당과 장개석의 국민당을 말한다. 이 국민당과 갈곳 잃은 자들은 자유를 찾아 박범신의 『유리』 여행을 한다(박범신의 도덕적 논란을 모르는바 아니나, 확신할 수 없다면 책은 책으로서 평가를 해야 한다. 작가들은 때론 작가적 관점이나 자기만의 언어로 세상을 다루려고 한다. 그것도 작가들의 고질적 문제다. 그래서 나이가 적든 많든 때론 현대에 맞는 대중의 언어 변환도 중요하다). 여기서 하나의 논쟁이 생긴다. 어떤 인간이 남긴 유산(결과물)과 그 유산을 남긴 인간의 인간성을 연계할 건지 분리할 건지 여부 말이다. 그건 각자의 보고 싶은 몰입도에 따라 해석이 다르다. 즉 내가 마음을 주었던 태초의 무엇으로부터 완벽히 벗어나기란 힘들다는 걸 인정하느냐 안 하느냐의 차이에 달려 있다. 양심과 객관성 여부는 작품이나 사람을 보는 무게중심에 따라 다르다. 그래서 여기서는 옳고 그름의 영역이 생기지 않는다. 다만 객관성이 아닌 어떤 마음의 호불호에 따라 한국의 일부 판검사처럼 네 편 내 편으로 최종 판결과 기소를 하는 건 잘못된 것이다. 그렇게 하지 말아야 할 위치에 있는 사람이 그런 결정을 하면 그건 가장 나쁜 인간의 결정이다. 이 책은 임무는 막중하며 업무는 산더미이지만 판사 검사의 일은 소수가 독점하고 싶어 하는 존재에 대해 여기저기서 이야기한다. 한없이 가벼운 그들을 간간히 이야기하니 이건 이 정도로만 하도록 하겠다. 이런 집단에 대해서 너무 적대적인 시각을 가진 사람들을 대변하는 거지만 사실 제일 기대하는 곳도 법이라서 애증의 존재일 수밖에 없다. 그렇다면 국민이 참여해서 판결하자는 사람이 생긴다. 하지만 우리보다 앞서고 현명했을지도 모르는 소크라테스 시대의 배심원이 정작 현명한 것도 아니었다. 인문학이나 철학을 끊임없이 배우는 사람들이 늘어나야 하는 이유는 미래에 좀 더 인간다운 인간을 보기 위한 것이다. 아~ 잡동사니 책을 읽었더니 이렇게 논쟁적이고 분열적이고 힘든 이야기를 하고 있다니 책은 참으로 위대하다. 쓸데없이 읽었던 책의 자유는 무엇을 말하려고 하는가. 책이 무엇을 낚을 것인지에 대한 대상어 없이 이렇게 왔는데 많은 것이 얽매이고 낚인다. 더욱더 숙제가 많아지는 느낌이다. 숙제를 포기할 것인가 할 것인가는 선택하기 쉽다. 지금 숙제 안 하는 사람들은 이 텍스트 바깥에 있다.

## 보고 느낀 만큼 커진다

어린왕자는 세대를 막론하고 수십 년 동안 꼭 읽어 봐야 하는 책이었다. 그래서 어린왕자에 나오는 명언 한두 개쯤은 알고 있는 사람이 많다. 청소년 때 알게 된 최초의 사랑 명언은 생텍쥐페리가 말했던 "사랑은 서로 마주 보는 것이 아니라 같은 방향을 보는 것이다."였다. 다만 이건 어린왕자에는 나오지 않는 내용이다. 어린왕자엔 "네가 익숙하게 만든 것들에 대해서는 책임질 줄 알아야 해"라는 말이 나온다. 이 내용은 서로 사랑하는 사람에 대한 것까지 확장을 하고 싶어진다. 확실하지는 않지만 방금 말한 구절은 어린왕자와 식물(장미?)의 대화였던 것으로 기억한다. 아주 어렸을 때 어린왕자를 한 번 읽었고 성인이 되어서 두 번을 읽었는데도 좋은 구절은 잘 생각이 안 난다. 그럼에도 불구하고 좀 더 대중적인 어린왕자 내용을 하나만 더 알아보자. "네가 만약 네 시에 온다면 나는 세 시부터 행복할 거야" 어린왕자에서 사랑이란 무엇인가는 남녀 한정만이 아니다. 이렇듯 우리의 사랑 대상도 다양하다. 와인이나 맥주처럼 물건에 대한 사랑일 수 있고 부모 자식 간 사랑일 수 있고 어떤 우정일 수도 있다. 사랑은 무엇으로도 변신 가능하다. 사랑이 종교나 정(情)이 되기도 하고 반대로 배신으로 변하기도 한다. 참고로 앞서 이야기한 사랑 파트와는 전혀 다른 이야기니 중복을 걱정하지 않아도 된다. 그렇다면 사랑의 이야기는 어디서부터 시작되었을까. 인류 최초라고 그 누구도 확정하지는 않았지만 사유의 동면처럼 말해도 굳이 틀리지 않는 하나의 이야기가 있다. 사랑은 기원전 27세기 길가메시 서사시에서 시작되었다. 물론 사랑이 주가 되는 건 아니며 길가메시에는 성경이나(홍수 이야기나 죽음 및 영원에 관한 것들) 그리스 로마 신화 내용에 영향을 주는 것들로 볼 만한 내용이 상당수 들어 있다. 또한 동성애 요소도 보인다. 길가메시에 나오는 엔키두는 인간 혹은 길가메시의 또 다른 원형이다. 길가메시의 방종을 막고자 신은 엔키두를 인간세계에 보내지만 엔키두마저도 완벽한 통제 대상이 되지 않는다. 신의 영역과 인간의 영역 중간에서 온갖 심리적 해석이 가능한 길가메시의 사랑과 죽음의 여정은 현대에도 적용할 만한 이야기가 많다. 질투, 싸움, 화해, 불멸 등도 있지만 아주 독특한 하나의 개념이 나오는데 그게 바로 초야권이다. 초야권은 쉽게 말해 내 아내 될 사람이 타인과(보통은 주로 아내 될 사람의 주인) 먼저 하룻밤을 보내는 것이다. 길가메시는 메소포타미아 지역의 신부에 대한 초야권을 주장한다. 이게 중세까지 이어져 온 것을 보면 이건 최소 4,000년의 역사를 가진 문화가 된다. 이것은 부조리하고 불평등한 사회관계의 한 단면을 보여 준다. 이즘은 여성 착취와 차별의 근원을 여기서 찾아봐도 괜찮아 보인다. 그 유명한 『피가로의 결혼』도 초야권의 내용이 들어 있다. 예상하다시피 『피가로의 결혼』 결말은 비극적이다. 그렇다면 그리스 3대 비극 작가 이후 데카메론의 사랑과 비극, 피가로의 결혼까지 해서 과연 인간의 사랑과 비극은 어디서 시작되었을까? 길가메시에 나온 이난나의 사랑 이야기가 처음이지 않을까? 사랑의 기원이 여기라면 비극도 여기일 것이다. 우리는 보통 그리스 로마 신화나 소크라테스의 이야기로

(플라톤의 저작) 사랑을 시작한다. 우리의 사랑은 플라토닉 사랑인 정신적 사랑과 리비도(Libido)인 육체적 사랑으로 나뉜다. 이걸 다르게 표현하면 철학적 사랑과 현실적 사랑으로 치환할 수 있다. 이 두 가지를 섞어 놓으면서 독자에겐 함정을 파 둔 책이 하나 있는데 그게 바로 에리히 프롬의 『사랑의 기술』이다. 거기엔 테크닉이 전혀 없으며 책 그대로 기술(Art)뿐이다. 기술을 못 찾은 사람으로서 사랑의 기술을 읽어 보라고 권하고 싶지는 않은데 타인은 다르게 생각할 수 있으니 독자가 알아서 결정하면 된다. 차라리 프롬의 다른 책 『소유냐 존재냐』 파트에서 잠시 남녀(부부)의 이야기가 나오니 그것을 보는 게 나을지 모른다. 여기엔 현실과 철학이 조금씩 섞여있다. 우리나라 소설 『구운몽』을 보면 보통 일장춘몽의 교훈을 준다고 하지만 그곳에서도 사랑을 엿볼 수 있다. 거기서 나오는 기생은 우리가 아는 그냥 흔한 slut 혹은 whore의 여자가 아니다. 악기를 다루고 품성을 유지하며 지식을 습득한 이 기생은 기방의 교육을 제대로 받은 여인이다. 재능이 출중하여 꿈꾸는 주인공조차 기생을 따라가지 못한다. 구운몽은 말 그대로 꿈만 꾼 게 아니라 현실에서도 충분히 이뤄질 수 있는 꿈이다. 그러나 우리는 욕망의 부질없음으로만 해석하여 배운다(남가일몽 혹은 한단지몽). 이런 꿈의 사대주의 해석이 중국에서 날아왔다. 서양으로 한번 가 보자. 프로이트의 『꿈의 해석』에서 꿈은 욕망의 실현 즉 소망의 충족이다. 꿈과 철학 그리고 현실은 서로 양립이 가능하다. 물론 육체만 움직이는 남녀의 관계도 당연히 많이 있다. 이렇게 세상 어딜가나 고대부터 현시대까지 사랑은 넘쳐난다. 인생은 정말 짧아서 그 당연한 인간의 욕망도 순간 바람과 함께 사라진다. 그래서 우리 부모님, 우리 할머니 할아버지의 사랑은 지금과 전혀 다르

지 않다. 사랑은 짧지만 영혼의 사랑은 영원한 것처럼 보인다. 다만 석가모니의 마지막 말씀은 "세상은 변하고 영원한 건 없다."였다. 영혼 하니까 실체와 정신을 말한 여러 사상가가 떠오른다. 앞으로의 이야기는 책을 많이 안 봤어도 한 번쯤 들어 봤을 내용이며 설령 자세한 설명을 생략해도 상식으로 통하는 것들이다. 루크레티우스도 영혼과 육체를 말하였지만 우리가 잘 알고 있는 이야기는 플라톤이다. 영혼과 육체에 관한 이야기는 플라톤의 『향연』에도 있고 『파이돈』과 『파이드로스』에도 중요하게 다루어진다. 플라톤은 영혼과 육체는 사랑에서 떼어 낼 수 없는 존재로 보지만 영혼과 육체에 어떤 우선순위가 있는 것처럼 이야기한다. 그는 영혼과 육체를 별개로 보았고 영혼이 육체 안에 갇혀 있으며 육체가 사라져도 영혼은 영원하다고 하였다. 반면 아리스토텔레스는 영혼과 육체는 하나이며 육체가 사라지면 영혼도 사라진다고 했다. 아리스토텔레스에겐 육체의 원형이 영혼 즉 이데아다. 데카르트는 보통 정신과 육체를 이원론적으로 본다. 다만 어떤 책에서는 데카르트가 정말 이원론에만 빠졌는가 하고 철학적 의문을 제기하기도 한다. 데카르트에게 이성 혹은 정신은 물질(육체)과 다른 사유를 지니고 있기에 그 둘은 본질적으로 다르고 별개의 존재다. 반면 스피노자는 육체와 정신을 하나로 보았다. 모든 것이 하나로부터 파생되어 이성의 사고를 하게 된다. 육체가 없으면 이성과 정신은 없다. 이런 관념이 지난 3천 년간 이어져 왔는데 과학의 발전이나 관점의 변화로 조금은 다르게 보는 사람도 있다. 『죽음이란 무엇인가』의 저자는 영혼은 없다고 자신 있게 말한다. 영혼은 그렇다면 유령의 존재가 되는가? 참고로 성경은 유령에 대해 『뼈와 살이 없는 것』이라 말한다. 반면 하느님은 뼈와 살이 있는 자로 존재한다. 이 성경 말씀은 영화 「곡성」의 말미쯤에도 나오는데 아직 영화를 보지 못했다면 확인해 보길 바란다. 이런 식으로 해석하면 결국 유령은 망령이고 영혼이 병든 것이다. 사람들은 영화나 책에서 죽음 기타 애달픈 이야기를 접할 땐 마치 내가 아픈 것처럼 감정적 동일성을 갖는다. 마치 온갖 이별의 노래 슬픈 노래가 나의 이야기인 것처럼 느껴지는 현상처럼 말이다. 아마 우리 모두에겐 어떤 알 수 없는 공통된 사랑의 마음 그러니까 물질처럼 존재하거나 보이진 않지만 말 그대로 어떤 원형의 영혼을 태초부터 가지고 있는지도 모른다. 다만 감성보다 이성적 자립심이 뛰어나고 감정적 동요가 별로 없는 사람은 이런 공유감정을 가지지 못할 수도 있다. 사랑은 과연 한때인가의 질문도 해 보자. 어느 정도 나이가 들면 사랑의 감정이 무뎌지곤 한다. 특히나 아이를 낳고 직장을 다니다 보면 현실적 육체적 피로가 되어 감정뿐만 아니라 육체(섹스)의 문제까지 이르게 한다. 서로에 대한 사랑은 그대로지만 이때의 사랑은 불꽃이 아니라 정(情)과 같은 정적인 사랑으로 바뀐다. 동체의 육체가 정적인 정신으로 변화가 되는 이유는 이젠 남녀에서 가족으로 변환되기 때문이다. 육체적 결합은 줄어들고 정신적 교감은 늘어나는 어느 부부는 그래도 행복하다. 둘 다 줄어든다면 삶의 의미는 먹고살기 위한 투쟁과 자식을 바라보는 삶 그 외 조금 희망적이라면 취미의 삶만 남게 된다. 평소엔 즐거울지라도 연인의 사랑 감정이 없기에 왠지 모를 공허함이 남을 수밖에 없다. 사람은 비움도 필요하지만 이렇게 채움도 필요하다. 세상 사람들이 다 이렇게 사니까 우리도 그럴 수밖에 없다고 생각해서는 안 된다. 특히 신체의 접촉은 태어날 때부터 죽을 때까지 인간이 바라는 가장 원초적이면서도 고귀한 행동이다. 이와 관련 수십 년 전 심리학자 해리 할로가 했던 원숭이 애착실험이 있다. 이 실험은 원숭이 새끼 때부터 어미랑 떨어져 지내게 한 후 두 개의 가짜 어미를 만들어 놓는데 하나는 철사로 감긴 모형 어미고 또 하나는 부드러운 헝겊으로 감긴 모형 어미다. 원숭이는 여러 조건에서도 차가운 철사 어미보다 부드러운 헝겊 어미에 애착을 보인다. 이걸 인간으로 확대한 해리 할로는 정신병 치료에 상당한 도움을 주었고 인간의 신체 접촉과 심리 유대 관계가 건강한 정신에 얼마나 중요한지를 알게 해 주었다. 그런데 과연 어려서만 이런 애착이 중요할까? 그냥 서로 손잡아 주는 것만으로도 인간은 엄청난 감정 유대가 생길지 모른다. 그게 연인이나 부부 친구 기타 모르는 사람일지언정 말이다. 수많은 말보다 접촉 하나가 모든 걸 녹아내리게 한다. 다만 아직 50살 이상의 삶을 살지 않았기에 그 이상의 나이는 무엇이 더 중요한지 모른다. 그저 인간의 공통된 마음이나 지향성을 말할 뿐이다. 사랑은 대상에 대한 관심이다. 가족에 대한 염려, 연인의 심경과 외적 변화를 감지하는 일, 사회적 약자나 환경오염에 대한 관심, 자녀의 교육 등 다양하다. 백제가요『정읍사』는 아내가 남편이 즌대(위험한 곳)를 디딜까 걱정을 한다. 국내도서『선량한 차별주의자』는 공상적이긴 하지만 방향성은 약자에 대한 관심이다. 이 외에 환경 운동가들은 생태학 접근으로 제로 웨이스트에 관심을 가진다. 그래서 해양 오염이나 기후변화 위기에 대한 책이 늘어나고 있다. 어떤 이는 플라스틱 없이 1년 살기를 실천하고 어떤 이는 옷을 최대한 사지 않기로 한다. 자연사랑은 바로 진짜 나를 사랑하는 일이며 공동체를 사랑하는 일이다. 가끔은 환경운동가들의 무엇의 강요가 모순에 빠지기도 하지만 말이다. 사실 스마트폰 하나만 해도 인간에게 유해한 화학물질에 노출된 사람들이 만들며 환경오염을 일으킨다. 우리는 왜 다양한 종류의 사랑을 갈구할까? 사랑은 치유하는 힘이 있다. 국내 도서『소중한 사람을 위해 우울증을 공부합니다』의 저자는 의사도 직업 작가도 아니다. 갑작스럽게 찾아온 가족의 우울증을 의사의 눈으로 보지 않고 가족의 눈으로 보며 실제 삶을 이야기한다. 사랑을 논하면 죽음이 보이고 죽음이 보이면 사랑도 보인다. 많은 비극 작품의 결말의 원인이 사랑/욕망 때문이지만 항상 사랑의 결말이 나쁜 건 아니다. 가족 간의 사랑은 쉽게 이뤄지지 않지만『오디세이아』의 페넬로페와 오디세우스 그리고 텔레마코스를 보면 마치 삼위일체의 사랑을 보여 준다. 사랑에는 망각도 존재하지만 지혜와 용기 절제 등도 숨겨져 있다. 오디세이아에서는 아버지와 어머니 아들의 전통적 오이디푸스적 심리가 배제된다. 페넬로페는 지혜와 용기를 가지고 있으며 남편을 끝까지 믿고 사랑하는 여인이다. 오디세이아는 세이렌이나 기타 괴물 이야기로 많은 신화 요소를 차용하지만 앞서 언급한대로 크로노스와 우라노스와 같은 심리는 적용되지 않는다. 오디세우스는 온갖 역경을 겪지만 고국에 돌아와 해피엔딩을 맞이한다. 다만 이런 부분 외에 오디세우스는 다양한 문학비평이 가능한 작품이기에 사랑에만 매몰되어서는 안 된다. 인간사 온갖 사건들에 사랑이 없다면 구경꾼들마저도 심심할 게 뻔하다. 자신은 사랑하는 연인이 없더라도 타인의 사랑으로 간접 사랑을 배운다. 현시대엔 자신이 세상 밖으로 완전히 나오지 않더라도 집안에서 즐기고 사랑할 수 있는 것들이 많다. 그러면서 갈수록 사랑의 빈부격차가 커지는 느낌이다. 사랑을 직접 하지 못한 사람은 타인의 이야기에 더욱 자신을 투영한다. 예전 시대에는 아날로그적 사랑으로 어쩔 수 없는 오프라인 직접 경험이 많았다면 지금은 웹툰과 웹소설 등 특정 문화를 공유하는 영역이 커지고 있다. 이런 사람들은 온라인만으로 사랑을 충분히 대리만족 할 수 있다. 자크 라캉은 "주체의 욕망은 타자의 욕구에 의해 구성된다."라는 말을 했다. '먹방'을 보는 이유를 보통 사람들은 대리만족이라고 하는데 대리만족의 의미를 정확히 따져서 보면 완전 옳은 대답은 아니다. 원래 자신이 할 수 없는 것은 '대상행동'으로 만족해야 하는데 먹방 시청은 진정한 만족이 아니라 갈망의 시선으로 잠시 타자의 욕구에 자신을 맡기는 쪽에 가깝다. 라캉은 또 "시선이 부여하는 가장 큰 힘은 부러움이다."라고 했다. 우리가 연예인 패션을 보고 그들이 사는 집을 보며 누군가 맛있는 음식을 먹고 하는 걸 라캉의 말에 대입하면 어느 정도 맞는 이야기라는 걸 알 수 있다. 라캉에게 시선과 응시 그리고 욕망(desire)과 욕구(demand)의 의미는 조금씩 다르다. 여기서 욕망은 부처님이 말한 끊임없는 인간의 갈망을 말한다. 그래서 욕망은 영원한 대신 욕구는 일시적이라서 그 욕구가 채워지면 다른 욕구로 대체된다. 먹방을 보는 사람들은 그 영상을 보겠다는 마음이 있는 한 먹방의(혹은 먹고 싶은) 욕망이 사라지지 않는다. 잠들기 전 잠시 욕구를 실현하고 그다음에 또 욕망이 계속된다. 먹방을 보고 싶은 건 욕망이고 먹고 싶은 메뉴가 그날에 따라 바뀌는 건 욕구이기 때문에 라캉의 구분은 맞는 듯 보인다. 사랑을 이야기하다가 먹방 이야기까지 할 수 있는 게 놀랍다. 우리는 먹는 것뿐만 아니라 동물도 사랑한다. 우리나라는 동물권에 대한 관심이 비교적 최근이지만 외국은 『동물들의 소송』이 빈번하게 일어날 정도로 동물의 권리에 대한 관념이 오래전부터 존재했다. 특히나 스위스는 동물권이나 반려동물에 대한 시스템이 우리보다 앞서 있다. 동물권에 대한 부정이 있으면 긍정이 있을 텐데 칸트는 동물에 대한 인간의 의무를 부정적으로 보았다. 반면 현대에 와서 피터 싱어는 동물을 인간과 똑같은 감정의 동물로 보아 동물권을 긍정한다. 성경에서는 물고기와 새 그리고 땅에 기어다니는 동물에 대해서 인간이 다스릴 권리를 인정하는데 누군가는 이걸 착취나 죽임까지 인정하는 건 아니라고 말한다. 인간이 정신적 동반자가 된 동물을 가지고 생각할 건 이외에도 또 있다. 동물에 관한 미시적 논의는 인간 모두의 공통된 사랑 외에 대단히 논쟁적인 부분이 존재한다. 가령 반려 동물을 키우는 사람과 키우지 않는 사람의 관점 차이 같은 것 말이다. 동물원에 대한 시각도 마찬가지다. 그런 인간의 행동이 진정 동물을 위한 것인지 아니면 자기 자신을 위한 길인지 동물에게 물어볼 수 없으니 모르는 일이다. 그런 차원에서 사랑이 항상 도덕이 되거나 사람에 대한 인격 우위에 있는 건 아니다. 국내도서『정상동물』은 초중반 내용이 좋다가도 책 말미에는 비건을 조심스럽게 권장하는데 그건 굳이 하지 않아도 될 얘기다. 국내엔 동물을 정말 사랑해도 육류는 못 참는 사람이 아마 채식주의자보다 훨씬 많을 것이다. 집착은 사랑의 가장 큰 불치병이기에 비극이 되며 강요와 아집은 사랑의 반작용을 일으킨다. 나 자신의 생각과 몸을 사랑하듯이 타인의 생각과 행동을 존중해 줘야 한다. 육류 섭취와 자본주의가 모두 야만성과 착취라는 고귀한 에코주의 마인드는 이즘과 더불어 결국 범인은 '남성성'이라는 존재로 귀결되게 한다. 폭력성의 기원을 남성성으로 치환하면 아무것도 보이지 않고 아무것도 해결할 수 없다. 어떤 학자들은 라스코 동물 벽화를 동물에 대한 인간의 잔인한 폭력과 착취로 본다. 그런데 그걸 그린 사람의 성별을 알 수 없고 그 결과물을 남성과 여성이 공유했으리라는 생각을 안 할 수도 없다. 자식을 키우거나 먹고살기 위해서는 남녀가 함께 협력해야 한다. 정답을 정해 놓고 세상을 보는 사고의 흐름은 그렇지 않은 사람들과 항상 긴장관계에 있다.

 이번엔 사랑의 유형 중 어떤 애착을 가진 주제를 얘기해 보자. 팀 보울러의 『리버보이』는 할아버지가 사랑한 강을 소년이 대신 동경한다. 할아버지가 소년이자 강 그 자체이며 바다가 된다. 『나의 라임 오렌지 나무』 또한 자연물에 대한 애착을 드러낸다. 이런 자연에 대한 애착도 있지만 어떤 물건에 대한 애착도 있을 수 있다. 가령 『양철북』의 북 같은 거 말이다. 이런 자기만의 대상화는 보통 어떤 심리적 상태나 상황을 보여 주기 위한 도구로 쓰인다. 만약 베르나르 베르베르의 개미사랑이 없었다면 관찰이 없었을 것이고 『개미』 책은 나오지 못했을 것이다. 다윈의 『진화론』도 마찬가지다. 이런 훌륭한 업적을 남긴 사람은 다른 이보다 더 관심을 가졌기에 가능한 것이다. 관심은 또 여행으로까지 확대된다. 에세이 서적 중 많은 주제가 여행이나 여행 비슷한 것들이다. 제각각 '여행의 이유'는 다르지만 표현의 모습은 비슷하다. 여행은 대항해 시대 이후부터 지금까지 독자의 사랑을 받았다. 『걸리버 여행기』와 『로빈슨 크루소』는 새로운 만남의 장이 책 내용의 주요 소재다. 여행에서 만난 낯선 사람과 지역 때문에 색다른 경험을 한다. 인간은 '이상한 나라의 앨리스'를 계속 찾아 보고자 하는 욕구를 원형처럼 가진다. 다만 여행은 좋지만 위험하기도 하다. 로빈슨 크루소도 위험에 직면하다가도 그걸 극복한다. 『이상한 나라의 앨리스』의 어느 여왕도 자꾸 "목을 쳐라!" 하지만 목이 쳐지는 경우는 없다. 왜냐하면 주인공이 죽으면 여행은 끝나기 때문이다. 여행의 선망은 과거나 지금이나 비슷하다. 요즘은 여행이 개인 방송의 콘텐츠까지 되고 있는데 때론 자극적 모습으로 성급하게 일반화를 하기도 한다. 사실 여행 콘텐츠는 이미 수십 년 전부터 존재했다. 가령 25년 전에는 어떤 여성 여행가의 무책임하며 과장된 여행기와 허풍이 있었고 사람들은 그 책을 보며 대리만족을 얻었다. 대리만족을 넘어 어떤 이는 실제로 여행하다 봉변을 당하기도 했다. 생각해 보니 과거나 지금이나 자극적 이야기는 언제나 잘 팔린다. 영상과 말에는 거짓말이 많이 있지만 책에는 상대적으로 적을 거라 생각했는데 꼭 그런 것도 아니다. 『멈추면 비로소 보이는 것들』은 참으로 좋은 글로 가득 차 있지만 실제 저자는 무소유가 아닌 풀소유의 행태를 보여 주며 사람들에게 '공수래 풀수거' 같은 놀림감의 존재가 되었다. 반대로 법정스님은 진짜 무소유를 실천하시어 겉만 스님인 사람과 질적으로 다른 모습을 보여 준다. 무늬만 스님 이외에 정치인의 글 또한 그렇다. 정치인의 책 내용과 실제적 현실은 어떠한가 생각하면 거의 모두가 가면을 쓴 것처럼 보인다. 우리는 진실한 책에 마주해야 하고 편견이나 신념, 이념에 너무 빠져서는 안 된다. 누군가에겐 사유의 동면도 이 범주에 속하는데 이런 자기 얽매임은 아직 그들로부터 벗어나지 못하고 있다는 것을 방증하는 것이다. 말과 글을 곧이곧대로 믿어서도 안 된다. 가령 남자의 뻔한 허세와 '뻐꾸기'는 사랑이 아니라 육체의 탐욕이고 여자의 뻔한 '언니 예뻐요'는 상투적 자매화다. 대체 진정한 사랑이란 어디에 있는지 의문이라서 인간의 이중성을 그만 알아보고 싶은데 인간은 계속 무엇을 탐구하기에 참을 수 없다. 키에르케고르에게 『사랑의 기원』은 하느님이겠지만 사람들 모두가 동의하는 건 아니다. 진정한 사랑이란 내가 없는 것이다. 여기서 내가 없다는 뜻은 프로이트로 따지면 에고(ego)를 의미한다. 불교에서 중요하게 다루는 말씀 중 하나인 공(空) 그리고 아(我)는 그들 사이에서도 확립되지 않는 화두다. 인간 세상엔 무엇이라 규정할 수 없을 정도로 다양한 시각이 존재한다. 내가 없다는 건 상대방 죽음을 대신할 수 있는 희생, 이해와 공감, 상대방으로의 합일(合一) 같은 승화, 나의 제로에 가까운 이성의 상태를 의미한다. 사실 이런 사랑은 국가에 대한 애국의 신념, 진정한 사랑, 부모의 자식에 대한 마음 정도 아니고서는 거의 공상에 가깝다. 사랑은 늘 좋은 거지만 조금만 어긋나면 그것은 소유욕이 되어 이성적 판단을 흐리게 한다. 그런 상태에서 집착이 이루어지면 감정이 이성을 지배하기에 더욱 위험하다. 이 반대인 경우도 있다. 선한 행위나 정의감 같은 거 말이다. 가령 비장애인이 좋은 마음에서 장애인을 도와주려고 하는데 장애인은 그 도움이 그다지 반갑지 않을 수 있다. 자립심을 위해서 자기가 충분히 할 수 있으며 혼자 해야 한다고 생각하는 장애인이 있을 수 있기 때문이다. 사랑이 어긋날 때는 대부분 비극을 맞이한다. 15세기『마녀를 심판하는 망치』는 남자의 삐뚤어진 사랑 때문에 시작되었다. 지금으로 치면 유사연애에 빠져 있는 심리상태의 사람들이 그 대상자의 연애를 보고 분노를 하는 것과 비슷한 현상이다. 책『노틀담의 꼽추』에는 두 남자의 삐뚤어진 사랑이 보인다. 꼽추 콰지모드는 여성 집시의 호의가 사랑인 줄 알며 신부는 위선적인 사랑의 마음을 보여 준다. 결국 이들은 집시 여인 에스메랄다를 비극으로 내몬다. 책에서 꼽추로 나오는 인물의 이름이 기억나지 않아 검색을 하다가 우연이 어느 온라인 글을 봤는데 거기서는 두 남자가 아니라 세 남자의 사랑이라고 한다. 읽은 지 오래되었고 두 남자밖에 기억이 나지 않아서 그냥 두 남자로 이야기했는데 아마 세 남자가 맞을지도 모르겠다. 이런 사랑 요소가 들어 있으면서 비극을 맞이하는 소설은 정말로 많다. 잘못된 사랑인지 아니면 아무 잘못도 없는 무료한 사랑인지는 몰라도 이상의『날개』는 왠지 사무엘 베케트의『고도를 기다리며』와 같은 애매한 마음을 보여 준다. 즉 날개 그것이 무엇인지 정확히는 모른다. 지금 사랑을 이야기하고 있지만 사랑을 잘 모르기에 계속 서술만 길어진다. 사랑이 희한한 건 이렇게 할 말이 많다가도 눈빛 하나로 혹은 침묵 하나로 마음과 마음을 진심으로 전할 수도 있다는 점이다. 살면서 한 번쯤은 연인을 위해 죽을 수도 있다는 마음가짐의 사랑을 해 보는 것도 축복된 일이다. 단순히 결혼을 위한 계약 같은 느낌이 아니라 순수한 마음의 연꽃 같은 사랑 말이다. 연꽃의 꽃말은 순수인데 이런 사랑도 좋고 아프지만 꽃무릇(상사화) 같은 사랑도 좋다. 꽃무릇의 꽃말은 이루어질 수 없는 사랑이다. 아련하게 떠오르는 예전의 사랑, 현재 사랑을 하는 사람, 사랑이 곧 끝날 사람, 앞으로 사랑할 사람 등 끝나고 보면 사랑은 조금 부족했고 이기적이었다는 생각이 든다. 슬픈 사랑의 예감은 틀리지 않는다. 그러나 남녀만 어긋난 사랑이 있는 게 아니다. 진짜 자식을 잘못된 길로 가게 하는 부모의 잘못된 욕망도 있고 예전 같았으면 장남만 편애하는 것도 있을 수 있다. 하느님은 카인을 편애해서 인류 최초의 살인자가 되게 하였고 폰 실러의『도적 떼』는 차남의 욕망으로 도적이 되었으니 형제의 질투는 태생적 기질 아니면 부모의 교육으로부터 시작된 것인지도 모른다. 이러고 보면 부모가 되는 일도 쉽지 않은 우리 인생이다. 발자크의 소설『고리오 영감』이 바로 그런 경우인데 부모라면 자식과 함께 한 번쯤 읽어 볼 만한 작품이다. 앞서 언급한 셰익스피어『리어왕』또한 부모와 자식 간의 교훈을 준다. 단테의『신곡』발언은 그래서 여기에도 여전히 유효하게 작용된다. 즉 사랑/선(善) 그 자체가 항상 옳은 것만은 아니다. 약자의 권리 주장이 항상 옳은 것이 아닌 것처럼 말이다. 사랑에도 실수와 틀림이 있을 수 있기에 내 자신을 가끔은 의심해 봐야 한다. 지금까지는 진짜 남녀의 사랑보다 인류의 사랑을 이야기했다. 우리에게는 현실적 사랑이 중요하지만 삶에는 철학적 이야기도 필요하다. 사랑이라는 단어는 말 그대로 죽을 때까지 함께하는 것인데 그리고 보면 영원한 사랑이라는 말은 '역전앞'처럼 이중으로 쓰인 것과 같다. 정말 사랑이 영원할까? 부처님이 죽기 전 아난다에게 한 마지막 발언은 영원한 건 없다는 것이었다. 사랑도 변한다. 사랑 그 원형은 변하지 않지만 시간 흐름에 따라 다양한 인식의 사랑으로 무언가 변한다. 그것이 그리움일 수 있고 아니면 원망의 애증일 수 있으며 여러 가지 복합적 심리의 사랑일 수도 있다. 사랑을 완전하게 가지고 있지 않기에 인간은 계속 사랑을 욕망한다. 소크라테스에게 에로스는 그런 존재다. 에로스는 완전히 채워지지 않는 인간의 욕망이다. 이건 심리학적 철학적 접근과 비슷한데 사랑의 결핍 때문에 인간은 끝없이 사랑을 욕망한다. 자신이 행복하려면 작은 사랑만으로도 만족할 줄 알아야 한다. 앞서 언급했지만 욕망과 욕구를 구별한 라캉의 말대로 사랑은 죽을 때까지 계속된다. 인간에 대한 사랑이든, 등산이나 낚시를 사랑하든 아니면 한 사람에 만족 못 하고 여러 사람을 사랑하든 일정 에너지가 있는 나이 수준까지 사랑은 계속된다. 사랑의 명언은 셀 수 없이 많지만 그것에 연연하지 말아야 한다. 대부분 철학적인 멋진 표현일 뿐 현실은 그렇게 아름답지 못한 경우가 많기 때문이다. 사랑은 인생이고 인생은 실전이기에 자신이 경험하면서 사랑의 명언을 스스로 만드는 게 중요하다. 공허한 사랑의 말은 별로 실용적이지 않다. 책은 빛 좋은 개살구도 필요하고 실전편도 필요하다. 사랑의 명언은 마치 자기 연애나 자기 결혼 생활은 잘 못하면서 남의 이야기는 잘하며 입만 연애박사인 것과 똑같다. 사랑의 명언을 아무리 많이 알아도 실전엔 무용지물이다. 『팡세』의 저자 파스칼은 이렇게 이야기했다. "감정에는 나름의 이유가 있지만 이성은 그에 관해 아무것도 모른다." 로고스(말)와 사랑이 딱 이런 관계다. 로미오와 줄리엣 같은 부모의 반대나 불치병의 애틋한 사랑 이야기가 아니라면 노래 가사처럼 너무 아픈 사랑은 정말 사랑이 아니다. 적당히 그리고 아주 가끔 아파야 사랑이지 자주 그러면 사랑스럽지 않다. 그런 사랑은 결말이 이미 정해져 있다. 오래 함께한 생활 때문에 마음의 정이나 몸의 정이 생겨서 헤어질 결심을 단호하게 하지 못하는 사람이 있다. 금연은 진짜 건강을 생각해야만 끊을 수 있는 것처럼 사랑이 정신건강에 해롭고 아픔만 있다면 마음을 단단히 먹어야 한다. 상처가 아무는 데는 반드시 시간이 필요하다. 눈으로 본 매력은 사랑을 만들지만 한번 뱉은 독약의 말은 사랑을 깨트린다. 사랑에도 최소한의 인간됨이나 조건이 있다. 단순 실수나 오해가 아니라 인간의 조건이 되지 않을 사람의 진짜 밑바닥을 봤다면 이 또한 중대한 결정을 내려야 한다. 아주 간혹 갱생 가능한 인간이 있기는 하지만 인간의 기질은 쉽게 바뀌지 않는다. 거의 모든 인간은 같은 실수를 계속 반복한다. 인간 자체가 아비투스이기 때문에 사랑의 방법과 관점 그리고 평소의 삶도 엄청난 마음변화 아니고서는 평생 그대로 이어진다. 사랑의 묘약 효과가 지속될 때에는 진짜 자신의 모습이 드러나지 않는다. 그러나 그 효과가 떨어지면 진짜 모습을 서로에게 보여 준다. 어쩔 수 없는 남녀의 사랑 과정이긴 하지만 그래도 서로에 대한 존중과 소중함만 있다면 그것은 모든 인간관계의 모습이기 때문에 별로 문제가 되지 않는다. 어디 싸움 없는 사랑이 있으랴. 다만 싸움이 관성적이고 의미 없는 자존심 싸움이나 괜한 트집이라면 문제가 있다. 그런 싸움이 연속된 사람은 원인이 사소하며 인내심이 작동하지 않아 항상 허술한 마음으로 싸울 준비가 되어 있는 사람이다. 불만과 원망을 기제로 한 이런 싸움은 상대방에 대한 예의나 존중이 부족해서다. 자신의 자식이든 연인 사이든 모든 사람을 독립된 인격체로 생각해야 한다. 그래서 동반자살(부모가 자녀를 숨지게 하는 행위)은 자살이 아니라 살인 행위다. 관계에서 중요한 것은 대화하는 방식이나 수용하는 태도 즉 열린 마음이다. 우리는 타인의 마음을 제대로 헤아려 주기보다 타인이 나를 제대로 헤아려 주기를 원한다. 내 육체적 정신적 고통이나 힘듦이 항상 타인의 그것보다 더 크다고 생각한다. 그런 마음이 존재하면 항상 싸울 마음이 마음 한 구석에 자리 잡고 있어서 작은 일에도 기계처럼 싸운다. 싸움의 자동문을 양쪽 혹은 한쪽이 가지고 있다면 그들 모두 행복하기 쉽지 않다. 사람들은 사랑의 기술을 원하지만 실제로는 싸움의 기술이 더 필요하다. 어차피 사랑하는 순간에는 어떤 문제점이 보이지 않기 때문이다. 다시 안 볼 것 같으면 상관이 없지만 계속될 인연이라면 싸우더라도 인간답게 싸우는 게 중요하다. 누구나 이렇게 알고 있지만 그게 하나 마나 한 소리가 되는 이유는 바로 사람의 감정기질 때문이다. 대단히 인간 발전형 노력파가 아니라면 평생 그 기질은 못 버린다. 머릿속에 항상 지킬 건 지키면서 살자고 다짐하거나 사랑하는 사람과 싸우더라도 감정의 오물을 상대에게 던지지는 말자며 다짐하면 정말 그렇게 된다. 싸움은 흥분 상태이기에 감정이 조금 앞서지만 그래도 이성의 끈을 놓지 않아야 한다. 특히나 이럴 때 언어의 선택은 인생의 선택과 같다. 관계의 모든 것이 언어로부터 시작된다. 이성이 감정을 완전히 지배하지 않는 상태에서의 말은 얼마나 깊은 상처를 줄까. 상대를 말이나 과도한 행동으로 죽여 놓고 상처가 치유될 순 없다. 그런 관성적 싸움이 자주 일어난다면 원인을 찾아야 한다. 그래도 해결책을 찾지 못한다면 헤어지는 게 서로에게 제일 좋다. 사람들은 행복을 자꾸 외부에서 찾으려고 한다. 행복은 내안에 있는 것이기에 행복을 찾기 위해 계속 자신을 들여다봐야 한다. 물론 부부 싸움의 원인이 시부모나 장인장모 기타 금전적인 부분처럼 외부요인인 경우도 많다. 그러나 그건 어쩔 수 없는 외적 한계이기 때문에 이 또한 누군가 해결해 줄 수가 없는 내적 문제가 된다. 갈등을 잘 해결할 지혜는 어디서 얻을 수 있을까.

갈등이라고 표현한 것은 갈등이 항상 나쁜 것만은 아니기 때문이다. 싸움은 항상 부정적으로 생각하는 느낌이 들고 갈등은 무엇인가 가능성을 주는 느낌이다. 인간의 갈등은 필연인데 거기서 얻지 못하는 교훈은 그저 싸움일 뿐이다. 프리드리히 글라슬이라는 학자는 싸움의 부정적 부분을 연구하여 갈등 이론을 전개했다. 그는 갈등을 아홉 단계로 구분하면서 첫 단계는 차갑게 식어 버리다가 마지막 아홉 단계에서는 둘 다 나락으로 간다고 보았다. 남녀, 정치, 기타 인간관계에서 긍정의 갈등 요소가 있는데 그걸 보지 못한다면 암흑과 같은(글라슬의 9단계) 상태에 머물게 된다. 잘못된 가치관이나 신념 같은 게 아니라면 온전히 한쪽의 입장만 틀린 경우는 별로 없다. 그렇기 때문에 이해나 양보 없이는 그 어떤 것도 이루어지지 않는다. 고집은 상황을 더 악화시키는 촉진제다. 사람들은 성격 탓을 하는데 그건 성격 탓이 아니라 자기 부족 탓이다. 사람의 외모나 지문처럼 습관, 기질, 자라난 환경, 성격도 다 다른 것은 자명한 일인데 서로 상대방을 탓하는 건 옳지 못하다. 일방이 너무 비상식적인 사람이 아니고서는 책임은 공동이다. 이 말에 억울할 사람이나 반론할 사람도 있을 수 있다. 서로 양보해서 불화의 제공자는 경중이 있다고 합의하도록 하자. 사실 방금과 같은 이런 생각은 정말 위험하다. 그 이유는 경중을 따지는 마음이 심연에 존재할 땐 매우 큰 불화 덩어리가 존재할 수 있고 상대방을 매도하기 때문이다. 그런 심리가 쌓이고 쌓이면 대화가 단절되고 기계적 관계가 이어진다. 현명한 선택인지 아닌지는 모르겠는데 서로가 싸움에 지쳤거나 싸움을 하지 않으려고 할 때는 그냥 포기하는 경우가 있다. 왜 그렇게 계속 살아가야 하는지는 각자 사연이 있기 때문에 뭐라고 할 순 없지만 온전히 자신의 행복을 위한 고민은 한 번쯤 필요하다. 너무나 분위기가 쳐져 있다. 처음의 설렘으로 돌아가자. 인생의 가장 행복했던 나이는 사람마다 다르겠지만 20대나 30대까지가 연애 인생에서 가장 멋진 순간이지 않을까 생각한다. 이 나이대는 이성 즉 연애에 대한 전투력이 가장 높고 순간의 젊음을 모르기 때문에 오히려 내 멋대로 하기가 좋다. 썸 타는 시기와 육체 에너지를 소비하기에도 이 나이 때가 가장 좋다. 책임성이 있거나 피임만 올바르게 한다면 연인의 육체 탐미는 만날 때마다 거의 계속되어야 한다. 나중엔 나이가 들어서는 정신은 비슷해도 육체가 따라오지 않기 때문이다. 젊을 때는 절대 이 말을 이해할 수 없다. 썸 타는 시기가 좋다는 이유 중 하나는 화무십일홍처럼 연애의 꽃이 쉽게 지기도 하기 때문이다. 금방 사랑에 빠져 시들어 버리는 사람도 있고 상대방이 별 잘못이 없는데도 그냥 권태로움에 빠지는 경우도 있다. 이 둘이 서로 환승해서 만나면 상관없지만 진득하게 오래 사랑하는 사람에겐 한쪽의 환승이 곧 상처가 된다. 연애를 많이 한 사람은 많이 아니까 문제고 연애를 못 해 본 사람은 몰라서 문제다. 어느 사람을 더 선호할지는 사람마다 다르겠지만 전자는 자신에게 문제고 후자는 타인에게 문제가 된다. 특히 후자 남자의 경우는 나이가 적고 많음을 떠나 여성이 호의을 베풀고 약간의 미소만 보여도 설렘에 빠지고 공상에 빠진다. 의외로 이런 남자는 상당히 많기 때문에 남자들은 오해하지 않도록 해야 한다. 자기 객관화가 되지 않은 수많은 여성과 남성이 도처에 있다. 반면 알파메일, 알파 피메일이 연애를 독점하는 느낌이다. 요즘은 특히 온라인 커뮤니티나 영상, TV가 연애나 결혼 조건 수준을 너무 높여 놔서 연애(결혼)할 엄두가 나지 않는다. 평균에는 엄청난 함정이 있음에도(가령 임금 노동자의 평균 소득, 평균적인 여성 남성이라는 스펙 등) 사람들은 그 평균에 종속된다. 어디서든 능력자는 있고 허세도 있긴 하지만 실제로 좋은 직업과 재산을 가진 사람들이 아닌 이야기에 주눅이 들어 자신이 초라하다. 어느 수준에도 도달하지 못한 사람은 세상에 냉소를 보내고 불만이 쌓여 간다. 그거라도 해야 세상에 자신이 존재하는 걸 느끼는 사람은 얼마나 불쌍한 사람일까. 외적 내적으로 여유 있는 자는 자신에게 이득이 안 되는 어떤 조직이나 사람을 싫어하지 않는다. 반면 내적 외적으로 여유 없는 자는 자신의 이득과 전혀 관계없는 사소한 것을 반사적으로 싫어한다. 후자의 대표적인 경우가 어떤 이즘을 무조건 반대하는 사람들이다. 여기서 중요한 건 '반사적'이라는 말이 들어갔다는 것이다. 깊게 들어가면 할 말이 많아지니 이즘은 이쯤으로 마무리하겠다. 통계적으로 일정 연령의 여자의 연애 횟수는 남자보다 많다. 그 뜻은 도태된 남자가 존재하고 도태된 그 수만큼 알파메일이 좀 더 많은 여자를 만나고 산다는 걸 의미한다. 여기서 도태되었다는 의미는 인셀(비자발적 비혼이나 비연애자)을 의미한다. 사회가 타인과 자신을 비교하며 경쟁을 하게끔 내몰수록 이 비율은 높아질 가능성이 매우 크다. 남녀 서로가 외적인 부분에 눈을 낮추고 내적인 부분을 더 중요시하지 않는다면 말이다. 돈과 사랑이 인간 행복의 전부는 아니지만 거의 필수에 가깝기 때문에 언제나 인간의 사랑은 결핍과 갈증이 생긴다. 사랑마저 멸하여 열반에 들고 부처가 된다면 모를까 사랑의 감정은 포기한다고 정말 포기되는 것이 아니다. 각 나이대에 따라 시작하는 연인들은 조건과 마음가짐, 신체 등이 다르지만 궁극적 목표는 똑같다. 사랑의 달콤함을 각자의 방식대로 느끼고 싶다. 좋을 때는 더 좋고 나쁠 때는 덜 나쁘게 살아가는 방식을 아는 게 사랑이고 인생이다. 사랑이라는 이 글에 동의한다면 지금까지 사랑 한 번 못 해 본 사람이라서 괜스레 미안해진다. 동물세계의 수컷은 상당수가 도태된다. 그것으로 위안을 삼자. '자신은 동물 아니고 인간인데?'라고 한다면 아직 희망이 있는 사람이다. 사랑하고 싶은데 사랑하지 못하고 사랑받지 못하는 사람은 얼마나 안타까운 일인가. 그런 사람들은 책이라도 사랑하자. 사랑은 때론 불공평하고 비민주적이다.

## 기독교와 민주주의

조슈아 컬랜칙의 『민주주의는 어떻게 망가지는가』부터 해서 민주주의 위기 어쩌고 하는 책은 이제 매년 단골 소재가 되었다. 정확한 통계는 알 수 없지만 최근 몇 년간(설령 책 제목에 민주주의가 들어 있지 않더라도) 이런 유의 도서들이 예전보다 더 많아진 느낌이다. "민주주의는 투표할 때만 평등이다."라고 한다면 올바른 주장일까? 아마 반은 맞고 반은 틀릴 것이다. 법이 약자를 보호하지 못하고 강자를 위할 때 민주주의는 아무런 의미도 주지 못한다. 오히려 약자에게는 자본주의와 민주주의 때문에 인간 억압에 놓인다. 어떤 이에겐 민주주의 자체가 정상(노멀)상태에 놓여 있고 비민주적이고 불합리한 것에 문제를 제기하지 않는 이상 기존의 권력과 기득권의 항상성을 가지기 때문에 지금 상태가 최적의 민주주의다. 그래서 그들이 자유 민주주의를 강요하며 좌파의 '차이 줄임'(평등)을 원하지 않는 것이다. 항상 그들에게 평등은 내 것을 빼앗긴다는 관념과 왜 인간은 평등하지 않는데 평등하게 하는지에 대한 의문을 투철하게 가지기에 정의로움을 말하는 사람들에게 위선을 찾으려 하고 그걸 찾아내 집요하게 공격하며 희열을 느낀다. 과거엔 독재가 이뤄지고 사회적 불평등과 경제적 불평등이 만연할 때 비로소 사회 혁명이 이루어졌다. 프랑스 혁명이 그랬고 1848년 혁명이 그랬으며 1968년 소위 68 혁명이 그랬다. 우리나라는 1980년과 1987년 민주화 혁명이 일어났다. 지금은 인간 모두가 평등한 시대라고 생각하며 일부 나라를 제외하면 세계인은 민주주의 아래 자유로운 인간으로 살아간다. 방금 한 말은 우리의 착각 아닐까? 많은 돈을 들여 대형 로펌의 전관 비리 변호인단을 내세우는 범죄자에게 민주주의는 아주 꿀맛 같은 세상이다. 반면에 약자나 사기를 당한 서민층은 죽을 맛이다. 겉으로 보기엔 최적의 민주주의와 성숙한 시민의 모습으로 보이는데 왜 요즘은 민주주의가 위기라고 말할까. 지식 장사꾼들이 괜한 공포와 두려움을 만들고 편 가르기를 해서 책을 팔아먹는 것은 아닐까. 몇몇 통계는 경제적 불평등의 심화가 확실하기 때문에 문제가 있어 보인다. 그렇다고 그게 곧바로 민주주의 위기는 아니다. 정확히는 민주주의 맹점 지적을 하며 수정 민주주의가 필요하다고 말해야 한다. 민주주의 자체가 보이지 않는 권력이다. 어떤 학자는 국민의 권력을 위임한 대리 민주주의를 '대리신비'라고 표현했다. 우리 모두 약속한 게 민주주의라는 제도고 여기엔 절차와 법, 질서와 평등이 존재한다. 이런 상징의 힘을 누군가 함부로 깨트릴 수는 없다. 그래서 엄청난 부패가 일어나고 있음에도 언론이 비호하고 위임 권력 중 한쪽이 힘을 유지하면 그걸 부셔내기가 쉽지 않은 것이다. 국민 모두가 정말 못 살겠다 싶은 정도는 되어야 현시대 민주주의는 혁명이 일어난다. 아니면 국민감정을 건드리는 굉장한 트리거가 있어야만 겉만 민주주의인 사회에 시민불복종이 일어난다. 역사적으로 보면 여기에 더해 항상 문제가 된 집단이 있는데 바로 판검사다. 악의 평범성 중 하나가 된 이 집단은 현재도 악을 구축(構築)한다. 고뇌에 찬 멋진 판검사도 있겠지만 '악화(못된 판검사)'가 양화(정의로운 판검사)를 구축(驅逐)하고 있다. 방금 한 이 말은 유명한 경제학 관용구에서 차용하였다. 이건 범죄자 목사도 마찬가지다. 다수인지 소수인지 모르겠지만 이들이 점점 못된 짓을 할수록 집단의 이미지 대표성을 가진다. 기록된 판사의 부패는 기원전 6세기까지 거슬러 올라간다. 페르시아 왕 캄비세스는 재판관인 시삼네스가 뇌물을 받고 판결을 한 사실을 알게 된다. 그러자 그를 산채로 살갗을 벗기는 처벌을 내린다. 이런 역사적 상황을 15세기 제라르 다비드라는 화가가 '캄비세스 왕의 심판'이라는 그림으로 표현했다. 현재도 이들은 정의로운 심판을 하는 게 아니라 전관비리와 인맥 지연 학연 정치성향 등을 가지고 못된 짓을 저지른다. 이런 악이 존재하기에 개혁이 존재한다. 그런데 자유를 말하며 실질적 독재를 하는 집단과 민생을 말하며 개혁을 거부하는 집단 때문에 악이 좀처럼 제어되지 않는다.

2,500년 전 그리스 아테네는 독재와 민주 정치를 번갈아 경험하면서 하나의 조치를 취하는데 그게 바로 도편추방(혹은 패각추방)이다. 도편추방은 그리스 정치에 영향력을 크게 끼치거나 향후 독재자가 될 사람의 명단을 도편(깨진 그릇)에 적어 내는 것으로 그리스 민주정은 정기적으로 이런 명단 투표를 하여 위험인물을 추방하였다. 민주주의 위기는 독재의 출현인데 과연 현대 민주주의 위기가 독재자 즉 사람에게만 해당이 될까? 지금은 능력이나 자유시장경제라는 미명아래 진짜 불합리하고 부조리한 것을 민주주의라는 이름으로 방치하는 게 문제다. 현대인은 생존경쟁, 자본독재, 정치독재, 기득권독재 등 때문에 문제의 인식을 제대로 하지 못한다. 자본주의 사회에서의 착취는 이제 보여도 보이지 않을 만큼 사람들이 관성이 되어 기계처럼 익숙해져 간다. 수십 년 전부터 학자들은 과연 기계문명이 인간을 편하게 하며 노동으로부터 더 자유롭게 하였

는가에 의문을 제기한다. 100년 전보다 절대적 노동 시간은 줄어들었지만 착취는 더 교묘해지고 다양해졌다. 그로인한 편리성을 가장 많이 누린 사람은 과연 누구일까. 안타깝게도 그건 사람이 아니라 기업이다. 마르크스는 생산수단을 가진 자본가의 노동자에 대한 잉여 노동의 착취를 핵심으로 생각했다. 사람들은 이분법적으로 마르크스와 아담 스미스를 생각한다. 그러나 실제로 마르크스는 자유주의적이었고 과학적이었다(마르크스 본인은 자본론을 그렇게 보이길 바랐다). 아담 스미스가 "소수의 부는 다수의 빈곤을 기반으로 축적된 것"이라고 주장했던 사실을 아는 사람은 그리 많지 않다. 자유주의를 사랑해도 결과적으로 모두가 자유롭지 못하게 되는 결과를 가져오는 게 민주주의 사회의 자유시장 경제다. 이걸 고치는 걸 과거엔 수정 자본주의라고 했다. 태어나 보니 혹은 직업을 가지다 보니 사회는 나의 의지와 상관없이 자유를 가진 자와 가지지 못한 자로 구분해 버린다. 누가 태초에 그런 자유의 규모의 경제를 주었는가. 그건 자신의 부모나 사람이 아니다. 우리 인간이 살아가는 데 가장 좋은 체제(방법)라고 여긴 민주주의는 정치 체제, 의사결정 방법, 시장 경제, 부의 대물림 등을 사회계약처럼 만들어 놓았다. 여기서 중요한 건 인간이 만든 이 시스템은 완전하지 않다는 것이다. 민주주의 불완전성 혹은 법치주의 불완전성은 때론 어떤 인간에겐 무력감을 심어 준다. 특히 법치주의가 민주주의의 정의 실현을 배반할 때 더욱 그런데 이때는 법이 수단이 되는 게 아니라 목적이 되어 버린다. 그렇게 되면 법과 민주주의 자체가 법실증주의 역할을 하게 되어 강자에겐 약하고 약자에겐 억울한 사람을 만들어 내는 역할을 한다. 즉 몇몇 법인이 모든 걸 망쳐 버릴 수 있다는 얘기다. 그래서 때론 법도 민주주의 심판을 받아야 한다. 법이 민주주의 아래 있거나 수단이어야 하는데 최종우위에 있으려고 하면 다시 통제받아야 한다. 선택적 법의 해석과 실천은 국민을 지키는 게 아니라 오히려 살인 도구가 된다. 법 자체는 보통 괜찮지만 인간 때문에 필연적 불평등성을 가진다. 인간 불평등의 문제를 보는 관점은 맨 위 사람과 중간에 있는 사람 그리고 맨 아래층에 있는 사람이 각각 다르다. 누구는 르상티망의 관점으로 세상을 보고 누구는 어쩔 수 없는 인간의 삶이라며 체념하고 살아간다. 또 누군가는 자신의 능력에 만족감을 가지고 불만이 없다. 치열한 의식주 경쟁 속에 타인의 고통은 눈에 들어오지 않는다. 이젠 갑의 위치에 있는 사람이 을을 착취하고 그 을은 병을 착취하는 잔인함이 만연해졌다. 기업만 인간을 착취하는 게 아니다. 인간의 계급(서열)의식과 관성처럼 만들어진 구조가 사람을 착취한다. 민주주의 투표 한 장은 평등하지만 그 결과는 또 평등하지 않다. 정의로움은 사라지고 이념과 이득을 위한 결정을 하는 사람들로 인해서 그 불평등이 더 심화된다. 이기적인 유전자는 어쩔 수 없다고 인정한다면 현대사회 문제를 이젠 민주주의로만 해결할 순 없다. 의식과 시스템의 변화 없이는 사회 변화는 쉽지 않다. 특히나 구조주의 입장을 취한다면 사회 여러 조직체는 상호 관계적이기 때문에 법이나 제도 변화가 많은 영향을 끼친다. 사실 법과 제도 자체가 남녀노소 가릴 것 없이 폭력이 될 수 있다. 발터 벤야민은 "모든 폭력은 수단이며 법적 권리를 정립하거나 보존하는 힘이다"라고 했다. 법적 권리는 누군가에게는 힘이 되는 실체가 되고 누군가에겐 형식상으로 존재하여 사회적 폭력적 제어 수단밖에 되지 않는다. 즉 한쪽은 적극적 법의 실천으로 기능하지만 다른 한쪽은 소극적 방어도 안 되어 법의 불평등성이 생긴다. 방금 한 말들은 벤야민의 말이 아니라 그의 일부 텍스트만 차용하여 표현한 것이다. 벌레의 변태처럼 사회 스스로 변화할 수 있다면 가장 좋겠지만 혁명 의식을 가진 사회 분위기가 아니라면 이젠 과거의 혁명 향수를 기대하긴 힘들다. 즉 과거보다 (물질적으론) 잘산다고 생각하는 현대인의 의식폭발은 쉽게 이뤄지지 않는다. 민주주의니까 어쩔 수 없다고 생각하거나 마이클 샌델의 '공평하다는 착각'을 하지 않기 때문에 우리는 스스로 민주주위 위기에 빠져 산다. 현명한 국민도 있지만 그렇지 못한 사람도 많기 때문에 어쩌면 현시대에는 플라톤이 말한 대로 현인이 나라를 다스리는 게 나을지도 모른다. 플라톤의 철인정치의 가장 큰 의문은 그 똑똑한 철학을 가진 사람을 또 누가 인정하고 평가하는가이다. 어떤 정권은 대통령이 바뀌어도 사회개혁을 하기가 힘들고 어떤 정권에서는 대통령 한 명 바뀜으로써 사회 민주주의가 망가지기도 한다. 탑을 쌓는 건 힘들지만 무너지는 건 한순간이다. 그걸 누가 무너트리고 있는가. 민주주의 핵심인 투표 한 장을 가진 사람과 자본주의 언론이 무너트린다. 철인(哲人)정치를 한 명의 사람 혹은 몇 사람 뽑아서 한다면 플라톤 시대나 지금이나 그 시스템은 크게 변하지 않는다. 마키아벨리의 『군주론』은 군주의 처세술에 비해서 부패한 것에 대한 통제, 시민의 의무나 권리는 거의 이야기하지 않는다. 국가와 군주가 어떻게 하면 잘 유지될까에 대한 국민과 잘 지내기 정도의 포괄적 담론에서 끝난다. 시민형 군주(가령 입헌군주와 비슷한 군주제) 정도는 진일보한 생각이지만 현시대 적용할 만한 것은 선한 권력을 쓰라는 것과 주변의 간신배 관리를 잘하는 것 마지막으로 다른 나라와의 경쟁에서 이기는 정도인데 아직도 『군주론』에서 거창한 의미를 찾는 사람들이 많다. 책의 제목을 잘 생각해 보라. 국민론 즉 국민을 위한 이론이 아니라 군주가 잘되는 이론이다. 이 역시 고전이라면 현시대에 맞게 좋은 내용만 편취하면 된다. 오히려 현시대에는 맹자의 역성혁명이 더 와닿는 단어다. 이것은 맹자의 성선설을 더욱 강화해 주는데 그의 이론을 따르면 왕(현시대엔 리더)은 원래 선한 존재다. 즉 못 사는 백성을 보면 측은지심이 생겨야 하고 적절한 대책을 세워야 한다. 그런데 오히려 악한 정치를 하고 국민을 망치고 있으니 왕을 바꿔야 하는 논리를 가지고 있다. 2024년 우리나라는 리더와 아내 집권당 때문에 여러 곳곳에서 역성혁명이 일어나야 할 상황이다. 종합해 볼 때 순자의 성악설과 맹자의 성선설은 양립가능하지 않기에 그냥 현대의 3331 법칙에 끼워 넣는 게 가장 좋아 보인다.

고대 아테네에서는 고귀한 신분이나 글을 아는 사람, 수사학에 뛰어난 사람, 기타 철학자만 정치에 참여한 건 아니었다. 현시대에도 꼭 엘리트 코스를 밟는 사람만이 사회를 이끈다는 생각은 버려야 한다. 세상에 문제의식을 가진 사람이면 누구든 의제 설정자가 되어야 한다. 눈물 젖은 빵을 먹어 본 사람만이 그 맛을 안다. 아무리 많이 배우고 똑똑해도 그 밑바닥의 심연을 알지 못한다. 노블리스 오블리제는 그저 외적인 존경이면서 강요된 동정일 뿐이다. 사람들은 왜 노블리스가 생기는지에 대해서는 의심하지 않는다. 각 나라마다 민주주의의 역사와 투쟁 그리고 사회 제도가 조금씩 다르기 때문에 무엇이 옳은지는 결론 낼 수 없지만 현시대에도 유산계급이나 계급 우위의 체면을 지키려는 문화가 존재한다. 북유럽 일부 국가는 잘난 척 있는 척을 하는 것을 매우 꺼리는 암묵적 사회 약속이 있다. 이런 문화를 그들은 '얀테라겐'이라고 한다. 우리에겐 얀테의 법칙이라고 알려져 있는 그들만의 문화 규범이다. 노블리스 사람들은 대체 누구로부터 혹은 언제서부터 그런 인간우위의 신분과 부를 부여받

앉는가. 노파심에서 말하지만 이런 사람의 존재 자체가 잘못됐다고 말하는 게 아니다.『정의론』을 쓴 롤스도『자본론』을 쓴 마르크스도 부를 추구하는 사람 자체를 잘못됐다고 하지 않는다. 오히려 롤스는 평등하지 못한 태초의 차이를 인정한다. 그래서 역설적으로 원초적 입장과 무지의 베일 상태를 가정하여 분배를 이야기한다. 현재는 사회 불평등과 착취가 어떻게 구조화되었는가를 찾는 게 핵심이다. 어떤 위대한 대통령의 말처럼 "문제인식은 서생처럼하고 현실인식은 상인처럼 하는" 시대가 또 도래했다. 자유주의자나 보수주의자는 이 관점에서 진보주의자와 완전히 다른 시각을 가진다. 문제는 가지지 못한 사람마저 자유주의 시각에 상당수 동의한다는 점이다. 그런 사람들의 현실 인식과 이념 사이에 괴리가 생기는 이유는 상대 진영이 그저 싫거나 자신도 미래에는 많은 부를 획득할 것이라는 기대감을 가지고 있기 때문이다. 그들은 현실적으로는 변화할 의식이나 에너지가 존재하지 않고 현재가 더 중요한 사람들이다. 그러면서도 자기 반대편이 투쟁해서 얻은 달콤한 진보들을 향유한다. 사실 그들은 이런 투쟁의 결과물도 잘 모르는 채 무임승차한다. 조금 역겨운 건 여전히 그런 투쟁의 사람들을 불편하다고 하고 맘에 들어하지 않는다는 것이다. 가령 시위나 노동쟁의 같은 경우 일부의 사실만 보고 전체를 공격한다. 역설적으로 신념 때문에 자신들을 더욱 노예화하는 정치인이나 조직체 기타 기업을 오히려 응원하는 행태는 참으로 안타까운 현실이다. 현시대는 언론이 자본주의에 종속되거나 협력하는 존재이다 보니 국민들에게 올바른 정보를 주지 않는다. 언론이 워치독은커녕 랩독만은 아니길 바라지만 안타깝게도 언론사망 속 저널리스트는 이제 존재하지 않게 되었다. 그저 대안 언론만이 이 역할을 대체하고 있다. 어떻게 보면 제일 영악한 선동자는 정치인이 아니라 언론이다. 특히나 정치와 자본 영역에 들어오면 언론은 매우 편향적이고 개인적이다. 많은 사람들은 각자의 성향에 따라 뉴스 정보를 취사 습득한다. 이 중 상당수는 보고 싶은 것만 보고 듣고 싶은 것만 듣기 때문에 편향된 사고는 매우 확고해진다. 상대에 대한 싫음으로 세상을 보는 사람은 진짜 적을 보지 못한다. 그래서 그 사악한 존재를 지지하고 응원해 버리는 이율배반의 사태가 발생한다. 역시나 문제는 지배계급이나 부의 소유가 많지 않은 상당수가 그런 기득권을 지지한다는 점이다. 기득권은 누구나 가지고 싶은 욕구이기에 이 자체가 나쁜 건 아니지만 여기서 말하는 기득권은 법위에 군림하는 자들을 말한다. 기득권과 기독교는 억지를 부려 보면 발음이 비슷하며 초성이 같다. 그래서 이제는 기독교 이야기를 해 봐야 하겠다. 글 초반부터 계속해서 성경을 알아야 한다고 주장하니 누군가는 필자가 기독교 신자인가 보다 생각했을지 모른다. 판단은 독자의 몫이다.

　결론부터 말하면 기독교는 민주주의와 거리가 멀며 경제 체제로 보아도 자본주의 특성을 가지고 있지 않다. 모세 이후 여호수아부터 유대인과 반유대인 즉 유목민과 정복자 간의 전쟁은 매우 잔혹했다. 전쟁에서 승리한 12지파는 지금으로 치면 논공행상을 받는다. 의식을 담당하는 레위지파는 제외되었는데 이것도 그들이 기득권이었기 때문이다. 로마와 대항했던 열성 지지자들인 질롯의 예수는 기득권이었던 바리새인 및 사두개인(사두개파)의 관계를 봤을 때 도저히 보수적 인물로 볼 수 없는 인물이다. 이건 필자의 주장이 아니라 기독교 학자들도 이렇게 말하곤 한다. 그런 기독교 학자 중 실제 진보적이라는 말을 쓰진 않지만 예수님은 지금으로 치면 진보주의자가 아닌가라는 뉘앙스를 풍기기도 한다.

그래서 예수는 자유주의와 디오니소스적 생각을 가진 인물로 봐야 한다. 또한 그는 의사였고 마법사이자 마술사였다. 신들이 넥타르와 암브로시아를 즐겼다면 하느님은 고기를 좋아하셨고(희생번제로 보통 동물이 쓰였으므로) 예수님은 특히나 포도주를 좋아했다. 제자들에게는 가르침을 주고 자신을 배신한 유다에겐 자유를 주었던 예수는 유다를 예언하면서도 제지하지 않았다. 간음하지 말라고 했지만 간통을 한 사람의 목숨에는 인간의 속물 근성을 모두에게 드러내보이게 해서 생명을 존중했다. 지금은 모두 좋은 쪽으로 예수님을 나열하고 있다. 그러나 성경에는 모순이 엄청나게 많이 존재한다. 방금 말했던 것처럼 마음속으로 간음해도 간음하는 것과 다름없다고 말하면서 간통한 여성을 현명하게 비호한다. 그 외 살인하지 말라고 하면서 구약성서는 거의 무슬림 지하드 수준의 살육이 펼쳐진다. 참고로 지하드가 곧 성전(聖戰)이라고 생각하는 사람이 많은데 원래는 영적인 노력/투쟁을 의미한다. 급진 무슬림의 잘못된 사상 투쟁의 결과물이 지하드다. 성경에는 전쟁이 아니더라도 신체를 수십 개로 조각내는 토막 살인도 이뤄진다. 구약/신약 성경의 좋은 말씀을 현시대에 선택적으로 적용하면 바보가 되기 딱 좋다. 예수님의 산상수훈 말씀대로 살면 사기가 판치는 대한민국에 아마 경제적 어려움에 도태되고 말 것이다. 예수는 끊임없이 부(富)를 부정하지만 기독교인은 그 부를 갈망하고 이익집단화를 실천한다. 성경에는 얼마나 새겨들을 만한 아포리즘이 많이 있던가. 그러나 하느님을 팔아먹는 수많은 목사와 신도들이 가짜 믿음과 잘못된 믿음으로 그 종교를 불안하게 한다. 특정 국가 빼고는 조금씩 무신론자가 늘어가는 통계가 있다. 기독교를 믿는 자들만 모르지 무신론자나 신에 대해 무념무상을 가지고 있는 사람들조차도 기독교(더 정확히는 개신교 혹은 복음주의자라고 하는 게 맞다)에는 조금씩 부정적 시각이 늘어나고 있다. 예수님은 유대인 계급의 기득권을 변화시키려고 했다. 그런데 항상 기득권에 반대하면 인간은 죽임을 당하는데 예수님도 그런 결말을 맞이한다. 겉으로는 유다나 본디오 빌라도가 예수님을 죽인 것처럼 보인다. 그러나 진짜 예수를 죽인 건 기득권 산헤드린 회의(지금으로 치면 심판 역할을 하는 대법관 회의)와 예수가 그토록 미운 유대인 대중이었다. 지금도 무지와 게걸스러움으로 무장한 관음의 대중은 사람을 죽인다. 인류의 기득권에 대한 투쟁은 예수 이전에도 있었다. 토지개혁을 민주적으로 제안한 그라쿠스 형제의 죽음은 기득권에 반대한 태초의 정치적 죽음이다. 그 후 로마의 라티푼디움의 병폐가 인클로저 운동으로 변했고 현재는 기업으로 이어져 왔다. 한편 교조주의 기독교는 수많은 희생자를 만들었다. 마르키온의 진심은 왜곡되고 삼위일체의 부정은 파문이나 죽음을 의미했으며 성모마리아의 신성을 부정한 네스토리우스는 이단 취급을 받았다. 그 후 중세로 넘어와 기독교는 칼뱅의 사상에 반대하면 이단 취급을 했고 심지어는 죽이기까지 했다. 이와 관련 재밌는 책이 하나 있는데 『다른 의견을 가질 권리』라는 책이다. 쉽게 읽히는 책이니 읽어 보길 바란다. 사람들은 루터의 종교개혁은 알면서 그가 농민의 봉기에는 사형해야 하는 집단으로 생각하는 보수적인 사람이었던 건 알지 못한다. 사람들이 루터의 개혁적 성향을 지지했고 도움을 요청했지만 루터는 그들의 외침을 외면한다. 그저 카톨릭의 퇴락에 대립했을 뿐 루터의 기득권적 생각은 변하지 않았다. 전부라고는 할 수 없지만 상당수 개신교는 기득권화되었다. 그걸 위해 이너서클 인맥을 쌓고 개혁을 거부하며 심지어는 목사나 부의 세습이 이뤄진다. 여기에 정치적 성향까지 연계하다 보니 일부 집단은 사이비를 넘어 하나의 사회 암적 존재가 되었다. 빨갱이 김일성 김정일 김정은의 세습은 욕하면서 재벌세습이나 교회세습은 모른 척한다. 국민 세금을 겉으론 중요시하여 좌파에게 포퓰리즘을 말하지만 십일조에는 정작 자기들이 포퓰리즘에 빠지고 반대로 종교세는 거부한다. 성어에 아전인수가 있다면 성경에는 목사 마음대로 해석이 넘친다. 특히나 대형교회가 더욱 이런 행태를 보인다. 기독교뿐만 아니라 사회의 다양한 이익 집단과 개인은 서로 얽히고설켜서 비도덕적 사회를 만든다. 19세기 도금시대의 강도귀족이 현시대에는 다양하게 존재하며 그 욕망과 도둑질은 갈수록 심해진다. 원래 기독교에서는 이자 놀이를 하고 자기가 가진 것 이상으로 가지는 걸 죄악으로 본다. 4세기 성 암브로시우스도 그렇게 주장했다. 이걸 비틀어 해석하는 선택적 유대인과 기독교는 지금까지 자본주의 거대 금융으로 이어져 왔다. 셰익스피어 『베니스의 상인』에서는 유대인 고리대금업자에 대한 인식을 알 수 있다. 예상대로 빌린 돈이 사람을 처참하게 만든다. 스토아 학파 이후 부에 대한 생각은 언제나 있어 왔고 기독교가 생긴 후 부의 인식은 신과의 관계에서 항상 고민이었다. 언제나 그렇듯 모순이 생기면 신도들은 모든 걸 신의 해석으로 승화시켜 버리는데 그중 하나가 바로 이자 및 부에 관련된 것이다. 말이 신의 해석이지 인간의 자의적 해석이다. 그들 집단은 불리할 때만 천상의 하느님을 말하고 유리할 때만 지상의 인간으로 돌아온다. 이런 선택적 해석으로 과거 청교도나 현재 여러 개신교들은 거의 비슷한 결론이 나온다. 성실하게 살아서 얻은 부는 하느님이 말한 죄가 아니라 오히려 은총의 결과이며 그 부 또한 하느님을 위한 것이라고 생각한다. 그들에게 기독교인 공동체 외의 존재라면 돈을 빌려주고 이자를 받는 건 허락이 된다. 그런데 지금은 자본주의와 관계되지 않는 기득권이나 부의 존재는 있을 수 없다. 물질만능주의는 환경, 인간 정신, 상식, 공정, 정의 모두를 집어 삼켜 버린다. 소수의 사람이 많은 것을 소유하다 보니 나머지 사람들은 더 치열해진 경쟁에 빠져 산다. 과거에는 하향평준화 속 희망을 보며 고되게 살았지만 현재 사람들은 상향평준화 속 비교라는 강박과 억압에 별 희망 없이 고되게 살아간다. 만족하는 인간 돼지와 항상 불만족한 인간 돼지는 뱀 같은 자들에게 매번 당하고 산다. 원래는 돼지가 뱀을 잡아먹어야 하는데 눈앞에 자기 이득만 보니 수많은 돼지들이 뱀 한 마리를 이길 수 없게 된다. 노예정신을 벗어나야만 허물을 볼 수 있고 사회를 고칠 수 있다. 보통 기독교는 어떤 변화를 굉장히 싫어한다. 보수적으로 보면 변화 자체가 그들에게는 침해로 인식되기 때문에 자기들의 이득이 아니고서는 쉽게 변하지 않는다. 그런데 기독교는 성경의 해석을 두고 끊임없이 분열하지 않았던가. 조직이 이해집산이 될 때엔 선택적 논리가 작용한다. 니체의 『권력의지』는 사람, 종교, 조직, 정치 모든 영역에서 각각 자신들만의 의지를 드러낸다. 그런데 기독교를 따르는 사람은 그 반대인 '전능한' 신에 의존하여 산다. 그래서 니체는 그런 나약한 존재를 양성하는 기독교를 비판한다. 하느님이나 예수의 말씀은 현시대 들어와 선택적으로 받아들여지며 자의로 해석하는 교회나 신도들 때문에 기독교는 한심한 종교로 타락하고 만다. 성경에는 "형제의 눈 속에 티는 보면서 어찌하여 자신 눈 속에 있는 들보는 보지 못하느냐"라는 말이 있다. 일부가 아니라 상당수 개신교 목사와 신자가 오로지 자신의 영역만을 보고 그 외부는 들여다보지 않는다. 그중 거의 모두는 자본주의엔 이성적이면서 믿음은 이성적이지 않는 이율배반으로 살아간다. 이성적 자본주의 사회로 돈을 벌고 신념적 종교주의로 십일조를 헌금한다. 둘 다 마음의 안정이 외부적이라는 점에서 공통점이 있는데 그래서 진짜 자신의 모습을 비추는 거울을 가지지 못한다. 한나 아렌트는 『인간의 조건』에서 『타자의 존재는 행동의 조건』이라고 얘기한다. 만약 이때 그녀가 말한 타자에 대한 사유가 없으면 그저 비아냥과 조소로 끝나고 진짜 잘못된 세상을 보지 못한다. 자아에 거울이 없이 타인만 보는 거울에 과연 무슨 성찰이 들어 있을까. 성찰 없는 현재의 기독교가 딱 이런 상황이다. 타인이나 사회 구조에만 따르는 삶은 자기의 진정한 행복이 없는 삶이다. 앞서 한 번 언급했지만 책 『특성 없는 남자』 내용 또한 몇 번에 걸쳐 인간의 사유를 언급한다. 예전으로 치면 룸펜 프롤레타리아 정도 아니고선 현재는 많은 사람들이 저마다 기득권이 되어 사회 무의미한 저항 세력이 되어 버렸으니 진짜 저항해야 할 것을 잃고 살아간다. 그래서 을이 을을 차별하거나 혐오한다. 종국적으로는 올바른 정치 선택을 하지 못함으로 갑을 위하는 결정을 한다. 이런 코미디는 스마트폰 시대 이후 더욱 분명해졌다. 저널리즘의 사망은 시대의 사망이자 개인 '각자사망'에 결정적이었다. 이 악의 축 레거시 미디어를 새로운 디지털 플랫폼으로 맞서고 있지만 아직은 역부족이다. 언론의 자본화는 진실을 숨기게 되어 모든 이익집단을 대변해 준다. 현재는 언론이 광고 사업자나 정치 자영업자에 불과한 수준까지 이르렀다. 언론, 종교, 정치 성향, 자본 이 넷이 함께하는데 진실이 존재할 리는 만무하다. 그래서 특정 성향의 사람들은 언론과 사법이 특정 정치인을 불합리하게 매도하고 죽이려하는 것에 저항 없이 받아들이며 갈수록 확증편향에 빠진다. 그들에게 중요한 건 진실보다는 상대편 정치

수장이나 정당의 제거다. 이런 사람들에게 중요한 단 하나는 진실이 아니라 이념과 신념 채움이기에 항상 의식흐름이 적의 매도로 끝난다. 그래서 자신들의 잘못된 선택을 뒤돌아보지 않으며 자신이 지지하는 성향의 정당을 미워하면서도 항상 더 큰 미움존재가 있다는 믿음으로 평생을 살아간다. 이걸 정확히 인지부조화라 하며 그들에게 그게 삶의 존재 이유가 되고 일평생 이런 정신상태로 항상 같은 투표를 한다. 차라리 학연 지연 등이 나을 정도의 상태인 이런 사람들은 종교와 같은 신념 때문에 이성이 통하지 않는다. 이 집단은 곧 다른 조직이나 집단과 유대관계를 맺는다. 그렇게 악어와 악어새의 관계가 성립되는데 그중 하나가 언론과 사법이고 이것을 특정 정치 세력은 과거 독재정권부터 현재까지 수없이도 이용했다(실제 악어와 악어새의 공생관계는 극히 일부라는 사실이 밝혀졌지만 관용적으로 쓰이기에 인용했다). 이 고리를 끊어 내야 한다. 그러려면 엄격한 통제와 사후 심판이 있어야 한다. 언론개혁 사법개혁은 그래서 필요하다. 사실 요즘은 정치인만 죽는 게 아니라 언론과 사법 때문에 인플루언서와 일반인도 무참히 죽어나간다. 기독교 성향을 가진 언론이나 특정 자본이 개입된 언론이 제대로 세상을 알릴 순 없다. 태초부터 오염되어 있기 때문에 누군가에게는 뉴스 자체가 코르티솔적이다. 불행 자본주의의 결과물인 어려운 이웃이나 아름다운 사람들의 선행 기타 가십거리 등이 아니고서는 쓸모없는 기사나 미소가 사라진 뉴스를 접한다. 이것도 요즘은 클릭 수 장사에 목매는 기자들 때문에 거의 공해 수준의 기사들이 봇물 터지듯 나온다. 자격 없는 사람이 기자가 되기 때문인데 이건 또 학벌 자본주의의 결과물이다. 통계적인 게 맞다면 자신의 주변에 기독교인보다 아닌 사람이 훨씬 많아야 한다. 막연한 느낌이긴 하지만 왠지 유명한 사람 중에는 특히 기독교인이 더 많은 거 같다. 그들만의 패거리를 만들면 사회관계에서 이점이 있기 때문인지는 몰라도 그런 인맥 자본주의는 또 세상을 바르게 보지 못하게 한다. 친근감은 비판의 상실을 가져오며 아닌 것은 아니라고 말하지 못하게 한다. 아주 작게는 커뮤니티의 친목질도 이와 유사한 성격을 가진다. 커뮤니티 자본주의는 이런 이유 때문에 각 성향마다 극단적 요소를 가질 수밖에 없다. 굳이 긍정을 생각하면 『감정 자본주의』 역할과 의제 설정의 역할을 하는 정도다. 이성은 선택적으로 발현되고 나만 아니면 된다는 사람이 무책임한 언행을 한다. 맹자는 양혜왕이 자신의 나라에 이로움을 찾을 방법을 묻자 이렇게 대답했다. "왕께서는 인의를 말씀하셔야지 왜 이로움만을 말하십니까." 왕과 신하 그리고 백성까지 모두가 자기 이익만 탐하고 있으니 맹자는 그게 안타까웠던 것이다. 앞서 언급했었지만 이로움만 생각하는 사람을 맹자는 소인이라고 말하였다. 인간의 이중성은 특히나 자기 이익 앞에 무너지는 일인데 말만 앞서는 사람은 타인의 잘못됨만을 보려고 한다. 공자의 제자가 군자(君子)에 대해서 묻자 공자가 말하길 "말보다 행동이 앞서는 사람이 군자다."라고 했다. 우리 주변엔 말만 떠들어 대는 뻔뻔한 사람이 너무 많다. 노파심에서 말하지만 기독교를 혐오해서 그런 것도 아니며 자본주의 자체를 부정해서 말하는 게 아니다. 맹점을 보자는 것이다. 현재까지 자유시장경제보다 더 좋은 경제 체제는 없다는 건 모두가 알기에 자본주의를 부정하면 그 핵심인 시장경쟁 자체를 부정하는 꼴이 되니 오해가 없어야 한다. 다만 진짜 자유롭게 누구나 경쟁하는 사회인지는 브로델의 저서처럼 다시 한번 생각해 봐야 한다. 가장 좋은 시스템일지라도 결함이 있다면 고쳐야 하는 게 맞다. 단순히 불만이어서는 안 되고 사회의 공감대가 형성 되어야 한다. 그런데 각자가 분산 되어 있고 입장과 관점이 다르다 보니 응집하기가 쉽지 않다. 특히나 대부분 사람은 많은 문제점을 분석하고 대안을 제시하는 책은 읽지 않고 쉽게 듣고 보는 것만으로 인스턴트 및 이분법적 지식을 채운다. 편향성이 더욱 편향적이게 되고 이기심이 더 이기심 되는 이유는 서로의 적대화 때문이다. 그런 의미에서 자본주의와 민주주의 자체에는 감정이 없어서 슬프고 종교는 감정/신념이 들어 있어서 더 힘들다. 미국의 민주주의가 번영한 이유에 대하여 토크빌은 미국이 청교도 정신의 영향을 받고 자유로움을 미덕으로 여겼기 때문이라고 생각했다. 참고로 토크빌은 대중 민주주의가 다수의 전제를 초래할 수 있다고 생각했다. 그는 이미 민주주의 파시즘 형태를 오래전부터 인지한 것이다.

막스 베버 또한 토크빌처럼 청교도 정신과 비슷한 입장을 취했는데 그렇다면 현재의 기독교는 어떤 정신을 우리나라에 심어 주고 있는가. 대기업이 존재하듯 우리나라 대형 교회는 거의 기업화되었다. 일부 특수성을 인정하더라도 수입 있는 곳에 세금 있는 절대 진리는 이성의 영역인데도 이들에게는 적용되지 않는다. 조세저항은 좌나 우나 똑같고 과거 로마시대엔 유대인이나 로마인이나 '세리'들이 가장 싫은 존재였다. 일부는 죄를 지어도 하느님만 믿고 교회만 다니면 모든 죄가 사라지고 천국에 간다고 생각한다. 상대를 공격하기 위해 북한을(허상의 종북 타령) 들먹거리면서 교회의 공산주의적 행태엔 선택적 침묵한다. 더군다나 기독교 내에서 행해지는 십일조 이상의 노동착취는 무임금이며 마치 북한식 인민 노동과 같다. 사실 과거 새마을 운동도 국가가 해야 할 일을 국민한테 전가한 것이니 국민은 지도자가 마실 비싼 양주를 위해 안당해도 될 노동착취를 국가로부터 당한 것이다. 늘 그랬듯이 이런 쪽은 브레이크를 걸며 다시 기독교 이야기를 해 보겠다. 이스라엘 유대인들은 키부츠 문화를 만들었는데 이것은 공산주의적 성격을 가지고 있다. 일부는 하느님이 아니라 목사에 충성하는 행태를 보이며 자신의 신체와 자본을 내맡긴다. 새로운 하늘과 땅 즉 새 세상을 원하는 사람들은 네트워크 조직을 이루어 이단의 영업을 한다. 다단계 수법이 교회에도 적용되는 세상에 이들은 정치화까지 되어 세상에 암적 존재가 된다. 역시나 노파심에서 말하지만 모두가 그렇다는 게 아니고 상당수가 그렇다는 얘기다. 소수라고 하기엔 그동안 쌓인 소수가 너무 많아 이젠 기독교의 나쁨을 '일부'라고 말하기 어려운 상태다. 다만 아주 극소수 진실한 종교인이나 목사, 신부, 신자가 있음을 인정한다. 극소수 그분들이 세상을 밝게 한다. 이제는 대다수가 직업으로서의 종교인 그 이상 그 이하도 아닌 경우가 많아졌으며 신자들은 행복추구나 심신 안정의 도구로 신을 믿는 것으로 대체되고 있다. 하느님과 예수는 1인 통치 시대의 나라와 비슷하다. 구약성경과 신약성경을 보더라도 민주적 의사결정을 하는 경우는 거의 없다. 1인 아래 몇몇 선지자나 왕, 열두 제자 기타 주요인물이 세상을 이끈다. 확대 해석하면 성경은 민주주의보다는 전체주의나 계급주의 사회가 더 어울리는 경우가 많다. 공자도 제자의 말에 가르침만 주려고 하지는 않았는데 성경은 오로지 절대자의 입장에서 대중(인간)에게 무언가 가르치려고만 한다. 물론 신플라톤주의부터 헤겔까지 오랫동안 철학은 절대자에 대한 이해로부터 시작되었다. 그렇지만 그건 실제 삶은 아니다. 기독교가 정말 민주적인가 평등한가는 우리 현실적 삶에 아무것도 유용한 게 없지만 기독교인이라는 집단의 영향이 있으니 따져보고 있는 중이다. 카톨릭의 경우는 그렇지 않은데 상당수 교회는 약간의 계급 느낌을 준다. 참고로 카톨릭은 보편적이라는 어원을 가진 카톨릭쿠스라는 단어에서 유래했다. 성경을 살펴보면 원래는 교회라는 거 자체도 존재하지 않았고 목사도 존재하지 않았다. 기독교 초기에는 각각의 집이나 공공장소에서 사역을 하였다. 각 지파의 리더가 아니면 그저 신을 모시는 사람이 사람들을 모아 그리스도를 기억했다. 그 후 인간의 편의를 위해 교회를 지었으며 자의적으로 목사 아래 장로 집사 기타 등등을 두었다. 이것부터 계급적이다. 물론 장로의 개념은 기원전 이후로 거슬러 올라가는데 해석이 명확하지는 않다. 아브라함 아니 노아의 방주이후 유대인의 몇몇 집단은 처음부터 계급적 요소를 가지고 있었다. 아마 모두가 평등한 하느님의 나라 이스라엘이란 말은 실제로 태초부터 모순일 것이다. 가끔 이방인을 하느님은 평등하게 사랑한다는 말씀을 한 거 빼고는 말이다. 이외에 더 많은 모순과 생각 차이를 드러낼 수 있으나 기독교인이 볼 때는 다른 시각의 성경 말씀을 가지고 반박할 수 있음을 알기에 이 정도로 하고자 한다. 진짜로 하고 싶은 이야기는 성경의 평가나 모순이 아니라 그것을 믿는 자들의 행태를 살피는 것이다. 어떤 역사서나 역사적 인물에 대한 평가는 관점이 다르기 때문에 정답이 없어서 제로섬 게임에 빠지곤 한다. 지금 핵심은 과거부터 존재한 성경이나 과거의 예수가 아니라 현재의 예수를 해석하고 하느님을 믿는 자들이다. 이 차이를 알아야만 소인배스럽지 않은 마음이 안 생기고 편견으로 대화의 벽이 생기지 않는다. 물론 이미 기독교인이 되었다는 거 자체가 이성주의자에겐 넘을 수 없는 벽이 있지만 말이다. 사실 성경에는 얼마나 좋은 말씀들이 많은가. 그런 거 몇 개만 실천하며 살아도 우리의 불행은 당연하지가 않을 것이다. 전혀 그런 삶을 살지도 않을 사람들이 기독교를 믿는 건 어쩔 수 없는 일이지만 제발 도덕적이지도 않으면서 도덕적인 척 타인을 평가하고 욕하지만 말았으면 좋겠다. 만약 지금처럼 기독교인이나 목사가 헛발질하며 사회 상식에 어긋나는 짓을 계속한다면 '기독교인은 정신병'이라는 말이 나올 수밖에 없다. 어떤 신념주의자나 단체가 극렬하거나 문제를 계속 일으키면 그들이 대표성을 가져 버린다. 부분이 전체를 오염시키는 효과를 차단하기 위해서는 자성의 목소리가 필요하다. 자신들은 이단이라고 생각하지 않은 많은 개신교인이 새로운 하늘과 땅의 신도들에게 사이비라고 하거나 올바르지 않은 사람들이라고 계속하지 않는다면 국민들에게 다 같은 취급을 받게 된다. 정치에 발을 들이는 일부 종교인은 더욱더 집단망상에 빠져 눈앞의 이익만 보는 사람들이다. 장기적으로 볼 때는 그 반대로 가야 한다. 믿음도 모자라 정치적 신념에 빠지고 자신들이 유리한지, 불리한지에 따라 무엇을 선택하는 신자나 교회는 얼마나 가엾은 양 아니 늑대이던가. 하느님이나 예수님은 절대 그렇게 가르치지 않았다. 가끔 하느님을 너무 높이다 보니 형제자매를 버리고 자신을 사랑하라는 가족 파괴범의 오해가 있는 거 빼고는 대체로 좋은 말씀을 많이 하신다. 그렇다면 현대의 해석으로 돌아와 보자. 종교인, 어떤 투철한 신념자, 자신만의 가치관이 있는 사람, 기타 성소수자 등을 존중하며 그들 모두가 정상이란 범주에 속한다고 생각한다. 그러나 그걸 강요하고 과도한 자기 생각에 빠져 합리성을 잃은 사람은 비정상이다. 우리 인간의 문제는 항상 자신은 과대평가하고 타인과 문제해결은 과소평가하는 일이다. 이걸 더닝 크루거 효과라고 한다. 단 남을 비난할 때만 그 반대이다. 나의 문제는 잘 보지도 않고 뻔뻔하면서 남의 문제는 끝까지 물고 늘어진다. 성경 말씀에는 남을 중상모략하지 말고 근거 없이 남을 비판하지 말라는 말씀이 여러 번 나온다. 기독교 자본주의와 선택적 성경 말씀을 따르는 사람들에게 세상의 부조리는 보이지 않는다. 그렇게 이웃을 사랑하라고 하고 마음을 청결하게 하라는데도 도무지 신도들은 그렇게 행동하지 않는다. 대체 왜 믿는 것일까? 현생의 모든 죄악을 믿음 하나로 씻어 내는 그들에게 과연 인간다움이 있을지 의문이다. 구약성경은 할례로 하느님의 뜻을 받들고 신약성경은 세례로 죄가 씻겨 나가며 현시대 자본성경은 직업과 돈, 인맥으로 천국이 이루어진다. 어떤 믿음은 비판적 사고를 하지 못하게 하는데 목사의 특정 신념은 특히나 전체주의 사고와 같은 행태를 보인다. 신도들은 하느님보다 목사 즉 교회의 뜻을 따르는데 이게 대체 무슨 코미디란 말인가. 종합적으로 볼 때 현재의 대부분 기독교는 민주주의와 거리가 멀고 독재 공산정권과 완벽한 데칼코마니 특성을 가진다. 자칭 보수적 기독교인들이 좌파 주사파 빨갱이라고 말하는데 진짜 그렇게 말하는 사람들이야말로 완벽한 빨갱이다. 기독교인들은 북한처럼 어느 한 사람이나 무형의 것을 추종하고 1인 독재에 세뇌당하며 그들이 하라는 대로 하면서 십일조(북한은 공동노동) 이상의 돈을 대신 바친다. 거기다 다수결이 없는 그런 교회는 완벽히 김정은이나 시진핑의 국가와 같다. 진성 빨갱이는 이런 교회다. 사실 빨갱이는 정말로 우리나라의 아픈 기억이다. 이승만의 독재와 기독교는 서북청년단과 결합하여 빨갱이라는 명목으로 집단학살을 자행했다. 이승만은 알다시피 개신교 신자다. 특히나 제주도 4.3 사건의 아픔은 우리나라 역사의 비극 중 비극이다. 그 후손들이나 비인간의 DNA를 가진 사람들이 5.18 광주 민주화 혁명의 학살까지 이어지게 했고 지금은 일베들이나 일베의 아류 펨코들이 그것을 다시 이어받고 있다. 4.3 사건의 아픔을 이야기한 건 한강 작품뿐만이 아니다. 현기영의 『순이 삼촌』과 『제주도우다』 그리고 노래로 「잠들지 않는 남도」 등 여러 곳에서 아픔을 이야기한다. 실제 남조선 노동당에 가입하여 활동한 박정희는 빨갱이라고 하지 않으면서 박정희를 찬양하는 이상한 정치적 세력은 항상 반대세력을 매도할 때만 선택적 빨갱이나 좌파에 빠진다. 결국에 교묘한 역사왜곡이나 하면서 그것도 안 되면 공과(功過) 이야기를 꺼내든다. 갑자기 너무 정치 쪽으로 들어가는 거 같아 여기서 그만 자제해야겠다. 사실 제주도 4.3 사건을 말하기 위한 빌드업을 하려고 이승만과 기독교를 잠시 꺼내본 것이다. 이 정도면 성공했다. 참고로 4.3 사건 외에 단순 집단 학살 희생자만 보면 이승만 정권 때 보도 연맹 사건이 훨씬 많으며 다른 학살 사건도 많다. 집단이 모이면 군중심리 때문에 반대의 사고를 하지 못하고 설령 하더라도 그 집단에 매몰된다. 그 인간심리에 특히나 종교라면 어떠할지를 생각해 보라. 믿음은 이성이 아니라는데 그들에게 어떤 잘못됨이 있어도 인지조차 하지 않는 건 당연하다. 그러다보니 우리나라나 전 세계나 가끔 사이비 집단의 집단자살 및 타살이 일어나는 것이다. 방금 말한 건 일반적 상황은 아니며 극히 일부긴 하지만 항상 집단의 원자화는 문제가 생길 여지가 있다. 최근엔 그래서 집단 폭력화되었다. 민주주의는 개인 한 사람의 의사를 평등하게 가지며 기본적으로 개인주의 즉 자유주의를 기초로 하는데 기독교 사상은 사실 이런 특성과 거리가 멀다. 일부 기독교는 현시대에 더욱더 민주주의와 맞지 않는 행태를 취한다. 꼭 정치적일 때만 자유를 강조하는 집단이 있다. 종교도 그런데 그렇게 말한 사람들이나 자칭 보수 세력은 사실 자유를 가장 억압하며 산다. 자유 민주주의는 역전앞처럼 같은 의미가 쓰였다. 민주주의는 자유가 기본적으로 전제되는데 굳이 자유를 들먹거리는 이유는 그 자유가 가진 자의 자유, 기득권의 자유, 착취의 자유, 불평등의 자유, 선택적 자유, 자기 생명 유지의 자유 등을 뜻하기 때문이다. 그들이 말하는 자유와 진짜 모든 이가 말하는 자유의 개념은 이렇게 다르다. 노암 촘스키는 "누군가 자유를 반복해서 말한다면 의심하라. 그 반복만큼 당신의 자유는 없어질 것이다."라고 말했다. 그의 책 한 권 정도는 읽어 봐야 한다. 계속 자유의 이야기를 해 보자. 자유와 효율의 탈을 쓴 공공부분의 민영화는 진짜 가진 자의 자유가 모든 걸 삼켜버린다. 행복추구권을 위해 이걸 착취로 보는 사람은 없다. 인간의 역사는 항상 투쟁의 역사였다. 기독교와 인간의 역사는 항상 투쟁과 분열, 타협 그리고 다시 투쟁을 이어왔다. 기독교는 4세기 이후 아리우스, 아타나시우스, 마르키온, 네스토리우스 기타 등등 논쟁을 겪어 왔으며 그걸 몇 차례의 공의회로 결론을 내리곤 했다. 그 후 중세 스콜라 철학을 거쳐 개신교 분열까지 이어져 왔다. 철학 또한 그렇고 마르크스 사상이나 경제체제(가령 아담 스미스, 케인즈, 밀턴 프리드먼)도 여러 가지 수정을 겪어 왔다. 그런데 지금은 교회뿐만 아니라 사회에 그런 수정의식이 없다. 정치 경제 사회가 안정되어 있고 정의가 살아 있다고 생각해서인지는 몰라도 진정한 개신교는 과거에 비해 조용한 편이다. 일부 카톨릭만 그렇지 않은데 다시 생각해 보니 기독교가 꼭 조용하다고 하는 건 반만 맞는 거 같다. 선택적으로 정치에 발을 담가 시끄러울 때는 시끄럽기 때문이다. 다만 그것도 그들의 변화를 위한 게 아니라 신념이나 기득권 유지 때문이기에 우리가 말하는 올바른 사회 변화를 위한 투쟁은 아니다. 개신교의 끊임없는 이런 인식의 편향성은 곧 정치 편향성이 되고 한쪽을 매도하게 한다. 대한민국의 진짜 신간첩은 바로 이들이다. 이런 존재들 때문에 민주주의는 안정과 불안정을 동시에 가진다. 그래서 어차피 미래세대에도 민주주의는 계속 흔들릴 것이다. 이건 인간이 감정과 이성을 동시에 가지는 것과 같다. 예수는 기득권 개혁을 말하였지만 그들을 믿는 후세 신도들은 개혁을 거부한다. 선지자와 율법을 폐하고자 한 게 아니라 완성하겠다는 예수의 말처럼 개혁을 외치는 우리는 대다수의 국민을 이롭게 하는 홍익투쟁이라는 사실을 알아야 한다. 계속 투쟁이라고 하니 극단주의자 느낌이 드는데 전혀 그런 마음은 가지고 있지 않다. 과격한 행동이나 사상을 가지는 건 오히려 사태를 더 악화시키며 본질을 흐리기 때문에 반성적 사유를 통해 잘못됨을 알아 가는 게 중요하다. 다만 머릿속 이성적 투쟁은 치열해야 한다. 사실 기득권의 목표는 어느 학자의 말처럼 이득을 좇아가는 존재기에 도덕주의자가 되어 그들 목표 자체를 비판해서는 안 된다. 그러나 부동산이나 주식 카페에 오로지 욕망만 남아 있는 자들처럼 도덕과 이성이 무너져 버리면 그건 금수가 되기에 비판해야 한다. 매우 높은 확률로 이들은 세상의 사고방식을 좌우로 보며 손익만을 계산하기 때문에 합리적 지능이 아닌 상태로 투표를 한다. 개신교도 마찬가지이기에 이들은 여러 면에서 함께하고 선택적이다. 이렇게 기독교 이야기를 하니 마치 특정 종교를 혐오하는 것처럼 보여서 종교인에게는 불편할 것 같은데 다시 한번 말하지만 사실 그런 혐오의 마음은 하나도 가지고 있지 않다. 갈릴레오도 찰스 다윈도 신을 믿었지만 과학과 지식을 신과 분리하고자 하였다. 다만 방법적 회의를 이상하게 말로만 외쳤던 데카르트는 그러지 못했다. 데카르트는 신이라는 관념이 존재하기에 신은 존재한다고 하였다. 위대한 철학자의 이 표현에 실소가 나오지만 칸트가 그래도 알아듣게 해 주었다. 칸트는 "신에 대해서 이성으로는 증명할 수 없다."라고 하였다. 위에 언급한 인물 모두는 기독교 비판에 매우 신중했으며 심지어 다윈의 후손은 다윈의 아버지가 그랬듯 여전히 기독교 교육을 받도록 하였다. 찰스 다윈은 진화론을 말하면서도 기독교 사상에 매우 신중했다. 그의 죽음 다음에서도 그렇다. 그들은 믿고 있기에 기독교를 혐오하지 않았다. 고차원적에서 생각해 보면 베르그송이 말한 대로 "종교는 죽음을 피할 수 없다는 결론에 도달하여 발생하는 정신적 고갈 현상을 막는 것"이다. 원시적 종교의 목적이 아니라면 그는 종교를 긍정적으로 보았다. 한편 심리학적 종교 탄생의 근거는 두려움의 극복이나 경외다. 우리나라 개신교는 거의 무속화되어 복음보다는 개인 구복(기복)을 말하고 신보다는 목사를 찬양한다. 기독교가 늘 단점만 있는 것은 아닌데 집단적 차원에서는 봉사와 사랑의 복음을 전해 준다. 그러나 그것이 삶과 지성을 뒤덮어 버리고 경계가 모호하면 문제가 생긴다. 종교의 긍정적 요소를 모르는 바 아니지만 지금까지 하는 이야기는 보통의 사람들이 '저런 종교인이나 교회가 있다면 사회의 악이다' 정도로 말하고 있음을 이해해 줬으면 좋겠다. 모두를 폄훼한다고 오해하지 말아야 한다. 주변의 기독교인과 잘 지내며 때론 불편한 이야기도 주고받는다. 우리 모두에게는 자기 반성이 중요하다. 사회는 그 자기 반성을 하지 않기 때문에(대규모 참사나 국민의 의식이 개조되지 않는 이상) 사유하고자 글을 쓰는 것뿐이다. 조금 더 미시적으로 들어가서 사회 문제 하나하나를 말하고 싶지만 그건 이 책의 원래 목표는 아니기 때문에 아쉬움을 남긴 채 다음 장으로 넘어가 보려고 한다. 이 단락에서 기독교와 민주주의 이야기를 하는척하며 다양한 소재를 끌어들였는데 이런 뼈대 지식 없이는 말할 수 없는 것들임을 알아야 한다. 책으로 기독교 사상이나 예수 시대의 역사를 배워야 겠다는 생각이 들면 그걸로 된 것이다. 이 책의 기독교 비판의 내용에는 동의하지 않더라도 말이다. 설득과 동의를 떠나 목표는 항상 독서를 하고 싶게끔 독자에게 동기부여 하는 것이다. 어떤 책에는 이런저런 내용이 나오는데 확실하지 않으니 확인해 보라고 숙제를 내 주든지 아니면 어떤 책에 대해서 궁금하게끔 글을 쓰는 일이 이 책의 임무 중 하나다. 전문가 수준으로 어느 하나를 많이 아는 것도 좋지만 여러 분야를 두루두루 알고 있으면 좋은 점이 어느 한쪽의 생각에 매몰되지 않는 느낌을 받는다는 점이다. 물론 타고난 천성은 어쩔 수 없다는 것도 느낀다. 인간은 그런 동물이기에 항상 스스로 그런 치우침이 없도록 마음을 다잡고 균형 잡힌 책을 보려고 노력해야 한다. 진실에 굶주리면 삶의 의욕이 생긴다. 아직도 세상을 모르기 때문에 기울어진 나 자신의 모자람을 아는 겸손한 마음을 가지려고 한다. 온라인은 거의 진리를 깨달은 자나 전문가들만 넘쳐 나는 거 같아 부러울 뿐이다. 그런 사람들에 비해 온라인으로 글 쓰는 건 아직 부족하기에 더 많은 책을 읽어야 한다. 일부는 많이 알수록 조용해지는 사람도 있다. 책 읽는 벌꿀은 커뮤니티나 영상의 댓글에 가르침을 주거나 비판을 할 시간이 없다. 메를로 퐁티는 "보는 것만 보인다"라고 했다. 차별금지법에 대해서도 어떤 사람들은 조정과 타협보다는 기독교의 믿음 원천인 공포를 마케팅으로 한다. 안 좋은 것만 보인다. 세상엔 두 가지 부류의 사람이 존재한다. 한쪽은 문제의 근원을 찾는 사람 또 한쪽은 문제가 있다고 말하는 사람에 대해 문제를 찾는 사람. 전자의 사람은 아주 소수다. 이렇게 사회가 어렵고 복잡할 땐 시적인 삶으로 돌아가고 싶다.

## 시는 모르는데요, 인생은 더 몰라요

이번 단락은 시와 자기 계발서 이야기다. 과거에도 현재도 가장 읽지 않은 부분이 이 두 종류의 책이다. 솔직히 학창시절 수능 때문에 배운 일제 강점기 때의 한국 시인 빼고는 잘 모른다. 고작해야 유명 시인의 이름과 그 시인의 시그니처 내용 정도만 알지 그동안 썼던 글처럼 시에 자신 있지는 않다. 수능에서 나온 시 외에 시 읽기 시작은 24년 전 가을을 타는 감성적 모드의 친구가 기형도 시집을 가지고 다니고서부터다. 24년이 지난 지금 기형도의 시는 「노인들」밖에 생각이 안 난다. 왜인지는 모르겠는데 지금보다 훨씬 젊은 그날 그 시에만 유독 충격받았다. 기형도 시인 외에 또 누가 있을까? 시를 좋아하는 많은 사람이 칭찬하는 김수영 시인의 유명 시 「풀」 빼고는 정말 모른다. 풀이 눕는다고 하니 맹자의 말이 생각난다. 맹자는 "군자의 덕은 바람과 같고 소인의 덕은 풀과 같으니 바람이 불면 풀은 반드시 눕게 된다"라고 하였다. 맹자의 이 말은 군신관계나 왕과 백성의 관계라는 계급 느낌을 주기에 현대적으로 해석하여 비판할 수도 있다. 그러나 현시대에서도 우리는 조직 및 나라의 리더 중요성을 몸소 체험하며 살고 있다. 한국 시인을 말하다 맹자를 끄집어내니 인문학을 알면 이렇게 억지스럽게도 할 말이 많아진다. 책벌레의 유일한 보상은 이렇게 바로 글 상(想)이 떠오르는 이런 지점이 아닐까 한다. 그런데도 시는 모른다. 자세히 보아야 예쁘다고 말한 시인 빼고는 진짜 모른다. 5학년 때 담임 선생님이 유명 시인인거 빼고는 시인도 잘 모른다. 어떤 이는 모르기 때문에 시를 쓰고 또 어떤 이는 잘 표현한다고 생각하기에 시를 쓴다. 시는 음악이자 과학이며 궁극적으로는 예술이다. 피타고라스는 수학과 음악이 매우 밀접하게 관련 있다고 생각했고 태양과 달, 별들이 고유의 음을 가지고 있다고 믿었다. 시는 고유의 음을 가지고 있고(이걸 우리는 운율이라고 부른다) 의미도 가진다. 시는 또 노래 가사가 된다. 정호승의「우리가 어느 별에서」는 안치환의 노래로 이어졌는데 깊고 고요한 밤 혼자서「수선화에게」를 읽으며 이 노래를 들으면 눈물이 날지도 모른다. 사실 지적 다양성을 위해 그나마 대중적 시인이 쓴 시를 읽고 사는 것이지 앞으로도 시는 읽을 생각이 별로 없다. 시에 대한 지적 수준이 얕기 때문에 T. S. 엘리엇의 시에 감동 받지 못하고 그 시를 평가할 수준도 되지 않는다. 그냥 엘리엇의 시는 어렵다. 그저 명심보감이나 세계의 속담 기타 아포리즘같이 멋진 시의 일부 구절을 알고 있는 것만으로 만족한다. 시는 무엇에 정답이 없기 때문에 사람들이 쉽게 접근할 수 있다. 좋은 시냐, 나쁜 시냐 그러한 가치로 바라보고 평가 대상이 되기보다 그냥 사람들이 어렴풋이 이해할 수 있고 공감하는 시를 많이 읽고 썼으면 좋겠다. 너무 철학적이고 현학적이며 심미적이면 대체 그런 시를 왜 쓰고 예술을 왜 하는지 사람들은 이해를 못 한다. 이해하기 어렵고 모두가 난해하게 보며 해석이 다양한 것들이 좋은 작품이라고 생각하는 예술인은 무인도에 혼자 사는 것과 같다. 문학작품도 그렇지만 시는 특히나 그 사람의 기질이나 성향이 배우 잘 드러나는 영역이다. 마치 문체나 글씨체와 비슷해서 시의 성격이나 느낌이 매우 다양하다. 주변에 시를 취미로 쓰는 사람이 있는데 간혹 정말 전문 시인처럼 느껴지는 좋은 시를 곧잘 쓰기도 한다. 난해함이 품격이라고 한다면 그 품격과 대중적 시의 그 경계선에 걸쳐 있을 때 좋은 시라고 생각한다. 물론 사람마다 자기만의 고집이 있고 가치관이 있기 때문에 이 생각이 정답이 될 순 없다. 그래서 시는 정말 무궁무진한 세계이기에 어떤 가치를 알기가 쉽지 않다. 어느 책에서 시를 잘 쓰는 법을 읽은 적이 있는데 완전히 기교를 가르쳐 주는 것이었다. 어떤 물체를 대상화하고 그걸 인간으로 대입하면서 반대의 형상으로… 뭐 대충 이런 내용이었다. 초심자는 참고는 하되 이런 기교에 빠져서 진짜 시(詩)가 아닌 가짜 시를 쓰려고 하면 안 된다. 책 제목은 생각이 안 나지만 그 시 잘 쓰기 책은 시에도 마치 정반합을 넣으면 좋다는 느낌까지 받았다. 사람들은 자연스러움을 좋아한다. 너무나 기교가 들어가면 그게 눈에 보이는데 그럴 땐 조미료 같은 거부감이 든다. 물론 읽는 맛이야 조금 있겠지만 말이다. 육수나 채수를 내면 조미료(억지스러운 기교)를 아주 조금만 넣어도 맛있는 음식이 된다. 그냥 꾸민 듯 안 꾸민 듯한 그런 게 좋아 보이고 예술적으로는 자신만의 칼로카가티아를 가지면 충분하다. 반면 시에서 우울함이나 고요한 느낌이 들 수도 있는데 어떤 이는 그런 차분한 시를 좋아한다. 각자 취향에 맞게 시인을 찾으면 된다. 그래서 누구는 허수경 시인을 좋아할 수 있고 누구는 안도현 시를 좋아할 수 있다. 시를 읽는 것도 좋지만 한번 써 보는 것을 추천한다. 간혹 노트에 시 아닌 시를 쓰면 마음이 차분해진다. 또 계속 쓰다 보면 생각의 발전이란 게 보일 때도 있다. 반복해서 말하지만 무엇이든 써 보는 게 중요하고 생각의 낙서는 많은 이로움을 가져다준다. 처음 글쓰기처럼 초반에는 시 쓰는 게 서툴고 부끄럽겠지만 나중에는 그렇게 낙서했던 것들이 모여 시가 될 수 있다. 대부분의 사람들은 평생 한 번쯤은 자기 책을 써 보고 싶어 하는데 시도 그중 하나다. 특히 시에 관심이 있고 소질이 있다고 생각하거나 감성적인 사람은 시집 한 권을 내어 세상 사람들에게 알리고 싶은 마음이 크다. 모두 시인이 되자. 그러기 위해서는 관찰이 필요하다. 위대한 시인들의 공통된 특징은 타인보다 무엇에 관심을 더 가지고 자세히 관찰하였다는 점이다. 시도 자연이나 사람 기타 다양한 사물, 마음 같은 무형의 존재에 거울처럼 들여다보고 말을 건네며 숙고해 보는 사람이 더 풍부하게 표현을 한다. 무엇이든 타고난 재능이 없어도 그걸 상쇄하는 건 역시나 관심과 노력이다. 직업으로서의 시인은 이런 노력을 타인보다 더 잘하고 생각을 더 많이 하기에 멋진 표현을 할 수 있는 것이다. 시집은 보통 내용이 연결되지 않고 책으로서 전시 역할을 하므로 굳이 처음부터 끝까지 다 읽지 않아도 되는 장점이 있다. 시의 진짜 묘미는 정말 많은 사람의 기질과 감성을 조금씩 광범위하게 맛볼 수 있다는 점이다. 이 사람 시 한번 읽어 보고 저 사람 시 한 편 읽어 보면 비슷한 것이야 물론 있겠지만 확실히 다름을 느낄 수 있다. 자기만의 정체성을 가지되 에고(ego) 세계에 빠지지 않도록 다양한 사람의 글을 보는 게 좋다. 그렇지 않으면 시집의 홍수에 자신도 휩쓸릴 수 있다. 블로그나 개인 SNS 등에 자신의 생각을 써 보고 공개하여 평가를 받거나 예비 시인이 모인 커뮤니티에서 모르는 것들을 배우면 도움이 된다. 아까 말했듯이 사람의 관찰이 중요하다고 했는데 그중 하나는 지식(앎)이다. 시인에게 다른 사람의 시를 읽는다는 게 어떤 의미인지 모르지만 더 좋은 시가 되기 위해서는 반드시 책을 다양하게 읽어야 한다. 거기서도 배움이 있고 자신도 모르게 시상(時相)에 영향을 받는다. 그저 자신의 역량으로만 무엇을 쓴다고 할 때는 언젠간 한계에 다다르고 조지 슘페터가 말한 창조적 파괴도 할 수 없다. 그러다 보면 그 시가 항상 그 시에 머무는 무료한 시가 될 수 있다. 자신만의 시 정체성(시그니처)을 만들 때까지 계속 씨앗을 뿌리고 꽃을 피워야 한다. 위대한 사상가와 작가들은 죽을 때까지 끊임없이 학무지경하는 삶을 살았다. 전직 정치인이자 현재는 작가와 평론가 역할을 하며 여전히 대중에게 사랑받는 어떤 이는 본인이 똑똑하기도 하지만 끊임없이 책을 읽으려고 한다. 60대 중후반이 되었어도 배우려하기 때문에 사회의 현안에 지혜를 여전히 가지고 있다. 아무나 쓸 수 있는 게 시라고 하지만 아무나 대중적 시인이 될 수 있는 건 아니다. 능력이 좋든 아니면 마케팅이 좋아서 운 좋게 대중적 시인이 되었든 시를 쓰기 위해선 계속 배워야 한다. 한 사람의 시만 보면 조금 지루할 수 있기에 골라먹는 재미가 느껴지는 시는 세대나 성별을 뛰어넘는다. 박노해 시인의 나이는 2030이나 청소년 세대와 거리가 멀지만 시 내용은 이 나이대에 크게 동떨어져 있지 않다. 오히려 젊은 세대에 맞는 시도 있기 때문에 젊은 시인이든 아니든 하나씩 보면 다양한 맛을 즐길 수 있으리라 생각한다. 이렇게 보면 시인은 특수성을 가지면서도 시는 보편성을 띨 수 있음을 알 수 있다. 반대로 보편적인 시에서 특수한 무엇을 만들어 낼 수도 있다. 문학이란 꼭 참여가 아닌 순수할 수 있다는 것과 비슷한 얘기다. 이번엔 자기 계발서 이야기를 해 보자. 최대한 인정해서 이런 유의 책을 1년에 한 권 정도는 읽어 볼 만하다고 생각한다. 아마도 자기 계발서 범위를 좀 더 크게 한다면 굉장히 많은 도서가 이 안에 속할 것이기에 1권 정도로는 부족할지도 모른다. 개인적으로는 자기 계발서 읽는다고 사람이 크게 변하지 않으리라 생각하기에 독서 취미가 이런 쪽인 것에 부정적 시각을 가지고 있다(꼭 자신이 변하려고 자기 계발서를 읽는 건 아니며 매일 마음을 다잡는 차원에서 읽는 사람도 있다). 그러나 역설적으로 반드시 읽어야 할 책이 자기 계발서다. 에세이 형식으로 자기 계발을 말하는 경우도 많기에 서점에 상당수는 이런 분류의 책이 홍수처럼 쏟아진다. 지금까지는 책의 저자와 제목을 대부분 언급했는데 여기서는 직접적 언급은 하지 않고 간접적으로만 대충 유출해 볼 수 있도록 하겠다. 책 좀 읽은 사람은 다 알 만한 책이다. 기본적으로 이런 자기 계발서에 부정적 시각을 가지고 있기에 그렇다. 그렇다고 그걸 읽지 말라거나 나쁘다고 말하는 게 아님을 알아야 한다. 가령 '세이렌의 가르침'으로 우리는 무엇을 배울 수 있을까. 명분은 자기 계발이지만 성공의 달콤한 노래의 유혹에 빠져 그 가르침의 범위에서 벗어나지 못하고 오히려 사로잡힌다. 좋은 책을 읽고 행동하지 않는다면 '낫싱'이 되고 오히려 자기 삶에 그런 지침서가 '역행'하는 경우가 생겨 버린다. 어떤 이는 마케팅할 때 빅데이터를 이용하라고 하고 어떤 전문가는 너무 거기에만 빠져서는 안 된다고 한다. 삶의 방향이나 성공의 방법에 어찌 정답이 있을까. '부자 엄마 가난한 엄마'에 대해서 아무리 말한들 그 사람의 환경, 성격, 두뇌, 조건, 기질 등 모두가 다른데 누구나 지침을 그대로 따를 수 없다. 지금 당장 무엇을 하라는 말은 누가 하지 않아도 누구나 안다. 자기 계발서의 가장 큰 문제는 결과의 성공을 자기 성공에 맞추는 것이다. 우리나라는 반쯤 우스갯소리로 '운칠기삼'이라는 말을 하는데 실제 외국 속담에는 우연한 기회나 우연한 성공에 대해 매우 진지한 이야기를 한다(정확히 어떤 나라의 아포리즘이었는지 기억나지 않지만 인생의 성공에서 운은 빠질 수 없는 운명이라는 걸 각인해 주는 속담이었다). 겸손의 차원에서 그저 운이 좋았다고 정도는 언급하지만 무언가 있어 보기 위해서는 아주 다양한 자신만의 경험이나 전략을 이야기해야 한다. 성공담을 읽는 자신과 그 저자는 머리부터 발끝까지 다르기에 그저 참고 사항으로만 인식해야 한다. 그보다는 어떤 사람의 성공담을 자기식대로 해석하고 적용하는 게 더 중요하다. 자산관리 방법이나 주식과 부동산을 지식적 차원에서 가르쳐 주는 게 아니라면 보통의 사람에게 이렇게 저렇게 하라는 것은 그저 공상적으로 들리게 된다. 인간관계나 직장에서의 업무 등에 관한 것도 유토피아적인 게 많다. 『미움받을 용기』를 실천하지만 책임져 주는 사람은 그 글을 쓴 사람이 아니라 자기 자신이다. 심지어 같은 책을 읽은 사람이더라도 타인에 대한 용기 대신 미움을 줄지도 모른다. 이런 책의 글은 사실 맞는 이야기긴 하지만 현실에 적용하여 살고자 한다면 수많은 난관에 부딪히게 된다. 누구나 "가는 말이 고와야 오는 말이 곱다"라는 걸 알고 있음에도 현실에서 그렇게 항상 여유 있게 대처하는 사람은 별로 없다. 자기 감정과 천성이 먼저 반응한다. 그래서 사람은 변하기 쉽지 않고 인생을 배우기 쉽지 않다. 로마 시인 호라티우스는 이렇게 말했다. "천성을 아무리 벗어나려고 해도 다시 돌아온다." 쉽게 말해 사람 고쳐 쓰지 않는다는 의미다. 너무 패배주의 같지만 인간의 기질이 원래 그렇다. 황금을 얻기 위한 책과 인간의 행복을 얻기 위한 책은 조금 다르지만 무엇을 낚으려는 마음은 같다. 하느님을 믿는 사람들이 성경을 읽지만 그런 좋은 말씀대로 사는 사람은 별로 없는 것은 왜 그럴까? 그런 면에서 자기 계발서류는 정말 과장 없이 솔직하기란 쉽지 않으며 실천하기도 쉽지 않다. 낚시 고수도 바다의 물속을 제대로 알지 못한다. 그런 세상에 인생을 논하고 성공을 논하면서 낚시의 경험을 말하는 게 과연 얼마나 도움이 될까. 낚시의 경험을 듣는 게 아니라 낚시를 실제로 해 봐야 안다. 자신이 직접 경험하고 실패하고 시행착오를 겪어봐야 알 수 있는 영역에 이론만 안다고 무엇이 달라질까. 세상의 모든 아포리아는 직접 경험해 보고 타인의 입장을 한 번 생각해 보는 것으로 귀결된다. 나 잘 먹고 잘 살기의 시대인 '욕망의 추월 차선' 속에 과연 진짜 인간의 행복을 위한 자기 계발서는 어디 있을까? 그렇다고 너는 자연인이다처럼 살라는 의미는 아니다. 니체의 권력의지의 특수성과 루소의 일반의지의 보편성은 인간 모두에게 있는바 한번 사는 인생 소극적으로 살기보다는 성공을 위해 적극적으로 사는 게 낫다. 방금 여기서 말한 성공은 우리가 생각하는 그런 물질적인 것만 의미하는 건 아니다. 각자의 성공 기준이나 판단이 다른데 그걸 어떻게 경계 지을 수 있을지 의문이다. 전통적으로 다뤄졌던 사업 성공이나 자존감 회복 대신 이제는 연애 성공이나 결혼 성공담도 필요한 세상이다. 물론 과거 이런 책이 없는 건 아니지만 이젠 자기 계발서의 분류가 세분화된 느낌이다. 세대별로 젊은 사람이 생각하는 세상이나 관점, 각 직업별로 바라보는 세상, 여행가로서의 사는 세상, 워킹맘으로서 세상, 어떤 이즘을 가진 여성의 세상 등이 세상 곳곳에 보인다. 조금은 특별해야 타인이 관심을 가진다. 가령 워라밸을 중시하고 힘든 일은 하기 싫어하는 2030세대가 있는 반면에 기술을 배워 힘들어도 진득하게 사회생활 하는 어떤 젊은 여성 남성 이야기를 해 볼 수도 있다. 그런 사람을 보고 자극받으며 나만의 인생을 설계하는 게 자기 계발서의 궁극적 목표다. 그저 성공의 유형이나 기교를 배워서 대체 어디다 써먹을지 의문이 든다. 보통은 그런 스킬을 써먹을 기회조차 만들지 않거나 그런 삶도 아닌 사람이 공허한 망상에 빠진다. 결국 이것도 저것도 아닌 삶이된다. 거의 모두가 남을 따라가려고만 한다. 타인과의 경쟁에서 이기는 것보다 자신과의 경쟁에서 이기는 사람이 진정한 삶의 가치를 알고 있다. 타인과의 비교가 유일하게 긍정의 모습을 보일 때는 단순한 부러움이나 질투 낙담에 그치지 않고 그 상대방으로부터 자신을 성찰하며 고정된 생각이나 습관을 고치려 할 때뿐이다. 너무 타인의 에세이에 관심 가질 필요는 없다. 자신만의 인생을 만들어 에피소드를 만들고 성공 스토리를 만들어 팔아먹을 생각을 하는 게 오히려 도움이 된다. 우리의 목표는 결국 "수처작주 입처개진"이니까 말이다. 그리고 자기 계발서는 "수가재주 역가복주"역할을 한다. 그것만 따라가다가는 때론 인생이 뒤집힌다. 뒤집히지 않도록 하는 건 그 어떤 책이 아니라 자신을 잘 아는 자신뿐이다. 나란 인간을 가장 먼저 잘 알아야 하는데 자신에 대해서 잘 모르면서 남의 성공을 참고하는 일은 얼마나 어리석은 일인가. 에세이 대 범람의 시대인데도 사람들의 마음은 채워지지 않는다. 에세이의 어원처럼 내 마음을 리셋하고 다시 시도해 봐야 한다. 하얀 종이위에 자신이 중심이 된 이야기로 대부분을 채우고 가족 친구 동료 책 여행 등 나와 관계한 것들을 주변부로 채워야 한다. 그런데 사람들은 내 중심부에 있어야 할 것을 그저 남들 사는 모습이나 가십거리로 채운다. 맹종하면 모든 게 수포로 돌아간다. 결국 자기 계발의 역설이 작용한다. 그러지 않기 위해서 자신을 비판적으로 봐야 한다. 그 누구도 같은 방법으로 인생을 살 수도 성공할 수도 없기 때문에 타인의 삶을 보고 청출어람 하겠다는 마음을 가져야 한다. 배움에는 끝이 없기에 그저 한수 배운다는 거 외에 그 이상을 추종 할 필요는 없다. 타인이 이뤄 낸 것을 존중하되 그대로 따라가서는 안 된다. 살아가면서 부딪히는 아주 다양한 난제들을 우리는 알 수 없으며 글에는 쓰이지 않은 아주 많은 부차적 요소들이 빠져 있다. 즉 자기 계발서나 에세이는 모르는 함정이 존재한다. 기본적으로 모든 개인의 생각과 가치관 기타 삶의 방법을 존중하지만 어차피 스스로를 구하지 않으면 안 되는 게 홀로서기의 인간 삶이다. 풍요의 기준을 어디다 둘 것인지에 따라 우리의 삶의 방향, 행복의 기준, 성공의 척도가 달라진다. 누군가에게 바람과 비는 귀찮은 존재지만 누군가에게는 이로운 존재다. 그렇듯 누군가에게 자기 계발서는 디딤돌이 되지만 누군가에게는 얽매이는 존재일 수 있다. 한 권의 책은커녕 천 권, 만 권의 책으로도 인생이 바뀌지 않는다. 만약 한 권이나 몇 권으로 삶이 바뀐 사람이 있으면 그 사람은 시기의 문제였을 뿐 언제든 바뀔 사람이었다. 책을 예찬하는 사람이 지금까지는 에세이를 회의감에 젖어서 이야기한 거 같다. 언제나 말했듯 극단적 신념의 책이 아니고서는 무엇이든 읽으면 좋다는 건 변함이 없다. 삶의 도구를 유익하게 쓸 건지 아닐지는 몸에 맞게 읽고 비판적 사고를 하는 것에 달렸다. 기침을 하자 젊은 시인이여 책 기침을 하자.

## 독버섯

숲속 밝지 않은 곳에 너는 홀로 빛난다.

화려할수록 더 커져 가는 너의 외로운 독기.

맑고 아름다운 너는 보는 것이 더 좋다.

그러나 오르페우스처럼 참을 수 없는 궁금증.

숨어 있는 진짜 너의 뒤끝을 모른다.

그냥 홀로 왔다가 홀로 가야 한다.

해쳐서는 안 된다.

뒤돌아봐서도 안 된다.

소유해서는 더욱 안 된다.

끝나 버린 사랑도 그렇고 사랑할 수 없는 사람도 그렇다.


- 이정호 詩

# 폼은 일시적이나 클래스는 영원하다

    이 챕터의 제목은 스포츠 관련해서 주로 관용구처럼 쓰이는데 책에 대한 자세도 마찬가지다. 책을 읽고 싶다는 마음가짐은 일시적이지만 책은 당신이 무슨 마음가짐이나 어떤 삶을 살든 상관없이 여전히 그대로의 가치와 내용을 가지고 있다. 2,500년도 훨씬 지났지만 우리는 여전히 헤라클레이토스나 데모크리토스, 피타고라스 이야기를 한다. 물론 예전 사상가들의 철학과 과학이 다 맞는 것은 아니다. 가령 아리스토텔레스의 진공상태에서 자유낙하에 관한 생각은 틀린 해석이지만 시대보정을 해 보면 얼마나 그들이 위대한 능력과 호기심을 가졌는지 알 수 있다. 우리는 보통 고대 로마의 역사나 그리스 사상 그리고 좀 더 지나서는 서양 철학과 과학을 주로 이야기한다. 반면 8세기부터 본격적인 세계무역의 중심이 된 이슬람의 인문과 과학의 발전은 잘 이야기하지 않는다. 무역을 위시로 이슬람인들은 중국 동양 사상을 받아들였고 세계인들과 활발히 교류하였다. 동서양을 아우르는 곳은 이슬람이 시초였다. 심지어 북유럽 국가에도 중세 알라의 흔적이 남아 있을 정도다. 특히 11세기 이슬람 철학자 이븐 시나는 플라톤과 아리스토텔레스 철학을 중동철학으로 정립하였다. 그의 사상은 13세기 이후 르네상스의 씨앗 같은 역할을 한다. 이슬람 번성 이후에 서양도 유럽지역 이외의 다양한 문화를 받아들인다.

그렇게 흐른 후 19세기부터는 서양 사상가들이 본격적으로 일본의 이야기를 하기 시작한다. 『공자가 죽어야 나라가 산다』의 자극적 제목은 너무 극단적이다. 후대까지 계속 이어질 사상은 그다음 사상으로의 돌계단 역할을 하는데 모든 사상은 모든 것을 만족하지 않는다. 어떻게 보면 꼰대의 시초는 공자가 되고 유교라는 감옥에 의식을 묶은 주자는 한국인에게 몹쓸 인간이 된다.

정말 그럴까? 어떤 사상과 말씀에는 양면성이 있다. 맹자가 제선왕에게 말하길 "소는 보았지만 양은 보지 못해서 그렇다"라고 한 건 이런 의미를 준다. 이 뜻은 제선왕이 소가 제물이 되는 걸 보고 불쌍히 여겨 앞으로는 제물을 양으로 대체하라는 말에 맹자가 대답한 것이다. 토마스 쿤이 말한 정상과학처럼 '정상사상'이 어느 시대에만 맞는 것일 수도 있다. 알튀세르는 문학사에 대해서 쿤의 정상과학의 개념과 거의 같은 생각을 공유한다.

문학사에 큰 흐름이 되었다는 건 특정 작가나 문학 사상이 '인정'받고 권위를 받았기 때문이다. 현재를 사는 사람들은 과거의 위대함을 취사선택하고 꿀만 빨아먹으면 된다. 책은 그대로 가만히 있거나 새로 태어날 뿐이니 나만 마음을 먹고 몸을 움직이면 된다. 책을 정말 많이 읽었다고 자부해도 여전히 배고프며 여전히 모르는 것 투성이에 여전히 멋진 말들에 매료된다. 전두엽이 더 이상 인간다움의 기능을 다하지 못하는 한 책을 죽을 때까지 읽고 싶은 마음은 끝없는 자기 계발의 중추신경이다. 이런 사람들은 삶에 책이 주는 기쁨을 알기에 계속 지적 허영을 욕망한다. 그건 이제 단순한 호기심 차원을 넘어 스스로 사상가가 되어 죽음과 삶을 정리하게끔 한다. 어떻게 살 것인지를 책에서 찾지 않고 여러 책을 읽음으로써 자기방식으로 삶을 찾는다. 이 미묘한 차이를 과연 언제 알 수 있을까? '한 살이라도 젊었을 때 책을 읽고 무엇인가를 느껴 볼 걸 그랬어' 책에 대해 이런 각인된 기억이 없음에 후회해 본 사람이 진짜 멋진 사람이다. 1년 후 또 1년 매년 가끔 책의 감명이 있었다면 얼마나 멋진 일일까. 실제 자신이 멋진 인생을 살지 않아도 말이다. 책 읽는 사람을 축복한다. 알파세대 2030세대가 게임을 하고 영상을 시청하고 SNS 기타 커뮤니티 생활을 하는 것은 시대의 흐름상 당연한 일이다. 하지만 다른 자기성장을 위한 균형도 맞춰 봤으면 좋겠다. 그 균형추는 아무리 더 나은 것을 찾아 보려고 해도 책보다 좋은 게 떠오르지 않는다. 책은 디지털 문명의 도움을 받아 종이 없이도 읽을 수 있다. 하지만 집중력이나 인본주의적 측면에서 그냥 종이책이 가장 낫다. 그래서 서양 일부 국가는 디지털 교육에서 종이책으로 회귀하기도 한다. 물론 20년 전의 젊은이도 스마트폰만 없을 뿐이었지 그런 책임 없는 쾌락은 충분히 즐기는 시대였다. 또한 그 과거 세대도 게임이 좋았고 온라인 어느 집단에 속해 삶을 살았다. 다만 지금처럼 온라인(키보드 혹은 손가락) 현피가 지금처럼 심하지는 않았다. 여기서 온라인 현피란 혐오와 조롱을 말한다. 또한 요즘 사람들은 발작(發作)을 잘한다. 여기에 극단적 이즘과 불합리한 개인주의 그리고 이기적 마음이 더해져 집단의 성향, 조직의 기득권, 세대와 남녀의 불편이 커진다. 필자도 발작을 한번 해 보겠다. 비교적 연봉이 높고 민주적이며 평형적 관계를 유지하는 직장이라면 강압이 덜하기에 권리 추구와 개인 욕구에 대한 응답이 작아진다. 그 반대로 어떤 이는 불합리를 고치려 하기보다 스스로 작은 나와 작은 기업을 더 처참하게 만든다. 결국 반복된 자기비하는 임금, 사람대우, 근무 조건 등에 영원히 '내가 젓소'라는 인식에 머문다. 아무것도 하지 않으면 아무것도 변하지 않는다. 누구나 대기업의 문어발 경영과 하청의 하청 갑질을 다 안다. 개인이 거시적 사회의 그걸 고치기는 불가능에 가깝다. 그걸 고치라고 하는 게 아니다. 사람의 의식전환과 노력으로 자기가 속한 조직을 움직일 수는 있도록 해야 한다. 우리의 격차 클래스는 피라미드가 아니라 각 대륙만큼 차이가 있다. 중소기업은 아프리카가 되고 전문직에 종사하는 사람이나 삶의 만족도가 높은 사람은 미국이나 북유럽 국가가 된다. 언제까지 스스로 비교를 하고 패배주의와 함께 정신승리를 할 것인가. 한국사회는 엘리트주의나 능력주의 사회가 아니다. 굳이 따진다면 반만 맞고 반은 틀리다. 정확히는 수능 시험주의 사회다. 거기서 거의 모든 게 결정이 되는데 좋은 대학을 나오고 좋은 직업을 가진다고 해서 엘리트라고 생각하지 않는다. 물론 능력 또한 마찬가지다. 시험주의 즉 메리토크라시 사회는 수능의 좋은 결과를 얻지 못해 사람들이 똑같은 직업을 가지지 못하고 경쟁만 못 할 뿐이다. 지능이 곧 직업에 모든 부분을 말해 주지 않는다. 온라인 속에 들어가 보면 얼마나 한심한 시험주의 승리자들이 많던가. 때때로 인간의 영혼이 없는 듯한 역겨운 이기심 집단의 커뮤니티 글은 샤르트르의 『구토』가 떠오르게 할 정도다. 오히려 요즘은 과거와 달리 시험을 잘 보는 지능과 여타 다른 능력을 구분하고자 한다. 한국인에게 엘리트란 이제는 좋은 대학을 나오지 않아도 합리적 생각을 할 줄 아는 사람이라고 여겨야 한다. 실제로 심리 실험이나 행동 경제학 측면을 보면 지능은 이제 항상 우위에 있는 게 아니게 되었다. 자꾸 사회에 의문을 던져 봐야 하고 니체가 말한 위버멘시(초인)가 되어야 하는데 사람들은 고달픈 삶으로 그렇지 못하다. '피로사회'에 머물다 보니 진짜 사회의 적을 보지 못하고 을들끼리 싸운다. 나 대신 사회에 의문을 제기하고 조금 더 정의로운 사회를 추구하게 하는 건 그나마 책이다. 바보상자나 컴퓨터 스마트폰만 보고 있으면 어제와 오늘은 그 무엇도 변하지 않는다. 현대인은 빠르게 변화된 세상에 살지만 자신은 육체도 정신도 변하기가 두렵다. 어느 순간 우리는 "이제는 개천에서 용 나는 시대는 지났다."라며 현 사회구조를 그대로 인식해 버리게 되었다. 매우 서글픈 생각이다. 이러다 보면 나중에는 원래 부자가 권력을 가지고 그 자손이 정치를 해야 하며 재벌처럼 세습하는 걸 당연하게 여길지 모른다. 물론 과거나 현재나 그래 왔었다. 다만 그 범위와 점유가 더 커져 가고 저항이 사라지고 있어 문제다. 더욱 공고화된 시험주의와 부의 격차는 출산이나 결혼까지 영향을 준다. 우리의 행복 기준을 타인이 높이 올려 버렸거나 그 의미를 사유 없는 자들이 스스로 정해 버렸다. 자존감 낮은 사람들이 온라인에서 허세를 부리고 잘난 척을 하고 자꾸 자신을 보여 주는데 그것에 사람들은 반응한다. 관심받고 싶어 하는 사람들에 반응한 그 외 관음증 대중도 마찬가지다. 이들의 각자 목적은 다르지만 욕망의 노예라는 공통점이 있다. 김누리 교수의 『우리의 불행은 당연하지 않습니다』는 뜨거운 피를 느끼게 해 주지만 금방 식어 버린다.

민주주의와 자본주의 사회에서 욕망으로 가득 찬 사회는 보이지 않게 서로를 관심법으로 옭아매지 않아도 된다. 한국은 갈수록 21세기 신 과두제 악의 축이 나라를 좀먹고 있는 상황이다. 이걸 풀어쓰면 요즘 악의 평범성은 언론, 관음의 대중, 판검사, 사유능력 없는 인간이다. 여기서 사유하지 않는 자라고 하지 않고 사유능력 없는 인간이라고 한 건 사유도 일종의 '뇌활용'이기 때문이다. 옥스퍼드 사전은 뇌활용의 반대인

'뇌썩음'(brain rot)을 2024년 올해의 단어로 선정했다. 가령 매번 나쁜 리더를 배출하는 정당을 뽑아 놓고 다시 돌아오는 이유는 사고의 편리성 때문이다. 자기 선택의 잘못을 가상의 적으로 돌리면 모든 게 쉽고 자신은 그 잘못으로부터 해방된다고 생각한다. 그러면서 냉소적 양비론을 펼치면 완벽한 자아 정신승리자가 된다. 그들은 이런 사고방식을 무수히도 반복한다. 이런 의식흐름으로 세상을 보고 마음이 안정되면 혼자서는 괜찮다. 그러나 뭉뚱그려 모두의 책임이라고 하는 순간 그 어떤 누구도 책임지거나 나서지 않기 때문에 민주주의는 불의에 대한 행동 동면 상태가 된다. 토마스 제퍼슨은 "불의가 법이 될 때 저항은 의무가 된다"라고 하였다. 문제는 세뇌된 이념의 대물림 때문에 법과 민주주의를 망치는 그들이 점점 젊어지고 있다는 점이다. 그들 중 상당수는 그저 겉보기만 좋을 스펙일 뿐 합리성과 공정성이 없는 사람들로 가득 차 있다. 기사를 쓰고 공무수행을 하려면 신분은 드러날 수밖에 없는데 그런 직업은 익명성이 덜하기 때문에 현실에서 더러움을 자제하게 한다. 즉 오프라인은 절제할 수밖에 없는 무엇이 있지만 온라인은 누구나 가면과 익명 속에 괴물이 된다. 그런 사람들은 책을 읽어도 자기위주나 이로움만을 찾을 뿐이다. 더 인간적인 삶을 위해 타인을 이해하지 않고 공감하지도 않는다. 자신의 잘못을 절대 보지 않는 그런 뻔뻔한 사람의 특징은 언행일치가 안 될 확률이 높고 선택적으로 세상을 볼 경향이 많으며 자기중심적이다. 그런 완벽한 행태를 보이는 두 명의 정치인이 떠오른다. 한 명은 2024년 현재 가장 못난 지도자의 오른팔이고 또 한 명은 그런 자를 양두구육해서 최고 지도자로 만들었다고 스스로 주장한 정치인이다. 국민은 또 그들에게 속는다. 일시적으로 잠시 동료시민인 척하지만 '인간 못됨'의 클래스는 영원하며 그들의 쇼도 계속된다.

　앞으로 계속되는 책 내용은 공감, 자본주의의 맹점, 행복, 자존감, 소외, 정의, 약자, 여성, 진보, 온라인 문화 등이어야 하는데 확증편향에 빠진 생각을 정제하지 못해 미안하다. 이게 바로 급발진이다. 한 번 속으면 속이는 사람이 나쁘지만 두 번 세 번 자꾸 속으면 속는 사람도 문제다. 늘 그랬듯 이런 얘기는 멈출 줄을 알아야 한다. 인간은 절대 인간을 이해할 수 없는 영역이 존재한다고 생각한다. 또한 인의예지가 전혀 없는 나쁜 인간이 있다고 믿는다. 가령 태생적으로 부유하고 똑똑하게 산 사람은 절대 보통의 인간(혹은 국민이나 서민)을 이해하지 못한다. 이해하는 척만 할 뿐이다. 이런 생각이 너무 염세적인 걸까? 아주 간혹 이런 태생 중 마음이 따뜻한 변종이 있는데 그런 사람은 여기서 제외다. 남자의 관심사와 여자의 관심사는 조금 다르겠지만 둘이 모여 부부가 되고 또 부부와 자녀가 만나 가족을 이루니 우리의 관심이 외골수일 필요는 없다. 가십거리나 팝콘 브레인 같은 비생산적 타인의 말들에 속지 말아야 생각의 쓰레기들이나 불필요한 것이 떠오르지 않는다. 뇌는 자꾸 그 생활패턴이나 자기가 보고 경험하는 것들 때문에 무의식적이며 관성적으로 바보지도를 만들게 된다. 선동가들의 분열에 인간은 사고의 취약성을 가질 수밖에 없어서 근본적 문제의 원인을 찾지 못한다.

　특히나 지금은 세상의 관심을 먹고 사는 사람들과 관심을 주는 사람들이 어우러져 아무것도 생산적이지 않는 세상이다. 그로 인해 사회의 부조리와 불편함은 더욱 커져만 간다. 바쁜 현대인의 휴식처가 그런 것임을 인정하더라도 너무나 한쪽으로 치우쳐 있다. 예전에는 상대적으로 젊은 세대의 정치 참여가 드물었지만 지금은 어디든 자기 목소리를 내고 누구나 선동할 수 있으며 특정 집단이나 커뮤니티가 정치에 참여하기도 한다. 잘 생각해 보면 예전보다 2030세대의 정치 참여가 많아지고 욕구와 욕망도 커져만 가는데 과거엔 그걸 대변해 주는 사람이 없었다. 그래서 나이가 40이 된 그 잔망스러운 정치인에게 라포(Rapport)를 형성했는지도 모른다. 이해도 가지만 정말 잘못된 선택이다. 이즘의 어떤 여성 감정의 라포도 마찬가지다. 입만 살아 있고 손가락만 바쁜 슬랙티비즘형 인간들이 신념을 가질 때 얼마나 사회가 엉망이 되는지 우리는 온라인 오프라인 이즘 반이즘 젊은 남녀를 보고 느낄 수 있다. 그렇다 보니 예전엔 조금 미숙하고 실수를 하더라도 청년이라는 이름으로 이해를 해 주었지만 지금은 "청년"이라는 말만 들어도 거부감이 들게끔 그들 스스로 정체성을 만들었다. 진짜 개인주의 의미와 공동체 생활의 경계선을 전혀 모르고 공정도 자신 위주의 편협함에 사로잡혀 있다. 어떤 것은 분명 과거 세대의 불합리하고 부조리한 것에 대한 지적이 맞기도 하지만 갈수록 어떤 이즘처럼 비합리적인 요구를 하기 시작한다. 일부는 청년이라는 말만 들어도 고개를 젓는 수준까지 이르게 되었다. 결국 세대갈등 여파로 윗세대는 청년에 제동을 걸기 시작했다. 더 이상 청년 음식점, 청년 정치 등에 사회가 관용만 주지 않으며 권리와 자유를 준 만큼 책임도 단호하게 요구한다. 오히려 이제는 깨어 있는 윗세대가 '꼰대'라는 자기 소심함에 벗어나 청년이라는 이름으로 행하는 많은 것들을 이성과 실력에 기반해 객관적으로 보기 시작했다. 청년도 책임을 질 줄 알아야 하고 해 주기만을 바라기보다 실력을 갖춰야 한다. 사실 과거 세대도 청년을 거쳐 왔지만 그때는 지금처럼 국가나 정치인이 청년을 이렇게까지 위한 척하지 않았다.

지금은 지난 세월과 현재를 둘 다 경험해 본 사람은 작금의 현실이 두렵다. 청년은 얼마나 정치의 선택이 중요한지 모를 정도로 심각하다. 그러면서 문제의 근원을 여전히 모른다. 오히려 정치에 무관심한 젊은 세대라면 이해라도 하지만 커뮤니티에 파묻혀서 서로 좋아하는 정당이나 정치인 가지고 연예인 팬클럽처럼 살고 있다. 그러다 보니 제대로 사회 문제나 인식의 틀을 다룰 리 만무하다. 자기와 생각이 비슷한 사람들이 이렇게도 많으니 자신의 커뮤니티가 합리적 판단의 도구로 쓰인다. 커뮤니티의 열정도 인생에 한때지만 영향받았던 어떤 신념은 거의 평생 간다. 밖에서 보면 얼마나 한심한지 나 자신과 그들만 모른다. 창피함이나 무지에 대하여 부끄러움을 알 사람이라면 진작 특정 정치인이나 정당에 탈출했을 것이다. 쓰다 보니 너무 감정을 이입하는 느낌인데 책이 정치로 끝나기 전에 빨리 이 부분을 급하게 마무리해야겠다. 사실 젊었을 때는 모르지만 나이가 들수록 정치가 얼마나 중요한지를 알게 된다. 감정적 한때인 이것도 아마 어느 순간 지쳐서 노인이 될 때는 자연의 흐름에 맡기는 태평한 자신으로 돌아갈지도 모르겠다. 다만 인간은 쉽게 변하지 않는다. 나의 내면에 존재하는 세상의 편견을 인식할 수 있는 사람과 내가 틀렸다는 걸 인정할 줄 아는 사람은 그나마 책을 읽을 거라 믿는다. 그런 사람은 책을 더 유익하게 활용할 사람이다. 그러나 책의 주장에 단점만 찾으려는 사람은 ○○주의자가 확실하기에 차라리 그 '화'를 안 내도록 자신이 믿는 무엇에 그냥 계속 빠져 사는 게 낫다. 불화를 겪고 싶지 않다면 넘을 수 없는 벽이 있는 사람과는 최대한 접촉을 피하는 게 상책이다. 즉 이런 사람들이 사회에 악(惡)만 아니라면 그렇게 생각의 평행선을 달려도 상관은 없다. 침묵은 동의와 다름이 없어 죄가 되긴 하지만 상황에 따라 침묵은 현자의 방식이 된다. ○○ 주의자 외에 정치 종교 등에 매몰된 사람은 자기영역에서만 멈추지 않는다. 이들 상당수는 그런 마음을 거의 평생 가지고 가기에 그 수준에서 벗어나지 못한다. 또한 위선자일 가능성도 높다. 믿음이 강할수록 보고 싶은 것만 보기 때문에 그들에게 사실 보통의 책이나 건전한 책은 의미가 없다. 훌륭한 의식교정 도구가 있음에도 못 고친다면 책은 의미가 없다. 요즘은 '좌우 인지 감수성' 때문에 옳다고 하는 소리도 제대로 하지 못하고 마커 검열에 조심스러워한다. 책도 책이기 위한 틀에 박힌 구조의 틀에 갇히고 나이브한 언어와 사상으로 논란을 만들어 내지 않으려고 한다. 그래서 언론은 기계적 중립을 지키며 우리 이웃인 하청 노동자는 기계에 의해서 죽는다. 단순히 지식 전달은 하고 싶지 않기에 이렇게 쓴다. 지금까지 책의 유용성만을 이야기했는데 이럴 땐 책마저 어떻게 할 수 없는 사람이 존재해서 가끔은 답답하다. 그래도 책은 뚜벅뚜벅 걸어가야 한다. 책은 항상 재밌고 좋으며 불편하지 않은 것만 있는 건 아니다. 알아서 취사선택해서 보면 된다. 기원전 30세기부터 전 세대 인류는 항상 후세대가 못마땅하다고 생각했다. 이 단락도 그냥 그 정도 글이구나 하고 넘어갔으면 좋겠다.

## 잡다한 것과 사소한 것의 필요성

『지적대화를 위한 넓고 얕은 지식』이라는 책이 있다(이하 이 책을 '지대넓얕'으로 표현하겠다). '지대넓얕'을 솔직히 읽어 보지 않았고 이와 관련된 방송도 들어 보지 않았다. 책을 계속 읽어 갈 사람이라면 어차피 '지대넓얕'에 나오는 내용은 시간이 지나면 금방 다 알게 된다. 그러나 1년에 책을 읽는 권수가 많지 않은 사람에게는 이런 책이 유용하면서도 재밌는 책이 될 수 있다. 아마도 이런 책은 흥미와 잡다한 지식을 주는 게 많기 때문에 재미와 상식 두 가지를 줄 가능성이 크다. 그러고 보니 이 글은 재미와 상식 혹은 감동을 주는 것인지 사적 이야기에 끝나는 건지 모르겠다. 제대로 봤다면 현재 읽고 있는 이 책은 오만하고 개인적인 글이다. 어쨌든 '지대넓얕'은 어떤 느낌이랄까…. 빌 브라이슨의 『거의 모든 것의 역사』 느낌이지 않을까 추측만 해 본다. 아니라면 미안하다. 아무리 책을 많이 읽었더라도 모르는 것은 계속 나온다. 그래서 세상 모든 책 앞에서 혹은 세상 모든 작가 앞에서 겸손한 마음을 가져야 한다. 이 책을 95%는 오로지 머릿속 지식으로 쓴다는 강조의 말에 독자는 건방지게 생각할지 몰라도 정말 속마음은 겸손한 자세를 가지고 있다. 어떤 이는 취미를 전문가 수준의 경지까지 끌어올린다. 책을 아주 다양하게 읽으면 각 분야에 뼈대만 알 정도지 전문가처럼 자세히 알지는 못한다. 만약 한두 쪽 분야만 책을 파고

들었으면 딜레탕트를 넘어 엄청난 수준의 특정 분야 전문가가 되었을 것이다. 그렇다고 전문가가 되지 못한 걸 후회하지는 않는다. 다시 태어나도 다양하게 읽고 싶고 그것이 옳다고 생각한다. 위대한 사상가들도 상당수는 한 분야만이 아니라 여러 분야의 전문가였다. 로크도 그랬고 데카르트도 그랬고 칸트도 마찬가지였다. 세상엔 똑똑한 사람이 진짜로 많다(여기서는 그냥 단순히 지능적으로 타고난 똑똑함을 가진 사람을 뜻한다). 그러나 그걸 제대로 활용하는 사람은 별로 없다. 탁월함을 끊임없이 발휘하는 사람도 있지만 보통은 사회적 한계가 있어 먹고살기 위한 직업으로서의 삶으로 끝나는 경우가 많다. 더군다나 우리나라는 물질주의 사회구조다보니 개인으로서는 지금보다 더 잘하려고 노력하지 않는다. 탁월한 사람이 탁월성을 발휘하도록 사회 여건이 되어야 하는 것도 그래서 중요하다. 순수하게 재능에 따른 특수학교는 찬성하지만 그저 상위 대학이나 좋은 직업을 위한 그들만의 학교는 찬성하지 않는다. 분명 인간의 재능에는 서로 차이가 있다. 여기서의 재능은 단순히 수학 능력만이 아니라 예체능, 인간성, 합리, 공감 등이 포함된다. 과학이나 수학분야에 지능이 뛰어난 사람이 꼭 정치의 영역에서 뛰어난 능력을 발휘하는 건 아니다. 오히려 자기만의 똑똑함에 갇혀서 아집에 빠지거나 바보 같은 행동과 말만 앞서기도 한다. 그래서 하워드 가드너의 다중지능이론을 사회와 국가로 통합해 보면 각자는 서로의 관계맺음이나 협동이 중요하다는 결론을 얻게 된다. 각자의 영역에서 각자가 잘하면서 서로를 인정하는 게 좋은 사회다. 그래야 사회가 긍정적 방향으로 시너지를 내는데 오로지 '공부 잘함' 하나로 등급이 나누어지는 세상 때문에 갈수록 사람들 간 소외의 격차가 커진다. 마거릿 헤퍼넌의 『경쟁의 배신』은 마치 조지프 E. 스티글리츠의 『불평등의 대가』

의 원인을 경쟁에서 보는 듯하다. 그런 면에서 헤퍼넌은 경쟁의 허상을 여러 가지 예로 다루며 조금은 유토피아적인 '함께 나아가기'를 이야기한다. 행복한 삶을 다루는 이 책은 출판된 지 10년이 됐지만 오히려 우리는 더 경쟁에 익숙해져 간다. 치열한 경쟁은 결국 개인과 사회에 불만이 쌓이고 서로가 세상에 냉소적이게 한다. 세상 사람들이 춘풍추상의 성어를 각자 마음속에 지녔으면 좋겠다. 이런 잘못됨의 연속을 바로잡기 위해 교육이 중요하다. 그 교육은 올바른 문자로 시작된다. 문자는 인간 생각의 표현이며 생각은 다시 누군가의 글자로부터 나오고 거기에 자신만의 관점이 새롭게 들어간다. 이런 선순환이 (좋은) 책의 장점이자 우리가 기대하는 일이다. 온라인 영상 커뮤니티는 이런 선순환을 찾아보기 힘들다. 글을 쓰는 사람이나 읽는 사람 모두는 대단한 인내심과 노력이 필요하다. 우리는 디지털 때문에 편해졌다고 생각하며 정보를 빠르게 습득한다고 생각하지만 모두 장점만 있는 건 아니다. 파편화된 지식은 융합의 연결고리가 약하다. 반대로 책의 아날로그성에 단점만 있는 건 아니다. 책을 제대로 이용하고 가치를 알지 못하기에 사람들이 모를 뿐이다. 물론 영상을 만들고 편집하는 것도 보통일이 아니다. 이에 반해 책은 한번 쓰이면 많은 내공이 쌓이고 오래 두고 논쟁하거나 회자가 된다. 오해가 있을까 봐 말하지만 온라인의 영역에서 디깅 문화나 커뮤니티를 하며 영상 시청하는 것에 무조건 반감을 가지거나 단점만 있다고 생각하지 않는다. (역시나 세상은 세대가 다를지언정 비슷하게 돌고 돈다. 패션과 음악처럼 말이다. 배우고 유행하는 것도 마찬가지다) 또한 허풍에 가깝긴 해도 책 한 권으로 인생이 바뀌었다는 사람도 진짜 있다는 걸 인정한다. 수백만 분의 일의 확률로 복권 1등에 당첨된 사람이 있는 것처럼 그 속에서 분명 남들이 찾지 않은 자기만의 무엇을 찾은 사람도 있다. 문제는 똑같은 책을 보더라도 남녀, 세대, 직업, 정치, 종교 등에 따라 보는 관점이 달라지고 책을 이상하게 해석하며 특정 문구에 편협하게 반응하는 사람들이다. 그런 사람들은 책을 읽어도 긍정의 문을 열지 못한다. 이번 챕터는 잡다한 것의 필요성인데 이 또한 다른 지식과 삶의 여정에 도움이 되고 책이 또 책을 연결해 주는 걸 찾아야 한다. 그러나 지식의 장점에도 불구하고 무언가를 아는 사람이 우쭐댈 때에 그 잡다한 것을 아는 사람들은 서로 싸움을 하기 시작한다. 그냥 완벽히 틀린 이야기가 아니고서는 너무 불편해하거나 아는 척하려고 하지 말고 자신의 지식 정진에 힘쓰는 게 훨씬 이롭다. 뭐 하러 그런 것에 신경을 쓰고 싸우려고만 하는가. 현명한 인간이란 나의 마음과 타인의 마음이 충돌하지 않게 다스리는 것이고 더 현명한 인간이란 자신을 계속해서 알아 가려고 노력하는 사람이다. '행복한 인간이란 무엇인가? 혹은 아름다움이란 무엇인가?'에 대한 물음을 멈추지 않을 때 삶은 생기를 찾는다. 가끔은 생각이 멈춰도 생을 마감하는 그날까지 우리의 아름다움은 계속되어야 한다. 자신의 손가락 터치 대신 두뇌에 조금만 에너지를 양보하면 그게 실행된다. 그 누구를 위한 게 아닌 나를 위해 내 에너지를 책에 양보하자.

　이 글을 쓰는 와중에 우리나라 한 해 종합 독서율을 우연하게 보았다. 스마트폰이 본격적으로 대중화될 시기쯤인 2013년에는 성인 10명 중 7명은 한 해 책 1권 이상을 읽었다. 그러나 2024년 현재는 10명 중 4.5명 정도만 한 해 책 1권 이상을 본다. 책을 안(못) 읽는 이유 첫 번째가 일 때문에 시간상 읽을 수 없다는 것이었으며 두 번째는 다른 매체를 통해서 지식을 얻고 있다고 생각해서였다. 이 두 비율은 비슷했다. 전통적 향수에 젖은 건지 모르겠지만 왠지 책으로 보는 지식 획득이 더 귀하게 느껴지는 것 같은데 현대인의 생각은 다른 듯하다. 자신의 해마에 종이 글자를 넣어 보는 일을 하거나 평소에 책을 가지고 다니는 인간이란 멋진 마인드의 소유자다. 『로쟈의 인문학 서재』 외에 많은 인문학 책을 낸 이현후 작가는 이렇게 이야기한다. 한국인의 명품 사랑처럼 책도 패션처럼 들고 다니자. 책도 허세 차원에서 가지고 다니면서 짬을 내어 볼 수 있으면 좋겠다(이런 생각을 필자도 오래전부터 해 왔다. 인터뷰에서 딱 한 번 들은 내용이라 정확한 워딩은 이게 아니지만 그의 생각은 이것이 확실하다). 다만 책 좀 읽었다고 교조적인 생각을 가진 사람도 가끔 있다. 책이란 나를 버리게 하는 것과 나를 있게 하는 중간이지 나와 너만의 생각에 빠지라는 게 아니다. 책을 읽는다는 건 잘 경청하겠다는 의미도 되니까 책이란 스승님 말씀을 잘 듣는 것과 같다. 그렇다고 배운 것으로만 사는 고집쟁이가 되면 안 되겠다. 쇼펜하우어는 바로 이 지점을 생각하여 책 많이 읽는 게 꼭 좋은 건 아니라고 생각한다. 세상과 자신에 대한 질문(의문)을 하지 않는 정태적 인간을 경계한 것이다. 책을 읽고 자기만의 비판적 관점을 유지하는 건 대단히 중요하다. 여기서 아집과 비판적 사고는 구분할 줄 알아야 한다는 것을 잘 이해했으면 좋겠다. 책을 아주 오랫동안 꾸준히 읽은 사람은 지금 이 말에 공감을 할 것이다. 초보일 땐 처음 몇 권 읽어 보니 진짜 자신감이 생기고 자신이 무언가 대단히 많이 아는 사람처럼 느껴지곤 한다. 그러나 읽으면 읽을수록 아직도 세상은 모르는 게 많구나 하는 겸손의 마음으로 귀결된다. 자신감도 늘 내면에 존재하긴 하지만 이런 마음으로 또 책을 찾는다. 왜 멀리서 행복을 찾으려고 할까. 책 속에도 행복이 있다고 굳이 말하지 않아도 이젠 알아야 한다. 우리의 의식이 양자도약과 같다면 행복은 아무리 멀리 있더라도 곧 내 의식만 찾으면 되는 것이다.

타인은 절대 내가 아니므로 진정한 행복이 있을 수 없다. 우주 끝에서도 나는 나로 존재하고 그 의식도 나의 사유로 시작하고 끝난다. 행복하거나 슬프거나 하는 인식, 우리의 생과 죽음, 정신과 물질이 미지의 소립자 형태로 어떻게 우주에 떠돌지는 확실히 단언할 수 없지만 우리는 지금 살아 있음을 느낀다. 신의 법칙 아래 스피노자의 양태는 자연과 우주에 끊임없이 존재하고 활동한다. 우리는 과연 어떤 선택의 삶을 살 것인가?

자연 속에 살면서도 책을 읽고 쓰며 교육을 중시했던 100년도 훨씬 더 된 인물이 한 명 있다. 『월든』의 저자 헨리 데이비드 소로우다. 그는 좋은 대학을(하버드) 나왔지만 동기들처럼 회사에 찌들어 살고 싶어 하지 않았다. 소로우는 무한경쟁 그 자체가 싫어 호숫가에 평생을 산 게 아니다. 오히려 더 적극적인 인생을 살고자 해서 그런 삶을 산 것이다. 소로우의 그 당시 생각은 남들처럼 좋은 대학을 나와 밥 벌어먹고 물질적 욕망에 쌓인 세상이 싫은 것뿐이었다. 그는 인간답게 살고 싶었고 실제로 열심히 인생을 살았던 사람이다. 『월든』을 읽어 보면 소로우는 심지어 자급자족을 넘어 잉여 농산물을 생산하기도 한다. 다만 그는 자연인이기에 세금 내기를 거부해서 잠시 잡혀갔다가 지인에게 신세를 지고 감옥에서 나오게 된다. 그의 『시민 불복종』의 생각을 전체적으로 동의하는 건 아니지만 책의 제목처럼 인간이 저항하며 살아야 한다는 것엔 동의한다. 에리히 프롬은 "복종할 줄만 알고 반항할 줄 모르는 인간은 노예다. 반항할 줄만 알고 복종할 줄 모르는 인간은 반역자다"라고 했다. 철학자들은 표현만 조금씩 다르게 했지 거의 모든 것의 아포리아 결론은 '사리분별 잘하자'다. 참고로 자연 속에 들어가면 더 편안하고 아무것도 안 해도 될 거 같지만 실제로는 절대 그렇지 않다. 시골에서 태어났고 여전히(평생) 시골 생활을 가끔 하는 인간으로서 하는 말이니 믿어도 좋다. 방송에서의 설정과 개인 방송의 모습만 보고 전부를 판단해서는 안 된다. 책에도 위선과 거짓, 편집, 억지스러움 등이 있지만 방송에서 조작하는 만큼은 아니다. 즉각적이며 타인지향적인 세상에 과거보다 자극적인 소재는 요즘 방송에서 필수다. 관찰예능을 만들어 놓고 부동산, 결혼과 출산, 직업, 남녀 갈등을 만들어 낸다. 그런 게 우리 각각의 삶의 가치관 등에 얼마나 영향을 주는지는 정확한 통계의 수치를 알기 어렵지만 사람은 분명 그런 것에 영향을 자기도 모르게 받는다. 칼 융은 "무의식을 의식할 때까지 그것은 당신의 삶을 지배한다"라고 했다. 자신을 위한 잠시의 의지마저 쉽게 꺾어 버리는 즐거운 자극 악마들이 도처에 있기에 오히려 책은 더 필요하다. 가끔은 그런 상상을 한다. 어느 지하철마다 사람들이 앉아서 책을 읽고, 캠핑을 갔는데 사람들이 조용히 책을 읽는 모습을 말이다. 책을 사랑하는 사람으로서 정말 생각만 해도 기분이 좋다. 어딜 가나 남녀노소 책 읽는 나라의 앨리스는 꿈이 아니다. 하지만 현실은 미어터지는 출퇴근길에는 노예 같은 현대인이, 그리고 음악과 술이 있는 곳에는 쉬고 싶은 사람들로 가득 차 있다. 맹자는 집구석에서도 행동이 부끄럽지 않아야 한다고 했다. 밖에서도 책을 읽을 정도면 안에서는 철학을 하는 사람이다. 그래서 책을 좋아하는 사람은 물질의 세상을 더 가지려고 하지 않는다. 본능에 꽁꽁 묶인 사람이나 도저히 이해가 안 가는 인간 유형이 아니라면 말이다. 책은 유물론의 결과이자 실존이지만 진짜 본질은 책의 정신과 의미 찾기다. 위대한 사상가나 훌륭한 인간 중 책이 자기 인생에 별로 의미가 없었다고 하는 사람은 아직 한 번도 들어 보지 못했다. 설령 책이 그 사람과 별로 인연이 없었다고 하더라도 하다못해 그 사람은 종이에 무엇인가를 적었던 사람일 가능성이 크다. 특히나 과거 사람들은 남이 들려주는 이야기나 문자가 적힌 글이 아니라면 배움의 길이 없었다. 책의 역사를 말하면서 어떻게 사람들이 책을 접했는지는 잠시 살펴보았다. 앞서 언급한대로 어느 학자는 19세기까지는 낭독의 시대였다고 주장한다. 낭독은 듣기와 말하기의 조화다. 인간이란 스스로 조화와 균형을 잘 모르기 때문에 책을 읽어야 한다. 현대인은 과거보다 더 듣고 살아간다. 사실 글자와 영상의 조화는 어떤 부분에서는 최적의 규합 결과를 주기도 하기에 필수 부분이다. 가령 책 속에서는 1차원 혹은 2차원의 글자와 그림만 볼 수 있다. 현대인의 디지털 문명도 인간의 확장을 위해 어시스턴트로 여기면 그 효율을 증대시킬 수 있다. 인간은 관성적이고 편향적이라 한번 기울어지면 계속 기울어진다. 인간은 스스로 배의 평형수가 되지 못한다. 온라인과 오프라인의 시간을 어떻게 배분하고 효율적이고 균형적으로 쓸지는 자신에게 달려 있다. 그게 곧 습관이 될 텐데 그 습관에 따라 생각하지 않는 사람들과 생각을 주는 사람들의 격차는 더욱 커진다. 극단의 둘 다 그다지 유쾌하지 않지만 니체라면 생각을 조종당하는 사람보다 차라리 생각을 조종하는 인생이 나을 거라고 말할 것이다. 책을 읽지 않고 어떻게 니체가 말한 원근법적(쉽게 말해 다양한 관점의 사고방식) 사고를 한단 말인가. 융합의 학문 시대라고 말하지만 어떤 이들은 이제 자신의 취향에만 관심을 가진다. 남녀노소 얼마든지 마음만 먹으면 세상 거의 모든 관심사를 알아볼 수 있는 시대다. 그런데 경험이 적고 편향된 루틴의 삶만 사는 사람에게 그 다양한 문이 보이지 않을 때면 자폐아적 사고에 머무른다. 스마트폰을 켜고 자신의 필터버블의 루틴을 안내하는 대로 현대인은 영상을 보고 커뮤니티를 한다. 3차원 아니 그 이상의 디지털 이점을 잘못 활용하고 있다. 물론 책도 자신이 보고 싶은 분야만 보면 그다지 개인의 인간발전은 없다. 자신을 위로하고 공감만 주는 것보다 반대의 사유를 주고 다양한 관점을 줄 수 있는 것이 좋은 책의 특징이자 필수 요소다. 요즘은 너무 감정적이고 감성적인 책이 많다. 어떤 이의 말만 듣고 있으면 응당 그래 보이지만 사유의 관점을 완전히 반대로 보는 책들도 상당히 많이 존재한다. 가령 『공감도 지능이다』라는 책이 있으면 『공감의 배신』이라는 책도 있다. 들뢰즈 가타리의 저서 『천 개의 고원』과 크리스토퍼 라이언의 『문명의 역습』은 과거 우리 사고방식과 현대인의 삶 방식이 크게 다르지 않다는 공통점을 보여 준다. 다만 원시적 상태와 현대인의 행태가 다를 뿐이다. 복잡하고 예측 불가능한 미래 사회만큼이나 수많은 작가들은 다양한 관점을 제시한다. 굳이 옳고 그름을 떠나 똑같은 주제를 가지고 이렇게 다양하게 보는 재미도 있는데 필터버블형 온라인 인간은 얼마나 한쪽 방향만 보고 있는지 생각해 볼 문제다. 누군가는 다양한 지식 유튜버의 영상을 본다며 반론할 수 있겠지만 그들의 짜깁기 정보는 전체를 보여 주지 못한다. 그저 흥미 위주나 말 그대로 딱 지식 전달이 주된 임무이고 보통은 생각의 다면성을 가지지 못한다. 영상이 굉장히 논리적이고 들어 볼 만한 가치가 있음에도 책은 주변부가 아니라 중심이 되어야 한다. 누차 말하지만 그런 걸 아예 보지 말라는 뜻이 절대 아니다. 자신의 성향을 알고 자기만의 시간 배분이 필요하다는 점을 반복해서 말하고 있다. 한 가지 작품이나 사회문제에 집중하여 예술인의 집념처럼 무언가를 완전히 분석하고 뽑아내려는 사람들로 인해 우리는 어떤 혜택을 보고 있다. 세상은 다양한 개인의 아이디어 섹스와 전문가 집단의 만남으로 돌아간다. 그렇기에 그런 전문가 인생도 멋진 삶이지만 서점에 가려는 마음을 가진 인생도 멋진 삶이다. 책을 읽지 않은 사람일지라도 실제 도서관이나 서점에 가게 되면 분명 호기심이나 그 분위기에 어떤 마음이 이끌린다. 즉 인간은 행동하는 것과 환경이 매우 중요하다. 오랫동안 책 한 자 안 보는 사람이라면 그저 밖에 나가서 종이 냄새가 있는 곳에라도 가 보면 도움이 된다. 어린이나 어른이나 주변의 것들이 자신에게 영향을 주기에 직업 외에 환경의 관계도 중요하다. 그저 시시콜콜한 농담에 술자리만 어울리는 사람의 부류나 오로지 이성적 관심만 있는 사람 수준에서 그런 교류가 자기 인생에 어떤 도움이 될지 모르겠다. 돈에 관심이 있고 돈을 잘 벌고 싶은 욕구는 인간 누구에게나 있지만 돈에만 미쳐 있는 인간이면 불쌍한 사람이다. 그래서 '내게 무해한 사람'과 '나에게 이로움을 주는 사람'의 만남은 동시에 필요하다. 책은 곧 사람이고 사람이 곧 책이 될 수 있는 이유는 바로 이 때문이다. 책만큼 아니 책보다 중요한 게 어쩌면 사람과의 만남일지도 모르겠다. 그러나 그런 책 같은 사람은 매우 드물기에 실제 만나는 것은 어려운 일이다. 만약 그런 사람을 만난다면 인연이 되도록 노력해야 한다. 책 한 권의 값이 가령 이만 원이라고 할 때 그보다 더한 가치를 이끌어 낼 수 있는 사람은 가격 책정이 불가하다. 그러니 책과 같은 사람을 만나는 것에 비용을 따질 수 없다. 자연스럽게 책의 가격에 대한 것이 나왔으니까 도서정가제나 기타 이야기를 한번 짧게 해 보겠다. 어떤 법이 만들어지거나 어떤 제도 개혁이 이뤄진다는 건 뚜렷한 목표 지향점이 있기 마련이다. 사법 시험 제도를 폐지하고 로스쿨 제도를 실시하거나 공수처를 만드는 일처럼 말이다. 취지는 좋으나 결과가 때론 빗나가는 경우가 있다. 이와 마찬가지로 도서정가제도 취지는 좋으나 현시대에 맞는 다른 관점이 필요하다. 모든 걸 이분법적으로 보거나 장점 혹은 단점만 따지면 환원주의에 빠져서 아무것도 아니게 된다. 법은 예링이 말한 대로 투쟁의 대상이 되고 흐르는 인간의 체현이다. 문제가 있으면 수정하면 된다. 누구처럼 그냥 없애 버리려고만 하는 건 과거보다 더 못한 일이다. 이번엔 지적재산권이라 할 수 있는 작가의 인세에 대해서도 한마디 해 보자. 우리나라는 자비출판이나 반 자비출판이 아니라면 보통 책 정가의 10% 내외를 작가에게 지급한다. 책이 책이 되기 위한 최소한의 조건에 출판사의 노력도 많이 있는 건 알지만 인세가 너무나 적은 느낌이다. 출판사의 교정, 교열, 윤문 각종 디자인과 편집 기타 유통에 관한 업무 등도 창작과 노동이 들어가지만 실제 책의 내용을 다 써 내려가는 작가만큼 고통이 있는 건 아니다. 요즘은 누구나 책을 쉽게 내는 세상이라고 하지만 순수 창작 글의 에너지 소비와 자신의 지식과 생각을 글로 표출하는 노력은 정말 많은 에너지가 필요하다. 즉 작가의 창작은 루틴화된 출판사의 직업 행태와는 조금 다르다. 작가는 지금보다 더 인세를 받아야 한다. 유명하거나 부가 대물림된 소수의 작가와 예술인 외에 언제까지 다수 노동자들이 가난한 예술인의 삶을 살아야 하는지 의문이다. 합리적이고 정당한 부의 배분은 연예계뿐만 아니라 이렇게 예술인에게도 적용되어야 하지만 세상은 그렇지 않다. 일부는 유능인이 아니라 유명인이기에 독점이 되기도 한다. 아울러 책의 작가뿐만 아니라 우리나라의 지적재산권에 대한 의식수준과 제도는 사회 전분야로 확대해석해서 점검해 볼 필요가 있다. 참고로 지적재산권의 시초를 특허로 본다면 이 특허의 역사는 굉장히 오래되었다. 15세기 피렌체 공화국시절 브루넬레스키의 건축 기기가 최초였는데 그는 앞서 예술가 파트에서 언급한 인물이다. 지적 열정이 재산으로 이어지고 그것에 대한 대중의 활용은 비용 부담으로 이어진다는 건 누구에게나 공평하면서 희망을 주는 지적 갈망과 행동이다. 요즘은 검색을 통해 꽤나 자세히 설명된 지식을 접할 수 있는데 편향적이거나 명백히 잘못된 정보가 아니고서는 그 혜택을 여러 사람이 보고 있다. 다양한 사람들이 참여하는 공유의 지적재산권이 마치 정보 크라우드 펀딩처럼 긍정의 요소를 주기도 한다. 다만 온라인 정보를 전부 맹신해선 안 된다. 한편 자신이 무엇에 관심을 가지거나 무엇을 어렴풋이 알고 있어야만 검색이라는 것도 할 수 있다. 모두에게 똑같이 공개된 온라인이지만 누구나 그걸 습득하고 찾아보는 건 아니다. "알아야 면장을 하지"라는 말은 이때도 완벽하게 적용된다. 책도 세상에 다 나와 있지만 누가 활용하고 읽는지에 따라 사람의 수준은 달라진다. 돈과 같은 외적인 자기 계발이 목표든 자존감이나 행복을 위한 내적인 것이든 인간을 위해 책을 읽든 책은 무엇이든 줄 수 있다. 책 속에는 또 다른 책이 들어 있기 마련인데 책 한 권으로 또 다른 책을 얼마큼 알게 되는지에 따라 사람의 수준은 달라진다.

　책 속에는 또 다른 책이 들어오는 부수적 효과를 얻을 수 있다. 별거 아닌 거 같지만 책을 읽다 보면 이런 세세한 부분도 있어 꾸준한 의지만 있다면 독서가 아니라 공부가 된다. 책은 그 누구에게나 주변 곳곳에 존재한다. 요즘 시대에 책만큼 평등한 게 또 어디 있는가. 누구나 기회는 있지만 그 기회를 찾는 것에 따라 기회 숫자는 다르다. 언제까지 기회를 놓칠 텐가. 바쁜 현대인에게 책은 마치 애증의 물건이것마냥 가까이 있으면서도 멀게 느껴진다. 피곤한 삶에 누워서 영상을 볼 시간이 조금 있다면 누구나 가능성은 있다. 어떻게 보면 책을 본다는 건 매우 사소한 일이다. 우리는 매일 문자를 보고 있고 풍경을 보고 있으며 사람을 보고 있다. 단순히 진득하게 책의 종이 페이지를 넘기지 않을 뿐이다. 페이지의 무게만큼 손도 무거워지지만 한번 습관이 되면 진짜 아비투스의 책 읽기가 된다. 책 읽기란 사소한 것으로부터 시작한다. 페렉의 『보통 이하의 것들』은 여행하고 보고 느끼고 관찰하고가 반복된다. 거기엔 사람과의 만남, 장소의 기억이 끊임없이 이어지는 데 중요한 건 사소한 일상으로부터의 질문과 관점의 전환이다. 책 읽는 사람은 이미 뇌 속에 그런 삶의 패턴이 자리 잡고 있다. 뇌가 움직이지 않고 질문하지 않는다면 책 읽지 않은 패턴으로 평생 살아갈게 뻔하다. 사회에 대한 질문이든 나 자신에 대한 질문이든 그 질문은 아주 사소한 일로부터 시작된다. 그러나 그 결과는 엄청난 변화를 가져온다. 기원전 6세기부터 지금까지 위대한 사상가들은 물질(자연), 사랑(에로스), 삶과 죽음, 수사(변론), 이성(논리) 등의 현실을 철학과 과학으로 보았다. 괜히 무에서 유를 창조한 게 아니다. 우주에 대한 호기심도 현실에서 그냥 사색하는 인간이라면 누구나 한 번쯤 궁금해할 인간의 일상이다. 나는 어디서 왔을까. 유기체는 어디서 온 것일까는 누구나 한 번쯤은 물어봤을 주제다. 라이프니치는 '왜 없는 게 아니라 존재하는 것일까?'라는 의문을 품었다. 슈뢰딩거는 『생명이란 무엇인가』라는 저서에서 생명탄생의 시초에 대한 궁금증을 화학과 물리를 결합하여 설명하였다. 최초의 생명 탄생은 과연 물리적이었나, 화학적이었나 아니면 둘 다였나 궁금하다. 인간의 사소한 관심과 일상은 거의 모든 걸 창조했다. 이 모든 것을 베르그송의 철학 개념으로 표현하면 '엘랑비탈' 즉 생의 약동이다. 동물과 다른 인간만의 특징을 가르는 가장 중요한 특징인 지적사유는 인류가 끝나는 날까지 계속된다. 누구나 가끔은 무슨 바람이 들었는지 평소와는 다른 엉뚱한 생각을 할 때가 있다. 인간은 생각하지 않으려는 면과 생각하고자 하는 면을 동시에 가지고 있다. 아무것도 안 하고 싶은 날이 있고 무엇이라도 하고자 뇌와 몸을 움직이고 싶을 때가 있다. 이 양면성의 적절한 조화는 휴식이면서도 열정이다. 그런데 계속 편안한 길만 추구한다는 건 일면성만 가지는 삶이기에 좋지 못하다. 그리고 훌륭한 사람만 사소함으로부터 위대한 걸 끄집어내는 건 아니다. 인간이라면 모두가 할 수 있는 능력이다. 특별함은 사소함으로부터 시작된다. 우연이라는 것도 움직이는 자에게 오는 것이지 아무에게나 오지 않는다. 어렵지 않고 편안한 삶이 좋은 삶이긴 하지만 그것과 요행을 바라는 삶은 구별할 줄 알아야 한다. 영상을 보며 시간을 보낼지라도 다른 삶과 연계해 보는 것이라면 그냥 영상만 보고 즐기는 사람과는 질적 차이가 있다. 남들과 거의 비슷한 사소함으로 우리는 살아가지만 느끼고 만나고 생각하는 것의 차이로 인해 각자의 인생 방향은 매우 다르게 뻗어 나간다. 적어도 아르키메데스의 유레카를 외칠 정도의 인생 발견이 아니어도 책 한번 꾸준히 읽어 보겠다는 마음가짐이면 자신한테 그 정도도 유레카가 된다. 별것도 아닌 책 읽기에 이렇게 길게 얘기하는 것도 어쩌면 낭비이다. 그럼에도 길게 얘기하는 건 어디서 한 구절이라도 멋지게 표현되어 독자가 각인할 유레카를 발견하는 우연함을 하나 얻어 걸리길 바라기 때문이다. 쓰다 보면 갑자기 자기 능력 이상의 철학적 현실적 문구가 떠오르는데 이 또한 글쓰기의 사소함으로 시작된다. 남의 글을 읽는 것만큼 자신의 글을 쓰는 것도 그래서 중요하다. 자신감이 없어 부끄러워할 필요가 없다. 처음엔 모두가 무엇을 시작한다고 할 때 막연하다. 이 세상 모두는 이번 인생이 다들 처음이기에 그렇다. 남들의 특별함에 부러워하기보다 나의 일상을 특별하게 만드는 사람이 되자. 그건 꼭 책이 아니어도 되지만 책이 도움을 줄 수 있다.

## 아직 오지도 가지도 않은 길

　인간은 태어나서부터 숙명적으로 기억은 길어지지만 생은 짧아지는 삶을 산다. 죽음에 대하여 잠시 언급을 하긴 했지만 이번은 꼭 죽음만이 아니라 삶의 마무리에 대한 이야기다. 아직 50대 60대 그리고 죽음과 가까운 삶을 살지 않았기에 뭐라고 단정할 수는 없다. 결혼도 못했으며 자식을 가져본 적이 없어서 이 부분의 이야기는 가장 경험이 미천하다. 심지어 책이나 사람을 통해 간접적으로도 잘 배우지 못한 부분이 바로 이 부분이다. 버트런드 러셀의 『결혼과 도덕』 같은 책이 아니라면 평범한 삶의 이야기를 하기가 힘들다(남성이 읽을 땐 『결혼과 도덕』이 진보적으로 보일 텐데 여성이 읽을 땐 마음에 와닿지 않을 수 있다. 이 말이 맞는지 한 번 읽어 보길 바란다, 단 러셀의 시대를 감안하여야 한다). 그 누구나 사실 마찬가지지만 아직 우린 죽음이 오지 않았고 자기보다 한 살 많은 삶을 살아보지 않았다. 방금 이 부분은 에피쿠로스의 죽음에 대한 명언을 변용해 본 것이다. 청소년기나 청년의 나이가 지난 40대 이상의 나이는 좀 더 늙은 자신의 모습을 그려 보곤 한다. 처자식이 있는 사람은 자신의 직업과 자녀의 미래를 생각하고 어떤 이는 건강을 우려하며 어떤 이는 여전히 미혼의 삶을 고민하기도 한다. 경쟁의 틀 속에서 빨리 벗어나고 싶어 하는 직장인도 과거보다 더 많아진 것처럼 보인다. 일

확천금을 갖지 못할 바에는 최소한의 수익으로 삶을 즐기는 목표를 가지기도 한다. 그런 사람들은 빠른 파이어족으로 살고자 하는 경향이 짙다. 결혼하여 가족을 이룬 사람과 그렇지 않은 사람의 삶의 목표와 방향은 조금 다르다. 서로에게는 부족한 부분과 부러운 부분이 명확하게 있기에 무슨 삶이 좋은 삶인지는 개인의 삶을 바라보는 태도에 달렸다. 서로가 서로를 동경하고 욕망하는데 이 말을 가장 철학적으로 잘 표현한 사람이 바로 자크 라캉이다. 라캉은 "인간은 타자의 욕망을 욕망한다."라고 말하였다. 이 표현은 주체와 타자의 인간 삶에 넓게 해석하여 적용할 부분이 많다. 삶의 모든 부분 중 중요한 건 역시 태도다. 책을 읽고자 하는 태도와 자신의 위치에서 삶을 바라보는 태도, 그런 것이 행복의 요소 중 하나다. 결혼과 연애를 못 했다고 늙어가는 자신을 한탄만 하면 뭐가 달라지는 게 있을까. 처자식을 어떻게 먹여 살려야 할지 고민만 하면 뭐가 달라질까. 신체 건강한데도 자책으로 인한 정신적 스트레스를 가족이나 자신으로부터 스스로 만들면 가장 안 좋은 결론만 떠오른다. 막연한 인생에서 한 번도 가 보지 않은 길을 책에서는 가 볼 수 있다. 꼭 70대 나이가 되고 그 나이대의 작가 글을 읽어야만 그들의 삶을 엿볼 수 있는 건 아니다. 우리는 이미 수많은 작가로부터 부모, 갓난아기, 학생, 사회 초년생, 중년 및 노년, 부부, 독신의 노인 등을 접하며 살아왔다. 특히나 한국 작가의 일상 소설을 보면 다양한 주제를 볼 수 있다. 굳이 우리 정서나 문화와 그다지 맞지 않은 다른 나라 일상 외국소설을 볼 필요는 없다. 인간 공통의 정서가 있으면서 꼭 읽어 보면 좋을 외국의 위대한 작품이 많이 있음에도 그렇다. 일상으로부터의 자극이 없다면 아무것도 변하지 않는다. 선택에 대한 미래를 알 수 없으니 인생이 어렵고 한편으론 재밌으며 웃기고 허탈하고 슬픈 것이다. 정적인 삶도 좋지만 어차피 미래는 움직여 내 앞에 오기에 더 동적인 삶도 도전해 볼 만하다. 죽기 전 우리는 무엇을 후회할까. 아니면 그럭저럭 괜찮은 삶이라고 위안을 스스로 할까. 『허클베리핀의 모험』과 『톰 소여의 모험』의 저자 마크 트웨인은 "당신은 한 일보다 하지 않은 일을 더 후회할 것이다."라고 말했다. 마크 트웨인의 두 책에서 나오는 주인공은 세상이 억압하든 말든 어려서부터 무엇인가를 헤쳐 나간다. 기나긴 인생 여정에 풍파없는 사람이 어디 있겠냐만은 저마다 각자 나이와 환경 조건 등에 따라 표면적 어려움의 등급이 존재한다. 넓게 보면 과거는 인종, 계급, 굶주림 등에 백골 같은 인생이었다. 현재는 경쟁 스트레스와 인간 관계 어려움에도 불구하고 돈만 있으면 된다는 배금주의 사회가 일상이다. 이렇게 알 수 없고 힘든 인생 여정에 프로스트의 유명한 시가 생각이 난다. 그의 시 「가지 않은 길」 내용 중엔 아무도 가지 않은 길을 갔다고 말하며 그걸로 모든 게 변했다고 하는 구절이 있다. 낯선 인생에 프로스트는 무슨 의미로 이 시를 썼을까. 우리말 중 갈림길이라는 단어가 있는데 인간의 인생은 태어날 때부터 선택의 삶이다. 정자의 본능으로 난자로부터 선택받는 원형의 세포 인간은 어쩌면 태어나기 전부터 선택의 여정이었는지 모른다. 어떻게 보면 우리가 태어나고 싶어서 태어난 게 아니라는 말은 반만 맞는 말이다. 태초의 원자(쿼크 혹은 그보다 더 작은 입자) 혹은 모나드(모나스)는 어디로 물질이 새롭게 생성될지 모르는 불확실성을 가지고 있는데 인간의 몸은 그런 물질 인식과 크게 다르지 않다. 자신이 어디로 가야 할지는 의식이라는 무형과 행동이라는 물질이 정한다. 그건 개인에서 끝나는 변화가 아니며 존재는 타 물질과 서로 영향을 주고받는다. 여기서 타 물질이란 책일 수도 있고 사람일 수도 있으며 억압이나 공포 같은 정신적인 것일 수도 있다. 태초부터의 태어난 자신의 기질과 경험의 축적은 사람과의 차이를 만들고 저마다 다른 길을 만든다. 나와 성격 외모 심지어 정신까지 모두가 똑같은 인간이 지구 밖 우주에 있어서 자신과 대화한다면 어떤 대화를 해야 할까. 설령 그게 존재하더라도 현재 과학으로는 소통이 불가능하다. 나한테 질문하고 나한테 대답하는 또 다른 우주의 자아가 책이며 그 대화만으로 분명 도움이 된다. 다만 우울하지 않는 대화의 연속이어야 한다. 인간은 두려움이나 걱정 괜한 막연함 때문에 불안정한 인생을 산다. 여기에 스트레스와 피곤함이 더해지면 자신과 대화가 힘들 때가 있다. 그럴 땐 잠시 나태해져도 좋다. 순간순간의 삶이 매번 좋을 순 없다. 또한 타인은 나를 완벽히 위로해 줄 수 없다. 확실한 자기 책임의 몫이 있다. 우리는 세포에서부터 초음파 사진상 점이 될 때까지 엄마와 아빠라는 사랑 때문에 모든 방패막을 가진다. 그러나 옷 하나 걸치지 않고 양수가 터진 탯줄을 끊으며 세상에 나올 때는 더 이상 그런 방패막이 없다. 자아를 인식하기 시작한 후 인간의 길은 보호막이 자기 자신이다. 사회를 해석하고 관계를 인식하며 미래의 꿈을 위해 주체성 있게 살아야만 인간은 온전한 내가 된다. 물론 가끔 삶을 살다 보면 허무주의에 빠질 때도 있다. 사실 쇼펜하우어는 현실적인 사람이었지 보통 사람들이 생각하는 것처럼 그렇게 염세적이지 않았으며 오히려 행복을 계속 이야기한 철학자였다. 더 정확히는 세상을 허무하게 봤기에 허무하지 않기 위해 사유와 행동을 하고자 했다. 그렇게 그는 인간의 무료함을 극복하고자 했지만 어렸을 적 여성관(어렸을 적 어머니와 아버지 관계) 때문이었는지는 몰라도 결혼에 대해서는 정말 염세적이었다. 그는 "결혼은 권리는 반으로 줄어들고 의무는 배가 된다"라고 하였다. 그래서 인생이 어렵다. 헤겔은 분열된 자아와 사유가 철학욕구의 원천이라고 했지만 인간은 조금만 악기의 현이 맞지 않으면 음이 틀어져 버려 아무것도 하지 못한다. 그럴 때 삶은 이성에서 정신으로 옮겨지게 된다. 헤겔에게는 이성적인 게 진정한 것이고 진정한 것이 이성적인데 사람은 이성으로만 살지 못한다. 그래서 몽상에 젖는다. 물질보다 정신의 안빈낙도와 현실 도피처가 필요한 사람은 때론 영화를 꿈꾼다. 현대인은 각자 상실한 무엇이 있는데 그것이 무엇인지 정확히 모른다. 때로는 무엇을 봄으로써 우연하게 찾을 수 있다.

## 영화가 되다

 누구나 가끔은 영화와 같은 인생을 꿈꾼다. 어마어마한 복권에 당첨이 되어 제2의 생이 시작된다거나 운명 같은 연인을 만나는 일은 상상만으로 즐겁다. 영화를 한자로 풀어 보면 스크린에 비친 그림을 보는 것을 의미한다. 영화가 완성되려면 하나하나의 각 장면이 필요하다. 우리 인생에 대입해 보면 각 사건이나 각 연령별의 인생이 모여 영화 같은 내 삶이 된다. 영화가 순탄만 하면 재미가 없을 것이며 인생도 평범한 클리셰라면 그다지 재미가 없을 것이다. 뭔가는 특별해야만 영화가 될 듯한데 사람들은 꿈을 영화같이 꾸면서 정작 행동이나 마음은 그렇게 하지 않는다. 실제 영화와 내 인생의 영화가 근본적으로 다른 점은 시나리오 작가와 출연의 주인공, 촬영 감독 등등이 오로지 나 혼자라는 점이다. 실제로 영화의 주인공이 나라는 생각으로 살면 지금보다는 더 멋있게 살려고 노력할 것이다. 그런데 현실은 녹록하지 않다. 그래서 나의 영화를 만드는 삶보다 영화의 관객으로서 더 편하게 사는 쪽을 선택한다. 영화는 책과 비슷하게 취미가 되며 거기서 자기만의 스핀오프를 끄집어내기도 한다. 또한 영화의 음성과 시각은 철학과 의식으로 바꿀 수 있다. 그렇기에 영화가 글이 되어 사상이나 책이 되기도 한다. 어떤 이는 영화로부터 음악을 전문적으로 분석하고 어떤 이는 영화로부터 어떤 이즘을 끄집어낸다. 그 반대로 책이 영화가 되거나 철학이 영화에 반영된다. 그렇다고 여기서는 그런 책과 소설 이야기만 하지 않는다. 늘 그랬듯 현시대 우리의 삶과 또 연결해야 하기 때문이다. 너무 철학적이지만 않으면 충분하다. 참고로 지금까지 언급한 책들 중에서도 영화로 만들어진 게 많이 있는데 꼭 하고 싶은 말이 아니면 웬만해서는 또 언급하지 않도록 하겠다. 대부분은 기존 소설을 영화로 만들지만 『죽은 시인의 사회』라는 영화는 그 반대다. 참고로 이 영화 제목에 약간 오역은 있지만 그래도 상관이 없다. 차라리 이렇게 아는 게 이제는 마음이 편하다. 이 영화를 본 후 책을 보았지만 웬만해서는 영화로만 감상하는 걸 추천한다. 삼십 년 전에 나온 영화지만 현재 청소년 혹은 젊은 세대가 봐도 촌스럽거나 전체적 퀄리티는 떨어지지 않으리라 생각한다. 개인이 볼 수 없다면 학업에 미친 한국 사회에 한 번쯤은 학교 전체 관람도 할만하다. 그런데 어떤 학부모는 『죽은 시인의 사회』 영화마저도 불편해할 것 같다. 또 이걸 잘못 이해하는 청소년도 있을 거 같다. 극성스러운 그런 부모를 욕하기에 앞서 그런 사람을 만든 사회를 미워해 보자. 책을 영화로 만든 건 수십 권에서 끝나지 않는다. 지금은 그런 게 중요한 건 아니고 책을 영화로 만들 때 얼마만큼 그 느낌을 잘 재현했느냐가 관건이다. 잘 만들어진 영화는 책을 따로 읽을 필요성이 없을 만큼 좋지만 그런 건 소수고 어떤 건 그냥 책으로 봐야 한다는 그런 느낌의 영화가 더욱 많다. 굳이 순서를 따지면 원작을 읽고 영화를 보는 게 좋다. 그런데 책을 봤는데 굳이 영화를 또 봐야 하나 이런 생각이 든다. 물론 책과 영화 둘 다 보면 자신에겐 흥미요소가 된다. 가령 영화 『미 비포 유』의 경우 어렵지 않은 내용이면서 책 내용과 괴리가 별로 없는 작품이다. 무난히 시간 보내기 좋은 영화 혹은 소설이다. 책과 영화가 이렇게 비슷한 느낌을 주면 상관이 없지만 아닌 경우도 많다. 82년생 어쩌고의 영화는 책보다 덜 신경질적이고 덜 날카로울 것으로 생각한다. 그러면서 영화는 일부 남성도 공감할 것이라 생각한다. 솔직히 책만 읽어 봤지 영화는 보고 싶지 않아서 보지 않았다. 그래서 덜 날카롭고 더 공감을 줄 것이라는 이 예측이 틀렸다면 비판을 해도 좋다. 책과 함께 영화가 흥행한 것들은 아주 많은데 대표적으로는 『해리포터』가 있다. 조앤 롤링의 이 판타지 소설은 처음엔 여러 출판사로부터 출판을 거부당했다고 한다. 『해리포터』와 비슷한 이야기는 이미 많다는 이유에서였다. 사실『반지의 제왕』같은 절대반지 이야기도 어디선가 들어 봄직한데 그건 바로 2,000년 전 기게스의 반지다. 앞서 언급했지만 성경의 스토리와 비슷한 이야기는 다른 나라 신화 곳곳에 존재한다. 인류가 라스코나 쇼베에 동굴벽화를 그리기 시작한 후 모방은 시작되었으며 글과 예술도 마찬가지였다. 존재하는 것으로부터 영감을 받는 건 인간 발전의 핵심이자 창조의 근원이다. 그래서 타인으로부터의 교육, 자신으로부터의 관찰, 탐구, 관심이 중요하다. 모방에 대해서 한마디만 더 해 보자. 노래, 그림, 글, 예술, 산업 전반 등 지적재산권의 범위가 과거보다 확실해지고 커진 상황에서 표절 논란은 과거보다 법적 무책임이 덜해지고 있다. 다만 어떤 건 애매한 경우가 있는데 그건 영감을 받은 사람과 영감을 준 사람의 인간다움에 맡겨야 한다. 90년대 한국 인기 가요 중 꽤 많은 곡들과 춤이 표절이었는데 그 당시엔 원곡이나 아티스트를 몰랐지만 지금은 그런 걸 숨길 수 없는 시대다. 누구는 서로를 존경하고 반대로 누구는 서로를 인정하지 않은 채 겉과 속이 다른 짓을 하는 경우가 있다. 마이클 잭슨도 굳이 따지면 전 세대에 영향

없이 시대를 앞서간 게 아니다. 현시대 와서는 아이돌 그룹 또한 마찬가지다. 자기밖에 모르는 자의식 과잉과 자부심은 구분할 줄 아는 사람이 되어야 한다. 이 얘기는 이 정도로만 하고 다시 영화 이야기로 넘어가 보자. 해리포터 저자로부터 얻을 수 있는 중요한 교훈은 꺾이지 않는 마음이다. 다만 어떤 건 이런 고집이 자신의 발목을 잡는 경우도 있으니 인생의 끊고 맺음을 정확히 아는 일은 그래서 중요하다. 영화나 소설이 막 늘어지면 안 되는데 그러면 지루해지고 집중력을 흐트러트린다. 그러다 보면 제일 중요한 재미요소가 반감된다. 해리포터처럼 판타지 소설은 줄거리와 시각적 볼거리를 동시에 줄 수 있어 영화로 만들었을 때의 장점이 있다. 물론 멜로영화와 불륜영화도 베드신이 있다면 줄거리와 볼거리를 동시에 준다. 그러고 보니 성(sex)과 예술성(art)은 종이 한 장 차이처럼 보인다. 외설적인 부분과 작품성은 꼭 이분법적인 것처럼 논란이 된다. 대중의 인식과 소위 전문가라는 인식 그리고 각자만의 독특한 시각이 있기에 무엇이 옳다고는 할 수 없다. 그렇기 때문에 '불편한 장면과 불필요한 장면의 경계를 못 느낀다면 그 정도는 괜찮다'는 결론으로 그 외설적임과 예술적임의 적정함을 찾고자 한다. 장면뿐만 아니라 전체적 서사와 메시지도 그 장면을 이해하는 데 매우 중요한 요소다. 지금까지 해리포터 이야기를 하다가 여기까지 왔는데 글이 영화로 만들어진 작품을 정말 많이 쓴 한 사람을 더 언급해 보려고 한다. 영화나 책에 아예 담 쌓아 놓고 살지 않았다면 누구나 아는 작가다. 바로 스티븐 킹이다. 유키토나 하루키, 히가시노 게이고 같은 일본 작가 책을 즐겨 읽는 사람이 있듯이 스티븐 킹이나 어슐리 르귄 같은 작가를 좋아하는 사람도 있다. 책 『미저리』나 『쇼생크 탈출』, 『샤이닝』 그리고 그 유명한 카모디 부인이 나오는 『미스트』의 원작자가 스티븐 킹이다. 아마도 그가 더 이상 작품을 쓰지 않는다면 단편집 정도 빼고는 거의 모든 그의 저작이 영화로 만들어질 기세다. 이런 유명 작가의 글이나 영화를 설령 보지 않았더라도 지적인 사람인 척 가식대화를 위해 그의 시그니처 작품 하나 정도는 알고 있는 게 좋다. 이게 마키아벨리의 『군주론』 같은 지식 처세술이다. 이런 유명 작가들을 보고 꿈을 키워 가는 미래의 크리에이터도 훌륭한 글을 써서 전 세계에 이름을 날렸으면 좋겠다. 우리나라도 이런 작가가 많이 나와야 한다. 무역전쟁은 무형의 콘텐츠에도 존재한다. 직업이 취미이자 돈이 되고 모두가 자신이 하는 일에 만족하면 얼마나 좋을까. 장기적으로 보면 엘리트 체육이 맞지 않듯이 직업적 작가 되기가 아니라 국민 모두의 글쓰기가 되어야 한다. 그러면 분명 우리도 세계적으로 위대한 작가나 예술인을 지금보다 더 배출해 낼 수 있을 것이다. 그래서 읽는 게 중요하다. 다만 책만 읽다 보면 지겨울 때가 있다. 영화는 영화를 너무 못 만들었거나 영화감독이 철학적 내러티브에 빠지지 않는 한 크게 지겨움이란 게 없다. 그래서 영화와 책은 음식과 같다. 기분에 따라 편식하면 된다. 지금까지의 이야기는 작가나 작가의 저서가 이미 유명해진 다음 영화로 만들어진 걸 예로 들었다. 그러나 그렇지 않은 작품도 있는데 가령 영화 『메이즈 러너』가 그런 경우다. 영화가 개봉되기 전 책이 이미 국내에 번역되어 있어서 구매할 수 있었지만 사람들은 책을 거의 구매하지 않았다. 영화 개봉이 된 다음 책으로 많이 구매했다. 최근의 트렌드로 치면 웹툰이나 웹소설 영역에서 일부 마니아층만 전유하다가 드라마나 영화로 만들어져 좀 더 대중화된 것도 있다. 대표적으로 『미생』이란 작품이다. 꼬투리를 잡으면 원래 유명했다고 말할 수 있겠지만 그 경계선의 범위를 국민 전체로 한정할 때이니 너무 미시적으로 따지지 않았으면 좋겠다. 말의 흐름과 핵심을 알아야 한다. 수능은 잘 풀면서 온라인이나 오프라인에 요지경 세상의 사람들은 타자의 말을 잘 풀지 못한다. 상대방의 의도 파악보다 특정 표현 하나를 물고 늘어지고 참지 못하며 자신의 의도를 심어 주려고 한다. 어떤 이는 전문가나 권위에 도전하는 꼬투리 잡기가 비판이라고 생각한다. 자기가 보는 시야가 전부가 아니다. 반면에 자기가 좋아하는 어떤 사물이나 사람에 대해서 조금만 부정적으로 이야기하면 끝까지 지지 않으려는 사람들이 있다. 요즘은 각자가 깊숙이 무엇에 빠져 있는 문화가 커지다 보니 더욱 그런 경우가 많다. 신뢰나 진실한 관계는 덜하고 그 대신 잃어버린 인간에 대한 공허함으로 자기만의 방에 무엇을 가득 채우려는 심리가 짙어졌다. 채워도 채워지지 않는 마음은 과거인이나 현대인이나 똑같다. 욕망의 인간은 인류 태초부터(이브의 사과) 시작되었기 때문이다. 우리에겐 태초부터 정말 많은 욕망이 있다. 그 중에는 동물적 욕망도 있고 아닌 경우도 있는데 상품의 교환이 없었던 시대에는 겪어보지 못한 후대 인간만의 욕망이 하나있다. 그건 바로 물건에서 대체되고 교환으로 진화한 돈이다. 조정래의 『황금종이』는 돈이라는 종이 쪼가리의 욕망이 모든 욕망의 상위에 있는 것처럼 보인다. 그로 인해서 상실된 인간다움이 많다. 그전에는 에밀 졸라의 『돈』이 있었다. 영화나 소설이 사람들에게 주는 굵직굵직한 흥미와 자극 요소는 거의 같기 때문에 둘은 친하다. 인물이나 사건 배경 없이는 둘 다 아무것도 이뤄지지 않는다. 앞서 말한 물질이나 사랑에 대한 욕망, 시기와 질투, 삶과 죽음, 성공과 실패(역경과 극복) 등이 그런 공통 요소다. 인간의 생각과 마음이 비슷하기에 둘은 그저 눈으로만 보느냐 오감을 다 써서 보느냐의 차이만 있다. 너무나 비현실적 소재가 아니라면 소설을 읽을 때는 상상이 되어 감정이 풍부해지고 영화를 볼 때는 현실이 되어 에너지가 풍부해진다. 소설에 작가의 의도나 문체가 있다면 영화에도 시나리오와 감독의 메시지가 있다. 물론 세부적으로 들어가면 두 분야의 작품이 만들어지는 과정은 전혀 다르고 영화는 종합예술의 분야까지 확장되기에 차이가 있다. 두 장르가 주는 느낌과 여운도 다르다. 같은 주제와 같은 갈등 구성이더라도 제작자의 의도와 감정에 따라 하나의 차이가 거의 모두를 차이 나게 한다. 보는 사람의 감정도 마찬가지로 개인마다 차이를 보인다. 영화로 만들어졌다고 꼭 소설대로 따라갈 필요는 없다. 코맥 매카시의 『노인을 위한 나라는 없다』는 영화로 만들어졌다. 영화는 원작을 크게 각색하지는 않았지만 폭력적인 면에서는 책이 더 상상을 하게 만들고 철학적인 부분은 영화가 더 크게 주는 느낌이다. 영화가 잘 만들어지면 원작의 큰 맥락이나 느낌은 비슷하면서 시각적 요소와 청각적 요소로 원작의 퀄리티와 시너지를 높인다. 매카시의 책을 두 권 읽었다. 나머지 한 권은 『로드』였다. 두 책의 내용은 아무런 공통점이 없지만 요란함이 느껴지는 거 같으면서도 정적인 모습이 있는데 어떤 끝의 분위기가 거의 비슷하다. 매카시의 다른 책도 많이 있는 것으로 아는데 그 책들도 그런 분위기일지 궁금하다. 이런 걸 보면 정말 작가의 문체나 분위기는 숨길 수 없는 것 같다. 영화감독 또한 마찬가지다. 몇십 년 과거로 돌아가면 알프레드 히치콕이 그렇고 스탠리 큐브릭이 그랬다. 영화 재미 요소나 주제를 떠나 감독에 대한 마니아층이 많은 현대적 거장들도 지금은 과거보다 많아졌다. 쿠엔틴 타란티노나 크리스토퍼 놀란, 제임스 카메론, 스티븐 스필버그 등이 대표적인데 놀란 정도만 빼면 위 감독들은 2000년대를 전후하여 지금의 40대 이상 세대에 특히 아주 많은 추억을 주었다. 물론 지금도 대부분 위 감독들이 활동하고 있으며 젊은 세대에게도 인기가 많다. 사실 영화 부분에서는 책만큼 어떤 작가나 작품을 깊게 들여다본 적이 없다. 그래서 좀 아는 척 더 자세한 이야기는 하지 못한다. 책을 빗대어 말할 수 있으니 그나마 이렇게 몇 글자 써 보는 것뿐이다. 남들보다 영화나 기타 영상을 훨씬 덜 봤고 커뮤니티를 하지 않고 살면서도 아는 척할 수 있는 건 온전히 책 덕분이다. 도서관에 가면 영화 미술 음악 등 이와 관련해서 많은 저서들을 볼 수 있다. 그중에는 영화를 보고 어떤 철학적 해석을 하기도 하고 반대로 철학을 이야기하면서 영화나 예술 이야기를 한다. 둘 다 상호 영향을 이야기하는 책도 있다. 가령 슬라보예 지젝의 『매트릭스로 철학하기』가 대표적인데 아마 지젝 말고도 매트릭스 관련 내용을 쓴 도서가 더 있는 것으로 안다. 서두에서는 성경과 인류 역사뿐만 아니라 모든 책은 모든 길로 연결되는 듯이 이야기했다. 매트릭스도 마찬가지다. 매트릭스는 느부갓네살(네부카드네자르)의 우주선 이름부터 해서 네오라는 이름, 삼위일체 등 영화 곳곳에 성경적 철학적 요소가 존재한다. 슬라보예 지젝의 말처럼 매트릭스 제작자들은 동양 사상도 영화 요소에 넣었을 것이다. 영화의 구성은 기독교적 사상과 불교의 연기설이 큰 역할을 한다. 지젝은 또 매트릭스 제작자들이 자크 라캉의 생각을 받아들였을 거라 추측한다. 매트릭스는 라캉이 말한 상상계 실재계 상징계가 들어 있다. 여기서 상상계는 쉽게 말해 거울 속 분열된 자기 모습이다. 진실한 존재와 끊임없이 싸우는 네오는(실재계를 추구) 영화 곳곳에서 상징계와(실재와 다른 욕망의 세계) 상상계를 오간다. 모피어스는 역설적으로 가상현실을 깨는 중재자다. 보통 사람은 영화나 책을 위해 배경지식을 깊게 알 필요가 전혀 없다. 그렇지만 성경 역사에서 바빌론 유수가 무엇이고 대략 몇 세기에 있었으며 그때 왕은 누구였는지 정도는 알아둬야 한다. 영화를 더 재밌게 보기 위해서는 역시나 다양한 책을 읽어야 한다. (여기서 잠깐 유수(幽囚)라는 한자를 알아보자. 한문의 상형자 해석을 염두하고 유수라는 한자를 생각해 보면 이 단어는 한 번만 들어 봐도 유대인 유수가 무슨 뜻인지 잊어버리지 않게 한다. 우리나라 어휘의 약 70% 가량은 한자이며 이런 문자는 기억에 큰 역할을 한다) 앞서 언급했지만 이사야와 히스기와 대화에서 유대인의 유수는 성경에 이미 예언되었다. 물론 이 정도까지 알 필요는 없으며 평생 몰라도 아무 문제가 없다. 이 책의 전체적 방향대로 너무 미시적으로 들어가기 전에 다시 빠져나와 보자. 소설의 주제만큼이나 영화도 소설의 주제를 그대로 따라간다. 불륜 영화, 공상 과학 영화, 심리 철학적 영화, 가족 영화 등 그 분류도 다양하다. 영화 「케빈에 대하여」는 원작이 있는 작품인데 우리가 아는 정신분석의 어떤 증후군을 떠올리게 한다. 가족 영화 장르에 심리까지 들어 있다. 매트릭스 영화처럼 영화는 하나의 장르에서 끝나지 않고 중첩된다. 공상의 소재는 전세대를 아우르고 어린이부터 어른까지 누구나 좋아할 만한 영화(소설) 장르 중 하나가 된다. 「혹성탈출」이나 「스타워즈」가 처음 나왔을 때 관객이었던 청년의 나이는 현재 노인 나이가 되었다. 그때의 젊은이가 바라본 영화 재미나 지금 어린이가 보는 재미는 나이만 다를 뿐 감정은 같다. 제러드 다이아몬드의 『섹스의 진화』 주장처럼 인간과 동물은 신체적 원초적 습성이 어떤 부분에서는 거의 변하지 않는다. 소설에서는 책 한 권이나 시리즈로 언젠가는 마무리가 되지만 영화는 흥행에 따라 재미요소나 스토리를 더 얹을 수도 있으니 영화는 끝났을지언정 결코 죽지 않는다. 시대가 흘러 재해석해 버리고 다른 시리즈로 연결할 수도 있는 게 영화다. 요즘은 영화뿐만 아니라 웹툰을 드라마화하는 것에도 제작자의 의도가 들어간다. 영화와 소설 둘을 거의 같게만 취급했지만 또 이렇게 차이점도 드러난다. 둘 다 장점과 단점을 가지고 있기에 사람들은 균형 있게 이 둘을 소비하면 된다. 사유의 동면 인간이 되어서 문제일 뿐 책이란 문자의 가장 위대한 버전의 표식이고 영화는 가장 위대한 인간 감정의 형상물이다. 물론 문자와 언어는 늘 한계를 가지고 있고 시각에는 보이지 않는 부분이 있다. 그건 영화도 마찬가지로 연기와 표정보다 소설의 문장 하나가 모든 걸 함축하기도 한다. 이런 한계를 영화와 소설은 상보적으로 극복해 내기에 보는 맛과 읽는 맛이 있다. 이번엔 장르를 역사 영화로 한번 가 보자. 『아버지의 해방일지』는 책 부분과 전체가 거의 같은 시놉시스 느낌이라 재밌는 영화로 만들기는 쉽지 않다. 우리나라 역사로 치면 5.18 민주화 혁명 때나 6월 민주화 항쟁은 역사 소설과 영화 요소가 충분하다. 잊어서는 안 되기도 하지만 영화 흥행 요소만 보면 제2의 「서울의 봄」 같은 영화는 앞으로도 계속된다. 큰 틀에서 완전히 엉터리가 아니라면 완전한 역사주의와 사실주의가 아니더라도 어떤 '역사적 사건'은 영화와 소설의 주제가 된다. 여기서 완전히 엉터리란 무슨 건국절 어쩌고 하면서 부패한 학살자를 추앙하는 책과 영화를 말한다. 한번 언급했는데 또 언급한 걸 보면 한국의 어떤 편향된 한(恨)스러움이 지금도 있어서 그런지 모르겠다. 이 책의 방향처럼 또 깊어지기 전에 다른 이야기로 전환해 보겠다. 사실 할 말은 다 하고 있긴 한데 너무 거시적이지도 미시적이지도 않는 이 상태가 좋은 거 같다. 그냥 문채도 없는 필자의 신념병이라고 생각해 두자. 공자는 "문채가 있어야 글이 오래 간다"라고 하였다. 오타가 아니다. 문체는 글씨체처럼 각자의 특수성을 말하고 문채는 문장의 멋을 말한다. 했던 이야기 또 하고 또 하는 지루함에 빠질까 봐 이 책 안에서도 강박이 생긴다. 그 작가만의 문채가 있고 기대라는 게 있는데 이 책에서는 그 두 가지를 포기하고 있으며 그만 신념병을 끝내야 한다. 그러나 소설이 끝나고 영화는 끝나도 우리 인생은 끝나지 않기에 항상 시작을 하면서도 또 다른 시작을 생각해 봐야 한다. 그러면 약간의 의무감도 생기고 에너지도 생긴다. 독창적이지 않은 인간으로 태어나 독창적인 생각을 가진 척하기 위해서는 그저 읽고 배우고 사유하며 살아갈 수밖에 없다. 영화 같은 삶을 꿈꾸는 모든 사람에게 책을 꿈꾸라고 말하고 싶다. 영화처럼 말도 못 하고 시각 촉각을 주지도 않으며 들려주지도 않는 게 책이지만 말이다. 그러나 책은 이루지 못한 꿈을 실현시켜 주거나 꿈꾸지 못한 걸 꿈꾸게 해 준다. 어쩌면 거기서부터 꿈이 시작되는 건지도 모른다. 책 예찬론자나 책 지상주의자 느낌으로 또 들렸을 테지만 어쩔 수가 없다. 개인의 관점과 경험이 그대로 녹아 있는 이 글도 영화 같은 꿈의 실현으로 생각하기에 이렇게 말할 수 있다. 작가라는 꿈이 실현된 것이다. 영화를 보니까 참 좋더라, 누군가와 같이 보니까 더 좋더라. 그게 영화다. 혼자도 되고 둘이도 되며 단체도 되는 영화 보기와 혼자만 될 수 있는 책 보기는 다 같이 이야기할 수 있다는 점에서 공통점과 다른 점이 혼재한다. 혼자만 알고 있으면 재미가 없다. 결국 책도 자신의 미래엔 다 같이 함께한다. 이 말을 믿어도 좋다. 어떤 사람은 특별히 삶에 문제가 없는데도 인생이 재미 없다고 생각하는 사람이 있다. 평범한 직장을 다니고 평균 이상의 연봉을 받는 사람인데도 그렇다. 심지어는 애인이 있고 가족을 이루고 자식을 낳았음에도 그런 사람들이 있다. 그런 사람은 인생에 활력소가 되는 목표가 없기 때문이다. 쇼펜하우어는 이 지점을 파고든다. 요즘으로 해석하면 사람들은 더 강한 자극을 원한다. 나이가 들어 감정의 변화가 과학적(호르몬적)으로 이뤄졌는지 아니면 원래부터 타고난 기질이 그랬던 건지 모르겠지만 어딘가 없어지지 않은 진짜 엔트로피는 사람마다 다르기에 그걸 찾는 실재적 과정이 필요하다. 변화는 스스로 해야 하며 자기 인생에 새 질서를 만들어야 한다. 무질서한 내 정신을 쓸모 있는 에너지로 변하기 위해서는 내 몸의 물질이(생각이 물질이라면 그마저도) 변하지 않고서는 절대 변하지 않는다. 인생이 멜랑콜리할 땐 자기파괴가 필요하다. 불교 용어 중 '줄탁'이란 게 있다. 줄탁동시로 쓰이기도 하는데 그 뜻은 알 내부에서는 새끼가 쪼고 밖에서는 어미가 쪼아서 신비한 생명이 세상에 나온다는 걸 의미한다. 나 자신 스스로 노력도 하면서 외부에서 책을 읽든 영상을 보든 타인에게 조언을 듣든 하여 줄탁해 보는 삶도 필요하다. 나는 제대로 노력도 하지 않으면서 단순히 읽고 듣고 하는 외부의 영향만으로는 한계가 있다. 훌륭한 사람의 말과 책은 어시스턴트지 나의 주인공이나 전부가 될 수 없다. 현대인은 어떤 부분에서는 고집스럽게 주체적이면서 또 어떤 면에선 완전히 객체 지향적일 때가 있다. 그러다 보니 자기 존재의 혼란이 일어나 나란 인간의 분석 실패를 하고 결국 삶의 의미를 붕괴시킨다. 우리는 무엇인가를 사랑하면서 무엇인가를 빼앗기고 잃어버렸다. 영화 「본 투 비 블루」는 어디선가 본 듯한 타고난 우울함에 대한 이야기가 아니며 특정 인물을 연주와 예술로 표현한다. 타인을 가끔 이해할 수 없을 때 사람들은 타고난 기질의 탓을 할 수밖에 없다. 그런 사람에게 의지를 강요하고 나무라는 건 너무 잔인한 일이다. 그래서 이 책에서 말한 어떤 조언은 그런 사람에게는 해당되지 않는다. 그건(치료는) 이 책의 범위 밖이다. 실제로 현대인은 남녀노소 할 것 없이 많은 신경증세를 보인다. 요즘은 자폐 스펙트럼이 넓어서 신경증세를 새롭게 해석한다. 인간의 삶도 이렇듯 영화에는 신나는 장면 외에 우울함도 있다. 천성적으로 낙천적인 사람도 가끔은 타인의 그 우울함이라는 게 궁금하다. 인간의 삶에 쓸모없는 것이란 별로 없다. 너무 과하거나 모자라서 그렇지 때로는 나의 감정이 아닌 것을 책이나 영화로 배워 보는 것도 괜찮다. 현재 마음과 신체가 건강하고 긍정적이더라도 미래의 삶은 어찌될지 모르고 나란 인간이 어떻게 될지 모르니까 말이다. 인간은 모든 것으로부터 배울 수 있고 반대로 어떤 사소함으로도 파괴될 수 있다. 목표는 영화 같은 삶일지언정 그 어떤 현실도 외면하거나 도피해서는 안 된다. 도피의 끝은 심장과 생의 사고의 멈춤이기 때문이다. 정신적인 상태가 마치 뫼비우스 띠처럼 경계를 알 수 없고 반복되어지다 갑자기 툭 끊어지는 자기 분열을 겪는 건 참으로 고통스럽다. 무엇이 끊어졌다 이어졌다가 정상과 비정상이 계속 이어지는 모습은 당사자 아니고서는 잘 모른다. 그저 지금의 이 표현도 겉으로만 본 느낌일 뿐 진짜를 모른다. 영화 속 인물도 그렇고 그걸 만들어 낸 제작자도 진짜를 모르는 건 마찬가지다. 책 또한 작가가 모르니까 쓰는 것이다. 글은 우리 각자의 느낌이 모여 대략적 공통을 이야기해 볼 뿐 그게 전부가 될 순 없다. 그저 타인을 배척하지 않을 마음만 있으면 된다. 나쁜 인간의 행태나 남에게 피해를 주는 게 아니라면 말이다. 헤겔의 "나의 존재의식은 타자의 존재의식이 있음으로 의미가 된다."라는 말은 그래서 옳다. 나는 살아 있을 때 삶의 의미가 있고 타인은 죽었을 때 누군가에게 의미가 있다. 삶을 살아갈 용기와 죽음을 수용할 용기는 비슷하면서도 다르다. 개인의 영화는 타인과 비슷하면서도 다르게 끝난다. 왜 나는 비극이고 저 사람은 희극일까. 가까이 가 보지 못해 진짜 그건 모르는 일이다. 삶을 재밌게 살고 싶은데 아주 가끔은 사라지고 싶을 때도 있다. 후자가 누군가에게 꼭 나쁜 건 아니다. 그 시절 좋았던 사랑의 영화는 이제 끝났다. 좋은 삶이었는가 아니었는가의 마지막 의식 하나만 남을 때까지 계속 영화를 만들어 보자. 인간은 참 오묘하다.

## 책의 오묘함

재미를 느끼는 데는 현재를 살아가는 사람이 과거 사람보다 훨씬 용이하다. 인간이 기계를 만들었고 현재는 갈수록 똑똑한 AI를 구현하고 있지만 과연 노동이 줄어들고 행복이 더 늘었는가를 따져 봐야 한다. 이와 같이 현대인의 재미라는 것도 한번 그렇게 묻고 싶다. 인간은 누구나 쉼(휴식)이 필요하고 아무 생각 없이 먹고 즐기며 놀고 싶을 때가 있다. 다만 그게 매일 반복되고 삶을 지배하기 때문에 문제가 된다. 즐거운 볼거리, 여행, 먹거리 그리고 시청할 거리는 넘치고 넘치며 온라인의 재미있는 사건은 거의 무궁무진하다. 거기에 책이 순위에 낄 리가 만무한데 책의 즐거움을 아는 사람은 그 오묘한 맛을 알기 때문에 계속 읽는다. 혐오의 시대와 비인간적 세상에서 인간의 아름다움을 지키고 싶은 사람은 따뜻한 마음, 사랑의 마음이 그립다. 그런 사람은 브라이언 헤어의 『다정한 것이 살아남는다』를 믿게 된다. 잠시 영상으로 본 유희는 그 뒤가 없지만 책의 유희는 그 뒤가 있다. 물론 어떤 영상을 본 것에 따라 여운이 남는 것도 있겠지만 여기서는 영상을 그저 오락 프로그램이나 유튜브의 단순 유희로만 생각하겠다. 오감의 감각을 일깨워 주는 책은 영상 속 사람보다 질투나 부러움이 덜하다. 물론 영상은 타인의 생생한 삶을 직접 봄으로써 무언가를 깨닫게 하거나 성공한 사람의 삶을 엿보면서 자신의 무

감각을 감각화하는 긍정효과가 있다. 그러나 보통 영상 시청의 의식흐름은 영혼 없는 관찰자에서 머문다. 영상의 강박증 중 하나는 빠른 재미이고 책의 강박 증세 중 하나는 삶에 어떤 의미를 찾게끔 하는 것이다. 그게 우리를 더 자유롭게 하지 못하는데 하느님도 그런 면에서는 강박의 존재다. 나를 찾아가는 여정은 참으로 많다. 먼저 도스토예프스키의 『지하로부터의 수기』가 떠오른다. 또 지하 하니까 지하실에서 폐지 압축 일을 하는 보후밀 흐라발의 『너무 시끄러운 고독』도 생각난다. 세상의 책은 무수히 쏟아지고 기계는 돌아가는데 그 속에서 고독을 느끼는 『너무 시끄러운 고독』의 주인공은 행복과 거리가 먼 인간이다. 그렇지만 세상에 대한 자기만의 생각이 있고 그러한 삶을 선택하면서도 의식의 주체는 늘 자신이다. 반면 즐거울 게 많은 현대인은 역설적으로 '즐기는 열등감'의 삶을 산다. 역시나 모든 이가 그렇지는 않지만 말이다. 세상이 시끄러운 걸 알지만 제대로 듣지 않고 사는 삶도 때론 나쁘지 않다. 자꾸 나도 모르게 마음의 병이 세상으로부터 올 땐 의도적 귀머거리 삶과 벙어리 삶도 필요하다. 몇 년 전부터 최근까지 90년생이 어쩌고 20대 및 서른 살 MZ세대가 어쩌고 하는 이야기가 부쩍 늘었다. 이에 질세라 마흔과 노인이 어떻다는 등의 책도 많이 나온다. 그 나이 때에 있는 사람이 그런 책을 보고 그 나이 때에 있는 사람을 이해하려는 마음은 동질감과 미래에 대한 불안 때문이다. 다만 자기 세대 위주로만 보거나 개인의 처세술 같은 것만 있을 때는 불화의 책이 된다. 요즘은 특정 세대, 특정 마니아층, 특정 이념과 종교를 가진 사람들만을 대상으로 책이 쓰이기도 한다. 그게 늘 나쁜 건 아니며 긍정적 요소도 분명 존재함을 인정한다. 다만 그런 것을 보는 게 문제가 아니라 그런 것만 보니까 문제가 되고 걱정이 된다. 책 예찬론자마저도 세상 재미난 것들의 영상에 빠진다. 너무 쉽게 유혹되기 때문에 절제력이 없는 사람이라면 애초에 안 보는 것이 나을 정도로 영상은 재미난 세상이다. 한편 책이란 게 성별이나 세대 정치 등에 따라 받아들이는 게 너무 다르다면 그건 자극적 영상과 별반 다르지 않다. 책이 꼭 정합성에 따라 쓰여야만 하는 건 아니지만 적어도 이성적 모습은 완전히 꺾이지 않아야 한다. 사람은 늘 감정적이거나 이성적일 수만은 없다. 사람은 어떤 부분에서는 논리적이면서 또 어떤 부분은 대단히 감정적이고 신념적인 경우가 있다. 아무리 좋은 대학을 나오고 뛰어난 지능을 가졌더라도 우리는 바보 같은 그런 사람들을 직간접적으로 자주 접한다. 심리학적으로 볼 때에 개인은 화자가 하는 이야기에 쉽게 빠져들게 된다. 그러다 보니 각각 좋아하는 콘텐츠에 상징적 동일화가 되고 결국 어떤 무엇을 추종하는 노예상태에 빠진다. 서브컬처와 컬트문화 소비는 포스트모더니즘 시대부터 있어 왔지만 요즘은 영화뿐만 아니라 온갖 분야에 광적인 소비자가 존재한다. 그러면서 양면성을 가진다. 여기서 양면성이란 특정 콘텐츠 생산자는 매우 쉽게 특정 대중의 욕구를 만족시켜 주며 쉽게 돈을 벌지만 그 외의 다른 신념(정치, 이즘, 종교, 사상 등) 부분에서 그 추종자들과 다른 생각을 가질 땐 일부가 차갑게 식어버린다는 걸 의미한다. 물론 영상의 노예상태의 사람들이 여전히 많기에 심각한 범죄자거나 큰 거짓말이 드러나도 자기가 추종하는 사람에 그 관성적 애착을 쉽게 버리지는 못한다. 더 나아가 그 반대 세력이나 경쟁 상대가 있을 때에는 이런 양면성이 양방향적으로 이뤄진다. 책 또한 어떤 작가에 대한 애착이 존재하지만 개인 방송하는 사람이나 연예인 기타 인플루언서에게 그렇게 반지성적인 추종까지는 하지 않는다. 책은 작가나 내용에 대한 사랑과 의문을 즉흥적으로 피드백하지 않는 분절적 만남과 사고의 간극이 있기 때문이다. 너무 아픈 사랑은 사랑이 아니었음이라는 노래 가사처럼 너무 깊숙한 무엇의 애착은 이성의 부재를 가져올 위험이 존재한다. 즉 진정한 나를 위한 사랑이 아닐 수 있다. 인생의 한때의 측면에서 볼 때 사람이나 직업, 어떤 취미 문화에 엄청난 애착을 보이는 건 매우 멋진 일이다. 그러나 그게 세상의 판단 문제에도 영향을 준다면 그다지 멋진 일이 아니다. 그런 사람은 어떤 것에 대한 열정이 이성을 짓누른다. 책은 소비하면서도(읽으면서도) 자기만의 판단을 가질 수 있는 데 비해 영상은 그 순간에 그러기가 쉽지 않다. 실제로 영상을 볼 때와 책을 볼 때 뇌의 fmri 활성 상태는 서로 다르다. 이럴 때 보면 인간은 『착각의 과학』 세상에 살고 있는 게 맞아 보인다. 인간이 10% 정도만 뇌를 쓴다는 건 사실이 아님이 밝혀졌지만 어떤 신비감 때문에 믿지 않는다.

  책과 영상을 볼 때 뇌는 다를 것이라는 주장에 이와 비슷한 이야기를 한 책이 있다. 조너던 갓셜의 『스토리텔링 애니멀』에서 갓셜은 스토리를 읽음으로 인해 참여하는 참여자가 된다는 주체적 상태를 이야기한다. 신화든 소설이든 장르와 상관없이 책 속의 이야기를 본다는 건 시각 문화에 익숙해져 피동적인 상태가 된 우리에게 삶의 교훈을 준다. 물론 꼭 영상 시청이 수동적인 인간을 만든다는 건 아니지만 책의 이점을 위해 그건 잠시 모르는 척해 보겠다. 영상은 자꾸만 필터버블이 되어 확증편향에 빠지게 하지만 책은 그에 비해 위험요소가 덜하다. 특별히 책을 편식하지 않는다면 A라는 책을 읽었는데 나중엔 A와 조금 다른 관점의 책을 보곤 한다. 계속 책을 읽어 갈수록 그런 건 많이 보인다. 전통적으로 철학책이 그런 경우가 많은데 요즘은 빠르게 변하는 시대다 보니 현대사회는 문화 사회 정치 등의 분야에서 다양한 저자의 관점을 볼 수 있다. 격렬할 수밖에 없는 영상 속 진보와 보수의 대화는 말과 귀가 상스러워지고 더러워진다. 같은 구정물에 빠지기 싫으면 영상보다 특히 이런 분야는 책을 읽는 게 더 낫다. 허시먼의 『보수는 어떻게 지배하는가』 혹은 국내도서 『비통한 자들을 위한 정치학』같이 너무 한쪽에 과하지 않은 책들은 그다지 불편하지 않다. 물론 전자의 도서의 경우 같은 성향의 사람들에게조차 비판적 시각이 존재하지만 말이다. 보수가 보수의 시각에 빠져서 에드먼드 버크 주장만 곱씹어 봐야 의미 없고 진보가 진보의 시각에 빠져서 『진보와 빈곤』을 설파해도 반대편에 와닿지 않는다. 이미 색안경이나 선입견을 가진 사람은 책을 자기주장의 유리한 도구로만 보고 권위를 부여하는 반면 불편한 건 절대 받아들이려 하지 않는다. 선택적 그런 사람들에겐 오히려 책이 흉기다. 책이 우리 자신을 위한 긍정적 무기가 되어야지 그저 반대편을 공격하기 위한 흉기가 되면 안 된다. 그런 사람들이 책을 보면 더 위험하다. 반복해서 말하지만 책을 읽는다는 건 어떻게 보면 타인을 수용할 용기를 가지는 일이다. 그런데 온라인의 좋은 글이나 조언조차도 가볍게 여겨지고 옳고 그름까지 굳이 따지려는 세상이다 보니 그 가벼움이 깃털과 같다. 책은 그나마 보통 500그램의 무게가 있다. 자신은 평가받길 원하지 않으면서 타인 평가와 정답만을 찾으려는 고집스러운 인간이 있다. 공자가 말하길 "소인은 동이불화, 군자는 화이부동"의 자세를 가진다고 한다. 현대의 소인은 타인의 잘못만을 보려고 하고 편을 가르려는 사람이다. 미래에는 챗GPT 혹은 다른 AI 로봇 인간이 책을 대신 써 주기에 작가의 영역은 없어질 거라고 한다. 실제 그런 시대가 와도 역설적으로 진짜 인간이 쓴 무엇을 인간이 바랄지 모른다.

아무리 감정의 영역을 가지고 있는 인공지능 창작 글이라 할지라도 말이다. 그때가 되면 인간은 AI 때문에 진짜 아노미 현상을 맞이할 것이다. 누군가는 그런 AI 인간과 진정한 친구를 맺지만 누군가는 심연에 어떤 채워지지 않는 마음이 존재할 수 있다. 진짜 인간에 대한 유아기적 사랑의 마음 같은 거 말이다. 공상의 미래에 한 번 이런 비슷한 이야기를 했기에 중복될 것 같아 더 이상 이쪽 이야기는 하지 않겠다. 책은 그렇게도 아날로그이면서 우리가 미래를 이야기할 수 있는 존재도 되다 보니 위대한 물건인 것은 분명 틀림이 없다. 그래서 책을 숭배하는 종교를 만들어 보는 건 어떨까 하는 이상한 생각을 해 본다. 만약 그런 책 종교가 있다면 이 또한 사회의 암적 존재가 될 것이다. 아무리 책 예찬론자라도 이런 극단은 극단끼리 통하기에 하나도 도움이 되지 않는다. 책에만 진리가 있는 건 아니기 때문이다. 누구나 언어의 한계를 가지고 있음을 알고 있다. 그럼에도 불구하고 문자로 누구나 이해할 수 있고 누구나 비슷한 상상력과 감성을 채워가는 글자의 조합이란 참으로 오묘하다. 때론 책이 과체중이 되기도 하지만 한편으론 책 한 권 자체가 기표 역할을 하기에 그 많은 글자를 기억하지 않아도 되는 아주 가벼움도 가지고 있다. 단지 사람 각자에 따른 책의 생명력과 의미부여가 다를 뿐이다. 책을 읽는다는 것은 매일 조금씩 헬스장에 가서 운동을 하는 것과 같다. 당연히 몸의 결과는 각자가 다르다.

## 니들이 여자를 알아?

성인이 되어 책을 2~3년간 한 100권 읽으면 대단히 뿌듯해지면서 이번 연도엔 더 많이 읽어야겠다는 생각을 한다. 수백 권이 넘어가고 천 단위 책을 읽게 되면 이제 뭔가 써 보고 싶고 잘난 척을 해 보고 싶어진다. 책을 좀 봤으니 자기만의 시각이 생긴다. 수천 권 혹은 만 단위까지 읽은 책의 고수는 이와는 반대로 세상을 잘 모르겠다고 하는 사람이 되기도 한다. 이즘(ism)에 대해 어떤 이는 다양한 문학작품을 끄집어내어 온갖 이즘과 관계된 철학적, 사회적 현실적 관계를 말한다. 집요할 정도로 과거 원죄를 현재까지 확대 해석하며 남성을 주적으로 만든다. 그러면서 꽤 지난 과거의 작품이나 영화 기타 사회사건 등을 이야기하는데 사실 현시대에 잘 맞지 않는다. 외국 도서든 국내 작품이든 여성피해나 차별, 가부장적인 게 있으면 어떻게든 이즘은 꽃이 핀다. 끝내지 못한 과제를 계속 한쪽 성의 입장에서 꺼내 보려는 억지스러움은 그저 반대 젠더에 대한 미움을 커지게 만들고 같은 성의 억압만이 보이도록 하는 신념 강화만 줄 뿐이다. 그것만 보고자 하면 기가 막히게 그것만 보인다. 인간의 전두엽은 복잡 오묘하면서도 단순하다. 사실 이런 시각도 과거 외국 작가들이 이미 다 했던 것이며 거기엔 정치의 영역이나 철학적 문제 현실적 문제가 다 들어 있던 것이었다. 건전한 생각과 균형 잡힌 생각을 가진 남자 작가는 이제 그런 빌미를 주지 않기 위해서 자기와 같은 성(性)의 우월감에 빠지지 않도록 노력한다. 어쩌면 이미 글쓰기부터 그런 이즘에 과도한 자기검열이 들어가는 게 아닌가 하는 생각도 든다. 계속해서 어떤 이즘이 남성의 무엇을 집요하게 파고들면 항상 반대편 남성은 또 무엇으로 호명된다. 원래 이즘은 이즘의 편에 서는 사람들이 약자였기 때문에 탄생한 개념인데 오히려 지금은 약자가 강자가 되었다. 적어도 언어로는 말이다. 과거 그녀들은 서발턴의 존재였기에 언어가 존재했어도 의미 있지 않았지만 지금은 아니다. 그녀들이 남성 중심의 사회에 질문을 제기했듯이 현재 남성들도 그 이즘이라는 로고스와 사상에 질문을 하는 것이다. 이즘에 대한 혐오가 아닌 합리적 의견 제시라면 이것이 백래시가 될 순 없다. 늘 그랬듯이 이 책은 더 깊은 사랑을 하기 전에 '나는 아직 사랑을 몰라'라는 느낌으로 멈춰야 할 때를 안다. 여기서도 이 이야기는 그만 멈출 것이다. 늘 그랬듯이 이 글은 책의 향연과 현실의 얼얼함 사이의 균형을 이루고 싶은 책이다. 조금은 반복되는 이야기도 있는데 책이란 것도 다양하게 읽다 보면 그런 느낌을 받는다. 단순히 이즘의 시각에서 책은 끝나지 않는다. 내가 보았던 어떤 책에 대해 그것을 전부 맹신한 게 아니라면 그 반대의 생각을 가질 수 있다. 가령 『전쟁은 여자의 얼굴을 하지 않았다』를 보면 여성이 볼 때는 무조건 공감해야 하는 책이다. 내용도 실제 남자 못지않은 여성의 전쟁 참여와 그 속에서의 용기와 헌신, 노력, 트라우마 등을 다룬다. 그동안 알지 못한 여성의 희생에 대한 것이니 허구나 그런 건 없으리라 본다. 그 책으로부터 젠더를 떠나 모두가 전쟁의 참혹함이나 여성의 위대함을 느낄 수 있어야 하는 게 정상이다. 그런데 과연 이 작품이 노벨 문학상을 받을 정도인가 의심할 수 있다. 남성이 이런 의문을 제기한다고 젠더의 눈으로 반론하면 더 이상 발전적 토론을 할 수 없다. 젠더에 벗어나서 책을 평가해야 하는데 어떤 이는 작은 것에 머무른다. 지금은 남녀의 이야기를 하고자 하는 게 아닌데 그렇게 보인다면 이 글을 쓴 사람의 잘못이다. 이왕 이렇게 됐으니 또 생각이 난 걸 이야기하겠다. 전쟁과 여성 하니까 김알렉산드라라는 인물이 떠오른다. 진짜 호걸(호걸의 사전적 뜻: 지혜와 용기가 뛰어난 사람)은 나이팅게일이나 이런 사람이다. 보통의 남성도 김알렉산드라의 용기와 배포 그리고 희생정신은 도저히 따라갈 수 없을 정도다. 김알렉산드라의 희생정신을 알면 남녀가 함께하여 독립을 이루고자 했던 독립정신의 고취자 김마리아도 당연히 알아야 한다. 재판에 넘겨진 김마리아에게 판사가 묻는다. "여자가 어째서 남자들과 함께 운동을 했냐?" 김마리아는 이렇게 대답한다. "한시도 독립을 생각하지 않은 적이 없다. 세상이란 남녀가 협력해야만 성공하는 것이다. 좋은 가정은 부부가 협력해서 만들어지고 좋은 나라는 남녀가 협력해야 이루어지는 것이다." 그녀가 죽은 지 딱 80년이 지난 이 시점에 다른 젊은 여성들이 추운 길거리에 나와 나라를 지키고 있고 젊은 남성은 군에서 나라를 지키고 있다. 그녀는 이들에게 하늘에서 눈물 대신 기쁨의 미소를 보낼 것이다. 이 젊은 세대는 열기 오른 스마트폰으로 마커 짓만 하는 남성이나 이즘에 빠진 사람보다 비교할 수 없을 정도로 위대하다. 가장 중요한 가치가 하나 있을 때 분열과 대립은 가장 나쁜 전염병이며 그 병원균은 퇴치되어야 한다.

어떤 책이나 인물을 보고 누군가는 좌우/남녀 등으로만 생각하려는 사람이 있고 어떤 사람은 그것에 매몰되지 않고 그 이상을 찾는 사람이 있다. 우리의 목표는 당연히 후자이기에 무엇을 강하게 주장하지도 깊게 들어가지도 않는다. 그저 다양한 사람에게 인물이나 책을 소개하며 가볍게 자극받으라는 잽 정도를 툭 던질 뿐이다.

이젠 완전히 분위기를 바꿔서 다른 책의 이야기로 넘어가 보자. 이탈로 칼비노의 『반쪼가리 자작』은 분량도 비교적 적고 내용도 흥미로워서 재밌게 읽은 기억이 난다. 오래전 읽음으로 생생하게 기억나지는 않지만 주인공 남자는 전쟁으로 신체의 무엇인가를 잃고 만다. 그래서 마음의 무엇도 책 제목처럼 두 동강이 난 상태다. 그 후 자작의 행동에 대해서 사람들 생각이 다양하다. 책을 본 사람들은 마치 『필경사 바틀비』라는 주인공 인물처럼 자작의 전쟁 후 모습을 다양하게 해석한다. 누군가는 전쟁의 트라우마를, 누군가는 선과 악을 끄집어내고 누군가는 인간의 위선을 말한다. 책을 본 후 평가는 자신이 무엇을 더 보고 싶었는지, 어떤 내용을 더 각인했느냐에 따라 달라진다. 그 관점에 따른 해석이라 함은 틀린 게 아닌 다름의 결과물이다. 그래서 위대한 작품들의 재밌는 부분 중 하나는 작가들이 대중의 이런 시각을 즐기는 것처럼 보인다는 점이다. 한강의 『채식주의자』도 마찬가지다. 뭔가 있어 보이려면 주체와 타자의 관계와 여러 가지 폭력과 억압을 이야기해야 한다. 가족이나 사물로부터 폭력성을 형상화하고 여러 의미를 찾아내야 한다. 어떤 사람은 특정 문장 하나 특정 이미지(장면) 하나에 소설 작품이나 영화 전체에 모든 걸 담아 버리는 사람도 있다. 어떤 건 아주 난해해서 더 회자가 되기도 한다. 그래서 너무 어려운 건 보고 싶지 않고 추천도 하고 싶지 않다. 글 읽기 능력이 부족한 건지 아니면 지능이 떨어지는 건지는 모르겠지만 제임스 조이스의 작품은 현현(에피파니)이 대체 어디서 드러나고 어디서 감을 잡아야 할지 잘 모를 때가 많다. 이런 책은 천천히 그리고 깊숙이 연구하는 사람 덕분에 해설을 조금 듣고 나서 알 뿐인지 철학서처럼 책을 읽고도 잘 각인 안 되는 무엇이 있다. 물론 반대의 경우도 존재한다. 책을 읽고 자신만의 매우 강렬한 무엇을 또 보기도 한다. 또 남들은 어렵다고 하지만 자신에겐 정말 재밌고 쉬운 책이 있다. 이런 개인의 다양성 때문에 책을 물고 늘어지려면 얼마든지 그렇게 할 수 있는데 그건 그리 좋지 못한 습관이다. 그리스 로마 신화를 가지고 이 세상을 다 해석하려는 사람은 온갖 인간 문제를 끄집어낸다. 이른바 신화 심리비평의 매몰됨이다. 해석의 문제는 차라리 상관이 없다. 가령 『아홉 켤레의 구두로 남은 사내』의 내용 중 참외를 싣고 가던 트럭의 전복으로 그 참외를 가져가는 시위대를 어떻게 볼 것인가 같은 건 해석의 문제다. 거의 모든 문학작품엔 이런 해석의 다양성이 1개 이상은 존재한다. 방금은 상황적 해석이었고 인물 평가도 매우 다양하게 할 수 있다. 예를 들면 헨리크 입센의 『인형의 집』 주인공 아내에 대한 평가다. 대부분의 평가는 남편의 억압에 맞서 여성의 주체적 어쩌고 하는 게 많은데 꼭 그렇게만 생각하지 않는다. 『인형의 집』 여자 주인공 해석은 필자가 하지 않을 테니 아직 안 읽어 봤다면 온라인의 평을 보지 말고 백지 상태에서 한 번 직접 읽어 보길 바란다. 사유의 동면에서 언급한 그동안의 책들은 마치 『동급생』의 결말을 말하지 않는 것처럼 너무 막나가는 스포일러는 결코 하지 않았다는 걸 알아주길 바란다. 최대한 자제하고 있다. 되도록이면 인문고전도 장황하게 해석한 책이나 다른 사람 글 먼저 읽지 말고 본인이 먼저 읽고 사유해 봐야 한다.

  우리가 진짜 경계해야 하는 건 해석이나 사회적 논란의 문제가 아니다. 현학적이고 싶어서 글을 어렵게 쓰고 일부러 해석의 여지를 다양하게 주는 글 그리고 감성적 철학적인 내용만 쓰는 건 옳지 않은 일이다. 그런 사람의 생각은 존중하지만 읽고 싶지는 않다. 소설의 구성은 오히려 계산적이어야 한다. 그런데 인간이 어쩔 수 없이 계산적이긴 하지만 드러내 놓고 그러는 건 너무 염치없고 비인간적이다. 책도 그런 최소한의 '책다움'이 있어야 한다고 생각하지만 그러면서도 항상 책은 어떤 '책다움'에 갇혀 있다. 사유의 동면처럼 쓰면 책이 아니게 된다. 문체는 다양하지만 책이기 위한 구조의 틀은 언제나 똑같다. 인식을 바꿔 봤으면 좋겠다. 요즘의 언어를 쓴다고 외적으로 고급진 느낌이 없어진다고 생각한다면 그런 사람은 각주구검의 미련함이자 식자우환 같은 오만함을 가진 사람이다. 글을 쓰는 사람과 읽는 사람의 책 인식도 바뀌어야 한다. 인간의 이중적이고 모순된 행동은 책의 단골 소재인데 『사유의 동면』이라는 책 내용에서도 모순이 존재한다. 따로 부연설명 하지 않은 극소수의 문장은 혼자만 알 수 있다. 책의 작가도 과연 혼자만 알고 싶어 하는 요소를 넣을까? 혼자만 잘 살면 재미없을 건 확실하고 삶의 의미도 없을 것 같은데 그건 나중에 작가의 입으로 해 주면 해결이 된다. 인간의 삶에도 하나쯤은 숨겨진 보물이나 찾아야 할 보물이 있으면 좋겠다. 꼭 그게 아니더라도 어떤 판도라 상자처럼 알 수 없는 그런 요소도 가지고 있으면 무료하지는 않을 것이다. 책과 사람은 이렇게 마주보고 있고 서로 즐거움을 주는 존재다. 다만 책을 마주할 때는 사람과 마주할 때처럼 말 자체보다는 의미를 찾을 수 있어야 한다. 심리학, 과학, 의학 관련 책은 아직 알려지지 않은 부분에 대해 이론이나 다수 의견을 소개하기도 한다. 그건 주장이나 확신이 아니다. 작가와 자신의 생각은 주관성의 객관화 전도(轉倒)가 일어나기 쉽고 책의 위험성을 높이기에 교차 관점을 가져 보려고 노력해야 한다. 해석의 여지와 논란이 되는 것은 동음이의어처럼 보이지만 그건 확실히 경계가 있다. 해석은 다양성이고 논란은 폐쇄성으로 후자는 옳고 그름이 존재한다. 그동안은 거의 대부분 책의 좋은 면만 바라보았는데 책을 사랑하더라도 따질 건 따져야 한다. 마치 눈에 콩깍지가 씌어 사랑하는 연인에 대한 객관화가 안 될 때 단점이 안 보이는 것과 똑같다. 글을 쓰는 사람과 읽는 사람이 대립적이라고 해서 그 자체가 문제가 되지는 않지만 둘 중 하나가 중립적이지 않으면서 문제를 제기할 땐 문제가 된다. 자신은 이성적이라고 생각하지만 인간의 가장 중요한 차이는 '관점'의 차이기 때문에 그걸 스스로 인정하기란 거의 불가능에 가깝다. 앞서 짧게 언급했지만 가령 창조론과 진화론 사이의 불일치가 그런 경우다. 창조론의 개념을 어떻게 할 것인가에 따라 생각의 흐름이 조금 다를 수 있는데 창조는 되었다고 생각하지만 우리가 아는 그 유일신/하느님이 창조한 게 아니라고 생각할 수 있다. 이외에 창조가 맞기는 한데 그 후 진화가 되었다고 생각하는 사람은 없을까? 즉 창조론과 진화론은 그동안의 이분법적 시각에서 탈피하여 다양한 이론의 전개가 가능하다. 위 둘은 언어의 해석에서부터 출발해야 한다. 모든 종교인이 창조론을 믿는다고 생각하지 않고 모든 무신론자가 진화론을 믿는다고 생각하지 않는다. 과학과 창조는 생명 탄생에 불가분의 관계이지 반대 개념이 아니다. 철학적으로 들어가면 과연 창조된 것과 진화된 것의 근원까지 올라가게 되는데 과연 이게 옳고 그름의 문제며 믿음의 문제인가를 따지지 않을 수 없다. 태초의 빛이 있었다는 것을 빅뱅으로 해석 하더라도 그렇다면 그 빛 이전은 무엇이 있는가에 대한 물음까지 이어지게 된다. 물론 누군가에겐 태초의 빛 이전에는 아무것도 없다. 생명의 근원을 찾는 이 문제에 무지의 영역은 여전히 존재하기에 사람들 생각은 제각각이다. 그걸 꼭 한쪽으로 결론을 정해 놓고 교조적이 될 때는 주관성과 객관성의 혼합까지 되어 엉망이 되어 버린다. 개인의 생각으로 끝나면 상관없지만 집단의 사람들이 그 생각을 신념화할 때는 한심한 존재나 사회문제가 된다. 책의 문제와 사람의 문제의 공통점은 일부 사실을 가지고 전체가 사실이라고 말하거나 일부 틀림을 가지고 전체를 틀렸다고 규정해 버리는 일이다. 거기에 자기 생각을 주입하고 가르치려 할 때 치킨게임이 되는데 인간의 편리한 자기위주 사고방식은 세상 어디에서나 통한다. 작가는 책임감을 가져야 한다. 그 외 이상한 선민의식을 가진 일부는 꼭 딴지를 걸어야 자기가 똑똑하다고 생각하는 사람이 있기에 그것도 신경을 써야 한다. 그중 하나가 신념에 따라 역사를 해석할 때이다. 역사인식은 합리성을 가장 희미하게 하는 영역이다. 무소속의 역사 인식은 참으로 중요하다. 볼테르는 이렇게 이야기했다. "진리에는 당파성이 없다."

# 역사란 무엇인가 2

　에드워드 카의 『역사란 무엇인가』를 읽어 본 사람은 알겠지만 불온서적 같은 느낌이라는 건 전혀 들지 않는다. 오히려 학창시절 때 랑케와 카의 역사 관점에 대한 시험문제가 나올 정도였기에 이 책들의 핵심을 알아야 했다. 사실로서의 역사와 해석으로서의 역사 같은 거 말이다. 그런데 학림 사건 당시엔 『역사란 무엇인가』 책을 가지고 다니는 게 불온사상을 가진 사람으로 취급받았다. 이런 책이 그 당시 불온서적으로 취급받은 건 피의 들끓음에 대한 그 당시 독재자의 민중 억압이 필요했기 때문이다. 칼 융에게 역사란 두꺼운 책에 있는 게 아니라 우리의 핏속에 살아 있다는 것을 알게 해 준 어떤 사건이나 사람들이었다. 책의 억압과 억울함은 몇 십 년 전 우리나라만의 문제는 아니었다. 책을 불태우고 작가를 탄압했던 이야기는 잠시 했으니 중복하지 않을 것이다. 그 대신 진짜 불태워야 할 책은 따로 있다. 사유의 동면에서 '친일 매국주의'란 낙서가 과연 언급할 가치가 있는 낙서인가 잠시 고민했다. 처음에 이 낙서가 나온다고 했을 때 절대로 읽지 않으리라 다짐했는데 도서관에서 우연히 보게 되어 그냥 읽게 되었다. 사람은 이성과 감정을 넘어 진짜 말이 안 되거나 황당하면 무의식적으로 헛웃음이 나온다. 원래는 책과 화자가 전하는 말과 글에 사람은 쉽게 설득당하기도 한다. 그런데 『매국 몽매주의』

책은 단 한 줄도 전혀 그렇지 않았다. 굳이 찾자면 그 낙서에 딱 하나만 동의하는데 그건 바로 '민씨' 관련 부정적 발언이다. 저자는 역사적 사실로 말하려고 하는 의도보단 아마 민씨가 일본보다는 다른 나라들에 더 의존했기 때문에 그렇게 평가한 거 같다. 왜냐면 매국 몽매주의 낙서는 100% 일본인이 쓴 것처럼 보이기 때문이다. 단 한 번도 그게 책이라고 생각해 본 적은 없어서 그냥 낙서라고 표현했다. 낙서 제목이 굉장히 거창한 것에 비하면 내용은 정말 창피할 정도다. 아마 정치적 좌우로 매몰된 사람이 아닌 조금이라도 학식을 가지고 있는 사람이라면 허접한 뉴라이트의 근대 식민사관에 헛웃음이 나올 것이다. 이 낙서는 더 이상 언급하지 않겠다. 또 하나 어이없는 낙서는 김구 선생을 테러리스트로 규정하는 것이다.

이런 시각이면 사실 한국 독립운동가 대부분이 테러리스트가 된다. 간디 같은 사람만 있어야 한다. 서두에 좋은 책, 나쁜 책은 없다고 했지만 단서를 단 기억이 난다. 정치, 종교, 신념, 돈 등에 빠진 책은 경계를 해야 한다고 말이다. 이런 도서는 대부분 극단적 시각을 가진 사람의 마음을 채워 줄 뿐이며 사회적으로는 괜한 에너지 낭비를 하게 만든다. 왜 역사적 사실의 사건을 이념으로 보려고 하는지 이해가 안 간다. 이런 뉴라이트의 식민사관에 조목조목 반대하는 최근 도서들도 있는 것으로 아는데 과거 읽었던 책 중에는 주종환의 『뉴라이트의 실체 그리고 한나라당』이라는 책도 있다. 참고로 2024년 현재 리더를 뽑은 정당 이름을 이 책에서 단 한 번도 언급하지 않은 이유는 매번 국민의 심판을 받을 때마다 어차피 정당 이름을 또 바꿀 것이기 때문에 그런 것이다. 언제나 인간사에는 비정상이 약 n%는 늘 있었다. 3331 법칙을 떠올리기 바란다. 최근의 역사 논란으로 한번 돌아와 보자. 어떤 정치인은 김활란이 이화대학 학생을 미군에게 술 접대하도록 했다고 주장한다. 90년대 중반 중학교를 다닐 때 배운 역사 교과서엔 김활란이 두세 줄 언급되었다. 30년이 다되었지만 신기하게도 쓰인 글의 위치까지 정확히 기억이 난다. 그때 교과서 내용은 간단하다. 김활란은 신여성이라고 표현되었으며 마치 시대를 앞서간 사람의 표본인 것처럼 긍정적인 인물로 평가되었다. 친일의 행각이나 이화여대 여학생을 미군에 접대시켰다는 내용은 전혀 들어있지 않았다. 역사적 어떤 사실을 가지고 어떤 이는 성별과 정치 영역으로 나누어져서 가증스러운 프레임 전환을 하고 본질적인 부분을 숨기려고 한다. 만약 어떤 이즘(ism)까지 여기에 연계되어 김활란이란 여성을 두둔한다면 그건 반쪽자리는커녕 전체 이화인을 모욕하는 행위가 된다. 우리의 뿌리 깊은 썩어빠진 역사는 실제로 과거와 현재가 이어진 경우가 많다. 그래서 바른 역사 교과서는 중요하고 그걸 가르치는 교사도 중요하다. 시대는 변하지만 사고의 세대물림, 성별물림(지연과 지역물림, 사상물림) 같은 유전은 거의 변하지 않기 때문에 교육은 정말로 중요하다. 과거엔 서북 청년단이 오프라인에서 극렬적이었다면 지금은 일베와 일베와 같은 펨코 커뮤니티 유저들이 극렬하다. 역사는 반복된다고 계속 반복해서 말하고 있는데 시대만 다를 뿐 그런 과거인이나 현대인이나 의식수준은 거의 비슷하다. 스승이나 좋아하는 책의 저자로부터 영향 받는 일은 괜찮지만 이런 불필요한 대물림의 영향을 신념으로 받아들이면 환자가 돼 버린다. 좋은 책을 보며 보편적 균형적 사고를 가진 사람이 많아져서 못된 인간들에게 맞서야 한다. 요즘은 합리적 이야기를 하면 좌파가 되고 선택적 내로남불 이야기를 하면 우파 참칭인이 된다. 지금까지는 한 국가 내의 가치관에 따른 '생각 다름'의 이야기였는데 이걸 인종적 세계적 역사의 시각으로 돌려 보겠다. 서점에 가면 유대인을 악마화하며 시오니즘을 진짜라고 평가하는 책이 있다. 반면 어떤 책은 시오니즘이 유대인을 모함하기 위해 만든 일종의 음모론이라고 말한다. 시오니즘뿐만 아니라 역사적 관점에서 유대인의 악랄함만을 그리스 로마시대부터 현재까지 끄집어 와 소개하는 책이 있다(재밌게 읽은 책인데 책 제목이 생각이 안 난다. 거기서는 유대인을 거의 인간의 악의축이나 기생충 정도로 바라본다. 그래서 저자는 유대인이 이스라엘이란 나라가 세워지기 전까지 핍박받고 유목하며 떠돌아다닌 억울한 하느님의 민족이라는 것에 반론을 제기한다). 인종은 대체로 종교와 연관이 되는데 유대인과 기독교 그리고 아랍인과 이슬람은 또 역사를 같이한다. 과거부터 뿌리 깊은 이들의 역사를 알지 못하면 팔레스타인과 이스라엘의 전쟁을 선악이라는 이분법적 관점으로만 보게 된다. 우리나라의 정치와 이즘 문제도 무엇을 좋아함보다 무엇이 싫어함으로 인해 모든 걸 잡아먹는다. 역사 또한 역사를 무엇으로 규정해 버리면 마음의 문과 앎의 문이 닫혀버려 더 이상 역사를 배울 수 없다. 이슬람 이야기가 나왔으니 세계의 역사를 잠시 알아보자. 앞서 얘기했던 내용들이 아니니 걱정하지 않았으면 좋겠다. 무함마드 사후 8세기부터 어떻게 수니파 시아파가 생겨났고 그 후예들이 어떤 나라이며 어떤 지향점을 가지는지 알아두면 좋다. 검색을 통해 이제 막 순니파와 쉬아파를 알았다면 사고의 확장을 해야 한다. 기독교도 그렇고 이슬람도 그렇고 기득권이 있는 곳에서는 꼭 분열을 한다. 전쟁과 분열만 아니면 한국사나 세계사의 분량은 10분의 1로 줄어들 것이다. 이슬람 관련 책을 읽으면 또 알아야 하는 단어들이 여럿 나온다. 적어도 샤리아와 하디스의 개념 정도는 알아야 한다. 굳이 샤리아의 해석을 두고 현재 어떤 주류파들의 해석이 우위에 있는지까지는 알 필요는 없다. 또한 그들의 다섯 기둥을 다 외우거나 코란과 성경의 유일신에 대한 차이가 무엇인지 몰라도 된다. 세계의 문화권 및 세계 민족을 굵직하게 나누면 아무리 많아야 10개 내외로 끝나는데 그들과 관련된 책 한두 권이면 세계사 흐름을 대략 알게 된다. 실제 이런 세계사적 책을 읽다 보면 재밌고 유익한데 그것마저 안 한다면 조금 아쉽다. 아랍(혹은 중동), 우크라이나 기타 발칸반도 관련 이야기는 꼭 책이 아니더라도 뉴스에도 많이 보게 된다. 아주 드물게 좋은 기사거리도 있으니 그런 건 잠시 읽어 볼 만하다. 만약 주식과 같은 돈을 찾아가는 행동을 실제로 한다면 국제 정세나 각국의 역사와 문화를 더 심도 있게 봐야 한다. 그것들은 글로벌 기업의 방향이나 산업에 전혀 무관하지 않기 때문이다. 사실 바쁜 현대인들에게 스마트폰으로 세상을 보면 되지 무슨 책을 읽고 기사를 가려 읽으라고 하는지 시대에 뒤떨어진 조언이라고 생각할 수 있다. 실시간 정보는 디지털이 책보다 훨씬 빠른 건 당연하다. 얼마나 많은 주식 전문가와 국제 전문가, 부동산 전문가, 투자 전문가가 온라인에는 많이 있던가. 그러면서 그걸 그대로 받아 적거나 자본주의 언론 입장으로 쓴 기사에 우리는 곧이곧대로 믿으며 얼마나 피눈물을 흘렸던가. 이번엔 다르겠지 하지만 불행한 그 일과 믿음을 또 반복한다. 정보 아닌 정보가 비극이다. 그렇다면 역사적 사실의 비극으로 한번 가 보겠다. 홀로코스트로 잘 알려진 히틀러의 유대인 학살자수는 보통 600만이다. 그런데 이 600만이라는 숫자를 부정하는 학자도 있다. 아우슈비츠 수용소 외에 아무리 다른 많은 지역에 유대인 학살이 이루어졌다고 하더라도 과학적으로 과연 이 숫자가 맞는지 의문을 가지는 것이다. 그렇다고 히틀러의 유대인 집단 학살을 부정하지는 않는다. 그 사람이 신나치주의자나 이상한 역사 수정론자, 쇼비니즘 및 징고이즘을 가진 비합리적인 인간도 아니다. 이와는 반대로 어떤 이는 히틀러의 학살을 전 유럽화하여 유대인만이 아닌 모든 희생자를 포함하여 나치의 살인은 천만 이상이라고 말하기도 한다. 숫자란 정확히 알기 어렵기에 논외로 하고 여기서 중요한 건 따로 있다. 숫자에 대한 의문을 제기한다고 해서 그게 바로 히틀러나 독일의 역사적 죄를 보호막 치며 홀로코스트를 부정하는 게 아니라는 점이다. 우리는 어떤 절대적 가치에 대한 의문을 이상하게 비틀어서 해석하려는 경향이 있다. 가령 성경의 비판이나 어떤 이즘의 비판도 마찬가지다. A에 대한 시각을 비판하고 의문을 가지는 것이 곧 A 전체를 부정하는 게 아닌데 사람들은 마음의 편향 때문에 그 의문 자체를 우리에 대한 공격이나 부정으로 평가해 버린다. 그래서는 안 된다. 그러나 5.18에 대한 역사적 사실을 계속 부정하고 김일성이 어떻다는 둥 무슨 유공자를 공개하라고 하는 것은 이런 입장과는 전혀 별개의 문제다. 이런 의문은 극소수의 사례를 들어 전체화하며 역사적 큰 진실을 오염시키는 짓이기에 건전한 의구심에 대한 것과는 분명 구분이 된다. 오로지 정치적 사상적 의심으로 하는 이런 사람들은 팩트에 기반하지 않는다. 즉 이것도 두 부류 인간이 존재하는데 홀로코스트(혹은 Shoah 쇼아. 히브리어로 재앙이나 재해 수준의 말살을 뜻함) 숫자에 의문을 제기하는 사람은 성향 실익이 없지만 좌파 북한 공산당 거리며 의혹을 제기하는 사람은 성향 실익만이 전부인 사람들이다. 역사의 해석은 이쯤 해두고 역사를 에피소드 비슷하게 생각하여 재밌는 분류로 이어가 보자. 우리 인류의 역사는 자기가 보고 듣고 배운 것에 따라 여러 가지 스토리텔링이 가능하다. 가령 로물루스의 로마탄생 이후 현대까지 지난 3천여 년간의 로마 전쟁만을 다루며 역사책을 이어 가는 방식 같은 거 말이다. 이런 건 한 권이나 한 작가에서 끝나지 않기에 쉽게 서점이나 도서관에서 찾아 볼 수 있다. 그 외에 차별받았던 여성의 억압만을 다룬 책도 있고 지난 2000년간의 총성 없는 세계 무역전쟁만 다루는 책도 볼 수 있다. 가령 책 제목이 같은 몇몇 『자원전쟁』 책이나 이덕일의 『세상을 바꾼 여인들』 에번 프레이저의 『음식의 제국』 등이 그런 책이다. 책 『혈통과 민족으로 보는 세계사』나 『10대 민족으로 읽는 패권의 세계사』처럼 민족으로 세계의 관점을 보는 책도 있다. 여성이라면 모르겠지만 남성들에게 이런 책이 재미없을 리가 만무하다. 이런 발상 자체가 남녀 이분법적이라면 사과를 전한다. 이렇듯 굳이 안 해도 될 말을 하는 게 인간의 문제다. 위 책들은 정말 가볍게 술술 읽을 수 있는 책들이다. 이외에도 건축으로 보는 역사, 미술(예술)로 보는 역사, 종교 철학으로 본 역사 등등 역사의 분류는 더 세분화할 수 있다. 그런데 언제 이런 걸 다 읽을 시간이 있는가? 우리에겐 책의 서머리(summary)가 곳곳에 있지만 이걸 꼭 보지 않더라도 책 몇 권만 읽어 보면 얽히고설킨 부분이 많이 있어 대략적으로 뼈대 지식의 습득이 가능하다. 원래 성인이라면 책을 거의 읽지 않았더라도 학창시절 기본 지식이 있기 때문에 너무 산더미 같은 책의 거대함에 겁을 먹을 필요가 없다. 설령 기본 지식이 없더라도 쉬운 것부터 차근차근 읽어 보면 된다. 그렇다면 역사를 왜 배워야 하는가? 에드워드 카의 그 유명한 '역사는 과거와 현재의 끊임없는 대화, 상호작용'이기 때문이라고 하면 설명이 쉽게 끝나지만 마치 이건 '사람을 살인하지 말아야 한다'와 같은 느낌의 당연한 진리처럼 보여서 또 다른 설명이 필요하다. 비트겐슈타인은 "문제를 해결하는 힘은 새로운 정보를 얻는 게 아니라 이미 오래전부터 알고 있던 정보를 체계적으로 이용하는 것에서 온다"라고 하였다. 이 말은 개인으로 해석해도 되고 역사로 해석해도 아주 좋은 의미를 가진다. 단순히 과거로부터 배우고 미래를 위한 것이라는 역사의 상투적 가르침보다 비트겐슈타인의 말이 더 와닿는다. 이 책에서 숱한 종류의 책을 말하는 것과 다른 작가들이 인문학을 말하는 것도 결국 어떤 문제를 인식하고 해결책을 위해 끊임없는 인간의 소통을 위한 것이다. 이미 언급한 책들은 과거가 되어 버렸다. 지금 이 글을 읽는 사람은 현재에 위치해 있고 책을 덮으면 다시 과거가 된다. 현재 나의 잘못됨과 세상의 잘못됨도 계속해서 현재와 과거를 알고자 하는 사람들 때문에 알 수 있고 그로 인해 조금 더 미래를 쉽게 열 수 있다. 현재와 과거로부터 배우지 않으면 무엇인가를 해낼 수 있을지언정 아무것도 고칠 수 없다. 곧 모든 책이 역사다. 우리는 '아직도 가야 할 길'이 많이 남아 있다. 나쁜 역사는 반복하지 않으면 되고 좋은 역사는 잘 간직해서 후세에 계속 이어가면 된다. 그게 진보와 보수의 참된 의미다. 역사를 건성으로만 반성하고 미래로 나아가자고 말하는 사람이 있는데 그런 사람들은 과거는커녕 현재도 올바른 역사 인식을 제대로 가지지 못해 미래로 나아갈 수 없는 사람이다. 과거의 언급은 갈등의 제1 요인이다. 가령 자기에게 불리한 과거가 있을 때 친구, 연인, 가족 관계에서는 과거의 침묵이 서로에게 현명하다. 그러나 개인(가족)과 사회(국가) 그리고 나라대 나라는 엄연히 다르다. 왜냐하면 우리는 국가의 개인(가족)폭력이라는 교훈을 가져야 하고 국가는 민족 감정과 이익을 생각하지 않을 수가 없기 때문이다. 국익을 위해 과거는 과거대로 두자고 하며 옆 섬나라에겐 미래를 말하는 사람은 타 집단을 비판하기 위해서 오히려 자신들이 선택적 과거 이야기를 꺼낸다는 사실을 모른다. 그런 사람들은 독립 운동가마저 빨갱이 이념을 씌워 거의 파묘하다시피 하며 타 정치 성향에 끊임없이 과거를 꺼낸다. 수십 년 동안 좌파 빨갱이 종북 주사파를 앵무새처럼 말하는 것 외에는 할 줄 아는 게 없으며 결국 그들의 역사인식은 매도에서 시작하여 매도로 끝난다. 그런 인식은 아무런 역사적 사유를 줄 수도 교훈을 얻을 수도 없다. 자연스럽게 역사로부터 지도자를 또 배우게 된다는 소리를 할 수밖에 없다. 2024년 현재 우리나라의 국민 정치 수준은 지금의 지도자를 뽑은 국민들 수준만큼 처참하다. 매번 당하고도 반대편 정치 집단에 대한 싫음이 더 크기에 언론의 거짓뉴스를 믿으며 항상 생각 없이 투표를 한다. 그 대가로 망가진 것들은 회복하기 참 어려워졌는데도 사람들은 자기 삶의 수준보다 신념이 중요해서 또 그걸 반복한다. 그들은 정치 경제 역사 민생 등의 진실보다 믿고 싶은 어떤 그 신념이 흔들리지 않는 게 중요한 사람들이다. 노자의 『도덕경』에는 지도자의 평가에 대한 말이 나온다. "가장 훌륭한 지도자는 나라에 왕이 있는지 없는지조차 모르는 태평성대를 만든 나라다. 두 번째 훌륭한 지도자는 백성들이 왕을 존경하는 나라다. 안 좋은 지도자는 백성들이 두려워하는 왕, 가장 최악의 지도자는 백성들이 경멸하는 왕이다." 현재 우리나라는 입이 틀어막히고 최악의 정치 판검사로 인해 헌법과 민주주의가 파괴되고 있다. 경제는 IMF 세대를 겪었던 사람들이 또 그만큼 힘들다고 하고 있으며 높은 물가 때문에 실질 소득이 줄어들었다. 그런데 이보다 최악은 '과이불개'할 생각이 없는 지도자와 그 지도자를 배출한 정당의 반성 없는 그대로의 사고방식이다. 능력 없는 자들이 부패하기까지 하니 나라의 꼴이 우스워지는 건 당연하고 지도자에 대해 경멸하는 것도 당연하다. 비단 우리는 지도자 문제로 끝나지 않다는 게 그 심각성이 있다. 이젠 이런 국가적인 좌절을 반복하지 않도록 그런 못된 지도자를 배출하는 정당을 기억하고 심판하여야 한다. 그들은 보수가 아니라 보수를 참칭하는 존재며 자유를 말하지만 자유를 억압하고 자유를 자기들만의 전유물로 생각하는 이기적인 집단이다. 결국 통합이 아닌 이념의 분열을 일으키는 사악한 존재가 된다. 그런데 반성하지 않는 국민의 반절은 또 부끄러움이 없이 자신들의 반대편 성향의 사람들에게 또 목소리를 높인다. 큰 사고를 하지 못하고 오로지 선택적으로 유불리만 판단하는 걸 그들은 반복한다. 지금의 헌재를 편향 어쩌고로 오염시키고 법치주의를 말살하는 것처럼 말이다.

결국 반절의 현명한 국민은 반절의 신념의 노예들로 인해 다 같이 피해를 본다. 하지만 우리는 여기서 이 이야기를 멈춰야 한다. 항상 멈출 줄 알고 그만하며 화제를 돌리는 자세를 가지면 아주 깊게 싸우지 않는다. 상대방 또한 그 현명함으로 그걸 받아 준다면 말이다. 인간의 영혼은 슬프다. 역사를 왜 배워야 하는지는 지난 10년의 이 짧은 우리나라 지도자로만 알 수 있을 정도다. 굳이 이승만 박정희 전두환의 독재까지 말할 필요가 없다. 그러나 조선시대 임금 한 명 언급 안 하고 역사란 무엇인가 얘기하기는 조금 꺼림칙하다. 조선시대 최악의 왕은 누굴까에 대해서 학자나 기타 국민은 다양한 의견을 가진다. 그중 한 명이 인조다. 병자호란의 치욕은 어떻게 보면 대외적 무능력을 드러낼 뿐이지만 인조의 인간 됨됨이는 그의 측근이나 가족으로 보면 '견자'라는 평가가 딱 나올 수준이다. 인조는 자신의 아들 소현세자와 며느리 소현 세자

빈을 죽이기 전부터 계속 괴롭혔고 끝내는 둘 다 죽이고 자신의 손자들까지 귀양을 보냈다. 그게 권력다툼이든 아니면 다른 이유가 있든 간에 국가의 지도자가 내적 외적 둘 다 이렇게 처참하면 안 된다. 그러면 간신배만 이득을 볼 뿐 그 외 모든 사람은 고통이 된다. 참고로 고대 로마 왕 중에서 임기를 정상적으로 마치고 자연사하거나 그냥 물러난 비율은 40%를 넘지 못한다. 역사란 무엇인가에서 권력이란 무엇인가로 주제를 돌려 말해 봐야 할 정도다. 어차피 승자의 목소리로 기록된 역사가 훨씬 많이 있기 때문에 기록된 역사는 곧 권력인 셈이다. 『삼국지』의 진수라는 사람의 시각과 후대의 모종강이라는 사람의 『삼국지』 시각이 조금 다른 것도 바로 이 때문이다. 중국의 경우 정통적 중화민족의 자부심이 대단한 걸 넘어 남의 나라 역사를 자기의 역사로 삼으려고 한다. 정확히 따지면 중국 한족이 국가를 통일한 건 몇 번 되지 않았다. 오히려 한(漢)나라 전후로 한족이 중국 변방국가에 조공을 할 정도로 나약해진 때가 많았고 그 후에도 한족이 항상 중국의 중심이 되는 것도 아니었다. 그뿐만 아니라 현대로 돌아와 하나의 중국이라는 건 허상이다. 대만 홍콩은 커녕 중국 본토 내에서조차 소수민족이 다양하게 있으니 원래 중국은 하나의 나라가 절대 될 수 없다. 현재는 공산주의로 인한 표면적 강제적 하나의 나라일 뿐이다. 각 나라의 민족성은 사회체제나 제도보다 우위에 있는 개념이다. 장문석의 『민족주의』는 민족주의의 기원을 말하고 있는데 보통 민족주의는 19세기 제국주의 시대에 나타난 개념이라고 말한다. 그러나 사람들에겐 오랫동안 같은 지역에 살면서 문화적 공통점, 인종적 동질감, 말로는 형용할 수 없는 어떤 집단관념이 존재한다. 그래서 원시적 형태의 민족주의는 아주 과거부터 존재했다고 보는 게 맞다. 다만 민족주의의 사상적 근원은 피히테의 사상으로부터 시작되었다(피히테는 독일인만이 아니라 각 나라가 가지는 공통된 민족의 정신을 강조했다. 또한 독일은 비스마르크 때 통일이 되었기에 여기서 말한 독일은 더 넓은 개념이다). 사실 좋게 말해서 민족의 정체성이지 그게 적대적이며 배타적일 때는 반드시 문제가 생긴다. 현대사회에서 민족성을 온라인 오프라인의 동호회 집단으로 해석하면 좀 더 쉽게 이해가 가능하다. 이건 한번 언급했기에 다시 해석하지 않겠다. 인간은 경험하고 난 후 후회를 한다. 역사는 가정이 없고 되돌릴 수 없기에 비슷한 과제가 생기면 과거로부터 힌트를 얻어 현재를 풀어내는 지혜가 필요하다. 한편 역사적 상황이나 인물을 좀 다르게 해석하는 사람도 있다. 이런 경우 좋고 나쁘고 틀리고 맞고의 문제가 아닌 영역이 존재하는데 가령 함석헌의 『뜻으로 본 한국역사』에서는 고려시대 최영 장군을 아주 긍정적으로 해석한다. 이성계와 대척점에 선 역사 드라마에서 최영의 기득권 같고 노회한 이미지와는 상당히 다르다.

  현대인은 지식을 책이나 컴퓨터에 저장하지만 여전히 부족사회를 이루는 원주민들은 최고의 정보 저장소가 최고령자나 부족장이다. 모든 문제를 과거를 경험한 고령자에게 묻는데 거기엔 자연의 흐름이나 동식물에 관한 것 기타 삶에 대한 모든 것이 포함된다. 고령자가 경험한 게 역사가 되고 그게 후세에 계속 이어진다. 우리는 그들에 비해 때론 너무 쉽게 역사를 잊어버린다. 심지어 노마지지는커녕 꼰대 소리로 비판받는다. 지금은 역사를 배우기보다 지우려 하고 왜곡이나 하고 있으니 나라를 위해 몸 바쳤던 선조들을 두 번 죽이고 있는 셈이다. 역사를 선과 악으로 구분하면 매우 협소한 시각을 가질 수밖에 없는데 그렇다고 전혀 이 부분을 생각하지 않을 수는 없다. 논리적 측면에서 관점 차이를 극복하고 객관적 사실 여부에 따라 충분히 선악으로 가려질 수 있는 것도 있다. 물론 그것마저 인정하지 않는 사람들도 분명 있지만 말이다. 누군가는 잘 살지 못한 나라에 독재는 불가피한 선택이고 그 과정에서 인권이 유린당한 건 어쩔 수 없다고 말한다. 자기 가족 일이 아니라고 참으로 쉽게 말하는 비열함은 성향 치우침의 비인간다움이다. 그들은 지역중심의 이익과 사상중심으로 세상을 해석한다. 생사의 여부는 각자가 가지는 신성불가침 영역의 최고 존엄이기에 타인이 함부로 말할 대상이 아니며 평가 대상도 아니다. 그런데 우리는 너무 쉽게 죽음(희생)을 이야기해 버린다. 스탈린은 "한 명의 희생은 비극이지만 백만 명의 희생은 통계다."라고 했다. 사실 그는 비극 자체도 모르는 사람이었다.

　자기 자식이 죽어나가든 자신의 권력과 신념이 중요했을 뿐이다. 이렇게 이야기하면 감정에 치우치지 말라고 하거나 현실을 직시하라는 사람이 꼭 생긴다. 이런 게 어찌 감정에 치우친 거란 말인가. 설령 그랬다 하더라도 인간이라면 이런 감정이 우선이 아니던가. 우연의 역사와 필연의 인간이 만날 때 우리는 냉철하면서도 따뜻한 소수의 영웅과 다수의 무의식을 생각하지 않을 수 없다. 반대로 소수의 악마적 인물이 모든 것의 역사를 바꾸어 놓곤 한다. 거기에 부역한 수많은 사람들은 이름 없는 악마의 영웅이다. 70년 전 반민족 행위자들과 그 후예가 바로 그런 자들이다. 그런 비극이 반복되지 않도록 단죄하는 역사는 반드시 필요하다. 그러나 우리나라는 그렇지 못했고 오히려 역사에 따라 선택적이었다. 현대 이전에는 왕에 대해 반대하면 무조건 반역자가 되어 단죄되었으며 연좌제 책임을 지었다. 현대에 와서는 국가에 반역했는데도 단죄

되지 않는다. 착한 사마리안들이 그저 악에게 화해를 구하는 게 전부였다. 이런 걸 보면 가끔 '군 선택' 이론이 맞는 거 같기도 하다. 역사에 대해서 지금까지 대부분은 정치 사회 분야 쪽만 이야기했는데 경제 과학 문화 다양한 분야도 이야기해 볼 수 있다. 지금은 이게 맞는지 모르겠지만 학창시절만 해도 1차 세계대전 이후 2000년대 후반까지는 경제 주기가 사인/코사인 그래프처럼 반복된다고 했다. 요즘은 더 복잡하고 빠르게 변하는 세상이다 보니 이게 여전히 통용될지는 의문이다. 1929년 세계 경제 공황이 왔을 때 미국의 루즈벨트는 뉴딜 정책을 펼친다. 국민이 어려운 이때에도 미국은 우리나라의 정치 상황처럼 여야가 첨예하게 대립했다. 위기의 상황에서 미국의 민주당조차도 개혁에 부정적인 사람이 있었고 심지어는 일부 개혁정책이 법원까지 가게되어 대법원에서 막히게 되었다. 참고로 현대 복지정책의 시초는 보통 19세기 말 독일의 비스마르크 이후로 본다. 비스마르크가 자국민을 진정 애민(愛民)했다기보단 정치적 이유가 컸다. 역사적으로 보면 개혁은 항상 힘들었으며 희생이 있었다. 18세기 말 프랑스에서는 샤플리에법이 만들어져 현재의 노동3권 중 하나인 단결권을 금지한다. 이건 역사의 진보가 아니라 후퇴였다. 잘 생각해 보면 약 90년 전 미국의 그때의 상황이나 우리의 검찰 및 언론 개혁 등이 제대로 안 되는 상황이 데칼코마니처럼 겹치는 듯하다. 그러나 미국은 그 후 사회 보장법이 제정되고 복지 정책과 국민에 대한 국가 역할의 관념을 새롭게 가지게 되었다(우리나라 개혁이 너무 안 된다고 너무 비관만 하지 말자. 빼앗긴 들에도 봄은 오지 않았던가). 그 관념이 현재까지 이어져 왔지만 각 나라 정권에 따라 조금씩 퇴색하기도 한다. 대표적으로 신자유 시대 영국의 대처 정부와 미국의 레이건 정부다. 그래서 현재는 이상과 현실/실리의 적절한 타협의 정책이 필요하다. 대표적으로 난민 수용과 다문화 시민권, PC(Political Correctness) 등인데 이걸 진보 보수 영역으로만 보면 아무것도 긍정적인 걸 도출하지 못한다. 과학 분야는 오펜하이머 때 한번 잠깐 언급했지만 19세기부터 20세기 초중반의 물리학(양자역학) 분야가 매우 흥미롭다. 그 전에는 이슬람 세력의 수학과 과학 분야를 찾아 볼 수 있고 르네상스 이후 계몽주의 시대 과학의 발전사도 볼 수 있다. 방금 말한 것들만 따로 미시적으로 다룬 책들이 있으니 찾아보면 된다. 구텐베르크 후 인쇄술의 발달은 미디어의 발전까지 이어지게 되는데 앞서 언급한 매클루언의 도서 『미디어의 이해』도 이런 내용이 들어 있다. 이외에 숨겨진 역사적 사건들은 참으로 많다. 19세기 중반 만들어지고 후기 때부터 대중화되기 시작한 '강철'을 사람들은 생각보다 주목을 덜한다. 강철은 다른 과학 분야에 비해 언급이 덜하긴 하지만 정말 엄청난 인류의 변화를 가져온다. 단순히 건축뿐만 아니라 산업 전반에 지대한 영향을 끼쳤다. 현재 우리에게도 강철은 중요한데 순살 아파트가 대한민국 역사가 되어가는 듯하다. 법의 나약함과 강자들을 위한 법은 이렇게 국민에게 피해를 준다. 이런 건 자본주의가 아니라 자본의 국민 착취주의다. 과거에는 드러내 놓고 강자가 약자 위에 군림했지만 지금은 법이 누구에게나 공정하다는 착각을 하게 하면서 기득권자가 되어 신서발틴을 착취한다. 신자본주의 악령의 시대에도 혁명은 없다. 그러고 보면 무수히도 많은 역사적 인물과 사건 속에서 세상에 알려지지 않은 중요 인물과 사건이 궁금해진다. 남녀 간의 애틋한 사랑과 개인의 억울한 죽음, 우연의 우연으로 이어진 인연과 새로움의 발견, 끝까지 드러나지 않은 범죄자의 범죄, 우리가 지금 알고 있는 것보다 더 내막이 있을법한 정치 비하인드 등 영원히 알 수 없이 잠들어버린 역사가 있다. 역사를 일깨우는 방법엔 책이 있다. 가끔 생뚱맞은 질문을 스스로 한다. 가령 일제 강점기나 독재 정권에 태어났다면 어떤 선택을 했을까. 독립운동을 할지 아니면 죽는 게 두려워 그냥 가만히 침묵할지 아니면 자기 한 몸과 가족을 위해 친일을(실제로는 반민족 행위자가 정확하다) 할지 궁금하다. 민주화 운동 때도 마찬가지다. 우리나라 위대한 대통령 중 한 분은 "야 이놈아, 못난 돌이 정 맞는다. 너 하나로 세상 바뀌지 않는다."라며 자신의 부모가 자기에게 해 준 말을 들려준 적이 있다. 그 대통령의 어머니처럼 모두가 그런 생각을 가지고 있다면 대한민국은 없어졌을 것이고 당연히 우리의 위대한 글과 우리의 언어 그리고 민족성도 사라졌을 것이다. 윤봉길 의사도 자신이 폭탄 하나 던져 일본 지도자를 죽인다고 독립이 되거나 상황이 급변한다고 생각하지 않았다. 그냥 해야 되는 일이니까 했을 뿐이다. 어떤 인간에게는 비열하지 않은 삶이 유기체의 생존보다 우선시되는 어떤 감정이 있다. 그런 생각을 가진 많은 선조들 덕분에 우리가 지금 세종대왕이 만든 한글을 쓰고 우리의 언어를 말하고 있다. 꼭 인류애도 없는 자들이 이런 선조들에게 입만 살아 있는 평가를 하고 이상한 해석을 하곤 한다. 정인보 선생이 말한 조선의 '얼'과 박은식 선생의 '혼'은 수많은 민족성의 영혼을 가진 희생자들로부터 지켜져 와 2024년까지 이어져 왔다. 그중 김구 선생은 대한민국의 미래는 어떻게 가야 할지 미리 말해 준 사람이다. 김구 선생은 일본보다 친일 매국노에 더 분개했다. 그리고 생존과 존립의 문제가 시급했던 그 당시 우리나라 상황임에도 불구하고 문화강국이라는 그 시대에 걸맞지 않은 선견지명을 가지고 있었다. 당장의 내일의 끼니 걱정이 많은 국민들 상태에서도 진정한 부국강병이란 단순히 군사와 경제의 최강국이 아니라 문화 콘텐츠임을 알아봤던 것이다. 예술과 문화의 힘을 가진 역사는 마치 남한의 자원 없는 모습과 비슷하게 흘러갔다. 그러나 지금은 과거만큼 빈곤하지 않다. 훌륭한 문화인들이 많이 나오고 있고 지금은 세계적 차원의 한류 바람도 일고 있다. 다만 더 다양한 분야에서 더 많은 백남준과 이중섭 그리고 BTS가 나와야 한다. BTS 하니까 수년 전 서점에서 BTS가 읽었던 책이 큼지막하게 보였던 기억이 난다. 니체가 했던 말을 모아 놓은 책이었던 걸로 기억하는데 이것도 인플루언서의 긍정적 영향력이다. 현시대 세계 권력은 경제 정치나 군사 등에만 있는 게 아니다. 문화 권력 콘텐츠 권력 같은 21세기형 권력도 파워를 가진다. 문화는 한번 열풍이 일면 그 돈의 가치는 제대로 계산하기조차 힘들다. 한국 문화에는 음식이라는 것도 있으며 더 나아가서는 관광이라는 것도 있다. 잠깐 언급했지만 19세기부터 일본은 서양세계에 자주 등장한다. 그들의 사상, 종교, 기술 그리고 음식 등을 유명 서양 사상가들이 먼저 언급할 정도였다. 과거 서양 작가나 사상가들이 일본을 자주 언급한 거에 비하면 한국의 우수성은 그 당시 아예 언급조차 안 되었다. 언급되더라도 미개한 한국이었을 뿐이다. 특히나 음식 부분에서는 매우 안타까운 부분이다. 일본은 100년 전부터 자신들의 음식에 자부심과 장인정신을 가지며 서양 세계 사람들에게 자신들의 음식을 알렸다. 음식을 브랜드화하며 원조의 관념을 넘어 특정 메뉴의 '음식 정체성'을 일본의 것으로 만들어 버렸다. 일본은 그저 스시 하나로 끝나지 않는다. 우리도 발효음식인 장문화가 잘 발달되어 있지만 미국의 어느 마트는 일본 장 브랜드 하나가 완전히 유통을 장악하기도 한다. 그들이 선점해 버린 건 음식 외에도 정말로 많다. 생활문화, 관광지, 애니메이션, 기술력 등은 세계적으로 인정받고 와패니즘 추종자들을 만들어 냈다. 중국은 자기들의 문화가 아닌 것마저 만물 중국설을 주장하지만 일본은 100여 년 전부터 매우 체계적이고 국가적 차원에서 홍보에 치밀했다. 우리도 그런 국가적 차원의 전략이 필요하다. 그들보다 백 년 늦었다. 현대에 들어 다양한 곳에서 우리 음식 문화를 알리는 노력을 하고 있다. 늦었으니 지금보다 더 잘해야 한다. 가령 한식은 비건의 영역을 선점할 수 있다. 책 『마케팅 불변의 법칙』은 선점하라가 핵심인데 만약 선점하지 못한다면 펩시콜라처럼 코카콜라 다음 2인자가 되라고 한다. 마케팅과 펩시 하니까 재밌게 읽었던 『P세대』 문학책이 떠오른다. 여기서 P는 펩시일 수 있지만 이중적인 의미다. 읽어서 어떤 교훈이 있는지 찾아보길 바란다. 나중에 1위는 시간에 따라 얼마든지 역사(1위)를 바꾸어 버릴 수 있다. 다양한 책을 읽으면서 간혹 외국 작가가 일본의 음식을 언급할 땐 한편으론 분하고 부러울 때가 있다(일본은 분하다라는 표현을 우리의 분함이란 뉘앙스와 조금 다르게 쓰는데 여기서는 그들과 같은 의미로 이렇게 똑같이 써 봤다. 이것도 넓게 보면 혼네 문화에 포함될 것이다). 글로벌 시대에 요즘은 한국의 문화가 예전보다는 좀 더 알려졌기에 외국 인플루언서들에게 자주 한국 음식이 언급된다. 과거 수십 년 전에 쓰인 외국 서적에 불쌍한 한국, 못사는 나라 등으로만 언급된 게 많았던 걸 생각하면 지금은 감개무량하다. 그래서인지는 몰라도 우리는 외국인이 한국을 찬양하는 것에 더 우쭐대며 한국이라는 국가 브랜드 결핍증에 여전히 갈증을 느껴 외국인의 한국 표현 하나에 과도한 의미를 찾으려고 한다. 적당히 자부심을 가지되 너무 국가

자의식 의탁을 외국인에게 할 필요는 없다. 그럼에도 불구하고 민족 자부심은 없어지지 않으며 우리보다 국가 콘텐츠가 강한 나라에 열등감을 가지는 것도 필요하다. 이건 문화 사대주의와 엄연히 다르다. 호사카 유지의 『일본 뒤집기』 책에서 말한 것처럼 우리는 극일(克日)만 하려고 하지 말고 일본을 넘어 세계 1위의 문화 관광 콘텐츠 국가가 되어야 한다. 그러려면 마치 기초과학의 중요성처럼 다양한 분야에서 텍스트/언어의 두각을 나타내는 일이 필요하다. 대한민국은 다른 서양 국가에 비해 상대적으로 문화적 흙수저 상태로 태어났다. 마케팅도 부족했다. 우리에겐 아름다운 중세 성당이 없고 베토벤 같은 위대한 음악가나 셰익스피어 같은 작가가 없다. 누군가는 우리에게 한옥이 있고 K-pop이 있다고 위로하겠지만 관광 콘텐츠 쌓기의 대한민국은 세계적으로 볼 때 아직도 부족하다. 특히나 일본에 비하면 기초과학은 걸음마 수준이다. 그들이 과학 분야에서 간간히 노벨상을 타거나 후보로 나오는 건 우연이 아니다. 원래부터 태어난 나라의 이런 자산 차이는 어쩔 수 없지만 역사는 우리 후손에서 후손으로 계속되기에 다른 나라보다 더 열심히 해야 한다. 그 힘은 배우려는 자세와 열정 그리고 창조적 행위다. 제일 중요한 건 나라의 방향성이고 말이다. 우리는 이미 글로써 세계적 큰 상을 받고 있다. 이런 거 하나하나가 곧 보이지 않는 돈이자 부국의 경제가 된다.

## 마무리 갈무리

열아홉 살 때 알바를 했던 곳의 사장님이 생각난다. 하루 일하고 힘들어서 안 나가겠다고 하니까 그 사장님이 하루 일한 거 돈 줄 테니 평소 알바했던 시간에 나오라고 했다. 하루 일당을 주면서 "사람은 첫 만남도 중요하지만 끝 만남은 더 중요한 거야"라고 말씀하셨다. 윗세대는 요즘 애들이 끈기도 없고 편한 것만 찾는다고 일갈하지만 25년 전에도 그런 젊은 사람은 많았다. 온라인 남녀와 세대 갈라치기 그 외에 많은 주제들이 성급하게 일반화되는 건 이제 일상이 되었다. 인간은 과거 삐약했던 병아리 기억을 잊고 산다. 다행인 건 그 어린 나이에 그 사장님을 꼰대라고 생각하지 않았다는 점이다. 진짜 좋은 말씀 해 주셨다라고 생각하였기에 내 자신의 부끄러움만을 느꼈다. 그 후로부터 마지막을 좋게 하고 싶어서 그 사장님의 말씀을 마음속에 품고 살았다. 그런데 가장 잘 실천하지 못한 부분이 마지막 만남이었고 그중 가장 안 좋았던 건 연애의 끝이었다. 나이가 적으나 많으나 태초 자신이 가진 아량의 크기나 품격 그 자체는 정해져 있는 느낌이다. 그냥 알고 있는 것과 알고 있는 걸 실천하는 건 정말 하늘과 땅만큼 차이가 크다. 아무리 자신의 소인배스러움을 위선으로 떨어 봐야 금방 드러나게 되어 있다. 죽음에 대해 잠시 언급했지만 우리 인생의 마무리는 역시 늙고 병들고 욕망하며 생의 마지막을 맞이하는 일이다. 석가모니에게도 이 고집멸도가 가장 중요한 문제였고 이걸 풀어내는 팔정도로 깨달음을 얻고자 하였다. 우리의 삶은 유한하다. 외국도서 『숨결이 바람 될 때』는 큰 병에 걸리고 나서의 삶을 다루는데 병들어 죽어가는 책 내용 치고는 그렇게 슬프지 않다. 책 속 주인공은 암에 걸린 의사인데 그저 세상 탓만 하며 허송세월을 보내지 않는다. 이 책 외에 호스피스 간호사로 오랫동안 일하면서 자신이 경험하고 느낀 걸 표현한 책도 있다. 이 책은 죽음을 감정적으로 쓰지 않고 죽음 당사자와 그 가족이 어떻게 해야 할지를 매우 현실적으로 써 내려간다. 죽음을 맞이하는 것에 철학적 의미를 막 포장하지 않아서 좋았던 책인데 아쉽게도 책 제목이 생각나지 않는다. 참고로 국내도서는 아니며 최소 십년 이상은 된 책이다. 죽음은 안락사 이야기를 할 수 있고 암과 같은 의학적 이야기도 해야 하지만 그건 이 책의 담당이 아니다. 단지 인간은 존엄하게 죽어야 할 권리를 더 가져야 한다는 생각이 있다. 죽음은 또 소설 작품으로만 따져도 굉장히 많이 있으며 영화 같은 것도 죽음의 이야기는 각양각색이다. 영화에서의 죽음 이야기를 해 보면 「달라스 바이어스 클럽」 같은 에이즈 관련 내용을 다룬 것이 있다. 좀 더 거슬러서는 에이즈 관련 「더 노멀 허트」라는 영화도 있다. 죽음을 맞이하는 당사자나 가족은 아무리 현실적으로 보려고 해도 심경 변화가 하루에도 수십 번 일어난다. 그런 의미에서 종교적 차원의 죽음을 다루는 책이나 영화도 생각해 볼 수 있을 것이다. 가령 레이먼드 무디의 『죽음, 이토록 눈부시고 황홀한』이라는 책이다. 이 책은 자신이 직접 경험한 임사 체험(사후 체험)의 흥미로운 이야기가 쓰여 있다. 물론 임사 체험은 믿지만 그 해석까지는 믿지는 않으며 약간의 정신 착란이라고 생각한다. 가족 이야기가 나온 김에 한마디 해 보려고 한다. 항상 형제간 혹은 부모 자식 간의 사이가 좋을 순 없다. 가족 간에 용서와 화해가 끝까지 안 되는 사람이 있는가 하면 죽음으로 인해 과거의 안 좋은 감정이 풀어지기도 한다. 죽음 앞에 선 사람들이 공통적으로 후회하는 이야기 중 하나가 자기감정에 충실하지 못했고 표현도 제대로 하지 못했던 점을 꼽는다. '사랑해, 고마워 그리고 미안해' 이런 말들은 누군가에게 천근만근의 무게가 되어 입에서 떨어지지 않는다. 서로의 생각이 달라 죽음 앞에서도 마지막까지 싸우는 깊은 감정의 골도 누군가에게는 이중의 아픔이다. 우리는 수많은 인생의 선택을 하며 각자 마음대로 살아왔지만 원하지 않는 죽음은 스스로 생을 마감하지 않는 한 그 누구도 자신이 선택할 수 없다. 다만 우리 삶의 갈무리는 꼭 죽음 앞에서만 있는 건 아니다. 연애의(혹은 결혼) 마무리나 제2의 삶을 위해 다니던 직장의 퇴직도 인생의 갈무리에 매우 중요한 부분이다. 시중에는 제2의 생을 사는 사람들의 에세이가 얼마나 많던가. 에세이가 '시도하다'라는 의미를 가졌다고 했는데 우리에게 진짜 에세이란 내가 인생의 주인공이 되어 보는 것이다. 왜 나는 저런 에세이 쓰는 사람처럼 살지 못하는가. 그런 책을 읽다 보면 아주 거창하고 대단한 사람만 그런 글을 쓰는 거 같지만 전혀 그렇지 않다. 누구든 자신만의 인생 갈무리로 자신의 에세이를 만들 수 있다. 가끔 자신의 지난 삶을 뒤돌아보면 매우 볼품없어 도망가고 싶어진다. 누구나 그렇게 생각하는 건 아니지만 한 번쯤은 삶에 허무함을 느낀다. 자살은 꼭 나쁜 것만은 아니라는 이야기를 잠시 했다. 종교적 입장에서는 나쁜 일이지만 말이다. 오랫동안 억압받았던 여성의 삶을 우리는 과거부터 지금까지 많이 접했고 어떤 건 남녀 모두가 공감했다. 지금은 여남 둘 다의 삶을 볼 때다. 사실 우리는 그동안 한국 남성에 대해 조금 무심했다. 지난 십수 년간 우리나라 자살률은 거의 전 연령에서 남성이 여성보다 약 두 배 높다. 연도마다 약간 차이는 있지만 이 흐름은 거의 변하지 않았다(최근 통계를 보니 10대 20대 젊은 여성의 자살도 증가했다). 특히 50대 60대 이상 남자의 고독사와 자살 비율은 다른 연령 때보다 높다. 노인 빈곤률은 여러 가지 이유가 있겠지만 그렇다고 그걸 개인이나 가족의 원인으로만 치부해서는 안 된다. 인생도 좋은 마무리가 필요하다. 경제적 문제는 건강의 문제가 되고 그건 복지의 문제가 된다. 사회문제를 사회가 해결하지 않으면 근본적 대책이 나오지 않는다. 노인 빈곤률은 20년 후 초고령사회에 더욱 문제가 될 것이기에 결혼과 저출산의 문제만큼 현재 모두가 관심을 가져야 한다. 시중에는 꼭 이즘 책이 아니어도 다양한 곳에서 임금에 대한 여성의 차별, 억압, 불평등, 남성의 성범죄와 착취, 경제적 어려움, 육아(워킹맘), 며느리와 한 여자의 삶 등을 이야기한다. 요즘에는 남자 중년에 대한 이야기도 나오고 남성 이야기도 예전보다 많이 나오는 느낌이긴 하지만 여전히 상대적으로 남성을 다룬 책이 적다. 이즘적으로 분석하면 남성은 사회에 강한 마초적 성격 때문에 남의 도움을 바라지 않으며 강한 척하고 등등으로 끝나곤 한다. 그러면서 가족을 사랑하지 않은 가부장적 남편이었다거나 자신을 사랑하지 않은 남성이었거나 나태한 남성이라며 인생을 잘못 산 거처럼 남성 이야기를 꺼낸다. 그에 비해 여성은 항상 피해자로서 무엇인가 구제받아야 하고 도움을 줘야 하고 그들을 위해 어떤 입법을 해야만 한다. 남성은 역사적 상황을 볼 때 이즘처럼 쉽게 자신의 고통이 사회구조 탓이라고 말하기 힘들다. 아직 노인이 되려면 먼 사람에겐 진짜 까마득한 이야기지만 남의 일이 아니다. 시대가 변하여 어떤 기준에서는 65살까지를 이젠 중년의 나이라고 구분하지만 이건 현실을 너무 나이브하게 보는 시각이자 개인의 차를 인정하지 않는 기준이다. 우리는 지금 갈무리를 말하고 있다. 시중에는 일본에 빗대어 노인사회를 말한 책도 있고 노인이란 삶은 이번 생이 처음이기에 어떻게 살아야 행복한지 알려주는 책도 있다. 아직 젊은 편이지만 이런 노인을 위한 책을 읽으면 정말 많은 감정과 느낌을 받는다. 중학교 때만 해도 공원에 가면 60대는 거의 최고령 수준이었고 연령대는 머리가 반쯤 희끗희끗한 50대가 주를 이루었다. 40대 중후반 이상은 현재와 비추면 상대적으로 노인 비슷한 느낌이었다. 지금은 한 세대가 훨씬 지났다. 자신의 미래는 모르고 너무 자식만을 위하고 앞만 보고 달린 세대가 이제는 노인이 되었다. 그리고 지금 40대 중반 이상의 X세대에게 과연 사회는 이들에게 어떤 갈무리할 상황을 만들어 주고 있는지 의문이다. 오히려 가장 착취당한 세대인데 이 세대들은 사회로부터 가장 소외되었다. 물론 자신의 세대나 윗세대가 항상 가장 힘들다. 그러나 지금 이 세대는 초고령 사회로 노인을 부양해야 하고 한창 돈이 들어갈 자녀가 있으며 세대 갈등과 비교 문화 속, 위아래의 중간에 끼어 있어 상당히 괴롭다.

 오히려 젊은 세대는 청년이라는 이름으로 자신들의 지위와 영향력을 가진다. 더 나아가 청년들은 근시안의 정치 안목을 가지고 권력과 빵 한 조각을 위한 헤게모니 싸움으로 윗세대를 공격한다. 사실 거창한 헤게모니보다 그냥 아무런 긍정적 요소 없이 그저 냉소주의를 가지는 게 대부분이다. 그리고 그 착취의 대물림은 실제론 세대와 관계없는 것이다. 그러면서 같은 을끼리 투쟁을 하려고 한다. 그런 세대 분리가 진짜 사회의 적을 모르게 하고 윗세대 아래세대 모두를 나락으로 이끌어 버린다.

프리드리히 글라슬이라는 학자의 갈등 단계를 기억하는가?

남녀나 정치, 세대, 미혼 기혼, 자식 유무, 빈부 차이 등에 따른 갈등이 심화된 시점에 글라슬의 갈등이론이 맞아 들어 가는 거 같아 두렵기만 하다. 빈부격차가 커짐에 따라 이젠 노인의 자살률뿐만 아니라 젊은 고독사도 문제가 된다. 젊은 남성도 여성보다 자살률이 보통 두 배 높은데 그건 아마도 사회에서 남자의 위치에 대한 전통적 시각이 현대의 의식과 맞지 않기 때문일지 모른다. 이즘과 남성이 마치 죄수의 딜레마처럼 보이는 기괴한 현상이 벌어지고 있다. 자신과 사회의 여러 가지 격차가 마치 위계에 의한 압박처럼 느껴지기에 갈수록 나약해지며 희망이 없어진다. 그들에게 노인을 위한 나라는커녕 당장의 젊음도 제대로 누리지 못한다. 품위 있는 노인이 된다는 건 어쩌면 꿈같은 일이다. 꽃 한번 펴 보지 못하고 사라져 간 젊은이에게 착잡한 마음으로 활짝 핀 꽃 한 송이를 보낸다. 세상은 밝아 보이고 다들 여행하며 맛있는 거 먹고 좋은 것을 취하는 것처럼 보이는데 자신만은 그렇지 못하다. 연애는커녕 초라한 내 모습만은 아니길 바란다. 그 보이지 않는 인간인 그들은 어느 순간 우리 앞에 영원히 사라진다. 그들에게 갈무리는 유서 한 장을 쓰면서 쓴 우울한 자기 인생론과 고통의 눈물인 마지막 몸부림뿐이다. 부모나 가족 없이 커서 기댈 곳 없는 사람, 인생의 실수로 엄청난 심적 타격을 겪은 사람, 사업에 실패한 사람, 돈은 벌지만 계속 밑 빠진 독에 물 붓는 사람, 믿었던 사람으로부터 배신당한 사람, 사기당한 사람, 각양각색 이유로 우울함이나 힘듦에 빠진 이런 사람들은 인생 갈무리 여유도 없다. 세상의 나약한 사람들에게 찾아가는 서비스는 그래서 중요하다. 과연 개인만의 책임일까.『죽고 싶지만 떡볶이는 먹고 싶어』같은 생각이 들면 그나마 다행이다. 우울한 틈도 없이 아프게 사라져 간 청춘, 중년, 노인이 있다. '각자사망 사회'에 책임은 어쩌면 우리 모두에게 있는지도 모른다. 반면 이런 죽음에 아무런 감정도 들지 않고 아무런 책임도 느끼지 못한 사람도 많다. 자신도 살기 바쁜데 타인을 돌아볼 여유가 진짜 없는 사람도 있기 때문이다. 책을 읽는다는 것과 사회의 부조리에 아픔의 느낌을 가진다는 건 마음에 여유가 있다는 의미다. 설령 외적 내적 여유가 없더라도 분노와 정의감을 끝까지 봉인해서는 안 된다. 물질적 여유가 없더라도 정신적 여유까지 없으면 안 될 일이다. 물질이나 신념만 좇다가 건강이나 기타 소중한 다른 무엇을 잃으면 그게 무슨 소용이란 말인가. 여기서 소중한 무엇은 사람과의 관계, 행복 같은 무형이 될 수 있고 사물 같은 유형이 될 수 있다. 과거세대보다 현재는 조금 더 인권이 있는 삶을 산다. 과거엔 거의 미개한 수준의 인간 삶도 있었는데 현재 표면적인 인권은 이제 남녀노소에게 상향평준화되었다. 그러나 인권과 실질적 삶은 역설적으로 여전히 사각지대가 존재한다. 가령 체벌이 아닌 폭행수준의 과거 일부 교사 행동 때문에 지금은 학생인권이 상향됐지만 반대로 교권의 하락과 그로인한 무심함은 또 다른 문제를 야기했다. 마치 풍선효과 같은 일이 벌어진 것이다. 어떤 사회적 분위기나 학교 분위기 등 때문에 불평등한 관계나 부조리는 때론 암묵적으로 용인된다. 학부모와 교사 그리고 학생이 수평적 관계를 유지해야 하는데 그걸 구현하기가 쉽지 않다. 어떤 바보 같은 사람은 오로지 이런 걸 진보 보수의 문제로만 본다. 그런 사람은 다른 분야도 대부분 삶의 시야를 그렇게 볼 가능성이 크다. 이런 사람들이 각자사망의 공범이 된다. 현세대서 끝나지 않을 사회 갈무리 문제는 지금 끄집어내어 사회 공론화장으로 올려야 한다. 개인의 숙제에서 사회의 숙제로 넘어왔다. 둘은 분리되지 않는다. "개인적인 것이 정치적이 된다"는 말은 남녀만의 문제가 아니라 이젠 모든 영역에 통용된다. 우리는 매일매일 시간이 줄어든다. 만약 영화 「인 타임」처럼 인간이 산다면 시간을 허투루 보내지 않을 것이다. 지나고 봐야 그때의 시간이 소중했다는 걸 느낀다. 지나간 젊음이 좋지 않으니 중년 이후도 좋지 않다고 생각하기보다 지금이라도 잘 마무리해야겠다고 생각해야 한다. 누구나 그런 생각을 하겠지만 그 젊음은 2030세대만의 회한이 아니다. 더 나이가 들어서도 인간은 같은 실수와 후회를 반복한다. 왜냐하면 인간은 망각의 동물이기 때문이다. 늙음뿐만 아니라 젊음의 마무리도 그래서 중요하다. 해야 할 일을 찾고 사람을 만나 음식을 먹으며 책을 읽는 그런 평범함을 쌓아가야 한다. 한 달 혹은 일 년 동안 꾸준히 책을 읽는 사소함이 지금 당장은 도움이 안 될 수 있지만 그건 분명 그다음 세대로 가기 위한 자산으로 남는다. 다시 노인의 갈무리로 가 보자. 어느 공원에는 70대 이상의 노인들이 둘씩 짝을 이루며 바둑 두는 모습이 거의 일상이 된다. 10대 20대 때도 늘 공원의 어른들을 보았지만 별생각이 없었다. 그러나 30대부터는 공원의 노인들을 보면서 나이가 들면 그들과 조금 다르게 살아야겠다는 생각을 하게 된다. 하지만 자기만의 착각이며 오만함이다. 이런 것에 행동이나 생각의 우위를 가질 거 하나도 없다. 허무주의나 염세적인 부분을 생각해 보면 언제 죽을지 모르는 게 인간의 삶인데 그냥 하루하루 열심히 재밌게 사는 게 인생의 정답이다. 이런 사람들에게 삶의 미래 계획과 인생의 의미는 사치다. 누군가는 그저 최소한의 재정적 뒷받침만 있으면 노인이란 타이틀이 두렵지 않다. 노인의 나이엔 육체적 정신적 상태가 언제 급박해질지 모르기 때문이다. 마치 에피쿠로스의 그 유명한 죽음에 관한 이야기처럼 말이다. 에피쿠로스는 죽음에 대하여 "죽음은 우리가 영영 알지 못한다. 우리가 존재할 때는 죽음이 오지 않았고 죽음이 왔을 때는 우리는 죽고 없기 때문이다"라고 말했다. 노인들은 늙음을 에피쿠로스처럼 정신승리하며 예찬할 수도 있다. 아직 노인은 미지의 세계이기에 지혜를 가진 그분들을 현재 우리의 나이로는 이해할 수 없다. 진짜 현명한 노인은 이런 말을 해 줄지 모르겠다. 늙으면 품위 있고 지혜로워지는 게 아니라 오히려 어린애 같은 사고방식에 고집만 늘어난다고 말이다. 가끔 식당이나 공공장소에 가면 큰 소리로 떠들거나 매너 없이 주변사람을 의식하지 않는 노인이 있다. 사실 그런 노인은 굉장히 많다. 물론 모든 인간이란 존재가 남에게 피해를 주는 행동을 하고 살지만 노인이라면 좀 더 인생을 살아 봤기에 지혜를 발휘하지 않을까 기대를 한다. 물론 헛된 생각이다. 오로지 자기 편한 생각에 타인에게 배려를 하지 않는다. 철면피 인간을 제외하고 사실 그들은 노인이라는 나이를 넘어 존재감을 불편하게 표출하는 아기노인의 심리상태에 놓여 있다. 결국 외로움을 잘못 표현하고 타인을 배려하지 못함으로 인해 사람들은 노인혐오에 빠진다. 마음의 여유를 가지고 점잖은 언행을 하는 노인이나 어른은 상대적으로 많지 않다. 그도 그럴 것이 자신뿐만 아니라 다수에게 피해 주는 사람은 눈에 쉽게 보이거나 들리고 매너 좋은 그런 사람은 쉽게 마주할 일이 별로 없기 때문이다. 이런 두 부류의 노인 인간을 보면서 또 한 번 마음속으로 느낀다. 어떻게 늙어가야 할지를 매번 속으로 생각해 보는 거 말이다. 그렇다면 노인만 이렇게 문제가 있을까? 인간은 다 똑같다. 노키즈존의 문제는 아이의 문제가 아니라 부모의 문제이고 노등산복존은 옷이 문제가 아니라 어떤 집단/크루의 문제다. 소수의 사람들이 이렇게 각박한 세상을 만드는 건지 아니면 생각보다 아주 많은 수의 사람들이 타인에 대한 공감과 배려가 없어서인지 이제는 헷갈릴 정도다. 『크리슈나무르티의 마지막 일기』 내용이 세세하게 기억나지 않지만 이렇게 정리해 보려고 한다. "인간은 쉽게 변할 순 없지만 변하도록 노력해야 하고 타인으로부터 끊임없이 배우며 관계하는 삶을 살아야 한다." 인생에 마지막 수업은 사람마다 다르다. 인생을 성공한 사람도 타인으로부터 배우지 않거나 책을 읽지 않는다면 인간적 발전을 하기 힘들다. 너무 타인지향적인 현대인을 비판했지만 자연스럽게 접하게 되는 인간관계로부터 배우는 겸손한 자세는 필요하다. 보통의 인간은 죽기 전까지 자연과 사람, 국가와 관계를 하지 않을 수 없다. 예민한 감수성을 가진 자와 그렇지 못한 자가 있고 돈이 늘 많았던 자와 돈이 늘 궁핍한자도 있다. 그러나 죽을 때가 되면 이런 다양한 부류의 인간도 결국은 탯줄을 가지고 태어난 갓난아기와 같은 상태로 돌아간다. 그럼에도 불구하고 인생 마무리와 마음가짐에 따라 죽음 받아들임은 분명 다르다. 책을 읽고 사람의 마음을 읽어 가는 건 잘 죽는 법을 아는 것과 같다. 몽테뉴에게는 죽음을 알아가는 방법이 곧 삶을 살아가는 방법이 된다. 『모리와 함께한 화요일』의 주인공 모리 또한 몽테뉴와 거의 똑같은 말을 한다. 진짜 그런 얘기를 하는지 책을 읽고 찾아보길 바란다. 죽음을 몇 번 언급했기에 이 우울한 단어는 그만 언급하고 이 주제를 그만 마무리하겠다. 자신은 올곧게 앞만 보고 달렸는데 뒤돌아보니 굴곡진 인생의 삶이었던 인간에게 조금의 쉼이 필요하다. 충분히 잘해 왔으니 한 번쯤은 크게 울거나 웃거나 무념무상이거나 아무거나 되어 보자. 가끔 우주란 무엇인가 생각하듯이 인생이란 무엇인가도 생각하고 나의 늙음도 생각해 보자. 이럴 때 아니면 놀기 바쁘고 볼거리 천지인 세상인데 언제 해 보겠나. 이번 기회에 조용히 펜을 꺼내어서 수첩에 지금의 감정과 자신의 갈무리를 한번 적어 보자. 무엇을 적는다는 건 어쩌면 숙제가 되고 다짐도 되고 계획도 되기에 항상 옳은 일이다. 알베르 카뮈는 문득 생각나는 작품의 세계를 수첩에 적었고 레오나르도 다빈치는 엄청난 양의 낙서를 한 것으로 유명하다. 적다 보면 자유연상 비슷하게 글이 막 써지는 신기한 경험을 하게 되는데 그럴 땐 자기 스스로가 철학자나 소설가 기타 과학자가 되는 기분이 든다. 첫 경험이 어렵지 두 번째는 금방 찾아간다. 인생도 첫 다음에 두 번째도 있으면 좋으련만 그게 없기 때문에 모두가 실수를 하고 후회를 한다. 삶이 고된데 언제 자기 삶의 실수를 읽고 쓰고 생각하라고 하는지 참 속 편한 소리다. 필론의 돼지라는 말도 있으니 어쩌면 자주자주 아무 생각 없이 사는 게 좋을지 모른다. 그럼에도 불구하고 아주 가끔은 하얀 종이나 컴퓨터 앞에 자신의 뒤돌아봄을 써 봐야 한다. 각자 쓰지 못한 마무리는 무엇이 있을까. 그게 무엇인지 모르지만 독자의 못다 한 마무리가 잘 정리되길 바란다. 인생은 죽는 순간까지 계속되니 소심하거나 의기소침해지지 말자. 인생의 끝이라고 생각했던 게 때론 다시 시작으로 이어진다. 또 다른 만남을 준비하러 가 보자.

## 올드 랭 사인 & 종이부시

한국에 아리랑이 있다면 스코틀랜드에는 올드 랭 사인이 있고 남미에는 엘 콘도르 파사의 곡조가 있다. 올드 랭 사인은 우리에게도 매우 익숙한 멜로디로 어렸을 적 졸업식 노래를 부르면 괜스레 눈물 흘리게 하는 곡이기도 했다. 영어 graduation(졸업)은 또 다른 시작을 의미한다. 대학을 졸업하면 대학원에 가는 사람이 있듯이 졸업이 끝이 아니다. 위 챕터에서 인생의 마무리/갈무리라고 해서 책이 끝나는가 싶은 사람도 있었을 것이다. 죽음으로 끝나는 게 아니라면 그 외 많은 것들은 영원히 마무리되지 않으며 계속 갈무리가 필요하다. 어떤 것에 대한 목표를 이룬 사람보다 더 멋진 사람은 다음 목표를 또 찾는 사람이다. 현실에 안주하는 삶도 좋지만 콘트라프리로딩의 삶을 추구하는 삶도 필요하다. 여기서 콘트라프리로딩은 그저 앉아서만 먹이를 받아먹지 않고 적극적 삶을 살아가는 인간 동물을 의미한다. 인간은 현실에만 안주하지 않는다. 스티브 잡스가 컴퓨터를 처음으로 만든 건 아니지만 그는 기존의 컴퓨터를 분해하고 열정적으로 분석하면서 자기만의 컴퓨터를 만들었다. 음악기기 분야와 스마트폰 분야에서도 각기 최고를 향해 끊임없이 발전하려 노력했고 심지어 전자기기 내부까지 완벽하고 아름다움이 되도록 제품을 만들고자 하였다. 종이부시(終而復始)라는 사자성어가 있다. 이 뜻은 어떤 일을 마치면 다른 새로운 시작을 한다는 의미다. 동서양의 인생 가르침은 서로 상반됨만 있는 게 아니라 이렇게 공통적인 부분이 많다. 관계 형성이나 사물 및 사람의 인식 관념이 조금 달라서 그렇지 인생의 지혜엔 동서고금이 따로 없다. 학생시절에는 학생의 배움이 있고 어른이 되어서는 어른의 배움이 있으며 노년이 되어서는 그 나이에 맞는 배움이 있다. 종이부시 외에 '동산재기'라는 성어도 있다. 한번 실패하여 다시 도전하거나 은퇴 후 삶은 또 다른 시작이다. 누구나 같은 생각으로 살면 성공하지 못한다고 자기 계발서는 이야기하지만 어차피 우리 인생의 지혜는 지난 문자가 발명된 수메르 시대 이후 5천 년간 세상 밖으로 다 드러났다. 우리가 그걸 자기 것으로 만들지 못하고 배우지 못하고 행하지 않았을 뿐이다. 지혜와 함께 판도라 상자처럼 온갖 유혹과 욕망, 나태함, 근시안적 삶, 질투 등이 섞여서 그걸 억제하지 못했다. 다른 방향으로 가기 위해서 사람은 방어기제 대신 억제기제를 통해 성숙해져야 한다. 세상이나 직장 삶 속에 하루하루가 타인과 싸움 같지만 결국 나 자신과 싸움이다. 십수 년 전에는 웰빙이라는 단어가 유행했고 지금은 워라밸을 말한다. 특정 기술을 가졌거나 전문직이 아니라면 평생직장은 사라지고 점점 인간의 영역에 기계의 영역이 자리 잡고 있다. 더군다나 빈부의 격차는 심해지고 가계부채는 쌓여가고 있는데 워라밸은 그나마 살맛 나는 사람들의 목표인 것만 같다. 젊은 2030은 자유 때문에 불안하고 40대 중후반은 잉여인간이 되지 않도록 책임 때문에 불안하다. 은퇴 이후 65세 전후의 노년은 관성적 삶이나 양반 습성이 있어서 다른 일을 알아보기가 쉽지 않고 새로운 취미를 찾아 삶의 활력소를 얻기도 쉽지 않다. 젊은 남녀나 노년이나 노력하는 모습은 똑같이 아름답다. 무엇이든 되려고 하고 하려고 하는 노력에 어떤 누가 좋게 보지 않을 것인가. 심지어 괴테는 생의 말년까지 작품을 썼고 늙은 나이에 젊은 여자랑 연애도 했다. 다만 괴테의 연애가 우리나라 정서에 조금 맞지 않기는 한데 그게 꼭 나쁜 것이라고 생각하지 않는다. 소크라테스는 선과 악을 모르는 건 상황을 의식하지 않기 때문이라고 했다. 반복해서 다시 말하지만 도덕적 관념이 없는 만남이지 않는 한 둘의 만남을 타인이 왈가왈부하는 것도 웃기다(물론 대전제는 일방이 아닌 서로가 좋다는 그 확신이다). 도스토예프스키는 21살 안나를 만났는데 그때 그의 나이 40대 중후반이니 지금으로 치면 온라인에서 남녀로부터 욕을 심하게 먹어야 하는 사람이다. 우리는 타인의(연예인 인플루언서 포함) 프라이버시에 대해서 거리 두기 할 필요가 있다. 노력하는 사람은 아름답다고 했는데 거기엔 개인의 성공만을 생각한 노력이 있고 공동체를 위한 노력 두 가지가 있다. 노력의 또 다른 이름은 배움이기 때문에 책과 사람을 만나는 일은 필수적이다. 사유의 동면 상태가 갈수록 길어지고 눈을 마주친 만남이 적어지면 인간은 어떻게 되겠는가. 나중엔 말하는 거조차 귀찮아서 뇌의 생각만으로 세상과 소통이 이뤄질지 모른다. 언어는 차가우면서 따뜻한데 인간에게 그런 언어가 쓰이지 않으면 사랑도 관계 형성도 대상화도 되지 않는다. 그러고 보면 기술문명이 꼭 좋은 것도 아니다. 물론 침묵의 흐름도 매우 격정적인 무엇을 담아낼 수 있지만 그건 어쩌다 드물게 일어나기 때문에 여기선 논외다. 무엇을 시도해 보고 무엇을 하지 않았던가를 뒤돌아본다. 사회가 만들어놓은 나이의 고정관념이 존재하지만 자신마저 그 나이에 고정관념을 가지면 안 될 일이다. 무엇에 구애받지 않는 사람은 현재에도 무엇을 하고 있으며 그게 쌓이고 쌓여 자신의 인생 예술 작품을 만든다. 여기서 '구애받지 않은 삶을 사는 사람이 얼마나 될까?'라는 의문이 생긴다. 인간은 혼자 커 온 것도 아니고 혼자 살아가는 삶도 아니다. 무책임한 사람이 아니라면 누군가는 처자식 때문에 옴짝달싹 못 하고 누군가는 아픈 부모님 때문에 마음대로 자기만의 시간을 가질 수 없다. 언제나 겉으로 보이는 타인의 삶은 문제가 없어 보이지만 당사자 외에 표현하지 않으면 그 삶을 아무도 모른다. 꼭 이런 구애받음이 아니더라도 현대인은 타인의 시선에 대해 각자의 판옵티콘을 하나쯤 가지고 있다. 그 감옥 때문에 불안해하고 답답해지면서 가면을 쓰는 언행을 한다. 석가모니를 생각해 보자. 석가모니는 처자식이 있었지만 깨달음을 위해 자신만의 감옥 생활에서 탈출하였다. 이런 부처의 삶이 무책임한 일일까? 모두 가족과 처자식을 버리고 아라한의 경지를 위해서 모두 부처가 되도록 하자. 나무아미타불 관세음보살~ 아니면 루소처럼 자기 아이들을 다른 곳으로 보내 버리든가 말이다. 기계문명의 도움을 받으면서도 현대인은 자신도 돌봐야 하고 가족도 돌봐야 하는데 그 고됨은 과거와 크게 다르지 않다. 그 보이지 않는 기계문명의 이득은 다 어디로 갔는가. 너무 딱딱한 내용이라서 잠시 쉬는 시간을 가져보았다. 사실 이 속에는 농담이 대부분이지만 진짜 하고 싶은 말은 따로 있다. 자신이 사랑하는 것들에 너무 얽매여 스스로를 가학하지 말며 너무 그런 것들에 연연해하지도 말라고 말이다. 내가 있고 내가 온전해야 주변을 사랑하고 챙기는 거지 내가 사랑할 수 없는 지경의 상태인데 누굴 위해 제대로 희생할 수 있겠는가. 자신의 정신적 신체적 건강이 제일 먼저 중요하다. 그렇지 않으면 나와 내가 사랑하는 사람 모두 즐겁지 않게 된다. 모든 걸 처음부터 쏟아 부으면 그만큼 지속가능한 에너지가 금방 떨어진다. 희생이라는 단어는 고귀한데 정작 자신을 너무 희생하며 살지는 말자. 죽음이 아니라면 가족이나 사람에 대한 마무리와 시작은 늘 급하게 가서는 안 된다. 그걸 알기까지는 실수와 조급함에 따른 실패가 있으며 제대로 나이가 든다는 건 이런 경험으로부터 배우는 사람을 뜻한다. 즉 괜찮은 인간이란 똑같은 상황에 대한 대처와 판단이 과거 자신과 하나라도 다른 사람으로 변모하는 것을 의미한다. 나이가 중년을 넘어 노년이라면 신체 정신 외에 경제적 상태도 중요하다. 2050년에는 65세 인구가 전체 인구의 40%를 넘는다는 통계가 있다. 어떤 노인은 환갑이 넘어서 새로운 무엇인가 시작하려고 한다. 돈이 부족해서 시작해야 하는 사람이나 이별 후 사랑을 시작하는 사람도 존재한다. 이렇게 인간은 두 부류로 나뉘는데 그게 바로 상황적 타의와 의욕적 자의로 인한 두 가지 삶이다. 이들의 삶은 완전히 다르다. 어쩔 수 없이 해야 하는 일과 자기가 좋아서 하는 일은 삶의 정신적 육체적 차이를 나게 하여 결국 행복한 삶까지 영향을 준다.

  필자의 일상 루틴에 점심 먹고 공원 걷기가 있다. 어느 순간 거의 같은 시간 같은 벤치에 앉은 노부부를 본다. 70대는 족히 넘어 보이는 그 여성과 남성이 처음엔 부부인 줄 알았다. 한 달 이상 그 남녀 노인을 지나치면서 우연히 대화 내용을 몇 개 들었는데 부부가 아니었다. 남자는 여인에게 송 여사 어쩌고 하면서 소위 작업을 걸고 있었다. 70대 그 남녀를 보면서 벤치에 같이 있는 것만으로 정말 설레고 좋았던 청춘 때의 연애시절이 떠올랐다. 아마 그토록 설렜던 건 키스와 섹스를 하기 전이었기 때문일지도 모른다. 원래 내 것이 아닌데 소유하며 자기 것이라고 생각하면 그건 필연적으로 파멸된다. 요즘 말로는 썸 탈 때가 최고조로 기분이 좋다. 이 이야기를 하고 싶어서 70대 가상의 남녀를 지어낸 게 절대 아니다. 실화이며 그 노인 남녀가 참으로 보기 좋았다. 끊임없이 이어지는 듯한 그 둘의 대화는 청춘의 사랑이 끝나고 그들만의 또 다른 사랑이 시작되는 듯 보인다. 루이스 세풀베다의 책 『연애 소설 읽는 노인』은 나이가 들어서도 사랑을 갈구하는 한 인간의 삶을 보여 준다. 다만 새로운 사랑의 갈구가 아니다. 끝났지만 끝나지 않은 옛 사랑과 자연의 사랑을 말한다. 노인이 되어 책을 읽는다는 건 또 다른 시작이다. 젊은 시절 읽은 책과 노인이 되어 읽은 책은 과연 어떤 의미를 주고 어떻게 다를까? 아직 노인이 되어 보지 못해 『연애 소설 읽는 노인』처럼 치열한 노인의 삶도 모르고 그 반대로 여유로운 노인의 삶을 알지 못한다. 순수해서 좋았던 시절이 지나고 세상을 조금 아는 나이가 되었다. 세상을 계산하는 지금 나이에 과연 지금보다 더 나이가 들면 청결해진 마음으로 이기심이나 질투의 감정이 줄어들까 미리 생각해 본다. 왜 이런 쓸데없는 생각을 하는 것일까. 식자우환이 꼭 틀린 말은 아닌 듯하여 생각이 많은 사람과 생각이 없는 사람의 장단점만 모아서 살았으면 좋겠다. "코끼리는 생각하지 마"라고 하면 더 생각나는 게 인간인데 부정도 우리는 부정할 수 없는 인간의 숙명에 놓여있다. 학무지경이라고 말해놓고 식자우환이라니 인간은 모순 덩어리다. 그리스 로마 신화처럼 인간 이전의 신이 있다면 신부터가 모순이니 인간의 행복과 불행은 창과 방패와 같다. 그럼에도 불구하고 죽기 전까지 죽는 게 아니므로 마지막 잎새를 위해 유지경성하는 삶은 얼마나 멋진 일인가. 배우는 일은 꼭 책을 보고 기술을 익히는 것만이 아니라 사람으로부터 삶을 배우는 일이다. 나만 알고 싶어 하지 않고 있으며 자신만 모를 뿐 사실 새롭게 시작할 일은 세상에 널리고 널렸다. 작은 의지와 실천 차이가 나중엔 나비효과를 준다. 평소에 건강하다가 조금만 아파도 건강해지기만 하면 모든지 다할 수 있을 거 같은 인간의 마음가짐은 건강이 정상으로 돌아올 때 다시 고장이 난다. 새로움을 받아들이고 생각과 행동의 초심을 잃지 않는 마인드 컨트롤이 세상에 가장 어렵다. 나 스스로 좋아질 욕심과 남을 비난하고 깎아내리려는 타인지향 욕심은 행복의 출발점부터 다르다. 후자는 고장 난 마음부터 고쳐야 한다. 새롭게 시작하거나 새로움을 배우기 이전에 나를 먼저 배워야 한다. 내 "영혼의 지도"를 살피지 않으면 행복의 지도도 영원히 보이지 않는다. 니체는 행복을 염세적으로 보았다. 니체에게 행복은 칸트의 목적론적인 것과 다르게 일시적 감정에 지나지 않는다. 일반적 생각을 한번 비틀어서 생각하는 니체는 조금 유별나서 마음에 든다. 여기서 중요한 건 무조건 딴지를 걸고 자기 생각에 빠진 냉소와는 구별할 줄 아는 사람이 되어야 한다는 점이다. 이 얘기는 더 이상 그만하겠다. 늘 그랬듯이 적당히 치고 빠지며 가르치려 드는 행태가 보이면 이 글은 항상 언제 멈춰야 할지 알기 때문이다. 이형기의 「낙화」한 구절처럼 "가야 할 때가 언제인가를 분명히 알고 가는 이의 뒷모습은 얼마나 아름다운가"를 알기에 너무 장황하면 안 된다. 재미없는 인생보다 차라리 굴곡진 인생이 나을지 모르겠지만 재미없는 책을 읽는 고통은 생각보다 괴롭다. 다시 올드 랭 사인으로 와 보자. 괜히 그런 날이 있다. 여자만 가끔 울고 싶어지는 게 아니라 남자도 괜스레 청승맞고 감정에 빠지곤 한다. 술을 마시면 더욱 그럴 때가 있는데 홀로 아리랑을 들으며 홀로 고독에 빠지곤 한다. 익숙한 멜로디이면서 괜스레 슬퍼지는 올드 랭 사인을 입힌 노래들에 몸을 맡긴다. 침대는 가구가 아니라 과학이듯 음악도 과학이며 슬픔이자 즐거움을 주는 의사다. 음악을 악마의 영혼이라고 생각하는 사람도 존재했지만 대부분의 인간은 음악을 사랑한다. 니체는 음악을 사랑했기에 바그너를 처음엔 존경했다. 그러나 나중에 바그너에 대해 열렬한 비판자가 된다. 반면 쇼펜하우어는 바그너에 대해서 음악을 모르는 사람이라고 폄하한다. 그럼에도 불구하고 바그너는 쇼펜하우어 사상을 좋아했다. 헨델은 나이 50이 넘어 뇌졸중 증세를 보였음에도 「메시아」를 완성했다. 어떤 이는 환갑이 넘었는데 여러 악기를 배우고 드럼을 친다. 올드 랭 사인 곡조의 서글픔을 보내고 신나는 음악을 자신의 것으로 만들기 위해 새로움을 받아들인다. 정말 이런 사람들이 멋진 인생이다. 새로운 노래를 받아들이지 못하면 나이가 들었다는 것을 드러낸다는데 인간은 이제 생물학적 나이가 아니라 뇌물학적 나이가 중요한 시대가 되었다. 이 글에서 만든 신조어 '뇌물학'은 부연설명 하지 않아도 알아들었으리라 생각한다. 뇌가 섹시한 인간이 좋다는 것과 비슷한 의미다. 나이가 들었든 아니든 세상을 어떻게 해석하고 받아들이며 뇌를 젊게 하는지 그건 남녀노소와 관련이 없다. 25세 전후로 인간은 노화되며 약 1,400그램 정도 되는 성인의 뇌는 노인이 되어 최소 몇십 그램 무게가 줄어들지만 뇌는 쓰면 쓸수록 근육처럼 발전한다. 근육과 뇌는 노화와 함께 자연스럽게 퇴화되지만 최대한 막아 보고 싶은 인간의 욕구가 있다. 육체 그러니까 외적인 모습이 내적인 마음에 영향을 준다면 나이 듦의 내 얼굴에 거울을 보는 건 곧 올드 랭 사인의 곡조처럼 우울해지게 된다. 남성보다 여성이 더 그럴지 모르나 현대인에게 외모의 여자 남자 아픔은 젠더 영역을 벗어나며 우리 모두의 공감 현실에 속한다. 내적으로도 힘든데 외적인 것까지 현대인은 신경 써야 한다. 그런 신경 증세가 심각해지면 나중엔 우울함에 빠진다. 우울함은 당뇨처럼 합병 부작용을 드러낸다. 내 새로움은커녕 나쁜 과거와 단절하지 못해 더 나락으로 가며 현재 있는 자신의 삶의 투쟁마저 버거워하는 사람이 있다. 야생의 동물처럼 맹수 같은 모습은 인간의 내면에도 존재한다. 우리는 인간이기에 그 야수성이 타인을 해치는 기제로 작용하지 않도록 내 안의 나쁜 영역을 제거해야 한다. 물론 유하기만 하면 언젠간 세상의 야수성에 당하고 마는데 그 안 좋은 끝은 생의 마감이다. 세상이 바르고 착하기만 한다면 상관없지만 세상은 때론 동물의 세계와 같기에 착하고 유하기만 해서는 안 된다. 연약한 그 기질은 어디서 왔을까. 천성적 자기 기질도 중요하지만 가족의 사랑과 교육이 더 큰 영향을 끼친다. 가족이 없다면 국가와 사회가 가족 역할을 해 줘야 한다. 사람이 배신하여도 누군가에게 국가와 사회는 마지막 희망이 되어 줘야 한다. 왜 갑자기 국가 사회의 역할까지 이야기하고 있는지 모르겠다. 누구나 죽듯이 남들처럼 슬프기도 하고 즐겁기도 하고 맛있는 것도 먹고 볼 것도 보며 잘 어울리다가 죽어야 한다. 천성적으로 유약하다고 이런 것마저 못 하는 건 아니다. 살기 위해서는 변화해야 하는데 그런 변화는 책과 사람이 할 수도 있고 자기 내면 어느 곳곳에 숨겨져 있을 수도 있다. 각자의 인생 여정은 다르다. 어떤 이는 운동이나 돈이 목적이기도 하다. 무엇이 자신의 삶의 목표인지 아는 사람은 허송세월만을 보내지 않는다. 여기서 목표란 단순히 성공적 삶의 그런 수단적 목표만은 아니다. 나를 동물과 다르게 존재하게 해 주는 인간적 차원의 목표다. 동물처럼 먹고 자고 일하고(동물로 치면 사냥하고) 잠시 동료나 친구들이랑 어울리고 다시 또 그런 삶이 반복될 때 과연 그런 삶이 동물과 무엇이 다르다고 할 수 있을까. 칸트는 인간은 감정적 동물이며 무엇을 의식하는 동물이라고 생각했다. 여기서 어떤 의식이란 거의 무한대이자 사람 수만큼 다양하다. 자신만의 의식 없이 그냥 산다는 건 정말 재미없는 인생이 될 게 뻔하다. 보통의 사람이 추구하는 보편의 의식과 목표도 있고 자신만의 목표도 있는 게 인간의 바른 삶이다. 이것도 건강할 때 무엇이든 느끼고 의식하며 목적이 이끄는 삶을 사는 거지 나중에 신체와 뇌가 정상적이지 않으면 하고 싶어도 하지 못한다. 자연을 거스를 수 없는 그런 늙어감과 같이 올드 랭 사인의 곡조는 서글프다. 나의 종말이 오기 전 더 사랑하고 더 의식하고 더 시작해 보는 건 어려우면서도 멋진 일이다. 검색창에 시작하는 성어를 한번 찾아보면 최소 열 개 이상은 나올 것이다. 이 챕터의 소제목인 종이부시 외에 동산재기부터 해서 낯익은 고사성어까지 생각보다 많다는 걸 알게 된다. 그만큼 인간에겐 삶이 항상 끝을 향해 가는 게 아니라 시작을 향해 가는 것이 중요함을 알려 준다. 반대로 완전히 무엇을 끝내 버리는 것은 상대적으로 찾기 쉽지 않다. 무식해서 그럴지 모르겠는데 순간 머릿속에 떠오르는 게 유종지미 정도다. 이것도 어떤 일에 마무리를 잘하자는 것이지 인생을 끝내듯 끝내버리라는 건 아니다. 결론적으로 숨이 헐떡거리는 순간 즉 우리는 죽어야 끝나기에 끝날 때까지 끝나지 않는 삶을 계속 살아야 한다. 『마지막 잎새』의 결말은 아직 이르다.

## 생각나지 않았던 생각

이 책이 끝날 거 같지만 끝나지 않는다. 생각나지 않았던 생각은 시간이 지나고 또 배우고 살면서 새로움으로 채워질 것이다. 사유의 동면은 이제 곧 멈추지만 1권에서 끝나지 않는다. 계속 읽고 쓰면서 사유하다 보면 얻어 걸리는 세렌디피티(serendipity)를 기대하기 위해서다. 그래서 절대 멈춰서는 안 된다. 정치는 생물이라고 하듯이 사회는 하나의 생명체처럼 움직인다. 국가는 위기를 맞이하며 인간은 상처받으니 계속 치유해 줘야 한다. 니체는 "인간은 계속된 위험에 노출되어 있고 병에 걸린 동물"이라고 했다. 현대인은 디지털 문명과 타인 등 다양한 상처로부터 면역을 키워야 한다. 상전벽해에 두려움을 갖는 사람들에게 기계는 사람이 주는 또 다른 정신적 피곤함이다. 인간은 자연선택을 잘하는 동물이라 외부요소에 잘 적응하지만 아닌 사람도 많이 존재한다. 인간과 기계 둘 가운데 중개자가 필요한 세상이 올지 모른다. 온라인 딥페이크 시대를 넘어 오프라인 AI 인간이 실제 인간을 사칭할 때엔 어떤 추적자와 판단자가 있어야 할까. 또 전자기기의 해킹은 어떤 위험을 우리에게 줄까. 지금까지 우리는 주로 AI의 인간 정신파괴를 걱정하고 있었지만 미래엔 인간 신체파괴를 걱정해야 할지 모른다. 아무리 100세 시대라지만 100세를 사는 건 소수인 현 세대는 지금이 리얼월드가 아니면 의미가 없다.

최소 수십 년 전부터 미래를 상상해 봤던 작가들과 과학자들이 존재했 듯이 지금도 그래야 한다. 수십 년 전에는 신화 속 신들의 삶이나 실낙원 차원에서의 정신적 내용에 머물렀다면 지금은 부재할 지구인을 걱정할 때다. 다음 세대 또 그다음 세대가 시간이 지나서 누가 인간을 지배할지 정말 궁금하다. 지금도 대다수는 자본주의나 권력자에 지배당하고 정치 이념의 노예가 되어 살아가는데 그때도 '가진 인간'이 지배할지 아니면 권력을 제3의 가상의 무엇이 가질지 현재로서는 알 수 없다. 가장 나쁜 건 제3의 가상현실이 지배할 때인데 그땐 진짜 매트릭스 세상에 빠지게 될 것이다. 재밌을 거 같긴 한데 이쪽 이야기를 몇 번 했으니까 정말 그 만둬야겠다. 사실 현실 인생도 미생 수준인데 무슨 미래를 생각하고 걱 정을 하는지 한편으론 이런 게 잉여 생각처럼 보인다.

지금까지 왜 이런저런 이야기를 했을까? 인간은 누구나 존재의 불안이 있기 때문이다. 그 불안에는 크게 두 가지로 존재하는데 하나는 사회 자체가 가지는 불안과 나만 가지는 불안이다. 그걸 해결하는 방식 또한 사람마다 제각각이라서 하나의 치료제가 있지 않다. 화가 많이 나있는 현대 인은 불안의 방식을 분노의 형태로 표출하는 경우가 있는데 요즘은 SNS 영향으로 집단적이기까지 하다. 그건 불안의 근본적 해결책이 아니다. 개인 심리학적으로 따져 본다면 '사후결정 부조화' 같은 것도 그런 불안 중 하나다. 사후결정 부조화란 무엇을 결정해 놓고 계속해서 자기 선택이 맞는지 의심하고 불안해하는 것을 의미한다. 혼자만의 우울증과 불안이라 면 상관이 없는데 그게 사회 관계적일 때는 더 큰 불안이 몰려온다. 그렇다면 과거엔 어떤 사회 불안이 있었을까. 조용히 역사가 흐를 때는 생각 도 조용하다. 조선시대에 이이가 실제로 십만양병설을 주장했는지 아닌지 100% 확신할 수 없지만 이미 고려시대부터(일본의 침략 횟수로만 보면 오히려 조선시대보다 고려시대에 더 많았다) 일본의 침략이 잦았다. 그래서 마치 하인리히의 법칙처럼 그런 걸 예견하고 군사를 지금보다 더 기르자고 하는 건 어찌 보면 당연한 일이다. 천재적 사상가가 아니라면 세상이 조용할 때는 다가올 시끄러울 사건이나 미래에 대한 예측을 하기 쉽지 않다. 그렇기에 반복해서 말하지만 역사를 배우고 공부하는 일이 중요하다. 코로나 19 바이러스도 시대 보정을 하거나 단순 사망자만 보면 20세기 초 스페인 독감에 비해서 아무것도 아니다. 그전에 거슬러 올라가면 14세기 페스트가 있다. 이런 팬데믹으로부터 배울 수 있는 건 또 다른 박테리아나 바이러스 질병 같은 대처다. 과거에는 집단의 생각이 모이는데 시간이 걸렸지만 지금은 각자가 모인 작은 신념 집합체가 빠른 '소국가성' 성격을 가진다. 소국가성의 목소리는 결코 작은 힘이 아니다. 여기서 말하는 소국가성은 온라인 커뮤니티가 오프라인 행동집합체로 이어져 더 강한 목소리를 내는 걸 의미하는 것으로 필자가 만든 신조어다. 큰 국가 내에 작은 국가가(소국가) 몇 개 있는 상황과 비슷하기에 국가 분열적 상황에 놓인다. 국가의 능력과 시민의식은 이때 드러난다. 여기에선 또 자유와 제도(법) 그리고 불신의 문제가 일어난다. 과거엔 의학이나 과학의 무지로 사람들이 죽어 나가는 부분이 컸다. 앞서 언급했지만 일례로 페스트가 창궐한 지역은 한 마을 및 한 도시를 몰살하였는데 기독교 집단은 그 집에 들어가 남은 가족과 죽음을 애도하고 있었다. 그들은 페스트 전염병에 걸려 또 다른 마을이나 지역에 가서 기도하면서 전염병을 옮겼다. 신념과 무지의 조합은 이렇게 인간에게 최악의 악이다. 여전히 지구가 평평하다고 믿고 심지어 태양도 평평하다고 믿는 세상에 과학이나 이성이 통하지 않는, 이해할 수 없는 인간은 이미 과거에도 존재했다. 필자가 만든 비과학적 법칙 바로 3331 원리는 미래에도 계속된다. 현대에 와서는 아주 다양한 인간 부류가 의도하지 않은 폭죽처럼 여기저기서 터진다. 오로지 자신의 자유만이 중요한 사람은 여기저기서 민폐 국민이 된다. 마치 쓰레기를 버릴 자유를 가진 사람처럼 행동한다. 공중도덕이나 규칙을 의식하지 않고 자신만의 감정과 상황이 중요하기에 이런 사람들은 자신의 잘못됨을 전혀 보지 않는다. 설령 잘못됐다고 생각하더라도 아주 사소하게 생각한다. 이런 부류는 상식과 합리에 따르는 게 아니라 동물적 습성인 자기 보존과 도망갈 자유의 차원만 따르는 사람들이다. 사회학적으로 이런 사람들은 콜버그의 도덕성 발달 단계로 보면 인습 이전 단계의 어린아이 같은 사람이다. 심리학적으로 보면 프로이트의 방어기제인 자기 합리화나 퇴행에 머물러 사회를 피곤하게 한다. 이런 경우 더 큰 문제는 보통 개인 한 명에서 끝나는 게 아니라는 점이다. 이들 인간 부류는 부부와 연인, 친구, 가족 그리고 동호회 등 집단의 행태로 존재한다. 유유상종으로 어울리는 이들의 진짜 문제는 법과 원칙, 상식을 깨 버리고 반성 없이 우길 때이다. 법적인 부분은 처벌하면 되지만 그 외에는 어려운 부분이 있다. 사회 곳곳에 이런 암적 세포가 존재하고 있지만 그래도 세상이 유지되는 건 행복을 위한 면역 T세포형 아름다운 인간이 있기 때문이다. 요즘은 나쁜 인간들이나 나쁜 사회적 뉴스를 자주 접하다 보니 간혹 인간적 에피소드 글이나 영상이 퍼지면 금방 흐뭇해지고 눈물이 글썽거린다. 인간 누군가의 마음에는 선(善)한 것에 대한 갈망이 늘 자리 잡고 있는 듯하다. 세상이 흉흉하고 어려울 땐 왠지 그런 감정이 더 생겨서 신체가 반응한다. 단절된 행복을 위해 우리는 대상과 도피처를 찾고 휴식할 공간을 찾는다. 그래서 누군가에게 피해를 주지 않는다면 자신의 취미 생활이나 행복 포인트에 타인이 왈가왈부하는 건 옳지 못하다. 그런데 피해를 주니까 문제다. 특히 피해를 주는 사람이나 집단이 그걸 인지하지 못하거나 작게 생각하니 이 말을 반복하는 것이다. 가끔은 일본의 '메이와쿠' 문화가 필요할 때가 있다는 생각을 한다. 이 말은 타인에게 민폐 끼치지 않는다는 의미다. 나 자신에겐 메이와쿠 문화처럼 엄격하면서 동시에 타인에게는 우리처럼 행동하는 그 양립의 가능성을 보이면 얼마나 좋을까. 불교엔 '수희찬탄'이라는 말이 있다. 남의 선한 행위를 진정으로 기뻐한다는 뜻인데 이런 마음은 앞서 한 번 언급한 자리이타의 마음가짐과 비슷하다. '수희' 하기는커녕 여기저기서 활시위를 당기고 남에게 비수를 꽂으려는 사람들이 너무 많다. 그냥 지나칠 것도 모두가 불안하고 불편하다. 전혀 이성적이지 않고 감정과 신념만 있는 사람들이 세상을 망치고 잘못됨을 가리려고 한다. 그런 집합소가 보편적 사고동면 상태인 폐쇄적 커뮤니티. 이런 갇힌 감옥에서의 소수 집단 공감 자체도 문제지만 특정 목적의 커뮤니티의 실질적 가장 큰 문제는 독립적인 내 생각이 마비되어 있다는 점이다. 이 책은 이런 비슷한 이야기를 지겹도록 반복했다. 그러나 그 표현은 조금씩 다르다는 걸 알고 있어야 한다. 우리는 공동체 하면 보통 좋은 의미로만 받아들인다. 그러나 플레스너라는 학자는 다르게 본다. 그는 "공동체가 사회적 삶의 균형을 무너트리며 감정적 과부하를 가져와서 사회에 불안정한 요소를 준다."라고 하였다. 여기서 중요한 건 균형과 감정적 과부하다. 굳이 표현하지 않해도 될 걸 사람들은 참지 못한다. 플레스너가 직접 표현한 건 아니지만 그가 이렇게 말한 건 아마도 사회의 다양한 공동체 생각이 파시즘/전체주의적 요소를 띠기 때문이 아닐까 생각한다. 그렇다면 우리는 어떻게 해야 하는가. 개인으로 치면 일상의 바깥을 찾아야 한다. 가령 자녀를 키우는 부모라면 최소한의 지적 예의를 스스로에게나 부모로서 가져야 한다. 삶이 바쁘고 고달파서 전부를 알 순 없지만 의지만 있으면 책 몇 글자는 얼마든지 볼 수 있는 시대다. Z세대나 아이돌 같은 사회 유행과 '킹받는' 사회 소재에 책을 곁들여 가족이 함께 이야기해 볼 수 있으면 좋겠다. 세대 공감까지는 바라지 않아도 세대 교차를 해 보는 일은 중요하다. 가령 게임의 악마화나 질병화는 25년 전에도 있었는데 지금은 스마트폰 시대 이후 새 게임 유형이 등장했고 여전히 게임의 비명은 계속되고 있다. 우리들끼리 네가 틀렸다/내가 옳다 하며 싸우고 있으면 우리에게 위임받은 임무를 가진 사람들이 나라를 망가지게 하여도 그게 보이지 않는다. 게임에서도 이즘의 영역은 존재하고 어떤 산업은 이즘으로 억눌리며 권력을 위해 그걸 이용하는 사람들이 존재한다. 선택적으로 내가 싫어하는 무엇에 반응하지 말고 좋은 점을 찾으려는 자세가 필요하다. 책은 교훈형 인간을 아직 만나지 못한 사람에게 금이나 다이아몬드처럼 원석 같은 존재다. 책이란 원석을 이용하는 사람에 따라 그 가치는 달라진다. 책 읽는 게 고행이긴 하지만 책도 빠져들면 이만큼 빈자리를 채우고 행복을 주며 발전할 수 있게 해 주는 것도 없다(이 말 후반부는 조지프 에디슨의 책에 대한 일부 구절을 인용했다). 책의 영양결핍으로 우리는 사상의 구루병에 빠지고 조롱의 호환마마에 빠졌다. 그리고 쓰레기 같은 기사나 혐오의 영상 각종 온라인 글은 그런 병을 더욱 전염시킨다. 그렇게 악은 평범해지고 서서히 사람들은 각자사망하거나 다양한 정신문제를 가진다. 잘못된 이런 연결고리를 이젠 끊어 내야 한다. 틀림의 무한반복을 치료하기 위해 계속해서 책이라는 처방전이 필요한데 정작 사람들은 병원에 가지 않는다.

## 책이 증명하다

    14년 전 본격적으로 책을 읽을 때는 안 읽은 책이 너무 너무 많아서 그저 유명한 책 읽기에 급급했다. 미친 듯이 독서를 한 후 지금은 책 하나를 고르는데 짧게는 5분 길게는 한 시간 정도 걸리는데 3년 전 우연히 가스통 바슐라르의 『촛불의 미학』이라는 책을 읽어 보았다. 다 읽은 건 아니고 그 자리에서 몇 십 분 읽어 내려갔다.

    그 책에서 기억에 남는 몇 구절이 있다. 촛불은 자기희생적이며 위로 향하는 특성이 있어 어떤 목표가 있고 수평적이다. 여기서 수평적이라는 의미는 불의 특성이 옆으로 번진다는 의미다. 이 책의 대부분 분량은 이미 2024년 1월에 완성되었고 나태한 필자 때문에 2024년 시월에 처음으로 원고 퇴고 과정을 거친다. 그리고 12월에서야 내용을 조금 덧붙이며 책 출간 준비를 하게 된다. 앞서 『눈뜬 자들의 도시』 언급도 12월 3일 이후 생각이 나서 내용을 조금 덧붙인 것일 뿐 책 원고 90% 이상은 이미 2024년 1월에 쓰인 글이다. 아무래도 대한민국 역사의 한 페이지가 2024년 12월이기에 '증명하다' 이 파트를 쓰지 않을 수 없었다. 무수히도 역사는 반복된다고 사유의 동면 책은 여러 이야기를 하며 이를 증명했다. 니체는 선악의 저편을 말하지만 잔인한 인간의 폭력성은 끊임없이 이어졌고 인간은 희생되었기에 죽은 자들과 고통스럽게 산자들에게 최소한의 선이 있다고는 믿게 해 주고 싶다. 누군가 다음과 비슷한 말을 했다. 정치는 깨끗한 환경에 백합처럼 피는 게 아니라 흙탕물 속 연꽃처럼 핀다고 말이다. 사유의 동면에서는 다스리는 게 아닌 다 살리는 치(治)의 이야기를 최대한 안 하면서도 글을 쓸 수도 있었지만 그건 애초에 선택사항이 아니었다. 문학과 예술의 현실 참여성이 때론 필요하다고 생각하기 때문이다. 이건 우리나라 현실에서는 더욱더 맞는 말이다. 치(治)는 우리의 삶이다. 우리의 삶이 치(治)가 아닌 건 단 하나도 없다. 울고 웃는 것조차 관여한다. 그저 다들 나쁘다거나 영원히 평행선을 달린다고 꼭 말을 해야 할 때도 침묵하라고 하는 건 아름다운 인간의 삶이 아니다. 잔인하고 무심한 인간이 있다면 분명 인간됨의 인간도 있기에 인류는 이렇게 이어져 왔다. 세대는 변했지만 악의 행태는 거의 변하지 않았다. 선한(정의로운) 행위는 다양하지만 악의 행태는 단순하다. 전자는 평화로운 촛불이 응원봉으로 바뀌었고 후자는 항상 독재적 행태였다. 『차이에 관한 생각』은 타협이 가능하지만 불의의 존재들과 타협을 하는 건 야합일 뿐이다. 인간은 동물과 많은 부분에서 흡사하게 행동하고 비슷한 특징을 보이지만 어떨 땐 인간과 동물의 차이를 보여야 한다. 가령 동물과 인간에겐 부계불확실성이 존재하며 사회적(정치적) 불확실성도 존재하는 공통점을 가진다. 강한 수컷이나 암컷 우두머리가 (범고래는 암컷이 우두머리다) 나이가 들면 물러날 때를 알고 물러나며 그렇지 않으면 죽임을 당한다. 수많은 나라의 독재자는 말로가 좋지 않았다. 루마니아 차우세스쿠 대통령도 그랬고 이탈리아 무솔리니도 그랬으며 우리나라 대통령도 결국 총 맞음으로 독재가 끝났다. 다만 우리는 그 뒤로도 또 다른 독재를 내주었기에 봄이 오지 못하고 핏물의 꽃잎을 보게 된다. 절대 시들지 않는 그 꽃잎은 다시 씨를 뿌리고 현재까지 이어져 왔다. 이게 동물과 다른 점이다. 항상 불안한 우리 정치는 그렇다면 어디서부터 잘못됐을까? 현대사의 단추를 해방 전후로 본다면 반민족행위 처벌법이 이승만과 친일 부역자들에 의해 흐지부지되며 단죄하지 못한 게 지금까지 이어져 왔다. 그리고 보니 현대사 관련 정치 역사책은 언급하지 않은 거 같다. 김영명의 『한국의 정치변동』은 해방 전후부터 2000년대까지 굵직굵직한 정치 사건을 경제 산업 정치적 측면에서 분석한다. 또 다른 저자의 책으로는 한영우의 『다시찾는 우리역사 3: 근대·현대』도 있다. 한영우는 이외에 여러 한국사 책을 썼다. 굳이 덧붙이자면 한영우의 책은 근현대사도 좋지만 우리나라 역사의 총론으로 보기에 더 좋으니 각자 선택해서 읽어 보면 된다.

지금 학생들은 2024년 12월 3일을 기억하지 않아도 기억하지만 E세대는 외워야 할 역사가 하나 더 생겼다. 일찍 태어난 세대의 유일한 장점이 이런 게 아닐까. 세대가 겪는 이 고통은 적어도 40대 이하에겐 없을 줄 알았다. 70년대 후반 태생도 군부독재 시대 때는 아주 꼬맹이라 계엄령을 실질적으로는 모르고 살았는데 밀레니엄 시대에 반헌법적인 계엄령을 겪는다는 게 믿겨지지 않는다. 일곱 살쯤 동네에서 전두환 이름을 부르니까 어머니께서 대통령 이름을 함부로 부르지 말라고 하셨던 게 어렴풋이 기억난다. 이렇게 반한법적 정권에서 누가 나를 죽일 수 있다는 두려움은 사상의 자유는 물론 호칭에서부터 자기검열이 들어가게 한다. 그러면서 그 두려움은 독재의 틀에서 사고를 하게 만든다. 그런 의미에서 각하라는 단어를 사멸하게 만든 대통령은 칭찬할 만하다. 대한민국은 위대하고도 아픈 역사를 직접 겪었고 간접적으로 배웠기에 중장년층이나 젊은 층이 나와서 현재 평화적으로 시위를 하고 있다. 죄는 못된 금수들이 저지르고 고생은 국민들이 하는 이 행태가 언제 끝날까. 민주주의 속 1명의 투표는 공평하지만 그 결과와 책임은 절대 공평하지 않다. 플로베르는 어리석은 자들 때문에 투표권을 일부에게만 줘야 한다고 생각했다. 그의 보수적 생각은 물론 오만한 생각이다. 아주 많은 다수가 책임을 져야 할 때 책임은 분산되고 희미해진다. 과거는 반복된다. 독일 히틀러 시대에 본 회퍼라는 목사는 그 당시 히틀러를 이렇게 평가한다. "미친 운전수가 독일을 몰고 있다. 다 같이 죽기 전 그 운전대를 빼앗아야 한다." 그는 히틀러를 암살 시도하다가 실패하고 젊은 나이에 죽임을 당한다. 1차 세계대전으로 인한 독일의 정치 경제 사회적 상황과 세계대공황은 히틀러가 한때 90%를 넘는 지지율을 얻었던 이유였다. 거기에 대중선동과 연설은 더욱 대중을 환호하게 만들었다. 소수의 깨어 있는 학생과 교수도 존재하여 끊임없이 히틀러를 반대했지만 결국 2차 세계대전을 일으키고 비극을 맞이한다. 그에 대한 책임은 히틀러에 부역했던 국가 인사들 외에 대중은 거의 책임이 없이 끝났다. 더 얻고자 하는 사람과 살기 어려운 사람 그리고 신념 및 믿음은 이런 광기를 불러온다. 우리나라 우파 혹은 보수 호소인들이 대부분 이런 특성을 가진다. 참고로 현재 우리나라엔 우파를 참칭한 존재만 있지 절대 우파나 극우가 존재하지 않는다. 우리의 우파는 김구 선생에서 끝났다. 간혹 사람들이 극우라는 말을 쓰는데 극우란 극단적 징고이즘 즉 자국 최우선주의를 근본으로 하기에 한국 보수 참칭인들이 절대 극우가 될 수 없다. 오히려 국민들 등골 빼먹고 나라만 안 팔아먹으면 다행이다. 미국의 대안우파나 일본의 자민당 세력의 뿌리 정도는 되어야 극우라 할 수 있다. 아울러 세계사적 흐름에 따라 일본 콘텐츠를 소비할 수는 있으나 항상 한국을 무시하고 넘보는 일본 극우를 생각한다면 일부 나라처럼 와패니즈 수준까지는 안 갔으면 좋겠다. 그런 면에서 대기업이나 일본에 선택적 불매도 대단한 일이다. 선택적 불매라며 마치 우파 참칭인들에게 조롱받을 일이 아니다. 그들은 뭐 하나 행동하지 않으면서 마치만 하기 좋아한다. 우리는 무단횡단을 해선 안 되는 걸 알면서도 하게 되는데 그만큼 신념과 현실은 괴리가 있는 게 인간의 삶이다. 그러나 행동하지 않으면 아무것도 변하지 않는다. 한편 진보는 분열할 수밖에 없는 이유가 있으며 그건 항상 잘못된 것만은 아니다. 이건 진보의 필연성이다. 진보는 바꿔야 하는 무엇이 있다는 것은 공감하지만 방법론과 속도론이 달라 분열한다. 반면 보수는 지켜야 할 게 있기에 모여야만 한다. 다만 요즘은 보수 참칭인 유튜버들의 경우 이익을 위해 자기들끼리 싸우곤 한다. 과거 마르크스 이후 사회주의가 페이비언주의와 생디칼리즘으로 나뉜 것도 이 때문이다. 페이비언주의는 로마 황제 퀸투스 파비우스 막시무스의 이름 파비우스에서 따온 것으로 그가 그리스와의 전쟁 때 지연 전략을 썼다고 하여 붙여진 이름이다. 쉽게 말해 천천히 민중 속으로 들어가자는 것이다. 이 민중 속으로라는 말을 하니 과거 소련의 브나로드 운동이 떠오른다. 또한 심훈의 『상록수』도 떠오르는데 이 책은 민중을 깨우치기 위해 청년들이 농촌에 들어가 계몽운동을 하는 모습을 보여 준다. 생디칼리즘은 그 반대로 급진적인 사회주의 운동이다. 이들을 지지하는 사람들은 나중에 프루동의 무정부주의와 연합한다. 이걸 아나르코생디칼리즘이라고 부른다(아나키스트+생디칼리즘). 19세기 말부터 20세기 초까지 세계의 다양한 진보 정치인과 학자들은 이런 분열들을 겪었고 결국 신좌파까지 이어지게 된다. 한편 이 시기쯤 일부 북유럽 국가는 사민당(사회민주당)이 출현하여 복지정책과 타협의 정치를 적절히 시도한다. 참고로 스웨덴은 보수당이나 민주당이 보수로 통하고 녹색당이나 사민당이 진보나 좌파로 통한다. 인간은 왜 이렇게 나누어지기를 좋아할까? 사유의 동면에서는 그 이유를 곳곳에 설명해 놨으니 생략하겠다. 어쨌든 우리는 히틀러 같은 『나의 투쟁』이 아니라 희망이라는 아름다운 투쟁으로 2025년을 함께하고 있다. 추운 날 내 옆에 모르는 누군가 있어 줘서 든든하고 따듯하며 좋은 날에는 더 꽃과 같은 나라를 꿈꾸기에 우리들은 덥고 비 오는 날이 두렵지 않다. 연대해 줘서 고맙다고 말하지 않아도 우리는 서로 의지하고 있음을 안다. 그게 사람 사는 세상이다. 아닌 건 아니라고 말할 수 있는 세상보다 아니라고 말하지 않아도 되는 세상을 모두가 꿈꾼다. 공자 시대나 지금이나 '가정맹어호'는 여전히 유효하니 이 또한 역사는 반복됨을 증명한다. 그러나 이런 건 더 이상 그만 증명되어도 된다. 결국 먹고사는 게 가장 중요한 사람들에게 그때나 지금이나 위정자와 리더는 민귀군경의 마음을 새겨야 한다. 한비자는 역린지화를 말하지만 민심무상만큼 무서운 건 없다. 현시대는 리더가 아니라 헌법 준수와 민심을 어기면 역린이다. 민초들은 항상 역사 바깥인거 같지만 역사 안이었다. 그렇기에 민초들의 행동은 항상 중요했다. 잠시 감정적이었는데 철학적으로 승화시켜 보자. 자크 데리다는 "텍스트 바깥은 아무것도 없다."라고 하였다. 그러면서 자크 데리다는 로고스(말씀) 중심의 해체를 주장한다. 데리다가 말한 "텍스트 바깥은 아무것도 없다."라는 말은 타 사상가들로부터 꼬투리를 잡힌다. 이것에 대해 추후 데리다는 부연 설명하는데 그걸 데리다 본인보다 더 쉽게 설명하고자 한다. 로고스란 무엇인가? 바로 이성(논리), 언어, 표현, 말씀이다. 우리가 역사를 알고 인간을 이해하는 데는 문자로 기록된 것 때문이다. 그중에서도 한 몫을 하는 건 서두에 언급한 수사학 때문일 것이다. 그런데 우리 역사가 에크리튀르(쓰인다는 뜻)에 기록되지 않은 건 제대로 알 수 없거나 무의미하게 된다. 보통 자크 데리다 하면 해체주의 사상이라고 하는데 로고스 중심을 해체하고자 하면서 그는 방금 말한 대로 "텍스트 바깥은 없다."라고 말한다. 이 말은 '로고스 중심 해체'와 어떻게 보면 모순이 되는 이야기다. 텍스트를 말씀이라고 치환하면 로고스 바깥은 없게 되는데 이 로고스를 해체한다는 게 말이 되지 않기 때문이다. 그래서 데리다는 살아생전에 이 오해를 풀기 위해 이렇게 말한다. "자신은 텍스트가 언어라고 한 적이 없고 우리 인간이 언어로 갇혀 있다고 말한 적이 없다. 오히려 그 반대다"라고 하였다. 결국 로고스 중심 해체와 텍스트 바깥은 없다는 모순이 아니라 상보적인 의미가 된다. 예를 들어보겠다. 이즘적으로 보면 그동안 여성은 서발턴이었다. 여성의 언어는 존재했지만 말할 수 없었고 말하더라도 의미가 없었다. 데리다 관점으로 보면 과거 피메일(female)은 텍스트 안에 있지 않고 바깥에 있는 종족이다. 로고스를 한번 남성이라고 가정해 보자. 과거는 로고스(말씀 명령)가 남성이었음을 메일(male) 종족은 인정해야 한다. 그렇다면 이 남자 중심의 해체는 곧 여성의 출현이나 이즘의 출현을 가져온다. 결국 데리다가 말한 텍스트 바깥은 의미 없는 게 아니라 오히려 의미를 부르는 존재자 역할을 한다. 현대 철학의 공통으로 보면 보이지 않던 타자가 주체가 되는 것이다. 조금씩 여성은 텍스트가 되어 가고 주체가 되어 간다. 그건 긍정할 만한 일이다. 그러나 현시대에 이즘은 또 다른 언어/로고스를 가지려고 한다. 여전히 어떤 문제가 해결되지 않았다고 보고 끊임없이 남성(로고스)을 해체하려고 한다. 그러면서 항상 남성은 가해자라는 로고스로(호명) 묶어 버리고 자신들은 영원히 피해자로 남는다. 아마도 남성이란 종족이 존재하는 한 이런 의식은 영원할 것이다. 이제는 로고스와 로고스가 아닌 것을 찾아야 한다. 이런 사고를 확대 해석하는 이유는 우리의 이즘 반이즘뿐만 아니라 좌우가 싸우는 이유를 알 수 있기 때문이다. 이즘의 눈으로 본 텍스트는 올랭프 드 구주나 메리 울스턴크래프트 이후 지난 200년간 무수히도 쌓였다. 더 이상 그들은 서발턴의 존재가 아니지만 스스로 여성의 언어를 계속 창조한다. 반면 반이즘적 텍스트는 이즘에 비하면 영양실조에 가깝다. 그래서 감정적 언어나 전투적 언어가 아닌 합리적인 언어의 남성 텍스트도 이제는 중요하다. 데리다 이외에 후기 구조주의자들(데리다는 거부하고 싶겠지만)의 철학 사유를 읽어 보면 다른 철학보다 조금 재밌으니 한 번쯤은 읽어 볼 만하다. 생각보다 철학이 쓸모없지 않다. 문자 즉 텍스트는 말보다 중요하다. 그렇기에 책을 읽고 책을 쓴다. 마지막으로 데리다처럼 이 글도 오해받을 텐데 차라리 그렇다면 성공한 것이기에 좋아해야 할 일이다. 책이 조용히 잠자는 것보다는 차라리 그게 낫다.

# 사유의 동면

뭘 먹고 싶다는 생각과 그냥 일상 대화하는 걸 우리는 사유라고 하지 않는다. 그냥 마음가는대로 말하고 움직이는 반사적 행동도 인간의 일상이지 사유는 아니다. 사람이 언제 사유해야 하고 왜 그래야 하는가는 이 책 안에 들어 있기에 따로 설명하지는 않겠다. 그렇다고 철학적으로 사유하는 그런 거창한 의미를 가지고 책 제목을 정한 것은 아니다. 그런데 왜 사유의 부재라고 하지 않고 사유의 동면이라고 했을까. 두 가지 이유가 있다. 하나는 책 제목을 정하면서 생기는 멋스러움이나 독특함이다. 성명(姓名)철학이나 타로카드 기타 사주를 믿지는 않지만 그것과 별개로 이름도 잘 지어야 한다. 요즘 학부모들의 자식 이름 짓기는 몇몇 예쁜 이름으로 수렴되어 그 다양함이 사라져 아쉽지만 그만큼 자기 자식을 위해 모두 예쁜 것만 주고 싶은 부모의 마음은 비슷한 거 같다. 두 번째 이유는 부재보다는 동면이 현시대 사람들에게 더 잘 어울리기 때문이다. 결정적으로 동면은 개구리처럼 봄이 오면 깨어난다는 희망을 가지고 있기에 붙여 본 것이다. 지금은 상대방에 감정이 상해서 이성이 동면하는 시대다. 실제 아는 사람끼리도 그럴진대 모르는 사람은 얼마나 날카롭겠는가. 서로의 감정이 우선인 상태에서 대화는 침묵만이 답이다. 언어에 대해서 따로 챕터를 두고 쓰기도 하고 이 글 곳곳에서 언어 생성과 소멸의 중요성을 이야기했지만 침묵하니까 생각나는 책이 하나 있다. 그게 바로 에드워드 홀의 『침묵의 언어』다. 그는 기본적 의사 전달 체계를 열 가지로 나눈다. 다 생각이 안 나지만 몇 개만 적어보면 상호작용, 양성성, 연합, 영토권, 시간성, 학습, 방어 등이 에드워드 홀이 말한 언어 작용 체계다. 영토권은 생소할 수 있는 단어인데 에드워드 홀이 말한 영토권은 일부 철학에서 쓰는 개념과 약간 다르게 자기 방어나 자기 소유의 영역을 말한다. 우리는 지금 엉망진창의 의사소통 체계를 가지고 있다. 위 언급한 모두를 가지고 있지 않은 상태거나 일부만 가지고 있다. 같은 성(性)끼리 상호작용도 안 되는 마당에 하물며 양성성이라니 꿈같은 얘기다. 원래도 빠른 민족이라는데 폰에 들어간 내 모습은 얼마나 더 빠른 인간이란 말인가. 한국 특유의 빠른 기질은 대화/언어에서도 드러나지만 원래부터 우리 민족성이 그런 게 아니었다. 과거 우리 조상은 시간의 흐름에 따라 농경과 제도를 정비했으며 때와 장소를 잘 구분하였고 여백의 미와 여유를 가지고 있었다. 봄에는 씨앗을 준비하여 여름에 열매를 맺으니 가을은 수확하는 기쁨을 가지어 추석이라는 대명절로 기리었다. 실제로 한가위라는 어원도 이웃과 함께 음식과 즐거움을 나눈 것으로부터 시작되었다. 또 문화적으로는 얼마나 더 느린가. 조지훈의 『승무』에서 나빌레라는 빠르지 않고 고요하다. 한복을 입고 추는 춤은 얼마나 느리면서 멋스러움의 조화란 말인가. 언어적으로는 시나브로라는 멋진 우리말이 있지 않던가. 하지만 동면한 지 오래된 단어다. 문화 언어 생활 풍습 등 느렸던 민족이 세계에서 가장 빠르게 한강의 기적을 이루었다. 그 이유는 배고픔의 동면을 깨고자 하는 우리의 의지였기에 가능한 일이었다. 그러나 지금은 다른 이유로 빠르게 된 개인이나 사회가 되었다. 즉 사회는 빨리 성과를 내라며 재촉하고 개인은 그것에 톱니바퀴처럼 굴러가니 뒤처지고 싶지 않아 무조건 순응하는 삶을 살게 된다. 그 지친 순응의 반항은 개인 대 다수 혹은 나와 다른 집단의 화냄으로 표출된다. 모두가 그런 것은 아니지만 가끔 퇴보하는 생각을 가지며 자신을 더 갉아먹는 삶을 사는 사람이 있다. 가령 주 52시간의 역행 같은 것 말이다. 대기업의 세계 경쟁력 약화 원인이 노동시간이 아닌데도 그 잘못을 노동자들에게 떠넘긴다. 결국 나쁜 정부와 언론 그리고 기업들이 만들어 낸 최악의 역사퇴보를 2024년에 보게 되었다. 여기에 일부 노예근성을 가진 자들이 기업을 옹호하는데 그런 사람들을 보면 알바 아니면 마음에 병이 있는 사람이 아닐까 하는 생각을 하게 된다. 이렇게 언론은 기업의 하수인이나 국민을 속이는 주체가 되어 간신배 역할을 한다. 지금도 열심히 국민들은 이들에게 속고 있다. 특히나 부에 욕망이 강한 사람들이 더욱 그렇다. 그러면서 잘되면 자기 칭찬을 하고 안 되면 정치나 남 탓을 한다. 자기가 언론이나 개인 방송 기타 커뮤니티 글에 놀아난 건 모르고 말이다. 언론과 기업의 관계를 과거 일본으로 치면 딱 쇼군과 다이묘의 관계다. 또 현대 일본으로 치면 야쿠자와 정치인의 관계와 같다. 결국 이들의 잔인하고 아주 치졸한 행태로 국민들은 고통을 받는다.

일본 이야기가 나온 김에 지피지기면 백전불태의 마음으로 잠시 일본을 알아보자. 일본은 모더니즘 시대 때 잠시 학생 운동이 있었던 거 빼고는 제대로 민주주의 역사를 가져본 적도 투쟁해 본 적도 없다. 그래서 저항에 그렇게 둔감하다. 사실 그들은 저항하면 죽어야 하는 시대를 천 년 이상 지속해 왔기에 시민의 저항 의식은 약할 수밖에 없었다. 반면 영주나(다이묘) 쇼군을 위한 충성심이 강했으며 그들의 이익에는 한없이 악랄했다. 그 후예들이 바로 지금의 일본 우익 단체다. 그들은 한국을 정복해야 하는 나라, 노예의 나라로 인식하기에 한국인에게 적대적이다. 실제로 노예들은 자기들인데 말이다. 막부 시대 전후로 일본은 일반 국민이 입는 옷 그리고 사무라이의 갑옷, 투구까지 인도의 카스트 제도처럼 엄격한 구분이 있었다. 일본에 신전이 많은 이유 중 하나는 아기를 죽여 희생제의로 삼고 무고한 사람을 죽이는 등 사무라이의 온갖 못된 짓 때문이다. 그러면서 야스쿠니에 범죄자들을 모아 고개를 숙이니 인간으로서는 참 이해할 수 없는 민족이다. 반복해서 말하지만 우리는 우파 극우, 우익 보수는 존재하지 않는다. 우리나라는 민주당이 중도 보수가 되고 다른 진보적 가치를 가지는 정당이 진보가 되어야 한다. 작가로서 삶이 계속된다면 정치만 따로 떼어 세계사적 정치 역사를 설명해 주고 싶은 마음이 크다.

역사는 반복되고 중복된다는 증명을 이 책에서는 끝없이 보여 주고 있는데 또 하나 증명하려고 한다. 가령 우리나라는 고려시대 무신정권을 맞는다. 이 무신정권은 정중부 경대승 이의민 최충헌 등으로 이어지는데 학창시절 시험 때문에 달달 외웠던 게 아직도 기억날 정도다. 칼(刀)을 들면 또 칼에 당한다. 우리나라에 무신정권기가 있었다면 삼국시대부터 있었던 한국 따라쟁이 왜나라에도 무사들이 지배하는 시대가 도래한다. 시기도 우리나라와 거의 비슷하다. 가마쿠라 바쿠후(12세기 말)부터 무로마치 시대를 겪으면서 왜구는 이제 천년을 무사 시대로 만들어 간다. 바쿠후는 막부 막사 진지를 의미한다. 참고로 왜구(倭寇)의 왜는 과거 선조들이 불렀던 일본의 옛 명칭이고 구(寇)는 도적떼 무리들을 의미한다. 우리나라 사람들 상당수는 왜구가 고려시대에 출몰했다고 알고 있지만 사실 왜적의 무리는 광개토대왕 때부터 있었다. 실제 거대한 광개토대왕 릉비에는 왜구를 토벌했다는 기록이 나온다. 그리고 보면 백제의 은혜도 모르고 지난 2,000여 년간 우리를 약탈하고 죽였으니 참으로 그 악연이 끈질기다. 2,000년간 그랬으니 앞으로도 그러지 않으리란 법이 없다. 민족성은 쉽게 변하지 않기에 그대로 역사는 반복될 것이다. 바다 건너 편에는 왜구가 있고 한국 땅에는 그들의 잔당 내구(內寇)가 있으니 청산해야 할 한국의 과제는 여전히 쌓여 있다. 이순신 장군의 임진왜란 때 잘려 간 조선인의 코와 머리, 약탈된 문화, 일제 강점기 때의 수탈과 살인만 생각하면 감정이 생기지만 누구 말대로 그것만 생각할 수는 없는 노릇이다. 그러나 그들의 과거와 야욕을 절대 잊어서는 안 된다. 이때는 역사성(과거성)을 조금 가져도 좋다. 이즘과 다르게 말이다. 인간의 행동에 대한 책임은 세 부류가 있다. 절대 사과할 마음이 없는 자와 당장의 위기를 모면하기 위해 사과하는 자 그리고 진정 자신의 잘못을 뉘우치며 사과하는 자 이렇게 말이다. 진정 잘못을 아는 자는 인간이고 나머지는 사이코패스나 소시오패스형 인간이다. 일본은 그래서 사이코 국가인 것이다. 이렇게 결론을 내버리면 일본을 겪었거나 깊이 사랑하는 사람은 아마도 엄청나게 반론할 것이다. 하지만 역사의 아픔에 슬픔과 분노를 느끼지 않은 사람은 조국을 사랑하지 않는 사람이다. 방금 문장이 어디서 많이 들어본 시그니처 표현이라면 생각하는 그것이 맞다. 아울러 무능력한 사람이 국가의 중요 자리를 차지하고 있을 땐 국가는 잠시 죽어 있게 된다. 잊지 말아야 한다. 항상 문제는 다수의 침묵과 일부의 조직이 역사를 퇴행시키며 망치고 있다는 사실을 말이다. 지금이 기회다. 민주주의는 위기를 기회로 삼는 숙명을 가졌다. 우리는 현재 그것을 함께 행하고 있고 잘해 오고 있다. 그렇다면 일본의 뿌리는 어디서 시작되었을까 하는 의문이 생긴다. 큰 틀에서 인종적 차원과 역사적 차원에서 한번 짚어 보겠다. 일본 민족의 기원은 일본 학자마다 다른데 보통은 한반도인이나 동아시아에서 이주하여 정착한 민족과 구석기 시대부터 존재해 온 일본 원주민(대표적으로 조몬인)의 결합으로 본다. 심지어 어느 학자는 기타 남미나 다른 나라에서 우연히 일본 열도에 정착하여 원주민이 된 경우도 있다고 주장한다. 그 근거는 일본 기존 원주민과 유전적으로 다른 모습 때문이다. 그래서 몽골이나 한반도인 중국인과 다르게 선이 굵직한 일본인을 자주 볼 수 있다. 즉 혼혈인 것이다. 인종 간 혼혈에 나중에는 근친까지(족내혼) 이뤄지니 애초부터가 근본이 없고 혼란스러운 민족이다. 이것만은 자인한다. 이게 진정한 반일 감정이라는 것을… 원래 일본은 우리처럼 굵직하고 단일한 신화가 존재하지 않았다. 로마의 로물루스 레무스 이전처럼 말이다. 로마의 로물레스 통일 전에도 그들은 지방색이 강했고 그 후에도 하나의 이탈리아처럼 통합되기 전까지 그 역사는 지속되었다. 일본은 그게 더 심했다. 각 지역의 토속 신화가 얽히고설키었고 기원후 우리로 치면 후삼국시대쯤 가서야 신화를 창조하고 천황을 모신다. 아마테라스 천손 강림이라는 단일신도 사실 다른 나라를 모방한 것인데 그들의 고서도 모방과 왜곡이 심하여 부정확한 게 많다. 이때부터 일본은 날조의 모습을 보여 주기 시작한다. 이것은 역사의 사료부족이나 부정확한 것에 기인한 것이 아닌 의도된 것이기에 확실히 이것과는 구분해야 한다. 애초부터 거짓의 역사로 태양신과 천황을 위시로 부족한 민족 단일성을 심어 준 일본은 그 후로 사무라이 우두머리에 충성하는 역사를 1,000년 이상 지속한다. 일장기도 하나의 지향성이라는 측면에서 그들은 민주주의 국가의 기본성을 기본적으로 갖추기 어려운 역사성을 가진다. 그런 면에서 전범기는 우리가 절대 용인할 수 없는 악기(惡旗)로 인식하고 보이는 즉시 찢어 버리거나 태워야 한다. 중요한 건 독일처럼 히틀러 찬양을 못 하게 하듯이 일본 강점기 식민사관을 찬양하지 못하게 입법을 하는 것이다. 그들의 야욕은 절대 멈추지 않는다. 역시 우리에게 가장 끔찍한 것은 고려 말과 조선 초 있었던 왜구의 침입이었고 이 또한 사무라이들이 저지른 일이었다. 지역 특색이 강했던 사무라이들은 일본이라는 나라가 아니라 사무라이 세력 근원지를 중심으로 전국을 움직였다. 에도 바쿠후 시대라는 것도 도쿄 사무라이가 강했던 도쿠가와 이에야스 시기를 의미하고 그 전에는 우리가 너무 잘 아는 도요토미 히데요시 세력이 가장 강했었다. 지금으로 치면 동경과 그 반대 지역 간의 각축전의 원인과 결과물이 조선 침탈인 것이다. 그 후 계속해서 조선을 못살게 굴었지만 가장 끔찍한 일본인의 만행은 역시나 일제 강점기였다. 잘 생각해 보면 우리 분단의 씨앗도 일본이다. 일본만 아니었으면 독립운동 할 일도 없었고 국력의 에너지도 쓸 필요도 없었으며 희생할 필요가 없었다. 그랬다면 결국 김일성 같은 인간이 북한을 만들지도 않았을 것이다. 그들의 단일 목표와 극기, 집요함은 본받을 만하지만 기본적으로 강자에 약하고 약자에 강한 특성을 가진 민족이기에 현시대에 와서는 불가근불가원이나 경이원지 자세로 그들을 대해야 한다. 그런 의미에서 문재인 정부 때 다시는 일본에 지지 않는다는 표현은 아주 훌륭했으며 실제로 그걸 실천했다. 약자를 약육강식으로 보는 일본에게 이런 자세는 대단히 중요하다. 결국 핵심 소재 무역 전쟁에서 세계 언론이나 일본인들의 자체 평가에서조차 일본이 졌다는 평가를 받아 내며 저 말이 결코 허투루 했던 소리가 아니었음을 증명했다. 능력과 공감능력 없이 말만 앞서는 사람들과는 확실히 다르다. 한편 날조의 역사성을 가지고 강자에 머리 조아리는 후예들이 한국의 주류 언론들과 보수 참칭인이 되었다. 북한 김일성이 남한을 점령했을 때는 수령님을 찬양하고 일본한테 나라를 뺏겼을 때는 천황을 찬양했던 이들은 지금도 그 못된 습성을 그대로 유지하고 있다. 왜 이들은 이런 못된 걸 유지하려고 할까. 정말 유지는 문제가 많은 단어인 거 같다. 흥미로운 『페스트』 작품을 쓴 알베르트 카뮈는 나치 부역자들을 프랑스가 숙청하려 할 때 일부 반대론을 잠재우고자 이런 말을 했다. "어제의 범죄를 벌하지 않는 것은 내일의 범죄에 용기를 주는 것과 똑같은 어리석은 짓이다. 공화국 프랑스는 관용(톨레랑스)으로 건설되지 않는다." 우리는 과거 역모나 반란을 꿈꾸는 자에게만 지독한 단죄를 하였지 그 외에 정의와 민족을 위한 단죄는 제대로 이뤄지지 않았다. 언젠가는 꼭 해야 할 일인데 아무도 하지 않았거나 할 수 없었던 때가 있었다. 그 후 누군가는 하려고 했지만 오히려 단죄받을 자들에게 고통을 받는 역사를 가졌다. 역사는 증명된다는 말이(또 단죄 없는 역사가 된다는 뜻) 이번에는 틀렸으면 좋겠다. 2024년 전국 교수들이 선정한 사자성어는 '도량발호'다. 이 뜻은 거리낌 없이 권력이 함부로 날뛰어 다님을 의미한다. 도량발호의 권력자가 헌법을 심각하게 위반했다면 반드시 단죄되어야 한다. 그 동조 세력도 마찬가지다. 이걸 정쟁이나 프레임 전환으로 이용하는 사람들에게 또 국민은 속지 말아야 한다. 요즘은 이성과 합리성을 가지면 편향된 좌파라는 명예가 주어지는 것처럼 말이다. 지금까지 일본 겉보기를 하였는데 이들의 불길한 역사성은 잠시 묻어 두고 모방하고 싶은 생활 문화나 콘텐츠를 차용하는 거 자체는 나쁘지 않다고 본다. 일본처럼 서양 제국주의를 따르고 식민지 개척을 하는 그런 모방이 아니라면 모방은 인간 본연의 특성이기 때문이다. 그걸로 인류는 발전했다. 일찍이 플라톤은 미메시스라는 용어로 모방을 더 의미 있게 활용했고 이걸 아리스토텔레스가 이어받는다. 우리가 그들을 알아야 하는 진짜 이유는 숭배나 단순한 승리가 아니라 극기나 자유로워짐이다. 사유는 지식과 정보가 있을 때야 비로소 완성된다. 하지만 사람들은 자기 뇌는 있되 단편적인 지식을 가지고 있어서 지혜는커녕 갇힌 사고를 한다. 단순히 생각하는 것과 사유는 다르다. 타인의 생각은 열려 버리고 자신의 생각을 우기는 사람이 많다. 이런 사람들은 자신이 배우지 못하고 식견이 짧아 현재 사유의 동면인 상태를 스스로 인지하지 못한다. 동면에 들어갔는데 그걸 본인이 어떻게 알겠는가. 마치 고진감래는 알아도 흥진비래는 모르고 사는 것과 같다. 그래서 진짜 슬픔이 오면 그걸 인정하지 못하는 태도로 그걸 부정하려고만 한다. 만약 이게 어떤 이념을 가진 사람들에게 옮겨 붙으면 그때는 인간적인 모든 게 파괴된다고 이어령 장관이 말한 것처럼 세상을 알면 알수록 '이것이다 저것이다' 확언할 수 없음을 알게 된다. 그러나 모르는 걸 알아 가고 관점을 다르게 보는 것과 달리 어떤 확신이 드는 것도 있다. 그건 바로 어떤 이념을 가진 자들처럼 나쁜 무엇이 있다고 믿는 것이다. 이건 타협할 수 없는 영역인데 그래서 결국은 안다고 하는 자와 모르지만 무엇을 믿고 있는 자 둘의 행태는 뱀 두 마리가 서로 꼬리를 집어 삼켜 먹는 것과 같게 된다. 치킨게임 같은 부연 설명이 없어도 이 표현의 의미를 알아들을 수 있는 사람은 지금까지 사유의 동면 글 읽기를 잘해 온 것이다. 위 표현의 정확한 의미는 사실 치킨게임도 아니다. 개구리의 겨울잠처럼 깨어나자.

곧 봄이 온다. 마지막으로 우리는 싫은 사람, 어떤 싫어하는 것으로부터 어떤 좋은 점을 발견할 수 있다면 그걸 이용할 줄 알아야 한다. 그게 발전할 가능성이 있는 인간의 자세다. 일본이 밉지만 위선과 역사는 잊지 않으면서 활용할 것을 활용하면 된다.

## 여성의 삶

　상대적으로 남성의 삶을 말하는 책은 많이 부족하다. 최근엔 젊은 20대 30대부터 해서 중년과 노년의 남성 삶을 언급하지만 그래도 상대적으로 여성의 한(恨) 많은 삶과는 조금 비교된다. 우린 이제 진짜 같은 행성에 사는 동족이다. 그럼에도 불구하고 여성의 삶은 지금도 뒤돌아보는 사람이 많다. 왜 그래야 하는가? 아직 그 어머니들과 할머니들이 살고 있고 우리의 가족이기 때문이다. 신경숙의 『엄마를 부탁해』는 남녀노소 인간이 느끼는 어머니에 대한 모성 본능 감정을 일깨워 준다. 특별한 특이성과 어떤 우수한 작품성을 보이는 건 아니지만 엄마가 실종된다는 특별한 사건만 아니라면 한국적 어머니상에 대한 보편적 느낌을 한 번쯤 느껴 보기엔 가장 적절한 작품 중 하나다. 우리는 보통 여성의 삶 하면 희생하는 어머니나 며느리 아니면 아들이나 남성으로부터 차별받는 딸의 이야기를 주로 떠올리지만 이런 게 아닌 특이한 작품도 찾아 볼 수 있다. 가령 구병모의 『파과』라는 작품이 그것이다. 프로이트적 심리나 정신분석학적 요소도 들어 있는 이 소설은 마지막엔 노쇠한 여성과 젊은 남성의 대립도 발견할 수 있다. 파과의 의미는 이중적이다. 썩은 과일이 될 수 있고 한자를 풀어쓰면 젊은 나이대의 여성을 의미한다. 어렸을 적 기억이 무엇으로 총 대신 칼을 든 파과 스나이퍼가 되었는지 그 부분이 강렬했는데 다른 사람들은 삶의 소중함을 지켜가는 다른 요소를 더 중요하게 볼지도 모르겠다. 60세가 넘었는데 싸워서 내가 질 거 같은(더 정확히는 죽을 거 같은) 여성은 『파과』의 여성이 처음이다. 처음부터 끝까지 지루하지 않고 재밌는 소설이니 각자의 각인된 의미를 찾아보면 좋겠다. 이번에는 콜레트 다울링의 『신데렐라 콤플렉스』라는 작품을 살펴보자. 그동안의 필자의 글 전개 방식은 머릿속에 있는 책 내용을 기억한 것만 짧게 인용하는 것이었고 웬만해서는 타 도서의 본문을 길게 인용하지 않는 것인데 이번엔 중요한 내용이 있으니 길게 언급해 보겠다. 이번에는 직접 책을 가져다 그대로 적었다. 이걸 외울 수는 없는 노릇이다. 『신데렐라 콤플렉스』에는 이런 내용이 나온다. "남성과 결합하여 종속감과 좌절, 분노를 느끼는 여성들은 자립을 결정하면서도 자립에 내포된 갖가지 요구에 두려움을 느끼고 있다. 이러한 두려움이 현실의 울타리를 벗어나려는 노력을 사실상 마비시키고 있다. 이러한 사실 때문에 여성들은 벙어리 냉가슴 앓듯이 말도 못 하고 당황과 혼란 속에 남성들의 요구대로 순종하지 않을 수 없다. 내가 진정으로 바라고 있는 것은 타인의 보살핌을 받으려는 것임을 뒤늦게 깨달았다. 그 보살핌이란 단순히 생계비 의존의 문제가 아니라 자신을 거친 세상의 풍파에서 막아 주는 완벽한 심정적 보호였다. 이러한 자세는 이미 성장과정에서부터 여성의 당연한 본성인양 인식되어 왔다. 어려운 일은 어느 누군가가 감당해 줄 것이란 기대가 바로 그것이다." 정말 훌륭한 현실 분석이자 상당수 많은 여성에 대한 심리 분석이다. 그래서 그런지 위 내용은 책의 바깥 겉표지 뒤에도 적혀 있다. 하지만 위 내용 중엔 편견이 하나 들어 있다. 과거엔 그랬을지 모르지만 지금은 "여성의 당연한 본성인양 인식되어 왔다"라고 생각하지 않는다. 만약 그렇게 생각하는 사람은 여성을 부차적 존재로 생각하는 사람이다. 마치 성경에서와 같이 여성이 남성의 갈비뼈로 태어난 것처럼 말이다. 여성 주체성을 인정하지 않는 시대에 뒤떨어진 남성은 기성세대뿐만 아니라 젊은 남성도 의외로 많다. 물론 우리는 원래 하나였다. 실제로 남성의 성기와 여성의 성기는 아예 다른 게 아니다. 철학적으로 표현하면 남근의 '없음/부재/상실'이고 의학적 과학적으로는 동일 기관의 쇠퇴로 본다. 다시 『신데렐라 콤플렉스』로 와 보자. 여기서 생략된 "성장 과정으로부터"를 살펴볼 필요가 있다. 왜 이 책의 저자 다울링은 무슨 근거로 이렇게 이야기했을까? 다울링은 로이스 호프만의 이야기를 차용하여 이야기한다. "여자 어린이들은 자립심을 키워 나가는 자극을 극히 받지 않는 반면에 부모들의 보호는 지극히 많이 받고 있으며 또한 어머니와 다른 객체성 확립을 자극하는 자발적 또는 사회적 압력도 적게 받는다." 이런 여자 어린이들의 특성을 '제휴적인 욕구 과잉'으로 연결 짓는데 이 말은 여자애들은 누군가와 '관계'를 갖고 싶어 하는 욕구를 강하게 느낀다는 의미가 된다. 그러면서 다울링은 이렇게 이야기한다. "자신이 무능 하다고 느끼고 있는 만큼 여자 어린이들이 가장 가까운 타인에게 달려가서 매달리는 것은 조금도 이상한 일이 아니다." 정말 중요한 말들이 나왔다. 우리는 이걸 2024년 12월 차가운 촛불집회 아니 응원봉 집회로 이야기해 보지 않을 수 없다. 또한 허세와 남성 권력의 의형제 맺음과 달리 여성의 자매화는 다르다는 격의 차이를 알 수 있는 게 그날의 기억이다. 물론 다울링은 자매화 이걸 약간 부정적이거나 수동적으로 보았지만 말이다. 이걸 현시대로 돌아와 전체 어린 여성으로 대입하면 다 맞다고 할 순 없다. 그러나 과거부터 현재까지 여자아이란 존재는 가족의 울타리 내 과잉억압과 보호를 받았다는 걸로 생각하면 응당 다울링의 이야기는 수긍이 간다. 우리는 여기서 남녀의 시각차를 보는 게 아니다. 책을 읽었으면 항상 현시대나 인간으로 환원하여 해석하는 게 사유의 동면 임무이니 이걸 촛불집회에 연계해 보겠다. 요즘 젊은 남성은 손은 그렇게 바쁘게 떠들어 대면서 입만 앞서 있는 오합지졸 행태를 보인다. 그들이 그러는 이유는 목표가 없기 때문이다. 고작해야 반이즘의 정신에만 매몰되는 것 외에 어떤 조직이나 정치인 정당 기타 사상이 싫은 거 외에는 아무것도 없다. 이런 건 목표가 아니다. 증오와 반대일 뿐이다. 그러다 보니 사회 긍정의 목표를 만들지 못하고 항상 무엇의 냉소와 비난으로 끝난다. 그들에게 거창한 시대정신 그런 에피스테메까지 바라지는 않는다. 80년대 20대는 민주화라는 목표가 있었고 2000년대 20대는 노무현이라는 목표가 있었지만 지금 남성은 그런 게 없다. 오히려 훌륭하신 고인을 능욕이나 하고 살아가니 지금 젊은 남성은 가장 저질스러운 세대가 되었다. 인생에 의미 없는 조롱적 밈으로 생각을 지배받았던 세대가 제대로 된 목표가 있을 리 만무하다. 2024년 20대 여성이 거리에 그렇게 많이 모인 이유도 헌법수호의 큰 목표가 있었기 때문이다. 잘 생각해 보라. 사람은 목표가 있어야 행동을 한다. 그저 타인이나 타집단이 해 온 것을 흠집 내려는 사고방식이 어떤 행동을 불러올지는 명약관화다. 그들은 또 한탕주의에 빠져 있고 전형적인 슬랙티비즘 인간형으로 커뮤니티나 유튜브에 꽉 막혀 산다. 자기들과 생각이 비슷한 동지가 여럿 있으니 사상의 안전성과 생각의 편리성에 빠져 그 사고의 안정성을 그대로 유지한다. 원인의 원인을 찾자면 결국 이것도 인문학적 소양의 부족에서 나오는 결과다. 2024년 술에 취한 우리나라에 형식상 존재하는 리더처럼 말이다. 그들은 자기 커뮤니티 생각만 있지 그 바깥은 생각하지 못한다. 남녀 종족의 특성도 이유가 된다. 남성은 실제적 필요가 생길 때 즉 자기들에게 눈에 보이는 이득이 생길 때 그리고 힘을 바탕으로 나서는 데는 탁월하지만 그 외에는 응집력이 약하다. 반면 여성은 왜인지는 몰라도(다울링 이야기가 맞다면 왜인지는 알겠지만) 자매화를 잘하고 응집력이 굉장히 강하다. 그들은 실제적 이득이나 당장의 보상보다 자신들이 지켜가야 할 중요한 질서 회복과 심리적 보상을 위해서 행동한다. 아이도 낳지 않았고 결혼도 안 했지만 여성만이 가지고 있는 이런 특유의 감성(모성 본능 기타 등)은 행동하는 힘의 원천이 된다. 물론 여기서 감성적 의미는 긍정적 의미이지만 때로는 알다시피 이 감정은 여성주의라는 테두리에 머무는 어떤 한계성도 가진다. 남녀 전부가 아닌 특정 누군가에게는 이 말이 통용된다. 이번 집회에 상대적으로 참여율이 적은 남성의 이유에는 반이즘의 정서가 강한 것도 한몫하겠지만 원래 온라인에서 극렬한 남성들은 실제로 이런 촛불집회뿐만 아니라 다른 오프라인 집회에도 원래 잘 행동하지 않는다. 심지어 자기들이 추종하는 개고기 정치인에게도 말이다. 이들은 사유의 동면과 함께 행동의 동면의 상태에 있는데 그래서 이중으로 심각하다. 정말 처참할 정도로 심각하다. 기자나 학자 기타 네티즌들은 처참한 이대남 현상을 분석하지만 필자처럼 이야기하지는 않는다. 지금 하는 이 말들을 세대나 남녀 갈등 격화로 생각하면 안 된다. 그들을 다 사랑하지만 현실을 말하고 있기 때문이다. 늘 그랬듯 모든 mz세대를 말하는 것도 아니다. 언젠가 젊은 남성도 사불범정이 되어 또래들과 더 많이 함께할 것이다. 한편 유시민 작가는 방송에서 이렇게 이야기했다. "후세대는 항상 전 세대보다 똑똑했어요. 그러니 기성세대에 뭘 기대하지 말고 각자 알아서 잘하면 됩니다." 확실하지는 않지만 전자의 말은 정확히 기억이 난다. 개인적으로 가장 좋아하는 사람 중 한 명이지만 후세대는 항상 똑똑했다는 저 말은 틀린 것이다. 정확히는 반만 맞고 반은 틀렸다. 지능적으로는 저 말이 맞을 수 있다. 그러나 하워드 가드너의 다중 지능이론으로 보면 지금 20대 혹은 30대 초중반 남성들은 '공감능력과 공감지능 그리고 타인수용 관계성'이 가장 떨어지는 세대다. 물론 가드너는 '타인수용 관계성'이라는 표현을 쓰지는 않았다. 이건 필자가 만든 용어다. 이런 심리상태이다 보니 소위 이대남은 적대적 감정과 냉소적 항상성을 유지한다. 이번에도 유지가 문제다. 대한민국을 유지하고 인간관계를 유지하는 것은 이런 반목적 사회와 타인 인식하기가 아니라 관용적 수용력/포용력이다. 그래서 이선옥 작가의 『왜 이대남은 동네북이 되었나(이리 치이고 저리 치이는 대한민국 이대남 보고서)』는 반만 맞은 것으로 생각해야 한다. 물론 과정을 생각하고 원인을 살폈던 이선옥 작가의 말도 (특히 그 당시엔) 응당 일리가 있다. 그러나 그들이 내세운 공정의 결과와 반이즘의 결과를 보라. 어느 집단처럼 편향적이고 선택적이며 아전인수적이다. 그러면서 자기들이 싫어하는 극렬 이즘과 의식흐름 및 정신상태가 완벽히 일치하는 행태를 보인다. 즉 무엇을 적으로 규정하고 탓만 해야 하기에 그 사고의 결과가 항상 똑같다. 현재 이대남 분석은 수정되어야 한다. 왜 그들은 이즘처럼 극단이 되었는가를 살펴봐야 한다. 작용이 큰 만큼 반작용이 큰 법이다. 조롱과 혐오의 언어, 분리주의는 절대 이즘과 반이즘 서로를 이기지 못한다. 특히 반이즘에는 이즘과 같이 200년 동안 쌓아 올려진 공든 탑이 없기에 그것부터 필요하다. 여기서 공든 탑이란 제대로 된 텍스트/로고스/언어를 말한다. 사상의 정립은 문자 즉 책으로부터 나온다. 시몬 드 보부아르와 안토니오 그람시는 일찍이 이걸 알아본 사람들이다. 특히 안토니오 그람시가 말하는 문화 헤게모니도 결국 무엇인가를 생각해 보면 문자라는 중요성을 다시 알 수 있다. 우린 이걸 주도권 싸움으로 생각하고 싶지는 않지만 어떤 사상의 흐름은 있는 것이니 똑똑한 남녀들은 방금 필자가 한 말을 잘 생각해 보길 바란다. 그런데 지금의 이념자들은 읽지도 않고 배우지도 않는다. 쓰려는 사람은 또 제대로 쓰려고 하지도 않는다. 결국 즉각적이고 감정적이며 반항적이다. 이렇게 계속 삐뚤어지기에 남녀는 만나지 못한다. 남녀의 오작교는 검은 까마귀나 디엠(DM)도 있지만 오프라인에 더 많이 있다. 아참 여기서 작용은 이즘이고 반작용은 반이즘인데 그 반대로 생각해도 틀리지는 않다. 아주 잘못된 방법으로 서로가 서로를 규정하고 쓰이는 언어와 문장은 아주 폐쇄적이며 공격적이다. 심지어 어느 사람은 남성 여성 혐오 표현을 조사하기까지 하여 학습 자료로 사용한다. 그런 혐오단어가 수십까지나 된다. 여기서 차마 말할 수 없는 지경의 단어가 대부분이다. 지금 우리는 여기까지 와 있는 상태다. 짧은 SNS 활용도 문제다. 그 안에 무엇을 다 담을 수가 없으니 집약적이고 전투적이며 분노로 가득하다. 역시나 거기서 큰 논리를 만들어 낼 리 만무하다. 그들은 이제 동네북이 아니라 매일 술 먹고 이상한 정신 상태에서 꽹과리 치는 사람들이다. 처음에만 동네북인 것처럼 느껴졌을 뿐이다. 그래서 자신들을 받아 줄 어떤 정치인에 자아를 의탁했는지 모른다. 왜냐하면 그들의 목소리는 커졌는데 그걸 수용할 정당이나 정치인이 그동안 눈에 띄게 안 보였기 때문이다. 물론 가스라이팅이며 이것에 대해 어느 정도는 이해가 간다(이 가스라이팅 어원도 남성이 자기 아내에게 거짓말하는 것이었다. 말 그대로 밝지 않은데 불이 밝은 것처럼 자꾸 세뇌를 시킨다. 그리고 절대적으로 그 정치인은 지금의 이대남과 전혀 다른 생각을 가진 사람이고 평생의 삶도 그래 왔다. 그러니 그 방 안에서 탈출해야 한다). 물론 젊은 남성 전부를 말하는 건 아니다. 이 꽹과리 소리를 가까이서 직접 들어봤는가? 소리가 아주 고약하여 계속 듣고 있으면 정신병에 걸리거나 귀가 고장 날 수도 있다. 우리 선조들의 소중한 풍습 악기인데 이렇게 표현하여 죄송한 마음이다. 문제는 멀쩡한 상태가 아닌 주취 상태인 점과 꽹과리를 치는 자들이 이젠 너무 많아졌다는 점이다. 원래 농악할 때 꽹과리와 북은 모두가 들고 있는 게 아니라 한 사람이나 소수가 담당한다. 2010년 전후 스마트폰이 대중화되기 직전까지 온라인 커뮤니티는 절대 남녀 적대적이지 않았다. 닿을 수 없는 서로를 기분 좋게 바라보는 시선이었지 지금처럼 어떤 얘기만 나왔다 하면 비웃음 날리는 시대가 아니었다. 갑자기 이런 이야기는 그만하고 싶어졌다. 왜냐하면 그만하고 싶어졌기 때문이다. 남녀 그들의 심리상태와 생각 수준이 딱 이 수준에 머무른다. 커뮤니티의 극단적인 편식은 자기방어, 혐오와 조롱, 집단성, 불수용 등의 강력한 마약성을 가진다. 한쪽은 짜장면만 먹으니 똥이 검고 또 한쪽은 짬뽕만 먹으니 똥이 빨갛다. 그 똥의 결과물을 우리가 지금 이야기하고 있다. 정화조는 역시 책밖에 없다. 어떤 이는 해결책은 주지 않으면서 책만 읽으라는 필자를 비판할 수 있겠지만 잘 생각해 보라. 그 해결책을 아는 사람이라면 글을 이렇게 쓰겠는가. 설령 알았다면 유명인이 되어 남들을 지금보다 더 가르치려 들었을 것이다. 정화되기까지는 느리다. 때론 민주주의 절차처럼 느려서 답답하다. 10ppm의 용존산소량 이성과 불꽃 같은 꽃잎 민주주의는 이렇게나 느리다. 정말 이런 얘기는 그만하고 싶다. 정치처럼 가슴이 답답하기 때문이다. 이번엔 공지영의 『무소의 뿔처럼 혼자서 가라』를 이야기해 보자. 원래는 언급할 생각이 없었는데 앞서 『신데렐라 콤플렉스』에서 인용한 말이 이 책과 관계가 있어서 몇 마디 해 보려고 한다. 이 소설에서 등장한 혜완은 특히 신데렐라 콤플렉스를 가진 인물이다. 그녀는 이혼 후 새로운 삶을 살고자 하지만 심리적 경제적으로 늘 남자에게 기대고 싶어 한다. 그러한 감정 때문에 그는 이중의 감정을 느끼고 스스로 감정 갈등을 겪는다. 사실 무소의 뿔처럼 혼자서 가라라는 저 말은 조금 오용되었는데 실제 수타니파타의 저 말씀은 주변에 연연해하지 말라는 의미가 더 핵심이다. 공지영의 책처럼 독립·자립정신 그런 의미보다 말이다. 인생은 짧지만 고통은 장기전처럼 느껴진다. 그렇기에 부처님도 평생 이것과 사투하였고 인생은 달콤 쌉싸름한 것이라며 책을 쓰는 이도 있었다. 책 『달콤 쌉싸름한 초콜릿』은 또 한 명의 여성의 삶을 보여 준다. 여기서는 막내딸이 결혼을 하지 않고 자기 어머니를 모셔야 하는 어떤 제도 때문에 희생과 에피소드를 이야기한다. 세세한 줄거리는 생각이 잘 안 나는데 아직도 각인되어 있는 건 리타(막내딸)와 어머니가 티격태격하는 모습이다. 『양철북』처럼 아주 약간의 판타지도 있는 이 소설은 음식 만들기 여인이 어떤 예언적 힘을 가지고 있다. 주체적 인격으로 존중받고 독립적으로 살아가야 할 초콜릿 만드는 여인은 가족이나 어머니로부터 사랑받는 존재기보다 그들을 위해 존재하는 희생적 인물이다. 여성이 여성을 억압하는 건 이 책 외에도 사유의 동면에서 몇 작품 언급했는데 리타는 억압의 해소를 음식으로 승화한다. 물론 항상 좋은 것도 아니고 나쁜 것도 아닌 리타의 삶은 그래도 자신을 사랑해 주는 남자가 있고 무엇에 열중하는 대상이 있었기에 삶이 지속 가능했다. 이 책에서도 주체와 타자를 이야기할 수 있지만 이젠 좀 이런 소리가 지겹다. 과거 여성의 삶도 비교적 클리셰적이기 때문에 현대로 돌아와서 이야기해 보는 것도 괜찮다. 그런데 필자는 이런 책을 읽지 않았다. 아마도 가제 "이제 혼자가 됐지만 괜찮아", "싱글맘(싱글대디)으로 인생 2장을 시작합니다", "연애도 결혼도 거부하는 비혼주의자의 일상", "사표 쓰고 농부가 되기로 했습니다" 등등 이런 제목과 비슷한 책들이 서점에는 아주 많을 것으로 보인다. 남의 삶에 기본적으로 관심이 없는 성격 탓도 있지만 이런 책들은 읽을 필요성을 느끼지 못하기에 읽지 않은 분야다. 솔직히 말하면 읽고 싶지 않은데 유명하니까 읽은 책도 굉장히 많다. 책을 많이 읽었다고 떠들어 대는 사람이 '이런 책도 안 읽었어?'라고 생각할까 봐 체면치레상 읽은 것이지 사실 읽고 싶지 않은 건 아무리 유명해도 정말 읽고 싶지 않다. 아무리 책을 좋아하는 필자여도 그런 책들 중 여전히 읽지 않은 책이 있으며 그런 특정 분야의 책 분야도 따로 있다. 가령 『나미야 잡화점의 기적』이나 앞서 언급한 『불편한 편의점』은 필자가 좋아하는 분야가 아니다. 이 말을 어떤 책의 폄하로 생각하지 않았으면 좋겠다. 취향의 문제이다. 독서인으로서 아예 안 읽는 건 또 예의가 아닌 거 같아 정말 화제가 되거나 그럴 때는 취향이 아니어도 때론 기대하고 기쁜 마음으로 읽기는 읽는다. 우리 삶이 그렇지 않은가. 하기 싫어도 해야 한다면 차라리 좋게 받아들이면 된다. 상처를 받았거나 주었거나 아니면 둘 다 그렇지 않았거나를 떠나 어떻게 사람들이 인생을 잘 살아가는지 별로 관심이 없다. 이건 개인의 영역이다. 결국 여성의 삶을 모르는 남자다. 그런데 굳이 여성의 삶을 알아야 하는가? 집단으로서는 알아야 한다. 정확히는 배워야 한다인데 이건 물론 여성도 마찬가지로 남성의 삶을 알아야 하는 일이다. 뭐 하나 제대로 아는 게 없다 보니 글이 이렇게 쓰인다. 이번에 못 한 여성의 삶은 다음 책에서 하면 된다. 아마도 여성문학을 이번에 언급하지 않은 책들로 써 내려갈 생각이다. 일부러 여기서 더 길게 하지 않은 건 진짜 하고 싶은 이야기 즉 목적 달성은 했기 때문이다. 지식을 어떻게 한번에 다 풀겠는가. 나중에 써먹어야 하는 예금 정도는 있어야 한다. 여성의 삶을 이쯤 마무리하면서 마지막으로 이 한마디만 하겠다. 여성을 가끔 존경스럽고 위대하다고 느낀다. 여기서 포인트는 가끔이라는 단어다. 그러나 가끔이 특정 인물을 말하는 게 아닌 여성으로 태어난 모든 존재를 말하는 것이니 좋았다 말았네의 감정은 접어 두길 바란다. 진심으로 여성은 멋지다고 생각한다. 특히 2024년 겨울에 이어 그다음 겨울까지 혹한 추위에도 젊은 여성들이 보여 준 행동은 우리나라 탄생 이래 가장 아름다웠던 모습이다. 그들은 감동스러운 존재로 역사가 기억할 일이다. 만약 지구에 단 한 사람만 살아야 한다면 그 성별은 여성이어야 한다. 어쨌거나 많은 사람들이 자기 삶을 말하고 듣고 읽어서 다양한 대화를 해 봤으면 좋겠다. 사실 자기가 안 좋아하는 분야라도 막상 해 보면 좋을 때도 많다. 책도 그렇고 취미도 그렇고 생각도 그렇고 행동도 그렇다. 음식 또한 마찬가지다. 일체유심조 즉 사람 마음가짐이 모든 걸 바꿔 놓는다. 아까 초콜릿 이야기도 나왔고 이왕 음식 이야기가 나왔으니 이번에는 맛있는 음식 세상으로 가 보자.

## 음식을 탐하다

　미식가는 맛을 알고 먹는 사람이 아니라 아름다움을 먹는 사람을 뜻한다. 영어로 치면 파인 다이닝이라는 게 미식가인데 우리는 이걸 오용하여 먹부심을 부린다. 아니 다른 부심들은 다 부리면서 왜 책부심을 부리는 사람은 극소수란 말인가. 최근 유행이기도 하고 앞으로도 우리에게 가장 중요한 것도 먹을 것이기에 한마디 안 할 수가 없다. 최근 사람들이 좋아하는 유명 음식 프로그램은 단 1초도 본 적이 없다. 필자는 2012년 이후 TV를 의식하여 켜고 1분 이상 본 적이 손에 꼽을 정도다. 유튜브를 잠깐씩 본 지도 사 년 정도밖에 되지 않았는데 정말 영상의 세계는 위험하다는 걸 느낀다. 팝콘 브레인에 낚시성 영상 기타 재미난 것들이 많아서 필자같이 꽉 막힌 책 예찬론자도 유혹에 쉽게 빠지기 때문이다. 즉 절제할 마음이 생기지 않는 곳이 영상이다. 먼저 음식 프로그램을 보지 않고 평가하는 오만함에 미리 양해를 구한다. 요리 프로그램에 인간의 관심요소는 다 들어 있는 것처럼 보인다. 음식, 경쟁, 승리, 급박함, 평가, 감동, 자극, 카타르시스 에피소드 등 원초적 본능 같은 거 말이다. 여기에다 작가나 제작자의 조미료 같은 편집이나 의도된 행태는 관중에게 최고의 보는 맛스러움을 줄 것이다. 하지만 시청자는 맛도 못 보고 냄새도 맡을 수 없고 보이는 것에 만족하며 평가를 권위자/전문가에 의지한다. 인간은 경쟁을 싫어하면서 그걸 지켜보는 건 아주 좋아하는 얄팍하고 이중적인 동물이다. 오랫동안 인간의 문제점 중 하나는 생존경쟁이었고 지금은 '지켜보고 있다'이다. 음식이라는 것도 익숙한 게 친근하고 낯선 게 불쾌하다. 우리나라 사람에게 산 낙지와 장어는 없어서 못 먹는 정도지만 외국 사람들은 산 낙지를 혐오하거나 일부 나라는 장어를 신성시해서 먹지 않는다. 누군가는 고수 식물을 정말 싫어하는 사람이 있고 누군가는 반대로 아주 좋아하는 사람이 있다. 평양냉면도 마찬가지다. 물론 위 음식들은 상대적으로 극단적 호불호가 나뉘지만 기본적으로 맛의 평가는 주관적이다. 문제는 먹을 줄 모른다며 음식에 대해서 이상한 자신감이나 자부심을 가지고 있는 사람들이다. 얼마나 우쭐댈 게 없으면 음식으로 허세를 부리는지 모르겠다. 그냥 남의 취향을 인정하면 되는 일이다. 그런 음식 예찬론자가 선을 넘지 않는 한 폄하할 필요도 없다. 기억하는가? 로크의 2차 감각적 성질에 대해서 이야기했던 것을? 그렇다고 다수의 맛 평가까지 부정적으로 보지는 않는다. 지금 얘기하고자 하는 건 음식에 대해 전문가 한 사람이나 단 몇 사람이 맛을 평가하는 게 요리 잘하는 것과 잘 아는 것과는 별개의 문제라는 사실이다. 마치 희소성이 있어서 음식이 비싼 것과 맛이 별개인 것과 같은 현실이다. 국내 차가버섯은 희귀하지만 맛으로 먹는 게 아니며 대신 양식이 되는 표고버섯은 맛이 좋아서 맛으로 먹는다. 반면 송이버섯은 귀한데도 맛이 좋다. 버섯 이야기가 나와서 덧붙이자면 과거 로마 시대 때는 2대 진미가 송로버섯과 굴이었다. 송로버섯은 그때나 지금이나 귀하기에 이해가 가는데 우리 생각으로는 굴은 의외다. 아마도 요리에 따라 이 두 음식은 달라졌을 것이지만 송로버섯과 굴 자체가 세계 최고 진미라는 건 보통 사람들은 이해할 수 없다. 맛있는 게 세상엔 정말로 많기 때문이다. 프랑스인에게는 비윤리적으로 비대해진 거위의 간인 푸아그라를 최고의 음식으로 칠지 모르고 누군가는 채소와 고기가 함께 들어간 인스턴트 음식 햄버거가 최고의 음식이자 건강식일지 모른다. '늬들이 게 맛을 알어' 정도의 해학적 표현을 해야 음식 부심에 논란이 없다. 마치 탕수육을 부어 먹는지 찍어 먹는지와 같은 아주 사소한 것처럼 말이다. 사실 우리와 같은 논란은 일찍이 영국에서도 있었다. 그들이 먹던 홍차와 우유 논쟁이 바로 그것이다. 영국인들은 찻잔에 우유를 먼저 넣고 홍차를 넣어야 더 맛있는지 아니면 홍차를 먼저 넣고 우유를 넣어야 더 맛있는지를 두고 끝없이 먹부심을 부렸다. 이후 실험정신이 뛰어난 사람이 실제로 실험을 해 봤는데 확실한 과학적 결론이 나왔다. 온도차가 있을 때 차이가 있었는데 이 결과는 직접 찾아보길 바란다. 홍차 이야기가 나왔으니 역사적 중요 사건도 한번 알아보자. 참고로 홍차라는 이름은 우리가 명태를 가공 방식에 따라 다른 이름으로 부르는 것과 같이 원래는 녹차처럼 차나무에서 유래한 것이다. 먼저 홍차 전쟁은 18세기 후반에 있었던 보스턴 차 사건이 있다. 차에 대한 영국인들의 불합리한 세금 징수에 식민지 미국인들은 큰 불만을 가지고 있었다. 이에 미국인들이 인디언들로 위장해 배에 있던 홍차를 바다에 버려 버렸는데 이걸 보스턴 차 사건이라고 한다. 이건 두 가지 중요한 역사적 사건이 되었다. 하나는 동인도회사 같은 마인드로 미국 식민지를 세금으로 컨트롤하고자 하는 걸 막아 냈다는 점과 또 하나는 이로 인해 미국 독립 전쟁의 본격적인 서막이 되었다는 점이다. 두 번째로는 아편 전쟁이다. 영국은 산업혁명 이전부터 오랫동안 모직물과 면화를 생산하였다(나중엔 면화도 식민지 국가에서 엄청나게 침탈해 간다). 방직 기술이 나오면서 19세기 면화나 모직물을 중국으로 수출했으며 도자기, 차, 비단 등을 수입했다. 그때 영국이 지불했던 수단이 바로 은이었다. 영국의 은이 중국으로 엄청나게 유입되자 영국은 은 유출을 상쇄하고자 중국에 무역을 더 개방할 것을 요구한다. 그러나 청나라는 거부하고 이에 영국은 청나라 몰래 아편(양귀비로 만든 마약)을 수출한다. 아편 중독자들이 늘자 청나라는 이를 인지하고 아편 수입을 금지한다. 그러나 몰래 반입하는 영국인의 아편들이 여전히 많았는데 이에 청나라는 그 아편을 불태워 버린다. 이 사건으로 인해서 영국과 중국은 아편 전쟁을 하게 된다. 웃긴 건 영국 자기들이 문제를 만들어 놓고선 전쟁 승리 후 난징 조약이라는 불평등한 조약을 청나라와 맺게 했다는 점이다. 정말 '짱구는 못 말려'가 아니라 '영국은 못 말려'다. 이 못된 전쟁은 끝나지 않았다. 이들은 글로벌 기업으로 탈바꿈하여 커피부터 해서 홍차까지 여전히 못사는 나라를 착취하고 있다. 번외로 3대 홍차 중 하나라는 인도 네팔 지역의 다르질링은 한번 맛을 보고 싶다. 시끄러운 온라인 속에서 나와 다례(다도)를 갖추고서 고요하게 말이다. 커피와 홍차 이야기를 하는 김에 커피의 맛에 대한 평가도 어떻게 봐야 하는지 모르겠다. 색과 향 풍미의 우선순위를 어디에 둘지에 따라 평가가 다를 것이며 원두에 대한 생산 및 가공 이후의 방법에 따라 사람들은 제각각 평가를 달리할 것이다. 누구는 미세하게 시큼하다거나 누구는 좀 더 탄 냄새를 좋아한다거나 쓰다거나 하는 것으로도 다양하게 나눠질 수 있다. 커피를 안 마시는 사람으로서는 커피 설탕물인 '레잇비'가 맛있기는 하지만 커피도 참으로 다양하고 오묘해서 함부로 말하기가 힘들다. 음식만 따로 두고 품격과 저질의 계층적 책 전개도 해 볼 만한데 여기서는 해야 할 임무가 아니다. 레잇비 제품은 정확한 상품명을 쓰면 안 될 거 같아서 기지를 발휘하여 비틀즈의 「Let it be」를 이용해 봤다. 정말 개인적 입맛에 온라인 타인들은 렛! 잇! 비 해야 한다. 기억을 거슬러 올라가 스무 살 때로 돌아가 보면 그때 멋모르고 먹었던 모카 커피도 맛있었고 그 빵도 맛있게 먹었던 기억이 난다. 모카는 중동 지방인데 이렇게 커피는 전 세계적이었다. 하지만 커피가 우리나라엔 참으로 늦게 들어왔다. 기록상 구한말 고종이 마셨다고는 하지만 대중화되기엔 더욱 우리는 느렸다. 여기서 구한말이란 뜻은 대한제국의 국운이 다했다는 의미다. 한국에도 어떤 리더가 뽑힌 이후 정말 쇠퇴하는 그런 느낌이 들었는데 이것도 잘 헤쳐 나갈 것이다. 늘 한국인은 위대했으니까 말이다. 이번에는 배달 음식에 대한 맛의 평가를 살펴보자. 먼저 무에서 유를 창조하는 배달 대행은 처음부터 심히 불쾌하여 필자는 지금까지 단 한 번도 앱을 깔아 본 적이 없다. 그래서 가끔 누군가 선물로 배달 앱 할인 쿠폰을 보내 주면 받고 싶어도 받지 못한다. 소수의 독과점은 절대 부패와 불합리성을 가진다는 걸 알기에 배달 기업이 생길 때부터 이걸 예상했었다. 더군다나 이런 플랫폼은 진정한 창조(과거엔 벤처 지금은 스타트업) 행위도 아니다. 그저 자본이 자본을 이기는 구조다. 말이 나와서 더 한마디 하자면 국내외 전자 상거래 독과점 기업도 소상공인 삥 뜯는 배달 기업처럼 수수료가 너무 높다. 2010년 전에는 한 자릿수 거래 수수료였는데 지금은 너무 심각하다. 이것도 결국 소비자가 피해를 입는다. 그러니 너무 온라인 오프라인 할인 좋아해서도 안 될 일이다. 을에 위치한 누군가는 울며 겨자 먹기로 판매한다. 현재 N사도 과거 전자 상거래 플랫폼 기업처럼 저렴한 수수료인 편이지만 언제 변할지 모른다. 또한 소상공인에 대한 판매 대금의 지불도 긴 유예 없이 N사처럼 빨리 이루어져야 한다. 국내 절대강자 아니 레비아탄 같은 괴물 루팡 기업은 판매 지급 정산 기간이 거의 한 달이나 된다. 기업 이름을 바꿨어도 알아들었으리라 생각한다. 기업들은 더군다나 노동자의 노동을 갈아 마시며 성장한다. 참고로 저 바다괴물 레비아탄은 우리가 잘 아는 홉스의 『리바이어던』을 뜻한다. 국가뿐만 아니라 기업은 때로는 무서운 절대 권력으로 존재하지만 불합리하고 정의와 거리가 멀 땐 우리는 그걸 다윗의 마음으로 돌팔매를 던져야 한다. 아무튼 판매 대금이 길어질수록 언제든지 문제가 생길 수 있으므로 이건 반드시 개선되어야 한다. 누군가는 배달 플랫폼이 서로에게 편하고 윈윈이라고 말하겠지만 절대 윈윈이 아니다. 윈윈이면 동등한 입장이 되어야 하는데 절대 자영업자나 우리는 그들과 동등하지 않다. 소비자도 편하고 할인도 많으니 좋다고 생각하겠지만 결국 피해자라는 걸 인식해야 한다. 여기서 그 이유를 말해 주지 않으면 비공감을 누를 생각을 하지 말고 왜 그런지를 생각해야 한다. 그게 바로 우리가 그토록 원하는 사유다. 우리는 편안함에 너무 익숙해졌다. 그래서 문제다. 그러면서 맛의 평가를 별점 5점으로 하는 것에 서로 스트레스를 받고 있다. 음식점 외에 여행지 숙박업소 영화 등 우리는 별점에 평가를 맡긴다. 그냥 별 한 개 두 개 등으로 할 게 아니라 별을 없애고 평균으로만 보여 주는 것도 괜찮을 것이다. 다만 이것도 자영업자나 소비자에게나 일장일단이 있다. 사람들은 또 별점으로만 모든 걸 판단하지는 않는다. 동원된 맛집 블로그와 카페 커뮤니티 기타 바이럴 작업은 눈에 뻔히 보이지만 사람들은 그래도 한번 믿고 방문한다. 진짜 대중적 음식점 즉 맛집이 아니고서는 정보가 부족하다. 그러나 너무나 인위적인 칭찬과 과도한 치켜세우기는 오히려 반감을 가지게 한다. 그렇다면 밖에서 사 먹는 음식에 대한 우선순위는 어떻게 될까? 이 건 사람마다 다를 것이다. 어떤 이는 위생이 제일 우선인 사람이 있고 어떤 사람은 맛이나 서비스 기타 분위기일 수도 있을 테니까 말이다. 문전성시를 이루는 진짜 맛집의 경우 사람들은 간혹 위생의 취약성에 대한 어쩔 수 없음을 인정한다. 그런 생각이라면 대기업은 식품 위생법에 면죄부를 받아야 한다. 모든 게 당연하다고 생각하지 말아야 한다. 그러면 그들의 의무는 작아지고 우리의 권리는 빼앗긴다. 그렇다고 일부 사람들처럼 또 억지로 비위생적인 걸 찾아내서 불편해하는 것도 조금 그렇다. 맛에 대한 기준도 주관적이듯 이런 생각도 주관적이니 되도록이면 자신의 생각을 남에게 주입하려고 하지 말아야 한다. 당연히 정말 아닌 것은 아니라고 하는 것은 국민의 의무다. 가령 이런 것도 그중 하나다. 맛집에서 줄을 최소한 수십 분 이상 기다리고 일부러 유명한 곳을 찾아 기다리는 사람들에게 냉소할 필요는 없다. 그중에는 SNS 허세도 많겠지만 오랜 기다림에도 일주일에 한 번 혹은 쉬는 날 맛집을 찾아다니며 힐링하는 사람도 분명 존재하기 때문이다. 왜 그런 사람들까지 당신이 신경을 쓰고 이해받지 못할 존재로 평가받아야 하는가? 필자는 여행이 아니라면 굳이 먼 지역까지 가서 줄을 기다리는 사람과 전혀 반대인 생각을 가지고 있는 사람이지만 그들이 이해 안 가는 게 아니라 오히려 부럽다. 여기서도 남들 관찰이나 하고 남 비판만 할 생각의 타인 저격적 사람들은 상당히 많다. 그런 사람들은 말하고 싶어도 하지 말라. 사유의 동면은 추워서 문제고 쓰고 싶은 충동은 열이 나서 문제다. 여기서 말하는 열은 어떤 의미일까도 문제(퀘스천)다. 만약 현시대에 프로이트가 살아 있었다면 그는 이런 사람들을 '간섭충동'자들이라고 표현할 것이다. 어쨌거나 이번에도 자기다움보다 타인다움 이해하기가 더 중요하다는 걸 증명한다. 물론 '더'라는 말은 확실한 정답은 아니지만 말이다. 말은 이렇게 '나는 관대하다'라고 외치지만 시대에 적응하지 못하고 꼰대적 생각을 가진 게 하나 있다. 그건 바로 매번 배달 음식 시키는 사람들의 증가가 불편하다는 점이다. 아마도 필자가 요리를 해서 먹는 사람이라서 더 이런 생각을 가지고 있는지도 모른다. 요즘은 기성세대도 반찬을 사 먹는데 이게 과연 좋은 일만은 아닌 거 같다. 그러다 보니 10여 년 전보다 반찬 가게가 눈의 띄게 늘었다. 집에서 음식하지 않은 젊은 층이 늘고 기성세대는 사망하기에 그런 것도 있지만 가끔은 우리 음식 만들기가 특정 사람에게만 생길 것만 같은 기우를 하게 된다. 그런데 또 음식 레시피 관련 영상을 보면 사람들은 굉장한 관심을 보인다. 거기엔 다양한 사람들이 포함되어서 정확한 분석을 하기는 힘들다. 왜냐하면 1년에 한 번 요리를 해도 영상을 보고 또 본다면 시청 조회 수는 중복해서 올라가기 때문이다. 그리고 요리를 위한 시청이 아닌 먹방처럼 음식 관음에 대한 사람들도 많기에 영상은 정확한 정보를 주기 힘들다. 집에서 요리를 하다 보면 밖에서 사 먹는 맛이 잘 안 난다. 그러나 조미료와 설탕 기타 첨가제를 더 넣으면 그 맛이 난다. 한때는 짬뽕 한 그릇에 들어가는 엄청난 MSG 양을 보고 2년간 짬뽕을 안 먹은 적이 있다(MSG는 그냥 미원을 말한다. 요즘은 아이미나 치킨 파우더 등 다양하게 들어가는데 과거엔 중국식 우동을 만들어도 미원이 주요 첨가제였다. 감칠맛은 일본어 우마미가 여전히 쓰이고 있다. 보통 매운맛을 통각이라고 하는데 확실히 누군가에게는 입과 뇌신경 맛 두 가지를 준다. 통각보단 상호작용이다). 특히 떡볶이는 거의 설탕(당) 덩어리다. 맛있지만 너무 심각한 위험 음식이니 가끔 먹어야 한다. 우리는 나트륨이 문제가 아니라 과잉 설탕이 문제다. 황교익의 『미각의 제국』에서는 필자처럼 떡볶이를 부정적으로 보는데 그 이유도 설탕 때문이다. 사실 설탕을 밖에서 판매하는 만큼의 5분의 1만 넣어도 맛은 그럭저럭 난다. 그렇다고 기이한 달인처럼 호박이나 과일을 갈아서 넣을 수는 없는 노릇이다. 왜 우리 주변에는 상대적으로 맛집이 덜하고 그런 달인이 덜 보일까? 약속대련 정보통을 보면 어딜 가나 맛집이 널려 있는데 우리 주변에는 그만큼 잘 보이지 않는다. 요리를 해 보면 다들 알겠지만 건강 생각해서 첨가제를 조금씩 줄여서 만들었을 때 별로 맛이 없다는 걸 알게 된다. 육수나 채수를 사용하면 그나마 그 첨가제를 줄일 수 있다. 짬뽕도 동물 뼈 육수를 사용하고 소금을 좀 더 높이면 화학조미료 양을 반으로 줄일 수 있다. 조미료를 반으로 줄여도 밖에서 사 먹는 맛과 똑같다. 요즘은 음식 못하는 곳도 아주 많아서 조금만 만들어 보면 양념에 대한 감이 생기어 웬만한 중국집보다 더 맛있게 만들 수 있다. 중화면도 식자재 마트에 가면 냉동고에 진열되어 있다. 냉동이더라도 요즘은 기술이 좋아져서 생면과 크게 이질감은 없다. 원래 사골 국물에 천일염만 넣고 고명으로 파만 썰어 놓아도 맛있지 않던가. 하지만 조미료를 쓰지 않으면 절대 우리가 아는 그 짬뽕 맛이 나오지 않는다. 넣긴 넣어야 한다. 안 넣으면 텁텁하거나 쓴맛이 난다. 조미료 대신 간장을 넣어 버리고 해산물을 많이 넣거나 하면 또 짬뽕이 아니라 해물탕이나 잡탕이 된다. 음식을 백 아저씨만큼 해 본 건 아니지만 그가 설명하면 과거 필자가 경험했던 것과 거의 맞아 떨어져서 흐뭇하기도 하다. 하지만 음식 방법도 정해진 건 없다. 그러니까 음식 만드는 방법 가지고 서로 싸우지 말아야 한다. 요즘은 단짠이 유행이지만 기본적으로 음식이 달면 심한 거부감이 생긴다. 잠시 사적인 이야기를 하겠다. 한때는 빵을 먹곤했지만 한국의 빵은 설탕 덩어리라 수년 째 안 먹고 있다. 좋은 빵을 만드는 분들께는 죄송한 말이다. 과자도 예전엔 가끔 먹었지만 지금은 수년간 일부러 사서 먹은 기억이 거의 없다. 탄산음료는 암 덩어리라 생각하고 20살 이후 특별한 일이 아니고서는 먹지 않는다. 군대 있을 때 815 콜라가 가끔 나왔는데 먹지 않고 옆에 있는 동기나 선후임에게 매번 주었다. 그러다 이제 막 자대로 들어온 이등병에게 콜라를 먹으라고 주니 눈이 휘둥그레지면서 좋아했던 표정이 아직도 생생하다. 콜라를 좋아하고 콜라 절대미각을 가진 사람은 맛있고 맛없고 하는 콜라를 아는 듯하다. 대단한 미각이다. 필자에겐 아주 어렸을 적 접했던 맥콜이나 차라리 군대 있을 때 먹은 맛스타가 더 맛있다고 느껴졌는데 역시나 저질의 입맛은 진짜 어른이 되어도 변함이 없다. 국밥이 최고다. 그리고 아이스크림도 웬만해서는 먹지 않는 음식이다. 이렇게 이야기하면 반론이 나와야 한다. 그렇게 따지면 아무것도 사 먹지 말아야 한다고 말이다. 그래서 필자는 한 달에 1번 정도만 밥을 사 먹는다. 술 먹을 때를 제외하고 말한 평균 숫자다. 물론 필자의 직업 특수성 때문에 그런 것이고 보통 직장인은 이게 불가능하다. 아무리 집밥을 좋아해도 지겨울 때가 있다. 저런 음식을 먹지 않은 건 사실 건강 생각해서 먹지 않는 게 아니라 원래부터 좋아하지 않은 음식들이기 때문에 거의 먹지 않는 것들이다. 그냥 뇌가 그렇게 시킨 일이다. 그래서 다행이라고 생각한다.

  편의점 음식도 좋지만 시간이 아예 나지 않는 사람 빼고는 음식을 해보면 좋겠다. 혼자 사니까 시간과 음식 재료를 생각하고 이것저것 따지는 생각을 하면 평생 안 하게 된다. 사실 음식을 하다 보면 냄새에 익숙해져서 자기가 한 음식이 아주 맛있게 느껴지지 않을 때도 있다. 역시나 남이 해 줘야 음식은 맛있다. 그리고 1인의 음식을 위해 재료를 사면 재료가 많이 남는다. 그러나 1인이어도 자주 해 먹는 사람은 그런 걱정이 거의 없다. 어쩌다 하니까 재료가 남는 것이다. 재료가 남지 않는 범위 내에서 요리할 것을 생각하고 구매하면 된다. 파나 고추, 호박 같은 건 남아도 잘게 썰어 냉동실에 보관하면 다시 쓸 수 있다. 맛은 거의 변함이 없다. 한번 음식을 할 때 많이 해서 냉동실에 보관할 수 있는 것도 많으니 남는 재료 걱정은 덜해도 된다. 요리를 하면 또 장점이 하나 있는데 식당에 가서든지 아니면 수산물이나 마트에 가서든지 음식 고르는 법을 알게 된다는 점이다. 어떤 게 신선하고 더 맛있는지 알 수 있다. 우리는 더 좋은 재료를 원하기도 하지만 음식점이 최소한의 위생과 재료 수준을 가지고 손님 대하기를 원한다. 하지만 고의적으로 음식에 장난을 해 놓으면 지금보다 더 엄한 처벌을 해야 한다. 맛집이라는 곳도 겉으로 보기엔 위생이 안 좋은 곳도 많은데 하물며 배달 위주로 장사하는 곳은 어떨지 가늠이 안 된다. 물론 전부다 그런 건 아닐 것이다. 극단적으로 가끔은 먹을 것에 고의를 가지고 심한 장난을 친 사람들을 보면 사형을 해야 하지 않을까 생각한다. 당연히 머릿속으로만 그렇다는 얘기다. 그렇다면 사형제도에 대해서 잠시 이야기해 보자. 우리나라는 사형이 있는 국가지만 실질적으로는 1997년 이후로 사형이 집행되지 않고 있다. 사형에 대해서 사람들 생각은 제각기 다르다. 그렇다면 과거 사상가들은 어떤 이야기를 했을까? 먼저 베카리아부터 살펴보자. 그는 『베카리아의 범죄와 형벌』에서 사형 제도를 반대한다. 그가 사형을 반대한 이유는 인권 침해적이라서가 아니라 사형을 집행해 버리면 그 처벌 강도는 강하지만 지속성이 없을 것이라고 생각했기 때문이다. 그는 사형 대신 오랫동안 감옥에 있는 게 범죄율에 영향을 준다고 믿었다. 물론 인권적인 생각도 했을 텐데 사형 반대의 궁극적 이유는 아니었다. 다만 그는 고문에 대해서 분명하게 인간의 권리를 빼앗는 것이라고 하면서 반대한다. 이와 반대로 칸트는 사형 제도를 찬성한다. 칸트는 응보주의 입장에서 사형을 바라본다. 타인이 누군가를 살해하는 것은 나를 살해할 수 있다는 것이므로 동등성의 원리에 따라 살인자는 그에 맞게 사형하는 게 옳다고 본 것이다. 굳이 따지면 필자는 사형을 찬성한다. 칸트와 비슷한 생각도 있지만 그보다는 피해자 중심으로만 보고 판단해서 나온 결론이다. 진짜 피해자 중심은 이런 것이다. 피해자 가족의 인권을 생각해야지 가해자의 인권을 생각하는 것은 주객이 전도된 일이다. 만약 사형이 되지 않는다면 환경과 대우가 좋지 않은 감옥에서 고통스럽게 보내는 게 좋다고 본다. 방금 말한 건 극악무도한 살인자를 말하는 것이지 모든 죄수를 포함하는 게 아니다. 세금 귀하게 생각하는 사람들은 이럴 땐 또 사형에 반대하기도 하는데 그만큼 인간은 선택적이고 신념적으로 세상을 본다는 걸 알게 된다. 사실 전통적인 책의 수준과 엄중함을 생각하면 필자처럼 글을 쓰면 안 된다. 가볍지 않고 품위 있으며 그 형식을 중시하며 써야 한다. 그러나 필자처럼 이렇게 말하지 않으니까 우리의 문제가 커졌다. 대형 출판사들이 거기에 한 몫을 했다. 그들은 논란을 만들려고 하지 않는다. 사실 논란이 아니라 옳고 그름을 이야기하는 것인데 말이다. 그들이 그러는 이유는 국민 모두에게 장사를 해야 하기 때문이다. 유명인의 저서가 아닌 외에는 항상 나이브하고 반대편을 비판하더라도 적당함을 보여 줘야 한다. 누군가 볼 땐 이 책은 위험하고 극단주의적인 책이다. 차라리 그렇게 불온서적으로 세상에 알려지기라도 하면 오히려 좋겠다. 이 즘의 문제도 출판사들의 책임이 크다. 출판계에도 여성이 많이 포진해 있다 보니 조금이라도 이즘(여성) 비판적인 시각은 거의 입구에서부터 막히게 된다. 그게 아무리 훌륭하고 합리적 반대여도 통과되기 쉽지 않다. 장사(책이 팔리는)가 아주 잘될 책이라면 모르겠지만 말이다. 사회 과학 도서나 인문학 관련해서 이렇게 쓰인 책은 아직까지 보지 못했다. 그래서 이런 변종도 나와야 한다고 생각하며 사명감을 가지고 글을 쓰고 있다. 마치 아래와 같은 사람을 비판하기 위한 마음도 있다. 악에 빠지고 틀림에 빠져 리더를 잘못 뽑아 놓고 나라가 둘로 나뉘었다며 화합을 말하는 사람이 있는데 정말 가소로운 일이다. 마치 그때는 선택권이 없었다는 듯이 이제는 심판자적 위치로 돌아와 깨어 있는 척하면서 부끄러움 모르는 자들이 현재는 좌우 둘 다 자중하자고 한다. 그러면서 그 사람을 뽑을 수는 없었다며 스스로 위로한다. 그들은 거짓 뉴스에 평생 속아 놓고 그걸 바로 잡으려는 마음가짐은 먹지 않는다. 만약 뽑을 수 없다던 그 사람이 대통령이 되면 그들의 그 못된 인식은 최고조에 달할 것이다. 잘못된 선택으로 인한 결과가 국가 및 국민 파국이기에 그들은 면책될 수 없음에도 더 나쁜 인간이 있다는 허상의 믿음을 가지고 스스로 면책하며 살아간다. 더 암울한 건 대부분 이 사고방식을 죽을 때까지 가진다는 것이다. 그런 사람들이 책을 읽을 리 만무하기에 이 사유의 동면은 쓸모가 없다. 하지만 그런 사람들을 위해 쓰인 책이 아니기에 상관은 없다. 음식 이야기를 하다가 이런 얘기를 하고 있는데 역시 병이다. 음식이 식기 전 서둘러 다시 음식 이야기로 와 보자. 그렇다면 과거 사람은 음식을 어떻게 대했을까? 공자는 지금으로 치면 미식가다. 그는 회를 즐겨 먹

없고 제철 음식을 주로 먹었다. 색깔과 냄새로 음식을 판단하여 조금이라도 이상하면 먹지 않았다. 공자는 술도 마셨는데 고주망태가 될 때까지 술은 마시지 않았다고 한다. 백성들이 굶어 죽어 가는 와중에도 공자는 쌀밥과 고기, 술을 즐겼으니 한 사람의 인생으로만 보면 괜찮게 태어나 죽은 사람이다. 그의 사상과는 별개로 말이다. 아직까지는 공자가 국수를 먹었다는 글을 본 적은 없다. 중국이나 중동에서 국수가 유래했고 그 기원은 공자 이전이라고 한다면 충분히 공자나 맹자도 국수를 먹었으리라 생각한다. 보통은 최소 기원전 2,000년 전에는 국수가 중국에 존재한 것으로 본다. 원래 주변에서 쉽게 먹을 수 없는 야생 상태의 날것이 아니라면 모든 음식이 귀족 음식이다. 밀가루도 당연히 우리나라뿐만 아니라 중국에서도 처음엔 귀한 음식이었다. 우리나라는 밀이 귀해서 메밀이나 옥수수 등으로 면을 만들어 먹었는데 찰기가 부족하여 압착하자마자 바로 물에 담가서 면을 만들었다. 그래서 압착면이라고 한다. 귀한 음식은 처음엔 왕족이나 양반가에 먹고 나서야 모든 사람들이 즐기는 주식이나 국민 음식이 된다. 우리나라 국수 기록을 살펴보면 1,000년 전 고려도경에서 찾아볼 수 있다. 그 기록에 의하면 십여 가지 음식 중 면식을 으뜸으로 여긴다고 나와 있다. 조선시대에 와서도 국수는 일반 백성들은 쉽게 먹지 못한 음식이었다. 조선시대 때는 양반면상이라고 하여 국수만 따로 먹는 식사가 있었다. 그렇다면 국수는 언제 누구나 먹는 음식이 되었을까? 이 음식은 해방 후에나 강력 정제된 백색의 가루가 수입되고 보편화되면서 대중화된다. 그렇다면 스님들도 국수를 좋아할까? 최근엔 사찰 음식도 건강식이나 비건 음식으로 각광받고 있다. 이걸 한류 음식으로 소개해도 괜찮을 것이다. 절에 사는 스님들도 국수를 즐겼는데 밀가루 음식인 국수가 스님을 웃게 한다고 하여 스님들은 국수를 승소라고 부르기도 한다. 또한 삶아 놓은 국수가 잔잔한 파도 같다고 하여 낭화라고도 한다. 대중운력을 다하고 난 뒤에 먹는 국수의 맛이란 얼마나 맛있겠는가. 더군다나 육수가 아니라 표고버섯 같은 채수를 내서 먹으니 특별한 음식이지 않을 수 없다. 말 그대로 별미다. 거의 모든 간은 된장이나 간장 소금으로 하니 건강에도 좋을 것이다. 자극적인 세상에 마커들은 저자극적인 절로 들어가라. 스님들께 배움을 받아야 한다. 절에서는 김장도 해서 김치를 담가 먹는데 이때 젓갈은 들어가지 않는다. 젓갈의 재료도 생명체기 때문이다. 뭐 사실 요즘은 겉만 스님인 사람도 많고 육류도 즐기니 누가 스님이고 누가 땡중인지 분간하기 힘들다. 사실 먹는 거 가지고도 불교에서는 소승불교, 대승불교가 조금 다르다. 지금은 부파 불교인 소승이 멸칭이 되어 상좌부 불교로 바뀌었지만 대부분 사람들은 소승불교라는 말이 더 익숙하다. 불교에서는 오신채 혹은 오훈채라고 하여 매운 음식을 금기시한다. 파 같은 경우 사람을 엉큼하게 한다는 이야기가 있고 부추 같은 경우 경상도에서는 정구지라고 하여 직역 그대로 스태미나가 계속 유지된다는 뜻을 가지고 있다. 참고로 전라도 일부 지역에서는 부추를 솔이라고 부르기도 한다. 솔잎의 솔 모양을 닮아서 붙여진 이름이다. 파와 부추 외에 마늘, 달래, 무릇을 스님들은 먹지 않는다. 음기의 음식이라니 오히려 우리는 많이 먹어야겠다. 그중 마늘은 거의 매년 건강에 좋은 슈퍼 푸드 10에 단골로 들어가니 마늘의 민족답게 자주 먹으면 좋겠다. 다만 마늘은 생각보다 당도가 높다. 역시나 과유불급은 좋은 것이어도 항상 절대 진리를 가지고 있다. 중용이 지긋지긋하지 않는 이유는 바로 이런 이유다. 절제가 필요하다. 앞서 언급했지만 음식 문화도 세계 전쟁이다. 콘텐츠를 만들어서 일본이나 다른 나라와 경쟁에서 우뚝 솟아나야 한다. 외국인이 한국 음식을 먹고 엄지척을 해 주면 그냥 기분이 좋다. 그냥 립 서비스가 아닌 진짜 한식을 즐기고 있을 때 말이다. 한국 음식이 얼마나 다양 하던가. 우리나라의 면 요리가 다른 나라에 비해 별로 없을 거 같지만 생각해 보면 엄청나게 많다. 우리가 익숙한 것만 생각해서 그렇다. 이미 조선시대 기록에 50여 가지가 넘는 면 종류가 있었고 현재는 최소 세 자리 수 면 종류가 있다. 전라남도 강진이나 전남 일부 지역에서는 설탕 국수라 하여 삶은 국수에 그냥 물 붓고 설탕 한 숟갈 넣어 먹는 음식 문화가 있다. 익숙하지 않아 생각만 해도 먹기 꺼려지지만 음식이란 이렇게 낯설기도 하다. 마치 경상도에서 콩잎을 절여 먹는 것과 같은 낯섦이다. 한 국가 내에서도 음식은 이렇게 낯설다. 그런 차원에서 우리도 음식에 자부심을 가지고 세계인에게 강제로 먹여야 한다. 비건은 비-비건인을 나무랄 게 아니라 긍정의 것을 먼저 알리는 게 먼저다. 우리는 세상을 살면서 순서를 지키지 못해 일을 그르치는 걸 경험으로 안다. 스님의 김치 담그기를 마저 한다면 절에서는 소금으로 간을 하고 양념도 최소한으로 한다. 동치미를 담글 때도 역시 오신채는 들어가지 않고 소금과 고추 등 양념은 최소한으로 들어간다. 이 동치미에 국수를 말아 먹곤 하는데 맛이 궁금하다.

과연 미래에는 정말 밀웜이나 다른 곤충들이 대체 식량이 될까? 사실 한국은 식량 자급률이 부족한 나라다. 그래서 음식의 다양성은 필요하다. 그리고 실험실 고기가 탄생하여 대중화될지도 궁금하다. 음식은 개인의 취향이기에 지금보다 종류가 많아진다면 좋은 일이다. 바다 오염에 각국이 대처하고 있지만 제도 외에 바다를 업으로 살아가는 사람들 의식

변화도 중요하다. 사실 아무도 중요하게 이야기하지 않지만 우리나라는 비료 사용이 전 세계 가장 높은 국가 중 하나다. 신토불이라고 말하지만 사실 우리나라 땅은 경작하기에 좋은 땅은 아니다. 이집트 나일강의 범람 후 생기는 비옥한 토지를 케메트라고 하는데 이런 비슷한 검은 땅 느낌은 우크라이나에도 있고 미국에도 있다. 우리나라는 너무 작은 지역에 집약하다 보니 땅이 비옥하지가 않아 비료의 악순환은 계속된다. 퇴비도 굉장히 중요한데 이런 것들은 환경에도 문제지만 휴작이 없어 땅이 건강하지 못하다. 동물 복지만 중요한 게 아니라 이런 부분도 생각을 해야 한다. 사실 동물 복지도 안 하는 것보다 낫지만 실제로는 조삼모사 하는 격이다. 대규모 농장이나 기업과 연계하는 곳은 현실적으로 동물 복지를 제대로 실천하기가 힘들다. 여기서도 우리는 이중성을 볼 수 있다. 동물 복지는 생각하지만 자신의 반려 동물이 진짜 복지에 맞게 사는지는 모를 일이다. 개를 먹지 못하게 하는 법을 만드는 일은 시대 관념이 변했다고 하더라도 잘못된 일이다. 어느 학자가(이름이 도저히 기억나지 않는다) 말하길 사람들이 법을 지키는 이유는 그게 옳고 도덕적이라서가 아니라 법을 지키지 않아 다른 사람에게 들킬까 봐 지킨다고 한다. 요즘은 아직도 보신탕을 먹어? 오만 인상을 쓰며 거의 모든 국민이 야만인 보듯 보는 세상이다. 법이 아니어도 앞으로 개고기 섭취하는 사람은 줄어들 텐데 인간의 자유를 법으로 금지하는 일은 옳지 못하다. 아무리 동물을 사랑하고 개가 친숙하다고 하더라도 동물이 인간의 자유를 제한하는 이유가 될 수는 없다. 누군가에겐 개보다 달팽이나 돼지가 더 소중할지 모르는데 그런 사람들을 위해 위 생명체도 못 먹게 해야 하는가? 혹자는 비위생적이고 비인간적인 식용 개가 사라짐을 긍정적으로 보는데 그렇게 따지면 닭장 속에 있는 닭은 안 불쌍하단 말인가. 심리적으로는 이해를 하나 전체적으로 볼 땐 잘못된 법이다. 성경 말씀으로 따지면 우리가 먹는 해산물도 비늘이나 아가미만 있는 것을 먹어야지 두족류 같은 것은 먹을 수 없다. 종교인 중 일부는 특히 성경의 말씀을 잘 따르면서(동성애 반대 등) 이럴 때는 또 선택적이다. 사실 개고기는 우리 민족의 전통이었다. 삼복더위에서 개(犬)는 개 패듯이 패서 먹는 보양식이었다. 견(犬)의 의미를 그렇게 해석하기도 한다. 지금으로 보면 너무 야만적이지만 선조들에게 먹을 음식은 항상 부족했고 귀했으니 응당 이해는 간다. 개고기를 즐겨 먹는 사람들은 염소 고기를 먹으면 된다. 둘 다 먹어본 사람들은 알겠지만 미각이 아주 뛰어나지 않는 한 맛이 거의 비슷하다는 사실을 알게 된다. 흑염소는 또 여성의 몸을 보호한다고 하니 음식 잘하는 곳에서 먹어보면 좋겠다. 실제로 주변 흑염소 음식점 중 조금 알려진 곳들은 여름이면 40대 이상 남녀 할 것 없이 줄을 서서 먹을 정도로 사람들이 즐겨 찾는다. 음식을 미시적으로 들어가면 얼마나 할 말이 많겠는가. 조금만 더하고 마무리하겠다. 맛집을 탐하는 사람들이 있는 반면 우리 주변에는 여전히 연탄이 필요하고 음식이 필요한 사람이 있다. 푸드 뱅크나 특정 지역에 냉장고를 설치하는 걸 상상해 본다. 물론 몰지각한 사람 때문에 자율적으로 운영되는 건 거의 불가능하다. 있는 사람이 더한 행태를 부리는 건 전 세계인 특성으로 인간은 3331 법칙에 속하는 정상적인 사람도 견물생심의 원리는 적용된다. 역사적으로 사랑과 물질에 대한 욕심은 대부분 비극으로 끝나는데 몇몇 금수 욕망이 이렇게 좋은 취지를 망치는 경우가 있다. 앞서 말했던 혼자 사는 사람이 음식 재료를 사고 요리를 해 먹었는데 재료가 남았다고 생각해 보자. 그 재료를 썩어 버리느니 공유 푸드 뱅크에 어려운 사람 가져가라고 남기는 일은 서로에게 좋은 일이 된다. 하지만 중고 거래에서 무료 나눔을 해도 불만을 제기하는 사람이 있듯이 먹고 탈이 난 사람이 푸드 뱅크를 원망할 수도 있다. 실제로 미국에서 있었던 일인데 빵 유통기한이 1일 지난 걸 나눠 주었더니 먹고 탈이 나서 소송을 걸어 이긴 사건도 있었다. 그래서 그 빵 회사는 그 후 나눔을 하지 않고 아깝더라도 그냥 폐기 처분 한다. 선의가 계속되면 권리인 줄 아는 사람은 세계 어딜 가나 있다. 어떤 이는 버려야 할 걸 기부랍시고 나눔을 하는 사람이 있으니 음식도 그러할 수 있다. 사람들은 여기서도 사유의 동면이 일어난다. 반대로 거의 쓰레기에 가까운 물건을 파는 사람도 있다. 이런 다양한 인간 부류 때문에 사실 공유 푸드 뱅크는 유토피아에 가깝다. 그러나 가끔 버려지는 정상적인 음식을 보면 너무 아깝다. 다만 한식에서 나온 음식은 손을 대지 않았더라도 다 버려야 한다. 한식의 여러 반찬은 좋지만 단점이 바로 남기는 음식이다. 사람들이 내 돈 내고 먹으니 남은 음식이 아깝다고 생각하는 사람은 많이 없겠지만 그래도 아까운 건 사실이다. 식탐이 강해서 뷔페에서 자기 먹을 거 이상으로 가져오는 사람은 미련해 보인다. 사족이지만 그리고 뷔페에서 음식을 담아 갈 때는 말 좀 안 했으면 좋겠다. 우리 눈에 안 보이지만 비말 같은 침이 음식으로 분명 들어간다. 이건 깔끔을 떨거나 깐깐한 게 아니다. 당연한 우리들의 서로에 대한 에티켓이다. 사람들은 자기 것에는 그렇게 주인의식을 가지면서 자기 게 아닌 것은 너무 함부로 대한다. 그 대상은 사물과 사람을 가리지 않는다. 이것도 전부 이기적인 자기만 생각하고 다른 존재에 대해서는 존중 의식이 없기 때문에 생기는 일이다. 사유의 동면은 또 음식점 사장에게도 일어난다. 음식점 사장이나 그 가족 및 직원이 담배를 피울 수는 있다. 그런데 피울거면 좀 안 보이는 데서 피워야 한다. 담배를 입구에서 버젓이 피우고 있는 사람이 있는데 필자 같으면 이런 의식 상태로는 그렇게 음식을 잘 만들고 잘 대접할 것 같지 않아서 가지 않을 거 같다. 원래 이 책은 미시적 부분은 꼭 해야 할 때만 하는데 예민한 사람의 이야기로 치부하고 신경 쓰지 않기를 바란다. 각자 판단해서 살면 되는 일이다. 그러나 상대방이 선의로 좋은 제안을 하고 그게 응당 맞는 말이면 고치려는 자세는 필요하다. 폰 안에서의 사람들이나 폰 바깥의 사람들이나 자세히 보면 우리 각자는 불편한 사람이 된다. 그래서 너무 자세히 보는 것도 세상을 사는 데 다 좋은 일만은 아니다. 때론 아무렇지 않다는 듯 무시하고 사는 삶도 필요하고 회피하는 것도 필요하다. 음식은 내가 먹지 않더라도 보는 것만으로도 의미가 되는 존재다. 그러다 보니 음식 관련 책을 읽고 싶은 마음이 생기지 않은가? 사찰 음식 도서도 있고 요리 책도 참으로 많이 나와 있다. 이런 책 외에 흥미롭게 읽던 책은 존 메퀘이드『미각의 비밀』과 주영하의『음식전쟁 문화전쟁』이라는 책이다.『미각의 비밀』은 태초의 식사부터 치즈까지 역사적으로 주요 전환점이 되었던 것 위주로 책이 전개된다. 적어도 지루하지는 않으니 읽어 보면 좋다.『음식전쟁 문화전쟁』내용엔 한정식과 수라상의 유례 이야기도 있고 불고기 이야기도 나온다. 정말 재밌으면서도 지식을 주는 책이다. 필자가 언급한 한국의 간장 맛 세계화 관련해서 일본의 이야기도 들어 있다. 일본 음식을 보면 간장과 다시마의 조합은 거의 떼려야 뗄 수 없을 만큼 가깝다. 인기 있는 일본 현지 음식점 특징 중 하나는 생각보다 다시마를 엄청나게 집어넣고 잠시 우린 후 간장과 조합한다는 점이다. 역시 가쓰오부시를 즐기고 우마미를 발견한 민족답다. 가끔 일본 식민지 근대화론을 주장하는 사람들은 일본이 만든 산업 시설과 물자, 교통(철도) 등으로 우리나라가 발전했다고 하는데 실제로 일본은 자기들이 가지고 있는 기술 전수는 하지 않았으며 주요 공장과 시설을 이용하지 못하도록 대부분 파괴해 놓았다. 간장 공장도 마찬가지다. 교통은 일본 국익을 위해서 설치한 것이지(전쟁이나 물자 수출) 우리나라를 위해 설치한 게 아니다. 오히려 반대로 일본은 한국 전쟁 때문에 그만큼 빠르게 성장한 나라다. 그래서 그들은 한반도가 또 한 번 전쟁하기를 바란다. 한국인이 똘똘 뭉쳐야 하는 판에 일부는 일본의 이익을 위해 싸우고 있는 겉만 한국인인 자들이 있다. 개인의 신념은 자유로움을 줘야 하나 전범기를 휘날리고 전범을 찬양하는 일에는 법의 제동이 필요하다. 일본의 전범기 악행은 이미 역사적 평가가 끝난 사실이다.

선택적 일본 활용하기 중에는 역시나 음식이 포함되어 있다. 그중에서도 가장 대중적인 건 초밥이다. 초밥에도 설탕이 들어가지만 안 들어간 초밥도 있다. 만약 설탕이 들어간다면 이것도 무시할 정도의 양이 아니다. 우리 주변 음식에는 이제 설탕이 점령했다. 그런 면에서 탕후루는 남녀노소 최악의 음식이다. 요즘은 음식이 너무 달아졌다. 과일을 갈아 비빔 양념장을 만들면 비빔국수에 설탕을 넣지 않거나 조금만 넣어도 맛있다. 1인의 비빔국수에 들어가는 설탕의 양을 보면 먹고 싶다는 의욕이 조금 사라진다. 또한 밀가루의 글루텐 성분이 장막을 힘들게 한다는(장 누수) 학자들의 책을 보면 밀가루도 두려워진다. 튀긴 음식 그러니까 식용유는 유전자 조작 식품을 떠나 높은 온도에서 튀기는 거 자체가 발암 물질을 만든다. 올리브나 특정 원료 아니고서는 거의 GMO 식용유다. 착즙 방법에도 문제가 있을 수 있으며 근원적으로 기름 성분 자체는 매우 산패가 잘되는 음식 재료다. 식용유뿐만 아니라 참기름 들기름 등도 마찬가지고 화장품에 들어가는 각종 오일도 마찬가지다. 그래서 화장품에 산화방지제를 넣는다. 화장품 전 성분 표를 보면 토코페롤 혹은 토코페릴아세테이트라는 성분을 볼 수 있다. 이 성분은 식물성 기름의 산패를 방지한다. 그래서 식용 오일은 되도록 빨리 요리해서 먹는 게 좋다. 한편 지중해 연안의 사람들 중 올리브오일을 많이 먹는 민족은 유의미하게 평균수명이 길었다. 이에 대해 일부 학자는 올리브 때문이 아니라 올리브와 곁들인 채소 덕분이라고 주장하기도 한다. 올리브오일이든 버릴 게 없고 만병통치약처럼 활용되는 코코넛오일이든 역시나 적당히 먹는 게 좋다. 코코넛오일은 화장품이나 의약품으로도 쓰이고 그 겉껍질은 연료로 사용된다.

한번 음식에 이렇게 예민하게 굴면 끝도 없다. 또한 음식 이야기를 하면 따로 책 한 권을 써야 하니 재밌으면서도 피곤하다. 다 터놓고 말해서 이 모든 걸 생각하고 건강까지 염려하면 현대인의 야박한 삶을 굳이 길게 살 큰 이유가 하나 사라지는 것이다. 그래서 그냥 지나치게 많이, 자주 섭취하지 않는 선에서 음식을 그냥 적당히 즐기는 게 좋다. 어차피 건강은 유전이 강하게 작용하는 것이니 그냥 즐기다 가자라는 페시미즘적 사고를 하는 것도 스트레스 받지 않는 좋은 자세다. 다만 절대 악인 담배는 하지 말아야 하고 술은 끊을 수 없다면 적당히 마시는 게 좋다. 술 하니까 또 한국인의 막걸리나 박정희 독재 정권 시대 때 전통주 관련 에피소드 기타 미국의 금주령이 생각난다. 박정희 때는 쌀이 귀해서 십수 년간 쌀로 막걸리를 만들지 못하게 했다. 막걸리 제조나 전통주 제조의 대물림이 이때 끊기고 술의 변혁을 맞이한다. 술을 좋아한 작가나 역사적

인물도 살피면 재밌을 것이다. 가령 중국의 소동파는 술을 즐겨 마셨다. 그는 또 복어에 대해 "죽음과도 바꿀 수 있는 맛"이라며 복어를 칭찬한다. 복어를 반건조하여 불고기 느낌으로 조리한 음식을 우연히 본 적이 있는데 정말 죽기 전 한 번 먹어보고 싶은 생각이 들었다. 그러고 보면 맛집 자체보다는 어떤 음식을 먹을까 같은 버킷 리스트를 작성해서 일주일을 견뎌 내며 그 힘으로 살아가는 것도 괜찮은 듯 보인다. 이런 사고방식을 프로이트는 '만족지연'이라는 용어로 개념화했다. 목요일만 버티면 곧 주말이다! 힘을 내자! 이런 식으로 일종의 정신승리를 하는 게 만족지연이다. 음식을 먹는 일도 배고픔으로 인한 지연의 기쁨이 있다고 생각한다. 그런 생각으로 술을 며칠 참아 보고 마신다면 정말 그 맛이 끝내줄 것이다. 그러나 애주가는 보통 그러기가 쉽지 않다. 어차피 필멸할 수밖에 없는 인간인데 금주하고 먹고 금주하고 먹고 어떻게 그렇게 산단 말인가. 아파서 고통스럽게 죽는 것만 아니라면 조금 짧게 살다 죽느냐 조금 길게 살고 죽느냐는 마찬가지의 삶이다. 중세 화가 마사초는 「성 삼위일체」라는 아주 재밌는 그림 하나를 그렸다. 그림의 맨 아래쪽에 그려진 관(무덤)에는 이런 말이 쓰여 있다. "나도 한때는 당신이었고 당신도 곧 내가 될 것이다." 그렇지만 배고픔에 한이 많았던 과거 우리 선조는 현대인과 다르게 죽어 갔으니 그 삶의 과정은 마찬가지의 삶이 아니다. 위 몇 줄은 모순적이다. 인생도 가끔 그렇다.

# 사람은 무엇으로 성장하는가

    10년이라는 세월은 족히 지났을 텐데 그 당시 존 맥스웰의 『사람은 무엇으로 성장하는가』라는 책을 읽었다. 그때도 자기 계발서를 좋아하지는 않았지만 책을 선물로 받은 것이니 읽어 보았다. 조던 피터슨의 『12가지 인생의 법칙』도 마찬가지인데 위 두 책은 그래도 읽어 볼 만하다. 존 맥스웰은 앤서니 로빈스의 말을 인용하여 이렇게 말한다. "성공하는 사람들은 더 좋은 질문을 던지기에 더 좋은 답을 얻는다." 사유의 동면에서도 강조하는 게 바로 질문이다. 좋은 책은 믿음을 주는 책이 아니라 믿음을 버리게 하는 것이다. 그래서 어떤 ○○주의자들은 위험한 사람들이다. 여기서 핵심은 '더' 나은 질문인데 어떤 정치 종교 기타 신념에 빠지면 그런 좋은 질문을 하지 못하게 된다. 그러다 보니 음모론에 빠지고 나를 위한 질문이 아니라 상대를 단순히 의심하기 위한 질문에만 빠진다. 나 자체를 의심하고 변화하려는 마음이 없는 사람은 나이가 들어도 어른이라 할 수 없다. 그런 사람들은 오로지 남만 의심한다. 결국 성장하지 못하고 유아나 청소년 혹은 젊었을 때의 고정관념과 고정성격으로 평생을 살게 된다. 단순히 입신양명이 아닌 내적 외적 성장을 하려는 사람이 무엇에 깊게 빠질 수는 없는 노릇이다. 성장은 우리의 생각과 마음을 크게 만드는 일이다. 하지만 대부분 사람들은 성장판 닫히듯이 진짜 그 성장에 도달하지 못하고 생각과 마음이 닫혀 버린 채 평생을 산다. 갑자기 별로 좋아하지 않은 자기 계발서가 되는 느낌인데 이건 짧게 하고 끝내겠다. 필자만 이런 에세이를 비판하는 건 아니다. 가령 이원석의 『거대한 사기극』은 책 부제처럼 자기 계발서 권하는 사회의 허와 실을 이야기한다. 그렇지만 이것도 각자 알아서 판단하길 바란다. 자기 다짐으로 책을 읽고 정보 차원에서 재테크 책을 읽는 사람도 있으니까 말이다. 안 하는 것보다는 그래도 해 보고 읽어 보고 하는 게 얼마나 자기 인생에 도움이 되는지 우리는 자기 계발서를 비판하더라도 일단 긍정의 전제는 인정해 줘야 한다. 머리로만 생각하지 말고 실제로 해 본다는 건 실로 엄청나게 중요하다. 존 맥스웰의 책에는 이런 말을 한다. "위대한 작곡가는 영감을 받아 작곡을 시작하는 게 아니라 작곡을 시작하고 나서 영감을 받는다. 바그너, 모차르트, 베토벤, 바흐는 모두 날마다 마음을 새롭게 하여 작곡을 이어 갔다." 글에 대해서 한번 써 보라고 필자는 말하였는데 실제로 글을 쓰면 자신도 모르게 그냥 저절로 써지고 생각이 나며 문장이나 단어도 자신도 모르게 창조되는 느낌을 받는다. 꾸준히 계속해 보면 이런 신기함을 분명 누구나 경험하게 된다. 그러니 당장 써 보고 싶지 않은가? 이런 달콤한 유혹에 걸려들지 않는 사람이라면 그동안 이 책을 왜 읽고 있는지 모르겠다(속으로는 물론 대단히 고맙게 생각한다). 당장 사유의 동면을 덮고 이 책의 훌륭한 점과 비판할 점을 동시에 적어 보길 바란다. 글은 그렇게 시작하는 것이다. 나와 타인 그리고 좋은 점과 나쁜 점을 동시에 생각해 보면 쓸 말이 많아진다. 나와 타인 둘 중 하나 혹은 좋은 점과 나쁜 점 중 하나만 생각하면 그만큼 사유가 반으로 줄어든다. 지금까지 언급한 책들 중 거의 대부분은 마음에 들지 않더라도 어떻게든 긍정을 하나 찾고 비판을 하더라도 비판을 했다. 그래야 더 잘 보이고 바르게 세상을 본다. 책뿐만 아니라 사람을 보는 사람도 두 가지로 나뉜다. 어떤 사람은 타인의 부정적인 면만 보는 사람이 있고 어떤 사람은 긍정의 것이나 부정의 것 둘 다를 보는 사람이 있다. 전자의 사람은 스스로 성장 정체를 만들어 내면서 타인은 성장하지 못하게 하는 사람이다. 아울러 악플러도 위와 비슷하게 두 가지로 나뉜다. 첫 번째는 부정만 가득하여 끝까지 겁 없는 인간 말종의 부류가 있고 두 번째는 사이코패스 유형처럼 고소를 당하면 상황적 인식을 하여 잘못한 척이라도 하는 부류가 있다. 둘 다 부정의 씨앗을 먹고 자라는 공통점을 가진다. 예를 들어 보겠다. 누군가 A라는 사람을 싫어하면 A의 모든 것이 싫고 A와 대척점에 있는 B라는 사람이 있으면 B에게 호의를 보인다. 나중에 B가 마음에 들지 않아 부정적으로 생각해도 그 누군가는 A에게 부정의 마음을 철회하지 않는다. A의 부정을 넘어 악마화는 하나의 깨지지 않는 진실이기에 망상은 계속된다. 계속해서 이런 사람들은 대부분의 사람에 대해서 부정의 부정을 이어간다. 그러면서 어떤 신념을 그대로 유지한다. 범죄 심리학적으로 이런 잘못된 부정 의식을 가지고 있는 사람은 자신도 모르게 범죄를 저지를 가능성이 크다고 한다. 사람들은 이런 부류의 사람들이나 난독증 등을 지능의 문제로 여기지만 그렇지 않다. 실제로 난독증은 지능과 관련이 없으며 이런 부류는 보통 심리적 영향이 더 크다. 프로이트의 무의식은 그런 면에서 대단히 유용한 관념을 후세에 알린 것이다. 아주 오래전 책에서 본 내용인데 어떤 사람은 인류 3대 천재를 말하면서 프로이트를 언급한다. 프로이트가 뭐 그 정도인지는 잘 모르겠지만 나머지 두 명은 레오나르도 다빈치와 아인슈타인이다. 아마 나머지 두 명에 대해서는 수긍할 사람이 많을 것이다. 다중천재 이론을 방금 만들어 보았는데 우리는 모두 쓸모 있게 태어났다. 당신도 분명 어떤 부분에서는 천재다. 누구는 얼굴천재고 누구는 먹기 천재다. '나는 잘난 것이 하나도 없는데?'라고 생각하겠지만 당신이 잠자기 천재일 수도 있고 말 안 듣기 천재일 수도 있다. 엉뚱 천재는 아마도 많을 것이다. 우리 모두가 바라는 건 공감 천재나 사랑 천재다. 한국의 언어는 참으로 만들기 나름이고 아름답다. 사랑 천재라니… 이름도 예쁘고 다들 공감 천재와 사랑 천재를 홍익인간의 마음으로 널리 알리길 바란다. 그럼에도 불구하고 가장 우선시될 현대인의 천재는 '들어 주기 천재'다. 우리는 이걸 가장 못 하고 있다. 그냥 듣는 게 아니라 사유하면서 좋고 안 좋고를 떠나 들을 필요가 있다. 어렸을 때는 말 안 듣는 사람을 보고 청개구리 같다고 하였는데 요즘은 어른 청개구리가 너무 많이 울어 대니 너무 시끄러운 상태다. 잠시 들어 보자. 그리고 성장하려면 책으로 들어오면 된다. 결국 또 책 얘기다. 책 만물 성장설은 사유의 동면에서 최초로 주장하는 것인데 이게 맞는지 최소 천 권 이상을 읽어 보고 이론을 정립해 보길 바란다. 즉 이것도 쓰라는 말이다.

## 타고난 능력 부재

　사람들은 화자를 볼 때 논리 목소리 톤 눈 등 몇 가지 이미지를 보고 몇 초 안에 더 들을 건지 아닌지를 판단한다. 블로그 글이나 SNS 글도 마찬가지다. 몇 초 안에 더 읽을지 아닐지 모든 스캔은 끝난다. 책을 많이 읽었어도 표현력이나 확장력 흡인력 등이 너무 떨어지는 자신을 발견할 때면 정말 절망적이며 부끄러워진다. 왜 이렇게밖에 못 쓸까? 앎이 적더라도 말을 유창하게 잘하거나 글을 정말 잘 쓰는 사람이 있다. 타고난 능력 부재와 허접한 글쓰기는 작가의 길을 선택한 사람으로서 치명적이고 진로를 다시 고민해야 할 정도로 심각한 상황이다. 알면 더 쉽게 글을 잘 쓰는 사람도 있다. 가령 정재승 교수 같은 사람이나 김상욱 교수 같은 사람들처럼 말이다. 심지어 그들은 과학자다. 정재승의 『과학 콘서트』는 마치 어린이를 다루듯 글을 써 내려가서 쉽고 재밌다. 부모와 자녀가 함께 읽어 볼 만하다. 아직 김상욱 교수의 책은 한 권도 읽어 보지 못했다. 우연히 그가 하는 이야기를 몇 번 들은 적이 있는데 말을 참으로 쉽게 잘 설명한다는 걸 느꼈다. 그들은 뭔가 어려운 걸 상식처럼 쉽게 설명하는 재주가 있다. 왜 필자는 그렇게 하지 못할까. 타고난 능력 부재 외에 마음 크기가 작기 때문이다. 말하는 능력도 실제로 부족한데 글쓰기 능력까지 그러니 지능을 의심해 봐야 한다. 이럴 때 지능을 의심하는 거지 정치나 종교 기타 사고방식이 나와 다르다고 지능을 의심하라는 건 올바른 지적이 아니다. 다만 복합적 요인에 의한 경계성 지능장애 인간이 요즘엔 많아서 그렇게 평가하는 건 어느 정도 이해가 간다. 다시 글이라는 것으로 와 보자. 글쓰기 능력도 없는데 또 글을 급하게 써 내려가기 때문에 글이 조잡하다. 한 줄 한 줄 필자의 글은 대단히 빨리 쓰인다. 사유의 동면은 정말 이 책이 하는 것만 같다. 그저 잡스러운 지식 전달과 개인의 사고만 들어 있는 느낌이다. 한강 작가는 『소년이 온다』를 쓸 때 자료 조사도 많이 하고 한 단어 한 문장을 쓸 때 엄청난 집중력과 사유를 했다고 한다. 그런 면에서 이 글은 엄청나게 부끄러워진다. 한강 작가만이 아니라 실제 위대한 작가들도 그렇게 심혈을 기울여 글을 쓴다. 간혹 생각나는 걸 막 적었다고 하는 작가도 있지만 위대한 도서는 보통 이렇게 만들어지지 않는다. 만약 그 정도 시간과 사유를 해서 글을 썼다면 이 책은 그래도 조금 봐 줄 만은 했을 것이다. 스탠리 피시의 『문장의 일』을 읽어도 문장의 능력은 향상되지 않는다. 그저 그 책에서 배운 건 굳이 쉼표(,)를 쓰지 않을 문장이라면 쓰지 않는 게 좋다는 생각을 가진 것뿐이다. 그러고 보니 책 읽기도 타고난 능력 부재다. 지금은 스스로 자괴감을 만들어 낸다. 그럼에도 불구하고 사람은 자신감이 있어야 한다. 그렇기에 오만방자하게 모두를 비판해 놓았다. 하늘아래 유아독존으로 현자인 척 세상 비판론자가 되었다. 그런 의미에서 지금 이 페이지를 보고 있는 당신도 어지간한 사람은 아니다. 거의 책을 다 읽은 사람이기 때문이다. 사유는 동면하고 반응은 즉각적인 커뮤니티나 영상 세상에 이 글을 끝까지 읽어 주니 고맙다. 사실 책을 있어보이게 약간 어렵고 수준 높게 쓸 수도 있었지만 그런 인위적임은 필자의 가치관이 아니다. 딱딱하기만 하면 책은 책으로만 끝난다. 이 말을 하니까 정말 책으로만 끝났으면 좋은 추억으로 남았을 작가들이 존재한다. 이문열, 김훈 등이 바로 그런 사람들이다. 작가는 아니지만 법조인 허 모 교수도 마찬가지고 이름은 기억이 안 나는데 고령의 한국 철학자도 마찬가지다. 이들은 소위 보수에 속한다. 보수는 좋은 것인데 이걸 정치적으로 들어와 해석하니 그렇게 글을 잘 쓰던 사람들도 이해할 수 없는 말을 하곤 한다. 그런 면에서 책의 서두에 언급한 슬라보예 지젝의 말이 아주 와닿는다. 지성인이 되는 것과 글을 쓰고 세상을 해석하는 것, 기타 사람으로부터 평가를 받는 건 다들 각자의 분야다. 그래서 어떤 사람의 사상이 곧 그 사람의 결과물(가령 책이나 예술 작품 등. 이런 이야기는 아주 잠시 이 책에서 했었다)까지 영향을 주는 건 경계해야 한다. 가령 「노랑나비」를 부르는 사람이 맘에 안 든다고 노랑나비까지 우리에게 나쁜 영향을 주는 건 아니다. 여기서 노랑나비는 오타가 아니며 일부러 이렇게 썼다. 필자 스타일을 이제 알 때도 되지 않았나. 나이는 쉰내가 나더라도 글은 그렇게 쓰고 싶지 않았으며 독특하고 싶었다. 간혹 사람들은 독특함과 비상식을 구분하지 못한다. 그러면서 어떤 말을 확대 해석 한다. 래퍼들의 노래 가사만 들으면 반항적이고 아주 스웩한 모습을 보이는데 실제 행동은 처참한 사람이 많다. 듣기 좋은 말만 하는 사람을 경계해야 한다. 늘 같은 사고방식으로 정체된 의식을 앵무새처럼 말하는 사람도 경계해야 한다. 어떤 생산적 논의나 논리가 아니라 자기와 생각이 다른 집단에 대한 비아냥과 조롱만 있는 웹툰은 보지 말아야 한다. 이들은 사유를 한다고 착각하는 사람들이다. 착각 속에서 망각으로 살기에 사회에 유해한 짓을 한다. 파편화된 신념과 개인 그리고 집단들이 우리 사회를 좀먹고 있지만 그래도 상식과 로고스의 힘을 믿는다. 사유를 하는 것도 능력이다. 그런 사람들이 보통 성공하고 성장하는 것이다. 능력이 없다면 열심히 노력하면 된다. 그저 패배주의자처럼 아무것도 안 해 보는 사람이 진짜 루저다. 무엇이든 나아지려고 노력하는 사람은 누구나 아름답다.

## 지루할 테면 지루해 봐

　과거 인터넷 속도 전쟁이 한창일 때 '따라올 테면 따라와 봐'라는 광고가 있었다. 그걸 착안한 제목이다. 책을 읽어 보니 진짜 지루한 것은 지루하다고 말했다. 그래서 어떤 건 책의 핵심만 말한 것도 있다. 이 글도 좀 장황하고 지루한 부분도 분명 있음을 인정한다. 그런데 각자의 관심의 범위에 따라 책이 지루할 수도 있고 아닐 수도 있어서 이번엔 좀 선택하기 어려운 책 추천이 될 듯하다. 가령 한양대학교 출판부에서 나온 『과학 기술의 철학적 이해』라는 책은 읽어 볼 만한 책이라고 생각하는데 대부분은 지루하다고 생각할 만한 책이다. 표지도 그렇고 내용도 그렇다. 여기엔 인공지능 이야기도 나오고 유전공학과 윤리, 비트겐슈타인 같은 철학자를 언급하면서 과학철학을 이야기하기도 한다. 요즘 서점에 나오는 신간들의 화려한 책 제목과 멋진 디자인, 몇몇 사로잡는 집약적 책 소개에 비하면 이 책은 거의 과거 성문 영어나 수학의 정석 수준의 고전 느낌을 보여 준다. 이번에는 좀 더 쉽고 따스한 책으로 소개해 보겠다. 마이클 프리먼의 『인권: 이론과 실천』이라는 책이다. 이 책은 13세기 영국의 대헌장(마그나 카르타)부터 해서 현대까지 인권의 굵직굵직한 역사와 이와 관련된 학자들의 이야기를 소개한다. 여기서 각인된 내용이 하나 있는데 직접 그 책을 인용해 보겠다. 존 로크는 그의 저서 『관용론』에서 "인간은 이성적이며 행동적인 피조물이기 때문에 종교적 신앙을 행동에 옮겨야 하며 그러기 위해서는 행동의 자유가 필요하다고 주장했다. 종교적 신념은 개인과 신 사이의 관계에 관한 것이므로 정치권력이 그것을 방해해서는 안 된다. 종교의 구원의 문제는 어떠한 정치적 관계보다 훨씬 더 중요한 반면 정치권력은 종교 문제에 있어 오류에 빠지기 쉽다. 그렇기 때문에 개인은 종교의 자유에 대한 자연권을 가지는 것이라고 주장했다." 우리는 배경지식을 알아야 한다. 우리가 아는 과거 유명 학자들은 거의 다 기독교(혹은 천주교)인이었다. 로크도 그랬다. 갈릴레오도 다윈도 마찬가지였는데 그저 그들은 과학과 종교를 분리해서 세상을 봤을 뿐이다. 아주 간혹 니체나 마르크스 같은 변종이 있었다. 뉴턴도 당연히 믿음의 과학자였고 볼테르도 위선적 기독교인을 신랄하게 비판하지만 기본적으로 신을 믿는 사람이었다. 이런 사전 지식으로 로크의 저 주장을 한번 해석해 보자. 다들 알다시피 로크는 자연권을 주장한 사람이다. 로크는 지금 종교의 자유를 천부적 인권으로 생각한다는 것이다. 위 인용문에서는 사상적 자유라는 말이 없지만 당연히 사상적 자유는 그때나 지금이나 인정되어야 한다. 즉 그의 말대로 정치권력이 그걸 간섭할 수는 없다. 그의 해석을 따르면 영국 국교회(성공회)는 말도 안 되는 것이다. 문제는 그의 마지막 문장이다. 종교의 구원문제가 정치적 관계보다 중요한 그 어떤 합리적 근거도 없다. 또한 정치권력 즉 우리나라로 치면 극렬한 좌우 대립은 오류에 빠지기 쉽다는 것이다. 과연 정치권력만 오류에 빠지기 쉬울까? 종교권력이 실존하는 현실에 종교는 정치만큼 처참하다(유럽은 콘스탄티누스 교황이 곧 권력이다. 그 후 19세기 교황의 무오류성 주장은 얼마나 그들이 오만하고 한심한 오류에 빠졌는지 알 수 있다). 로크도 데카르트도 어느 부분에서는 종교에 귀의하여 세상을 봤다. 다만 『팡세』의 저자 파스칼만큼 무신자에게 신랄하지는 않았다. 그는 무신론자를 도덕도 모르는 인간으로 취급한다. 지금까지 위 내용들은 그동안 우리가 아는 인문학 및 사회과학 도서 책 전개 방식이다. 필자는 그러고 싶지 않다. 그냥 사람들이 각자 책을 읽고 전문가라는 사람들한테 좀 벗어나서 각자 해석을 해 봤으면 좋겠다. 책 읽기는 그래야 한다. 그러려면 사전 지식을 조금 알아야 한다. 그 사전지식 알기는 사유의 동면에서 일부러 책을 어떻게 처음에 읽어야 하는지 알려 주었다. 90%는 남의 책 이야기나 하고 분석이나 하면서 1%의 우리 현대인 이야기를 하는 게 옳다고 생각하지는 않는다. 앞서 언급한 악마 정신이 투철한 책『스크루테이프의 편지』하나만 가지고 수십 장을 채울 수 있다. 하지만 그건 사유의 발화에 별로 도움이 되지 않는다. 단 지금 우리 삶에 연계하여 분석하면 이야기가 달라진다. 그런 분석은 환영한다. 책이 책을 분석하는 거로 끝나는 것에 의문을 가지는 것뿐이다. 책을 쓴 사람에게 의지하지 말아야 하고 각자가 분석해 봐야 한다. 그저 전문가라고 자처하는 사람들은 우리에게 어시스턴트로 머물러야 한다. 필자도 그래서 계속하여 책 분석을 장황하게 분석하지 않은 것이다. 말했다시피 그랬다면 이 책은 시리즈로 100권이 나와야 한다. 쇼펜하우어는 필자와 비슷한 생각을 가졌던 것으로 보인다. 그가 말하길 "책을 쓴다는 사람들이 여기저기 책을 짜깁기하고 자기 생각 없이 팔아먹고 있다."라고 하였다. 다만 현재의 책 범람 속에서 자기 생각과 삶을 소개하는 책만 넘쳐서 또 그것도 문제긴 하지만 말이다. 어쨌거나 방금 소개한 책은 청소년부터 어른 모두가 읽어 보면 좋으니 다들 읽어 봤으면 좋겠다. 어렵지 않고 쉽게 읽히는 책이며 분량도 그렇게 많지 않다.

누군가는 전통적 책 전개를 좋아할 수 있으니 그런 사람들을 위하여 고집스러운 생각을 잠시 버릴 줄도 알아야 한다. 그렇다면 그렇게 한번 해 보자. 소포클레스의 『오이디푸스 왕』을 분석해 보겠다. 여기서도 크레온은 오이디푸스의 왕의 자리를 노리는 인물이다. 크레온은 오이디푸스 아내 이오카스테의 오빠다. 한국 번역에서는 크레온이 이오카스테에게 누이라고 하는데 누이는 원래 이중적 의미가 있다. 가령 알파치노와 말론 브란도의 『대부』에서도 번역 때문인지 몰라도 알파치노의 여동생인지 누나인지 확실하지 않은 인물이 나온다. 『대부』 내용만 보면 동생 같은데 얼굴은 누나처럼 느껴진다. 먼저 오이디푸스가 스핑크스의 수수께끼를 풀어내고 테바이의 왕이 되었다는 사전지식은 알고 있어야 한다. 그전으로 거슬러서는 그리스 신화에 나오는 오이디푸스의 삶도 알고 있으면 좋다. 왜냐하면 크레온은 의도적으로 오이디푸스 왕의 삶을 라이오스와 연계하여 아들의 손에 라이오스가 죽게 되리라는 이야기를 꺼내기 때문이다. 아주 교활한 크레온이다. 오이디푸스는 구세주이자 판단자 역할을 하며 신적이고 인간적인 모습을 드러낸다. 테바이를 구원해 달라는 사제의 말에 오이디푸스는 자신도 불쌍한(비극적인) 삶을 살았으며 그렇게 어렵게 왕까지 된 자신에게 연민을 드러낸다. 그러면서 자부심이 대단한데 오이디푸스는 크레온에게 이런 말을 한다. "추종자들이나 친구들도 없이 왕권을 얻으려고 하는가? 그러나 왕권은 추종자들이나 돈 없이는 얻을 수 없는 법이다." 그런데 이 왕권이 그의 아내에게 반이 주어진다. 크레온과 오이디푸스 대화를 한번 살펴보자. 크레온은 오이디푸스에게 자신의 누이와 결혼했냐고 묻자 오이디푸스는 그건 부인할 수 없는 사실이라고 말한다. 크레온은 이렇게 다시 묻는다. "그렇다면 왕께서는 그녀와 동등한 권리를 가지고 이 나라를 통치하고 있나요?" 그러자 오이디푸스는 "그녀는 원하는 것이면 무엇이든 내게서 얻고 있다."라고 말한다. 이 부분을 생각하면 한국의 퍼스트 레이디, 아니 성형 레이디가 떠오른다. 물론 성형이 나쁜 건 아니다. 우리 세금이 쓰였기에 그런 것이다. 다시 정신을 차리고 오이디푸스 왕으로 돌아와 보면 크레온은 궤변을 늘어놓기도 하고 가끔은 맞는 말도 하면서 오이디푸스와 서로 평행선을 달리는 대화를 지속한다. 마치 현대인의 대화처럼 말이다. 크레온 말 중에서 가장 옳은 말이라고 하는 게 생각난다. 오이디푸스가 자기는 계속 통치해야만 한다고 하니까 크레온은 "잘못 통치하면 통치하지 말아야 한다."라고 단호히 말한다. 우리나라 2024년을 생각하면 2,000년 전의 사람 말이 왜 이렇게 와닿는지 모르겠다. 사실 2024년이 아니라 그전부터 아니 2022년 태초부터 그 리더는 리더로 뽑히지 말았어야 했다. 지금까지 오이디푸스의 분석은 아주 일부이자 미시적이다. 뭐 눈에는 뭐만 보이는 분석이다. 바로 이런 오류가 있기에 책 분석은 각자 해 보라는 것이다. 오류라고 할 순 없지만 책을 작게 보는 사람이 있고 크게 보는 사람이 있다. 오이디푸스 왕의 내용엔 사법, 정치, 인간 심리와 고통, 가족 관계 등 많은 것들이 들어 있다. 재밌는 작품이니 각자 읽어 봤으면 좋겠다. 그건 고전이니까. 마지막으로 『오이디푸스 왕』에서 또 누가 죽었는지는 스포일러 하지 않았다. 한 작품만 더 해석해 보자. 게르드 브란튼베르그의 『이갈리아의 딸들』이라는 작품이다. 이 책의 핵심은 사회 구조나 성별 위치 직업 관념 등 모든 것을 여자는 남자로 남자는 여자로 치환해서 세상을 바라본다. 즉 전통적 남성 여성 관념을 완전히 바꿔서 여자는 바깥일을 하며 능력 있는 사람으로 묘사되고 남자는 집안일이나 부차적 존재로 전락한다. 설정 자체가 재밌다. 그리고 이 책에서 나오는 용어 세 개만 설명하겠다. 다른 용어도 더 나오는데 이 세 개만 기억에 남는다. 먼저 맨움이라는 단어다. 움(여성)이라는 단어 반대 개념이다. 여성스럽다는 말을 싫어하는 어떤 사람들의 반항처럼 맨움은 남성다움의 집단을 의미한다. 다음으로는 부성보호다. 설명을 안 해도 바로 이해가 갔으리라 짐작하는데 모성보호의 관념을 남성으로 뒤집어 놓는다. 마지막으로 페호라는 단어다. 이건 여성의 브래지어처럼 속박의 대상이 되는데 이걸 『이갈리아의 딸들』 저자는 남성들에게 중요 부위를 가리거나 보호하는 속옷으로 입게 만든다. 즉 책 발상이 너희 남자들도 한번 여자의 삶을 살아 보라는 식이다. 여기서는 지금으로 치면 도태된 노총각 이야기도 나온다. 그는 자연의 불공평함에 대해 이야기하는데 그의 입을 빌어 저자는 남성 중심의 사고를 비판한다. 이 책에서 중요한 건 여성이 사회의 주요 자리를 차지하면서 도덕적 수호자를 자처하는 것이다. 책 제목은 이갈리아 즉 평등의 단어가 포함되어 있는데 웃긴 건 올모스가 늙어 교장으로 퇴임하고 젊은 여자 거드 보솜비에게 교장 후임을 물려주자 올모스의 아들을 차 버린다는 설정이다. 이때 책에서는 이런 말을 한다. "그녀는 왕국의 절반을 얻고 왕자에게서 달아났다." 남성은 꼭 필요한 존재라기보다 충분조건이라는 2차적 존재로 남는다. 즉 "제2의 성"이 여성이 아니라 제1의 성이 여성인 『이갈리아의 딸들』이다. 사실 이갈리아가 아니라 여성주의적 사고가 많이 들어 있다. 가령 여성의 성기는 민감하고 보호받아야 하기에 숨겨져 있다고 생각하며 남성의 성기는 바깥으로 돌출되어 문제가 생겨도 그리 크지 않다고 말한다. 그렇다고 이 책이 불편하지가 않다. 그냥 흥미로운 소재로 글을 잘 풀어냈구나 하는, 그 정도의 생각이 든다. 국가의 대통령도 장관도 여성이고 기업의 리더도 여성이면서 아주 간혹 남성이 포진되어 있는 걸 상상하면 될 것이다. 그렇다면 남자의 기분은 어떨 것인가? 여성들과 일해 본 사람들은 느낌이 확 올 것이다. 하지만 이게 먼 미래에 없으리라는 법은 없다. 남자가 주방세제를 적정하게 활용하여 설거지를 잘할 수 있고 집 안 청소도 깔끔하게 하는 재주가 있다면 능력 있는 아내가 바깥에서 일하는 것도 나쁘지 않다. 성 역할은 정말 없애는 게 옳기 때문에 남성도 찬성할 것이다. 지금까지 몇몇 작품을 훑어보았다. 이것도 엄밀히 말하면 훑은 거지 심층 분석은 아니다. 이쯤 되면 하나 의문이 생길 것이다. '왜 경제 분야는 이야기를 안 해주지?'라고 말이다. 솔직히 말하면 가장 모르는 부분이고 에세이와 함께 가장 읽지 않은 부분이다. 그래서 지금까지 가난하게 사는 것일지도 모른다. 경제 분야를 읽더라도 이준구의 『경제학 원론』이나 『화폐전쟁』, 경제학자들이 쓴 사회과학 분석적 글을 읽었을 뿐 투자를 위한 글은 읽지 않았다. 실질적 자기 경제에 하나도 도움이 안 되지만 편하게 읽기에 좋은 경제 관련 책을 몇 권 소개해 보겠다. 슈마허의 『작은 것이 아름답다』와 팀 하포드의 『경제학 콘서트』는 관점이 전혀 다르다. 둘을 비교해서 읽어 보면 정말 좋을 것이다. 전자는 너무 가내 수공업 느낌이고 후자는 너무 무서운 현실주의 느낌이 난다. 자본주의를 어떻게 바라보는지 차이점을 한번 찾아 보면 흥미로울 것이다. 이외에도 『정치에 속고 자본에 털린 당신 중산층은 응답하라』와 하노 백의 『인플레이션: 부의 탄생 부의 현재 부의 미래』라는 책도 사회와 경제를 연계하여 책을 전개하니 읽어 보면 좋겠다. 지금은 돈 벌기 경제 관련 도서가 정말 쏟아지는 듯 하다. 책은 시대와 사람들 욕망을 반영한다. 그래서 그럴까? 2020년 전에는 주식 스팸문자를 받은 적이 거의 없던 것 같은데 지금은 매번 비밀스러운 특정주를 알려 준다며 문자가 온다. 우리의 폰 번호는 중국부터 국내까지 모두에게 열린 정보다. 기업에서는 매년 개인정보 보호 어쩌고 메일을 보내지만 우리 국민은 이미 정보가 털린(열린) 상태다. 요즘엔 남녀노소 할 것 없이 많은 사람들이 주식과 부동산 그리고 코인 기타 펀드 연금 저축 등에 관심을 보이는 거 같다. 그런 사람들을 보면 뒤처지는 거 아닌가 불안하다. 그럴 필요 없다. 매번 배터리 주식 2차 전지가 어떻고 떠들어 대는 사람이나 주식 전문가라고 하는 사람들의 말을 듣고 사는 것보다 안 보고 사는 게 더 행복하다는 것만은 확실히 알고 있다. 이렇게 내가 가지지 못할 때 남을 비판하면 참 편한 세상이다. 그런 사고 방식으로 사는 사람들이 의외로 많다. 부끄럽지만 필자는 주식을 해 본 적이 없으며 심지어 청약통장도 만들어 본 적이 없다. 다만 누구처럼 무식하게 집이 없기 때문에 청약통장을 만들지 않았다는 말은 하지 않을 경제 관념은 가지고 있다. 어떻게 저렇게 말한 사람을 리더로 뽑아 놨는지 책이 순수하게 책일 수만은 없게 만든 그가 더 미워진다. 왜냐하면 간간히 그의 이야기를 하지 않았다면 독자들에게 더 알찬 지식과 흥미로운 이야기를 하고 있을 테니까 말이다. 지긋지긋할 정도로 '내 안에 너라는 못된 놈 있다'의 마음의 병은 그 리더와 추종자들이 감옥에 있더라도 다른 사람으로 옮겨 가기에 영원히 치료되지 않을 것이다. 차라리 그 병이 들기 전의 20대 초반으로 돌아가고 싶다. 자유로워져야 하는데 그러기 쉽지가 않다. 이성과 감성의 분리가 필요한데 그렇지 못하다. 우리 인간의 문제는 결국 감정통제 제어 여부에 달려 있다. 책도 의지의 문제인 것처럼 감정은 쉽게 의지대로 통제되지 않는다. 책은 곧 감정과 같다는 소리다.

# 금융 실명제와 온라인 실명제

　스마트폰은 스스로 통제 능력이 없는 괴물 늑대 같은 것으로 누구나 강자가 된다. 실제로 실체가 어떻든 간에 만나기 전까지는 누구에게는 그럴듯한 강자가 된다. 즉 말/언어로서는 모두가 평등하다. 특히 마커적 인간은 자기 생각이나 표현의 거름망이 사라진 야생의 상태에 있다. 그래서 거짓 뉴스나 집단의 혐오는 인간성 상실로 사회에 휴먼 포비아의 병적 증세를 야기한다. 그렇기에 포털이나 사이트에 규제가 필요하다. 온라인 실명제는 금융 실명제처럼 하등 다를 게 없이 시행되어야 한다. 지금 생각하면 여태껏 김영삼 정부 전까지 금융 실명제를 안 했다는 게 놀라울 뿐이다. 지금도 마찬가지다. 연예인의 악플에 대한 자살로 2010년을 기점으로 연예인 뉴스에 대한 댓글이 사라졌듯이 포털에서의 직접적 뉴스 보기나 댓글 달기도 이젠 사라져야 한다. 왜 포털 사이트 자체가 뉴스를 나열해서 보여 주는가? 절대 권력은 절대 부패함을 초록의 사이트는 보여 준다. 일부 정책에 따라 포털 자체에 뉴스 댓글을 달 수 없게 만들었지만 이것만으로 부족하다. 아예 뉴스 배열 자체를 없애야 하고 뉴스도 포털이 아닌 직접 검색해서 들어가도록 해야 한다. 동시에 온라인 실명제를 실시해야 한다. 만약 모든 뉴스에 댓글을 달 수 있게 한다면 아이디 대신에 실명 세 글자를 정확히 보이도록 해야 한다. 자유가 방종이 되어 누군가에게 악이 되면 그건 제어가 되어야 한다는 신호가 왔다는 증거다. 익명성에 숨겨졌기에 사람들의 못된 기질이 더 기승을 부리는 것이다. 20대 때 포털 스포츠 뉴스나 연예인 뉴스에 댓글을 달 수 있었을 때도 글을 남긴 적이 거의 없었는데 그 이유는 기본적으로 그런 곳에 글을 남기는 게 인생 낭비라고 생각했기 때문이다. 문제는 이런 생각을 가진 사람은 글이나 댓글을 온라인에 쓰지 않기에 의견이 묻히고 만다. 그러나 어떤 신념을 가진 사람들은 극렬하게 글을 남긴다. 연예인이든 정치인이든 정당이든 곳곳에서 투사가 된다. 결국 그런 경쟁 속에 적게는 수십 개 많게는 수천 개 이상의 댓글이 달리고 그게 여론이 된다. 그래서 일부 세력은 집단적으로 댓글 작업을 한다. 이렇기 때문에 가끔은 인생낭비라고 생각 되어도 댓글로 반대의 생각을 가진 사람들과 싸워야 한다는 의무감이 들곤 한다. 이런 조작 여론 형성은 국민 정서나 이성의 왜곡을 주기 때문이다. 국민들은 이젠 극단의 사람들만 그런 곳에 댓글을 남긴다고 생각하고 그게 여론이라고 생각하지 않는 게 좋다. 물론 올바른 여론도 있지만 특정 뉴스는 자라나는 어린이나 청소년에게 암적이고 충격적인 내용들이 훨씬 많이 들어 있다. 영화 「택시 드라이버」에는 이런 대사가 있다. "비가 왔으면 좋겠어. 쓰레기 같은 세상을 쓸어버릴 수 있는 비 말이야." 이 대사만 보면 뭔가 멋진 말 같지만 전후 맥락을 모르면 저것만 기억이 난다. 우리가 세상을 바라볼 때도 마찬가지고 사람을 평가할 때도 마찬가지다. 대중은 특정 단어 하나에 전후 사정을 잊어버린다. 가령 '빈곤 포르노'나 '암컷/여자는' 등을 쓰면 어휘력 부족과 함께 인지 편향을 가지고 있어서 이상하게 해석한다. 「택시 드라이버」에서 나온 저 대사에서의 쓰레기는 매춘부나 마약상, 동성애자, 노숙자 등을 말한다. 겉은 멋있는 표현이지만 속은 아주 혐오적인 표현이다. 이렇게 장난을 잘 치는 부류가 바로 대한민국 기자들이다. 받아쓰기는 1위지만 또 왜곡하는 것도 1위인 가짜와 사기꾼들이 나라를 이 지경으로 만들어 놨다. 가장 사유해야 할 인간들이 사유하지 않고 계란말이를 얻어먹는다. 정치인이 노래 부르는 앞에서 음식을 얻어먹고 사진을 찍으며 장단을 맞추니 대한민국이 안 아플 리가 없다. 기자가 아니라 노예들이다. 의도함이 명백한 가짜 뉴스를 쓰는 기자에게는 반드시 큰 금액의 금융처벌이 가능해야 한다. 그리고 이걸 회사(언론)가 대신 갚아 주지 못하게 해야 한다. 이렇게 주장하면 그들은 위축되는 언론 출판의 자유를 들먹거린다. 그들에게 거짓 뉴스를 쓰라는 자유까지 주지 않았으며 자유에는 책임이 따른다는 진리를 먼저 인식해야 한다. 언론의 자유보다 거짓 뉴스로 죽어 가는 인권이 먼저다. 우리의 문제도 결국 책임지지 않는 개인 조직 정치 리더 때문이다. 악플러는 익명성에 뒤로 숨고 기레기는 언론의 자유라는 방패막에 숨으니 그들을 책임지우게끔 제도는 개선되어야 한다. 지금 젊은 기자 나이를 생각하면 특정 커뮤니티에 정신이 빼앗겨 보이는 환자 기자도 보이는 거 같고 기사인지 일기장인지 모를 기사도 넘쳐난다. 취재는 안 하고 온라인 네티즌 글을 기사로 쓰는 기자도 많으며 누가 헤드라인 떡밥을 잘 던지나 싸움을 하는 듯 저질스러운 제목으로 사람들을 낚는다. 이게 다 책임을 안 지고 고소 고발을 당해도 처벌이 약하기 때문이다. 가짜 뉴스에 대한 처벌로 적정 수준의 금융처벌이 이루어지는 정도는 1번의 처벌로 기자 1년 치 연봉 정도가 괜찮아 보인다. 이 정도면 터무니없는 것도 아니고 기자의 능력도 될 테니 딱 좋다. 그러면 대부분의 기자가 기사를 똑바로 쓰려고 엄청나게 노력할 것이다.

한국인은 금전적 손해 보는 걸 그토록 싫어하니까 말이다. 이 정도 금융 처벌은 기자 인식 개선에도 좋을 테니 기자들은 언론개혁을 거부하지 말고 받아들이도록 해야 한다. 그리고 취재 대상이 되는 그 누구와도 친해지지 말고 거리를 유지해야 한다. 판검사든 정치인이든 연예인이든 말이다. 사실 이렇게 말하지 않아도 의사들의 히포크라테스 선서처럼 언론인이 되었다는 거 자체가 이미 기사를 쓸 때 윤리 규범 형식 등을 다 배운 기자들이다. 그런데 배운 대로 행하지 않는다. 사회부 기자의 뉴스나 기타 탐사 보도 등에서 가끔 좋은 뉴스를 보곤 하는데 그 기사가 좋은 이유는 개인의 편향된 신념이나 감정이 들어가지 않고 이성적으로 사안을 바라보고 분석하고 했기 때문이다. 반면에 정치나 성별 종교 집단 노조/친기업 등의 영역으로 오면 두 가지 쓰레기 기사만 보통 존재한다. 한쪽을 편들거나 기계적 중립을 하거나 말이다. 왜 이런 곳에서 좋은 기사가 나오지 않는지는 위 좋은 기사가 나온 것과 반대의 자세로 기사를 쓰기 때문이다. 또한 같은 이유로 기자가 아닌 그걸 보는 사람도 그 반대의 자세를 가지고 있기 때문에 간혹 있을 진짜 좋은 기사를 인정해 주지 않는다. 뭘 해도 욕먹는다면 정직한 소신을 가지면 된다. 그러면 자신에게 떳떳해진다. 그러나 우리는 얼마나 자신의 허물을 보지 않고 스스로를 속이며 살아가는가. 거짓이 자꾸 거짓을 낳고 위선이 위선을 낳을 때 그걸 바로잡는 일은 감정 배제의 비판이성뿐이다. 다들 조금씩 부족한 인간들이니 이해를 해 주어야 하나 언론만큼은 거짓과 부족한 인간의 등가성이 성립하지 않으니 이해의 대상이 되지 않는다. 선진 국가에서는 우리가 현재 중대재해 처벌법을 만든 이유처럼 기업에 까다로운 조건을 거는데 안정상 미비로 사람이 죽는 걸 그들은 '기업살인'이라고 부른다. 이와 같이 가짜뉴스로 한 개인, 노동자, 중소기업 등을 죽이는 기자를 우리는 기자살인/언론살인으로 불러야 한다. 살인에는 당연히 처벌법이 필요한 것이다. 끝으로 온라인 실명제의 단점만을 보면 우리가 왜 이 논의를 해야 하는지 아무것도 답을 얻을 수 없다. 실명제로 인한 문제점을 찾고 보완하는 게 우선이지 의제가 찬반이 되어서는 계속 뜬구름이 된다.

## 부처님도 그랬어

  내 집 하나 있었으면 하는 소박한 꿈을 꾸는 자와 부동산 투자로 욕망을 실현하려는 자의 괴리는 하늘과 땅만큼 크다. 윤리도 법도 삶도 다르게 인식하는 이들은 보이지 않는 갑과 을의 위치에 있다. 집이 생기면 당연히 그 소박한 꿈을 이룬 사람도 나중엔 갑이 된다. 내가 살 때는 집값이 낮았으면 좋겠고 내가 팔 때는 집값이 올랐으면 좋겠다는 모든 인간의 바람은 정상이다. 그러나 그 괴리가 크거나 특정 지역의 부동산 자체가 높아 버리면 인간은 갈등을 겪는다. 혹자는 우리나라가 90년대 일본과 같은 부동산 사태를 맞이할 것이라고 보지만 아직은 이르다. 급격한 인구 변화로 인한 부동산 침체는 누구나 예상 가능한 일이다. 그러나 지금 당장은 아니다. 그래도 서울은 꽤나 오랫동안 불패 신화를 가질 것이다. 거의 모든 한국 문제가 서울 집중화나 특정 지역 집중화에 있다. 그러나 이 챕터에서 이런 재미없는 말을 하려고 하는 건 아니다. 온라인만 들어가도 엄청난 전문가들과 부동산에 불광불급의 마인드를 가진 사람들이 있으니 이 얘기는 그만하겠다. 같은 부류여야 대화가 가능하지 안 그러면 욕망에 눈이 먼 사람과의 대화는 정신건강에 해롭다. 그렇다면 부처님은 부동산을 어떻게 바라봤을까? 이래야 다른 작가들과 다른 필자의 글이 된다. 사유의 동면은 계속해서 역사는 반복되고 소름 끼칠 정도로 유사한 게 많다며 책이나 이야기로써 증명했다. 이번에도 그렇다. 부처님도 부동산 사업을 하였다. 그의 제자들은 사찰/교단이 아니더라도 일반 토지나 가옥들의 임대 사업을 하였고 부처는 이걸 나무라지 않았다. 부처님 시대에도 부동산으로 돈 벌기는 중요했나 보다. 심지어 불교에서는 대부업도 하였다. 어느 한 비구니가 승려는 이윤추구를 위해 대부업을 해서는 안 된다고 하자 석가모니는 불교의 이익을 위해서는 이윤을 추구해도 된다고 말한다. 그럼에도 불구하고 석가모니 시대에는 우리보다 더 절제된(지킬 건 지키는) 부동산 임대 사업을 했다는 점에서 공동체 정신을 보여 준 시대였다. 그러나 우리에게 그걸 기대할 수는 없다. 우리는 비정상적인 부동산 값에 때론 포기해 버리고 산다. 포기는 하되 밖으로 안으로 문제를 제기하고 사람들 인식 개선을 하도록 해야 한다. 답답한 부동산 이야기는 이제 정말 그만하고 계속 부처님 이야기를 해 보겠다. 우리가 가장 오해하고 있는 부처님 말씀은 바로 윤회설이다. 이건 석가모니 사후 불교에서 만든 개념이다. 앞서 한번 언급했지만 부처님의 마지막 말씀은 '영원한 건 없다'였다. 그러니 윤회설은 부처님의 말씀이 아니다. 실제로 그가 윤회설을 주장했다는 근거는 없고 오히려 반대의 생각을 가진 이야기를 한다. 그는 제자들에게 보이지 않는 영혼을 어떻게 믿느냐면서 죽으면 육과 영이 사라진다고 하였다. 그런데 이 말과 조금 다르게 사람은 환생할 수 있다고 말한다. 부처는 그 근거를 나무 열매로 든다. 즉 나무의 열매는 영혼도 없고 결국 사라지지만 그게 씨앗이 되어 다시 열매가 된다는 것이다. 뭔가 고개가 끄덕거려지지만 그다지 재밌는 이야기는 아니다. 부처님 말씀을 역으로 이용하면 '부처님 환생 보셨어요? 저한테 영혼은 볼 수 없으니 윤회는 없다고 하셔 놓고 환생을 못 보셨으면 말을 하지 마세요'라고 건방지게 대들 수도 있다. 그러면 부처님은 '에헴 으흠 쩝' 버릇없는 너는 단식을 하라고 말할 것이다. 공자에게 뛰어난 제자 열명을 가리켜 공문십철이라고 하는데 자로나 안회는 익숙한 이름이다. 그런데 자로는 처음엔 아주 망나니였다. 사람 고쳐쓰지 않는다는 예외가 이렇게 아주 간혹 있다. 공자처럼 부처님의 숱한 제자 중에서도 정말 인간 말종인 제자들도 있었는데 그 이름이 기억나지 않는다. 사형 제도를 잠시 언급했지만 불교에서 말하는 지옥을 생각하여 진짜 지옥이 있다면 그냥 인간 말종들은 차라리 지옥행으로 가는 게 좋아 보인다. 특히나 불교에서 말하는 무간지옥은 지옥 중에서 가장 강력한 곳이다. 여기서 또 의문이 들어야 한다. 분명 부처는 영혼이 없다고 하였는데 지옥은 무슨 이야긴가? 부처님 말씀과 불교에서의 말씀을 우리는 가려들어야 한다. 종교의 특성은 이슬람도 그렇고 기독교도 그렇고 나중엔 엄청난 이야기가 덧붙여지고 해석이 늘어나며 분열이 생긴다. 이런 공통점 외에 단식도 그렇고 부처님과 예수가 마술을 부리는 신통함을 가졌다는 것도 종교는 비슷하다. 부처님의 경우 처음엔 그의 신비함으로 사람들을 끌어모았다고 볼 수 있는데 그는 나중에 제자들에게 포교를 할 때 오로지 신통함으로 사람들을 가르치지 말라고 말한다. 만약 그것에만 빠지면 미신이 되고 불교 근간이 흔들릴 것이다. 재미없는 과거 어르신 이야기 말고 현세로 들어와 보자. 불교 이야기를 하는데 법정 스님 이야기를 하지 않을 수 없다. 그의 책 『일기일회』는 불교만의 말씀뿐만 아니라 그 당시(2009년 전후) 세상의 일과 연계하여 이야기를 전개한다. 잡스러운 지식과 세상의 지혜 둘 다 들어 있다. 거기에서도 아마 수타니파타(무소의 뿔 얘기) 이야기를 하는 것으로 기억하는데 확실하지 않으니 읽어서 확인해 보길 바란다. 수타니파타의 아주 좋은 말이니 여기서 한번 몇 줄 더 언급해 보겠다. 외우고 있으면서 삶에 가끔 되뇌면 정말 좋겠다. "소리에 놀라지 않는 사자처럼 그물에 걸리지 않는 바람처럼 진흙에 더럽히지 않는 연꽃처럼 무소의 뿔처럼 혼자서 가라" 오래전부터 이 말이 좋아서 외우고 다니는데 이걸 떠올리면 마음과 뇌가 편안해진다. 법정 스님이 말한 무소유를 생각해도 마음이 가볍다. 이제는 모두가 무소유를 알지만 평소에는 소유하기 위해 아등바등하면서 살아간다. 읽은 사람도 있겠지만 다시 한번 법정 스님의 무소유를 기억해 보자. "우리는 필요에 의해서 물건을 갖지만 때로는 그 물건 때문에 마음을 쓰게 된다. 따라서 무엇인가를 가진다는 것은 다른 한편 무엇인가에 얽매이는 것이다. 그러므로 많이 갖고 있다는 것은 그만큼 많이 얽매여 있다는 뜻이다." 여기에서는 사람은 포함되어 있지 않지만 물질의 욕망 외에 사람과의 관계도 포함할 수 있다. 법정 스님은 무소유의 연장선에서 이런 멋진 말도 한다. "버리고 비우는 일은 결코 소극적인 삶이 아니다. 지혜로운 삶의 선택이다." 이렇게 무소유의 말과 방금 한 말 정도만 가끔 마음속에 가지고 살면 행복한 삶이 될 것이다. 우리는 알지만 기억하지 않고 꺼내 보지 않기에 잊어버리고 산다. 삶을 비겁하게 도피한다고 생각하지 말고 때론 '경쟁도 힘들고 사람 관계도 힘들어서 죽겠는데 내가 살고자 좀 도피하면 어때'라는 당당함도 가져야 한다. 마지막으로 법정 스님은 혼자 사는 것도 즐거움이라고 하였는데 이 말은 세속적으로 때가 되면 결혼하고 자식을 낳지 않아도 된다는 그런 이야기가 아니다. 그가 하는 말의 참된 뜻은 남들처럼 살아가려고 하지 말고 나와 자신의 영혼이 얼마나 일치되어 살아가는지를 말한 것이다. 나에게 집중하라는 불교의 말씀을 여러 번 전했으니 더 이상은 생략하겠다. 부끄러운 이야기지만 15년 동안 연애 없이 살았는데 단 한 번도 외로워 본 적이 없는 걸 보면 그 누구보다 나 자신에 집중하며 살았기 때문이 아닌가 싶다. 이건 이성에 대한 욕망이나 욕구가 없어서가 아니며 무슨 묵언수행이나 금욕수행을 하는 세속의 행자여서도 아니다. 물론 친구들은 '스님이세요? 사리가 많이 나올 듯합니다. 책벌레 스님!' 그러면서 놀리지만 재밌게 넘어간다. 욕구는 남들만큼 강하지만 그걸 욕구불만 없이 스스로 해소하였다. 말의 오해가 없도록 덧붙이자면 여기엔 여러 가지 의미가 있다. 어느 한 가지 해소만을 의미하는 게 아니라 여기서 말한 해소란 정신 육체 취미 집중 관심 관계 등을 자신의 옷에 맞게 잘 풀어 왔다는 의미다. 사람들은 무엇을 가지려고 하지만 해소를 하려는 지혜는 가지려고 하지 않는다. 조금은 철학적이지만 이 순서를 조금 바꿔 생각하면 정말 무소유의 기쁨을 알게 된다. 다만 우리는 현실과 이상을 구분해야 한다. 조금만 소유할 생각을 가지자. 여기엔 사유의 동면에서 말하는 생각의 소유도 조금 포함된다. 결국 사유의 소유를 말하고자한 법정 스님의 말씀 빌드 업은 성공했다. 해소는 비로소 자기를 잘 알 때 이루어진다. 자기를 잘 아는 것은 동서양의 절대불변의 진리다. 그건 곧 행복과 연관이 되어 있다. 부처님 말씀부터 후대에 갈라져 나온 경전 중 좋은 말씀만 추려도 엄청나게 많을 텐데 그걸 여기서 소개하는 건 불가능한 일이다. 한자 가득한 말씀에 경전을 소개하는 지루한 책도 많지만 가볍게 읽을 수 있는 불교 입문서도 있다. 가령 고명석의 『유쾌하게 읽는 불교』 같은 경우 남녀노소 아무런 배경지식이 없어도 읽을 수 있으며 오히려 사전지식 그러니까 불교 상식을 알려 주니 처음엔 이런 도서가 초심자에겐 잘 어울린다. 여기서는 선종과 정토종을 아주 쉽게 설명한다. 가령 선종은 참선의 수행을 통해 마음의 평온을 얻고 안락을 추구하는 것이고 정토종은 내세에 이어질 안락을 추구하면서 현세를 자각하려는 것이다. 위 종파는 곧 한국 불교에 적응하게 되는데 원래 종교라는 것이 시간이 지나면 현지화가 된다. 아파트 고층에서 밤 열두 시에 저 멀리 시선을 돌려 바라본 적이 있는가? 자기가 사는 지역에 따라 조금 다르겠지만 상당수는 빨간 십자가가 참 많다고 느끼는 전경을 보게 될 것이다. 마치 프랜차이즈 가게처럼 우리나라에는 밤의 표식에 십자가가 가장 많이 보인다. 누군가는 투철한 그리스도인으로 묵묵히 설교를 이어 가고 누구는 자영업자가 되어 약을 팔고 누군가는 기업과 독재의 형태로 교회를 운영한다. 부처님도 교단 생존 경쟁을 했으니 기독교도 뭐 다를 건 없다. 문제는 여기서도 믿는 자들 사이에 3331 법칙에 해당되는 다양한 부류가 섞여 있다는 점이다. 가끔 이런 걸 느낄 때마다 신신애의 「세상은 요지경」이라는 옛날 노래 가사가 떠오른다. 가짜들이 판치는 속에서 진짜를 보려는 노력은 생각보다 쉽지 않다. 우리는 부처님의 유아독존을 가끔 오용하는데 그건 이기적인 단어가 아니라 타인과 나를 위한 모두의 언어다. 그런데 가짜들은 '유아독'에 빠져 있고 '존'은 어디다 두고 산다. 유아독존은 모든 존재가 존귀하다는 의미인데 석가모니(산스크리트어 샤카무니)단어에도 이런 의미가 포함되어 있다. 그런데 사람들은 서로 존중해 주지 않는다. 그러면서 존중과 겸손 그리고 무지성의 격차가 커진다. 무슨 의미일까? 우리는 실제로 존중하지는 않고 인플루언서의 영향력에 기대어 말을 전하고 의미를 부여한다. 진짜 훌륭한 사람은 겸손에 힘들어하지 않는다. 그런 사람들은 존경받을수록 고개를 높이는 게 아니라 낮춘다. 세상의 해석을 잘못한 것에 대해서는 사과할 마음과 고칠 마음을 가지고 있다. 그러나 이런 사람은 거의 찾아보기가 힘들다. 어떤 이는 진영논리에 빠진다고 생각하고 (이 글도 누군가는 그렇게 볼 것이다) 어떤 이는 100가지 말 중 특정 몇 개만을 가지고 전체를 재단한다. 좋은 쪽이든지 아니면 나쁜 쪽이든지 그건 상관이 없다. 만약 이런 쪽의 사람이 있다면 그다지 추천할 만한 비평 사고는 아니다. 사람은 완벽하지 않으니 자기 마음 평화를 위해서 쿨하게 넘어갈 판단들은 자기 사고에서 삭제해도 좋다. 그런데 그게 쉽지 않은 이유는 무엇의 좋아함과 싫어함이 뚜렷하기 때문이다. 다시 우리는 부처로 돌아와야 한다. 그 좋고 싫음도 석가모니가 말했던 고집멸도 중 '집'에 해당하는 것이니 그걸 멸하도록 해야 한다. 이 멸한다는 게 거창한 거 같지만 그렇지 않다. '멸하다'를 다른 말로 바꿔 보면 아까 말한 '해소'와 같은 것이다. 참고로 인도 불교 용어 중 '마하'라는 단어가 자주 쓰이는데 거대한 위대한 등의 뜻을 가지고 있다. 수리수리 마하수리도 이때 쓰이고 우리가 잘 아는 대승불교도 큰 수레라는 뜻의 마하야나에서 유래한 것이다. 이외에 마하트마 간디도 이게 쓰이는 것으로 보인다. 이왕 용어가 나와서 덧붙이자면 힌두교 절대신인 아트만(물질 혹은 자아)과 브라만(구성 원리)의 본질을 옴(om)이라고 하는데 필자가 보기엔 이게 나중에 기독교에서 찬양할 때 쓰이는 아멘으로 옮겨 간 게 아닐까 추측한다. 물론 필자의 추측일 뿐이라 맞지 않을 수도 있다. 진리나 절대자에 대한 동의 찬양 믿음을 의미하기에 너무 터무니없는 주장은 아니라고 생각한다. 한편 불교는 보통 기원전 6세기 석가모니 출현을 기원으로 본다. 다만 일본에서는 시기가 좀 다른데 기원전 3~4세기 정도로 보는 사람들도 있다. 인도 주변의 힌두교 브라흐만 원리를 생각하면 영향력이 대단했기에 그 지역에서만 머물지 않았으리라 추측한다. 불교도 힌두교의 브라흐만에서 출발한다. 아직 진짜 중요한 말은 이 다음부터다. 우리는 마하라는 거대한 진리보다 가장 작은 나를 바라볼 필요가 있다. 그렇다면 그걸 이미 잘 알고 수행한 필자는 보살이란 말인가. 참고로 아라한 열반 보살 해탈 부처 등은 거의 비슷한 의미로 쓰인다. 우리는 보살님을 많이 찾아야 한다. 살기 어린 눈총과 언어 대신 보살의 정신을 찾도록 하자. 쉽게 상처 받으니 쉽게 상처 주는 우리는 그냥 안 받고 안 주고 모르는 척 살아 보는 것도 괜찮다. 익명성에 위로받고 싶어 온라인에 글을 쓰고 싶고 억울하고 불만의 글도 쓰고 싶지만 혼자 이겨 내는 법도 알아야 한다. 수행은 같이 하는 게 아니다. 남들의 조언을 구하는 건 자주 그러지 말고 가끔 그러자. 어차피 인생은 둘의 사랑으로 태어났다가 혼자 가는 것이다. 다만 필자의 책이나 요즘 글을 쓰는 작가나 너무나 혐오/증오 무사유 무공감 극단을 말하지만 사실 이것도 지나친 기우다. 너무 공포스럽게 사회를 진단하지 않아도 된다. 한번 언급했지만 로마시대 사람이나 현재 우리나 똑같다고 말이다. 이 책은 몇몇 그것을 증명했다. 하지만 우리 모두 다 같이 잘 살아보고자 세상을 아프다고 진단하는 것이니 공포 마케팅을 적절히 걸러 들을 필요가 있다.

## 책임 사회

　아주 어렸을 적 마지막 만남의 부끄러움을 잠깐 얘기했었다. 서점에서 겉표지만 잠깐 본 책이 하나 있는데 정확히 책 제목이 생각나지 않는다. 그 책은 인연의 끝맺음 즉 맺음 끊기에 대해서 이야기를 하는 듯했다. 인연을 맺은 것도 자기 의지이니 끝맺는 것도 자기 자신이다. 너무 인연에 연연하지 말고 끝을 내는 자기 자신에게도 너무 책임의 고통을 가질 필요는 없다. 서로에게 의무가 없다면 더욱더 말이다. 하지만 우리 삶은 책임으로 점철된 것들이 많다. 아르바이트를 하는 것도 이 영역에 당연히 들어와 있다. 25년 전 갓 스무 살이 된 한 청년이 그랬던 것처럼 요즘 일을 하는 mz세대 청년도 무책임한 사람이 존재한다. 책임은 그렇다면 어디서 오는가?
　책임의 뜻을 가진 영어 'responsibility'는 '응답하다'를 어원으로 하고 있다. 즉 자신이 반응하고 행동을 취한다는 의미다. 자기 위치를 정확히 인지하고 임무에 성실하면 무엇을 해야 할지를 알게 된다. 그러나 나이가 든 위정자나 리더, 그 외 젊은 세대는 그러지 못하다. 요즘 기성세대는 젊은 세대의 무책임함을 이야기하는데 그건 세대와 직업을 떠나 거의 공통된 인간의 삶이다. 다만 잘못을 저질러 놓고 무책임한 것과 잘해 보려고 했지만 잘 안 된 것은 구분해야 한다. 관계 끊기를 어떤 이는 책임 회피를 이유로 하는 사람이 있고 어떤 이는 자신이 살려고 행하는 경우도 있다. 심하면 법적 영역까지 가는데 이게 요즘 책임 사회의 현실이다. 그러나 법은 불공평하다. 조작된 확실한 근거가 없는 상장 하나 가지고 징역 4년을 판결받은 사람이 있는가 하면 수십억 이상 사기를 쳐도 이 정도 형량을 안 받는 사람도 존재한다. 여기서 책임은 판사와 검사다. 외부요소를 차단하고 제대로 사람들이 책임 의식을 가지고 사안을 본다면 불공평한 판결은 많이 사라질 것이다. 국민들이 이제는 이왕 사기치는 거 전세 사기나 폰지 사기처럼 거대하고 수백억 수천억 이상 사기쳐야 한다고 생각한다. 왜냐하면 사기 금액에 따라 형량이 비례하지 않고 오히려 적으니 사기를 칠거면 그렇게 쳐야 한다는 자조 섞인 이야기를 하는 것이다. 우리나라 사람들은 카페에 있는 노트북이나 스마트폰은 잘 훔쳐가지 않지만 자전거는 잘 훔쳐가고 사기는 잘친다. 이런 사기 현상에 대해서 누가 책임지는가? 피해자 중심만 생각하면 사기 치는 사람들은 지금보다 더 엄하게 다스려지고 고통받아야 한다. 『당신은 성폭행범입니다』의 저자처럼 무고로 인한 고통은 누가 책임지는가? 헌법을 유린한 내란범과 내란 동조 정당으로 국가 신뢰가 무너지고 경제가 망가지는 책임은 누가 지는가? 잘못은 소수(물론 대통령 선거는 소수가 아니지만)가 해놓고 책임 회피에 대한 피해는 국민 모두가 진다. 잘못된 리더 선출로 인해서 고통받는 국민은 누가 책임져야 하는가. 이건 너무 편협하고 거시적인 말이긴 하지만 핵심은 자신의 판단에 대해서 책임질 줄 알아야 한다는 것이다. 그 책임 의식만 있으면 사람이 부끄러움을 알고 그러면 생각을 고쳐먹기도 한다. 그러나 사람들은 보통 이런 사고방식 패턴을 가지고 있지 않다. 왜 그런지는 지겹도록 이 책에서 했으니 생략하겠다. 이 책임이라는 건 남녀 사이 부부 사이, 친구 사이, 직장 등에서도 중요한 위치를 차지한다. 부모가 될 자격이 없는 사람이 자식을 낳고 사랑을 주는 대신 인면수심으로 오히려 방치한다. 리더가 될 자격이 없는 자가 리더가 되어 나라를 방치한다. 위 둘은 똑같은 불행의 결말을 가져온다. 혼자 감당하기 힘든 책임일 때는 서로 도와 주는 공동체 책임 정신도 가져야 한다. 다만 사유의 동면은 책임지지 않는 무책임자다. 왜냐하면 강요하지 않고 주장만을 하기 때문이다. 곳곳에 숨겨진 의미를 찾고 추종자가 생긴다면 약간은 작가의 책임 의식을 가질 생각이다. 우리는 저마다 어떤 쓸모에 의해서 세상에 태어났고 임무가 있다. 아직 임무가 없다고 생각한다면 그건 못 찾았거나 아직 없을 뿐이다. 모두가 책임의 영역에 들어와 있다. 이 책임은 타인을 위한 게 아니라 곧 나를 위한 것이다. 책을 읽고 책임을 다하자는 언어유희로 이 단락은 짧게 마무리하겠다. 기승전 이후 결국 또 책 예찬이다. 끝으로 자기 대화법을 한번 점검해 볼 필요가 있다. 사람에 따라 끊어 버리는 대화가 있고 이어지는 대화를 하는 사람이 있다. 전자의 대화법을 가지고 있는 사람은 자기 문제를 인식하지 못한 채 대부분 평생을 살아간다. 나를 알아야 문제점을 찾을 수 있다. 때론 동의하지 않더라도 동의하는 척이라도 하는 지혜가 필요하다. 특히 이런 '무심한 동의'는 온라인에서 더 하기 힘들다. 그래서 더 격렬하게 싸운다. 싸울 때도 대화법은 중요한데 이건 인성이 또 크게 작용한다. 정말 인생은 어렵다. 뭐 이렇게 복잡하게 이야기를 하고 있는지 모르겠다. 본인부터도 제대로 살지 못하면서 지금 이런 글을 쓰고 있자니 조금 미안하다. 실체를 알기 전까지 글은 글로만 남는다. 그렇다고 지금까지 쓴 말과 다르게 살려고 하지는 않았다. 우리 모두 말과 행동에 최대한 괴리가 없도록 살아야 한다. 지금까지 한 말을 종합해 보면 책을 읽고 고귀하게 살라는 것인데 그러면 인생이 재미 없다. 수행자가 아니고서는 그렇게 살 수도 없으니 최소한의 도덕과 최소한의 지성을 가지면서 살자 정도로 합의를 봤으면 좋겠다.

네팔에서 인사하는 말인 나마스테는 둘이 하나가 된다는 의미인데 우리 삶도 큰 틀에서는 일치된 마음을 가졌으면 좋겠다. 서로 작은 투쟁은 투쟁대로 하고 말이다.

# 은영적 사고

젊은 사람들 사이에서 인터넷 밈으로 떠도는 게 '원영적 사고'다. 원영적 사고는 아이돌 장원영이 초긍정의 마인드로 답변을 한다고 해서 생긴 신조어다. 그러나 원영적 사고로 하지 않고 '은영적 사고'라고 한 건 오은영 선생이 생각나서이다. TV를 안 보다 보니까 그녀가 영상에서 하는 소리는 몇 초 이상 들어 본 적은 없다. 다만 책으로는 그녀의 글을 두어 권 정도 읽은 거 같다. 『불안한 엄마 무관심한 아빠』의 내용인지 『어떻게 말해줘야 할까』의 내용인지는 확실히 기억나지 않지만 그녀의 책속에서 각인된 글 두 개만 말해 보겠다. 먼저 어른도 감정 조절 못 하면서 어린아이에게 감정을 조절하라는 건 말이 안 된다는 내용이다. 그렇기에 아이들이 떼쓰는 것을 못 하게 하는 게 아니라 떼쓰는 방법 즉 표현하는 방법을 가르쳐야 한다고 그녀는 말한다. 덧붙여 무엇을 못 하게 하는 게 아니라 아이에게 선택을 하게끔 하는 것도 중요하다고 한다. 두 번째로 부분과 전체를 구분하라는 내용이다. 아이가 잘못을 하더라도 그 자체를 전부 나무라지 말고 그 아이의 일부 행동의 정당성도 인정해 주는 것이 필요하다. 아이의 문제뿐만 아니라 정신적 신체적 스트레스로 인한 불안 신경증 번아웃 같은 지침으로 아이에게 금방 쉽게 화를 내는 부모라면 오은영 책을 읽음으로써 은영적 사고를 했으면 좋겠다. 물론 오은

영이 다 정답은 아니다. 우연히 어느 온라인 댓글들을 봤는데 일부는 오은영을 비판한다. 주요 요지는 오은영은 너무 매없는 사랑의 교육법이라 이상향적이라는 것이다. 하지만 그녀의 책에서는 분명하고도 단호하게 말한다. 우리가 용납할 수 없는 것 즉 잘못된 것을 엄하게 혼내라고 말이다. 체벌은 최대한 하지 말아야 한다고 생각하지만 체벌이 아예 불필요하다고 생각하지는 않는다. 하지만 오은영 선생은 체벌에 부정적인 생각을 확실히 가지고 있는 듯하다. 전문가이고 경험을 통해 습득한 것이니 그녀 생각이 맞을 것이다. 아마도 은영적 사고의 가장 큰 영향은 어린아이도 대화가 되며 논리가 통하고 감정과 이성을 똑같이 어른처럼 지니고 있는 존재로 인식하게끔 하는 국민 의식 개선이 아닐까 한다. 지금은 어린이뿐만 아니라 어른들도 교육이 필요한 시대다. 성인지 감수성 교육처럼 '어른 인지 감수성'이 없어서 문제가 되거나 애매모호한 것들이 있다면 다양한 성인 교육이 필요하다고 생각한다. 그런 의미에서 약간 주제에서 벗어나는 이야기 하나만 해 보겠다. 어떤 이즘과 반이즘 사이에 손가락 모양 논란이 자주 일어나는데 이제는 그만큼 논란이 되는 것이니 성인지 감수성의 근거를 인정하듯이 '손가락 인지 감수성'을 전 국민이 가지면 어떻겠냐는 논리도 성립할 수 있다. 즉 의식하고 안 쓰면 되는 일이 아닐까 하고 반이즘을 가진 사람들이 주장해도 합당해 보인다. 다만 이건 은영적 사고의 결과물은 아니다. 이 글을 보고 있다면 그렇게 지독하게 커뮤니티형 인간을 비판해 놓고 '원영적 사고'나 '집게손가락 논란' 등을 아는 걸 보면 당신도 결국 거기에 속해 있는 인간이 아닌가? 하고 되물을 수 있다. 약간 변명을 하자면 그걸 알아야 작가는 글을 쓴다. 그걸 알아야 사회 분석을 한다. 정말이지 4~5년 전까지는 이런 커뮤니티

글조차 보지 않고 살았다. 사실 한 달만 이 세계를 훑어봐도 웬만한 온라인 흐름은 다 알게 된다. 다만 정신 건강상 매우 좋지 않으니 이것도 적당히 해야 한다. 특히 은영적 사고를 말하고 있는 지금 어른뿐만 아니라 우리 아이들의 스마트폰 활용(통제)도 잘해야 한다. 아이를 낳기 전 그리고 낳고 걷기 전까지 부모는 이런 생각을 한다. 스마트폰으로 영상은 웬만해서는 보여 주지 말아야지 하고 말이다. 그러나 어느 정도 크고 나서는 어쩔 수 없이 아이에게 스마트폰을 쥐어 주게 된다. 사람의 마음은 자기 편하고자 하는 습성이 있다. 제국주의 시대에 역겹고 더러운 실험이 하나 있었는데 그건 바로 뜨거운 불판 위에 아이와 엄마를 함께 올려놓고 그 결과를 관찰하는 일이었다. 이 역겨운 소리를 괜히 해서 미안하다. 그래서 그 결과는 말하지 않겠다. 이걸 부모 편하자고 스마트폰을 쥐어 준다고 연계하는 건 절대 아니다. 그냥 갑자기 생각이 났다. 일본 군국주의와 히틀러 시대 나치는 하나같이 비인간의 모습을 보여 준다는 '반복 강박'을 필자가 트라우마처럼 가지고 있어서 그런 것뿐이다. 이건 정말 병적임을 인정한다. 다시 은영적 사고로 돌아와 얘기해 보면 결국 은영적 사고란 타인 이해하기가 된다. 나를 잘 알고 타인을 이해해 보는 일은 동시에 이뤄진다. 은영적 사고는 저 사람이 왜 저럴까라는 몰이해성이 아니라 저 사람이 저렇게 행동하고 말하는 이유가 무엇일까를 아는 것이다. 이런 건 보통 심리학자나 신경 정신과 의사들이 하는 일이지만 우리도 일상에서 약간은 이런 접근으로 사람을 생각할 수 있어야 한다. 우리는 또 '각자다움'에서 은영적 사고로 무엇이 더 중요한지를 다시 한번 증명했다. 이번엔 사유보다는 잠시 생각 호흡을 통해서 급하게 판단하거나 말하지 말고 텀을 두는 자세를 가지는 게 중요하다는 걸 말하고 싶었다. 요즘은 모든 게 빠른 세상이다. 민주주의만 빼고 말이다. 은영적 사고든 원영적 사고든 사람들이 생각 필요성을 가지는 일은 중요하다. 어떤 학자가 말하길 인간은 기본적으로 편리한 자기 사고패턴을 가지려고 하는데 이걸 그 학자는 '인지적 구두쇠'라고 표현한다. 자신은 인지적 구두쇠이면서 타인에게는 인지적 오지랖을 펼치는 현대인들에게 딱 맞는 표현이다. 마지막으로 은영적 사고를 하나만 더 하려고 한다. 우리나라는 어느 한 사람이 잘나가면 배 아픈 게 특히나 더 심한 거 같다. 일명 유명인 나락보내기가 너무 심하다. 아주 선을 넘거나 범죄가 아니라면 실수나 '대중 인지 감수성'이 부족한 발언을 하더라도 너무나 죽일 듯이 나무라지 말자. 어떤 인플루언서의 정치, 종교 등 다른 것들이 자신과 좀 안 맞는다고 생각하면 소비(시청)를 안하면 될 뿐이다. 하지만 명백한 헛소리나 선택적 논리에는 이성적으로 제대로 반박해 주면 된다. 정리하자면 비난과 비판을 구분하라는 것이다. 사회에 마이너스보다 무엇이든 하나라도 도움이 되는 선한 영향력을 주는 인플루언서가 있다면 우리는 그 사람을 보호할 필요가 있다.

# 귀어 귀촌 지역을 살리다

　자연을 좋아하고 책을 좋아한다면 아마도 스콧 니어링의 『조화로운 삶』을 읽어 봤을 것이다. 이 책은 수십 년 전 나온 책이다. 귀농 귀촌은 최근이 아니라 2000년대 들어서부터 이미 꽤나 사람들이 관심을 가지는 삶의 주제였다. 어떤 이는 귀농하여 자신의 농작물 체험기를 정보 공유 차원에서 블로그나 카페에 글을 올린다. 대규모 스마트 팜이 아니라면 아마 초보 농사꾼들에게 꽤나 도움이 될 것이다. 청소년부터 어른까지 귀농 귀촌은 매력적이라고 생각한다. 집에서 교육용으로 농작물을 기르기도 하는데 수경재배나 조그마한 통에 흙을 담고 여러 가지 식물을 집에서도 심을 수 있다. 요즘은 DIY 할 수 있도록 세트로 갖추어져 있어 집에서 농작물 키우기가 과거보다 훨씬 쉬워졌다. 요령이 생기면 직접 키워서 먹기도 한다. 하지만 경험 없는 농사는 처음에 상당히 힘들다. 돈도 어느 정도 있어야 시골 생활도 가능한 일이다. TV만 보고 낭만적인 생활만을 그리면 매우 실망하고 다시 살던 곳으로 돌아올지 모른다. 저 푸른 초원 위에 그림 같은 집을 지어도 벌레와 각종 해충 익충들과 함께 살아야 한다. 특히 약으로 쓰이는 지네는 매우 좁은 틈만 있어도 집으로 들어오니 신경이 쓰인다. 참고로 이 지네는 꽤나 비싸게 거래되며 닭은 이런 지네와 작은 뱀을 잘 물어뜯고 맛있게 먹곤 한다. 그런 광경을 어렸을 적 시골에서 최소 세네 번은 본 거 같다. 시골에서 평생을 살아 본 사람으로서 할 말은 많지만 이제는 귀농, 귀어를 하는 사람들도 현실을 대부분 다 인지하고 있는 듯하여 그런 말은 쓰지 않겠다. 이미 온라인에서 검색만 해도 자연으로 돌아간 사람들의 현실적 이야기는 매우 많으니 읽어 보면 공부도 되고 좋을 것이다. 역시나 여기서도 책을 소개하려고 한다. 시오미 나오키의 『반농반X의 삶』이라는 책이 있다. 자연으로 돌아가는 사람들의 이야기를 전하고 자신도 그런 계획을 실천하는 사람이 쓴 책이다. 자연 환경에 관심이 많아 농약이나 화학 성분 없는 농사를 꿈꾸기도 한다. 여기서 좀 더 와닿았던 건 농사의 일이 아니라 지역의 역할에 대한 이야기였다. 책의 저자는 이렇게 말한다. 20세기에 없는 것에 대한 집착을 버리고 지역에 이미 존재하는 보물(문화재 지역 축제 지역 특산물 등)을 찾아내서 있는 것을 활용하라고 말이다. 읽은 지 오래되어 정확한 워딩은 아니지만 거의 90%는 이런 취지의 말이었다. 그는 농사를 천직(calling)이라고 생각한다. 캣콜링이라는 단어만 인식할 줄 알지 콜링을 저렇게 좋게 받아들이는 그와 필자는 이렇게 수준 차이가 있다. 그러나 우리 한국인은 캣콜링을 하다간 바로 성추행으로 고소를 당한다. 직업도 자기에게 맞는 분야가 있고 아닌 경우도 있다. 먹고사는 문제에 대한 답을 구하는 대안책도 바로 귀농 귀촌이다. 우리나라의 출산율은 뭐 이제 전문가부터 네티즌까지 책이나 글로 많이 남겨졌기에 더 새로운 원인을 말하고 싶지는 않지만 짧게 하나만 하려고 한다. 전체적으로 출산율 저하는 심각하지만 일부 지역은 평균을 훨씬 넘는 출생률을 보인다. 지역 정치와 공무원들이 잘 기획하여 지역으로 유인책을 이끌어서 출산율을 높인 곳이 있고 세종시처럼 특정 직업 안정성이 높아서 출산율이 높은 곳도 있다. 우리는 정치가 삶에 아무것도 아닌 것처럼 생각하지만 그게 얼마나 중요한지를 이런 지역 정치만 봐도 알 수 있다. 그래서 투표는 중요하다. 저출산에 대한 분석은 '엥커링 이펙트'라는 표현으로 설명해 보고자 한다. 이 용어의 뜻은 처음 기준을 어디다 두는지에 따라 사람들 반응이 다르다는 것을 의미한다. 우리는 지금 비교 기준이 너무 높아졌다. 영상과 커뮤니티 SNS 허세 등 관찰 공화국 때문이다. 이 기본 값이 사회 평균(단 평균은 함정이 존재한다) 혹은 현실적 기준에 부합하지 않다 보니 20대 30대 남성과 여성이 동상이몽을 한다. 이건 곧 사회 전체적으로 밴드왜건 효과를 준다. 저출산의 원인으로 여성의 사회 진출, 이즘의 영향, 행복 기준의 변화, 경쟁의 격화, 주거 문제, 양육 문제 등 판에 박힌 이야기들은 하지 않으려고 한다. 문제는 우리는 이러한 저출산 결과를 저런 원인으로 돌리는 것에 너무 익숙해졌다는 점이다. 저건 원인이 아니라 오히려 결과다. 사회구조가 그렇게 만들어 놓은 우리 의식이 저 틀에 갇혀있는데 의식이 사회구조가 되었다고 믿는 건 잘못된 일이다. 마치 올더스 헉슬리의 『멋진 신세계』처럼 이미 세팅된 세상으로 살아가는 인간이 마치 자유의 사고를 다 하고 있는 것처럼 여기는 것과 같은 현상이다. 아무도 이렇게 이야기하지 않아 짧게 분석해 본 것인데 이 정도로만 해도 저출산에 관한 이 말을 이해할 수 있었으면 좋겠다. 우리는 정치 투쟁을 함으로써 이 불평등하고 힘든 사회문제를 해결할 수 있다. 진영논리에 빠져서는 아무것도 얻어 낼 수 없다. 자연에서의 먹이 경쟁 및 환경불안(인간으로 치면 주거불안)은 실제 동물들에게도 출산에 영향을 준다. 인간이라도 다를 게 없다. 기준점이 사회 평균보다 좀 낮더라도 사랑의 힘과 희망의 열정이 있으면 젊은 남녀는 젊음으로 무엇인가 이뤄낼 수 있다고 생각한다. 여기서 중요한 건 바로 희망이다. 그런데 과거보다 그 희망이 없어져서 사람들은 미리 겁먹고 연애와 결혼 그리고 출산을 포기한다. 설령 아이를 낳더라도 지금보다 더 비교가 될 세상을 생각하니 부모는 더 끔찍하다. 육아의 힘듦을 생각하지 않고 이것만 생각하면 능력자 외엔 아이를 많이 낳을 수가 없다. 연애(결혼)와 자식마저 부익부빈익빈이 생기니 참으로 안타깝다. 답은 뻔히 다들 아는 좋은 정책 정치뿐이다. 그런데 가끔 이상한 정책을 내놓는데 공무원이나 정치인이나 모르면 좀 주변을 둘러보기를 바란다. 필요하다면 공청회도 하고 남녀나 다양한 세대도 참여해야 한다. 국민 세금을 무지나 예측 실패로 괜히 낭비하지 말고 말이다. 그리고 추구하고자 하는 게 진정 맞다면 약간의 문제가 있어도 돌파하는 뚝심도 필요하다. 실제 기자로부터 들은 이야기 중 와닿는 게 하나 있다. '취재가 시작되자'는 추후 동작 강제를 이끄는 강력한 힘이 있다. 공무원이든 일반 사람이든 기업이든 정치인이든 모두 포함된다. 이 때문인지는 몰라도 실제로는 좋은 정책인데 그저 기자가 잠시 문제제기를 했다고(과정 같은 의문 제기, 특혜 등) 그 정책을 아예 폐기시키거나 집행을 더 이상 하지 않는 것도 있다고 한다. 여론 때문에 군수나 시장 등이 눈치를 보는 것이다. 무능해서 사람들이 하도 욕을 하거나 해 먹을 결심으로 감옥에 가는 사람이 아니라면 우리는 지역 정책을 잘 모른다. 지역에서 나오는 정책을 팸플릿이나 시민들이 억지로라도 알 수 있게 하는 유인책은 그래서 필요하다. 사이트에 직접 찾아가서 보라면 사람들은 보지 않는다. 때론 다가와 주기를 바라기보다 다가가기를 해 보는 것도 필요하다. 이건 인간관계도 마찬가지다. 그러나 이게 참 쉽지 않다. 지켜보는 눈은 정치인을 바라봐야지 이상한 타인 엿보기가 되어서는 안 된다. 말만 지역 수준을 올리겠다는 사람을 구별하고 진짜 낮은 자세로 일꾼이 되겠다는 사람을 뽑아야 한다. 어쩔 수 없이 지역 정치는 당의 이름이 중요한 우리나라 현실 속에서 중요한 건 결국 그 당의 인재 시스템일 수밖에 없다. 그러니 당이 잘해야 한다. 어느 당은 한 사람만 문제가 생겨도 다른 당에 비하여 엄청나게 비판받는다. 특히 유력 정치인이면 더욱 그렇다. 선택적 언론과 사람들 때문이다. 이게 피해의식이라고 생각한다면 어쩔 수 없지만 보통 사람들은 보이지 않는 거대 악보다 정직을 말하다 위선에 빠진 실체적 사람을 더 싫어한다. 지금까지는 젊은 나이의 귀농,귀어를 말하였는데 중년 이상 노인들의 귀향도 있다. 부부라면 더 좋겠지만 혼자여도 충분히 멋진 삶을 마무리할 수 있다. 요즘은 마을 회관이 잘되어 있고 지방단체(국가) 지원도 있으니 공동체 삶을 살기에도 편하다. 물론 사람 관계에 이골이 난 사람은 조용히 외딴 곳에서 살기를 원할지 모른다. 그래도 가끔 인간은 어디에 소속되고 싶어 한다. 사람과 아예 관계하지 않고 살 수는 없다. 그러면 마음의 병에 걸린다. 치유하고자 산과 바다를 찾아갔는데 외로움이나 다른 마음의 병에 걸리면 어쩌란 말인가. 가끔 시골에서도 못 볼 꼴을 보긴 하지만 그래도 감옥 같은 아파트 인류보다는 나을 삶과 환경이 시골이다. 아파트 하니까 어떤 책에서 했던 말이 생각난다. 책 이름이 기억나지 않는데 어느 건축 도시 전문가가 말하길 우리는 아파트 자체가 문제가 아니라 아파트의 울타리가 진짜 문제라고 지적한다. 참고로 유현준 책은 아니다.『공간의 미래』나 기타 그의 책은 인문적 이야기와 함께 자기 분야를 이야기해서 전혀 지루하지 않고 재미가 있다. 딱 거기까지다. 다만 그가 청와대 이전에 신의 한수라며 용산은 뷰가 좋다는 이야기를 했을 땐 헛웃음이 나왔다. 나중에 해명했지만 그냥 그 소리가 그 소리인 것이었다. 그의 해명을 보면 결국 별 사유 없이 했다는 소린데 비겁한 변명이다. 우리는 계속해서 사유를 말하고 있는데 어떤 영역에서는 정말 사유가 없는 사람들이 있다. 그렇게 유능한 사람도 특정 영역에 들어오면 바보 같은 논리에 처참한 수준을 드러낸다. 그건 유명인이든 똑똑한 사람이든 일반 사람이든 가리지 않는다. 울타리 문제를 마저 이야기하면 그 울타리는 경계를 만들고 외부 집단과 내부 집단 간 단절을 가져온다. 자기들만의 이너서클은 집단 문제를 일으킬 가능성이 매우 크다. 왜냐하면 보통 이기적 집단으로 변하기 때문이다. 인클로저 운동도 바로 울타리 문제가 원인이었다. 바깥은 아파트 벽이 문제고 안에는 우리 마음의 벽이 문제다. '손에 손 잡고 벽을 넘어서'라는 노래 가사가 생각난다. 이걸 무너뜨리는 게 코리아의 힘이다. 답답할 땐 이렇게 말장난을 쳐 보는 것도 괜찮다. 서울 수도권 중심이 항상 문제고 우리나라 문제를 지방에서만 찾으려고 하는 건 아니지만 지역의 활기찬 모습을 보는 소박한 기대는 가지고 있어야 한다. 때론 인플루언서 한 명이 지역을 들었다 놨다 하니 이걸 정책으로 이용해 보는 것도 괜찮다. 하지만 그 후가 중요하다. 몇몇 상인들이나 건물주들이 장난을 치고 혹은 그 지역 상인들 대부분이 단합하여 몰상식한 짓을 하면 안 된다. 사람들 또한 그런 지역에는 가지 말아야 하는데 소비를 해 주니 계속 정신을 못 차리고 상인들이 소비자를 기만한다. 이런 시민 의식과 행동력이 있어야 사회가 변하는 것이지 그저 비싸다고 글만 적거나 관광이니까 뭐 어쩔 수 없지 정도로 생각하면 아무것도 변하지 않는다. 제주도 어느 시장에서 먹은 말라비틀어진 갈치회가 아직도 기억나는데 음식으로 장난치는 사람에 대해서는 어떻게 해야 하는지 말했기 때문에 이쯤 하겠다. 내륙에서는 먹기 힘든 갈치회를 정말 기대하고 주문했는데 정말 최악의 경험이었다. 그리고 보면 온라인 정보나 뉴스 각종 사람들이 말하는 건 적당히 걸러 들어야 한다. 일부 사실에 어떤 목적 의식이 있는 사람의 글은 교묘하게 사람을 세뇌시킨다. 결국 사람들의 판단을 흐리게 한다. 예를 들어 문제가 없는 걸 문제가 있다고 계속 이야기하면 그게 문제가 된다. 특히 정치적 목적이나 어떤 집단의 매도에서는 더욱 그런 게 기승을 부린다. 즉 그 프레임에 갇혀 버린다. 맛집에 대한 것도 마찬가지고 실제 지역축제에 대한 것도 마찬가지다. 특히나 혐오할 거리가 있으면 사람들 반응이 걷잡을 수 없이 커지기에 중요한 상황에서는 제대로 된 팩트 크로스 체크가 필요하다. 제일 중요한 것의 크로스 체크 중 하나가 바로 책인데 오히려 사유의 동면은 그러지 못해 그런 나쁜 글이 될 수 있을지도 모르겠다. 그냥 좋은 부분만 잘 간직하자. 우리 마음속에 나쁜 게 많지만 덜어내고 채워야 한다. 어떤 사람들은 나쁜 기억을 없애라고 하지만 절대 인간은 그럴 수 없다. 그저 좋은 걸로 채워 나갈 수밖에 없다. 자연 정화를 잘 생각해 보면 이해가 빠를 것이다. 계속 좋은 물이 흘러야 나쁜 것이 씻겨 나간다. 인간도 그런 자연의 지혜로 살아야 한다. 맹자는 일찍이 영과후진이라는 말을 했다. 흐르는 물이 웅덩이에 고이면 다시 채워져 결국 또 흐르게 된다. 인간의 삶은 계속 흐른다. 나와 상관없이 지치지 않고 흐른다. 때론 웅덩이에 빠지는 우리 인간의 삶이지만 그래도 흘러 살아야 한다.

# 플러팅

　이 책은 책 읽기를 위한 플러팅이었다. 또한 책을 빗대어 광범위하게 사회 문화 역사 철학 정치 예술 인문 등에 대한 주관적 견해도 말해 보고 싶었다. 시작은 아주 작은 것 사소한 것으로부터 시작된다고 얘기했는데 연애도 마찬가지다. 다만 서로가 마음에 들어야 한다. 내적인 성격 좋은 사람도 먼저 알아 가야 가능한 것이고 그건 외부 요소로부터 시작된다. 참고로 자신의 외모에 자신이 없다면 '단순 노출 효과' 전략을 짜 보는 것도 괜찮다. 저 사회 심리학적 용어를 설명하지 않아도 무슨 뜻인지 알 것이다. 낯설고 못생겨도 자주 보면 익숙하다. 마찬가지로 책은 외적인 모습이나 제목 아니면 유명세가 필요하고 정치는 한두 개 목표로 수렴한다. 다른 부차적인 건 말 그대로 부차적일 뿐 핵심은 아니다. 인생 첫 번째 플러팅 목표는 역시나 연애(이성)다. 두 번째를 고르라면 20대 남성이다. 누군가는 포기하라고 하지만 그래도 20대 남성을 플러팅하고 싶다. 말했듯이 그들이 싫어하는 걸 하지 말아야 한다. 그들은 목표가 없다고 말했는데 그걸 역으로 생각하면 방금 한 말이 정답이 된다. 그래서 20대 남자의 희한하지만 싫은 요구(needs)를 알아야 하고 그건 그들이 단순한 만큼 간단하다. 반복해서 말하지만 전부를 말하는 게 아니며 자꾸 그들을 무시하는 게 아니라 중요하기에 이렇게 이야기하고 있다. 우리의 미래이기 때문에 애증의 마음이 떠나지 않는다. 플러팅이라는 단어가 유행하기 전후에도 한 번도 플러팅 대상이 없었고 당연히 성공한 적도 없었는데 이번엔 전 국민을 대상으로 시도하고 있으니 필자도 간 덩어리가 큰 거 같다. 극소수라도 성공했다면 그걸로 만족한다. 이 책은 검색을 통해서도 알 수 없는 정보가 쓰여 있는데 항상 정보와 의견 그리고 재미의 균형을 이루고자 하면서 글을 쓰고자 했다. 이런 걸 뒤섞어 놓으니 골라 읽을 수 없다. 일단 20대 남성을 짤막하게 이야기해 보자. 그들을 알기 위한 방법론적인 면에서는 온라인 영상이나 커뮤니티의 동향 파악을 하는 일이다. 박가분의 『일베의 사상』의 유례도 결국 온라인의 잘못된 플러팅으로 생긴 것이다. 20대를 플러팅하고 싶지만 다만 절대 설득할 마음이 없는 대상은 신서북청년단 같은 일베들이다. 일베를 안 하더라도 그런 마인드를 가진 디씨, 펨코, 기타 N사의 카페 등에 상주하는 일부 사람도 설득할 마음이 없다. 그냥 그들은 악하게 태어났다. 아무리 정치적 견해가 달라도 세월호 유가족을 모욕할 수 없고 이태원이나 비행기 사고에 대한 모욕도 인간이라면 할 수 없다. 거기다 사유 없는 것은 덤이다. 문제는 이런 사람들 때문에 정작 책임을 져야 할 주체가 책임을 지지 않고 국민을 바보로 여긴다는 점이다. 왜냐하면 선거가 있으면 또 자기네를 뽑아 주리라 믿기 때문이다. 항상 어떤 정당의 정권은 늘 그래왔다. 책임 사회에서 가장 중요한 것이 국가인데 그걸 가장 못하는 집단이 2022년 우리나라 리더를 배출한 정당이다. 이건 한 인물의 문제가 아니라 정당의 문제이다. 잘못 뽑은 사람들은 인물만 바뀌면 된다고 생각하는 모양인데 그건 자기변명일 뿐 아주 잘못된 생각이다. 그래서 이 문제를 바로잡고자 잊을 만하면 이런 이야기를 하는 것이다. 한쪽이 좀 마음에 안 들면 또 반대쪽을 선택하지 말고 한쪽이 좀 마음에 안 들어도 그들이 국민에게 해온 역사적 결과물을 가지고 판단했으면 좋겠다. 그러나 서두에 말했듯이 사람들은 한두 개로 수렴한 잘잘못을 크게 생각하는 경향이 있어서 그걸로 모든 선택을 내맡기고 투표를 하는 경향이 있다. 좋아서 투표하기보다 반대편이 싫어서 찍은 결과물이 2024년이라면 자신의 선택을 재고해 봐야 한다. 안타까운 건 인간은 망각의 동물로 이런 선택이 반복될 거라는 점이다. 이로 인한 경제 사회 갈등 등 그 대가가 너무나 크며 국민들의 국력 소모가 너무 심하다. 특히나 따스한 곳에서 미래를 위해 준비할 대한민국 젊은 인재들이 차가운 길바닥에 나오는 일은 아름답고 위대하지만 사실 굉장히 안타까운 일이다. 누가 책임을 져야 하는가. 20대 30대 일부 남성은 책임감을 가져야 한다. 사람은 남 탓만이 아니라 자기 책임이 있다고 진정 느낄 때 변화를 추구한다. 이번엔 필자의 주장이 아니라 이런 현상을 분석한 다른 사람의 의견을 들어 보자. 정말 우연히 EBS「위대한 수업」을 본 적이 있다. 시청료의 가치란 이런 것이며 영상을 보려면 이런 것을 봐야 한다. 위대한 수업에서는 어느 여성 학자가 사회심리학자 말을 인용하여 현재 우리나라 20대 남성에 대한 분석을 한다. 핵심 키워드는 경쟁과 남성성의 약화다. 남녀 세대의 경쟁은 다들 알기에 생략하고 남성성 약화를 더 설명해 보겠다. 사회에서의 남성성 약화가 오히려 남성들에게는 더 강한 척하려는 본능으로 나타난다는 것이 사회심리학자가 말한 남성성 약화의 핵심이다. 그래서 2030세대 남성이 이즘을 더 싫어하고 공격적인 언행을 하는 것인지도 모른다. 심리학적으로 역화효과라는 게 있다. 이 뜻은 상대방의 생각이 틀렸다고 말하면 그 상대방이 그걸 고치는 게 아니라 오히려 그 틀림을 더 강화해 버리는 현상을 말한다. 우리가 흔히 쓰는 역효과라고 생각해도 좋다. 기본적으로 여성과 경쟁하는 남성들은 불안과 스트레스를 받고 있다. 여기에다 사회는 이즘의 목소리가 강해지고 남성성 약화까지 이끌게 하니 이런 반동의 사회문제가 생긴다고 위대한 수업의 여성학자는 결론을 짓는다. 문제는 불화가 여기서 끝나지 않는다는 점이다. 전통적 남성 가치에 대한 해체가 불안으로 그리고 불만으로 이어져 출산율까지 영향을 준다. 다만 결혼한 여성의 출산율은 전체 출산율에 비하면 덜 심각한 상황이다. 우리는 지금 시작도 못 하기 때문에 문제가 된다. 정확히 기억나는 건 아니지만 위대한 수업의 그 여성학자가 말하는 해결책은 좋은 일자리 제공과 노동자의 삶 개선이었다. 그런데 2022년 정권은 노동자 억압과 친대기업 중심의 가짜 자유주의를 들먹거린다. 이게 바로 역사적 퇴보다. 과거 이해찬 의원은 한나라당에 "당신들이 집권하면 역사가 퇴보한다"라고 말했는데 그 말이 틀린 것만은 아니다. 끝으로 기성세대가 당신들의 20대를 돌아보아 조금 기다려 줄 줄 아는 지혜가 있었으면 좋겠다. 젊었을 땐 누구나 어떤 판단이나 행동 때문에 잊어버리고 싶은 기억이 최소 한두 번은 있다. 다 큰 성인이지만 우리는 아직 어른이어도 미성숙하다. 그래서 성인 교육도 필요하다고 말한 것이다. 교육엔 책 읽는 것도 당연히 포함이 된다. 책 읽지 않는 사회에서 사실 책보다 언론 기사 하나 커뮤니티 글 하나가 엄청나게 영향을 주니 그동안 이야기는 공염불이다. 즉 동영상 밈과 커뮤니티 재미가 무의식의 사상이 되고 젊은 층에 이건 거의 절대적 인지편향 영향을 준다. 그러면서 냉소와 혐오의 기제를 조금씩 심어 준다. 그만큼 우리는 사고의 취약성을 가지고 있다. 거짓 여론에 휩싸이지 않기 위해 미래 과제가 무엇인지 여기서도 금방 알게 된다. J.M 버거의 『극단주의』에서는 극단주의 급진화가 개인보다 집단에서 먼저 일어난다고 주장한다. 하지만 이건 순서의 문제가 아니라 강화의 문제이다. 개인은 이미 그 마음을 누군가와 대화로 시작하였다. 버거가 필자의 말을 수긍할지 모르겠지만 개인의 믿음은 집단에서 강화된다. 반면에 누군가를 광장에서(과거엔 진짜 광장, 현재는 온라인) 재판할 때 인간의 포악한 마음은 숨겨진다.

# 디지털 시대와 그리스 로마 시대

위 플러팅 챕터와 연관된 문화가 디지털 시대와 그리스 로마시대다. AI 관련하여 범죄의 다양성 복잡성 해커성 등을 이야기했는데 벌써부터 디지털 성범죄 사건이 말썽을 부린다. 제목이 정확히 맞는지 모르겠지만 디지털 시대의 성범죄라는 책도 나온 것으로 안다. n번방 사건 이후 계속해서 터지는 이런 범죄는 왜 일어나는 것일까? 먼저 온라인의 글이나 영상에 대해서는 인간이라면 누구나 호기심과 원초적 본능을 가지는 영역이 있다. 그런데 사유를 하지 않기 때문에 그것이 심각한 범죄인지 아니면 그냥 재미로 넘어갈 것인지를 구분하지 못한다. 오로지 자기 호기심이나 욕구 불만족 해결을 위한 관심밖에 없으니 쉽게 범죄의 길로 빠져든다. 다수가 자기와 함께하고 있으니 범죄의 구성이 조각된다고 생각할 수도 있다. 그 대표적인 경우가 커뮤주의다. 상대방 감정은 생각하지 않고 일방적인 연애 감정 표출이나 시작부터 되지 않는 플러팅 또한 지속적이면 범죄의 영역 안에 들어온다. 디지털 성범죄는 스마트폰 보급과 더불어 연령층이 젊어지고 광범위해지고 있다. 그리고 항상 남성이 가해자고 여성은 피해자라는 전통적 관념도 벗어나야 한다. 청소년이 저지르는 디지털 성범죄는 가족 학교 사회의 교육이 중요하다. 성인이 되어서도 지속적인 교육이 필요하지만 아직 여물지 않은 열매는 어떻게 관리하느냐에 따라 다른 결과를 가져온다. 한편 우리나라에서는 촉법 소년에 대한 처벌과 연령이 문제가 되고 있다. 특히 이 연령의 나이에 끔찍한 범죄가 이뤄지면 가끔씩 공론화가 되곤 한다. 결론부터 말하면 연령의 문제가 핵심은 아니다. 주요 선진국의 경우 촉법 소년은 18세부터 아주 드물게 14세까지로 거의 평균은 16세로 수렴한다. 촉법 소년 연령으로만 치면 우리나라가 절대 낮은 나이가 아니라는 사실을 알게 된다. 그리고 범죄의 영향, 재범률, 인권, 사회영향 등 더 분석할 것들도 남아 있다. 그래서 단순 연령 차원이나 감정적으로 접근하는 일은 옳지 못하다. 사실 어린 나이의 끔찍한 인간의 못된 짓은 과거에도 여럿 있었기 때문에 이것이 단순 정책이나 공약이 아닌 사회 공감대 형성으로 이루어지는 게 더 좋다. 여기서 이 챕터의 진짜 이야기를 해 보겠다. 당연히 디지털 시대랑 그리스 로마 시대랑 관련은 없다. 단지 공감대 이야기를 통해 과거 이야기를 해 보려고 한다. 우리는 현시대 문제 중 하나로 공감의 부재를 꼽는다. 그러나 오히려 공감은 역설적이게 다양성 공감으로 인하여 문제를 일으킨다. 다양성이 아니라면 이분법적인 문제여도 그렇다. 예를 들어보자. 그리스 로마 시대에 공화정과 민주정은 우리와 조금 다르다. 현재 영어 단어인 파퓰레이션(population)과 optimization은 완전히 다른 의미의 어원으로 시작된다. 일단 로마와 그리스는 노예국가로 국민 상당수는 노예였다는 사실을 기억하자. 더 정확히는 도시국가이기에 시민이며 아울러 노예는 엄격한 의미에서는 시민이 아니었다. 여기서 어떤 정책을 펼칠지는 두 부류로 나뉜다. 시민권을 가진 보통 국민을 위한 정책을 펼칠 것인지 아니면 귀족 중심의 정책을 펼칠 것인지 그들은 우리가 보기엔 대놓고 희한한 공화정 정치를 이어간다. 전자의 경우가 파퓰레이션이 되고 후자가 optimize가 된다. 앞서 대놓고 희한한 공화정이라고 했는데 우리나라 현재 정치도 겉으론 그래 보이는 느낌이다. 문제는 이 옵티멈 삶도 아닌 사람들이 그런 영역의 사람들을 추종한다는 점이다. 이걸 어떻게 봐야 할까? 이러한 원인은 사유 없는 무지의 소치에서 일어난 신념병으로 노예근성이 있기 때문이다. 과거 공화정에서는 호민관의 신분은 분명했고 의견은 단호했으며 평민회와 함께 말 그대로 Plebis(평민) 이익에 진심이었다. 심지어 호민관이 평민 이익에 반하게 하면 평민회에서 엄한 벌을 내리기도 하였다. 그런데 현재는 불쌍하고 못사는 사람들이 귀족 국회의원을 추종한다. 참고로 필자가 말한 프롤레타리아의 어원도 저 Plebis와 무관해 보이지는 않는다. 아리스토텔레스가 말한 노예의 근본에 대해서 천성을 인정하게 되면 우생학적 오류에 빠지기에 인정하고 싶지 않지만 과거 노예와 현대 노예는 비슷하면서도 다르다. 한쪽이 진보라면 그들은 무엇을 고치기 위해서 노력하는데 반해 반대편의 노예들은 자신들의 목표가 없이 진보의 주장에 대해 반대 자체가 유일한 목표가 된다. 노예이기에 그들은 역설적으로 그렇게 자유라는 말을 입에 달고 산다. 과거 노예들은 주인이 곧 나의 생명줄이었기에 주인이 위협받으면 폭력적으로 변하곤 하였다. 현대 노예들은 주인이 뭘 해 주는 것도 없는데 신념 하나로 폭력적으로 변한다. 이 노예엔 시민 외에 언론, 어떤 조직도 포함된다. 처음엔 편을 먹었으니 어떤 정치 싸움에 이겨서는 논공행상 비슷하게 무얼 나누어 먹겠지만 압제자는 절대 언론이든 그 노예든 자유를 주지 않는다. 과두제 정치처럼 그들만의 리그고 상위 1%만 이득을 본다는 생각을 노예들은 하지 못한다. 이런 것을 볼 때 피해는 절대국민 다수가 본다는 점에서 한편으론 맞아 보이는 아리스토텔레스의 태어난(천성적) 노예 근본이 참으로 싫어지기도 한다. 정치적 외에 현대인들은 다양한 공감 형성으로 취미를 이어간다. 우리는 공감의 부재가 아니라 배제의 삶을 살고 있다. 이번에도 나다움이 아니라 우리다움이 필요하다. 부처님 말씀에 7가지 보시라는 말이 있는데 이것도 결국 타인을 위한 마음이다. 참고로 일곱 가지 보시 중 하나가 언시인데 이건 상대에 대한 배려의 말을 하라는 것이다. 말로 업(業)을 구할 수 있는 인간은 현재 그 반대로 가고 있다. 그렇다면 이 노예 근본은 이런 본성 외에 또 어디서 유래하는가? 우리는 이미 학창시절 다 배웠다. 베이컨의 4대 우상론으로 보아도 현대인을 이해할 수 있다. 먼저 종족의 우상은 동질감에서 오는 인식 과정의 오류다. 작게 보면 이 책에서 그토록 이야기했던 극단적 영상 시청과 커뮤니티가 여기에 속한다. 그런 것만 보면 또 동굴의 우상에 빠진다. 동굴의 우상은 자신이 경험한 것들이 세상 전부인 줄 아는 인지편향 같은 오류다. 세 번째로는 시장의 우상인데 이미 이것과 관련하여 나쁜 커뮤니티는 쓰는 언어부터 다르다고 이야기했었다. 마지막으로 극장의 우상이 있다. 이와 가장 어울리는 단어는 아마도 수구(守舊)일 것인데 권위자의 말에 무비판적 따라가는 것도 이 인식 오류와 비슷하다. 귀납법의 선구자라는 베이컨이 이미 400년 전 우리 인간의 오류를 이렇게 쉽게 구분해 놨으니 이 네 가지 우상을 귀납하면 거의 모든 현대인의 편견 분석이 가능할 정도다. 그리스 로마 시대는 깨어 있는 극소수의 현자를 제외하면 사회 모순을 잘 모르고 그냥 약육강식처럼 살았다. 로마의 멸망 원인에 대해서 누구는 대토지(라티푼디움) 농장 때문이라고 말하고 누구는 고트족 반달족 등 나중에 게르만 대이동 때 외부 민족들이 합류한 그 당시 이민족 침입이 멸망 원인이라고 하는 사람도 있다. 물론 로마 제국이 멸망한 이유는 동로마 서로마 제국이 분열된 5세기 이후 서로마가 망하고 동로마 제국 자체에 황제를 자칭하는 두 명 이상의 존재들이 서로 싸우면서 국력이 약해진 게 가장 큰 원인이다. 원래 나라가 망하는 이유는 공자 시대 때나 로마 제국 때나 지금이나 경제, 민심, 분열, 지도자(무능), 이민족 침입 등 몇 개로 수렴한다. 참고로 공자는 백성과 경제 군사 중 가장 먼저 버려야 한다면 뭘 버려야 하겠냐는 질문에 군사라고 대답한다. 마지막은 역시 국가(지도자)가 백성을 지키는 일이다. 그런 의미에서 입만 국가와 국민을 말하며 자신들의 위안만 생각하는 지도자나 집단을 생각하면 피가 거꾸로 솟는다. 그래서 시민의 저항권 즉 레지스탕스는 의무가 되는 것이다. 이것은 한국의 일부 집단이 반대를 위한 반대를 하는 것과는 질적으로 다른 고귀한 행동이다. 한쪽은 민주주의나 자유 그리고 헌법수호의 큰 목표를 가지고 있고 또 한쪽은 시대에 뒤떨어진 채로 반공만 외치고 있으니 평행선을 달릴 수밖에 없다. 잘 생각해 보면 그들은 새 목표가 해방 후 70년 이상 없는 것이나 다름이 없다. 그때나 지금이나 그들에게 매카시즘 외에는 목표가 없다. 이 목표 없음은 무슨 결과를 가져오는지 이미 설명하였다. 우상에 빠져 누군가 혹은 자신이 상대 적과 싸운다는 그 믿음은 결국 근시안이라는 단어로 붕괴가 된다. 닫힌 세계에서 열린 세계로 나와보자. 미래엔 디지털 및 AI로 인한 또 다른 민주주의 위기와 대처가 필요하다. 이게 열린 세계다. 미래 불확실성 때문에 모든 걸 단언할 수는 없지만 그럴수록 가장 중요한 건 국가/정부에 대한 신뢰다. 정부는 투명성과 명확성 선명성을 가져야 한다. 그리고 절차적 민주주의와 헌법의 수호 의지를 국가는 계속 보여 줘야 한다. 정부의 신뢰가 없다면 여기서 파생된 의문과 음모론은 걷잡을 수 없게 된다. 반대로 신뢰에 기반된 정부의 디지털 민주주의는 몇몇 거짓 뉴스나 음모론자들을 단호하게 법적 대응함으로써 처음부터 예봉을 제압할 수 있어야 한다. 통제받으려는 국민은 아무도 없다. 그러나 통제가 필요하다고 느끼게 하고 정부의 능력을 믿게 하는 건 다른 차원의 영역이다. 디지털 시대의 민주주의는 단순히 네트워크 연결이나 점조직이 아니다. 이건 마치 위상학처럼 무한의 영역이 존재하고 무엇으로든지 변할 수 있는 시대를 의미한다. 연결이 분절되고 분절이 하나로 합쳐져서 다양한 입체 민주주의를 드러낼 것이다. 단순히 빅데이터로도 분석이 가능하지 않는 영역이 존재한다. 이때 정부나 AI는 심판자 역할 혹은 조정자 역할을 한다. 민주적인 것과 아닌 것을 구별해야 하고 쌓여가는 민주적 위험 요소를 제거해야만 한다. 이 모든 것은 정부가 정의나 선의에 의해서 한다는 믿음의 기반이 있어야 가능한 일이다. 빠르고 다변적인 세상에 민주주의 제도와 의식은 너무 느리지만 이걸 유일하게 제어하는 컨트롤 타워는 국민이 믿고 뽑은 정부밖에 없다. 그것에 대한 배신의 안전장치는 미래 AI 사법이나 배심원이 할 수 있다. 국민은 늘 현명할 수만은 없기 때문에 인간의 통제 외에 디지털 통제 다시 제3의 통제가 필요하다. 그래도 불안하다. 왜냐하면 자유와 민주주의를 자기 멋대로 해석하며 각자가 민주주의와 자유 투쟁을 하고 있다고 믿기 때문이다. 명백히 의도된 거짓 뉴스를 처벌하는 것이 곧 사상 검열로 둔갑하는 건 우리가 앞으로 다양한 영역에서 겪게 될 디지털 시대의 민주주의 위기 중 하나에 지나지 않는다. 앞으로는 더욱 비통제, 통제의 대립이 생기게 된다. 그러나 자유는 민주주의 통제를 벗어날 수 없다. 이 경계를 설정하는 일과 건전한 담론이 필요한 게 정말 중요한 다음 민주주의 과제다. 그저 무엇의 찬반으로 끝나는 건 새로운 민주주의 시대에 도움이 되지 않는다. 인간 스스로 묻고 반론하고 답을 구하는 일이 먼저이고 그다음 도움을 받는 게 AI여야 한다.

## 메두사의 머리

　　메두사를 보는 순간 돌로 변한다는데 누가 감히 메두사의 머리를 벨 수 있겠는가. 해석을 재밌게 하면 메두사의 머리에 있는 뱀은 아름다운 여성의 머릿결이 아닐까. 남성은 여성의 머릿결에 로망을 가지고 있다. 뱀은 마치 남성을 유혹하는 듯하고 이성을 돌로 만들어 버린다. 여기서도 뱀은 유혹이나 욕망의 존재다. 프로이트가 볼 땐 메두사의 머리는 남근에 해당되겠지만 그냥 욕망이라고 하는 게 가장 무난해 보인다. 누구나 두려움을 갖는데 메두사의 머리를 베겠다는 페르세우스는 과연 어떤 능력과 용감함을 가진 것일까. 물론 신화적으로 보면 그를 도와주는 다른 신들이 존재한다. 프로이트의 해석보다 필자의 해석이 더 재밌을 거 같아 몇 마디 해 보겠다. 우리는 가끔 굉장히 위험한 소위 익스트림 스포츠를 즐기는 사람들을 볼 수 있다. 어느 뇌과학 책에서는 이런 사람들은 자신이 위험하다는 느낌보다 그것을 행함으로써 스릴을 느끼는 것이 더 크기에 그 위험한 스포츠를 즐긴다고 한다. 그리고 그건 특정 유전자를 보유한 사람들이 그렇게 행동한다. 한 번의 사고로 불구가 되거나 죽을 수도 있는데 어떤 이들은 그걸 진심으로 즐긴다. 단순히 SNS 관종 영상이 아닌 진짜 고층에서 파쿠르를 하고 뾰족한 옥상에서 아무 장비 없이 동영상을 찍는다. 이건 일반 사람들에겐 돈을 준다고 해도 도저히 불가능한 영역이다. 그런 면에서 페르세우스도 그런 스릴 및 용감 유전인자를 가지고 있는 것이 아닐까. 물론 필자의 개인적 의견이다. 이것도 결국 이해할 수 없는 영역의 사람에 속하지만 우리는 이걸 국가와 개인으로 볼 때 어디까지 인정해야 할지의 기준에 아주 어려움을 겪는다. 즉 타인에게 피해 주는 것과 자신의 스웩 넘치는 삶을 다름으로 포장하지 말아야 한다는 얘기다. 유전자 이야기가 나와서 그런데 하나만 더 해 보겠다. 뚱뚱한 사람과 날씬한 사람에 대한 이야기다. 누군가는 뚱뚱한 사람에 대해서 자기관리 못 하는 사람이라고 생각할 수 있지만 과학적으로 알면 꼭 그렇게 한쪽만 비난할 수만은 없다. 물론 얼마든지 절제하고 운동하면 살은 관리할 수 있겠지만 이것도 유전자 부분과 환경적인 부분이 깊게 관련된다. 특히 환경적 부분에서 최근에는 지방과 미생물의 음식 관계가 주목받고 있다. 보통 가족력이 생기는 것도 음식과 관련해서 아닐까하는 의견도 상당수 지지를 받는다. 그게 장내 미생물 영향까지 주니까 말이다. 누군가는 자신의 한계를 위해서 열심히 노력하고 누군가는 메두사를 벨 각오로 용기를 내도 잘 안 되는 경우가 있다. 거대한 장벽을 도전하겠다는 의지만으로 칭찬받아 마땅하다. 여기서 좌절하면 심리학적으로 신체화 장애에 빠질 수 있다. 이 뜻은 일종의 자기 피곤함이라고 생각하면 되는데 타인들의 눈치를 보지 말고 메두사를 이기지 못했더라도 계속 당당히 나아가면 된다. 혹시 그거 아는가? 수많은 사람들은 두렵고 나태해서 시작도 해 보지 못했다는 거? 결과에 치중하면 아무것도 도전할 수 없다. 용기 인자가 없어도 사람은 마음으로 만들 수 있다. 다시 새로운 메두사로 돌아와 보자. 메두사의 뱀은 여성의 머릿결 같은 유혹이라고 했는데 그렇다면 장애인의 섹스 유혹은 어떻게 해야 할까. 사실 어려운 문제다. 요즘은 겉으론 멀쩡한 남성, 여성도 섹스를 못 하고 사는 인구가 아주 많기 때문에 이걸 장애인의 권리까지로 인정해야 하는가 하고 말이다. 미국이나 일본 등은 장애인 섹스 도우미 같은 게 있지만 만약 우리나라에서 그런다면 특정 일부는 난리를 칠 것이다. 가령 '우리는 성적 노리개가 아닙니다'라고 하면 이건 본질을 아주 벗어나는 구호다. 누구도 그렇게 생각하지 않는다. 이건 어느 종족의 일부가 이상하게 의도를 왜곡하는 일이며 바보 같은 일이다. 왜냐하면 여성 장애인도 분명 욕구 불만족이 있기 때문이다. 이럴 땐 남성 도우미가 필요하다. 미래엔 성별을 가진 AI가 남녀를 대체하여 인간에 이로움을 줄지 모르나 지금은 이르다. 누군가는 그래도 여성은 남성보다 욕구가 강하지 않으며 평생 참을 수 있다고 말하고 싶을 것이다. 그건 인간의 개인차를 무시하고 '나만 아니면 됐어!'와 같은 무심하고 종족 죽이기 같은 생각이다. 어떤 신념 때문에 무지한 차별주의자가 되는 것이다. 책 『선량한 차별주의자』는 급진적이긴 하지만 좋은 내용도 많다고 본다. 다만 인간은 같지 않은데 자꾸 같게 보자고 하려는 그 자체가 매우 꺼려진다는 걸 평등주의자들은 인지를 하지 못한다. 그건 인간의 본능이다. 그래서 자꾸 유토피아에만 빠진다. 일방적으로 앞서가는 건 진정한 진보가 아니다. 한편 우리는 진보적인 걸 말하면서도 섹스 관련해서는 굉장히 소극적이거나 진보적이지 않으려고 한다. 이건 한국적 정서와 이즘의 영역 그리고 아직 진정한 포괄적 마음을 열지 않았기 때문이다. 그저 섹스는 은밀해야만 한다고 생각하는 이상 그리고 보수적인 생각을 가지고 있는 이상 억압 히스테리는 남녀에게 계속해서 쌓일 수밖에 없다. 당연히 섹스는 둘만의 고귀한 사랑이지만 섹스 자체가 암묵적이고 은밀해야 하는 건 아니다. 행복한 생활 중 하나가 섹스라면 그렇게 타인과 사회에 담을 쌓아 놓고 살지 말아야 한다. 그럴수록 사람들은 관음증에 어떤 스캔들이 일어나면 더 하이에나처럼 달려드는 모순적 행태를 보인다.

  포괄적이라는 말이 나온 김에 '포괄적 차별 금지'에 대한 이야기도 잠깐 해 보자. 인간의 기본은 자유를 가지는 일인데 이것도 특정 자유를 더 들먹거리는 사람들은 과도한 공포 마케팅을 통해 부정적인 것만 보려고 한다. 헌법 제10조는 "모든 국민은 인간으로서 존엄과 가치를 지니며 행복을 추구한 권리를 가진다"이다. 헌법 제11조는 평등과 차별받지 않을 권리 조항들이 나열되어 있다. 위 헌법 조항만으로 포괄적 차별 금지법은 앞으로도 계속 가야 할 숙제라는 사실을 알게 된다. 진짜 독소조항이 있다고 생각하면 고치면 된다. 그러나 단순히 보수 종교인이나 정치적 이유만으로 반대하는 것은 무시해도 좋다. 어떤 이는 꼭 입법이 능사가 아니라고 할 수 있으나 인간이 지켜가야 할 의식은 문화 제도 구조 법 등으로부터 나온다는 사실을 알아야 한다. 그 혜택을 당신이 지금 보고 있다. 세계 역사는 인식을 법으로 전환하고 개선하는 쪽으로 이어져 왔다. 그리고 이건 차별 금지를 통한 모든 인간의 행복이 우선이지 누군가를 1차적으로 처벌하려는 목적이나 자유/권리 침해가 아니다. 이것도 결국 타인을 이해하지 않을 무심한 용기만 가지고 있는 사람들 때문에 이런 법안의 의미를 이해하지 못한채 결국 반대만 하며 살아간다. 마지막으로 뱀의 혀를 가진 자들에 대한 생각이다. 뱀의 혀 중 특히 심연에는 분명 편향된 마음이 있으면서 깨어 있는 척 양비론을 하는 사람은 가장 저질스러운 인간이다. 이들은 특정 정권 때는 잘하고 있는데도 현자인척 비판을 하고 자기 성향의 정권일 때는 나라가 망가져도 모르는 척을 한다.

모르는 척만 하면 오히려 다행이다. 항상 나라를 망가뜨리는 세력을 나무라지 않고 그 반대편을 탓하는 뻔뻔하고 몽매한 사람이 너무 많다. 자기가 싫어하는 정권일 때는 실컷 욕을 했으면서 이제는 자기가 좋아하는 정권이 욕을 먹으니 정치 이야기는 하지 말자고 하는 소인배를 보면 코웃음이 절로 나온다. 이들은 연예인부터 유튜버, 각종 인플루언서 등 다양하다. 머리에 든 게 없으면 신념만 가지지 말고 책을 보는 게 낫다. 그리고 괜히 SNS나 유튜브에서 선택적으로 말하려고 하지 말고 그냥 가만히 있으면 중간이라도 간다는 명언을 되새겨 봤으면 좋겠다. 부끄러움을 아는 인간이라면 자신이 과거에 했던 말 때문에 자중할 텐데 보통 선택적인 이런 사람들은 그런 걸 망각하고 살아간다. 그런 의미에서 메두사의 뱀은 또 뻔뻔함이다. 좋아하는 인플루언서나 가수에 빠져 정신이 나간 소리를 해도 여전히 우리는 정치와 엮이지 않겠다는 그 청정함은 한 국가를 가장 바보스럽게 만든다. 뱀의 혀는 너무 징그럽다. 꿈에서도 보기 싫은 존재가 뱀이다. 그들은 또 허물을 벗고 다른 뱀으로 태어난다. 이런 역사가 너무 지긋지긋하다. 우리나라도 메두사의 머리를 진정 한 번은 베어 내야 한다. 그전에 철저하게 무장하고 빠르게 한 번에 끝내야 한다. 하지만 과연 언제 이게 이뤄질지는 알 수 없다.

# 퇴마사

책의 낭만에서 『퇴마록』을 언급했어야 했는데 하지 못했다. 학창시절 반에 몇 명은 이 책에 열광한 녀석들이 있었다. 오컬트 즉 퇴마 관련 영화나 책을 좋아하지는 않지만 재밌다고 하면 보는 편이다. 다만 지금은 이 책을 이야기를 하려고 하는 게 아니다. 역시나 책이 퇴마사라는 진부한 결론을 말하고 싶을 뿐이다. 사람들은 흔히 책을 냄비 받침으로 좋다고 생각하지만 책은 덮음으로도 좋다. 물 부은 컵라면을 덮을 수도 있고 세상 나쁜 것의 덮음으로도 괜찮다. 책은 세상의 온갖 bullshit/개소리를 최대한 덮을 수 있고 혼란스러운 마음도 종이를 보고 있으면 차분하게 해 준다. 원래 개소리는 거짓말이 아니라 숱한 헛소리 때문에 사회를 병들게 한다. 프랭크퍼트의 『개소리에 대하여』의 책 핵심이 바로 이거다. 도널드 트럼프는 몇 퍼센트의 진실과 수십 퍼센트의 거짓말을 가장 잘 활용하는 사람이었다. 독재자나 부역자들 그리고 그들을 추종하는 사람들은 숱한 헛소리로 사회를 병들게 만든다. 어처구니없는 이 헛소리는 나중에 진실을 잠식하고 논의의 주제가 되어 버린다. 이걸 노예 근본의 사람들이 잘 써먹는 수법 중 하나인데 이건 현대 디지털의 영향으로 매우 막강한 영향력을 가지게 되었다. 자신이나 자신이 속한 집단에 이익만 된다면 혹은 배척할 집단에 해만 된다면 온갖 음해와 헛소리를 남발

한다. 그래서 우리나라 포털 뉴스 커뮤 댓글 부대 같은 이상한 것들에 대해서는 대대적인 점검이 필요하고 국가 기관까지 해서 한 번 받을 갈 필요가 있다. 언론/기자의 처벌과 개혁 사법 개혁도 중요하지만 이런 대중 선동 조작도 반드시 법을 엄하게 적용해야 하고 그러기 위해서 제도 개선과 입법이 필요하다. 우리나라는 너무 법이 물러 터졌다. 특히 유튜브로 인한 거짓 영상은 매우 심각한 상황으로 규제가 반드시 필요한 상황이다. 이건 정치 영역에서만 한정된 것이 아님을 분명히 알아야 한다.

국민들은 이제 오염이 심한 커뮤나 포털의 뉴스 댓글에 대해서 더 이상 속지 않으리라고 생각한다. 아주 우연히 그들의 댓글을 보면 대체 무엇이 그들을 그렇게 만들었나 씁쓸한 생각이 들곤 한다. 국민은 자기 주체성을 가지고 뉴스나 영상을 접하려고 노력해야 하며 그저 식당에서 틀어놓은 뉴스에 국밥 말아먹듯이 후루룩 마시면 안 된다. 인간은 비판에 매우 취약하기에 나는 뉴스 최면에 걸리지 않는다는 마음으로 뉴스를 들어도 괜찮다. 청각은 거름망이 없기에 뇌의 활동이 필요하다. 일부는 정말 언론이나 기자가 말한 반대로 들어야 진실인 경우도 생긴다. 특히나 무슨 평론가가 나와서 하는 이야기만 듣고 있으면 자신을 가장 멍청하게 만드는 일이 된다. 평론가도 평론가 나름이며 대부분은 국민에게 이롭지 않다. 또한 사회자가 편향된 뉴스도 듣지 않는 게 좋다. 반대로 기계적 중립에 빠져도 문제다. 누군가는 우리나라 저널리스트 1위로 손석희 씨를 뽑겠지만 고등학교 때부터 지금까지 단 한 번도 그를 제대로 된 저널리스트라고 생각해 본 적이 없다. 이건 지극히 주관적 평가로 그 이유에 대해서는 위에 쓰여 있다. 평론가나 기자의 말만 듣고 있는 게 왜 바보를 만드는지에 대해서는 알튀세르의 호명이론으로 말해 볼 수 있다.

사람들은 화자가 정한 관점, 논리 즉 로고스에 빨려 들어간다. 다시 말해 타인이 주체를 판단하고 부르면 거기서 주체는 개인 존재 의미가 시작되고 그 호명의 갇힌 세계로 세상을 바라본다. 내가 정한 게 아닌 타인의 입과 두뇌에서 나오는 것에 구조가 정해진다는 의미다. 이건 연인이나 가족 간의 다툼에서도 마찬가지고 프레임 전환에서도 마찬가지다. 애초에 다른 생각을 못 하게 만든다. 불쉿!(bullshit!)의 풍부함, 헛소리의 지속성과 다양성도 바로 이런 효과를 누리려고 한다. 이런 것들이 사회에 날뛰는 건 굉장한 국력 낭비이자 사회 혼란을 가져온다. 그들이 이런 짓으로 '나쁜 이득'을 얻지 못하도록 처벌을 강화할 필요가 있다. 인간에게 겉으로 보이는 예의는 상대에 대한 두려움(힘) 그리고 처벌이나 강압으로부터 나온다. 비열한 자들은 상대가 민주적이거나 나에게 보복하지 않을 것이라는 생각을 하면 더 강한 척을 하고 그 반대로 상대가 나를 강압적으로 대하거나 괴롭힐 거 같으면 비굴하게 군다. 우리나라에서는 제일 그래야 하지 말아야 할 집단인 기자가 이런 행태를 보인다. 이렇게 보면 다정한 것이 다 좋지는 않으며 반대로 프란스 드 발의 『침팬지 폴리틱스』처럼 공격적이고 실리적인 행동도 필요한 세상이다. 인간이든 동물이든 항상 유대와 믿음으로 그 무리가 이어져 가는 건 아니다. 배신자나 찬탈자 이기주의자 때문에 조직은 위험요소를 내포하고 우두머리 또한 그렇다. 인간으로 태어났고 민주주의 때문에 포악한 호미니드 성질을 억제하는 것일 뿐 상대가 상식적이지 않을 땐 인간도 자신의 집권을 위해서는 때론 침팬지처럼 행동할 필요가 있다. 아무리 욕을 먹는 기자라고 하지만 호명이론에서 말한 것처럼 사람들은 기자가 쳐 놓은 그물 안에 걸려서 다른 사고를 잘하지 못하게 된다. 진정한 민주 공화국이 되려면 그걸 방해하는 세력이나 언론을 먼저 결단하는 게 중요하다. 항상 어설픈 중립의 책과 단호하지 못한 결단 그리고 언론의 눈치 보기 때문에 역사는 제대로 앞으로 나아가지 못한다. 2010년 이후 사회 현상을 분석한 책 대부분은 바르게 말하지 않는 것에 대한 이야기가 주요 주제다. 그에 따른 원인과 흔들리는 인간 이야기는 사회과학의 핵심이다. 우리나라에서 나온 책은 반대편에 욕을 먹기 싫어서인지 아니면 최대한 중립적인 스탠스를 유지하고 싶어서인지는 몰라도 그 때문에 제대로 우리 사회를 진단하지 못한다. 고작해야 결론은 극단은 나쁘다 정도로 끝난다. 사실 최근 우리 사회현상을 분석하는 국내 도서를 찾으려고 해도 대단한 통찰을 주거나 과학적 데이터를 분석한 걸 거의 보지 못했다. 필자 같은 사람은 그런 걸 연구하거나 깊게 생각해 본 사람이 아닌데 마치 고민한 척 쓰려니 상당히 난감하다. 특정 유명인이 쓴 도서 말고 이런 걸 업으로 삼는 사람들이 다양한 관점으로 책들을 많이 냈으면 좋겠다. 괜찮은 책이라면 당연히 그런 책들은 모두 구매해서 읽어 줄 것이다. 원래 가비지(gabage) 인(in) 가비지 아웃이라고 해서 쓰레기 데이터를 분석하면 쓰레기 해석이 나온다. 지금 이 책처럼 어느 한쪽의 방향으로 보는 것이 쓰레기인지 아니면 다른 위치에서 봐야 더 옳은 것인지는 사람들이 판단할 문제다. 다만 강 모 교수의 책처럼 호명하기 좋아하고 매번 쓸데없는 양비론에 빠지면 아무것도 산출되는 게 없다고 생각한다. 사유의 동면이 퇴마 책이 되어 정말 무엇을 물리쳤으면 좋겠다. 그러나 3331법칙에 의거하여 그것이 불가능함을 안다. 현재는 333이 너무 균형이 안 맞아서 그나마 균형을 맞게 할 뿐이다.

## 책의 질문

    자신의 조카가 책 한 권이나 몇 권을 추천해 달라면 추천해 줄 수 있는가? 사랑하는 연인이나 자녀에게 좋은 책 몇 권을 추천해 줄 수 있는가? 책 속의 몇몇 기억하고 싶은 구절을 읊을 수 있는가? 책에 대해서 누군가와 이야기할 정도의 수준은 되는가? 책이 한 번이라도 나를 위했던 적은 없는가? 책을 읽고 난 후 써보고 싶다고 생각해 본 적이 없는가? 친구나 사랑하는 사람끼리 같은 책을 가지고 길게 토론해 본 적이 있는가? 남들은 대부분 읽은 것 같은데 나만 안 읽었던 책이 있는가? 자신의 지식에 부끄러워해 본 적이 있는가? 책의 맛(카타르시스)을 제대로 느껴본 적이 있는가? 사람들 앞에서 책 이야기를 얼마 동안 할 수 있을까 생각해 본 적이 있는가? 집에 읽은 책을 몇 권이나 들여놓았는가? 최근 3년간 감명 깊게 읽은 책 3권을 말할 수 있는가? 도서관이나 서점에 간 적은 언젠가? 책을 왜 읽어야 된다고 생각하는가? 책을 읽고 그걸 사회현상으로 분석해 본 적이 있는가? 책을 인용해 어떤 문장이나 이야기를 만들어 대화해 본 적이 있는가? 책이 인생에 별로 의미가 없다고 생각하는 사람과 살면 어떻겠는가?

    물론 책이 없어도 행복과 건강한 삶에 영향을 주지는 않는다. 그러나 나를 가장 이롭게 하는 게 만약 사람이 아니라면 그건 책이라고 확신한다. 그 확신은 읽을수록 굳건해진다. 홍익 책 마음으로 세상을 읽고 나를 묻는다.

## 책 단편선

 지금은 마치 소설의 단편처럼 이야기할 생각이다. 지금까지 글을 써 보니 같잖게도 리딩으로 리드하지 못한 거 같다. 말로만 그러기보다는 차라리 이 정도가 낫다. 옆에다 읽은 책들을 쌓아놓고 글을 쓰는 일은 다음에 할 생각이다. 지금 책의 후반부를 쓰면서 막히는 부분이 많은데 이미 인문학 관련 책을 쓰고 있어서 그렇다. 참고로 다음 인문학 책 출판은 지금보다 훨씬 정치적 이야기를 줄이며 책을 내놓을 생각이다. 원래 원고가 하나 끝나면 또 다른 글을 시작해 보는 것이 의욕을 키우는 데 도움이 된다. 이걸 사자성어로 뭐라고 했는지 기억하는가? 이걸 복습하면 그 한자를 외우게 될 것이다. 책 읽기가 싫은 사람을 위하여 사유의 동면에서는 분량이 적은 책들을 잠깐 소개했었다. 그런데 그건 한 권의 책인 것이고 이보다 더 짧은 글로는 단편선이 있다. 고전을 쓴 유명 작가들도 단편들이 있으니 책을 그것으로 읽어 보는 것도 괜찮다. 심지어 톨스토이의 『작은 도깨비와 빵 조각』은 가장 짧은 단편 중 단편일 것이다. 이 책은 도깨비가 인간의 이중성을 드러내는 존재로 등장하는데 빵이 문제가 아니라 결국 술이 문제가 아닌가 하는 생각을 하게 만든다. 도깨비 하면 정말 많은 이야기가 존재하는데 도깨비 모습 원형을 보자면 치우천황과 닮았다. 우리나라와 치우의 관계를 설령 부정한다고 해도 최소한 삼국

시대부터 존재해 온 그 도깨비 원형은 조금씩 모습이 변했을 뿐 그 큰 특징은 거의 변하지 않았다. 도깨비의 시초는 하나에서 나왔다고 보나 시대가 이어지면서 그 의미와 상황 등이 복잡하게 변했다. 우리나라에서도 도깨비는 시대와 지역마다 다르다. 어느 도깨비는 액운을 떼는 존재로 긍정적인 산신령 같은 도깨비가 있고 어느 도깨비는 인간에게 벌을 주는 존재로 무섭게 존재하기도 한다. 지금 어린이들도 『혹부리 영감』을 읽는지 모르겠지만 어렸을 적 이 동화는 거의 모든 아이들이 알 정도였다. 혹 때문에 노래를 잘한다고 꾀를 부리는 혹부리 영감은 도깨비에게 자신의 혹을 팔고 대신 금은보화를 받으며 부자가 된다. 이에 다른 혹부리 영감도 도깨비에 혹을 팔려고 산에 올라간다. 혹이 노래 잘하는 데 아무 쓸모 없다는 걸 안 도깨비는 괘씸죄로 그 다른 혹부리 영감에 혹을 하나 더 붙여 주고 동화는 끝난다. 이 동화는 권선징악이라는 교훈을 준다고 하지만 사실 도깨비의 흥겨움이 포인트다. 도깨비의 부라리는 눈은 마치 달마대사의 눈과 비슷하며 그건 어떤 기괴함을 주면서도 에너지를 만들어 낸다. 한국은 흥이 있는 민족으로서 도깨비와 같이 즐기는 에너지를 가졌다. 서양에 가면무도회가 있다면 우리나라에는 탈춤이 있다. 도깨비 탈도 있고 인간 탈도 있고 다양한 탈을 만들어 흥을 돋워 서로 즐기기도 했으며 과거엔 양반가의 모순을 드러내기도 했다. 얼굴을 가리니 특정이 되지 않아 서로 눈치 볼 것도 없이 자연스럽게 인간 본연의 모습을 보여 준다. 클럽이나 나이트클럽도 너무 환하게 보이면 사람들은 조금 주눅 들 것이다. 결국 도깨비는 꿈을 꾸는 인간의 원형이다. 이건 지금까지 도깨비 인식에 대한 반전이다. 다만 지금은 도깨비 같은 세상에 마술이 되는 방망이가 없다. 방망이는 물론 책이다. 단편 그리고 반전하면 오 헨리가 떠오를 수밖에 없다.『경찰과 찬송가』에서도 뜻밖의 반전이 존재한다. 헤밍웨이의 책을 아직 읽어 보지 않았다면 그의 단편선 하나만 찾아 읽어 보면 좋겠다. 만약『패배를 거부하는 남자』를 읽을 경우 그 투우사는 포기하지 않는 그 산티아고 노인과 겹쳐 보일 것이다.『여자 없는 남자들』은 책이라도 읽으면서 자신의 내공을 쌓아 갔으면 좋겠다. 젊을 때 디시나 펨코 그런 커뮤니티만 안 해도 인생의 절반은 성공한 것인데 책까지 읽으면 얼마나 멋진 여자 있는 남자가 될 것인가. 여자가 있으면 애초에 그런 인생낭비 사이트를 할 시간이 별로 없다. 20대를 돌이켜 보면 미칠 거 같은 사랑/연애를 했고 취업을 위해 공부를 해야 했으며 또 술도 마시고 놀아야 했으니 사이트에서 친목질할 시간이 없었다. 요즘 인셀남들은 시간은 많고 연애는 못 하고 그러다 보니 자기 욕구 불만을 더욱더 영상이나 커뮤니티에 의탁하며 해결하려고 한다. 연애의 힘을 우리는 알아야 하는데 남녀 젊을 때 이미 닫혀버린 마음으로 사는 사람들이 있다. 젊음이 한때라는 걸 모르는 그들이 안타깝기에 연애의 부재를 만들어 내는 부정적인 것들을 제거해야 한다. 자유연애의 힘을 일찍이 알아본 이는 아마도 이즘의 선구자 중 한 명인 러시아의 콜론타이 여성일 것이다. 전통적 가치관에 반하는 급진적인 그녀의 생각은 그 당시 꼰대들에게 성적 방종을 야기할 것이라는 소리를 들을 수밖에 없었겠지만 억압은 항상 사회 문제를 일으켜 왔다. 왜 여성은 남성처럼 자유로울 수 없나? 남성의 이중적 태도는 가수 미스에이의 노래「배드 걸 굿 걸」에서 가장 잘 드러난다. 연애 못 하는 여성 남성의 진짜 문제는 무엇일까? 자의와 타의로 인해 한 번도 연애를 못 해 본 연애 루저들은 불만을 삐뚤어지게 표현한다. 남성은 세뇌된 정치로 여성은 일방향 이즘으로 말이다. 어떤 외부 요인 탓과 결론을 정해 놓고 살지 않으면 자기들의 삶이 너무 볼품없어 보인다. 이런 외로움과 독립심 빈곤 등의 해결책이 고작 무엇에 대한 분노로 이어진다는 건 사회 갈등 외에는 긍정적인 게 없게 된다. 온라인에 글 쓰기 전에 책 한 자 더 보는 사람이 위너다.

## 저널리즘이 먹는 건가요?

　언론에 대해서 처음으로 진지하게 생각하게 된 계기는 "모든 게 노무현 때문이다"라는 망령이 우리나라에 씌워질 때부터다. 그렇게 모든 언론이 노무현 대통령을 욕했어도 한 번도 그를 지지 철회해 본 적이 없었다. 분노도 있었지만 20대 어린 나이 때는 삶을 영위해야 하기에 열심히 놀고 사는 데 시간을 보냈다. 그렇게 지내다가 처음으로 언론이란 무엇인가 알고 싶어서 책을 찾아 읽기로 했다. 언론 관련 처음으로 읽었던 책이 김춘식 외 지음 『저널리즘의 이해』였다. 의사도 판검사 변호사도 다들 직업에 대한 윤리 의식 어떤 준칙 등이 있는 것처럼 언론도 마찬가지다. 다들 머릿속으로는 알고 있고 언론이란 무엇인가에 대한 시험문제도 나오면 올바르게 풀어냈을 것이다. 그러나 행동은 배운 대로 하지 않는다. 노무현 대통령이 생전 이런 비슷한 말을 하셨다. "우리나라 역사가 정의로 인해서 제대로 과거를 청산한 적이 있는가?" 배운 대로 하지 않기 때문에 사단이 난다. 『저널리즘의 이해』에서 배운 교과서적인 저널리즘에 대해서 잠깐 이야기해 보겠다. 뉴스의 효과에 관한 글인데 과연 뉴스는 무슨 효과를 줄까? 첫 번째로 의제설정 효과다. 사회문제가 되는 것에 대해서 기자가 취재를 하고 문제를 제기하며 자신의 의견을 말한다. 그런데 요즘은 기자가 의제설정의 객체가 되기도 하고 받아쓰기로 비웃음의 존재로 전락한다. 두 번째는 문화 선도 효과다. 과거엔 이런 효과가 있었겠지만 지금 유행은 뉴스보다 빠르다. 세 번째로 이슈 효과다. 지금은 좋은 의미의 이슈 효과가 아니라 그냥 자극적이고 기자 자기만의 망상에 빠진 글만 아니면 다행일 정도로 기자 수준들이 처참해졌다. 뉴스는 있지만 언론은 몇몇 대안언론 빼고는 없는 시점에서 그렇다면 전통적 뉴스의 특징은 무엇일까? 가장 먼저 떠오르는 건 지금도 통용되는 시의성이다. 지금 현재에 가장 어울리고 이슈가 되는 것을 뉴스로 다룬다는 것이다. 두 번째로는 영향성이다. 이 뉴스가 나감으로써 사회에 어떤 영향을 줄 것인지도 중요하지만 왜 영향을 줘야 하는지 그 이유를 알고 있는 게 중요하다. 세 번째로는 저명성이다. 즉 유명한 대상/사람을 위주로 뉴스를 내보내는 일을 전통적 뉴스는 좋아한다. 과거부터 지금까지 숱한 헛소리를 떠들어 댄 사람을 인터뷰하고 뉴스로 싣는 이유는 바로 이 저명성 때문이다. 이 저명성을 이용하는 기자들이 많다.

우리나라엔 진중하지 못한 X 씨나 개고기 장사꾼, 영희 친구 등이 대표적이다. 과거엔 이들이 뭐라고 했는지 들어 보기라도 했지만 수년 전부터는 헤드라인을 우연히 보지 않고서는 이제 이들이 하는 말을 듣지도 보지도 않는다. 인생의 낭비 중에 하나기 때문이다. 하지만 기자들은 이들을 이용해 의미를 부여하면서 분열이나 편 가르기 등의 장사를 시도한다. 유명인이 배설한 걸 인용해 기사를 쓰는 일만큼 자괴감 드는 일은 없을 것이며 그렇게만 기사를 쓰는 것도 한심한 일이다. 한국의 기자들은 자기 생각이 있는 글을 쓰면 반쪽짜리 인간이 쓴 것처럼 허점이 많고 자기 생각이 없는 글을 쓰면 무능력한 노예의 글이 된다. 기자들 수준이 이러는 첫 번째 원인은 학벌만 높고 스펙 공부만 하다 보니 세상 이치를 전혀 모르고 있기 때문이다. 두 번째 이유는 이미 마음에 편향을 가지고 그 상태로 글을 쓰기 때문이다. 이들도 특정 커뮤니티에 속해 있을 가능성이 있는데 그래서 최악의 뉴스들이 줄줄이 비엔나처럼 엮어 나오는 것이다. 언론이나 권력 기관을 수족처럼 부리지 않는 어느 리더에겐 사냥개처럼 짖더니 그 반대의 사람에게는 펫이 되어 버린 언론 상황에서 그들이 회복할 수 있는 유일한 방법은 언론 개혁을 수용하는 일이다. 언론의 자유에 대해 주장하고 저항해 봐야 양쪽에서 다 욕먹는 상황이니 이참에 정신들을 차렸으면 좋겠다. 그리고 언론답지 않은 방송에 왜 국민 세금이 들어가야 하는지도 의문을 가진다. 다음 정권에서 종편의 채널 조정이나 법 개선 및 규제, 언론 자체 개혁 입법 등 할 일이 태산이다. 결국 우리의 갈등도 너무 방만한 자유가 문제가 된 것이다. 책임 없는 자유는 반드시 갈등을 불러온다. 대한민국 리셋이 필요하다. 책 『리셋 코리아』에서 언급하여 알게 된 밀턴 프리드먼의 말이 하나 있는데 그는 이렇게 말했다고 한다. "어느 나라든 새 정부가 성공하려면 6개월 내 개혁을 끝내야 한다" 시장 만능주의자인 그가 생각하는 개혁이란 무엇인지는 모르겠지만 정말 저 말은 와닿는다. 김영삼이 하나회를 숙청할 때처럼 빠르고 단호해야 한다. 준비를 철저히 해서 언론의 먹잇감이 되지 않게 빠르게 개혁하는 일은 다음에도 과제가 된다. 언론은 뭐 하나 제대로 분석하지 못하면서 논란 만들고 분란 만들고 편 가르고 딴지 걸며 양비론으로 시간이나 끄는 존재니 최대한 언론이 모르게 하는 것도 요즘은 개혁을 위한 좋은 자세다. 정말 이런 생각까지 하게 만들 정도로 언론은 이 지경까지 와버렸다. 한편 『리셋 코리아』에서는 민영화 관련 이야기도 하는데 간혹 외국이나 우리나라 도서에서 민영화 이야기를 하면 정말 무서워지기까지 하다. 책 제목이 정확히 기억이 안나는데 내용 대부분이 삼성 생명의 야욕 비슷한 것을 다룬 것으로 그들이 의료 민영화를 위해 어떻게 준비하고 있는지를 상세하게 설명한 책이 있다. 웬만한 도서관에 책이 비치되어 있을 것이니 찾아보길 바란다. 가령 국민 의료 정보를 언젠가는 민간 회사가 공유하여 보험 심사나 가입에 활용한다. 그러다가 국가 의료보험과 민간 의료보험을 경쟁하게 만들어 전자는 질낮은 의료로 전락시키고 후자는 수준높은 의료로 치료받게 한다. 후자의 보험에서도 이제 금액에 따라 차별을 만든다. 가령 내는 비용만큼 3차 상급 병원 중 최고 병원으로 할지(비용이 낮으면 지방 병원으로 할지) 혹은 특정 질병에 저명한 병원을 연계할지(비용이 낮으면 가입자 지역 병원으로 할지) 등 민간 보험회사가 장난을 치기 때문이다. 이러면 종국적으로는 미국형 의료보험처럼 비슷하게 흘러간다. 미국은 국가 보험이 크게는 메디케어 메디케이드 두 가지로 나뉜다. 이 둘의 핵심은 저소득층 노인층이 아니라 이 두 보험으로는 우리나라 의료보험의 수준으로 혜택을 보지 못한다는 사실이다. 그래서 민간 보험을 든다. 미국 인구를 대략 3억 5천만 명이라고 한다면 이 중 오천만 명 이상은 민간 보험이 없다. 민간 보험이 있어도 돈이 없다면 추후 부담비 때문에 수술받아야 하는 사람이 수술을 받지 못하기도 한다. 공공성이 매우 강한 영역을 민간으로 사업 주체권을 넘기면 결국 피해는 국민이 본다. 지금까지 그런 걸 민영화하여 국민이 이익을 보고 있다는 나라를 단 한 번도 본 적이 없고 그렇게 쓴 책도 보지 못했다. 보수를 참칭하는 정권은 항상 국민 몰래 조금씩 부패한 자들에게 국가의 재산과 국민의 세금을 헐값에 바쳐왔다. 일부 기업은 국민을 갈취해 놓고 그 갈취한 돈의 극소수를 쓰면서 착한기업 코스프레를 한다. 이런 것마저 음모론에 빠졌다며 정치적으로만 보고 싸우려 들려는 사람들 때문에 우리는 그들에게 시나브로 먹잇감이 되었다. 그래서 진짜 적을 알라고 필자가 계속 강조한 것이다. 좌우가 적이 아닌데 그걸 정치의 전부라고 생각하며 살아가는 사람들 때문에 우리는 다 같이 구렁텅이에 빠진다. 다른 것 때문에 화나는 게 아니라 바로 이 지점 때문에 평생 반공만 외치는 사람들이 미운 것이다. 좌의 주장은 항상 우의 음모론으로 빠지고 결국 광우뻥으로 결론을 낸다. 그게 설령 뻥이든 위험에 대한 과도한 두려움의 투쟁으로 얻은 선동 결과물이든 그들이 더 나은 고기를 먹고 있다는 사실은 잊고 지낸다. 역시나 이번에도 우(右)라고 주장하는 이들은 반대나 선동이라는 날조 외에는 국민에게 아무런 이득을 주지 않는다. 그들은 긍정의 무엇을 만들려고 하지는 않고 오로지 그냥 좌에 대해서 반대하려고만 존재하는 것 같다. 차라리 그 우측이라고 자처하는 사람보다 진짜 소(牛) 한 마리가 더 가치 있는 일을 한다고 생각한다. 실제로 소 한 마리는 지금도 농기계가 닿지 못하는 곳에 쟁기질을 하고 있다. 조금 불쌍하고 안 되긴 했지만 간혹 할 일을 다한 늙은 황소는 고기를 남긴다. 과연 우리 우(右)는 사회에 무엇을 남기고 있는가? 그들만 생각하면 우~울하다. 참고로 민영화 과정에서도 언론은 약을 치곤 하는데 국민들은 다중적으로 고통받고 있다. 치료할 약이 딱 하나 있어서 그걸 몇 글자로 말할 수 있는데 그러면 안 될 거 같다. 그냥 그 약이 사유의 동면이라고 생각해 주길 바란다.

## 연탄재를 함부로 찰 때도 필요하다

어느 시인은 연탄재를 함부로 차지 말라고 하지만 함부로 차도 될 때가 있다. 대부분 사람들은 경험하지 못했겠지만 시골 경사진 길에 눈이 오면 과거에는 다 탄 연탄을 던져놓고 삽으로 깨거나 발로 차면서 흩뿌리고 다녔다. 자기 희생의 상징인 연탄을 고귀하게 생각하는 마음도 좋지만 다 할 일을 마친 거 같으면서도 마지막까지 쓰임새가 있는 연탄재를 이렇게 자연으로 돌려보내는 일도 생각해 봐야 한다. 다 탄 연탄을 쌓아 올리고 버리는 것도 일이기 때문이다. 지금까지 사람들이 항상 그렇게만 봤던 관점을 간혹 비틀어서 보곤 했는데 이게 책을 쓰는 사람의 특권이자 자유다. 책을 읽을 때에도 가끔 저자가 하는 말과 다른 생각을 가지는 것도 굉장히 재밌는 책 읽기가 된다. 그런데 이 비틀기 생각도 뭘 알아야 떠오르는 것이다. 이건 그냥 딴지 걸기와 차원이 다르다. 사람들은 긍정의 비틀어 생각하기와 그냥 몽니를 구별하지 않으려고 한다. 그러니 온라인 세상이 어질어질한 것이다. 정말 아닌 것은 발로 뻥 차 버리는 용기도 필요하다. 다만 겨울에는 연탄재 자체가 얼어 있어서 잘못 차다간 발가락이 부러질 수 있으니 조심하길 바란다. 뜨거운 연탄재가 얼어 버리다니 지금 우리의 마음과 같다.

이제 개인적이고 유치한 마지막 질문으로 와 보겠다. 어떤 이는 몇몇 논란이 안 될 필자의 글을 보고 당신도 특정 유튜버나 커뮤니티에 빠진 인간이 아니냐고 물을 수 있다. 그것에 대한 답변을 좀 풀어 써 보겠다. 20대 중반 때 다짐한 게 하나 있는데 그건 굉장히 유치함으로부터 시작되었다. 필자는 축구를 보는 것도 하는 것도 굉장히 좋아한다. 2000년대 초중반부터 그 유명한 메시와 호날두 경쟁이 시작된다. 아무리 생각하고 팬심을 억제해 봐도 메시가 축구를 더 잘하는데 호날두 팬들이 호날두가 더 축구를 잘한다고 주장하니 너무 어이가 없었다. 그 당시 초록 포탈의 댓글은 60% 호날두 편 나머지 40% 정도는 메시 편이었다. 그 당시 메시 팬은 호날두 팬들로부터 바르셀로나 멸칭인 꾸레로 취급받았다. 지금은 꾸레 단어를 못 본 지 몇 년은 된 듯하다. 그렇게 축구팬 남성들은 스포츠 뉴스에 댓글 전쟁을 펼치고 있었다. 이때 태어나 처음으로 온라인에 댓글을 몇 개 남기게 되었는데 그건 바로 '메시가 더 축구 잘해'였다. 서로 온갖 조롱에 댓글 배틀이 재밌기도 했지만 어느 순간 내가 뭐 하는 짓인가 싶었다. 원래부터 온라인 글을 보고 댓글을 쓰는 걸 인생 낭비라고 생각했는데 워낙 축구를 사랑하다 보니 그 메시 사랑 때문에 호날두 사랑의 사람들이 참 미워서 참지 못하고 댓글을 몇 개 남기게 되었다. 이걸 정치 좌우로 생각해도 괜찮다. 그때는 댓글 싸움이 그랬으니 말이다. 결국은 메시가 충격적인 실력들을 보여 주었고 추후 호날두는 노쇼 사건 등이 일어나면서 이젠 국내엔 거의 메시의 압승으로 끝나긴 했지만 20년 전 있었던 그때의 감정은 여전히 웃기고 이불 킥을 날리고 싶고 추억으로 그렇게 남아 있다. "아니 얘들아, 피지컬적으로 호날두처럼 축구하는 선수는 앞으로도 계속 나올 텐데 메시처럼 하는 건 천부적이라 또 나오기가 굉장히 힘들어. 실제 축구를 해 본 사람의 입장이야. 물론 호날두도 정말 축구를 엄청 잘하지. 하지만 기술적으로 메시보다 한참 떨어져." 뭐 이런 식으로 댓글을 썼다. 댓글 싸움을 하더라도 낭만적이게 했고 요즘 사람들처럼 조롱 비아냥 등으로 싸우지 않은 거 같다. 하지만 그 어린 나이 때에 빨리 깨달았다. 그게 아무 부질없다는 것과 인간은 서로가 그런 존재라는 것을… 그걸 알았기에 연예인 뉴스나 정치 뉴스 등 그 후로 아무런 댓글을 쓰지도 않고 거의 보지도 않았으며 그냥 내 삶에 집중하며 살았다. 지금도 그렇다. 그 누구도 설득할 수 없음을 필자는 그 누구보다 잘 알고 있다. 특정 커뮤니티와 유튜브를 보는 사람은 언제든지 니체가 말한 무리본능에 빠질 수밖에 없다. 니체가 민주주의를 부정적으로 보는 걸 그래서 필자는 이해한다. 그건 좌우를 가리지 않는다(누차 말하지만 우리나라엔 우파는 없으며 민족반역자들이 대부분 보수라고 떠들어 댄다). 특히나 필자의 성향을 재단하는 사람은 그 음모론자 유명 유튜버를 보는 사람이 아닐까 생각할 것이다. 솔직히 말하면 필자는 그 사람을 좋아하지 않는다. 너무 궁금한 사건이 아니고서는 그냥 정치 유튜브 자체를 안 본다. 그리고 커뮤니티도 이제 막 해 보고자 처음으로 2024년에 가입하였다. 믿지 못할 사람들에게 필자의 폰을 하루 종일 보라며 보여 줄 수도 있다. 생각해 보라. 이거 저거 다 하면서 어른이 되어 책을 만 권 읽으려면 남들과 똑같이 살 수는 없다. 왜 이런 시시콜콜한 이야기까지 해야 하는가. 누군가는 메시지보다 메신저를 공격하기 때문이다. 정말 지긋지긋하다. 우리는 늘 수박 겉핥기 싸움 때문에 진짜 중요한 걸 놓쳐 버린다. 거의 모든 책은 마무리가 아주 고급스럽지만 이 책은 그 반대다. 아주 유치하게 끝났다. 인간 각자에는 그 유치함이 조금씩 있다. 거기에서 유머가 나온다. 다만 유머가 아닐 땐 그걸 얼마나 억제하고 사느냐에 따라 소인이 되고 대인이 된다. 우리는 어떤 사람인가. 마지막으로 젊었을 때 쓸데없는 것에 시간 낭비하지 말고 자기 계발에 힘쓰는 사람이 되어야 한다. 그 시간은 다시 돌아오지 않는다. 젊었을 때 시간과 조금 나이가 지나서의 시간은 수학적으로 같은 시간을 가졌지만 가치는 전혀 다르다는 사실을 잊지 말아야 한다.

# 잃어버린 호르몬

왜 입덧을 하는가에 대한 많은 의견 중 이런 것도 있다. "엄마~ 몸에 나쁜 거 드시면 안 돼요. 제가 힘들 수도 있어요." 냄새부터 민감한 사람은 심하게 입덧을 하기도 한다. 왜 아기가 그렇게 듣기 싫게 우는가에 대한 의견 중 하나는 그렇게 울어야 인간의 귀가 참지 못하고 아이에게 관심을 주기 때문이란다. 뱃속에서 형체를 드러내고 세상에 나오기까지 생명은 보통 축복 속에서 태어난다. 그건 반려동물이 새끼를 낳을 때도 마찬가지다. 그러나 사람들은 커가면서 각자 다른 환경을 마주하게 된다. 소위 사랑 공감 호르몬이라는 옥시토신을 많이 가지고 있는 사람이 있는 반면에 아닌 사람도 있다. 부모가 얼마나 사랑을 주었는지에 따라 다르기도 하겠지만 그냥 이런 신경전달물질 중 좋은 호르몬을 아예 가지고 있지 않은 듯한 인간들도 넘쳐난다. 이런 저질의 사람들은 도파민을 공격적이거나 혐오적으로 해서 만들어 낸다. 행복한 호르몬이라는 세로토닌은 좋을 때나 안 좋을 때나 무엇을 먹고 운동하고 행동할 때 생겨난다. 그건 나로부터 시작되는 일이지 타인으로부터 시작되는 일이 아니다. 일부 사람들은 이 호르몬 체계가 비정상적인 상태에 놓여있어 즐겁지 못한 삶을 살아간다. 타인으로부터 행복할 수 있는 건 대화 공감이나 유머 그리고 봉사 등이다. 남을 비판함으로써 행복이 올 수는 없는 노릇이다. 운동을 하면서 땀이 나는 좋은 기분을 러너스 하이라고 한다면 남을 도와 줌으로써 얻는 기쁨을 헬퍼스하이라고 한다. 나 혼자서도 그리고 함께해서도 우리는 좋은 호르몬을 만들어 낼 수 있다. 혼자서 무엇을 즐기기보다 특히 타인과 관계 설정이 좋을 때 느끼는 호르몬은 정말로 긍정적이다. 이것은 결국 정신 건강에 매우 유용한 도움을 준다. 육아를 하는 부모나 출산 후 우울증을 겪는 엄마나 둘 다 육체와 정신에 따른 호르몬의 영향이 결국 이들의 삶에 영향을 준다. 의사가 아니라서 무얼 하라고 조언할 순 없지만 온전히 혼자 다른 무엇을 자유롭게 하도록 해 보는 일이 중요하다. 엄마나 가족 아내라는 테두리를 아예 벗어나서 말이다. 그렇다고 영원히 바깥을 맴돌라는 것은 아니다. 인간은 환기가 필요하고 서로 넘볼 수 없는 영역이 필요하다. 각자의 도파민 도피처를 온라인에 두고 살지만 않으면 되는데 현대인들은 오히려 그 반대로 간다. 온라인은 수단이어야지 목적이 되어서는 안 된다. 또한 당신이나 타인이나 그 누구도 인간을 함부로 대할 순 없다. 내가 타인을 함부로 대하면 나도 그런 존재로 취급받는다. 이건 조직이 다른 조직을 대할 때도 마찬가지다. 외부에서 위로를 찾지 말아야 한다. 호르몬은 내 몸에서 나오는 것으로 나 하기에 달렸다. 김창옥 교수의 책을 읽거나 강의를 듣고 난 후 잠시 위로가 되었다면 진짜 위로를 위해서는 내가 위로받았다는 것 자체부터 벗어나야 한다. 이런 비슷한 이야기는 한두 번 사유의 동면에서 했었던 것으로 기억한다. 우리는 좋은 위로들을 기억하지 말고 떨쳐내는 데 중점을 둬야 한다. 묵은 때를 씻겨 주는 그 좋았던 도구는 생각할 필요가 없다. 그것마저 다 같이 버려야 한다. 사람들은 그 위로의 도구를 기억하려 하지만 그래서는 안 된다. 왜냐하면 결국 그 위로의 대상과 함께 도구가 계속 머물러 버리는 상황에 놓이기 때문이다. 가장 자유로워지는 때는 다 같이 흘려보내는 일이다. 중복되는 이야기 같지만 절대 그렇지 않다. 이런 발상은 그 누구도 하지 않았던 이야기다. 사람들이 아이처럼 시끄럽게 하는 이유도 항상 정치적 헤게모니로만 보지 않는다면 사회적으로 분석할 게 좀 있을 것이다. 너무나 듣기 싫은 삐거덕삐거덕 갈등 소리지만 이런 숙제를 깊게 분석할 필요가 있다. 이건 사유의 동면 1차적 과제를 벗어나는 일이다. 이때는 사회 심리학적 분석과 통계적 광범위한 데이터를 필요로 하기 때문이다. 왜 우리는 울고 있는가. 여기저기 정말로 내적 외적 응급 환자가 많은데 사회는 지금 어떻게 대처하고 있는가. 국가마저 입덧을 하는 상황에서 빨리 안정화가 필요하다. 그래야 국민이라는 태아가 잘 자란다. 국가가 곧 엄마이자 아빠이고 곧 나 자신이다.

## 의사소통의 철학

한때는 서로 잘 통한다고 생각하고 좋았던 때도 있었다. 처음에는 모든 게 오픈되지 않아서 그래 보일 뿐 이성간 작은 차이는 처음엔 아무것도 아니다. 서로 진짜를 알려면 하이데거처럼 때로는 시간이 필요하다. 그때 존재의 양상을 알 수 있다. 소통은 남녀뿐만 아니라 모두에게 어렵다. 하버마스는 의사소통 행위를 이해하는 능력 자체가 이미 합리성의 근본 측면을 포함하고 있다고 생각했다. 그러면서 이 합리성에는 나 자신이 틀릴 수 있음을 인정하는 영역이 꼭 들어 있다고 주장한다. 철학적으로 접근하면 칸트의 이성에 대한 이야기부터 시작해서 진리까지 이야기해야 하는 게 우리의 의사소통이다. 입에서 나온 문장 하나 단어 하나는 이제 현상이다. 나와 타인으로부터 나온 허공의 이 말은 각자의 해석에 따라 재생, 조합, 재탄생의 과정을 겪게 된다. 바로 이 지점에서 위 세 단계가 다르기에 대화의 조화가 되지 않는다. 헤겔이 볼 때 시간이 지나도 절대정신은 존재하겠지만 누군가에겐 진리는 시간의 영역을 초월한다. 진리의 가공이 서로에게 이루어지는 일은 철학적으로 주관적 진실성을 향해 가는 일이다. 즉 서로의 생각이 어떤 의미에서는 맞지만 조건을 붙이면 그 합리성이 분쇄되기도 한다. 가령 '구름은 흰색이다'라고 하면 맞는 소리다. 그러나 여기다 '비가 올 것 같은 흐린 날'의 조건을 하나 붙이면 틀린 말이 된다. 사람들은 이성적으로 조건을 하나 붙이는 것과 감정적으로 딴지를 거는 일을 구분하지 않는다. 바로 이 지점에서 서로 대화 합의점을 찾지 못하게 된다. 객관적 조건과 억지의 조건이 구분되지 않으면 서로 합리성을 찾기가 힘들다. 더군다나 조건 외에 가정이라는 문법을 끄집어낼 때는 그야말로 소통 복잡성이 엄청나게 커진다. 원래 3단 논법은 무적이 되기도 하지만 한번 오류에 빠지면 전체가 오류에 빠지는 반지성 특성도 가지고 있다. 제일 중요한 그 첫 번째 전제를 철학적으로 어떻게 다룰지는 차치하더라도 첫 주장의 전제는 대화 출발점에서 대단히 중요하다. 가령 모든 사람은 이기적이다. 나는 사람이다. 그러므로 나는 이기적이다. 이 3단 논법이 옳다면 우리 인간은 소통에서도 이기적이기 때문에 대화가 되지 않아야 한다. 여기다 조건을 달 때 극단성에서 벗어나 조금 합리성이 살아난다. 이 조건이란 '때론 인간은 이타적이다'라고 붙이는 것이다. 이해하려는 마음을 가지는 것 자체가 합리성이지 단순히 이성의 능력을 가졌다고 해서 합리성을 가지고 있는 건 아니다. 만약 대전제를 '너랑은 대화가 안 통해!'라고 하는 순간 우리 인간은 그 아무것도 할 수가 없다. 같이 살 이유도 없고 같이 살아도 인간의 삶도 아니다. 이게 부부나 연인이 아닌 공동체 영역까지 왔기에 우리는 지금 사회를 심각하게 바라보는 것이다. 상대의 조건을 검토하고 나의 가정도 검토해 보는 일이 필요하다. 특히 이 조건에 과거 시간성까지 있게 되면 그야말로 엄청난 어려움이 또 몰려온다. 그리고 한번 뱉은 문장과 말은 이제 나의 것이 아니라 일단 남의 것으로 활용되고 난 다음 나에게 주어진다. 우리는 이때 대화를 이어 가는 방식이나 해석의 방식을 잘 알고 있어야 한다. 서로가 잘해야 흥분하지 않는다. 대립의 상황에서 대화는 그 무엇보다 어렵다. 그래서 배우고 배워도 안 되면 결국 감정을 다스리는 일이 최종 목표가 된다. 약간 철학적 요소도 있어서 어렵게 느껴지겠지만 상대방이 너무 어려울 땐 그냥 바보가 되어 주는 것도 현명한 방법이라는 걸 알아 두자. 이걸 사자성어로 이야기했는데 기억이 안 나면 복습하길 바란다.

# 텔로스

드디어 끝났다. 사유의 동면의 텔로스는 과연 무엇이었을까? 그 무엇도 좋으니 누군가에게 계속 화제가 되었으면 좋겠다. 칭찬이든 비판이든 무엇도 좋다. 우리는 놀이의 인간 즉 호모 루덴스다. 책을 가지고 놀고 사유를 가지고 놀고 언어를 가지고 논다. 과거엔 놀 게 없을 땐 남자나 여자나 공기놀이를 하였다. 그런데 우리는 무엇을 지금 가지고 노는가. 민감한 사람은 사회 혼란으로 정신적 스트레스를 받는다. 그런 사람은 스마트폰과 거리 두기가 필요하다. 자기가 좋아하는 어떤 온라인 아지트 같은 곳이 있어도 마찬가지다. 우리 세계가 어떻게 이루어졌는지는 신화를 만든 천재적인 사람들이 이미 알고 있었다. 바로 카오스다. 카오스로부터 그리스 신화도 시작되고 우리 물질도 시작되었다. 언젠가는 다시 정립된다. 여기엔 나쁜 것도 착한 것도 의미가 되지 않을 것이다. 과거 그리스 사람들은 델포이의 아폴론 신전에 미래의 불확실성을 신탁하였다. 그건 미신적인 게 아니라 신적이었다. 최소 기원전 15세기부터 있었던 이 신탁은 델포이뿐만 아니라 로마에도 존재하여 인간의 신에 대한 갈망을 조금이나마 해결해 주었다. 여기서 말한 신적인 의미는 예수 이전에도 그랬듯이 절대적인 어떤 존재자를 의미한다. 결정이 어려울 때마다 아폴론 신탁을 받았던 그 당시 사람들은 무엇인가 의지할 게 있었다.

우리는 과연 챗GPT에 신아폴론 신탁을 할 수 있을지 의문인 시대에 살고 있다. 모두가 그런 패턴 인식에 산다면 앎이나 개인적 차이는 혼란이 생길 것이다. 누군가는 그저 피지컬에만 관심이 있고 누군가는 또 마음 수양에 더 관심을 가질 수도 있다. 너무 고대로 빠지지 말고 현대로 와보자. 예전엔 윗세대 선배들로부터 배우는 것만 생각했는데 지금은 아니다. 나이가 훨씬 많아도 배울 수 있는 무엇이 있다면 요즘은 젊은 사람에게도 배운다. 그런 개인의 열린 자세도 필요하고 사회가 그런 바른 소리를 알리는 데에도 노력해야 한다. 축제를 즐기는 사람이 바쿠스고 축제를 준비하는 사람이 아폴론이다. 이제는 어느 한쪽으로 치우치기보다 같이 어울려야 한다. 겉으로 드러난 나는 별로 자신 없지만 익명으로 나의 존재감을 드러내는 일은 그동안 너무 강했다. 겸손하게 배우는 자세로 사람과 사물을 받아들이면 마음이 평온해질 것이다. 그게 행복의 첫 시작이다.

# 에필로그와 사유의 동면 반복

부끄러울 정도로 글 수준이 처참한데 과연 이게 세상에 나와야 할 책인가 계속해서 의심이 든다. 책을 많이 읽었다고 필력이 좋은 것도 아니고 멋진 표현을 다양하게 만들어서 타인에게 대단한 통찰을 주는 건 더욱더 아니란 사실을 알게 되었다. 이 분야도 타고난 재능이 있다고 믿는데 그런 능력을 가지지 않은 사람은 부단한 노력을 해야 한다. 그래서 쓰고 읽는 훈련은 계속된다. 아쉬움이 남는 건 다음에 또 채워갈 것이다. 영화, 미술 여러 문학작품을 다른 책들처럼 좀 더 미시적으로 분석하고 많은 교훈을 끄집어내면서 의미를 부여할 수도 있었다. 그렇지만 이런 일은 이 책의 첫 번째 임무가 아니다. 작가의 삶이 계속된다면 언젠간 특정 소재를 가지고 정치 사회 문화를 말하고 철학적 심리적 차원의 미시적 분석을 하도록 하겠다. 지금은 이미 그런 작업을 하는 훌륭한 작가와 유튜버가 있기에 창조적 생각이 떠오르지 않는 한 사유의 동면은 계속 이런 식으로 이어질 것이다. 수많은 남녀 차별과 불평등 그리고 억압 속에 여전히 그런 것만 보면서 어떤 이즘을 찾고자 하는 작가들이 있는 것처럼 특정한 안경으로 세상을 보는 작가도 아주 다양하게 있다. 그런 시각엔 장단점이 있다. 어떤 작품에 남들이 보지 못한 분야를 볼 수 있는 능력은 칭찬받아 마땅하지만 어떤 건 너무 억지스러울 때도 있다. 그런 사람 중 어떤 이는 말을 어렵게 해놓거나 해석을 철학적 차원으로 승화시킨다. 지능이 달려서 그런지 몰라도 슬라보예 지젝의 『폭력이란 무엇인가』를 읽어도 딱히 한마디로 요약할 만한 구절이 떠오르지 않는다. 그저 폭력은 다양성을 가진다는 것 정도를 느낀다. 읽고도 이 정도이니 제대로 이해하려면 『폭력이란 무엇인가』를 다시 읽어 봐야 알 수 있을 듯하다. 책은 크게 세 종류다. 서번트형 집착 인간이 쓰는 고도의 전문가 집단을 위한 책 두 번째는 그냥 누구나 읽을 수 있는 책 마지막으로 수험서 같은 책이다. 사유의 동면 책은 누구나 쉽게 읽을 수 있는 책이며 단 하나라도 누군가에게 이로움을 줬다면 그걸로 만족하는 책이다. 책을 읽거나 글을 쓴다는 건 노고도 있지만 즐거움도 준다. 글을 쓸 때는 생각을 하니까 좋고 읽을 때는 배우니까 좋다. 마지막으로 글이 완성되어 책이 될 때는 타인과 공유하는 마음이 있어 떨리면서 행복하다. 사유의 동면 책이 고차원적 사유를 주진 않지만 약간의 정보와 재미 그 외 여러 사람에게 공감 비공감을 줬다면 그것으로 만족한다. 아울러 글의 흐름상 생뚱맞은 게 간혹 있다면 책의 제목인데도 『 』처리를 안 하는 것들이라고 생각하면 된다. 그건 아무렇게 쓴 게 아니라 각각 의미가 들어 있다. 간혹 주어가 없으면 필자가 주어. 과거에 읽은 책을 하나하나 참고하고 다시 읽기를 전혀 하지 않았으며 머릿속 지식으로만 쓰였기에 기억의 오류가 있을 수 있다. 웬만해서는 큰 오류가 있지는 않을 것 같은데 만약 있다면 유감을 전하며 고치도록 하겠다. 실수가 있다고 무작정 죽자고 달려들지 않기를 바란다. 그래도 책임감을 가지고 글의 뒤를 돌아보았다. 실수 하나에 인간을 끝내려는 타인에 대한 미필적 고의의 대중살인은 이제 지양되어야 한다. 심리학적으로 '실수효과'까지는 기대하지 않지만 그 반대인 적대감은 정말 비인간적이다. 숙고가 부재하고 남을 헐뜯는 일상이 되어 버린 온라인 전쟁 속에 책을 읽는 사람이라도 급하지 않고 차분히 책의 즐거움을 알았으면 좋겠다. 비판할 부분이 있으면 비판하면 된다. 젊었을 때 이왕이면 독서모임을 통해 책과 사람의 인연을 만들면 다른 동호회만큼이나 유익한 취미생활을 이어 갈 수 있을 것이다. 결혼하여 자녀를 낳고 교육하다 보면 정말 책 읽기가 더 힘들어진다. 설령 시간이 있더라도 정신적 육체적 피로로 책은 생각나지 않는다. 책 읽는 데는 상당한 의지와 에너지가 필요하다. 필요성이나 당위성에서 꼭 읽어야 하는 사람 아니고서는 직장과 육아에 책이 존재하기는 쉽지 않다. 연인이든 자녀가 있는 부부든 서로가 개인의 시간을 서로 내 주어서 하루 한 시간 혹은 하루 일이십 분이라도 간간히 책을 읽어 봤으면 좋겠다.

특히 청년들은 더욱 책이 필요하다. 정말 짧은 시간의 독서마저 칭찬하며 그 짧은 시간에도 배울 수 있다. 독서 데이트도 괜찮다. 장기적으로 보면 '인간향상'이라는 측면에서 책을 보는 건 서로에게 좋은 일이 된다. 잘못됨을 깨닫고 고치며 살아가려는 발전형 인간이라면 말이다. 부부와 연인 이전에 개인의 인격체로서의 존재 확인을 위한 시간은 남녀노소가 따로 없다. 불교의 행자처럼 모두가 출가할 순 없지만 바로 책 읽는 짧은 시간이 그들에겐 출가와 같다. 마르쿠스 아우렐리우스도 그냥 단순히 명상에 잠긴 게 아니라 철학을 공부했기에 가르침을 얻었고 그걸로 다시 가르침을 주었다. 어떤 날은 산소 없이 사는 미생물처럼 생각 없이 지내고 싶은 때가 있는데 그런 멍 때림의 긍정 효과는 일시적이다. 앞으로 책을 읽을 사람은 마라톤을 시작한 것과 같다. 나중에 책을 좀 읽어 보면 이 책을 쓰는 사람처럼 잡지식 좀 안다고 우쭐대는 건 정말 별거 아니었구나 생각이 들것이다. 책은 좋은 음식을 먹는 것과 같고 건강한 자신감을 준다. 노력한 만큼 남들보다 잘하는 무엇을 발견할 때 사람은 더 멋져지려고 노력하며 그 항상성을 유지하려고 한다. 나중엔 그런 내 모습을 알리고 싶어 하기도 하고 말이다. 이걸 심리학적 용어로 청중효과라고 한다. 그건 외적이거나 내적이거나 마찬가지다. 책이 책을 만드니 너무 조급해할 필요는 없다. 그리고 자신이 틀릴 수 있음을 인정하는 사람이나 배우려는 사람에게는 유익한 미생물 역할을 하는 게 책이다. 책과 인물에게 너무 기대하다 보면 손해 본다는 생각을 할 수 있다. 생물총체에는 바이러스 기생충 박테리아 등 다양하게 존재하며 나쁜 균과 유용균이 있듯이 책 또한 그런 역할을 한다. 부모의 행태와 집안의 음식이 각 가정마다 다르듯 책도 음식이 되며 유용 미생물의 다양성 역할을 한다. 역시나 미생물 없이 인간은 건강하게 크지 못하고 성장하지 못한다. 우리는 사실 기본 미생물이라는 의무교육을 받고 살아와서 또 다른 미생물인 책이 없어도 아무 문제없이 살아간다. 우리의 부모님 혹은 그 이상의 세대들은 책을 읽지 않고도 훌륭한 역사를 가졌으며 성과를 만들어 냈다. 다만 그 시대에는 온라인이 없었기 때문에 독서하지 않는 그때의 사람과 지금은 조금 다르다. 역사적으로 이렇게 타인 비하가 만연하며 존중이 없고 냉소적인 조롱의 시대는 그전에는 한 번도 겪어 보지 못했다. 과거에는 잘난 사람이거나 반대로 무식한 사람이 목소리만 크면 대중 앞에 나타났던 극소수의 시대였다. 지금은 모두가 자기 잘났다며 온라인 이곳저곳에 똥을 싸 놓는다. 개가 똥을 싸면 치워야 하는 게 법적 의무지만 온라인의 똥은 불쉿(bullshit)인데도 치워지지 않는다. 생각하는 척하지만 생각 없는 사람들이 생각을 조종당한 채로 어떤 커뮤니티나 정치인 혹은 작가, 셀럽, 유튜버에 종속되어 버린다. 평소엔 그렇게 나쁜 인간이 아닌데도 신념이나 집단에 종속당한 사람들은 이곳저곳 다양한 분야에서 도덕을 붕괴시킨다. 그리고 선택적 도덕시각으로 사회의 수준을 낮게 해 버린다. 그렇게 사회는 자성과 양보 없이 병들어 간다. 그러고 보니 처음부터 끝까지 커뮤니티와 SNS를 비관적으로 본 거 같다. SNS가 사람을 죽이고 사회를 죽이곤 하지만 가끔은 과거에 드러나지 않을 많은 병폐들도 드러나게 하기 때문에 약간의 장점도 존재한다. 연대하기도 좋다. 그런데 좋은 무기와 편리한 기술을 장점으로 이용해야지 세상은 오히려 그 반대로 가고 있다. 누군가는 사회에 아무런 의미도 없고 자신에게조차 도움이 안 되는 제로섬 댓글을 달고 소수의 누군가는 기술문명을 자신의 발전도구 삼아 열심히 살아간다. 이런 작은 차이가 나중에 큰 인생 차이를 나게 한다. 완벽하지 않기에 누구나 사회에 불만이 있다. 오로지 불만만 있고 남 탓을 하는 사람은 현실을 즉시하고 노력하는 사람과 전혀 다른 삶을 산다. 사회 구조적 문제가 아니라면 이런 노력형 인간은 그에 맞는 정당한 평가를 해 줘야 한다. 그런 사회가 진짜 평등한 사회다. 그렇지 않을 때 사람은 투쟁해야 한다. 그리고 진인사대천명의 자세와 투쟁은 같이 가야 한다. 가끔은 투철한 신념으로 사회의 일원이자 가족의 일원으로 투쟁만 앞서는 사람이 있는데 극단으로 가면 나와 아주 가깝게 연관된 사람들에게 무책임함을 준다. 투쟁하니까 동서양의 생각은 하나라는 생각이 떠올랐다. 현대 철학이나 서양 사상만 주체와 타자의 투쟁을 말한 게 아니다. 신채호 선생의 『조선상고사』에서는 개인과 역사를 아(我)와 비아(非我)의 투쟁으로 보았다. 내 속에서도 나와 내가 아닌 것이 있으니 나와 다른 비아 즉 타자 관계에서도 나를 끊임없이 성찰해야 한다. 불교의 아/비아 개념도 완벽하게 설명되지 않는데 그래서 아(我)의 관념은 철학적이면서 현실적이다. 책과 책이 아닌 것, 정치와 정치가 아닌 것, 건강한 것과 건강하지 않은 것, 관점과 관점이 아닌 것 등의 싸움도 이런 모호함의 연장선상에 있다. 이렇게 어렵다 보니 사람들은 한스 파이잉거가 말한 것처럼 그냥 허구로 살아가려고 한다. 그렇지만 인간이 매번 허구로 산다고 생각하지는 않는다. 진리는 아닐지언정 허구가 가끔 삶의 방향을 이끌 때 그건 괜찮은 마인드 중 하나다. 진리는 양자얽힘처럼 어렵다. 어려우니까 앞으로도 끊임없이 양자를 공부해야 하듯 우리 또한 그렇다. 그런 열정이 계속되었으면 좋겠다. 마지막으로 전 국민 책 물결이 일어나길 바라며 사유의 동면 깨기 파도는 이만 마친다. 이제야 시리즈 1이 끝났다. 기억하는가? 종이부시를….